"十二五"国家科技支撑计划

村镇建设标准体系及关键技术标准研究 （2012BAJ19B02）

村镇建设工程标准体系

住房和城乡建设部标准定额研究所　编著

中国建筑工业出版社

图书在版编目（CIP）数据

村镇建设工程标准体系/住房和城乡建设部标准定额
研究所编著. —北京：中国建筑工业出版社，2016.12
ISBN 978-7-112-20163-1

Ⅰ．①村…　Ⅱ．①住…　Ⅲ．①城乡建设-标准体
系-研究-中国　Ⅳ．①F299.21

中国版本图书馆 CIP 数据核字（2016）第 308605 号

责任编辑：田立平　毕凤鸣
责任设计：李志立
责任校对：李欣慰　党　蕾

"十二五"国家科技支撑计划
村镇建设标准体系及关键技术标准研究（2012BAJ19B02）
村镇建设工程标准体系
住房和城乡建设部标准定额研究所　编著

*

中国建筑工业出版社出版、发行（北京海淀三里河路9号）
各地新华书店、建筑书店经销
霸州市顺浩图文科技发展有限公司制版
北京同文印刷有限责任公司印刷

*

开本：787×1092毫米　1/16　印张：23¼　字数：574千字
2017年2月第一版　2017年2月第一次印刷
定价：**60.00**元
ISBN 978-7-112-20163-1
（29312）

《村镇建设工程标准体系》编委会

编写组组长：李　铮　　陈国义　　林岚岚　　李大伟

编写组成员：刘　彬　　徐　泽　　罗　希　　李津生　　曲乐永

朱爱萍　　褚　波　　吕士健　　王蔚蔚　　黄　慧

陈晓艳　　徐玲献　　陈云玉　　杨　健　　鹿　勤

赵　锂　　高峰　　王　平　　龙　凤　　郭　伟

张　燕

参编单位

中国城市规划设计研究院

北京市市政工程设计研究总院有限公司

中国建筑科学研究院

中国城市建设研究院有限公司

上海环境卫生工程设计院有限公司

中国市政工程华北设计研究总院有限公司

中国建筑设计院有限公司

中国建筑科学研究院北京建筑机械化研究院

住房和城乡建设部信息中心

前　言

建设社会主义新农村是我国现代化进程中的重大历史任务，是缩小城乡差距、全面建设小康社会的重要内容，是实现农村可持续发展、构建和谐社会的必然要求。我国已进入快速城镇化时期，实现城镇化和城市协调发展，对科技提出迫切需求。农村作为中国特色城镇化道路的重要组成部分，其健康发展能更好地协调资源环境冲突，促进可持续城镇化战略的实施和区域协调发展。推进社会主义新农村建设和全面建设小康社会是可持续城镇化的目的与归宿。

统筹城乡建设发展、积极稳妥推进城镇化，需要进一步提高对村镇规划建设的综合服务能力，加强对村镇规划建设的引导和支持，保障村镇规划建设水平和发展质量。在我国面临日渐凸显的人口增长与能源、土地、水等资源环境约束和冲突的背景下，对村镇建设标准体系及关键技术标准开展的全方位研究，对支撑我国今后村镇建设健康快速发展有重要的现实意义。为解决以上问题，本课题开展了如下工作：

1. 村镇规划、房屋建筑、基础设施分支标准体系构建技术研究

重点研究：村镇规划、房屋建筑、基础设施分支标准体系层级划分及框架建立；村镇规划、房屋建筑、基础设施现行标准关键技术的适用性。

2. 村镇防灾专项标准体系构建技术研究

重点研究：村镇防灾专项标准体系层级划分及框架建立；村镇防灾现行标准关键技术适用性；村镇防灾专项标准体系内标准项目的生成技术；村镇防灾专项标准体系内标准重要度分级等。

3. 村镇节能专项标准体系构建技术研究

重点研究：村镇节能专项领域标准体系层级划分及框架建立；节能现行标准关键技术的村镇适用性；村镇节能专项标准体系内标准项目的生成技术；村镇节能专项标准体系内标准重要度分级等。

4. 村镇建设工程项目建设标准体系构建技术研究

重点研究：村镇建设工程项目建设标准体系层级划分及框架建立；村镇建设工程项目建设标准体系内标准项目的生成技术；村镇建设领域工程项目建设标准适用范围和主要技术经济指标的确定方法；村镇建设工程项目建设标准体系内标准重要度分级等。

为深入贯彻《国家中长期科学和技术发展规划纲要（2006—2020 年）》和"十二五"农村科技发展规划的总体精神，落实《国家"十二五"科学和技术发展规划》中提出的"加强农业农村科技创新"的任务要求，满足我国社会主义新农村建设和全面建设小康社会重大战略任务的需求，课题针对制约我国村镇建设和发展的各类标准缺失、标准体系空白、标准制订滞后于发展需求等突出问题，通过研究建立村镇建设标准体系，全面有序地推进村镇建设领域的标准制订工作，充分发挥标准对村镇建设活动的引导约束和支撑保障作用，提高我国村镇建设水平。

目　　录

第 1 篇　研 究 背 景

第 1 章　绪论 ……………………………………………………………… 3
1.1　研究目标 …………………………………………………………… 3
1.2　研究内容 …………………………………………………………… 3
1.3　技术路线 …………………………………………………………… 4
第 2 章　标准体系构建 …………………………………………………… 6
2.1　标准体系编制原则 ………………………………………………… 6
2.2　标准体系构成 ……………………………………………………… 6
2.3　标准体系编码 ……………………………………………………… 7

第 2 篇　村镇规划、房屋建筑、基础设施分支标准体系

第 3 章　村镇规划分支标准体系 ……………………………………… 11
3.1　综述 ………………………………………………………………… 11
3.2　村镇规划分支标准体系框图 …………………………………… 15
3.3　村镇规划分支标准体系表 ……………………………………… 17
3.4　村镇规划分支标准体系项目说明 ……………………………… 19
第 4 章　村镇建筑设计分支标准体系 ………………………………… 25
4.1　综述 ………………………………………………………………… 25
4.2　村镇建筑设计分支标准体系框图 ……………………………… 26
4.3　村镇建筑设计分支标准体系表 ………………………………… 27
4.4　村镇建筑设计分支标准体系项目说明 ………………………… 30
第 5 章　村镇建筑结构、地基分支标准体系 ………………………… 42
5.1　综述 ………………………………………………………………… 42
5.2　镇村建筑结构、地基分支标准体系框图 ……………………… 46
5.3　镇村建筑结构、地基分支标准体系表 ………………………… 48
5.4　镇村建筑结构、地基分支标准体系项目说明 ………………… 55
第 6 章　村镇建筑电气分支标准体系 ………………………………… 79
6.1　综述 ………………………………………………………………… 79
6.2　村镇建筑电气分支标准体系 …………………………………… 79
6.3　村镇建筑电气分支标准体系表 ………………………………… 81
6.4　村镇建筑电气分支标准体系项目说明 ………………………… 84
第 7 章　村镇建筑供暖分支标准体系 ………………………………… 93

7.1 综述······93
7.2 村镇建筑供暖分支标准分体系框图······94
7.3 村镇建筑供暖分支标准体系表······96
7.4 村镇建筑供暖分支标准体系项目说明······97

第8章 村镇建筑给水排水分支标准体系······101
8.1 综述······101
8.2 村镇建筑给水排水分支标准体系框图······101
8.3 村镇建筑给水排水分支标准体系表······103
8.4 村镇建筑给水排水分支标准体系项目说明······107

第9章 村镇建筑施工与加固分支标准体系······119
9.1 综述······119
9.2 村镇建筑施工与加固分支标准体系框图······119
9.3 村镇建筑施工与加固分支标准体系表······120
9.4 项目说明······132

第10章 村镇建筑信息化分支标准体系······156
10.1 综述······156
10.2 村镇建筑信息化分支标准体系框图······158
10.3 村镇建筑信息化分支标准体系表······159
10.4 村镇建筑信息化分支标准体系项目说明······163

第11章 村镇市政给水排水分支标准体系······173
11.1 综述······173
11.2 村镇市政给水排水分支标准体系框图······176
11.3 村镇市政给水排水分支体系表······178
11.4 村镇市政给水排水分支标准体系项目说明······183

第12章 村镇燃气分支标准体系······199
12.1 综述······199
12.2 村镇燃气分支标准分体系框图······202
12.3 村镇燃气分支标准体系表······204
12.4 村镇燃气分支标准体系项目说明······206

第13章 村镇供热分支标准体系······212
13.1 综述······212
13.2 村镇供热分支标准体系框图······215
13.3 村镇供热分支标准体系表······216
13.4 村镇供热分支标准体系项目说明······218

第14章 村镇道路桥梁分支标准体系······224
14.1 综述······224
14.2 村镇道路桥梁分支标准体系框图······226
14.3 村镇道路桥梁分支标准体系表······227
14.4 村镇道路桥梁分支标准体系项目说明······229

第 15 章　村镇环境与卫生分支标准体系 ·············· 236

15.1　综述 ··· 236

15.2　村镇环境与卫生分支标准体系框图 ·········· 239

15.3　村镇环境与卫生分支标准体系表 ············ 240

15.4　村镇环境与卫生分支标准项目说明 ·········· 241

第 3 篇　专项标准体系

第 16 章　村镇防灾专项标准体系 ················· 247

16.1　综述 ··· 247

16.2　村镇防灾专项标准体系框图 ················ 249

16.3　村镇防灾专项标准体系表 ·················· 250

16.4　村镇防灾专项标准体系项目说明 ············ 253

第 17 章　村镇节能专项标准体系 ················· 261

17.1　综述 ··· 261

17.2　村镇节能专项标准体系框图 ················ 263

17.3　村镇节能专项标准体系表 ·················· 264

17.4　村镇节能专项标准体系项目说明 ············ 265

第 4 篇　村镇建设工程项目建设标准体系

第 18 章　村镇建设工程项目建设标准体系 ·········· 271

18.1　综述 ··· 271

18.2　村镇建设工程项目建设标准体系框图 ········ 280

18.3　村镇建设工程项目建设标准体系表 ·········· 283

18.4　子框图（［CZX1］农业生产建设项目） ········ 283

18.5　子框图（［CZX2］住房建设项目） ············ 287

18.6　子框图（［CZX3］公共服务设施建设项目） ···· 288

18.7　子框图（［CZX4］基础设施建设项目） ········ 289

附录　调研报告 ······························· 293

第 1 篇　研究背景

第1章 绪 论

1.1 研究目标

为深入贯彻《国家中长期科学和技术发展规划纲要（2006—2020 年）》和"十二五"农村科技发展规划的总体精神，落实《国家"十二五"科学和技术发展规划》中提出的"加强农业农村科技创新"的任务要求，满足我国社会主义新农村建设和全面建设小康社会重大战略任务的需求，住房和城乡建设部标准定额研究所于 2012 年承担国家科技支撑计划课题《村镇建设工程标准体系研究》。课题针对制约我国村镇建设和发展的各类标准缺失、标准体系空白、标准制订滞后于发展需求等突出问题，通过对村镇建设标准体系及关键技术标准开展的全方位研究，为建立村镇建设标准体系，全面有序地推进村镇建设领域的标准制订工作，充分发挥标准对村镇建设活动的引导约束和支撑保障作用，提高我国村镇建设水平。项目确定的课题具体目标是：

1. 建立村镇建设工程标准体系，形成村镇建设工程各分支及专项标准体系，指导和管理村镇建设各重点领域工程标准的编制和发展。

2. 建立村镇建设工程项目建设标准体系，指导和管理村镇建设工程项目建设标准的编制。

3. 建立村镇建设产品标准体系，指导村镇建设产品标准的编制与发展，引导和规范村镇建设产品的研发与生产。

1.2 研究内容

1. 课题解决的主要技术难点和问题

课题建立的村镇建设分支及专项标准体系涉及村镇建设的各个领域，需覆盖我国广大的村镇区域。我国村镇建设标准化基础薄弱，村镇建设实际差异巨大，为村镇建设各分支和专项标准体系的构建带来较大难度。课题解决的主要技术难点和问题有：（1）研究村镇规划、房屋、基础设施等分支标准体系构建技术和防灾、节能、生态环境保护、历史文化名村名镇及乡土景观保护等专项标准体系构建技术，解决这些分支及专项标准体系内标准项目数量、名称和适用范围；（2）研究村镇建设产品应用的技术指标和现有产品标准的关键技术对村镇建设的适用性等。

2. 课题研究技术方案

为保障我国村镇建设标准体系的科学性、系统性和适用性，针对体系的内部协调性和外部实效性问题，开展村镇建设现状和发展趋势调研，研究村镇建设的技术和标准需求、村镇规划、房屋建筑、基础设施分支标准体系构建技术、村镇防灾专项标准体系构建技术、村镇节能专项标准体系构建技术、村镇生态环境保护专项标准体系构建技术、历史文化名村名镇及乡土景观保护专项标准体系构建技术、村镇建设基础设施和公共服务设施的配置布局技术、村镇建设工程项目建设标准体系构建技术、村镇建设产品及产品标准的分类和适用性分析技术、村镇房屋建筑产品标准体系构建技术、村镇基础设施产品标准体系构建技术等，指导各项标准体系的建设。

1.3　技术路线

根据我国村镇建设标准体系的现状和发展趋势情况，开展课题实施的准备工作，制定课题组织管理办法、建立课题管理办公室、成立工作组，为课题的组织实施提供组织、制度保障。

开展大量的调研工作，调研村镇建设对标准的需求种类、需求特点、相关工程建设标准情况、体系构建技术情况和行业管理要求等，并进行分析论证，为村镇建设标准体系的构建奠定基础。针对分支和专项标准体系内标准项目的设立和关键技术指标进行测试。

在调研、测试的基础上，针对村镇建设各重点领域对工程标准的需求，遵循体系构建的总体原则，通过对各专业技术的集成和适用性甄别，研究村镇规划、房屋、基础设施分支标准体系构建技术、村镇防灾专项标准体系构建技术、村镇节能专项标准体系构建技术，确立分支体系及各专项体系的层级架构和标准的项目内容构成，形成村镇规划、房屋建筑、基础设施分支标准体系和防灾、节能等专项标准体系。

针对村镇基础设施和公共服务设施项目建设，保障村镇建设工程项目投资效果，研究村镇建设基础设施和公共服务设施的配置布局、村镇建设工程项目的运营模式和效果分析、村镇建设工程项目建设标准体系构建等，形成村镇建设工程项目建设标准体系。

课题研究的技术路线图如图 1-1-1 所示。

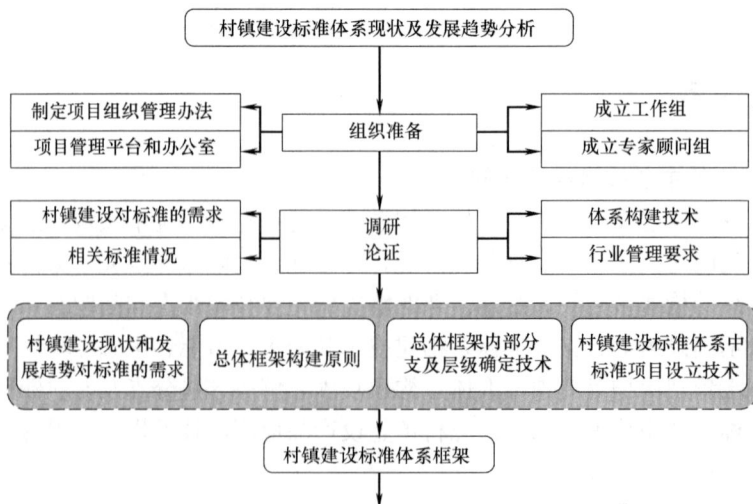

图 1-1-1　课题研究技术路线图

```
┌─────────────────────────────────────────────────────────┐
│  ⬦技术的集成和      ⬦确定层级架构    ⬦标准项目          │
│   适用性甄别                        内容构成             │
└─────────────────────────────────────────────────────────┘
```

┌────────────────────┬────────────────────┬────────────────────┐
│ 村镇建设工程标准体系构建 │ 村镇建设工程项目建设 │ 村镇建设产品标准体系构建 │
│ 1.村镇规划、房屋建筑、基础设施 │ 标准体系构建 │ 1.村镇建设产品及产品标准 │
│ 分支标准体系 │ 1.村镇建设 基础设施和公共服 │ 的分类和适用性分析技术 │
│ 2.村镇防灾专项标准体系 │ 务设施的配置布局技术 │ 2.村镇房屋建筑产品标准体系 │
│ 3.村镇节能专项标准体系 │ 2.村镇建设工程项目建设标准 │ 3.村镇基础设施产品标准体系 │
│ 4.村镇生态环境保护专项标准体系 │ 体系 │ │
│ 5.历史文化名村名镇及乡土景观保 │ │ │
│ 护专项标准体系 │ │ │
└────────────────────┴────────────────────┴────────────────────┘

项目成果

┌───────────────────────────────────┐
│ 工程、项目、产品三个标准体系 │
└───────────────────────────────────┘

[形成报告] [人才培养] [发表论文]

[成果验收、提交]

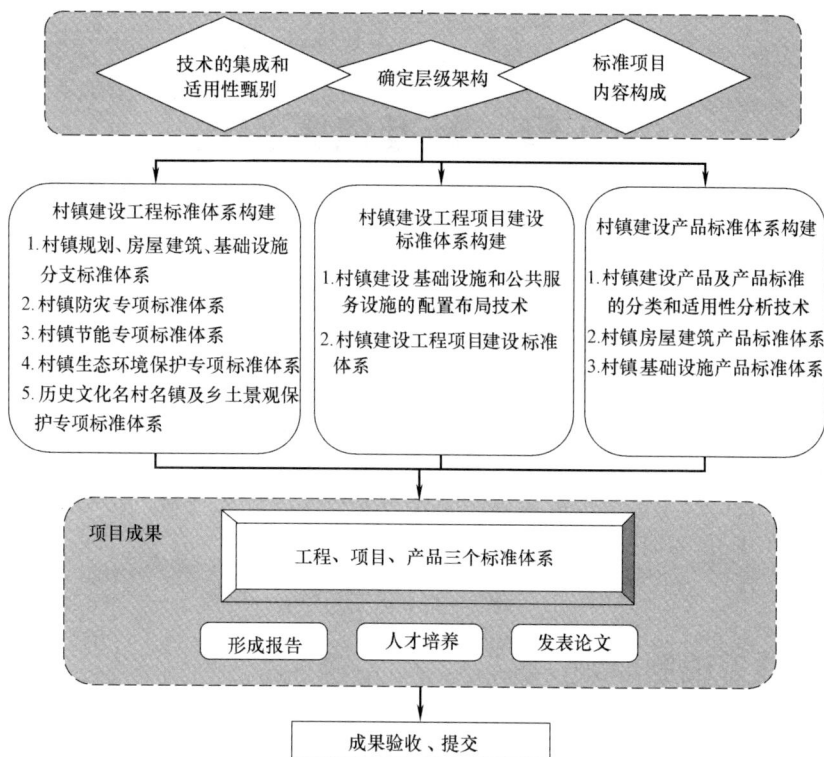

图 1-1-1　课题研究技术路线图（续）

第2章 标准体系构建

村镇建设系列标准作为工程建设标准的组成之一，分散在各专业标准体系中，多数村镇标准是根据村镇建设工作的需要而单独确定的，并未从村镇建设标准体系的整体上来考虑和设置，因此不可避免地存在节能标准之间不配套、内容构成不合理、体系覆盖面不够等问题，同时，由于缺乏基础研究和对工程建设发展趋势的深入研究，其制订、修订工作依然存在着预见性不强等问题。这些问题影响了村镇建设系列标准的制订、修订和执行，并影响到我国新型城镇化建设工作的发展。

建立相对完善的村镇建设标准体系，满足当前新型城镇化建设的形势和发展的需要，是工程建设标准化工作和村镇建设工作的迫切任务之一。

2.1 标准体系编制原则

村镇建设领域应该和城市建设领域共享国家改革开放三十年来的丰硕成果，在城市建设高速有序发展的同时，我国村镇建设却刚刚起步，虽然正进入快速发展时期，但面对村镇建设发展对标准化工作的迫切需求，村镇建设领域的标准化工作却严重滞后，相应的村镇建设标准体系则仍处于空白阶段。当前在扎实推进社会主义新农村和城镇化的进程中实现城乡统筹，就是要实现城市和村镇的协调发展，现阶段很多城市工程建设标准在农村并不适用，严重制约了关键技术在农村的应用和推广，也没有为新农村建设和城镇化进程提供基础性的支撑和保障作用。适用于村镇建设领域的标准亟需加快编制，对于村镇建设标准项目起到统筹规划的村镇建设标准体系也亟需建立起来。当然也并不是所有城市工程建设标准都不适用于村镇建设，由于技术上的关联性，支撑城市建设的工程标准体系和村镇建设标准体系既需要单独构建又需要统筹规划，同时，工程建设标准体系多年来积累的相关经验也应转化到村镇建设标准体系上来，保证村镇建设标准体系的科学建立。

标准体系在统筹规划标准项目设立，避免标准项目重复矛盾，实现对村镇建设领域的全面有效覆盖等方面发挥指导作用，已经成为研究确立标准编制计划的基本依据，可以说标准体系直接影响到标准作用的发挥。标准要及时服务于农村建设，就要求标准项目的编制和立项必须赶得上我国推进新农村建设和城镇化的进程，同时也要求各专业各标准项目能全面有效地覆盖村镇建设的各个领域，因此，为满足当前村镇建设的实际需求，应该构建科学、合理的村镇建设标准体系，从而对村镇建设进行指导和约束。

2.2 标准体系构成

（1）村镇建设标准体系从形式上尽量与城镇建设标准体系相统一，由标准体系框架图、各"层次"标准体系表、各标准项目适用范围说明及编制说明等构成。建筑节能标准体系将融合各专业技术，通过对村镇规划、村镇房屋建筑及村镇基础设施建设的各环节进行协同控制。村镇建设标准体系层次间更多地体现了控制指导或技术产品的支撑关系；对于同层次不同环节间的标准，其内在关系将反映于原相应专业的标准体系中。

村镇建设工程标准体系的总体框图如图 1-2-1 所示。

（2）对于工程层次和产品层次中所含各环节/门类的标准分体系，在体系框图中竖向分为基础标准、通用标准和专用标准，其中：

——基础标准是指在某一环节/门类范围内作为其他标准的基础并普遍使用，具有广泛指导意义的标准。

——通用标准是指针对某一环节/门类标准化对象，制订的覆盖面较大的共性标准。它可作为制订专用标准的依据。

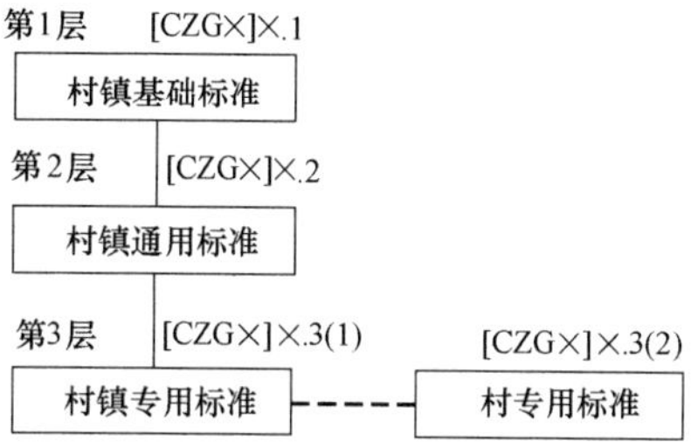

——专用标准是指针对某一具体标准化对象或作为通用标准的补充、延伸制订的专项标准，其覆盖面一般不大。

图 1-2-1　村镇建设工程标准体系
总体框图

2.3　标准体系编码

体系编号：［CZG ×］

层次编号：村镇规划——1；村镇建筑设计——2；村镇建筑结构、地基——3；村镇建筑电气——4；村镇建筑供暖——5；村镇建筑给水排水——6；村镇建筑施工与加固——7；村镇建筑信息化——8；村镇市政给水排水——9；村镇燃气——10；村镇供热——11；村镇道路桥梁——12；村镇环境与卫生——13；村镇防灾——14；村镇节能——15；村镇工程项目建设——16。

分类编号：基础标准——1；通用标准——2；专用标准——3。

项目编号：［CZG×］　　×.　　　　×.　　　　×.

　　　　　　　　　　　层次编号　　　分类编号　　　项目序号

第 2 篇　村镇规划、房屋建筑、基础设施分支标准体系

第3章 村镇规划分支标准体系

3.1 综述

改革开放后，随着我国农业经济的发展，农村居民生活水平得到改善与提高，农村出现了建房热潮，为引导、规范其建设行为，1979年，第一次全国农房建设工作会议召开并提出了编制村镇规划的要求，从此我国开始了农房建设、村镇规划建设等专项工作。伴随着我国工业化进程的加速，城镇化的快速推进，大量的农村劳动力转移就业，提高了城乡生产要素配置效率，推动了国民经济持续快速发展，带来了社会结构深刻变革，促进了城乡居民生活水平全面提升，取得了举世瞩目的成就。

3.1.1 村镇建设的发展与变化

1978年我国仅有建制镇2173个，这些镇以县城镇和工矿城镇为主，其经济社会结构和小城市相似，与周围农村的经济社会联系相对较弱。截至2013年，我国的城镇常住人口从1.7亿人增加到7.3亿人，城镇化率从17.9%提升到53.7%，我国建制镇总数已达20113个、行政村将近70万个，新增的建制镇大多由原有的乡建制发展而来，而且是一定区域农村经济社会发展的中心，并正在发展成为以农业服务、商贸旅游、工矿开发等多种产业为依托的、各具特色的新型小城镇，事实上构成了具有中国特色的城镇化的重要组成部分。

城镇化有利于集约节约利用土地，为发展现代农业腾出宝贵空间。随着农村人口逐步向城镇转移，农民人均资源占有量相应增加，促进了农业生产的规模化和机械化，有利于提高农业现代化水平和农民生活水平。城镇经济实力的提升，会进一步增强以工促农、以城带乡能力，加快农村经济社会的发展，使小城镇在未来的城镇化进程中发挥越来越重要的接纳农民落户的重要载体作用。

但实际上我国城镇化经历的是一个起点低、速度快的发展过程，仍存在着明显的不足。(1)没有规划或规划滞后、缺少建设指引，导致土地利用不够集约。2000~2011年，我国农村人口减少了1.33亿人，但农村居民点用地却增加了3045万亩，耕地资源被占用、土地利用粗放问题不可忽视。(2)盲目模仿城市进行规划与建设，导致乡土特色和民俗文化流失。一些农村地区大拆大建照搬城市小区模式建设新农村，简单用城市元素与风格取代传统民居和田园风光，甚至严重破坏了自然环境。(3)城乡差距仍在加大，阻碍了乡村的健康发展，难以满足农民生活和农村生产发展的需要。农村的收入水平、基本公共服务以及基础设施建设水平与城市相比，差距较大。(4)乡、村庄规划建设管理薄弱，村庄建设散乱，饮水、垃圾等卫生状况仍令人堪忧。因此，建立科学、合理、务实、有效的镇村规划标准体系，科学指导和规范镇（乡）村规划建设，是未来我国提高村镇建设水平、提升环境品质、提高乡镇居民生活质量重要的技术手段。

3.1.2　新时期村镇规划建设发展的目标与要求

《国家新型城镇化规划（2014—2020年）》（以下简称《规划》）提出："有重点地发展小城镇。"按照控制数量、提高质量、节约用地、体现特色的要求，应推动小城镇发展与疏解大城市中心城区功能相结合、与特色产业发展相结合、与服务"三农"相结合。大城市周边的重点镇，要加强与城市发展的统筹规划与功能配套，逐步发展成为卫星城。具有特色资源、区位优势的小城镇，要通过规划引导、市场运作，培育成为文化旅游、商贸物流、资源加工、交通枢纽等专业特色镇。远离中心城市的小城镇和林场、农场等，要完善基础设施和公共服务，发展成为服务农村、带动周边的综合性小城镇。对吸纳人口多、经济实力强的镇，可赋予同人口和经济规模相适应的管理权。

《规划》明确了"推进城乡规划、基础设施和公共服务一体化"的发展要求。统筹经济社会发展规划、土地利用规划和城乡规划，合理安排市县域城镇建设、农田保护、产业集聚、村落分布、生态涵养等空间布局。扩大公共财政覆盖农村范围，提高基础设施和公共服务保障水平。统筹城乡基础设施建设，加快基础设施向农村延伸，强化城乡基础设施连接，推动水电路气等基础设施城乡联网、共建共享。加快公共服务向农村覆盖，推进公共就业服务网络向县以下延伸，全面建成覆盖城乡居民的社会保障体系，推进城乡社会保障制度衔接，加快形成政府主导、覆盖城乡、可持续的基本公共服务体系，推进城乡基本公共服务均等化。率先在一些经济发达地区实现城乡一体化。

《规划》在推动城乡一体化、建设社会主义新农村规划中提出：坚持遵循自然规律和城乡空间差异化发展原则，科学规划县域村镇体系，统筹安排农村基础设施建设和社会事业发展，建设农民幸福生活的美好家园。并提出：

（1）提升乡镇村庄规划管理水平，适应农村人口转移和村庄变化的新形势，科学编制县域村镇体系规划和镇、乡、村庄规划，建设各具特色的美丽乡村。按照发展中心村、保护特色村、整治空心村的要求，在尊重农民意愿的基础上，科学引导农村住宅和居民点建设，方便农民生产生活。在提升自然村落功能基础上，保持乡村风貌、民族文化和地域文化特色，保护有历史、艺术、科学价值的传统村落、少数民族特色村寨和民居。

（2）加强农村基础设施和服务网络建设，加快农村饮水安全建设，因地制宜采取集中供水、分散供水和城镇供水管网向农村延伸的方式解决农村人口饮水安全问题。继续实施农村电网改造升级工程，提高农村供电能力和可靠性，实现城乡用电同网同价。加强以太阳能、生物沼气为重点的清洁能源建设及相关技术服务。基本完成农村危房改造。完善农村公路网络，实现行政村通班车。加强乡村旅游服务网络、农村邮政设施和宽带网络建设，改善农村消防安全条件。继续实施新农村现代流通网络工程，培育面向农村的大型流通企业，增加农村商品零售、餐饮及其他生活服务网点。深入开展农村环境综合整治，实施乡村清洁工程，开展村庄整治，推进农村垃圾、污水处理和土壤环境整治，加快农村河道、水环境整治，严禁城市和工业污染向农村扩散。

（3）加快农村社会事业发展，合理配置教育资源，重点向农村地区倾斜。推进义务教育学校标准化建设，加强农村中小学寄宿制学校建设，提高农村义务教育质量和均衡发展水平。积极发展农村学前教育。加强农村教师队伍建设。建立健全新型职业化农民教育、培训体系。优先建设发展县级医院，完善以县级医院为龙头、乡镇卫生院和村卫生室为基础的农村三级医疗卫生服务网络，向农民提供安全价廉可及的基本医疗卫生服务。加强乡镇综合文化站等农村公共文化和体育设施建设，提高文化产品和服务的有效供给能力，丰富农民精神文化生活。完善农村最低生活保障制度。健全农村留守儿童、妇女、老人关爱服务体系。

　　《规划》为村镇发展制定了目标、任务并指明了发展路径，面对机遇与挑战，村镇规划建设迫切需要进一步完善配套政策，建立健全相关法律法规和标准体系，及时制订修订相关标准规范，有效指导和规范村镇规划建设与管理行为，为新型城镇化的健康发展以及社会主义新农村建设提供技术支撑。

3.1.3 村镇规划标准的演变与问题

　　我国在1993年出台了第一本《村镇规划标准》GB 50188—93，有效规范和指导了镇规划工作。2003年，村镇规划建设标准体系初步形成（见表2-3-1）。该体系对村镇规划建设标准的发展计划与有序编制起到了很好的指导作用。

2003年版《工程建设标准体系》中村镇规划标准（共19项）　　表2-3-1

专业名称	标准类型	体系编码	标准名称	与现行城乡规划标准体系的关系及进展状态
城乡规划	[1]1.1基础标准	[1]1.1.1	城乡规划术语标准	保留；制订中；送审稿
		[1]1.1.2	城乡规划制图标准	保留；制订中；送审稿
		[1]1.1.3	村镇规划基础资料搜集规程	保留；制订中；报批
	[1]1.2通用标准	[1]1.2.1	镇规划标准	保留；修订中；送审稿
		[1]1.2.2	村规划标准	保留；制订中；征求意见稿
		[1]1.2.3	村镇体系规划规范	保留；制订中；编制中的《镇域镇村体系规划规范》更名、扩容
		[1]1.2.4	村镇用地评定标准	取消；合并至现行国标《城乡用地评定标准》
	[1]1.3专用标准	[1]1.3.1	村镇居住用地规划规范	保留；制订中；报批稿；将来合并至待编的《居住用地标准》
		[1]1.3.2	村镇农业生产设施用地规划规范	保留；制订中；报批稿修改
		[1]1.3.3	村镇仓储用地规划规范	保留；已颁布实施
		[1]1.3.4	村镇公共建筑用地规划规范	保留；待制订；改名为《镇（乡）公共服务设施规划规范》
		[1]1.3.5	村镇绿地规划规范	取消；停止编制
		[1]1.3.6	村镇环境保护规划规范	保留；制订中；报批；更名为《镇（乡）环境设施规划规范》
		[1]1.3.7	镇（乡）域镇村体系规划规范	制订中；报批稿修改；建议合并1.2.3更名为《镇村体系规划规范》

13

专业名称	标准类型	体系编码	标准名称	与现行城乡规划标准体系的关系及进展状态
城乡规划	[1]1.3 专用标准	[1]1.3.8	村镇道路交通规划规范	保留;待制订;建议更名为《镇(乡)道路交通规划规范》
		[1]1.3.9	村镇公用工程规划规范	取消
		[1]1.3.10	村镇防灾规划规范	保留;制订中;报批
		[1]1.3.11	乡镇集贸市场规划设计标准	保留;修订中
		[1]1.3.12	村庄整治技术规范	保留;修订中

依据《城市规划法》和《村庄和集镇规划建设管理条例》，逐步发展形成了"城市规划标准体系"和"村镇规划建设标准体系"两部分内容。2008 年，我国《城乡规划法》颁布实施，该法明确规定了城乡规划体系和规划技术体系及其相互关系，如图 2-3-1 所示。2010 年，住房和城乡建设部组织专家队伍对上述两个标准体系重新研究并首次进行了整合，形成了由综合标准、基础标准及通用标准组合、62 项标准构成的新的"城乡规划标准体系"。2012 年，住房和城乡建设部组织新成立的城乡规划标委会组织专家对"城乡规划标准体系"再次进行梳理，进一步整合城乡规划标准并兼顾落实各项标准编制工作，整合和细化了相关标准，形成了由 81 项标准构成的标准体系。新的标准体系充分考虑了我国村庄发展的特殊性和多样性，将村庄规划标准与镇规划标准剥离独立设置，即将专用标准按照城市规划、镇（乡）规划和村庄规划三部分分别进行设置，分别对应《城乡规划法》规定的规划层次，以便更有针对性地指导城市、镇（乡）和村庄的规划编制、规划实施与监督管理。

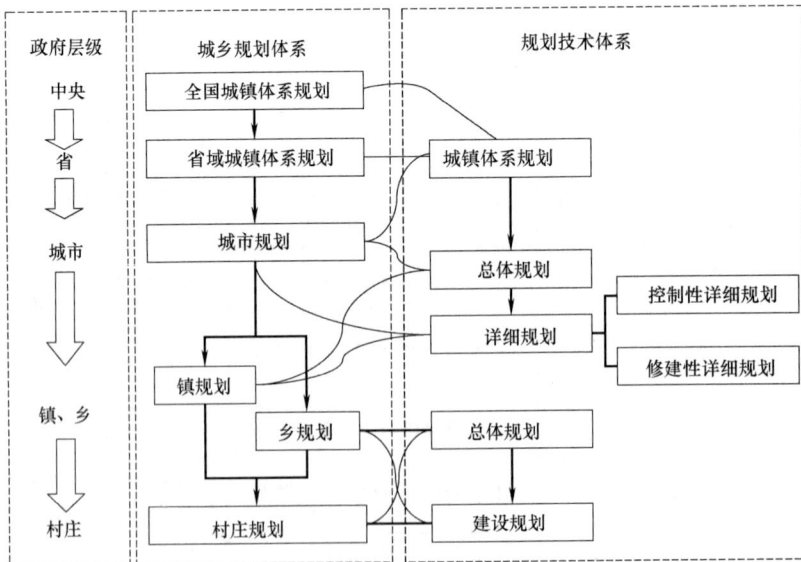

图 2-3-1　《城乡规划法》规定的城乡规划体系与规划技术体系

截至 2015 年底，现行城乡规划国家标准、行业标准中涉及镇规划、村庄规划应执行的共计 7 项，包括:《城乡用地评定标准》、《城镇老年人设施规划规范》、《城镇燃气工程规划规范》、《镇规划标准》、《乡镇集贸市场规划设计标准》、《镇（乡）村仓储用地规划规范》、《村庄整治技术规范》；制订中的标准共 15 项，包括：《城乡规划基本术语标准》、《城乡规划制图标准》、《城乡用地分类与规划建设用地标准》、《城建设用地竖向规划规范》、《村镇规划基础资料搜集规范》、《村镇居住用地规划规范》、《村镇仓储用地规划规范》、《镇（乡）城镇村体系规划规范》、《村镇农业生产设施用地规划规范》、《村镇环境保护规划规范》、《村镇防灾规划规范》、《历史文化名镇名村保护规划规范》、《特色旅游景观名镇（村）评价标准》、《重点镇评价标准》及《村庄规划标准》。

村镇规划标准化工作总体进展是滞后的。制订工作由于村镇发展的不均衡以及巨大的差异，编制难度大、编制团队技术力量不足、调研不足或是工作安排不紧凑等因素的影响，成果文件质量不高或不能满足使用要求，结果是编制工作进度缓慢，迟迟未能颁布施行。仅有 7 项现行标准，远远无法满足我国新型城镇化发展对规范村镇规划工作的需求，村镇建设在法律法规的建立、技术标准的制订等方面都还有漫长的路要走，标准化工作亟待进一步强化落实。

根据调研，英国、日本、新加坡等国以及我国香港、台湾的城乡规划的标准体系，按照其城乡规划技术政策体系[1]的特点，大致可分为三类：第一类是以英国为代表，对于用地分类、涉及民生（如卫生、安全、健康等）等强制性内容制定法规；对于专业较强的（如道路交通、废物处理、残疾人设施等）制定标准（BS），同时制订规划导引（PPG、PPS 等），偏向绩效型控制、政策引导。第二类是以日本、我国台湾地区为代表，技术政策贯穿从主干法到政策导引的全过程，规定较细。如建筑的建筑密度、容积率等要求在相关法规中都有所规定，同时标准只涉及专业内容（如市政、道路）以及民生（如医疗）方面。第三类是以新加坡、我国香港为代表的单城市国家或地区，规定很细。以建筑形态的控制为例，香港对于容积率、人口密度、最小地盘面积、最大的建筑密度、红线后退、建筑高度、每个地块的面宽、进深等均进行了规定；新加坡对建筑退后、建筑密度、建筑高度、每层高度、容积率、当量容积率（EPR）、停车位等也进行了规定。可以看出，城乡规划技术政策体系的内容不仅包括规划编制，而且包括规划的实施与管理，包括法规、规章以及标准、规划导引等。城乡规划技术政策体系与其他政策联系也很密切，这些做法对我国城乡规划标准体系（含村镇规划建设标准体系）的科学建立、政策法规的研究均有着较好的参考与借鉴作用。

3.2　村镇规划分支标准体系框图

3.2.1　村镇规划体系设置的基本原则

本次村镇规划标准体系构建研究主要是在现有的"城乡规划标准体系"基础上，针对

---

[1]　本次研究中，课题组在研究国外和我国香港、台湾地区时使用的主题词是技术政策，而未采用标准或者技术法规，其主要原因是由于标准一词的概念在各个国家和地区理解不同，一个国家的标准在另一个国家很有可能就是法规（如中国的用地分类标准在日本就是《都市计划法》的一部分），因此，使用技术政策一词来概括所有分析研究的内容相对比较恰当。

技术政策不仅仅是标准，而是在城乡规划的编制、实施过程中可以参考的一种准则；技术政策也不仅仅是技术法规，技术法规是带有强制性的法律、规章等，而一些国家和地区对于城乡规划的政策很多又体现为指引性的手册等内容。

村镇规划建设的主要问题以及村镇建设的特点和发展需求，对镇（乡）村规划标准进行反思与细化研究，保障标准的设置能够满足城乡统筹发展、节约集约利用土地资源、保护自然资源和历史文化遗产、维护公共安全与防灾减灾、推进公共服务均等化建设、提高基础设施建设水平、延续传统村落风貌和特色等规划建设的发展需求。

村镇规划分支体系框架的建立坚持以下基本原则：

（1）贯彻落实《城乡规划法》的要求，建立城乡统筹的标准体系框架；

（2）遵循自然规律和城乡空间差异化发展原则，顺应村镇规划建设特点和要求，提高标准的可操作性；

（3）体现城乡规划的公共政策属性，关注公共利益，关注村镇基础设施建设和社会事业发展。

国务院在《关于深入推进新型城镇化建设的若干意见》（国发［2016］8 号文）中提出加快培育中小城市和特色小城镇，提升县城和重点镇基础设施水平、加快拓展特大镇功能、加快特色镇发展、培育发展一批中小城市、加快城市群建设。明确提出了："开展特大镇功能设置试点，以下放事权、扩大财权、改革人事权及强化用地指标保障等为重点，赋予镇区人口 10 万以上的特大镇部分县级管理权限，允许其按照相同人口规模城市市政设施标准进行建设发展。同步推进特大镇行政管理体制改革和设市模式创新改革试点，减少行政管理层级、推行大部门制、降低行政成本、提高行政效率。"

这是重大的创新性改革，为我国镇区人口超过 10 万的建制镇的规划建设指明了发展路径、打开了标准束缚的出口，这类镇对应采用的标准可"按照相同人口规模城市市政设施标准进行建设发展"，实际上明确了镇规划标准的适用范围主要是县人民政府所在地以外的、10 万人以下的建制镇、乡，镇（乡）规划类标准的制修订工作将更加明确，制订难度将有所降低；同时，对于超大型的镇，能够按照相同人口规模城市市政设施标准进行建设发展，将提高其规划建设管理的前瞻性，提供更好的公共服务设施标准和更高水平的基础设施条件，更加有利于镇培育发展成为小城市，提高其竞争力。

3.2.2　村镇规划标准体系设置

村镇规划标准体系共包含技术标准 29 项，分为综合标准、基础标准、通用标准和专用标准四个层级。标准之间及其与城乡规划法律法规之间的相互关系，如图 2-3-2 所示。

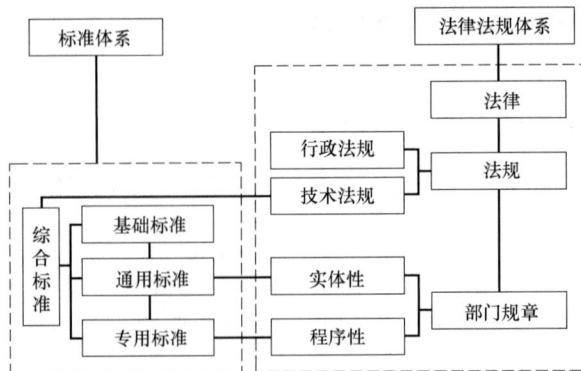

图 2-3-2　新的城乡规划技术标准体系与法律的关系

（1）综合标准（1 项）：是强制性标准，与 WTO/TBT 规定的 5 个方面以及《全国工程建设标准规范体系表》的要求有关，应包含未来可以成为技术法规的有关内容，主要包括：资源保护与利用、健康与安全、环境保护、历史文化保护、规范市场行为五方面内容。

（2）基础标准（3 项）：指在某一专业范围内作为其他标准的基础并普遍使用，具有广泛指导意义的术语、符号、计量单位、图形、模数、基本分类、基本原则等国家标准。主要分为术语标准、用地分类与建设用地标准、制图标准三大类。

（3）通用标准（9 项）：是针对某一类标准化对象制订的覆盖面较大的共性标准，它是制订专用标准的依据。通用标准对于规划编制、管理、监督等不同的城乡规划工作以及《城乡规划法》提出的城镇体系规划—城市规划—镇规划—乡规划—村庄规划等不同规划层次中涉及的最基本规划要素和最基本方法都应做出相关规定，使其真正发挥"通用"的作用。

（4）专用标准（16 项）：是针对某一具体标准化对象或作为通用标准的补充、延伸制订的专项标准，主要是针对规划层次、规划种类、规划各专业工作所制定的技术要求。专用标准分为"镇（乡）规划标准"和"村庄规划标准"两类。

3.2.3 村镇规划标准体系总框图

村镇规划标准体系总框图如图 2-3-3 所示。

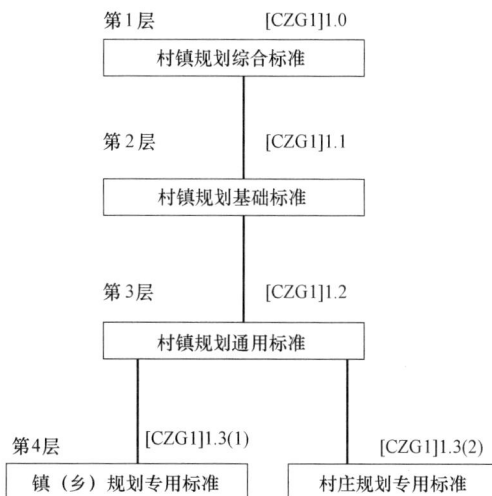

图 2-3-3 村镇规划标准体系总框图

3.3 村镇规划分支标准体系表

村镇规划标准体系的综合标准、基础标准、通用标准都是城乡共用、统一设置的。但专用标准分为镇（乡）规划标准和村庄规划标准两部分，以适应我国镇与村庄在规划建设中的巨大差距，提高村庄标准的适用性、便捷性与可操作性。具体参见表 2-3-2。

村镇规划分支标准体系表 表2-3-2

序号	体系分类编码	标准编码	标准名称	现行标准编号	标准状态	主题特征
	[CZG1]1.0 综合标准					
1	[CZG1]1.0.1	[CZG1]1.0.1.1	城乡规划技术规范		待制订	城乡规划
	[CZG1]1.1 基础标准					
	[CZG1]1.1.1 术语标准					
2	[CZG1]1.1.1	[CZG1]1.1.1.1	城乡规划基本术语标准	GB/T 50280—98	修订	城乡规划
	[CZG1]1.1.2 用地分类与建设用地标准					
3	[CZG1]1.1.2	[CZG1]1.1.2.1	城乡用地分类与规划建设用地标准	GB 50137—2011	修订	城乡规划
	[CZG1]1.1.3 制图标准					
4	[CZG1]1.1.3	[CZG1]1.1.3.1	城乡规划制图标准	CJJ/T 97—2003 J277—2003	修订改国标	城乡规划
	[CZG1]1.2 通用标准					
	[CZG1]1.2.1 专项用地标准					
5	[CZG1]1.2.1	[CZG1]1.2.1.1	居住用地标准		待制订村镇制订	城乡规划
6	[CZG1]1.2.1	[CZG1]1.2.1.2	公共服务设施用地标准		待制订	城乡规划
7	[CZG1]1.2.1	[CZG1]1.2.1.3	工业、仓储用地标准		待制订村镇现行	城乡规划
8	[CZG1]1.2.1	[CZG1]1.2.1.4	绿地标准		待制订	城乡规划
9	[CZG1]1.2.1	[CZG1]1.2.1.5	交通设施用地标准		待制订	城乡规划
10	[CZG1]1.2.1	[CZG1]1.2.1.6	市政公用设施用地标准		待制订	城乡规划
	[CZG1]1.2.2 基础工作与基本方法标准					
11	[CZG1]1.2.2	[CZG1]1.2.2.1	城乡用地评定标准	CJJ 132—2009	修订	城乡规划
12	[CZG1]1.2.2	[CZG1]1.2.2.2	城乡规划基础资料搜集标准	GB/T 50831—2012	城市现行村镇制订	城乡规划
13	[CZG1]1.2.2	[CZG1]1.2.2.3	城乡建设用地竖向规划标准	CJJ 83—99	修订	城乡规划
	[CZG1]1.3 专用标准					
	[CZG1]1.3.1 镇(乡)规划标准					
14	[CZG1]1.3.1	[CZG1]1.3.1.1	镇村体系规划标准		制订	镇村体系规划
15	[CZG1]1.3.1	[CZG1]1.3.1.2	镇(乡)规划标准	GB 50188—2007	修订	镇(乡)规划
16	[CZG1]1.3.1	[CZG1]1.3.1.3	镇(乡)公共服务设施规划标准		待制订	镇(乡)规划
17	[CZG1]1.3.1	[CZG1]1.3.1.4	镇(乡)集贸市场规划设计标准	CJJ/T 87—2000	修订	镇(乡)规划
18	[CZG1]1.3.1	[CZG1]1.3.1.5	镇(乡)农业生产设施用地规划标准		制订	镇(乡)规划
19	[CZG1]1.3.1	[CZG1]1.3.1.6	镇(乡)道路交通规划设计标准		待制订	镇(乡)规划
20	[CZG1]1.3.1	[CZG1]1.3.1.7	镇(乡)环境设施规划标准		制订	镇(乡)规划

序号	体系分类编码	标准编码	标准名称	现行标准编号	标准状态	主题特征
21	[CZG1]1.3.1	[CZG1]1.3.1.8	镇(乡)能源工程规划标准		待制订	镇(乡)规划
22	[CZG1]1.3.1	[CZG1]1.3.1.9	镇(乡)给水排水规划标准		制订	镇(乡)规划
23	[CZG1]1.3.1	[CZG1]1.3.1.10	镇(乡)防灾规划规范		制订	镇(乡)规划
24	[CZG1]1.3.1	[CZG1]1.3.1.11	历史文化名镇、名村保护规划规范		制订	名镇名村保护
25	[CZG1]1.3.1	[CZG1]1.3.1.12	特色旅游景观名镇(村)评价标准		制订	建设评价
26	[CZG1]1.3.1	[CZG1]1.3.1.13	重点镇评价标准		制订	建设评价
[CZG1]1.3.2 村庄规划的专用标准						
27	[CZG1]1.3.2	[CZG1]1.3.2.1	村庄规划标准		制订	村庄规划
28	[CZG1]1.3.2	[CZG1]1.3.2.2	村庄整治技术标准	GB 50445—2008	修订	村庄规划
29	[CZG1]1.3.2	[CZG1]1.3.2.3	传统村落保护规划标准		待制订	村庄规划

3.4　村镇规划分支标准体系项目说明

[CZG1] 1.0 综合标准

[CZG1] 1.0.1.1《城乡规划技术规范》

适用范围：所有涉及城乡规划的有关工作。

主要内容：全文强制。主要包括资源保护与利用、健康与安全、环境保护、历史文化保护、公共服务与基础设施建设等内容，是城乡规划工作必须遵守的强制性内容。

内容属性：城乡规划、技术标准。

主题特征：城镇化、战略新兴产业、能源资源、防灾减灾救灾、保障设施建设、新农村建设、质量安全。

[CZG1] 1.1 基础标准

[CZG1] 1.1.1 术语标准

[CZG1] 1.1.1.1《城乡规划基本术语标准》

适用范围：城乡规划以及其他相关行业涉及城乡规划工作的基本术语。

主要内容：统一城乡规划基本术语的定义，界定相关术语的差异。该标准对原《城市规划基本术语标准》进行修订，并增加村镇规划术语，补充《城乡规划法》中出现的以及近年来广泛使用的新术语。

内容属性：城乡规划、基本术语。

主题特征：城镇化、战略新兴产业、能源资源、防灾减灾救灾、保障设施建设、新农村建设。

[CZG1] 1.1.2 用地分类与建设用地标准

[CZG1] 1.1.2.1《城乡用地分类与规划建设用地标准》

适用范围：城市、镇总体规划和控制性详细规划，乡人民政府驻地总体规划，村庄建设规划的编制、用地统计和用地管理工作。

主要内容：城乡规划工作中涉及的有关城市、镇、乡、村庄用地的分类及其建设用地标准、术语等。本标准应结合《镇规划标准》GB 50188—2007 的修订完善有关内容。

内容属性：城乡规划、镇（乡）规划、镇（乡）用地分类、用地标准。

[CZG1] 1.1.3 制图标准

[CZG1] 1.1.3.1《城乡规划制图标准》

适用范围：城市规划、镇（乡）规划、村庄规划工作。

主要内容：制图标准确定各类规划图纸应表现的内容以及标准画法，制订规划图纸的彩色图例及单色图例的统一标准。合并现行的《城市规划制图标准》。

内容属性：城乡规划、城市规划、镇（乡）规划、村庄规划、制图。

主题特征：城镇化、能源资源、保障设施建设、防灾减灾救灾、新农村建设。

[CZG1] 1.2 通用标准

[CZG1] 1.2.1 专项用地标准

[CZG1] 1.2.1.1《居住用地标准》

适用范围：城乡规划以及其他涉及居住用地内容相关规划的编制、管理和监督等工作。

主要内容：城乡各类居住用地的选址、规划建设及安全、卫生、环保等基本要求，包括工程地质条件、空间布局要求、交通设施可达性要求，商业、医疗、教育、文化、体育等服务设施配套要求，配套给水、排水、电力、电信等市政设施要求，人口密度、容积率、绿地率、日照、噪声、无障碍设计等其他建设控制要求等。本标准应合并制定中的《镇（乡）村居住用地规划规范》，整合《城市居住区规划设计规范》中相关内容。

内容属性：城乡规划、居住用地。

主题特征：城镇化、能源资源、保障设施建设、防灾减灾救灾、新农村建设

[CZG1] 1.2.1.2《公共服务设施用地标准》

适用范围：城乡规划以及其他涉及公共服务设施用地内容相关规划的编制、管理和监督工作。

主要内容：城市、镇（乡）、村庄公共服务设施用地的规模、选址、布局、服务效率及安全、卫生等基本要求，包括工程地质条件、与城市其他功能区的相互关系，交通可达性要求、停车及大型设施的集散要求等交通条件，文化设施、教育设施、体育设施、医疗卫生设施、社会福利设施、老年人设施等配套要求，服务人口、服务半径、容积率、绿地率、开敞空间、无障碍设计等其他涉及服务能力、服务水平、安全环保、景观环境等控制要求。本标准应整合待修订的《城镇老年人设施规划规范》、《城市公共设施规划规范》、《城市居住区规划设计规范》以及修订中的《镇（乡）规划标准》、制订中的《村庄规划标准》的相关内容。

内容属性：城乡规划、公共服务设施用地。

主题特征：城镇化、能源资源、保障设施建设、防灾减灾救灾、新农村建设。

[CZG1] 1.2.1.3《工业、仓储用地标准》

适用范围：城乡规划以及其他涉及工业、仓储用地内容相关规划的编制、管理和监督工作。

主要内容：各类工业、仓储用地的选址、规划建设以及安全防护等基本要求，包括工程地质条件、与城市其他功能区的相互关系、可达性、特殊工艺的运输、大运量交通等交通设施的要求，居住、商业、医疗、教育等服务设施的配套要求，给水、排水、电力、电信等市政设施的配套要求，绿化隔离、容积率等其他建设控制要求。本标准制定应整合制订中的《镇（乡）村仓储设施规划规范》的有关内容。

内容属性：城乡规划、工业用地、仓储用地。

主题特征：城镇化、能源资源、保障设施建设、防灾减灾救灾、新农村建设。

［CZG1］1.2.1.4《绿地标准》

适用范围：城乡规划以及其他涉及绿地内容相关规划的编制、管理和监督工作。

主要内容：本标准涉及城市、镇（乡）及村庄各类绿地的选址、规划建设的基本要求，包括城市的综合公园、儿童公园、体育公园、名胜古迹公园、动物园、植物园、防护绿地、居住区或小区公共绿地以及道路广场绿化用地的选址、与城市其他功能区的关系、与人口稠密地区的关系，交通的可达性要求，配套公共和市政设施要求，开发强度控制要求等。

内容属性：城乡规划、绿地。

［CZG1］1.2.1.5《交通设施用地标准》

适用范围：城乡规划以及其他涉及交通设施内容的相关规划的编制、管理和监督工作。

主要内容：确定铁路、公路、港口、机场等区域交通设施以及城市道路、城市轨道交通、客货运交通枢纽、交通场站、公共交通场站、社会停车场等城市交通设施的规划设计控制要求（包括规划布局、用地统筹、建设控制、公共安全与卫生等）。

内容属性：城乡规划、交通设施用地。

［CZG1］1.2.1.6《市政公用设施用地标准》

适用范围：城乡规划以及其他涉及市政公用设施内容相关规划的编制、管理和监督工作。

主要内容：供水、供电、供气、供热以及环卫等设施的选址及规划建设要求，包括工程地质条件、与城市其他功能区的相互关系，可达性等交通设施要求，防护、隔离绿地等环境与景观要求等。

内容属性：城乡规划、市政设施用地。

［CZG1］1.2.2 基础工作与基本方法标准

［CZG1］1.2.2.1《城乡用地评定标准》

适用范围：城市总体规划、镇总体规划、乡规划和村庄规划的用地评定工作以及其他涉及用地评定内容的工作。

主要内容：根据用地地基承载力、地震烈度、地下水位、洪水淹没线、地形坡度，以及冲沟、滑坡、溶洞、泥石流等自然条件，提出城乡用地评定的分类定级和适用性分析的技术标准。本标准不涉及需要改善或提高用地适用程度的工程准备技术措施。

内容属性：城乡规划、城市总体规划、镇总体规划、乡规划、村庄规划、用地评定。

［CZG1］1.2.2.2《城乡规划基础资料搜集标准》

适用范围：城乡规划编制、实施评估及规划修改等工作的基础资料搜集，相关规划管理和监督工作。

主要内容：城乡规划编制、评估或修改工作必须搜集的基础资料内容和要求，包括勘察、测量以及经济社会发展、自然环境、资源条件、城乡发展历史和现状等方面；明确基础资料数据来源、统计口径以及数据整理的基本要求和方法；明确基础资料搜集的步骤、方法及成果表达形式。合并现行的《城市规划基础资料搜集规范》和制订中的《镇（乡）村规划基础资料搜集规范》。

内容属性：城乡规划、基础资料。

[CZG1] 1.2.2.3《城乡建设用地竖向规划标准》

适用范围：城乡各类建设用地的竖向规划。

主要内容：明确建设用地适宜坡度、规划地形和坡度的设计原则，综合确定建设用地设计高程、用地布局规划的基本要求，明确道路纵坡及建设用地地面排水坡度控制要求，组织建设用地土石方工程和设计防护工程的规定，明确城市生态保护的要求等。本标准结合现行《城市用地竖向规划规范》修订工作，进一步补充、完善有关镇（乡）村的内容，体现城乡协调发展的理念。

内容属性：城乡规划、建设用地、竖向规划。

[CZG1] 1.3 专用标准

[CZG1] 1.3.1 镇（乡）规划标准

[CZG1] 1.3.1.1《镇村体系规划标准》

适用范围：县域、镇域镇村体系规划。

主要内容：确定县域、镇域镇村体系规划编制的技术要求，包括等级层次和规模的现状与发展预测，性质、职能的确定；城乡统筹的具体措施要求；镇村空间布局，主要公共设施、公用工程设施的安排，土地、环境等的规划部署。

内容属性：城乡规划、镇（乡）规划、镇村体系。

[CZG1] 1.3.1.2《镇（乡）规划标准》

适用范围：县级人民政府所在地以外的镇规划、乡规划。

主要内容：规模和人口预测，居住用地规划，公共设施用地规划，生产设施和仓储用地规划，道路交通规划，公用工程设施规划，防灾减灾规划，环境规划，历史文化名镇、名村保护规划等内容。在修订现行《镇规划标准》的基础上，补充相应技术内容。

内容属性：城乡规划、镇规划、乡规划。

[CZG1] 1.3.1.3《镇（乡）公共服务设施规划标准》

适用范围：县级人民政府驻地以外的镇总体规划和详细规划、乡政府所在地的规划。

主要内容：镇乡政府所在地的公共服务设施类别，各类公共服务设施用地选址要求、服务范围、建设规模、标准、建设要求等。

内容属性：镇规划、乡规划、公共服务设施。

[CZG1] 1.3.1.4《镇（乡）集贸市场规划设计标准》

适用范围：县级人民政府驻地以外的镇以及乡的集贸市场规划设计。

主要内容：镇（乡）集贸市场的类别、规模分级，集贸市场的选址、场地建设要求，集贸市场附属设施的规划设计要求。

内容属性：镇规划、乡规划、集贸市场。

［CZG1］1.3.1.5《镇（乡）农业生产设施用地规划标准》

适用范围：县级人民政府驻地以外的镇规划、乡规划。

主要内容：镇（乡）农业生产设施项目类型；农业生产设施布局要求及与其他类型用地之间的协调原则、要求；用地标准与建设模式、要求；配套设施建设要求、标准。

内容属性：镇规划、乡规划、农业生产设施。

［CZG1］1.3.1.6《镇（乡）道路交通规划设计标准》

适用范围：县级人民政府驻地以外的镇规划、乡规划。

主要内容：公路及内部道路的分类、分级和有关规划设计的技术规定，同时包括有关广场、停车设施以及汽车站场及其他交通设施规划设计的技术规定。

内容属性：镇规划、乡规划、镇（乡）道路。

［CZG1］1.3.1.7《镇（乡）环境设施规划标准》

适用范围：县级人民政府驻地以外的镇规划、乡规划。

主要内容：有针对性地提出水、大气、噪声、固体废弃物等的治理与预防技术措施，提出环境卫生设施建设标准。该标准应结合制订中的《镇（乡）村规划设施规划规范》更名，并剥离村庄规划的有关内容。

内容属性：镇规划、乡规划、环境设施。

［CZG1］1.3.1.8《镇（乡）能源工程规划标准》

适用范围：县级人民政府驻地以外的镇规划、乡规划。

主要内容：针对我国不同区域的自然、资源特征，提出不同类型能源的需求计算方法，提出节能目标与措施要求，提出新能源、可再生能源的利用设计标准。

内容属性：镇规划、乡规划、能源工程。

［CZG1］1.3.1.9《镇（乡）给水排水规划标准》

适用范围：县级人民政府驻地以外的镇规划、乡规划。

主要内容：给水排水设施的规划设计技术要求。

［CZG1］1.3.1.10《镇（乡）防灾规划规范》

适用范围：县级人民政府驻地以外的镇规划、乡规划。

主要内容：根据镇（乡）的不同情况，对规划中的灾害综合防御以及洪灾、火灾、风灾、地质灾害、雪灾和冻融灾害的设防标准，制定应采取的技术措施。该标准应结合制订中的《镇（乡）村防灾规划规范》更名，并剥离村庄规划的有关内容。

内容属性：镇规划、乡规划、防灾。

［CZG1］1.3.1.11《历史文化名镇、名村保护规划规范》

适用范围：历史文化名镇、名村保护规划。

主要内容：（1）历史文化名镇名村以及文物保护单位的保护原则、保护内容、保护范围、保护措施、建设控制以及与周围环境协调等内容。主要包括镇规划布局与产业发展方向、政策对保护对象的影响；确定保护范围，对保护范围内的保护对象，历史环境要素进行分析研究，提出保护、整治的具体要求，提出可行的保护措施。协调保护与其他规范要求之间的关系。（2）历史文化名村保护规划要强调农村的特殊性，探索名村的保护对象与内容，研究适合农村特点的保护技术、必需的现代化基础设施以及文化遗产保护措施，提出对院落和街巷日常维护的要求，对自然和人文环境要素的保护要求，以及适应农民特点的参与方式；注重名村保持传统风貌的同时，对传统文化、风俗等非物质文化遗产的协同保护。

内容属性：镇规划、村庄规划、历史文化名镇名村。

[CZG1] 1.3.1.12《特色旅游景观名镇（村）评价标准》

适用范围：除历史文化名镇名村以外的特色旅游景观名镇的评价工作。

主要内容：明确特色旅游景观名镇（村）的评价方法和主要评价要求等。

内容属性：镇规划、村庄规划、特色景观名镇（村）。

[CZG1] 1.3.1.13《重点镇评价标准》

适用范围：城乡规划确定的重点镇的评价工作。

主要内容：明确重点镇的评价方法和内容，包括经济社会发展、镇建设、管理等评价指标体系，负面清单等内容。

内容属性：镇规划、村庄规划、重点镇。

[CZG1] 1.3.2 村庄规划的专用标准

[CZG1] 1.3.2.1《村庄规划标准》

适用范围：村级行政区域的村庄规划。

主要内容：明确村庄规划内容、村庄体系布局与人口规模预测方法，村庄用地分类与计算，提出宅基地标准，以及居住、公共设施、道路交通、公用工程设施等的用地规划要求和标准；提出村域范围内的土地利用、生产设施布局要求，提出环境保护、防灾减灾等规划要求。

内容属性：村庄规划。

[CZG1] 1.3.2.2《村庄整治技术标准》

适用范围：村级行政区域的村庄整治工作。

主要内容：提出村庄安全与防火、给水、垃圾收集与处理、粪便处理、排水设施、道路桥梁及交通安全设施、公共环境、历史文化遗产与乡土特色保护等方面的整治技术要求。

内容属性：村庄整治。

[CZG1] 1.3.2.3《传统村落保护规划标准》

适用范围：非历史文化名镇名村的传统村庄保护规划工作。

主要内容：强调农村的特殊性，探索传统村落保护对象与保护内容，研究适应农村特点的保护技术、必需的基础设施以及保护措施；提出院落和街巷的日常维护要求，对自然和人文环境要素的保护要求，以及适应农民特点的参与方式；注重保持传统风貌的同时，对传统文化、风俗等非物质文化遗产的协同保护。

内容属性：村庄规划。

第4章　村镇建筑设计分支标准体系

4.1　综述

随着市场经济体制的建立与逐步完善，城乡建设和发展发生了深刻的变化，城镇化呈现出新的特点：（1）城镇化水平大大提高；（2）国家投资体制、财税体制以及土地使用制度等发生了根本性的变化；（3）小城镇发展呈现新局面，建制镇内涵发生了本质变化。这些变化对城乡规划和建设带来了深刻影响，随着城镇化进程的加快，城乡之间的联系日益紧密，特别是城市所在区域性经济发展中，乡村受到带动，城乡发展日益交融。原有建筑设计标准体系是建立在城乡二元结构基础上的，以城市为主，少量标准用于村镇建设，但目前，经济发达地区镇的发展已超过中、小城市，有的村镇因条件限制经济发展仍然十分落后，存在乡和村庄规划、建设管理薄弱，村庄建设散乱，既浪费了土地资源，又破坏了自然环境，部分乡村没有规划，一些乡村庄规划、建设盲目模仿城市没有体现农村特点，难以满足农民生活和农村发展的实际需要，村镇工程建设建筑设计标准体系怎样构建才能涵盖量大面广、经济状况参差不齐、生活习惯迥然不同、分布在不同气候区的村镇建筑设计，更好地满足城乡经济统筹发展的需要，城乡建设协调的发展，不带来严重的经济和社会问题，是意义重大，任重道远的工作。

4.1.1　建筑设计标准体系现状

工程建设标准是从事各类工程建设活动的技术依据和准则，是政府运用技术手段实现对建筑市场宏观调控、推动科技进步和提高建设水平的重要途径。

从20世纪80年代开始，我国有计划地开始制订、修订建筑设计专业方面的标准。经过20多年来的努力，基础标准、通用标准和专用标准之间层次分明，系统比较合理，基本没有重复现象。

2013年建筑设计体系进行了全面的调整，遵循以民用建筑设计为主，基础和通用的工业建筑为辅的基本原则。通过调整，使建筑设计标准体系更加完整。在第二层次中加入了建筑技术通用标准和建筑评价通用标准，在第三层次中加入了建筑技术专用标准和建筑评价专用标准，形成了建筑设计、建筑技术和建筑评价三部分标准的结合，完善了建筑设计全过程所需的标准文件。

目前，现行工程建设建筑设计标准体系运行状况较好，充分发挥了指导标准编制工作，协调整个体系的良性发展，是工程建设建筑设计标准重要的指导文件。

4.1.2 村镇建筑设计标准体系总体思路

（1）贯彻国家相关村镇政策。

（2）适应市场经济体制下乡镇建筑设计的发展。

（3）实现与现行工程建设建筑设计标准体系的对接，应符合现行工程建设建筑设计标准体系的有关规定，按照综合标准—基础标准—通用标准—专用标准的系列进行构建。

（4）村镇工程建设建筑设计标准体系应有利于推进村镇工程建设标准体制、管理体制、运行体制的实施。

（5）村镇工程建设建筑设计标准体系应有利于适合村镇发展新技术的推广，起到保证村镇工程建设质量与安全的技术控制作用。

（6）依托现行工程建设建筑设计标准体系，补充、完善村镇工程建设建筑设计标准体系结构的优化，尽量避免重复制定标准。充分考虑现行工程建设建筑设计标准体系与村镇工程建设建筑设计标准体系之间的衔接，明确适用范围，强调分步骤逐步实施。

充分利用现行的技术标准体系，强调尽可能使用已有可适用于村镇的技术标准，并考虑今后一定时期内村镇发展的需要，设置合理的标准数量，保证新的技术标准体系覆盖面达到最大的范围。

以系统分析的方法，实现结构优化、数量合理、层次清楚、分类明确、协调配套，形成适用于村镇建设的有机整体。

4.2 村镇建筑设计分支标准体系框图

4.2.1 分支标准体系总框图

分支标准体系总框图如图 2-4-1 所示。

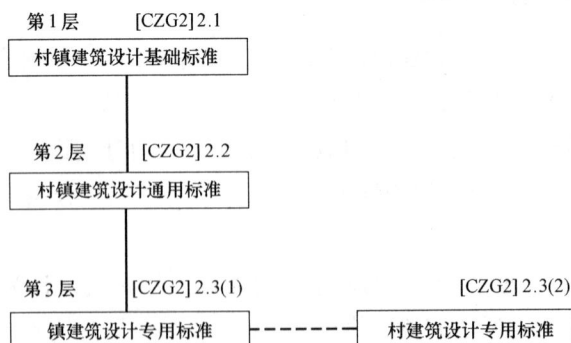

图 2-4-1 分支标准体系总框图

4.2.2 分支标准体系细化分类框图

分支标准体系细化分类框图如图 2-4-2 所示。

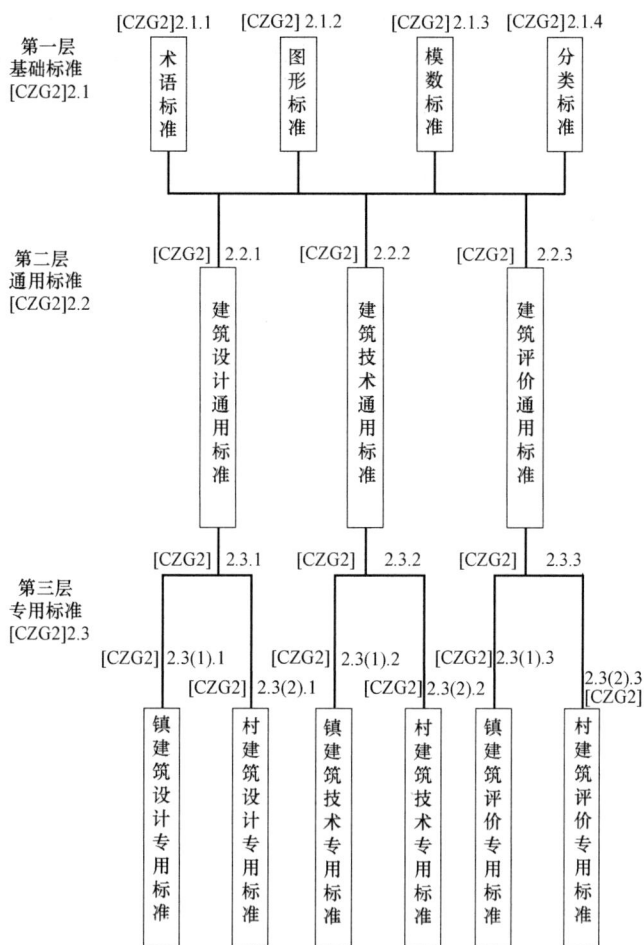

图 2-4-2　分支标准体系细化分类框图

4.3　村镇建筑设计分支标准体系表

村镇建筑设计分支标准体系表　　　　　　　　表 2-4-1

序号	体系分类编码	标准编码	标准名称	现行标准编号	标准状态	主题特征
［CZG2］2.1 基础标准						
［CZG2］2.1.1 术语标准						
1	［CZG2］2.1.1	［CZG2］2.1.1.1	民用建筑设计术语标准	GB/T 50504—2009	现行	建筑设计
2	［CZG2］2.1.1	［CZG2］2.1.1.2	城市地下空间基本术语标准		制订中	建筑设计
［CZG2］2.1.2 图形标准						
3	［CZG2］2.1.2	［CZG2］2.1.2.1	房屋建筑制图统一标准	GB/T 50001—2010	现行	建筑设计
4	［CZG2］2.1.2	［CZG2］2.1.2.2	建筑制图标准	GB/T 50104—2010	现行	建筑设计

27

续表

序号	体系分类编码	标准编码	标准名称	现行标准编号	标准状态	主题特征
5	［CZG2］2.1.2	［CZG2］2.1.2.3	总图制图标准	GB/T 50103—2010	现行	建筑设计
6	［CZG2］2.1.2	［CZG2］2.1.2.4	房屋建筑室内装修设计制图标准	JGJ/T 244—2011	现行	建筑室内设计
［CZG2］2.1.3 模数标准						
7	［CZG2］2.1.3	［CZG2］2.1.3.1	建筑模数协调标准	GB/T 50002—2013	现行	建筑设计
［CZG2］2.1.4 分类标准						
8	［CZG2］2.1.4	［CZG2］2.1.4.1	村镇建筑分类标准		待编	建筑设计
［CZG2］2.2 通用标准						
［CZG2］2.2.1 建筑设计通用标准						
9	［CZG2］2.2.1	［CZG2］2.2.1.1	民用建筑设计通则	GB 50352—2005	修订中	建筑设计
10	［CZG2］2.2.1	［CZG2］2.2.1.2	无障碍设计规范	GB 50763—2012	现行	建筑设计
11	［CZG2］2.2.1	［CZG2］2.2.1.3	民用建筑绿色设计规范	JGJ/T229—2010	现行	建筑设计
12	［CZG2］2.2.1	［CZG2］2.2.1.4	地下建筑设计统一规范		制订中	建筑设计
［CZG2］2.2.2 建筑技术通用标准						
13	［CZG2］2.2.2	［CZG2］2.2.2.1	建筑内部装修设计防火规范	GB 50222—1995	修订中	建筑设计
14	［CZG2］2.2.2	［CZG2］2.2.2.2	建筑隔声评价标准	GB/T 50121—2005	修订中	建筑设计
［CZG2］2.2.3 建筑评价通用标准						
15	［CZG2］2.2.3	［CZG2］2.2.3.1	绿色建筑评价标准	GB/T 50378—2014	现行	建筑设计
［CZG2］2.3 专用标准						
［CZG2］2.3(1).1 镇建筑设计专用标准						
16	［CZG2］2.3(1).1	［CZG2］2.3(1).1.1	中小学校设计规范	GB 50099—2011	现行	建筑设计
17	［CZG2］2.3(1).1	［CZG2］2.3(1).1.2	村镇住宅设计规范		制订中	建筑设计
18	［CZG2］2.3(1).1	［CZG2］2.3(1).1.3	镇（乡）村医疗卫生建筑设计规范		待编	建筑设计
19	［CZG2］2.3(1).1	［CZG2］2.3(1).1.4	镇（乡）村文化中心建筑设计规范	JGJ 156—2008	现行	建筑设计
20	［CZG2］2.3(1).1	［CZG2］2.3(1).1.5	娱乐休闲建筑设计规范		待编	建筑设计
21	［CZG2］2.3(1).1	［CZG2］2.3(1).1.6	老年人居住建筑设计标准	GB/T 50340—2003	修订中	建筑设计
22	［CZG2］2.3(1).1	［CZG2］2.3(1).1.7	城镇防灾避难场所设计规范		制订中	建筑设计
23	［CZG2］2.3(1).1	［CZG2］2.3(1).1.8	养老设施建筑设计规范	GB 50867—2013	现行	建筑设计
24	［CZG2］2.3(1).1	［CZG2］2.3(1).1.9	住宅厨房参数及相关尺寸协调标准	GB/T 11228—2008	现行	建筑设计
25	［CZG2］2.3(1).1	［CZG2］2.3(1).1.10	住宅卫生间参数及相关尺寸协调标准	GB/T 11977—2008	现行	建筑设计
26	［CZG2］2.3(1).1	［CZG2］2.3(1).1.11	住宅信报箱工程技术规范	GB 50631—2010	现行	建筑设计
27	［CZG2］2.3(1).1	［CZG2］2.3(1).1.12	康复医院建筑设计规范		制订中	建筑设计

续表

序号	体系分类编码	标准编码	标准名称	现行标准编号	标准状态	主题特征
28	[CZG2]2.3(1).1	[CZG2]2.3(1).1.13	住宅室内装饰装修设计规范		制订中	建筑设计
29	[CZG2]2.3(1).1	[CZG2]2.3(1).1.14	宿舍建筑设计规范	JGJ 36—2005	修订中	建筑设计
30	[CZG2]2.3(1).1	[CZG2]2.3(1).1.15	办公建筑设计规范	JGJ 67—2006	修订中	建筑设计
31	[CZG2]2.3(1).1	[CZG2]2.3(1).1.16	特殊教育学校建筑设计规范	JGJ 76—2003	修订中	建筑设计
32	[CZG2]2.3(1).1	[CZG2]2.3(1).1.17	电影院建筑设计规范	JGJ 58—2008	修订中	建筑设计
33	[CZG2]2.3(1).1	[CZG2]2.3(1).1.18	疗养院建筑设计规范	JGJ 40—1987	修订中	建筑设计
34	[CZG2]2.3(1).1	[CZG2]2.3(1).1.19	文化馆建筑设计规范	JGJ/T 41—2014	现行	建筑设计
35	[CZG2]2.3(1).1	[CZG2]2.3(1).1.20	科学实验建筑设计规范	JGJ 91—1993	修订中	建筑设计
36	[CZG2]2.3(1).1	[CZG2]2.3(1).1.21	车库建筑设计规范	JGJ 100—2015	现行	建筑设计
37	[CZG2]2.3(1).1	[CZG2]2.3(1).1.22	看守所建筑设计规范	JGJ 127—2000	修订中	建筑设计
38	[CZG2]2.3(1).1	[CZG2]2.3(1).1.23	商店建筑设计规范	JGJ 48—2014	现行	建筑设计
39	[CZG2]2.3(1).1	[CZG2]2.3(1).1.24	展览建筑设计规程	JGJ 218—2010	现行	建筑设计
40	[CZG2]2.3(1).1	[CZG2]2.3(1).1.25	图书馆建筑设计规范	JGJ 38—2015	现行	建筑设计
41	[CZG2]2.3(1).1	[CZG2]2.3(1).1.26	托儿所、幼儿园建筑设计规范	JGJ 39—2016	现行	建筑设计
42	[CZG2]2.3(1).1	[CZG2]2.3(1).1.27	剧场建筑设计规范	JGJ 57—2000	修订中	建筑设计
43	[CZG2]2.3(1).1	[CZG2]2.3(1).1.28	交通客运站建筑设计规范	JGJ/T 60—2012	现行	建筑设计
44	[CZG2]2.3(1).1	[CZG2]2.3(1).1.29	殡仪馆建筑设计规范	JGJ 124—1999	修订中	建筑设计
45	[CZG2]2.3(1).1	[CZG2]2.3(1).1.30	旅馆建筑设计规范	JGJ 62—2014	现行	建筑设计
46	[CZG2]2.3(1).1	[CZG2]2.3(1).1.31	装配式住宅建筑设计规程		制订中	建筑设计
47	[CZG2]2.3(1).1	[CZG2]2.3(1).1.32	档案馆建筑设计规范	JGJ 25—2010	现行	建筑设计
48	[CZG2]2.3(1).1	[CZG2]2.3(1).1.33	博物馆建筑设计规范	JGJ 66—2015	现行	建筑设计
49	[CZG2]2.3(1).1	[CZG2]2.3(1).1.34	看守所建筑设计规范	JGJ 127—2000	修订中	建筑设计
50	[CZG2]2.3(1).1	[CZG2]2.3(1).1.35	体育建筑设计规范	JGJ 31—2003	修订中	建筑设计
51	[CZG2]2.3(1).1	[CZG2]2.3(1).1.36	饮食建筑设计规范	JGJ 64—1989	修订中	建筑设计
52	[CZG2]2.3(1).1	[CZG2]2.3(1).1.37	公墓和骨灰寄存建筑设计规范		制订中	建筑设计
53	[CZG2]2.3(1).1	[CZG2]2.3(1).1.38	综合医院建筑设计规范	GB 51039—2014	现行	建筑设计
54	[CZG2]2.3(1).1	[CZG2]2.3(1).1.39	传染病医院建筑设计规范	GB 50849—2014	现行	建筑设计
[CZG2]2.3(2).1 村建筑设计专用标准						
55	[CZG2]2.3(2).1	[CZG2]2.3(2).1.1	村公共配套服务建筑设计规范		待编	建筑设计
56	[CZG2]2.3(2).1	[CZG2]2.3(2).1.2	绿色农房设计规范		待编	建筑设计
57	[CZG2]2.3(2).1	[CZG2]2.3(2).1.3	夯土建筑设计规程		待编	建筑设计
58	[CZG2]2.3(2).1	[CZG2]2.3(2).1.4	村公共仓储用房设计规范		待编	建筑设计
59	[CZG2]2.3(2).1	[CZG2]2.3(2).1.5	种植大棚用房设计规范		待编	建筑设计

序号	体系分类编码	标准编码	标准名称	现行标准编号	标准状态	主题特征
	［CZG2］2.3(1).2 镇建筑技术专用标准					
60	［CZG2］2.3(1).2	［CZG2］2.3(1).2.1	被动式太阳能建筑技术规范	JGJ/T267—2012	现行	建筑设计
61	［CZG2］2.3(1).2	［CZG2］2.3(1).2.2	中小学校体育设施技术规程	JGJ/T280—2012	现行	建筑设计
62	［CZG2］2.3(1).2	［CZG2］2.3(1).2.3	信息栏工程技术规程		制订中	建筑设计
63	［CZG2］2.3(1).2	［CZG2］2.3(1).2.4	城市雕塑工程技术规程		制订中	建筑设计
64	［CZG2］2.3(1).2	［CZG2］2.3(1).2.5	住宅排气管道系统工程技术规范		制订中	建筑设计
65	［CZG2］2.3(1).2	［CZG2］2.3(1).2.6	传统建筑改造技术规程		待编	建筑设计
	［CZG2］2.3(2).2 村建筑技术专用标准					
66	［CZG2］2.3(2).2	［CZG2］2.3(2).2.1	被动式农村住宅技术规程		待编	建筑设计
67	［CZG2］2.3(2).2	［CZG2］2.3(2).2.2	传统民居修缮技术规程		待编	建筑设计
68	［CZG2］2.3(2).2	［CZG2］2.3(2).2.3	农村火炕系统通用技术规程	JGJ/T 358—2015	现行	建筑设计
	［CZG2］2.3(1).3 镇建筑评价专用标准					
69	［CZG2］2.3(1).3	［CZG2］2.3(1).3.1	建筑全生命周期可持续性影响评价标准	JGJ/T222—2011	现行	建筑设计
	［CZG2］2.3(2).3 村建筑评价专用标准					
70	［CZG2］2.3(2).3	［CZG2］2.3(2).3.1	农村居住建筑性能评价标准		待编	建筑设计

4.4　村镇建筑设计分支标准体系项目说明

［CZG2］2.1 基础标准

［CZG2］2.1.1 术语标准

［CZG2］2.1.1.1《民用建筑设计术语标准》

本标准适用于房屋建筑工程中民用建筑的设计、教学、科研、管理及其他相关领域。

主要技术内容包括：总则、通用术语和专用术语。

内容属性：建筑、设计、术语。

主题特征：建筑设计。

［CZG2］2.1.1.2《城市地下空间基本术语标准》

本标准适用于地下空间设计的相关领域。

主要技术内容包括：总则、通用术语和专用术语。

内容属性：地下空间、设计、术语。

主题特征：建筑设计。

［CZG2］2.1.2 图形标准

［CZG2］2.1.2.1《房屋建筑制图统一标准》

本标准是房屋建筑制图的基本规定，适用于总图、建筑、结构、给水排水、暖通空调、电气等专业制图。

主要技术内容包括：总则、术语、图纸幅面规格与图纸编排顺序、图线、字体、比例、符号、定位轴线、常用建筑材料图例、图样画法、尺寸标注、计算机制图文件、制图图层与制图规则。

内容属性：房屋、建筑、制图。

主题特征：建筑设计。

［CZG2］2.1.2.2《建筑制图标准》

本标准适用于建筑和室内设计的手工与计算机制图，包括新建、改建、扩建的各设计阶段的设计图、竣工图；原有建筑物、构筑物等实测图；通用设计图和标准设计图。

主要技术内容包括：总则、比例、图样、图例、图样画法等。

内容属性：建筑、制图。

主题特征：建筑设计。

［CZG2］2.1.2.3《总图制图标准》

本标准适用于总图专业的手工与计算机制图，包括新建、改建、扩建工程各阶段的总图制图；原有工程的总平面实测图；总图的通用设计图和标准设计图；场地园林景观设计制图。

主要技术内容包括：总则、图纸、比例、计算单位、坐标注法、标高注法、名称和编号、图例等。

内容属性：总图、制图。

主题特征：建筑设计。

［CZG2］2.1.2.4《房屋建筑室内装修设计制图标准》

本标准适用于新建、改建、扩建的房屋建筑室内装饰装修设计制图，原有房屋建筑、构筑物等室内装饰装修工程的实测图，房屋建筑室内装饰装修的通用设计和标准设计制图，计算机制图和手工制图。

主要技术内容包括：总则、术语、基本规定、常用建筑装饰装修材料图例、图样画法。

内容属性：房屋、建筑、室内装修、设计、制图。

主题特征：建筑设计。

［CZG2］2.1.3 模数标准

［CZG2］2.1.3.1《建筑模数协调标准》

本标准是将《建筑模数协调统一标准》和《住宅模数协调标准》合并，适用于一般民用建筑的新建、改建和扩建工程设计。

主要技术内容包括：总则、术语和符号、模数、模数协调原则、模数协调应用。

内容属性：建筑模数、协调。

主题特征：建筑设计。

［CZG2］2.1.4 分类标准

［CZG2］2.1.4.1《村镇建筑分类标准》

本标准按村镇建筑使用功能、规模等级、耐火等级、抗震等级、设计使用年限等级、村镇住宅性能等级等分类，适用于新建、改建和扩建的村镇民用建筑。

主要技术内容包括：总则、术语、居住建筑、公共建筑。

内容属性：建筑、分类。

主题特征：建筑设计。

[CZG2] 2.2 通用标准

[CZG2] 2.2.1 建筑设计通用标准

[CZG2] 2.2.1.1《民用建筑设计通则》

本标准是民用建筑设计应遵守的共性规则。适用于新建、改建和扩建的民用建筑设计。

主要技术内容包括：总则、术语、基本规定、城市规划对建筑的限定、场地设计、建筑物设计、室内环境和建筑设备。

内容属性：民用建筑、设计、通则。

主题特征：建筑设计。

[CZG2] 2.2.1.2《无障碍设计规范》

本标准适用于全国城市各类新建、改建和扩建的城市道路、城市广场、城市绿地、居住区、民用建筑物等的无障碍设计，包括无障碍信息与标识等。

主要技术内容包括：总则、术语、城市无障碍设施的基本规定、城市道路、城市广场、城市绿地、居住区、居住建筑、公共建筑、历史文物保护建筑无障碍建设与改造。

内容属性：城市、无障碍、设计。

主题特征：建筑设计。

[CZG2] 2.2.1.3《民用建筑绿色设计规范》

本标准适用于新建、改建和扩建民用建筑的绿色设计。

主要技术内容包括：总则、术语、基本规定、绿色设计策划、场地与室外环境、建筑设计与室内环境、建筑材料、给水排水、暖通空调、建筑电气。

内容属性：民用建筑、绿色、设计。

主题特征：建筑设计。

[CZG2] 2.2.1.4《地下建筑设计统一规范》

本标准适用于新建、扩建、改建的地下建筑设计。

主要技术内容包括：选址与总平面、地下建筑设计、地下建筑安全设计、地下建筑室内环境、地下建筑设备、地下建筑标识系统等。

内容属性：地下空间、建筑、设计。

主题特征：建筑设计。

[CZG2] 2.2.2 建筑技术通用标准

[CZG2] 2.2.2.1《建筑内部装修设计防火规范》

本标准适用于新建、改建和扩建民用建筑室内外装饰装修设计。

主要技术内容包括：总则、术语、基本规定、建筑装饰装修材料的选用原则、装修构造、室内环境、室内灯光、建筑防火和建筑设备。

内容属性：建筑、装饰装修、设计。

主题特征：建筑设计。

[CZG2] 2.2.2.2《建筑隔声评价标准》

本标准适用于新建、改建和扩建的建筑结构（墙体及楼板）及构件的隔声测量值换算。

主要技术内容包括：各频带的隔声参数，确定该关注对象的单一隔声参数的方法。对建筑和建筑构件的不同空气声、撞击声隔声性能进行了分级。

内容属性：建筑、隔声、评价。

主题特征：建筑环境、评价方法。

［CZG2］2.2.3 建筑评价通用标准

［CZG2］2.2.3.1《绿色建筑评价标准》

本标准适用于新建、改建和扩建的民用建筑的绿色评价指标。

主要技术内容包括：总则、术语、基本规定、评价建筑在全寿命周期内的节地与室外环境、节能与能源利用、节水与水资源利用、节材与材料资源利用、室内环境质量和运营管理的要求。

内容属性：绿色建筑、评价。

主题特征：建筑设计、节能减排。

［CZG2］2.3 专用标准

［CZG2］2.3（1）.1 镇建筑设计专用标准

［CZG2］2.3（1）.1.1《中小学校设计规范》

本标准适用于新建、改建、扩建的中小学校的建筑设计。

主要技术内容包括：总则、术语、基本规定、基地和总平面、教学和辅助用房、普通和专用教室、生活和劳动训练用房、行政办公用房和生活服务用房、主要教学用房及教学辅助用房面积指标、净高和建筑构造、交通与疏散、室内环境、建筑设备等。

内容属性：学校、建筑、设计。

主题特征：建筑设计。

［CZG2］2.3（1）.1.2《村镇住宅设计规范》

本标准适用于新建、改建和扩建的村镇住宅。

主要技术内容包括：总则、术语、基本规定、选址与宅基地设计、建筑设计、结构设计、室内环境、辅助设施、建筑设备。

内容属性：村镇、住宅、设计。

主题特征：建筑设计。

［CZG2］2.3（1）.1.3《镇（乡）村医疗卫生建筑设计规范》

本标准适用于县级人民政府驻地以外的镇（乡）村医疗卫生建筑。

主要技术内容包括：总则、术语、医疗卫生建筑的分级、选址和总平面布置、建筑设计、医疗设备配置、建筑设备等。

内容属性：镇（乡）村、医疗卫生、建筑、设计。

主题特征：建筑设计。

［CZG2］2.3（1）.1.4《镇（乡）村文化中心建筑设计规范》

本标准适用于县级人民政府驻地以外的镇（乡）村文化中心建筑。

主要技术内容包括：总则、术语、建筑的分级、选址和总平面布置、建筑设计、建筑设备等。

内容属性：镇（乡）村、文化中心、建筑、设计。

主题特征：建筑设计。

　　[CZG2] 2.3 (1).1.5《娱乐休闲建筑设计规范》

　　本标准适用于游乐场、歌舞厅、洗浴中心、美容中心、社区活动中心、健身房等。

　　主要技术内容包括：建筑性质界定、分类或分级、选址与总平面布局、建筑设计、室内环境、防护安全与卫生，建筑设备。

　　内容属性：娱乐、休闲、建筑、设计。

　　主题特征：建筑设计。

　　[CZG2] 2.3 (1).1.6《老年人居住建筑设计标准》

　　本标准适用于老年人住宅、老年人公寓、养老院、疗养所、托老所等建筑。

　　主要技术内容包括：总则、术语、基本规定、基地环境、功能分区、建筑设计、室内环境、公共配套设施、防火、疏散、建筑设备等。

　　内容属性：老年人、建筑、设计。

　　主题特征：建筑设计。

　　[CZG2] 2.3 (1).1.7《城镇防灾避难场所设计规范》

　　本标准适用于城镇防灾避难场所等建筑。

　　主要技术内容包括：总则、术语、基本规定、基地环境、功能分区、建筑设计、防火、疏散、建筑设备等。

　　内容属性：防灾避难场所、建筑、设计。

　　主题特征：建筑设计。

　　[CZG2] 2.3 (1).1.8《养老设施建筑设计规范》

　　本标准适用于养老院、疗养所、托老所等建筑。

　　主要技术内容包括：总则、术语、基本规定、基地环境、功能分区、建筑设计、室内环境、公共配套设施、防火、疏散、建筑设备等。

　　内容属性：养老设施、建筑、设计。

　　主题特征：建筑设计。

　　[CZG2] 2.3 (1).1.9《住宅厨房参数及相关尺寸协调标准》

　　本标准适用于住宅设计中厨房参数选取及模数协调。

　　主要技术内容包括：总则、术语、基本规定、模数尺寸与模数原则、厨房空间、设备、部品与系统接口。

　　内容属性：住宅、厨房、参数及相关尺寸、协调。

　　主题特征：建筑设计。

　　[CZG2] 2.3 (1).1.10《住宅卫生间参数及相关尺寸协调标准》

　　本标准适用于住宅设计中卫生间参数选取及模数协调。

　　主要技术内容包括：总则、术语、基本规定、模数尺寸与模数原则、卫生间空间、设备、部品与系统接口。

　　内容属性：住宅、卫生间、参数及相关尺寸、协调。

　　主题特征：建筑设计。

　　[CZG2] 2.3 (1).1.11《住宅信报箱工程技术规范》

　　本标准适用于城镇新建住宅小区、住宅建筑、既有住宅改建、扩建工程信报箱建设的设计、安装和验收以及农村信报箱的建设。

主要技术内容包括：总则、术语、基本规定、设置原则、位置和方式、使用空间及建筑设计要求、信报箱安装与验收。

内容属性：住宅、信报箱、工程、技术。

主题特征：建筑设计。

［CZG2］2.3（1）.1.12《康复医院建筑设计规范》

本标准适用于城乡新建、扩建和改建的为需要康复的患者和残疾人、老年人康复服务的康复医院建筑的设计。

主要技术内容包括：用地与总平面设计、康复医疗工艺设计、康复医疗用房及场地、培训科研用房、附属用房、建筑设备、室内装修及环境设施等。

内容属性：康复医院、建筑、设计。

主题特征：建筑设计。

［CZG2］2.3（1）.1.13《住宅室内装饰装修设计规范》

本标准适用于新建、改建和扩建住宅建筑室内外装饰装修设计。

主要技术内容包括：总则、术语、基本规定、建筑装饰装修材料的选用原则、装修构造、室内环境、室内灯光、建筑防火和建筑设备。

内容属性：住宅、装饰装修、设计。

主题特征：建筑设计。

［CZG2］2.3（1）.1.14《宿舍建筑设计规范》

本标准适用于新建、改建、扩建的宿舍建筑设计。

主要技术内容包括：总则、术语、基地和总平面、建筑设计、防火设计、室内环境和建筑设备。

内容属性：宿舍、建筑、设计。

主题特征：建筑设计。

［CZG2］2.3（1）.1.15《办公建筑设计规范》

本标准适用于新建、改建、扩建的办公建筑设计。

主要技术内容包括：总则、术语、基地和总平面、建筑设计、防火设计、室内环境和建筑设备。

内容属性：办公、建筑、设计。

主题特征：建筑设计。

［CZG2］2.3（1）.1.16《特殊教育学校建筑设计规范》

本标准适用于新建、改建、扩建的特殊教育学校的建筑设计。

主要技术内容包括：总则、术语、基本规定、基地和总平面、教学和辅助用房、普通和专用教室、生活和劳动训练用房、行政办公用房和生活服务用房等。

内容属性：特殊教育、建筑、设计。

主题特征：建筑设计。

［CZG2］2.3（1）.1.17《电影院建筑设计规范》

本标准适用于新建、改建、扩建的电影院建筑设计。

主要技术内容包括：总则、术语、基本规定、前厅和休息厅、观众厅、舞台、后台、银幕布置、观众厅、放映机房、建筑设计与声学设计、防火设计、建筑设备。

内容属性：电影院、建筑、设计。

主题特征：建筑设计。

［CZG2］2.3（1）.1.18《疗养院建筑设计规范》

本标准适用于综合性疗养院和专科疗养院的新建工程和改建、扩建工程。

主要技术内容包括：总则、术语、基本规定、场地和总平面设计、建筑设计、给水排水、供暖、空调系统冷热源的要求、洁净空调的要求、舒适性空调的要求、供暖通风空调系统噪声和节能要求；修改理疗用房、安全通行与疏散、建筑电气、智能化等要求。

内容属性：疗养院、建筑、设计。

主题特征：建筑设计。

［CZG2］2.3（1）.1.19《文化馆建筑设计规范》

本标准适用于新建、改建、扩建的文化馆建筑设计。

主要技术内容包括：总则、术语、基地和总平面、建筑设计、室内环境、防火与疏散、建筑设备。

内容属性：文化、建筑、设计。

主题特征：建筑设计。

［CZG2］2.3（1）.1.20《科学实验建筑设计规范》

本标准适用于民用建筑中的科研建筑及含科学研究用房的相关建筑类型。

主要技术内容包括：总则、术语、分类、总体布局、科研办公、科研实验、科研博览建筑设计、防火设计、建筑设备等。

内容属性：科研、建筑、设计。

主题特征：建筑设计。

［CZG2］2.3（1）.1.21《车库建筑设计规范》

本标准适用于新建、改建、扩建的车库建筑设计。

主要技术内容包括：总则、术语、选址和总平面、非机动车停车库、机械式停车库、防火设计、建筑设备。

内容属性：车库、建筑、设计。

主题特征：建筑设计。

［CZG2］2.3（1）.1.22《看守所建筑设计规范》

本标准适用于新建、改建、扩建的看守所建筑设计。

主要技术内容包括：总则、术语、基地和总平面、建筑设计、室内环境、防火与疏散、建筑设备。

内容属性：看守所、建筑、设计。

主题特征：建筑设计。

［CZG2］2.3（1）.1.23《商店建筑设计规范》

本标准适用于从事零售业的有店铺的商店建筑（包括菜市场、书店、药店等）的新建、扩建和改建设计。不适用于单项建筑内总建筑面积小于 $100m^2$ 的单建或附属商店（店铺）建筑设计。

主要技术内容包括：总则、术语、基地和总平面、建筑设计、防火设计、建筑设备。

内容属性：商店、建筑、设计。

主题特征：建筑设计。

［CZG2］2.3（1).1.24《展览建筑设计规程》

本标准适用于新建、改建和扩建的展览非永久性展品的展览建筑设计。

主要技术内容包括：总则、术语、场地设计、建筑设计、防火设计、室内环境、建筑设备。

内容属性：展览、建筑、设计。

主题特征：建筑设计。

［CZG2］2.3（1).1.25《图书馆建筑设计规范》

本标准适用于新建、改建、扩建的图书馆建筑设计。

主要技术内容包括：总则、术语、基地和总平面、建筑设计、室内环境、防火与疏散、建筑设备。

内容属性：图书馆、建筑、设计。

主题特征：建筑设计。

［CZG2］2.3（1).1.26《托儿所、幼儿园建筑设计规范》

本标准适用于新建、改建和扩建的托儿所、幼儿园、幼儿福利院的建筑设计。

主要技术内容包括：总则、术语、选址和总平面、建筑设计、室内环境、安全疏散、防火设计、建筑设备。

内容属性：幼儿、建筑、设计。

主题特征：建筑设计。

［CZG2］2.3（1).1.27《剧场建筑设计规范》

本标准适用于新建、改建、扩建的剧场建筑设计。

主要技术内容包括：总则、术语、基本规定、前厅和休息厅、观众厅、舞台、后台、银幕布置、观众厅、放映机房、建筑设计与声学设计、防火设计、建筑设备。

内容属性：剧场、建筑、设计。

主题特征：建筑设计。

［CZG2］2.3（1).1.28《交通客运站建筑设计规范》

本标准适用于新建、改建的汽车客运站、港口客运站等交通建筑的设计。

主要技术内容包括：总则、术语、一般规定、选址、总平面布置、站前广场、汽车客运站、港口客运站、无障碍设计、标志标识引导系统、防火和疏散、建筑设备。

内容属性：交通、客运站、建筑、设计。

主题特征：建筑设计。

［CZG2］2.3（1).1.29《殡仪馆建筑设计规范》

本标准适用于新建、改建、扩建的城乡火葬殡仪馆（场）、土葬殡仪馆、殡仪服务中心、殡仪服务站及遗体存放中心的建筑设计。

主要技术内容包括：总则、术语、选址与总平面设计、建筑设计、安全防护、节能减排、建筑设备等。

内容属性：殡葬、建筑、设计。

主题特征：建筑设计。

［CZG2］2.3（1).1.30《旅馆建筑设计规范》

本标准适用于新建、改建、扩建的各级、各类旅馆建筑设计。

主要技术内容包括：总则、术语、基地和总平面、建筑设计、室内环境、防火与疏散、建筑设备等。

内容属性：旅馆、建筑、设计。

主题特征：建筑设计。

[CZG2] 2.3 (1).1.31《装配式住宅建筑设计规程》

本标准是指在工厂预制的构配件、部品，现场组装的住宅，适用于采用钢筋混凝土结构体系、钢结构体系和木结构体系的装配式住宅的建筑设计。

主要技术内容：总则、术语、基本规定、围护结构技术集成系统、内部技术集成系统、设备与管线技术集成系统、建筑构造等。

内容属性：装配式、住宅、建筑、设计。

主题特征：建筑设计。

[CZG2] 2.3 (1).1.32《档案馆建筑设计规范》

本标准适用于新建、改建和扩建的档案馆建筑设计。

主要技术内容包括：总则、术语、场地设计、建筑设计、防火设计、室内环境、建筑设备。

内容属性：档案馆、建筑、设计。

主题特征：建筑设计。

[CZG2] 2.3 (1).1.33《博物馆建筑设计规范》

本标准适用于新建、改建和扩建的博物馆建筑设计。

主要技术内容包括：总则、术语、场地设计、建筑设计、防火设计、室内环境、建筑设备。

内容属性：博物馆、建筑、设计。

主题特征：建筑设计。

[CZG2] 2.3 (1).1.34《看守所建筑设计规范》

本标准适用于各级看守所的新建、改建与扩建项目的建筑设计。

主要技术内容包括：选址和总平面布置、建筑设计、建筑设备等。

内容属性：看守所、建筑、设计。

主题特征：建筑设计。

[CZG2] 2.3 (1).1.35《体育建筑设计规范》

本标准适用于体育场、体育馆、游泳馆、射击馆、自行车馆、滑冰馆、滑雪馆、田径场、网球馆等。

主要技术内容包括：总则、术语、基地和总平面、建筑设计通用规定、体育场、体育馆、游泳设施、声学设计、防火与疏散和建筑设备等。

内容属性：体育、建筑、设计。

主题特征：建筑设计。

[CZG2] 2.3 (1).1.36《饮食建筑设计规范》

本标准适用于城镇新建、改建或扩建的营业性餐馆、营业性冷、热饮食店和非营业性餐馆，如食堂等饮食建筑。

主要技术内容包括：总则、术语、基地和总平面、建筑设计、防火设计、建筑设备。

内容属性：饮食、建筑、设计。

主题特征：建筑设计。

[CZG2] 2.3 (1).1.37《公墓和骨灰寄存建筑设计规范》

本标准适用于我国新建和改、扩建的公墓和骨灰寄存楼（含堂、馆、园、亭、塔、壁等）

主要技术内容包括：总则、术语和符号、基本规定、准建设规模与项目构成、选址、规划布局、建筑单体设计、设施设备配置标准。

内容属性：公墓和骨灰寄存、建筑、设计。

主题特征：建筑设计。

[CZG2] 2.3 (1).1.38《综合医院建筑设计规范》

主要技术内容包括：总则、术语、医疗工艺设计、总平面与选址、建筑设计、给谁排水、消防和污水处理、采暖通风和空调系统、电气、智能化系统和医用气体设计。

内容属性：综合医院、建筑、设计。

主题特征：建筑设计。

[CZG2] 2.3 (1).1.39《传染病医院建筑设计规范》

主要技术内容包括：总则、术语、传染病医院流程、总平面与选址、建筑设计、给水水排水、消防和污水处理、采暖通风和空调系统、电气、智能化系统和医疗气体设计。

内容属性：传染病医院、建筑、设计。

主题特征：建筑设计。

[CZG2] 2.3 (2).1 村建筑设计专用标准

[CZG2] 2.3 (2).1.1《村公共配套服务建筑设计规范》

本标准适用于农村新建、改建和扩建的公共配套设施的建筑设计。

主要技术内容包括：总则、术语、类型、设置要求、建筑设计、建筑设备等

内容属性：公共配套、建筑设计。

主题特征：建筑设计。

[CZG2] 2.3 (2).1.2《绿色农房设计规范》

本标准适用于农村新建、改建和扩建的居住建筑的绿色设计。

主要技术内容包括：总则、术语、基本规定、绿色设计策划、场地与室外环境、建筑设计与室内环境、建筑材料、给水排水、暖通空调、建筑电气。

内容属性：农房、绿色、设计。

主题特征：建筑设计。

[CZG2] 2.3 (2).1.3《夯土建筑设计规程》

本标准适用于农村新建、改建和扩建的夯土居住建筑的设计。

主要技术内容包括：总则、术语、选址、建筑设计、设备设计等。

内容属性：夯土、建筑设计。

主题特征：建筑设计。

[CZG2] 2.3 (2).1.4《村公共仓储用房设计规范》

本标准适用于农村新建、改建和扩建的公共仓储用房建筑的设计。

主要技术内容包括：总则、术语、选址、建筑设计、设备设计等。

内容属性：公共仓储用房、建筑设计。

主题特征：建筑设计。

［CZG2］2.3（2）.1.5《种植大棚用房设计规范》

本标准适用于农村新建、改建和扩建的种植大棚用房建筑的设计。

主要技术内容包括：总则、术语、选址、建筑设计、设备设计等。

内容属性：种植大棚用房、建筑设计。

主题特征：建筑设计。

［CZG2］2.3（1）.2 镇建筑技术专用标准

［CZG2］2.3（1）.2.1《被动式太阳能建筑技术规范》

本标准适用于冬季利用太阳辐射加热房屋、夏季遮蔽太阳辐射散逸室内热量的太阳房建筑。

主要技术内容包括：被动式太阳房分类、规划设计、建筑设计及建筑构造、建筑热工设计、材料选择、维护与管理等要求。

内容属性：被动式、太阳能、建筑、设计。

主题特征：建筑设计、节能减排。

［CZG2］2.3（1）.2.2《中小学校体育设施技术规程》

本标准适用于中小学校的室内和室外体育设施建设。

主要技术内容包括：基本要求（材料）、设计要求（室内设施、室外设施、各种运动场地设施要求及工程做法）、安装与施工、工程验收等内容。

内容属性：信息栏工程、建筑、技术。

主题特征：建筑技术。

［CZG2］2.3（1）.2.3《信息栏工程技术规程》

本标准适用于街道和社区、学校等的信息栏工程设计、施工、质量验收。

主要技术内容包括：阅报栏规划与设计：选址、设置要求、形式、规格尺寸、材料、安装要求、防水、防雷要求、电源及照明等；施工要求；质量验收。

内容属性：信息栏工程、建筑、技术。

主题特征：建筑技术。

［CZG2］2.3（1）.2.5《住宅排气管道系统工程技术规范》

本标准适用于住宅厨房或卫生间通风换气用排气道系统工程的设计、施工及验收，不适用于燃气、燃油热水器及户式燃油采暖锅炉等设备排放的有毒、有害气体的排气道工程。

主要技术内容包括：排气道系统的设置条件、设置位置、设计尺寸等要求；排气道系统组成产品的材料要求、施工安装等规定；隐蔽工程验收、分项工程验收、竣工验收等。

内容属性：住宅排气管道、工程技术。

主题特征：建筑设计、技术。

［CZG2］2.3（1）.2.6《传统建筑改造技术规程》

本标准适用于传统建筑的改造工程。

主要技术内容包括：总则、术语和符号、建筑改造技术、建筑设备技术、施工技术、验收等。

内容属性：传统建筑、改造技术。

主题特征：改造技术。

［CZG2］2.3（2）.2 村建筑技术专用标准

［CZG2］2.3（2）.2.1《被动式农村住宅技术规程》

本标准适用于新建、改建和扩建的被动式农村住宅建筑的设计。

主要技术内容包括：总则、术语、选址、建筑设计、设备设计、施工、验收等。

内容属性：被动式、农村住宅、技术。

主题特征：建筑技术。

［CZG2］2.3（2）.2.2《传统民居修缮技术规程》

本标准适用于新建、改建和扩建的传统民居建筑的设计。

主要技术内容包括：总则、术语、选址、建筑设计、设备设计、施工、验收等。

内容属性：传统民居、修缮技术。

主题特征：建筑技术。

［CZG2］2.3（2）.2.3《农村火炕系统通用技术规程》

本标准适用于新建、改建和扩建的传统民居建筑的设计。

主要技术内容包括：总则、术语、火炕系统设计、火炕系统施工、火炕性能检测。

内容属性：传统民居、火炕技术。

主题特征：建筑技术。

［CZG2］2.3（1）.3 镇建筑评价专用标准

［CZG2］2.3（1）.3.1《建筑全生命周期可持续性影响评价标准》

本标准适用于建筑工程规划设计和设计审查阶段，对建筑工程物化阶段、运行维护阶段、拆除处置阶段以及建筑工程生命周期的环境影响进行定量测算和评价。

主要技术内容包括：总则、术语和符号、评价流程，评价对象和范围、数据采集与处理、生命周期可持续评价、评价报告。

内容属性：建筑、生命周期、可持续性影响、评价、设计技术。

主题特征：节能减排。

［CZG2］2.3（2）.3 村建筑评价专用标准

［CZG2］2.3（2）.3.1《农村居住建筑性能评价标准》

本标准适用于农村居住建筑规划设计和设计审查阶段，对建筑工程物化阶段、运行维护阶段、拆除处置阶段以及建筑工程生命周期的环境影响进行定量测算和评价。

主要技术内容包括：总则、术语和符号、评价流程，评价对象和范围、数据采集与处理、生命周期可持续评价、评价报告。

内容属性：建筑、生命周期、可持续性影响、评价、设计技术。

主题特征：节能减排。

第5章　村镇建筑结构、地基分支标准体系

5.1　综述

5.1.1　国内外建筑结构、地基技术发展概况

1. 建筑结构

20 世纪 80 年代以前，我国经济实力薄弱，建筑结构形式简单，新建筑材料、新技术、新工艺应用较少，施工技术也比较单一。民用房屋主要为砖混结构、木结构，多采用人工为主的施工方法；工业建筑（如单层工业厂房）主要为预制装配式混凝土结构和钢结构，采用机械吊装或人工安装的施工方法。

20 世纪 80 年代之后，随着国民经济的持续、快速发展，建筑结构领域广泛吸收国外先进技术，引进或自主开发了许多新材料、新产品、新工艺和新的结构形式，使高层、超高层建筑以及各种大型公共建筑等得到蓬勃发展。其中，计算技术的迅速发展为建筑结构分析和设计提供了有力的保证；各种新技术、新材料和新工艺为实现新型建筑结构奠定了基础。这个时期的建筑结构技术已开始向国际上的先进技术靠拢、接轨。

近年来，国内外建筑结构技术的发展主要体现在：

（1）在国民经济的不同发展阶段，混凝土结构分别以预制装配、现浇为主要形式。我国目前主要以现浇混凝土结构为主，而发达国家中预制装配式混凝土结构占有相当大的比例；混凝土材料逐渐向高强、高性能发展；钢筋逐渐向高强、高延性发展；除了钢筋混凝土结构外，各类组合结构（构件）、混合结构被逐步采用，而且在超高层建筑中已经占有一定的比例。

（2）2002 年我国钢产量首次突破 2 亿 t 大关，达到 2.2 亿 t，2008 年粗钢产量突破 5 亿 t，2002 年以来我国钢产量一直处于世界第一位，钢材品种、规格呈多样化发展，性能及成型工艺不断改善，连接技术、耐火技术和防腐技术不断进步，从环保节能和资源再利用角度也有一定优势，从而扩大了建筑钢结构的应用范围，并具有良好的发展前景。近年来，国内外各种大型公用建筑的建造也为钢结构建筑的发展提供了更多的空间，在空间大跨度结构、工业厂房、高层建筑、超高层建筑、低多层住宅建筑中钢结构已占有一定比重。

（3）由不同材料和块形组成、具有承重和满足热工性能要求的砌体正在取代传统的黏土砖砌体，新型砌体结构在其适用的建筑中得到比较广泛的应用。

（4）随着材料和设计、施工技术的发展，为了满足城市景观和建筑装饰的需要，不同材料的建筑幕墙结构正在大量应用，包括玻璃幕墙、金属幕墙、石材幕墙、各种人造板材

幕墙等，相应地也建立了必要的规范标准体系。

（5）根据产业结构调整和环保的需要，人工用材林产业得到发展，进口木材大量增加，同时引进、吸收国外成套木结构技术，在木结构防火、防腐、防虫等方面进行了卓有成效的工作，使木结构建筑在适宜的范围内得到了应用，并具有良好的发展前景。

（6）膜结构已在一些公共建筑、景观建筑中得到一定规模的应用。

（7）铝结构在部分公共建筑、轻型房屋结构以及幕墙装饰结构中得到了较广泛的应用，包括铝网架结构和铝幕墙结构。

（8）玻璃结构在某些房屋建筑、景观建筑中得到了一定的应用。

2. 地基基础

几十年来我国经济建设高速发展，建筑规模大、数量多、难度高。地基基础专业技术适应了这种形势，达到了较高水平。在特殊土地区，如软土、湿陷性黄土、膨胀土、冻土地区的地基处理技术和地基设计、各种桩基础的设计与施工、高层建筑的地基基础设计和深基坑的开挖支护等方面，都达到了国际先进水平。如在上海这样的软土地区，建成了层数达到 88 层、高度达到 420.5m 的金茂大厦等超高层建筑，基坑深度接近 20m，桩的入土深度接近 80m，基础工程的难度极大，完全体现了国际先进水平。最近几年出现的诸如三岔双向挤扩灌注桩、钻孔咬合桩等新型桩基，体现了我国桩工机械和桩基施工技术的自主开发能力大大提高。但就总体而言，目前我国地基基础专业在施工机械和设备的设计制造方面，与国外仍有较大差距。

5.1.2　国内外技术标准情况

1. 建筑结构

建筑结构技术标准的发展，主要取决于新型材料、产品、结构形式、施工工艺、建筑使用功能以及经济基础的发展与变化。技术标准以约定的技术政策形式来推动新技术的应用，使建筑结构达到安全、经济、合理、适用、先进的目的。

我国自 20 世纪 50 年代开始进行大规模的经济建设，当时为满足工程建设急需，直接采用了苏联标准。为反映国情，20 世纪 60 年代，原国家建筑工程部制订了《关于建筑结构问题的规定》等文件作为补充，并发布了我国第一本《钢筋混凝土结构设计规范》BJG 21-66。20 世纪 60 年代中期，开始考虑制订我国自己的建筑结构标准。为此，展开了关于建筑结构安全度问题的学术讨论，并着手组织编制各类结构设计规范和施工验收规范。此后，因"文化大革命"而中断了这些标准的制订工作。

20 世纪 70 年代初，原国家建委组织对钢结构（含薄壁型钢结构）、混凝土结构、砖石结构、木结构及荷载、抗震等有关设计规范进行了制订。这批标准于 20 世纪 70 年代中、后期相继颁布，初步反映了新中国成立以来相关领域的研究成果和工程经验，是我国首批较为配套的标准规范。但是，由于国内基础试验研究不够以及受到苏联规范的影响等原因，这批规范带有较多的苏联规范的烙印。当时标准管理部门已认识到：制订适用于我国的规范，必须全面总结我国工程实践正、反两方面的经验，开展修订标准所必需的科学研究。为此，在 20 世纪 70 年代后期，围绕为修订各类结构规范所需的课题，开展了必要的试验研究和工程调查；同时，开始学习、消化西方先进国家的标准规范。

基于 20 世纪 70 年代后期开展的结构可靠度的研究和学术讨论，在国内工程界逐步取得共识的基础上，制订了国家标准《建筑结构设计统一标准》GBJ 68-84。该标准首次提出了以概率理论为基础的结构极限状态设计原则，对结构上的作用（荷载）、材料性能和几何参数等代表值的确定、结构构件设计表达式以及材料、构件的质量控制等做出了原则规定。该标准的发布实施，表明我国规范在设计理论上已跻身世界先进标准的行列。原国家计委在批准该标准的通知中指出：该标准是制订或修订有关建筑结构标准、规范必须共同遵守的准则；其他工程结构标准、规范也应尽量符合该标准所规定的有关原则。此外，为与国际接轨，参考已颁布的 ISO 标准，制订了国家标准《建筑结构设计通用符号、计量单位和基本术语》GBJ 83-85 和《建筑结构制图标准》GBJ 105-87 等。

在上述专业基础标准的基础上，配套的各类结构设计的国家标准相继在 20 世纪 80 年代末和 90 年代初制定、修订完成（简称 89 规范）。这一代结构设计规范作为专业的通用标准，从技术内容和完整性等方面均比 20 世纪 70 年代的规范有了较大的进步，比较充分地反映了新中国成立以来的科学研究成果和工程实践经验，同时也吸取了国际标准、先进国家标准的合理规定，逐步开始与国际接轨。

由于存在时间差或具体执行的需要，作为专业通用标准的国家标准不能及时反映或具体概括各类材料、工艺、结构形式等的发展或变化，因此制订下属的、具有特色性或补充性内容的行业标准（专用标准或技术规程）就成为必然。这类专用标准多以材料特性、结构类型和结构构件设计方法为先导，同时包括了施工工艺、质量验收及使用维护等要求。行业标准既继承了国家标准的规定，同时也根据自身特点作了更为具体的规定，有些甚至调整或修改了国家通用标准的有关规定。这类专用标准或规程，有些的确能起到补充国家通用标准的作用；有些则因沟通、协调不够而产生矛盾。凡是标准规定不协调，就会对设计、施工造成误导，因此标准之间的协调和衔接显得十分重要。当行业标准的内容为下一轮修订的国家通用标准全部吸纳、采用时，该行业专用标准就应相应地废止。如果行业专用标准对国家通用标准的规定作实质性修改，也必须得到相关国家通用标准的认可，并在相应的条文说明中做出交代。

应建立健全标准管理制度，真正实现将通用标准作为制订专用标准的依据。上层标准的内容应是下层标准共性内容的提升；上层标准应制约下层标准。

建筑结构标准都是为了确保建筑结构的可靠性。根据国际标准《结构可靠性总原则》ISO 2394：1998，结构的可靠性是一个总概念，包括各种作用的模型、设计规则、可靠性要素、结构作用效应和抗力、制造工艺、质量控制程序以及国家政策的规定，它概括了我国建筑结构专业通用标准和专用标准的全部内容。

在国际上，对一种或一种以上材料组成的结构（如钢筋混凝土结构），通常通过一本标准予以概括。规范中所采用的材料，均是按本国或国际认可的标准生产，结构规范只规定该材料的种类、规格和设计用的性能指标等。如果某种材料性能有了变化，仍可采用该材料的结构规范，仅需指明其性能指标的改变及适用范围的限制即可。国外有些建筑结构类规范往往将材料性能、设计、施工质量与使用维护的一般要求合在一本中进行规定，此时不再以"设计规范"命名，如美国混凝土规范 ACI318；如果以"设计规范"命名，则对施工方法和施工质量要求需要另外编写相应的规范，如欧洲混凝土规范 EN1992，我国也是采用这种形式。这里所指的规范均属于技术规范，在国外通常由专业协会、学会等民间团体编制，具有与我国国家标准相近的内容，但本身并无行政的强制性质。这些规范可以写得比较原则，其具体实施则通过指南、导则、手册等来实现。

在美国，各个州可以编制本州的强制性标准，也经常引用各专业协会编制的技术标准作为主要依据。美国各专业规范也存在相互矛盾的地方，目前正在协调并逐步走向统一。在欧洲，欧洲共同体委员会（现为欧盟）从1975年开始规划编制欧洲结构规范，在20世纪80年代末完成了第一代结构用欧洲规范，随后进行了不断的修订、调整、完善，目前已颁布了2002~2007版本，包括设计基础、作用及各类结构的设计规范共10本，分别是结构设计基础、结构上的作用、混凝土结构设计、钢结构设计、钢和混凝土组合结构设计、木结构设计、砌体结构设计、岩土工程设计、结构抗震设计、铝合金结构设计等。对于每一种规范，可以包括若干分篇。例如，欧洲规范2（EN1992）为混凝土结构设计规范，对房屋建筑和一般土木工程的素混凝土、钢筋混凝土、预应力混凝土、预制混凝土设计的承载能力、正常使用、耐久性、防火性能等提出了基本规定和要求，其中EN1992-1-1为基本规定和房屋结构规定；EN1992-1-2为防火设计基本规定；EN1992-2为混凝土桥梁设计及构造规定；EN1992-3为混凝土流体容器及围挡结构的补充规定。欧洲规范2目前不包括混凝土隔热、隔声等设计内容。欧洲规范2的各分篇均须遵守《混凝土结构设计》EN1992-1中有关条款的共性规定，且不得重复，这些方面值得我们借鉴。

2. 地基基础

现有地基基础专业技术标准，基本上覆盖了天然地基浅基础、高层建筑筏形与箱形基础、各种桩基础、地基处理、既有建筑的地基加固以及特殊土地区建筑地基基础的设计、施工与检测等各个领域，虽未列入本专业体系，但本专业基础标准还有土的分类标准和土工试验标准等。作为地基材料的岩土是天然产物，有很强的时空变异性。各国地域不同，地基的基本条件也不相同。地基基础专业技术的地区和国家经验各具特色，其标准也各有特点。总的说来，国外标准是突出设计原则，强调为建筑物的安全和正常使用提供可靠性较高的基本条件；突出试验与评价的统一性，重视地区经验，倡导新技术与新工艺的推广应用。如美国有全国统一的试验标准，无全国性设计、施工规范，设计施工规范由各州自行制定。欧洲有统一的地基基础规范，但对具体问题并无明确规定，而由各国自行制定标准。一般来说，欧、美、日等发达国家和地区，对建筑物的安全、使用性能和环境保护的要求是通过需强制执行的技术法规提出的，而技术标准一般是推荐性的，但是符合技术标准的，一定是符合技术法规的，这与我国的技术标准现状是不同的。

从设计理论体系来看，对可靠度理论的应用而言，地基基础与上部结构是有差别的，这是岩土的复杂变异性所决定的。可靠性分析虽已被ISO确定为发展方向，欧洲原来也拟于20世纪90年代末颁布地基基础的可靠性设计标准，但由于相应的研究工作未能跟上而推迟。俄罗斯的地基基础规范相对较具体，如各种桩形都规定了工作条件、工艺系数等。我国经过十多年的实践，认为在地基基础技术标准中，完全应用基于概率统计的可靠度设计方法，时机尚不成熟，在许多方面应用总安全系数的可靠性设计方法比较合适。

5.1.3 体系构建思路

从前期调研结果来看，我国现行的建筑结构和地基基础标准，经过几十年的发展，至今已形成了理论基础统一、表达方式基本一致、相互配套协调的标准体系，基本满足我国建筑工程发展的需要，同时也是适用于村镇的。

从农村实地调研情况看，农村中自建房屋多数以工匠为主，设计也以工匠和房主自行确定为主，在自建房设计、施工过程中缺乏标准规范的概念。我国自古以来农民建房都是自建自修，缺乏统一管理，主要由建筑工匠传承约定俗成的修建做法，虽然也有些地震多发区的群众在长期的实践中总结出了一些有效的抗震构造措施，但总体来说村镇房屋在抗震方面缺乏全面的指导，也未采用相应的规范标准。我国大多数农村建筑仍为传统的土木砖石类结构，并且以平房（单层）为主，也建有一些二层及以上的楼房。农村房屋的建造，通常是由当地的建筑工匠（木工或瓦工），根据房主的经济状况和已有的建筑材料，按照当地的传统习惯建造，不经过设计单位设计。其特点是结构简单，建筑风格基本一致，造价低廉，易于就地取材，房屋的结构形式和建筑风格表现出明显的地域性，同时也继承了一些不利于抗灾防灾的做法，使房屋存在抗震隐患。

这些实际情况决定了村镇建筑结构、地基标准体系建设的原则，一定要好用，易操作。本着"因地制宜、就地取材、简易有效、经济合理"的精神，在农民可接受的造价范围内较大程度地提高农村房屋的结构安全和抗震能力。目前应该充分利用现有的标准，梳理现有标准在村镇建设中的适用性，结合村镇实际情况，补充切实需要的标准，并配套相应的指南及图集，以便于工匠等相关人员的理解和应用。

新制定的建筑结构、地基分支标准体系在竖向上与现行国家工程建设标准体系一致，分为基础标准、通用标准、专用标准3个层次；在横向，根据国际惯例对专门标准按结构材料分为混凝土结构、砌体结构、金属结构、木结构、组合结构、混合结构、特种结构7个门类，同时特别增加针对农村实际状况制定的标准，即村镇建筑结构、地基标准。这种比较科学、较完整、可操作的标准体系，能够全面适应今后村镇建设发展的需要，同时又突出了农村的重点需求。

5.2　镇村建筑结构、地基分支标准体系框图

5.2.1　分支标准体系总框图

分支标准体系总框图如图 2-5-1 所示。

5.2.2　分支标准体系细化分类框图

结构、地基标准分体系编码为四位编码，分别代表专业号、层次号、同一层次中的标准类别号、同一层次同一标准中的标准序号。具体如图 2-5-2 所示。

涉及结构安全领域的标准体系，与现行的《工程建设标准体系》一致，在竖向分为基础标准、通用标准、专用标准 3 个层次；在

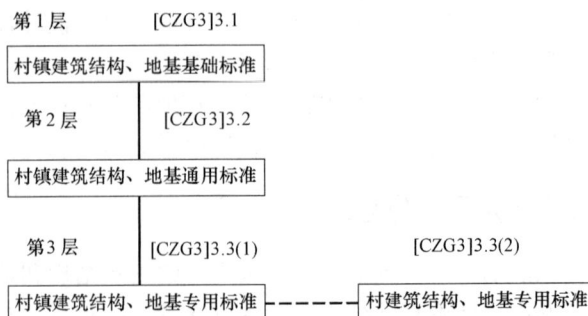

图 2-5-1　分支标准体系总框图

横向，根据国际惯例对专门标准按结构材料分为混凝土结构、砌体结构、金属结构、木结构、组合结构、混合结构、特种结构 7 个门类；囊括的范围包括结构设计、地基基础。如图 2-5-3 所示。

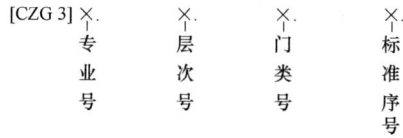

图 2-5-2 结构、地基标准分体系编码样式

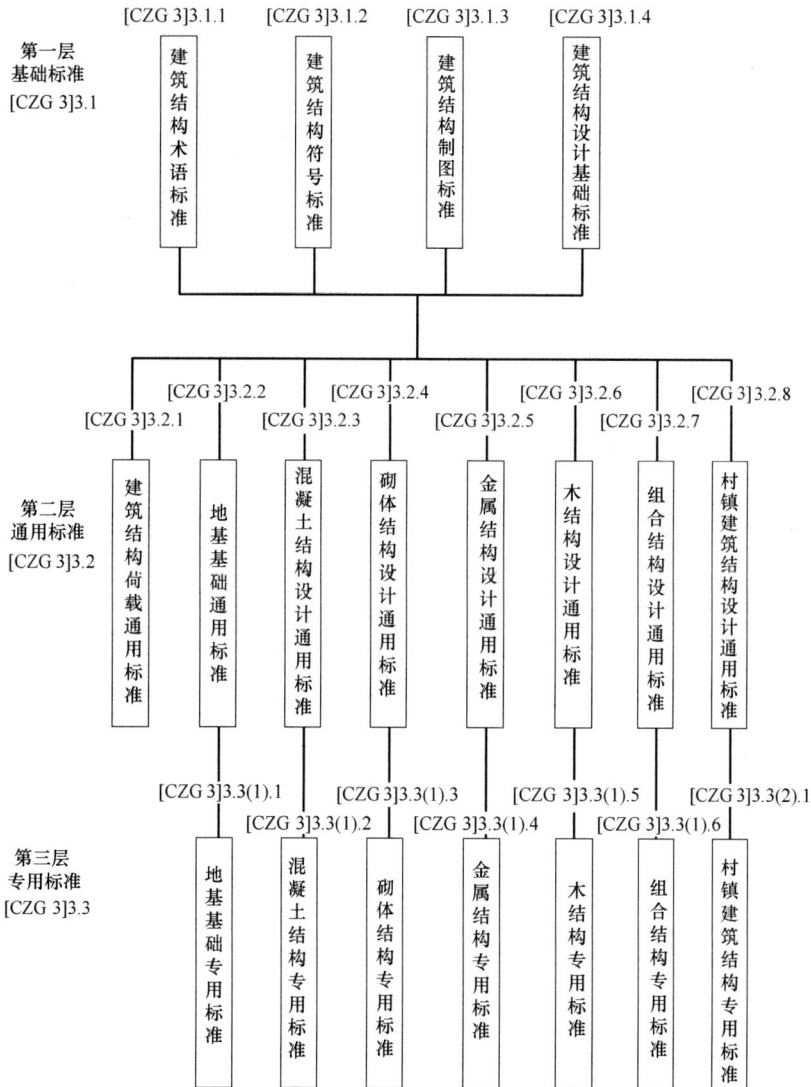

图 2-5-3 分支标准体系细化分类框图

5.3　镇村建筑结构、地基分支标准体系表

镇村建筑结构、地基分支标准体系表　　　　　　　　　　表 2-5-1

序号	体系分类编码	标准编码	标准名称	现行标准编号	标准状态	主题特征
[CZG3]3.1 基础标准						
[CZG3]3.1.1 建筑结构术语标准						
1	[CZG3]3.1.1	[CZG3]3.1.1.1	工程结构设计基本术语标准	GB/T 50083—2014	现行	建筑结构
2	[CZG3]3.1.1	[CZG3]3.1.1.2	建筑地基基础术语标准	GB/T 50941—2014	现行	建筑地基
3	[CZG3]3.1.1	[CZG 3]3.1.1.3	岩土工程基本术语标准	GB/T 50279—2014	现行	建筑地基
4	[CZG3]3.1.1	[CZG 3]3.1.1.4	建筑岩土工程勘察基本术语标准（名称为：岩土工程勘察术语标准）	JGJ/T 84—2015	现行	建筑地基
5	[CZG3]3.1.1	[CZG 3]3.1.1.5	工程振动术语和符号标准		已开题	建筑结构
[CZG3]3.1.2 建筑结构符号标准						
6	[CZG3]3.1.2	[CZG3]3.1.2.1	工程结构设计通用符号标准	GB/T 50132—2014	现行	建筑结构
[CZG 3]3.1.3　建筑结构制图标准						
7	[CZG3]3.1.3	[CZG3]3.1.3.1	建筑结构制图标准	GB/T 50105—2010	现行	建筑结构
[CZG 3]3.1.4　建筑结构设计基础标准						
8	[CZG3]3.1.4	[CZG3]3.1.4.1	工程结构可靠性设计统一标准	GB 50153—2008	现行	建筑结构
9	[CZG3]3.1.4	[CZG3]3.1.4.2	建筑结构可靠性设计统一标准	GB/T 50668—2011	修订中已开题	建筑结构
[CZG3]3.2 通用标准						
[CZG3]3.2.1 建筑结构荷载标准						
10	[CZG3]3.2.1	[CZG 3]3.2.1.1	建筑结构荷载规范	GB 50009—2012	现行	建筑结构
[CZG3]3.2.2 地基基础标准						
11	[CZG3]3.2.2	[CZG 3]3.2.2.1	建筑地基基础设计规范	GB 50007—2011	现行	建筑地基
[CZG3]3.2.3 混凝土结构设计标准						
12	[CZG3]3.2.3	[CZG 3]3.2.3.1	混凝土结构设计规范	GB 50010—2010（局修）	现行	建筑结构
[CZG3]3.2.4 砌体结构设计标准						
13	[CZG3]3.2.4	[CZG 3]3.2.4.1	砌体结构设计规范	GB 50003—2011	现行	建筑结构
[CZG3]3.2.5 金属结构设计标准						
14	[CZG3]3.2.5	[CZG 3]3.2.5.1	钢结构设计规范	GB 50017—2003	修订中,报批阶段合并	建筑结构
15	[CZG3]3.2.5	[CZG 3]3.2.5.2	冷弯薄壁型钢结构技术规范(冷弯型钢结构技术规范)	GB 50018—2002	修订中	建筑结构
16	[CZG3]3.2.5	[CZG 3]3.2.5.3	铝合金结构设计规范	GB 50429—2007	现行	建筑结构

序号	体系分类编码	标准编码	标准名称	现行标准编号	标准状态	主题特征
17	[CZG3]3.2.5	[CZG3]3.2.5.4	钢结构技术规范		研编	建筑结构
[CZG3]3.2.6 木结构设计标准						
18	[CZG3]3.2.6	[CZG3]3.2.6.1	木结构设计规范	GB 50005—2003 (2005 版)	征求意见	建筑结构
[CZG3]3.2.7 组合结构设计标准						
19	[CZG3]3.2.7	[CZG3]3.2.7.1	组合结构设计规范	JGJ 138—2001 DL/T 5085:1999 YB 9082—97 YB 9238—92	报批	建筑结构
[CZG3]3.2.8 村镇建筑结构设计标准						
20	[CZG3]3.2.8	[CZG3]3.2.8.1	村镇建筑结构设计规范		待编制	建筑结构
[CZG3]3.3 专用标准						
[CZG3]3.3(1).1 地基基础标准						
21	[CZG3]3.3(1).1	[CZG3]3.3(1).1.1	建筑桩基技术规范	JGJ 94—2008	现行	建筑地基
22	[CZG3]3.3(1).1	[CZG3]3.3(1).1.2	高层建筑筏形与箱形基础技术规范	JGJ 6—2011	现行	建筑地基
23	[CZG3]3.3(1).1	[CZG3]3.3(1).1.3	冻土地区建筑地基基础设计规范	JGJ 118—2011	现行	建筑地基
24	[CZG3]3.3(1).1	[CZG3]3.3(1).1.4	膨胀土地区建筑技术规范	GB 50112—2013	现行	建筑地基
25	[CZG3]3.3(1).1	[CZG3]3.3(1).1.5	湿陷性黄土地区建筑规范	GBJ 50025—2004	现行	建筑地基
26	[CZG3]3.3(1).1	[CZG3]3.3(1).1.6	盐渍土地区工业与民用建筑规程		制订中	建筑地基
27	[CZG3]3.3(1).1	[CZG3]3.3(1).1.7	岩溶地区建筑地基基础技术规范		征求意见	建筑地基
28	[CZG3]3.3(1).1	[CZG3]3.3(1).1.8	建筑地基处理技术规范	JGJ 79—2012	现行	建筑地基
29	[CZG3]3.3(1).1	[CZG3]3.3(1).1.9	建筑基坑支护技术规程	JGJ 120—2012	现行	建筑地基
30	[CZG3]3.3(1).1	[CZG3]3.3(1).1.10	载体桩设计规程	JGJ 135—2007	现行	建筑地基
31	[CZG3]3.3(1).1	[CZG3]3.3(1).1.11	三岔双向挤扩灌注桩设计规程	JGJ 171—2009	现行	建筑地基
32	[CZG3]3.3(1).1	[CZG3]3.3(1).1.12	钻孔咬合桩技术规程		待编	建筑地基
33	[CZG3]3.3(1).1	[CZG3]3.3(1).1.13	逆作复合桩基技术规程	JGJ/T 186—2009	现行	建筑地基
34	[CZG3]3.3(1).1	[CZG3]3.3(1).1.14	地基旁压试验技术规程	JGJ 69—90	征求意见	建筑地基
35	[CZG3]3.3(1).1	[CZG3]3.3(1).1.15	建筑地基检测技术规范	JGJ 340—2015	现行	建筑地基
36	[CZG3]3.3(1).1	[CZG3]3.3(1).1.16	山区高填方地基处理技术规范（高填方地基技术规范）		征求意见	建筑地基
37	[CZG3]3.3(1).1	[CZG3]3.3(1).1.17	建筑边坡工程技术规范	GB 50330—2013	现行	建筑地基
38	[CZG3]3.3(1).1	[CZG3]3.3(1).1.18	城市地下结构抗震设计规范		15 年计划，未开题	建筑结构
[CZG3]3.3(1).2 混凝土结构标准						
39	[CZG3]3.3(1).2	[CZG3]3.3(1).2.1	纤维混凝土结构技术规程		待制订	建筑结构
40	[CZG3]3.3(1).2	[CZG3]3.3(1).2.2	冷轧扭钢筋混凝土构件技术规程	JGJ 115—2006	现行	建筑结构

续表

序号	体系分类编码	标准编码	标准名称	现行标准编号	标准状态	主题特征
41	[CZG3]3.3(1).2	[CZG3]3.3(1).2.3	钢筋焊接网混凝土结构技术规程	JGJ 114—2014	现行	建筑结构
42	[CZG3]3.3(1).2	[CZG3]3.3(1).2.4	高层建筑混凝土结构技术规程	JGJ 3—2010	现行	建筑结构
43	[CZG3]3.3(1).2	[CZG3]3.3(1).2.5	钢筋混凝土薄壳结构规程	JGJ 22—2012	现行	建筑结构
44	[CZG3]3.3(1).2	[CZG3]3.3(1).2.6	装配式混凝土结构技术规程	JGJ 1—2014	现行	建筑结构
45	[CZG3]3.3(1).2	[CZG3]3.3(1).2.7	混凝土异形柱结构技术规程	替代 JGJ 149—2006	修订中，报批	建筑结构
46	[CZG3]3.3(1).2	[CZG3]3.3(1).2.8	冷拔低碳钢丝应用技术规程	JGJ 19—2010	现行	建筑结构
47	[CZG3]3.3(1).2	[CZG3]3.3(1).2.9	混凝土复合墙体结构技术规程		制订中	建筑结构
48	[CZG3]3.3(1).2	[CZG3]3.3(1).2.10	纤维石膏空心大板复合墙体结构技术规程	JGJ 217—2010	现行	建筑结构
49	[CZG3]3.3(1).2	[CZG3]3.3(1).2.11	现浇混凝土空心楼盖结构技术规程	JGJ/T 268—2012	现行	建筑结构
50	[CZG3]3.3(1).2	[CZG3]3.3(1).2.12	混凝土结构后锚固技术规程	JGJ 145—2013	现行	建筑结构
51	[CZG3]3.3(1).2	[CZG3]3.3(1).2.13	再生骨料应用技术规程	JGJ/T 240—2011	现行	建筑结构
52	[CZG3]3.3(1).2	[CZG3]3.3(1).2.14	钢筋混凝土筒仓设计规范	GB 50077—2003	征求意见	建筑结构
53	[CZG3]3.3(1).2	[CZG3]3.3(1).2.15	预应力筋用锚具、夹具和连接器应用技术规程	JGJ 85—2010	现行	建筑结构
54	[CZG3]3.3(1).2	[CZG3]3.3(1).2.16	混凝土结构工程无机材料后锚固技术规程	JGJ/T 271—2012	现行	建筑结构
55	[CZG3]3.3(1).2	[CZG3]3.3(1).2.17	钢筋套筒灌浆连接应用技术规程	JGJ 355—2015	现行	建筑结构
56	[CZG3]3.3(1).2	[CZG3]3.3(1).2.18	钢筋锚固板应用技术规程	JGJ 256—2011	现行	建筑结构
57	[CZG3]3.3(1).2	[CZG3]3.3(1).2.19	混凝土结构防火技术规程		待制订	建筑结构
58	[CZG3]3.3(1).2	[CZG3]3.3(1).2.20	预防混凝土碱骨料反应技术规范	GB/T 50733—2011	现行	建筑结构
59	[CZG3]3.3(1).2	[CZG3]3.3(1).2.21	高强混凝土应用技术规程	JGJ/T 281—2012	现行	建筑结构
60	[CZG3]3.3(1).2	[CZG3]3.3(1).2.22	自密实混凝土应用技术规程	JGJ/T 283—2012	现行	建筑结构
61	[CZG3]3.3(1).2	[CZG3]3.3(1).2.23	高抛免振捣混凝土应用技术规程	JGJ/T 296—2013	现行	建筑结构
62	[CZG3]3.3(1).2	[CZG3]3.3(1).2.24	磷渣混凝土应用技术规程	JGJ/T 308—2013	现行	建筑结构
63	[CZG3]3.3(1).2	[CZG3]3.3(1).2.25	水泥基灌浆材料应用技术规范	GB/T 50448—2015	现行	建筑结构
64	[CZG3]3.3(1).2	[CZG3]3.3(1).2.26	建筑模网应用技术规程		制订中	建筑结构
65	[CZG3]3.3(1).2	[CZG3]3.3(1).2.27	缓粘结预应力混凝土结构技术规程		报批	建筑结构
66	[CZG3]3.3(1).2	[CZG3]3.3(1).2.28	预应力混凝土结构设计规范		报批	建筑结构

续表

序号	体系分类编码	标准编码	标准名称	现行标准编号	标准状态	主题特征
67	[CZG3]3.3(1).2	[CZG3]3.3(1).2.29	密肋复合墙结构技术规程		制订中	建筑结构
68	[CZG3]3.3(1).2	[CZG3]3.3(1).2.30	碱矿渣混凝土应用技术规程		征求意见	建筑结构
69	[CZG3]3.3(1).2	[CZG3]3.3(1).2.31	喷射混凝土应用技术规程	JGJ/T 372—2015	现行	建筑结构
70	[CZG3]3.3(1).2	[CZG3]3.3(1).2.32	混凝土结构耐久性设计规范	GB/T 50476—2008	修订中，报批	建筑结构
71	[CZG3]3.3(1).2	[CZG3]3.3(1).2.33	轻骨料混凝土结构技术规程	JGJ 12—2006	修订，已开题	建筑结构
72	[CZG3]3.3(1).2	[CZG3]3.3(1).2.34	无粘结预应力混凝土结构技术规程	JGJ 92—2004	修订中，报批	建筑结构
73	[CZG3]3.3(1).2	[CZG3]3.3(1).2.35	混凝土结构加固设计规范	GB 50367—2013	现行	
74	[CZG3]3.3(1).2	[CZG3]3.3(1).2.36	高耸结构设计规范	GB 50135—2006	修订中，送审	
75	[CZG3]3.3(1).2	[CZG3]3.3(1).2.37	纤维增强复合材料工程应用技术规范	GB 50608—2010	修订中，已开题	
76	[CZG3]3.3(1).2	[CZG3]3.3(1).2.38	密肋复合板结构技术规程	JGJ/T 275—2013	现行	
77	[CZG3]3.3(1).2	[CZG3]3.3(1).2.39	单层防水卷材屋面工程技术规程	JGJ/T 316—2013	现行	
78	[CZG3]3.3(1).2	[CZG3]3.3(1).2.40	建筑楼盖结构振动舒适度技术规范		制订中，报批	
79	[CZG3]3.3(1).2	[CZG3]3.3(1).2.41	建筑结构风振控制技术规范		制订中，征求意见	
80	[CZG3]3.3(1).2	[CZG3]3.3(1).2.42	建筑工程逆作法技术规程		制订中，征求意见	
81	[CZG3]3.3(1).2	[CZG3]3.3(1).2.43	再生混凝土结构技术规程		制订中，已开题	
82	[CZG3]3.3(1).2	[CZG3]3.3(1).2.44	面层复合式混凝土技术规程		制订中，已开题	
83	[CZG3]3.3(1).2	[CZG3]3.3(1).2.45	钢管约束混凝土结构技术规程		制订中，已开题	
84	[CZG3]3.3(1).2	[CZG3]3.3(1).2.46	聚苯模板混凝土楼盖技术规程		制订中，征求意见	
85	[CZG3]3.3(1).2	[CZG3]3.3(1).2.47	再生混合混凝土组合结构技术规程		制订中，已开题	
86	[CZG3]3.3(1).2	[CZG3]3.3(1).2.48	预制混凝土墙板工程技术规程		制订中，已开题	
87	[CZG3]3.3(1).2	[CZG3]3.3(1).2.49	屋盖结构抗风设计规范		制订中，已开题	
88	[CZG3]3.3(1).2	[CZG3]3.3(1).2.50	聚苯模板保温现浇混凝土技术规程		制订中，已开题	
89	[CZG3]3.3(1).2	[CZG3]3.3(1).2.51	建筑结构加固工程施工规程		制订中，已开题	
90	[CZG3]3.3(1).2	[CZG3]3.3(1).2.52	开合屋盖结构技术规程		制订中，已开题	
91	[CZG3]3.3(1).2	[CZG3]3.3(1).2.53	钢纤维混凝土结构设计规程		制订中，已开题	

序号	体系分类编码	标准编码	标准名称	现行标准编号	标准状态	主题特征
92	[CZG3]3.3(1).2	[CZG3]3.3(1).2.54	负温混凝土应用技术标准		制订中，未开题	
93	[CZG3]3.3(1).2	[CZG3]3.3(1).2.55	预制预应力混凝土装配整体式框架结构技术标准	JGJ 224—2010	修订中，未开题	
94	[CZG3]3.3(1).2	[CZG3]3.3(1).2.56	高强混凝土强度检测技术规程	JGJT 294—2013	现行	
95	[CZG3]3.3(1).2	[CZG3]3.3(1).2.57	混凝土中氯离子含量检测技术规程	JGJ/T 322—2013	现行	
96	[CZG3]3.3(1).2	[CZG3]3.3(1).2.58	混凝土外加剂应用技术规范	GB 50119—2013	现行	
97	[CZG3]3.3(1).2	[CZG3]3.3(1).2.59	建筑工程裂缝防治技术规程	JGJ/T 317—2014	现行	
98	[CZG3]3.3(1).2	[CZG3]3.3(1).2.60	钢绞线网片聚合物砂浆加固技术规程	JGJ 337—2015	现行	
99	[CZG3]3.3(1).2	[CZG3]3.3(1).2.61	石灰石粉在混凝土中应用技术规程	JGJT 318—2014	现行	
100	[CZG3]3.3(1).2	[CZG3]3.3(1).2.62	泡沫混凝土应用技术规程	JGJ/T 341—2014	现行	
101	[CZG3]3.3(1).2	[CZG3]3.3(1).2.63	建筑工程风洞试验方法标准	JGJ/T 338—2014	现行	
102	[CZG3]3.3(1).2	[CZG3]3.3(1).2.64	预拌混凝土绿色生产及管理技术规程	JGJ/T 328—2014	现行	
103	[CZG3]3.3(1).2	[CZG3]3.3(1).2.65	普通混凝土拌合物性能试验方法标准	GB/T 50082—2002	修订中，报批	
104	[CZG3]3.3(1).2	[CZG3]3.3(1).2.66	混凝土升板结构技术规范	GBJ 130—90	修订中，报批	
105	[CZG3]3.3(1).2	[CZG3]3.3(1).2.67	建筑结构检测技术标准	GB/T 50344—2004	修订中，已开题	
106	[CZG3]3.3(1).2	[CZG3]3.3(1).2.68	普通混凝土力学性能试验方法标准	GB/T 50081—2002	修订中，已开题	
107	[CZG3]3.3(1).2	[CZG3]3.3(1).2.69	普通混凝土用砂、石质量及检验方法标准	JGJ 52—2006	修订中，已开题	
108	[CZG3]3.3(1).2	[CZG3]3.3(1).2.70	预应力混凝土结构抗震设计规程	JGJ 140—2004	修订中，已开题	
109	[CZG3]3.3(1).2	[CZG3]3.3(1).2.71	混凝土中钢筋检测技术规程	JGJ/T 152—2008	修订中，已开题	
110	[CZG3]3.3(1).2	[CZG3]3.3(1).2.72	混凝土结构技术规范		未开题	
111	[CZG3]3.3(1).2	[CZG3]3.3(1).2.73	混凝土结构成型钢筋应用技术规程	JGJ 366—2015	现行	
[CZG3]3.3(1).3 砌体结构标准						
112	[CZG3]3.3(1).3	[CZG3]3.3(1).3.1	空心砌块砌体结构技术规程		待编制	
113	[CZG3]3.3(1).3	[CZG3]3.3(1).3.2	混凝土小型空心砌块建筑技术规程	JGJ/T 14—2011	现行	
114	[CZG3]3.3(1).3	[CZG3]3.3(1).3.3	蒸压加气混凝土建筑应用技术规程	JGJ 17—2008	现行	

序号	体系分类编码	标准编码	标准名称	现行标准编号	标准状态	主题特征
115	[CZG3]3.3(1).3	[CZG3]3.3(1).3.4	自保温混凝土复合砌块墙体应用技术规程	JGJ/T 323—2014	现行	
116	[CZG3]3.3(1).3	[CZG3]3.3(1).3.5	装饰多孔砖夹心复合墙砌体结构技术规程		制订中,已开题	
117	[CZG3]3.3(1).3	[CZG3]3.3(1).3.6	纤维片材加固砌体结构技术规范		制订中,报批	
118	[CZG3]3.3(1).3	[CZG3]3.3(1).3.7	非烧结砖砌体现场检测技术规程		制订中,报批	
119	[CZG3]3.3(1).3	[CZG3]3.3(1).3.8	约束砌体与配筋砌体结构技术规程	JGJ 13—2014	现行	
120	[CZG3]3.3(1).3	[CZG3]3.3(1).3.9	烧结保温砌块应用技术规程		制订中,征求意见	
[CZG3]3.3(1).4 金属结构标准						
121	[CZG3]3.3(1).4	[CZG3]3.3(1).4.1	高层民用建筑钢结构技术规程	JGJ 99—2015	现行	
122	[CZG3]3.3(1).4	[CZG3]3.3(1).4.2	空间网格结构技术规程	JGJ 7—2010	现行	
123	[CZG3]3.3(1).4	[CZG3]3.3(1).4.3	索结构技术规程	JGJ 257—2012	现行	
124	[CZG3]3.3(1).4	[CZG3]3.3(1).4.4	轻型房屋钢结构技术规程		制订中	
125	[CZG3]3.3(1).4	[CZG3]3.3(1).4.5	门式刚架轻型房屋钢结构技术规范	GB 51022—2015	现行	
126	[CZG3]3.3(1).4	[CZG3]3.3(1).4.6	预应力钢结构技术规程		制订中,征求意见	
127	[CZG3]3.3(1).4	[CZG3]3.3(1).4.7	拱形钢结构技术规程	JGJ/T 249—2011	现行	
128	[CZG3]3.3(1).4	[CZG3]3.3(1).4.8	建筑钢结构防火技术规范		制订中	
129	[CZG3]3.3(1).4	[CZG3]3.3(1).4.9	低层冷弯薄壁型钢房屋建筑技术规程	JGJ 227—2011	现行	
130	[CZG3]3.3(1).4	[CZG3]3.3(1).4.10	高强钢结构设计规程		制订中,征求意见	
131	[CZG3]3.3(1).4	[CZG3]3.3(1).4.11	铸钢结构技术规程		制订中,报批	
132	[CZG3]3.3(1).4	[CZG3]3.3(1).4.12	高耸与复杂钢结构检测与鉴定技术标准		制订中,报批	
133	[CZG3]3.3(1).4	[CZG3]3.3(1).4.13	钢结构加固设计规范		制订中,审查	
134	[CZG3]3.3(1).4	[CZG3]3.3(1).4.14	冷弯型钢结构技术规范	GB 50018—2002	修订中,已开题	
135	[CZG3]3.3(1).4	[CZG3]3.3(1).4.15	冷弯薄壁型钢多层住宅技术规程		制订中,报批	
136	[CZG3]3.3(1).4	[CZG3]3.3(1).4.16	钢板剪力墙技术规程	JGJ/T 380—2015	现行	
137	[CZG3]3.3(1).4	[CZG3]3.3(1).4.17	钢框架内填墙板结构技术规程		制订中,已开题	

续表

序号	体系分类编码	标准编码	标准名称	现行标准编号	标准状态	主题特征
138	[CZG3]3.3(1).4	[CZG3]3.3(1).4.18	轻型模块化钢结构组合房屋技术规程		制订中，已开题	
139	[CZG3]3.3(1).4	[CZG3]3.3(1).4.19	钢结构住宅技术标准		制订中，未开题	
140	[CZG3]3.3(1).4	[CZG3]3.3(1).4.20	钢骨架轻型预制板应用技术规程		制订中，征求意见	
	[CZG3]3.3(1).5 木结构标准					
141	[CZG3]3.3(1).5	[CZG3]3.3(1).5.1	胶合木结构技术规范	GB/T 50708—2012	现行	
142	[CZG3]3.3(1).5	[CZG3]3.3(1).5.2	轻型木桁架技术规范	JGJ/T 265—2012	现行	
143	[CZG3]3.3(1).5	[CZG3]3.3(1).5.3	木骨架组合墙体技术规范	GB/T 50361—2005	修订中，征求意见	
144	[CZG3]3.3(1).5	[CZG3]3.3(1).5.4	交错桁架钢结构设计规程	JGJ/T 329—2015	现行	
145	[CZG3]3.3(1).5	[CZG3]3.3(1).5.5	轻板结构技术规程		修订中，征求意见	
146	[CZG3]3.3(1).5	[CZG3]3.3(1).5.6	木结构现场检测技术规程		制订中，开题	
	[CZG3]3.3(1).6 组合结构标准					
147	[CZG3]3.3(1).6	[CZG3]3.3(1).6.1	钢管混凝土结构技术规范	GB 50936—2014	现行	
148	[CZG3]3.3(1).6	[CZG3]3.3(1).6.2	轻钢轻混凝土结构技术规程	JGJ 383—2015	现行	
149	[CZG3]3.3(1).6	[CZG3]3.3(1).6.3	钢—混凝土组合空腔楼盖结构技术规程		制订中，已开题	
150	[CZG3]3.3(1).6	[CZG3]3.3(1).6.4	钢　混凝土组合结构施工规范	GB 50901—2013	现行	
151	[CZG3]3.3(1).6	[CZG3]3.3(1).6.5	金属夹心板应用技术规程		制订中，已开题	
	[CZG3]3.3(2).1 村镇建筑结构标准					
152	[CZG3]3.3(2).1	[CZG3]3.3(2).1.1	村镇建筑砌体结构技术规程		待制订	
153	[CZG3]3.3(2).1	[CZG3]3.3(2).1.2	村镇建筑木结构技术规程		待制订	
154	[CZG3]3.3(2).1	[CZG3]3.3(2).1.3	村镇建筑生土结构技术规程		待制订	
155	[CZG3]3.3(2).1	[CZG3]3.3(2).1.4	村镇建筑混凝土结构技术规程		待制订	
156	[CZG3]3.3(2).1	[CZG3]3.3(2).1.5	村镇住宅设计规范		征求意见	
157	[CZG3]3.3(2).1	[CZG3]3.3(2).1.6	农村火炕系统通用技术规范		征求意见	
158	[CZG3]3.3(2).1	[CZG3]3.3(2).1.7	镇（乡）村建筑抗震技术规程	JGJ 161—2008	修订中，征求意见	
159	[CZG3]3.3(2).1	[CZG3]3.3(2).1.8	洪泛区和蓄滞洪区建筑工程技术规范	GB 50181—93	修订中，已开题	

5.4 镇村建筑结构、地基分支标准体系项目说明

［CZG3］3.1 基础标准

［CZG3］3.1.1 建筑结构术语标准

［CZG3］3.1.1.1《工程结构设计基本术语标准》

本标准适用于房屋建筑、铁路、公路、水运和水利水电等各类土木工程结构的设计及相关领域。

内容属性：结构、术语。

［CZG3］3.1.1.2《建筑地基基础术语标准》

本标准适用于统一地基基础专业术语、英文译名及符号，作为通用标准及专用标准的基础。主要内容为中英对照的地基基础专业术语及符号。

内容属性：地基、基础、术语。

主题特征：节能减排、施工安全、市政基础设施。

［CZG3］3.1.1.3《岩土工程基本术语标准》

本标准适用于岩土工程的勘察、设计、施工、监测、检测以及试验研究等有关领域。

内容属性：岩土、术语。

［CZG3］3.1.1.4《岩土工程勘察术语标准》

本标准适用于岩土工程勘察及其相关的工程、科研和教学领域。

主要技术内容包括：总则、基本术语、岩土名称与类型、地质作用与地质灾害、岩土的工程特性、地下水、工程地质测绘与勘探、岩土测试、岩土工程分析与评价。

内容属性：岩土、勘察、术语。

［CZG3］3.1.1.5《工程振动术语和符合标准》

本标准适用于建筑工程设计中工程振动相关术语和符号。

主要技术内容包括：振动特性术语、振动传播术语、振动参数术语、振动设备与仪器术语、振动作用术语、振动响应术语、振动控制术语、噪声控制术语及主要符号。

内容属性：工程振动、术语、符合。

［CZG3］3.1.2 建筑结构符号标准

［CZG3］3.1.2.1《工程结构设计通用符号标准》

本标准适用于土木工程结构的技术工作。

主要技术内容包括：房屋建筑、铁路、公路、港工、水利水电等各土木工程结构的基本符号、代号及其定义，明确其内涵和外延等。

内容属性：结构、设计、符号。

［CZG3］3.1.3 建筑结构制图标准

［CZG3］3.1.3.1《建筑结构制图标准》

本标准适用于工程制图中下列制图方式绘制的图样：（1）手工制图；（2）计算机制图。本标准适用于建筑结构专业下列工程制图：（1）新建、改建、扩建工程的各阶段设计图、竣工图；（2）原有建筑物、构筑物的实测图；（3）通用设计图、标准设计图。

内容属性：结构、制图。

[CZG3] 3.1.4 建筑结构设计基础标准

[CZG3] 3.1.4.1《工程结构可靠性设计统一标准》

本标准适用于房屋建筑、铁路、公路、港口、水利水电等各类工程结构设计的基本原则、基本要求和基本方法。本标准规定了基本原则、极限状态设计原则、结构上的作用和环境影响、材料和岩土的性能及几何参数、结构分析和试验辅助设计、分项系数设计方法、针对不同行业的专门规定等。

内容属性：结构、可靠度。

[CZG3] 3.1.4.2《建筑结构可靠性设计统一标准》

本标准适用于我国所有建筑结构的设计。

主要修订内容包括：完善荷载与荷载效应为非线性关系情况下的设计表达及相关问题、完善结构设计使用年限的设计表达及相关问题、适度提高我国建筑结构可靠度设置水平、增加既有结构可靠性评估的内容。

内容属性：结构、可靠性、设计。

[CZG3] 3.2 通用标准

[CZG3] 3.2.1 建筑结构荷载标准

[CZG3] 3.2.1.1《建筑结构荷载规范》

本标准适用于各种建筑结构的荷载取值以及荷载组合或作用效应组合。本标准规定了荷载的分类、荷载取值（恒荷载、楼面活荷载、风雪荷载、雪荷载、吊车荷载等）以及荷载组合、荷载效应组合方法。补充非荷载效应相关规定，如温度作用、偶然作用等内容。由标准《建筑结构荷载规范》GB 50009—2001（2006 版）修订而成。

内容属性：结构、荷载。

[CZG3] 3.2.2 地基基础标准

[CZG3] 3.2.2.1《建筑地基基础设计规范》

本标准作为本专业专用标准的编制依据。主要内容为建筑地基基础的设计原则、地基承载力的确定方法及容许承载力、地基变形的计算方法及允许值、地基稳定性的基本要求及计算原则、各类基础设计的原则和要求。基础计算体系和截面设计规则与上部结构标准一致。

内容属性：地基、基础、设计。

主题特征：节能减排、施工安全、市政基础设施。

[CZG3] 3.2.3 混凝土结构设计标准

[CZG3] 3.2.3.1《混凝土结构设计规范》

本标准适用于素混凝土结构（包括少筋混凝土结构）、钢筋混凝土结构和预应力混凝土结构的设计，也包括轻骨料设计的相关内容。本标准规定混凝土结构的基本规定、材料设计指标、结构分析方法、承载力极限状态计算方法、正常使用极限状态验算方法、结构构件的抗震设计方法、结构构件构造要求等内容。由《混凝土结构设计规范》GB 50010—2002 及《轻骨料混凝土结构技术规程》JGJ12—2006 合并、修订而成。

内容属性：混凝土、结构、设计。

[CZG3] 3.2.4 砌体结构设计标准

［CZG3］3.2.4.1《砌体结构设计规范》

本标准适用于砖砌体、多孔砖砌体、混凝土空心砌块砌体、石砌体结构的设计。本标准规定砌体结构和配筋砌体结构的材料设计指标、基本设计原则、各类结构的静力和结构构件的抗震设计方法及构造要求。由《砌体结构设计规范》GB 50003—2001（2002 年版）及《多孔砖砌体结构技术规范》JGJ 137—2001（2002 年版）合并、修订而成。

内容属性：砌体、结构、设计。

［CZG3］3.2.5 金属结构设计标准

［CZG3］3.2.5.1《钢结构设计规范》

本标准适用于工业与民用房屋和一般构筑物的普通钢结构设计。本标准规定钢结构的材料设计指标、基本设计规定、各类结构构件的静力、疲劳和连接计算方法、构造要求等。由标准《钢结构设计规范》GB 50017—2003、《钢结构高强度螺栓连接的设计、施工及验收规程》JGJ 82—2011 合并、修订而成。

内容属性：钢、结构、设计。

［CZG3］3.2.5.2《冷弯型钢结构技术规范》

本标准适用于建筑工程中冷弯薄壁型钢结构的设计与施工。本标准规定冷弯薄壁型钢结构的材料、基本设计规定、构件的计算、连接的计算与构造等。由标准《冷弯薄壁型钢结构技术规范》GB 50018—2002 修订而成。

内容属性：冷弯薄壁型钢、结构、设计。

主题特征：节能减排。

［CZG3］3.2.5.3《铝合金结构设计规范》

本标准适用于工业与民用建筑和构筑物的铝结构的设计。本标准规定铝结构的材料、基本设计规定、各类构件和板件设计、连接设计及基本构造要求。

内容属性：铝合金、结构、设计。

［CZG3］3.2.5.4《钢结构技术规范》

本标准适用于钢结构基本构件、轻钢结构、薄壁型钢、空间结构、高层钢结构、组合结构、不锈钢结构等钢结构体系的材料、设计、加工、安装、验收等内容。

内容属性：钢、结构。

［CZG3］3.2.6 木结构设计标准

［CZG3］3.2.6.1《木结构设计规范》

本标准适用于各种木材制作的木结构的设计。本标准规定各种木结构（包括木网架结构、木桁架结构）的材料设计指标、基本设计原则、各类结构构件的静力、疲劳和抗震设计方法及构造要求。由《木结构设计规范》GB50005—2003（2005 版）修订而成。

内容属性：木、结构、设计。

［CZG3］3.2.7 组合结构设计标准

［CZG3］3.2.7.1《组合结构设计规范》

本标准为新编通用标准，适用于钢（内置和外置）—混凝土组合构件结构的设计，包含型钢（劲性）混凝土、钢管混凝土、钢—混凝土叠合构件等设计内容。本标准规定了钢—混凝土组合结构的基本设计原则、构件设计方法、抗震设计方法、构造要求等。

内容属性：钢和混凝土组合结构、设计。

[CZG3] 3.2.8 村镇建筑结构设计标准

[CZG3] 3.2.8.1《村镇建筑结构设计规范》

本标准属于本体系新编通用标准，适用于村镇建筑各类材料结构设计，包括砌体结构、石结构、木结构、生土结构、混凝土结构等。

内容属性：村镇建筑、结构、设计。

主题特征：新农村建设。

[CZG3] 3.3 专用标准

[CZG3] 3.3（1）.1 地基基础标准

[CZG3] 3.3（1）.1.1《建筑桩基技术规范》

本标准适用于工业与民用建筑（包括构筑物）桩基的设计与施工。

主要技术内容包括：桩基基本设计规定、桩基构造、桩基承载力极限状态和正常使用极限状态计算或验算、桩基施工、桩基工程质量检查和验收及有关附录。

内容属性：地基、桩基础、设计、施工。

主题特征：节能减排、施工安全、市政基础设施。

[CZG3] 3.3（1）.1.2《高层建筑筏形与箱形基础技术规范》

本标准适用于高层建筑筏形与箱形基础的设计与施工。由现行《高层建筑箱形与筏形基础技术规范》JGJ6—99 修订而成。

主要技术内容包括：筏形与箱形基础的地质条件与环境影响、地基计算、结构设计与构造要求、施工和监测。

内容属性：高层建筑、筏基、箱基、设计。

主题特征：节能减排、施工安全、市政基础设施。

[CZG3] 3.3（1）.1.3《冻土地区建筑地基基础设计规范》

本标准适用于冻土地区建筑地基基础的设计。规定了永久冻土和季节性冻上两种建筑地基基础的设计原则和方法。

内容属性：冻土、地基、基础、设计。

主题特征：节能减排、施工安全、市政基础设施。

[CZG3] 3.3（1）.1.4《膨胀土地区建筑技术规范》

本标准适用于膨胀土地区工业与民用建筑物的勘察、设计、施工和维护管理。

主要技术内容包括：膨胀土的判别、膨胀土地基的分级、膨胀与收缩变形的计算、湿陷系数的计算方法；膨胀土地基设计方法、处理方法；坡地建筑地基水平膨胀的防治措施；膨胀土中桩的设计方法以及膨胀土地基的施工与维护等。

内容属性：膨胀土、地基、基础、设计。

主题特征：施工安全、市政基础设施。

[CZG3] 3.3（1）.1.5《湿陷性黄土地区建筑规范》

本标准适用于湿陷性黄土地区工业与民用建筑物、构筑物及其附属工程的勘察、设计、施工和维护管理。

内容属性：黄土、地基、基础、设计。

主题特征：施工安全、市政基础设施。

[CZG3] 3.3（1）.1.6《盐渍土地区工业与民用建筑规程》

本标准适用于盐渍土地区工业与民用建筑的设计与施工。

主要技术内容包括：为盐渍土的鉴别、盐渍土的处理、盐渍土地区建筑地基基础的设计方法和施工要求等。

内容属性：盐渍土、地基、基础、设计。

主题特征：节能减排、施工安全、市政基础设施。

［CZG3］3.3（1）.1.7《岩溶地区建筑地基基础技术规范》

本标准适用于岩溶地区建筑的地基基础设计。

主要技术内容包括：岩溶地基的设计原则、岩溶的判别、岩溶地基的计算、岩溶地基上基础的结构计算与构造要求。

内容属性：岩溶、地基、基础、设计。

主题特征：节能减排、施工安全、市政基础设施。

［CZG3］3.3（1）.1.8《建筑地基处理技术规范》

本标准适用于建筑工程地基处理的设计、施工和质量检验。规定约13类22种主要地基处理方法的适用范围、设计与施工方法及质量检验标准。

内容属性：地基、处理、技术。

主题特征：节能减排、施工安全、市政基础设施。

［CZG3］3.3（1）.1.9《建筑基坑支护技术规程》

本标准适用于深基坑的开挖与支护的设计与施工。

主要技术内容包括：总则、术语、符号、基本规定、排桩、地下连续墙、水泥土墙、土钉墙、逆作拱墙设计计算、构造要求、施工要点和地下水控制及附录等。

内容属性：基坑、支护、技术。

主题特征：节能减排、施工安全、市政基础设施。

［CZG3］3.3（1）.1.10《载体桩设计规程》

本标准适用于工业与民用建、构筑物载体桩的设计。

主要技术内容包括：总则、术语、符号、基本规定、载体桩计算、承台（梁）的设计、载体桩工程质量检查与检测、附录等。

内容属性：载体桩、技术。

主题特征：节能减排、市政基础设施。

［CZG3］3.3（1）.1.11《三岔双向挤扩灌注桩设计规程》

本标准适用于工业与民用建、构筑物多节三岔挤扩灌注桩的设计。

主要技术内容包括：多节三岔挤扩灌注桩的设计原则、竖向承载力和水平承载力确定、构造要求、承台设计、沉降计算及质量检测。

内容属性：挤扩桩、技术。

主题特征：节能减排、施工安全。

［CZG3］3.3（1）.1.12《钻孔咬合桩技术规程》

本标准适用于工业与民用建、构筑物钻孔咬合桩的设计。

主要技术内容包括：钻孔咬合桩的设计原则、竖向承载力和水平承载力确定、构造要求、承台设计、施工要点、工艺及质量检测。

内容属性：钻孔、咬合桩、技术。

主题特征：节能减排、施工安全、市政基础设施。

［CZG3］3.3（1).1.13《逆作复合桩基技术规程》

本标准适用于工业与民用建、构筑物逆作复合桩基的设计与施工。

主要技术内容包括：逆作复合桩基的设计原则、竖向承载力和水平承载力确定、构造要求、承台设计、施工工艺及质量检测。

内容属性：逆作法、桩基、复合地基。

主题特征：节能减排、施工安全、市政基础设施。

［CZG3］3.3（1).1.14《地基旁压试验技术规程》

《PY型预钻式旁压试验规程》JGJ 89—90，从1990年实施以来，规范了用PY型预钻式旁压仪进行的地基土旁压试验方法。目前，旁压仪的型号、压力和变形的记录方式及压力管道系统已有较大改进，旁压试验方法也在继续使用。2007年标准复审的意见是建议修订该规程，并更名为《地基旁压试验技术规程》。

内容属性：地基，旁压试验。

主题特征：节能减排、施工安全。

［CZG3］3.3（1).1.15《建筑地基检测技术规范》

本标准适用于建筑地基性状及施工质量的检测和评价。

主要技术内容包括：总则、术语和符号、基本规定、土（岩）地基载荷试验、复合地基载荷试验、竖向增强体载荷试验、标准贯入试验、圆锥动力触探试验、静力触探试验、十字板剪切试验、水泥土钻芯法试验、低应变法试验、扁铲侧胀试验、多道瞬态面波试验。

［CZG3］3.3（1).1.16《高填方地基技术规范》

本标准的主要技术内容包括：总则、术语和符号、基本规定、工程测量和勘察、原场地地基、填筑地基、边坡工程、排水工程、工程监测。

［CZG3］3.3（1).1.17《建筑边坡工程技术规范》

本标准适用于岩质边坡高度为30m以下（含30m）、土质边坡高度为15m以下（含15m）的建筑边坡工程以及岩石基坑边坡工程。

主要技术内容包括：总则、术语和符号、基本规定、边坡工程勘察、边坡稳定性评价、边坡支护结构上的侧向岩土压力、坡顶有重要建（构）筑物的边坡工程、锚杆（索）、锚杆（索）挡墙、岩石锚喷支护、重力式挡墙、悬臂式挡墙和扶壁式挡墙、桩板式挡墙、坡率法、坡面防护与绿化、边坡工程排水、工程滑坡防治、边坡工程施工、边坡工程监测、质量检验及验收。

［CZG3］3.3（1).1.18《城市地下结构抗震设计规范》

本标准适用于城市地下工程结构抗震设计。

主要技术内容包括：基本要求和选址原则、地基分类和抗震处理细则、设计地震动作用效应和相互作用计算、地下结构的抗震验算和抗震设计、地下结构抗震构造措施。

［CZG3］3.3（1).2 混凝土结构标准

［CZG3］3.3（1).2.1《纤维混凝土结构技术规程》

本标准适用于钢纤维混凝土结构和合成纤维混凝土结构的设计和施工。

主要技术内容包括基本规定、设计计算、构造措施、特殊构件应用、施工及验收等。

内容属性：纤维混凝土、结构。

［CZG3］3.3（1）.2.2《冷轧扭钢筋混凝土构件技术规程》

本标准适用于工业与民用建筑及一般构筑物采用冷轧扭钢筋配筋的钢筋混凝土结构和先张法预应力冷轧扭钢筋混凝土中、小型结构构件的设计与施工。

内容属性：冷轧扭钢筋、结构、技术。

主题特征：节能减排。

［CZG3］3.3（1）.2.3《钢筋焊接网混凝土结构技术规程》

本标准适用于房屋建筑、市政工程和一般构筑物采用钢筋焊接网配筋的混凝土结构的设计与施工。本标准包括材料、设计计算、构造规定、施工及质量控制等内容。由《钢筋焊接网混凝土结构技术规程》JGJ 114—2003 修订而成。

内容属性：钢筋焊接网混凝土、结构。

［CZG3］3.3（1）.2.4《高层建筑混凝土结构技术规程》

本标准适用于高层混凝土结构的设计与施工。在《混凝土结构设计规范》的基础上，本标准针对高层混凝土结构建筑的特点，从结构的整体考虑，提出相应的设计原则、设计方法、构造措施和施工要求。钢—混凝土混合结构相关内容建议移入钢—混凝土混合结构专用标准中。由《高层建筑混凝土结构技术规程》JGJ 3—2002 修订而成。

内容属性：高层建筑、混凝土、结构。

［CZG3］3.3（1）.2.5《钢筋混凝土薄壳结构规程》

本标准适用于整体式或装配式钢筋混凝土及预应力混凝土薄壳的设计。本标准包括基本规定及不同形式薄壳结构的几何尺寸、内力分析、稳定验算、构造要求等。由《混凝土薄壳结构技术规程》JGJ/T 22—98 修订而成。

内容属性：混凝土薄壳、结构。

［CZG3］3.3（1）.2.6《装配式混凝土结构技术规程》

本标准适用于一般工业与民用建筑装配式混凝土结构的设计与施工。在《混凝土结构设计规范》的基础上，本标准对装配式或装配整体式混凝土结构的基本设计方法、连接方式和构造措施、施工质量及验收等做出规定。由《装配式大板居住建筑设计和施工规程》JGJ1—91、《V 形折板屋盖设计与施工规程》JGJ/T 21—93、《钢筋混凝土升板结构技术规范》GBJ 130—90 等标准合并、修订而成。

另有《钢筋混凝土装配整体式框架节点与连接设计规程》CECS 43：92、《整体预应力装配式板柱建筑技术规程》CECS 52：93 可供参考。

建议取消现行标准《大模板多层住宅结构设计与施工规程》JGJ 20—84。

内容属性：装配式混凝土、结构。

主题特征：节能减排。

［CZG3］3.3（1）.2.7《混凝土异形柱结构技术规程》

本标准适用于居住建筑混凝土异形柱结构的设计与施工。在《混凝土结构设计规范》的基础上，本标准对异型柱混凝土结构不同于一般结构的设计方法、构造措施及施工要求做出规定。

内容属性：混凝土异型柱、结构。

［CZG3］3.3（1）.2.8《冷拔低碳钢丝应用技术规程》

本标准适用于冷拔低碳钢丝的加工、验收及其在建筑工程、混凝土工程、混凝土制品中的应用。

内容属性：冷拔低碳钢丝、技术。

[CZG3] 3.3 (1).2.9《混凝土复合墙体结构技术规程》

本标准适用于采用各种混凝土复合墙体房屋结构的设计、施工及验收。主要包含材料、设计基本规定、计算方法、构造要求、施工及验收等内容，同时注意考虑节能和环保要求。

内容属性：混凝土复合墙体、结构。

主题特征：节能减排。

[CZG3] 3.3 (1).2.10《纤维石膏空心大板复合墙体结构技术规程》

本标准适用于抗震设防烈度不大于 8 度、设计基本地震加速度不大于 0.2g 的地区采用纤维石膏空心大板复合墙体的多层居住建筑和公共建筑的设计、施工及验收。

内容属性：纤维石膏、空心、复合墙体。

[CZG3] 3.3 (1).2.11《现浇混凝土空心楼盖结构技术规程》

本标准适用于工业与民用房屋中现浇钢筋混凝土和预应力混凝土空心楼盖的设计、施工及验收。

主要技术内容包括：材料、结构分析、设计规定、构造要求、施工及验收等。

内容属性：现浇混凝土空心楼盖、结构。

主题特征：节能减排。

[CZG3] 3.3 (1).2.12《混凝土结构后锚固技术规程》

本标准适用于以普通混凝土结构为基材的后锚固连接工程的设计、施工及验收。主要包括材料、设计基本规定、设计计算、抗震设计、构造要求、施工及验收等内容。由《混凝土结构后锚技术规程》JGJ 145—2004 修订而成。

内容属性：混凝土、结构、后锚。

[CZG3] 3.3 (1).2.13《再生骨料应用技术规程》

本标准适用于应用再生骨料的混凝土结构的设计、施工及验收。本标准应以通用标准《混凝土结构设计规范》为依据，主要包括基本规定、材料、设计计算、施工及验收等内容。

内容属性：再生骨料、混凝土、结构。

主题特征：节能减排。

[CZG3] 3.3 (1).2.14《钢筋混凝土筒仓设计规范》

本标准适用于现浇钢筋混凝土筒仓的设计。本标准包括基本规定、荷载、结构计算、构造等内容。由《钢筋混凝土筒仓设计规范》GB 50077—2003 修订而成。

内容属性：钢筋混凝土、筒仓。

[CZG3] 3.3 (1).2.15《预应力筋用锚具、夹具和连接器应用技术规程》

本标准适用于预应力用锚具的产品配套质量的合格性检验和产品的工程应用。

主要技术内容包括：锚具产品的传力性能试验方法及合格标准、锚下局部承压加强构造措施等。由《预应力用锚具、夹具和连接器应用技术规程》JGJ 85—2002 修订而成。

内容属性：预应力、锚具、夹具、连接器。

[CZG3] 3.3 (1).2.16《混凝土结构工程无机材料后锚固技术规程》

本标准适用于采用无机材料在混凝土结构中进行后锚固工程的设计施工与验收。

主要技术内容包括：混凝土基层、后锚固件、锚固材料的技术要求；后锚固所用的无机材料、后锚固件基本锚固长度与设计锚固长度的规定、构造要求；后锚固施工、现场抗拔承载力检验和外观质量。

内容属性：混凝土结构、无机材料、后锚固。

［CZG3］3.3（1）.2.17《钢筋套筒灌浆连接应用技术规程》

本标准适用于房屋与一般构筑物中钢筋套筒灌浆连接接头的设计、施工与验收。

主要技术内容包括：材料、基本规定、接头施工、接头验收。

内容属性：钢筋套筒灌浆连接、应用。

［CZG3］3.3（1）.2.18《钢筋锚固板应用技术规程》

本标准适用于混凝土结构中钢筋机械锚固的设计与施工。

主要技术内容包括：钢筋锚固板的设计原则、构造要求、施工应用及检验验收等。

内容属性：钢筋锚固板、应用。

［CZG3］3.3（1）.2.19《混凝土结构防火技术规程》

本标准适用于混凝土结构防火设计、施工及质量验收。

主要技术内容包括：混凝土结构防火设计原则、截面设计及构造、施工要求、施工质量验收等。

内容属性：混凝土结构、防火。

［CZG3］3.3（1）.2.20《预防混凝土碱骨料反应技术规范》

本标准适用于预防混凝土结构中碱—骨料反应的破坏。

主要技术内容包括：骨料活性的检验与评价、混凝土碱—骨料反应的检验与评价、预防混凝土碱—骨料反应的技术措施等。

内容属性：混凝土、骨料。

［CZG3］3.3（1）.2.21《高强混凝土应用技术规程》

本标准适用于强度等级C60及其以上的高强混凝土的设计、生产、施工。

主要技术内容包括：原材料、混凝土性能、配合比设计、生产、施工、质量检验和验收。

内容属性：高强、混凝土。

［CZG3］3.3（1）.2.22《自密实混凝土应用技术规程》

本标准适用于建筑与市政工程中采用的自密实混凝土的配合比设计、制备、施工和质量验收。

主要技术内容包括：材料、自密实混凝土的性能、配合比设计、自密实混凝土的制备与运输、施工、质量检验和验收。

内容属性：自密实、混凝土。

［CZG3］3.3（1）.2.23《高抛免振捣混凝土应用技术规程》

本标准适用于新建、改建、扩建的高抛免振捣混凝土建设工程。

主要技术内容包括：高抛免振捣混凝土配合比设计、原材料要求、生产控制、现场施工工艺要求、混凝土养护要求及验收等。

内容属性：高抛免振捣混凝土。

［CZG3］3.3（1）.2.24《磷渣混凝土应用技术规程》

本标准适用于大体积混凝土、水工混凝土、道路混凝土、有抗腐蚀要求的混凝土。

主要技术内容包括：磷渣掺合料技术要求、试验方法、检验与验收、保管；掺磷渣掺合料混凝土的技术要求、质量控制和检查；磷渣掺合需水量比试验方法、含水量试验方法、安定性试验方法、五氧化二磷含量测定方法、活性指数试验方法、氟含量测定方法。

内容属性：磷渣混凝土。

［CZG3］3.3（1）.2.25《水泥基灌浆材料应用技术规范》

本标准适用于水泥基灌浆材料的检验与验收、灌浆工程的设计应用、施工质量控制与施工验收。

主要技术内容包括：总则、术语、基本规定、材料、检验规则、设计、施工与验收。

内容属性：水泥基、灌浆。

［CZG3］3.3（1）.2.26《建筑模网应用技术规程》

本标准适用于建筑模网中使用的混凝土材料、施工工艺及验收，对工程加固、加层的技术及有关计算和构造

内容属性：建筑模网、应用。

［CZG3］3.3（1）.2.27《缓粘结预应力混凝土结构技术规程》

本标准适用于工业与民用房屋和一般构筑物中采用的缓凝结预应力技术结构的设计与施工。

主要技术内容包括：缓凝结预应力混凝土材料及锚具系统、设计与施工的基本规定、设计计算与构造、施工与验收等。

内容属性：缓粘结、预应力、结构。

［CZG3］3.3（1）.2.28《预应力混凝土结构设计规范》

本标准适用于预应力混凝土建筑结构设计，包括先张法和后张法、预制和现浇、静定和超静定预应力结构的设计。

主要技术内容包括：先张预应力构件、后张有粘结及无粘结预应力结构或构件的材料与张锚体系；荷载效应组合；预应力超静定结构次内力计算；预应力损失；各类构件承载力和正常使用性能验算；抗冲切、局部承压、疲劳验算；超长混凝土结构的预应力设计；体外预应力设计；预应力叠合结构设计；抗震设计；防火及耐久性措施；施工阶段验算；构造要求；预应力施工规定等。

内容属性：预应力、混凝土结构、设计。

［CZG3］3.3（1）.2.29《密肋复合墙结构技术规程》

［CZG3］3.3（1）.2.30《碱矿渣混凝土应用技术规程》

本标准适用于工业与民用建筑和一般构筑物中碱矿渣混凝土的应用。

主要技术内容包括：基本规定、材料技术要求、混凝土配合比设计和施工及验收。

内容属性：碱矿渣、混凝土。

［CZG3］3.3（1）.2.31《喷射混凝土应用技术规程》

本标准适用于建筑与市政工程中采用的喷射混凝土的配合比设计、制备、施工和质量验收。

主要技术内容包括：总则、术语、材料、喷射混凝土配合比设计、生产、喷射混凝土加固设计、施工设备、施工、质量检验和验收。

内容属性：喷射混凝土、应用。

［CZG3］3.3（1）.2.32《混凝土结构耐久性设计规范》

本标准适用于工业与民用建筑与构筑物（特殊化学腐蚀环境厂房与设施除外），城市公路与桥涵以及市政混凝土工程结构物的耐久性设计。

主要修订内容包括：增加先张法预应力的耐久性要求、补充耐久性设计要求中的施工要点、补充耐久性设计内容中的使用阶段管理要求、补充对混凝土原材料中使用海砂的明确要求、增加混凝土结构使用高强度细晶钢筋的耐久性要求、增加混凝土结构防腐蚀附加措施要求。

内容属性：混凝土、耐久性、设计。

［CZG3］3.3（1）.2.33《轻骨料混凝土结构技术规程》

本标准适用于无机轻骨料混凝土及其制品的生产、质量控制和检验，工业与民用房屋和一般构筑物中钢筋轻骨料混凝土和预应力轻骨料混凝土承载结构的设计、施工及验收。

内容属性：轻骨料、混凝土。

［CZG3］3.3（1）.2.34《无粘结预应力混凝土结构技术规程》

本标准适用于工业与民用建筑和一般构筑物中采用体内或体外配筋的无粘结预应力混凝土结构的设计、施工、验收。

主要技术内容包括：材料及锚具系统、设计与施工的基本规定、设计计算与构造、施工及验收。

内容属性：无粘结、预应力。

［CZG3］3.3（1）.2.35《混凝土结构加固设计规范》

本标准适用于大跨度工业建筑、公共建筑和桥梁等的混凝土结构加固。

主要技术内容包括：材料、设计规定、预应力锚具性能要求、锚固方法及其选用原则、加固计算（包括预应力损失值计算）、预应力工艺及张拉过程控制、工程质量检验要求及其合格评定标准。

内容属性：混凝土、加固、设计。

［CZG3］3.3（1）.2.36《高耸结构设计规范》

本标准适用于高耸结构设计。

主要修订内容包括：补充提升结构性能的设计、施工新技术的设计方法的要求；补充热浸锌高强螺栓设计方法的要求；修改抗"覆冰"设计参数及方法；补充高耸结构中常用的"拉压交变形高强螺栓"受力特点和工程特点的设计方法；补充风的体形系数计算方法；补充桅杆拉耳的疲劳破坏问题的设计规定。

内容属性：高耸结构、设计。

［CZG3］3.3（1）.2.37《纤维增强复合材料工程应用技术规范》

本标准适用于混凝土结构和砌体结构采用纤维增强复合材料进行加固修复的设计、施工和验收，以及纤维增强复合材料筋混凝土结构构件、纤维增强复合材料管混凝土结构构件和纤维增强复合材料型材—混凝土组合结构构件的设计和施工。

主要修订内容包括：完善材料种类及各项性能指标要求；补充玄武岩纤维、FRP网格材等相关内容；增补FRP网格材加固技术各项内容；对FRP材料在新建结构中的应用技术进一步补充完善。

内容属性：复合材料、应用。

［CZG3］3.3（1）.2.38《密肋复合板结构技术规程》

本标准适用于非抗震设防区和抗震设防烈度为6～8度抗震设防区的住宅、办公楼、公寓等多层及高度不超过70m的高层民用建筑工程采用密肋复合墙结构的设计、施工和验收。

主要技术内容包括：材料、荷载和地震作用、结构设计的基本规定和计算、多层密肋复合墙结构设计、高层密肋复合墙结构设计、框支密肋复合墙结构设计、建筑节能设计、施工与验收等。

内容属性：密肋复合板、结构。

［CZG3］3.3（1）.2.39《单层防水卷材屋面工程技术规程》

本标准适用于采用聚氯乙烯（PVC）防水卷材、热塑性聚烯（TPO）防水卷材和三元乙丙橡胶（EPDM）防水卷材、弹性体（SBS）改性沥青防水卷材、塑性体（APP）改性沥青防水卷材等防水卷材单层使用的以机械固定施工技术为主、满粘和空铺施工技术为辅的屋面工程的设计、施工和质量验收。

主要技术内容包括：总则、术语、基本规定、单层卷材屋面用材料、单层卷材屋面设计、单层卷材屋面施工和单层卷材屋面质量验收等。

内容属性：单层防水卷材、屋面。

［CZG3］3.3（1）.2.40《建筑楼盖结构振动舒适度技术规范》

本标准适用于新建建筑结构的舒适度设计，也适用于既有建筑结构的舒适度评估和加固改造。

主要技术内容包括：基本原则，包括舒适度计算中恒载和活载取值、材料弹性模量取值、计算方法选取。舒适度标准，根据建筑的使用功能，给出建筑结构的和楼盖振动舒适度要求。舒适度设计，对于楼盖振动舒适度，根据荷载激励类型，对行走、有节奏运动、室内机械设备振动等直接荷载激励，给出荷载计算模型，对室外机械设备振动、交通、施工等间接荷载激励，采用实测振动波。舒适度评估，给出评估的步骤和方法，从理论计算、性能实验和振动测试等方面对建筑结构的舒适度进行全面评价。舒适度加固。对于舒适度不满足要求的既有建筑，根据可能出现的舒适度问题提出切实可行的加固措施。

内容属性：建筑楼盖、振动、舒适度。

［CZG3］3.3（1）.2.41《建筑结构风振控制技术规范》

本标准适用于在风荷载作用下建筑结构的振动控制体系的设计、施工和检测。

主要技术内容包括：建筑结构动力风荷载建筑结构风振的被动消能控制技术、建筑结构风振的被动吸能控制技术、建筑结构风振的智能控制技术、建筑结构风振的主动控制技术等。

内容属性：建筑结构、风振控制。

［CZG3］3.3（1）.2.42《建筑工程逆作法技术规程》

本标准适用于环境保护要求高以及软土地区多层或高层建筑带多层地下室的建筑工程逆作法施工。

主要技术内容包括：基本规定、围护结构（墙）的设计与施工、竖向支承桩柱的设计与施工、水平结构的设计与施工、竖向结构的设计与施工、地上地下同步实施的设计与施工、地下水控制、逆作法基坑开挖、逆作法监测、逆作法施工安全及作业环境控制。

内容属性：逆作法。

［CZG3］3.3（1）.2.43《再生混凝土结构技术规程》

本标准适用于再生骨料混凝土结构建筑工程的设计、施工、验收。

主要技术内容包括：材料、再生混凝土保护层、钢筋的锚固和连接、伸缩缝、结构构件的基本规定、再生混凝土配合比设计、正常使用极限状态验算、多层和高层再生混凝土房屋的抗震构造措施、剪力墙的抗震构造措施、筒体结构抗震构造措施、再生混凝土结构的混凝土强度等级、施工要求、质量验收。

内容属性：再生混凝土。

［CZG3］3.3（1）.2.44《面层复合式混凝土技术规程》

本标准适用于建筑工程及桥梁等土木工程中的复合装饰混凝土工程。

主要技术内容包括：面层复合式混凝土工程基本、材料性能的要求、工程设计、施工与质量控制、检验及验收、维护与后期保养。

内容属性：面层、复合式。

［CZG3］3.3（1）.2.45《钢管约束混凝土结构技术规程》

本标准适用于非抗震地区和抗震设防烈度为 6～9 度的多层建筑、高层或超高层建筑、大跨空间结构的下部支承结构、大跨度桥梁的桥墩、大型重载工业厂房和城市大型地下建筑的钢管约束混凝土结构的设计与施工。

主要技术内容包括：材料基本力学性能指标、钢管约束混凝土结构的形式和适用范围、不同截面形式钢管约束混凝土柱的设计方法、钢管约束混凝土结构梁柱节点的设计、抗震设计方法和抗震措施、构造措施、施工及质量要求。

内容属性：钢管、约束混凝土。

［CZG3］3.3（1）.2.46《聚苯模板混凝土楼盖技术规程》

本标准适用于住宅和公共建筑中聚苯模板混凝土楼盖的设计、施工及验收。

主要技术内容包括：聚苯模板性能要求、结构设计，施工及验收。

内容属性：聚苯模板、楼盖。

［CZG3］3.3（1）.2.47《再生混合混凝土组合结构技术规程》

本标准适用再生混合混凝土组合结构。

主要技术内容包括：材料、再生混合混凝土（即新、旧混凝土混合体）的组合抗压强度、再生混合混凝土组合结构设计、组合结构施工、质量检查和工程验收等。

内容属性：再生混合混凝土、组合结构。

［CZG3］3.3（1）.2.48《预制混凝土墙板工程技术规程》

本标准适用于预制混凝土非承重内外墙体的设计、安装、验收。

主要技术内容包括：材料性能要求、建筑设计、结构设计、连接与构造、墙板制作、施工安装、验收、保养和维修。

内容属性：预制混凝土、墙板。

［CZG3］3.3（1）.2.49《屋盖结构抗风设计规范》

本标准适用于建筑物、构筑物的屋盖结构抗风设计。

主要技术内容包括：屋盖结构的分类；来流风场的确定；荷载组合方法；不同体型、尺度、开敞性的屋盖极值风压及分区；无需考虑风荷载动力响应的屋盖结构抗风设计静风荷载；需考虑风荷载动力响应的屋盖结构抗风设计的等效静风荷载；屋盖结构的风振控制措施；复杂屋盖结构的围护结构极值风荷载和主承重结构设计风荷载计算方法。

内容属性：屋盖结构、抗风、设计。

［CZG3］3.3（1）.2.50《聚苯模板保温现浇混凝土技术规程》

本标准适用于建造多层、高层和超高层新建节能（超低能耗）居住建筑保温与结构一体化的外墙外保温建筑工程。

主要技术内容包括：聚苯模板保温现浇混凝土的技术性能指标；聚苯模板保温现浇混凝土的设计、施工及验收。

内容属性：聚苯模板、保温、现浇混凝土

［CZG3］3.3（1）.2.51《建筑结构加固工程施工规程》

本标准适用于建筑结构加固工程的施工。

主要技术内容包括：增大截面工程、局部置换工程、外加预应力工程、外粘或外包型钢工程、外粘纤维复合材工程、外粘钢板工程、钢丝绳或钢筋网砂浆面层工程、裂缝或裂纹修补工程、植筋工程、锚栓工程、灌浆工程等。

内容属性：建筑结构、加固、施工。

［CZG3］3.3（1）.2.52《开合屋盖结构技术规程》

本标准适用于带有开合屋盖的工业与民用建筑设计与施工。

主要技术内容包括：开合屋盖性能要求；荷载与作用取值；结构体系；结构计算方法；驱动系统涉及方法；控制系统设计方法；防腐与防火设计要求；开合屋盖制作、安装、调试与验收要求；使用与维护要求。

内容属性：开合屋盖、结构。

［CZG3］3.3（1）.2.53《钢纤维混凝土结构设计规程》

本标准适用于房屋和一般构筑物的钢筋钢纤维混凝土、预应力钢纤维混凝土以及无筋钢纤维混凝土结构的设计。

主要技术内容包括：钢纤维混凝土的技术指标、钢筋钢纤维混凝土结构构件承载力计算方法、钢筋钢纤维混凝土结构构件裂缝和变形计算方法、无筋钢纤维混凝土结构设计方法、钢纤维混凝土特定结构设计方法。

内容属性：钢纤维混凝土、结构、设计。

［CZG3］3.3（1）.2.54《负温混凝土应用技术标准》

本标准适用于工业与民用建筑中现浇负温混凝土和负温混凝土制品的设计、配制、施工、早期受冻害程度判定、质量检验和验收。

主要技术内容包括：原材料、混凝土性能、配合比设计、制备与运输、施工与养护、早期受冻害程度判定与处理、质量检验和验收等。

内容属性：负温混凝土、应用。

［CZG3］3.3（1）.2.55《预制预应力混凝土装配整体式框架结构技术标准》

本标准适用于非抗震设防区及抗震设防烈度为 6 度和 7 度地区的除甲类以外的预制预应力混凝土装配整体式框架结构和框架—剪力墙结构的设计、施工及验收。

主要修订内容包括：增加预制预应力混凝土装配整体式框架结构和框架—剪力墙结构体系在抗震设防烈度为 8 度地区的应用的有关技术要求。

内容属性：预制预应力混凝土、装配、整体式框架结构。

［CZG3］3.3（1）.2.56《高强混凝土强度检测技术规程》

本标准适用于对 C50 及以上强度等级的建筑结构和构筑物的混凝土的强度检测。

内容属性：高强混凝土、强度检测。

［CZG3］3.3（1）.2.57《混凝土中氯离子含量检测技术规程》

主要技术内容包括：基本规定；新拌混凝土氯离子含量检测：一般规定、取样、试验方法（滴定法和快速测定方法）、结果评定；硬化混凝土氯离子含量检测：一般规定、取样、试验方法（水溶法和酸溶法）、结果评定；结构中混凝土氯离子含量检测：一般规定、取样、试验方法、结果评定；水溶性氯离子含量与酸溶性氯离子含量的折算关系。

内容属性：混凝土、氯离子、检测。

［CZG3］3.3（1）.2.58《混凝土外加剂应用技术规范》

本标准适用于混凝土用化学外加剂在混凝土工程中的应用。

主要技术内容包括：常温用混凝土外加剂、夏季用混凝土外加剂、冬季用混凝土外加剂、预制混凝土用外加剂、喷射混凝土用外加剂、水下不分散混凝土用外加剂、防水混凝土用外加剂、混凝土外加剂对胶凝材料的适应性检测方法。

内容属性：混凝土、外加剂。

［CZG3］3.3（1）.2.59《建筑工程裂缝防治技术规程》

本标准适用于防治混凝土结构、砌体结构等建筑工程的结构裂缝。

主要技术内容包括：结构设计、建筑材料的选择、施工质量控制以及结构裂缝处理。

内容属性：建筑工程、裂缝、防治。

［CZG3］3.3（1）.2.60《钢绞线网片聚合物砂浆加固技术规程》

本标准适用于既有建（构）筑物应用钢绞线网片—聚合物砂浆加固的设计、施工和质量验收。

主要技术内容包括：材料（主要规定钢绞线网、加固型聚合物砂浆、加固型界面剂应满足的指标及相应的检验方法）；设计（主要规定应用钢绞线网片—聚合物砂浆加固技术加固钢筋混凝土梁、板、柱和砌体砖墙等构件的设计计算方法和构造措施）；施工（主要规定钢绞线网片——聚合物砂浆加固技术的施工工艺等）；质量检验与验收（主要规定钢绞线网片—聚合物砂浆复合面层加固技术质量控制和验收方法等）。

内容属性：钢绞线网片、聚合物砂浆、加固。

［CZG3］3.3（1）.2.61《石灰石粉在混凝土中应用技术规程》

本标准适用于石灰石粉在混凝土中的应用。

主要技术内容包括：基本规定、石灰石粉及其他原材料的技术要求、混凝土配合比设计、混凝土施工、混凝土质量检验等。

内容属性：石灰石粉、混凝土、应用技术。

［CZG3］3.3（1）.2.62《泡沫混凝土应用技术规程》

本标准适用于工业与民用建筑物保温隔热、基层垫层、基坑填充等部位所使用的现浇泡沫混凝土工程。

主要技术内容包括：材料、泡沫混凝土性能、泡沫混凝土配合比设计、生产与运输、施工、质量检验与验收。

内容属性：泡沫混凝土、应用。

［CZG3］3.3（1）.2.63《建筑工程风洞试验方法标准》

本标准适用于所有边界层风洞的建筑物和构筑物的风洞试验。

主要技术内容包括：风洞试验的设备要求、测试设备的基本要求、模拟参数的确定、风洞试验报告。

内容属性：风洞、试验方法。

［CZG3］3.3（1）.2.64《预拌混凝土绿色生产及管理技术规程》

本标准适用于预拌混凝土绿色生产时的厂址选择、环保设备设施、原材料选择、配合比设计和废弃物再利用、噪声和扬尘的监测与治理以及生产管理。

主要技术内容包括：总则；术语及符号；基本规定；厂址选择；环保设备设施；绿色生产技术：原材料、配合比绿色设计、废水循环利用、废浆循环利用、废弃混凝土循环利用、除噪措施、防尘措施；绿色生产管理：原材料运输要求、生产过程管理、混凝土应用现场要求、绿色生产的监测控制。

内容属性：预拌混凝土、绿色生产、管理技术。

［CZG3］3.3（1）.2.65《普通混凝土拌合物性能试验方法标准》

本标准适用于工程建设活动中对普通混凝土进行的拌合物性能试验。

主要技术内容包括：基本规定、坍落度及经时损失试验、坍落扩展度试验、J-环扩展度试验、维勃稠度试验、倒置坍落度筒排空试验、T500 流动时间试验、凝结时间试验、泌水试验、压力泌水试验、表观密度试验、含气量试验、配合比分析试验、增实因数法。

主要修订内容包括：修订和完善坍落度与坍落扩展度法、增加坍落度经时损失试验方法、增加 J-环扩展度试验方法、完善维勃稠度试验方法、增加倒置坍落度筒排空试验、增加 T500 流动时间试验、完善了泌水试验、完善压力泌水试验、修订表观密度试验、拟提高试验精度、修订配合比分析试验。

内容属性：普通混凝土、拌合物、性能试验。

［CZG3］3.3（1）.2.66《混凝土升板结构技术规范》

本标准适用于工业与民用建筑采用升板结构时的设计与施工。

主要修订内容包括：新型同步提升技术的充实和安全性保障、新型节点设计与施工的规定。

内容属性：混凝土、升板结构。

［CZG3］3.3（1）.2.67《建筑结构检测技术标准》

本标准适用于各类新建及既有建筑工程的结构检测，结构施工质量及性能评定。

主要修订内容包括：增加新建建筑质量和性能的评定方法；取消混凝土、钢结构、砌体结构的检测内容；增加既有建筑结构工程质量及性能评定的方法和原则；增加型钢、钢管混凝土质量检测的内容；增加房屋动力性能评定的内容。

内容属性：建筑结构、检测。

［CZG3］3.3（1）.2.68《普通混凝土力学性能试验方法标准》

本标准适用于工程建设活动中对普通混凝土进行的力学性能试验。

主要修订内容包括：增加轴心抗拉强度试验；增加抗弯韧性试验；增加抗冲击性能试验；修订完善原有章节相关内容并增加术语、基本规定、相关标准引用等内容。

内容属性：普通混凝土、力学性能、试验方法。

［CZG3］3.3（1）.2.69《普通混凝土用砂、石质量及检验方法标准》

本标准适用于普通混凝土用砂、石质量的检验与评定。

主要修订内容包括：对质量要求进行修订；砂的检验方法部分修订含泥量的检测方法、细化坚固性、氯离子含量、碱活性的检测方法；石的检验方法部分修订泥块含量、表观密度等检测方法；细化坚固性检测方法；增加氯离子含量试验方法、洛杉矶磨耗试验、软弱颗粒含量试验；统一快速砂浆棒法碱活性的检测方法；细化岩相法碱活性检测的具体方法；增加活性骨料碱活性抑制效能试验方法；以确定胶凝材料体系对活性骨料碱活性的抑制效果。

内容属性：普通混凝土、砂、石质量、检验方法。

［CZG3］3.3（1).2.70《预应力混凝土结构抗震设计规程》

本标准适用于抗震设防烈度为6～8度地区的现浇后张预应力混凝土框架和板柱等建筑结构的抗震设计。

主要修订内容包括：修改地震计算的相关规定；增加高强混凝土、高强钢筋的相关技术要求；增加预应力自复位结构抗震设计的相关要求；完善预应力板柱节点抗震设计要求。

内容属性：预应力混凝土、抗震、设计。

［CZG3］3.3（1).2.71《混凝土中钢筋检测技术规程》

本标准适用于混凝土结构及构件中钢筋的间距、公称直径、锈蚀性状及混凝土保护层厚度的现场检测。

主要修订内容包括：增加钢筋保护层和钢筋间距检测结果的评定内容、钢筋锈蚀性状检测增加电阻率法、增加钢筋锈蚀累积频率法判定混凝土构件受影响区域的多少、增加部分术语。

内容属性：混凝土、钢筋、检测。

［CZG3］3.3（1).2.72《混凝土结构技术规范》

本标准适用于房屋建筑混凝土结构专业的设计、施工、质量验收、使用维护的强制性技术要求。

主要技术内容包括：基本规定；作用及作用组合；建筑结构耐久性设计规定；结构材料基本规定；建筑结构承载力极限状态设计规定；建筑结构正常使用极限状态设计规定；建筑结构构造设计基本要求；非结构构件的结构设计基本规定；建筑结构的施工、安装技术规定和安全规定；建筑结构的施工质量控制及验收技术规定。

内容属性：混凝土、结构。

［CZG3］3.3（1).2.73《混凝土结构成型钢筋应用技术规程》

本标准适用于建筑工程钢筋专业化加工、配送、安装与施工验收。

主要技术内容包括：基本规定、质量要求、钢筋加工配送、安装质量控制、施工验收。

内容属性：混凝土、成型钢筋、应用。

［CZG3］3.3（1).3 砌体结构标准

［CZG3］3.3（1).3.1《空心砌块砌体结构技术规程》

本标准适用于由各种空心砌块构成的砌体结构的设计、施工及验收。在标准《砌体结构设计规范》的基础上，本标准对其与一般砌体不同的设计方法、构造措施及施工要求做出了规定。由《混凝土小型空心砌块建筑技术规程》JGJ/T 14—2004、《中型砌块建筑设计与施工规程》JGJ 5—80 合并、修订而成。

内容属性：空心砌块砌体、结构。

［CZG3］3.3（1）.3.2《混凝土小型空心砌块建筑技术规程》

本标准适用于非抗震地区和抗震设防烈度为 6～9 度地区，以混凝土小型空心砌块为墙体材料的房屋建筑的设计、施工及工程质量验收。

主要技术内容包括：总则、术语和符号、材料和砌体的结构设计计算指标、建筑设计与建筑节能设计、小砌块砌体静力设计、配筋砌块砌体剪力墙静力设计、抗震设计、施工和工程验收等。

［CZG3］3.3（1）.3.3《蒸压加气混凝土建筑应用技术规程》

本标准适用于应用各种蒸压加气混凝土制品的房屋结构的设计、施工及验收。在《砌体结构设计规范》的基础上，本标准对其不同于一般砌体的设计方法、构造措施及施工要求做出规定。由现行标准《蒸压加气混凝土应用技术规程》JGJ 17—84 修订而成。已有协会标准《蒸压灰砂砖砌体结构设计与施工规程》CECS20：90 标准可合并于本标准。

内容属性：蒸压加气混凝土、结构。

［CZG3］3.3（1）.3.4《自保温混凝土复合砌块墙体应用技术规程》

本标准适用于以自保温混凝土复合砌块为填充墙体材料的房屋建筑的设计、施工和验收。

主要技术内容包括：基本规定、材料计算指标、结构构件计算、围护结构热工设计、建筑构造、施工与质量验收。

内容属性：自保温、混凝土复合砌块、墙体、应用。

主题特征：节能减排。

［CZG3］3.3（1）.3.5《装饰多孔砖夹心复合墙砌体结构技术规程》

本标准适用于既有钢筋混凝土结构耐久性评定。

主要技术内容包括：耐久性评定程序、使用条件调查和耐久性检测、大气环境下混凝土中性化及钢筋锈蚀耐久性评定、氯盐侵蚀环境下钢筋锈蚀耐久性评定、冻融环境下混凝土劣化及钢筋锈蚀耐久性评定、盐冻环境下混凝土劣化及钢筋锈蚀耐久性评定、硫酸盐侵蚀环境下混凝土耐久性评定、碱—集料反应与杂散电流腐蚀耐久性评定、构件和结构耐久性评定、既有混凝土结构剩余使用寿命评估等。

内容属性：装饰多孔砖、夹心、复合墙砌体。

［CZG3］3.3（1）.3.6《纤维片材加固砌体结构技术规范》

本标准适用于达到或超过设计使用年限的各类砌体结构的修复和加固；也适用于砌体结构的历史建筑和各类老建筑的修复和加固。

主要技术内容包括：应用碳纤维片材对砌体结构进行修复和加固的设计、施工、验收要求。

内容属性：纤维片材、加固、砌体。

［CZG3］3.3（1）.3.7《非烧结砖砌体现场检测技术规程》

本标准适用于已建非烧结砖砌体工程的静力鉴定、危房鉴定和其他应急鉴定、抗震鉴定、大修前的可靠性鉴定、房屋改变用途、改建、加层或扩建以前的专门鉴定。新建非烧结砖砌体工程中对工程质量有怀疑和争议时，需进一步分析块材、砂浆和砌体强度等的推定。

主要技术内容包括：非烧结砖砌体的现场检测方法，包括各种检测方法的适用条件、范围、设备、数据处理等，解决现场检测、推定砂浆强度和砌体强度等。

内容属性：非烧结砖砌体、现场、检测。

［CZG3］3.3（1）.3.8《约束砌体与配筋砌体结构技术规程》

规定各类配筋和约束砌体的抗震设计内容，包括概念设计、地震作用、构件抗震验算、细部构造措施和主要施工技术。

内容属性：约束砌体、配筋砌体。

［CZG3］3.3（1）.3.9《烧结保温砌块应用技术规程》

本标准适用于建筑物应用烧结保温砌块工程的设计、施工及质量验收。

主要技术内容包括：材料、设计、施工、质量检验与验收。

内容属性：烧结保温、砌块。

［CZG3］3.3（1）.4 金属结构标准

［CZG3］3.3（1）.4.1《高层民用建筑钢结构技术规程》

本标准适用于高层钢结构建筑的设计与施工。在《钢结构设计规范》及《冷弯薄壁型钢结构技术规范》的基础上，本标准针对高层钢结构建筑的特点，从结构的整体考虑，提出相应的设计原则、设计方法、构造措施和施工要求。

内容属性：高层建筑、钢结构。

［CZG3］3.3（1）.4.2《空间网格结构技术规程》

本标准适用于金属网架、网壳结构的设计与施工。本标准主要规定网架、网壳的原材料、设计方法、构件部件、节点连接构造及施工方法等。

内容属性：空间网格结构。

［CZG3］3.3（1）.4.3《索结构技术规程》

本标准适用于索结构的设计与施工。主要对索结构的材料、设计原则、计算方法、变形控制、耐久性措施及其他构造措施、施工质量、使用维护等要求做出规定。

内容属性：索、结构。

［CZG3］3.3（1）.4.4《轻型房屋钢结构技术规程》

本标准适用于轻型钢结构和钢龙骨结构的单层和多层轻型房屋的设计与施工。在《钢结构设计规范》及《冷弯薄壁型钢结构技术规范》的基础上，本标准对轻型房屋钢结构的设计原则、计算方法、构造措施、拼装连接、保温隔热、施工质量、使用维护等做出规定。

内容属性：轻型房屋、钢、结构。

［CZG3］3.3（1）.4.5《门式刚架轻型房屋钢结构技术规范》

本标准适用于主要承重结构为单跨或多跨实腹门式刚架、具有轻型屋盖和轻型外墙、无桥式吊车或有起重量不大于 20t 的 A1～A5 工作级别桥式吊车或 3t 悬挂式起重机的单层房屋钢结构的设计、施工和质量验收。

主要技术内容包括：基本规定、结构形式和布置、作用效应计算、构件设计、连接和节点设计、制作和安装、隔热和涂装、质量验收等。

内容属性：门式刚架轻型房屋、钢、结构。

［CZG3］3.3（1）.4.6《预应力钢结构技术规程》

本标准适用于预应力钢结构的设计、施工及验收，包括静力和抗震设计要求。本标准规定主要预应力钢结构的基本设计要求、材料、结构分析、设计计算、构造、施工及验收等内容。

内容属性：预应力钢结构。

主题特征：节能减排。

［CZG3］3.3（1）.4.7《拱形钢结构技术规程》

本标准适用于建筑结构工程。

主要技术内容包括：实腹式截面拱形钢结构稳定性设计与计算；腹板开洞或孔的拱形钢结构稳定性设计与计算；拱形桁架式钢结构稳定性设计与计算；索—拱杂交钢结构的稳定性计算原则、布索及节点构造要求等；钢管桁架拱的节点设计；拱形钢结构的制作方法及验收；拱脚构造设计等。

内容属性：拱形钢结构。

［CZG3］3.3（1）.4.8《建筑钢结构防火技术规范》

［CZG3］3.3（1）.4.9《低层冷弯薄壁型钢房屋建筑技术规程》

本标准适用于以冷弯薄壁型钢为主要承重构件，层数不大于3层，檐口高度不大于12m的低层房屋建筑的设计、施工及验收。

内容属性：低层、冷弯薄壁型钢。

［CZG3］3.3（1）.4.10《高强钢结构设计规程》

本标准适用于工业与民用建筑结构和一般构筑物的高强钢结构设计。

主要技术内容包括：材料、基本设计规定、构件设计与计算、连接设计与计算。

内容属性：高强钢结构、设计。

［CZG3］3.3（1）.4.11《铸钢结构技术规程》

本标准适用于铸钢结构设计、施工、验收。

主要技术内容包括：铸钢材料性能及复验取样条件、厚度分组和抗力分项系数；铸钢构件分析设计理论和计算方法；铸钢结构构造要求；铸钢构件验收；铸钢构件的焊接工艺评定方法；铸钢结构施工验收评定技术条件。

内容属性：铸钢、结构。

［CZG3］3.3（1）.4.12《高耸与复杂钢结构检测与鉴定技术标准》

本标准适用于高耸、大型、复杂钢结构的可靠性检测与鉴定。

主要技术内容包括：在建和既有的高耸、大型、复杂钢结构构件及其连接的检测、鉴定方法与评定标准；在建和既有的高耸、大型、复杂钢结构完整性和整体稳定性的检测、鉴定方法与评定标准；有损伤或缺陷的钢结构构件计算模型和实用验算方法。

内容属性：高耸与复杂、钢结构、检测与鉴定。

［CZG3］3.3（1）.4.13《钢结构加固设计规范》

本标准适用于房屋和一般构筑物钢结构的加固设计。

主要技术内容包括：总则、术语、符号、基本规定、材料、增大截面加固法、粘贴纤维复合材加固法、增设支点加固法、裂纹的修补技术。

内容属性：钢结构、加固、设计。

［CZG3］3.3（1）.4.14《冷弯型钢结构技术规范》

本标准适用于建筑工程的冷弯薄壁、厚壁型钢结构的设计与施工。

主要技术内容包括：材料、基本设计规定、构件的计算、连接的计算与构造、压型钢板、檩条与墙梁屋架、刚架制作、安装和防腐蚀。

内容属性：冷弯、型钢。

[CZG3] 3.3（1).4.15《冷弯薄壁型钢多层住宅技术规程》

本标准适用于六层以下普通住宅。

主要技术内容包括：材料；作用与作用效应；结构布置及设计一般要求；结构分析；基本构件的计算与构造；连接及紧固件计算与构造；节点的设计与构造；墙体的计算与构造；楼盖的计算与构造；屋盖的计算与构造；基础的计算与构造；柱的计算与构造；楼盖的计算与构造；制作、安装与防护；住宅的建筑与设备要求。

内容属性：冷弯薄壁、型钢、多层住宅。

[CZG3] 3.3（1).4.16《钢板剪力墙技术规程》

本标准适用于建筑结构工程钢板剪力墙的设计、施工与验收。

主要技术内容包括：非加劲钢板剪力墙的设计方法与构造、加劲钢板剪力墙的设计方法与构造、钢板组合剪力墙的设计方法与构造、与剪力墙相连周边构件的设计方法与构造、钢板剪力墙的端部节点设计与构造、钢板剪力墙的施工及验收要求。

内容属性：钢板、剪力墙。

[CZG3] 3.3（1).4.17《钢框架内填墙板结构技术规程》

本标准适用于钢框架内填混凝土墙板结构工程的设计、施工、验收。

主要技术内容包括：设计基本规定、材料要求、结构布置和结构分析、构件设计和刚度计算、构造要求和节点设计、构件的加工制造与施工、防火、验收。

内容属性：钢框架、内填、墙板结构。

[CZG3] 3.3（1).4.18《轻型模块化钢结构组合房屋技术规程》

本标准适用于低层和多层轻型模块化钢结构组合房屋工程的设计、施工与验收。

主要技术内容包括：基本规定、模块化设计、外围护系统构造、内部构造与内装修、建筑防火与防腐、结构设计、结构节点连接设计、地基基础、节能要求、施工管理与验收、建筑检测与评价。

内容属性：轻型模块、钢结构、组合。

[CZG3] 3.3（1).4.19《钢结构住宅技术标准》

本标准适用于不超过 100m 的建筑高度、非抗震以及抗震设防烈度不超过 8 度的钢结构住宅建筑设计、施工和验收。

主要技术内容包括：材料及墙板性能；建筑设计、结构和设备一体化综合化设计；钢结构施工；墙体设计与墙板安装；设备安装；工程验收；维护等。

内容属性：钢结构、住宅。

[CZG3] 3.3（1).4.20《钢骨架轻型预制板应用技术规程》

本标准适用于建筑工程的单层、多层、高层，以及网架、装配式轻型板、楼板、外墙挂板的设计、生产、安装和质量验收。

主要技术内容包括：钢骨架轻型预制板应用的设计要求、钢骨架轻型预制板应用中的主要构件的设计计算要求、钢骨架轻型预制板应用中的构造要求、预制板生产和安装要求、质量验收要求。

内容属性：钢骨架、轻型预制板。

[CZG3] 3.3 (1).5 木结构标准

[CZG3] 3.3 (1).5.1《胶合木结构技术规范》

本标准适用于建筑工程中胶合木结构的设计和施工。主要包括材料、结构设计要求、连接设计、构造要求、防护、施工及验收、使用维护等内容。

内容属性：胶合木、结构。

[CZG3] 3.3 (1).5.2《轻型木桁架技术规范》

本标准适用于各种新建建筑的屋顶工程或已建建筑的屋顶改建工程中采用木屋架结构的设计和施工。主要包括材料、设计原则和方法、节点设计、构造要求、支承及锚固要求、防护措施及使用维护等内容。

内容属性：轻型木桁架。

[CZG3] 3.3 (1).5.3《木骨架组合墙体技术规范》

本标准适用于工业、民用建筑中采用木骨架组合墙体作为非承重墙体的设计和施工。主要包括材料、基本规定、墙体设计、加工制作、安装施工、防护、质量验收、使用维护等内容。

内容属性：木骨架组合墙体。

[CZG3] 3.3 (1).5.4《交错桁架钢结构设计规程》

本标准适用于非地震区和设防烈度不高于8度地区的多高层交错钢桁架结构体系。

主要技术内容包括：荷载和地震作用、设计基本规定、结构的整体分析、结构设计、连接构造和设计、防火设计和基础设计等。

内容属性：桁架、钢结构。

[CZG3] 3.3 (1).5.5《轻板结构技术规程》

本标准适用于建筑高度不超过30m或建筑层数不超过12层且建筑抗震设防烈度不超过8度的工业与民用建筑。

主要技术内容包括：轻板材料要求；轻板建筑体系；轻板结构体系；板与结构连接及构造；墙板拼缝、抗裂、防水、隔热保温、耐久等要求；设计计算；施工与验收。

内容属性：轻板、结构。

[CZG3] 3.3 (1).5.6《木结构现场检测技术规程》

本标准适用于城镇建设中的传统木结构建筑、仿古木结构建筑、现代木结构建筑、木结构桥梁等的现场检测等。

主要技术内容包括：材料性能检测、木构件缺陷的检测、木构件尺寸与偏差检测、木构件损伤检测、木结构节点性能检测、结构性能的检测。

内容属性：木结构、现场、检测。

[CZG3] 3.3 (1).6 组合结构标准

[CZG3] 3.3 (1).6.1《钢管混凝土结构技术规范》

本标准适用于钢管混凝土结构的设计、施工及验收。在《组合结构设计规范》的基础上，本标准对钢管混凝土结构的材料、基本规定、设计计算、构造、施工及验收等内容提出专门要求。现有《钢—混凝土组合结构设计规程》DL/T 5085—1999、《钢管混凝土结构设计与施工规程》CECS28：90、《矩形钢管混凝土结构技术规程》CECS159：2004 等标准应合并于本标准中。

内容属性：钢管混凝土、结构。

主题特征：节能减排。

［CZG3］3.3（1).6.2《轻钢轻混凝土结构技术规程》

本标准适用于低多层住宅、宿舍楼，低层教学楼、医院、办公楼等；30m 跨内中小跨厂房及其他公用建筑。

主要技术内容包括：材料性能和设计指标；建筑设计的一般规定、建筑保温、隔热、防火等要求；结构设计的一般规定和构造要求；单层格构轻钢厂房、格构轻钢轻骨料混凝土组合结构、格构轻钢龙骨体系等的构造要求和计算方法；给水排水、电气、暖通等的设计方法和构造要求；房屋钢骨架的制作和安装方法；基础、房屋骨架、轻骨料混凝土及外维护结构的质量验收。

内容属性：格构轻钢轻骨料、混凝土组合结构。

主题特征：节能减排

［CZG3］3.3（1).6.3《钢—混凝土组合空腔楼盖结构技术规程》

本标准适用于大跨度、大荷载、大空间的各类多层、高层（超高层）现浇钢结构混凝土组合空腔楼盖结构，特别适用于高层钢结构建筑、民用建筑、工业建筑、公共建筑和地下停车场。

主要技术内容包括：箱体、结构分析、设计规定、构造要求、竣工验收。

内容属性：钢—混凝土组合、空腔楼盖、结构。

［CZG3］3.3（1).6.4《钢—混凝土组合结构施工规范》

本标准适用于各类钢—混凝土组合结构的施工。

主要技术内容包括：总则、术语、符号、基本规定、材料要求、一般构造要求、型钢混凝土组合结构、钢管混凝土结构、钢—混凝土叠合结构、质量检查标准等。

内容属性：钢—混凝土组合、结构、施工。

［CZG3］3.3（1).6.5《金属夹心板应用技术规程》

本标准适用于房屋建筑工程中应用金属夹芯板的设计、施工和验收。

主要技术内容包括：基本规定、材料性能要求、结构设计、构造措施、施工、质量验收。

内容属性：金属夹心版。

［CZG3］3.3（2).1 村镇建筑结构标准

［CZG3］3.3（2).1.1《村镇建筑砌体结构技术规程》

本标准适用于村镇建筑砌体结构的设计、施工和验收。

主要技术内容包括：材料、承载力计算、使用状态验算、构造措施、抗震设计、施工、验收等。

内容属性：村镇建筑、砌体、结构。

主题特征：新农村建设。

［CZG3］3.3（2).1.2《村镇建筑木结构技术规程》

本标准适用于村镇建筑原木结构的设计、施工和验收。

主要技术内容包括：材料、承载力计算、使用状态验算、构造措施、抗震设计、施工、验收等。

内容属性：村镇建筑、木、结构。

主题特征：新农村建设。

［CZG3］3.3（2).1.3《村镇建筑生土结构技术规程》

本标准适用于村镇建筑生土结构的设计、施工和验收。

主要技术内容包括：材料、承载力计算、使用状态验算、构造措施、抗震设计、施工、验收等。

内容属性：村镇建筑、生土、结构。

主题特征：新农村建设。

［CZG3］3.3（2).1.4《村镇建筑混凝土结构技术规程》

本标准适用于村镇建筑混凝土结构构件的设计、施工和验收。

主要技术内容包括：材料、承载力计算、使用状态验算、构造措施、抗震设计、施工、验收等。

内容属性：村镇建筑、混凝土、结构。

主题特征：新农村建设。

［CZG3］3.3（2).1.5《村镇住宅设计规范》

本标准适用于新建、改建、扩建的村镇住宅设计。

主要技术内容包括：外部环境、建筑、结构、室内环境、设备等。

内容属性：村镇住宅、设计。

主题特征：新农村建设。

［CZG3］3.3（2).1.6《农村火炕系统通用技术规范》

本标准适用于北方新建民用建筑内火炕系统的设计。

主要技术内容包括：供暖热负荷设计计算的依据和步骤、供暖系统的选择、应用、设计和施工的技术要求等。

内容属性：农村、火炕。

主题特征：新农村建设。

［CZG3］3.3（2).1.7《镇（乡）村建筑抗震技术规程》

本标准适用于我国抗震设防烈度为6～9度地区镇（乡）村建筑的抗震设计与施工。

主要修订内容包括：调整抗震设防目标、完善各结构类型房屋的抗震设计和抗震构造措施、纳入近年来村镇抗震防灾研究的相关成果。

内容属性：镇（乡）村、抗震。

主题特征：新农村建设。

［CZG3］3.3（2).1.8《洪泛区和蓄滞洪区建筑工程技术规范》

本标准适用于我国蓄滞洪区村镇和山区村镇建筑的抗洪设计与施工。

主要修订内容包括：增加山区村镇洪水防御规划要求、增加山区乡村建筑抗洪设计方法、增加山区村镇建筑抗洪构造措施。

内容属性：洪泛区、蓄滞洪区。

主题特征：新农村建设。

第6章 村镇建筑电气分支标准体系

6.1 综述

在我国村和镇还是有区别，村分为自然村和行政村。自然村是由村民经过长时间聚居而自然形成的村落。它受地理条件、生活方式等的影响，比如在山里头，可能几户在路边居住几代后就会形成一个小村落，这就叫自然村。北方平原地区的自然村通常比较大，南方丘陵水网地区的自然村通常比较小。行政村是政府为了便于管理，而确定的乡下边一级的管理机构所管辖的区域。两者的关系是自然村一般小于行政村，也就是说，几个相邻的小村可以构成一个大的行政村。这个行政村由一套领导班子（支部、村委会）管理，但可以把几个自然村分成几个组，每组一个组长，这些自然村都要受行政村村委会和村支部的管理和领导。

乡、镇虽然都是我国农村的现行体制下的行政区划单位，属于同一行政级别，但乡与镇最大的区别在于产业的区别，乡是农业人口集聚地，相对来说还是分散的人口，而镇是非农人口集聚，基本上是城市了。镇除了有乡的基本特征外，它更是一个经济区域内工商业的中心、商品生产的集散地和商品交换的场所，是政治、经济、文化的中心区。所以根据村和镇的区别，实行村、镇体系划分可按照"村"和"镇"构建标准体系，镇标准体系框架构建可参照城市标准体系，结合村镇发展情况进行研究；村标准体系要立足农村，负荷农村实际，满足农村建设需要，因此村标准体系中只包括行政村，镇标准体系中包括乡、镇。

村、镇工程建设建筑电气专业可依据目前国内城市建设标准建筑电气体系分为强电、弱电（智能化）两部分。强电主要包括房屋建筑的供配电系统、配变电所、继电保护及电气测量、自备应急电源、低压配电、配电线路布线系统、常用设备电气装置、电气照明、建筑物防雷、接地和特殊场所的安全防护；弱电（智能化）主要包括房屋建筑的智能化集成系统、信息设施系统、信息化应用系统、建筑设备管理系统、公共安全系统、机房工程和建筑环境等。实际建筑电气工程中强电和弱电是密切相关的，所以统称为建筑电气。

6.2 村镇建筑电气分支标准体系

根据村和镇的区别，实行村、镇体系划分可按照"村"和"镇"构建标准体系，镇标准体系框架构建可参照城市标准体系，结合村镇发展情况进行研究；村标准体系要立足农村，负荷农村实际，满足农村建设需要。

6.1.1　分支标准体系总框图

分支标准体系总框图如图 2-6-1 所示。

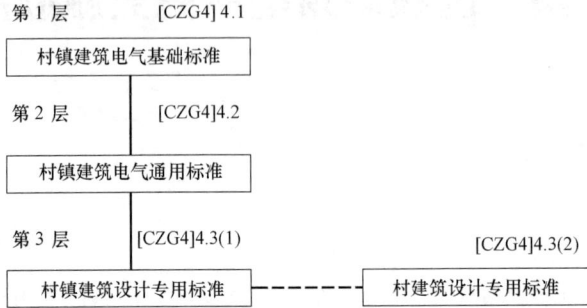

图 2-6-1　分支标准体系总框图

6.1.2　村镇建筑电气标准体系细化分类框图

村镇工程建设建筑电气标准体系（以下简称体系）框图竖向为基础标准、通用标准和

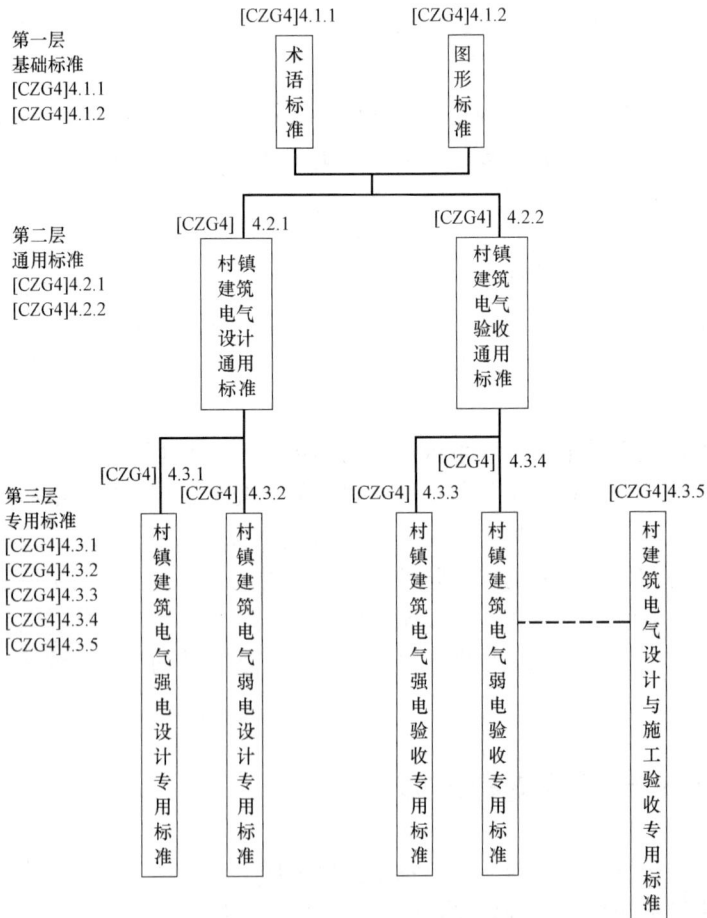

图 2-6-2　材镇建筑电气标准体系细化分类框图

专用标准三个层次。基础标准横向分术语标准与图形标准；通用标准横向分设计标准、验收标准；专用标准区分为村镇建筑电气设计专用标准和村建筑电气专业标准，横向设计标准分成强电和弱电两项，验收标准分成强电和弱电两项（如图 2-6-2 所示）。本体系是开放性的，标准名称、内容、数量均可根据需要而适时调整。

6.3 村镇建筑电气分支标准体系表

村镇建筑电气分支标准体系表   表 2-6-1

序号	体系分类编码	标准编码	标准名称	现行标准编号	标准状态	主题特征
［CZG4］4.1 基础标准						
［CZG4］4.1.1 术语标准						
1	［CZG4］4.1.1	［CZG4］4.1.1.1	建筑电气术语标准		待编	节能减排,施工安全,住房保障
［CZG4］4.1.2 图形标准						
2	［CZG4］4.1.2	［CZG4］4.1.2.1	建筑电气制图标准	GB/T 50786—2012	现行	施工安全,住房保障,新农村建设
［CZG4］4.2 通用标准						
［CZG4］4.2.1 村镇建筑电气设计通用标准						
3	［CZG4］4.2.1	［CZG4］4.2.1.1	建筑电气设计文件编制标准		待编	节能减排,施工安全,住房保障,新农村建设
4	［CZG4］4.2.1	［CZG4］4.2.1.2	民用建筑电气设计规范	JGJ 16—2008	现行	节能减排,施工安全,住房保障
5	［CZG4］4.2.1	［CZG4］4.2.1.3	智能建筑设计标准	GB 50314—2015	现行	节能减排,施工安全
6	［CZG4］4.2.1	［CZG4］4.2.1.4	建筑电气工程节能设计标准		待编	节能减排
［CZG4］4.2.2 村镇建筑电气验收通用标准						
7	［CZG4］4.2.2	［CZG4］4.2.2.1	建筑电气工程节能验收规范		待编	节能减排,施工安全,质量保障
8	［CZG4］4.2.2	［CZG4］4.2.2.2	建筑电气工程施工质量验收规范	GB 50303—2015	现行	节能减排,施工安全,质量保障
9	［CZG4］4.2.2	［CZG4］4.2.2.3	智能建筑工程质量验收规范	GB 50339—2013	现行	节能减排,施工安全,质量保障
10	［CZG4］4.2.2	［CZG4］4.2.2.4	智能建筑工程施工规范	GB 50606—2010	现行	节能减排,施工安全,质量保障
［CZG4］4.3 专用标准						
［CZG4］4.3.1 村镇建筑电气强电设计专用标准						
11	［CZG4］4.3.1	［CZG4］4.3.1.1	民用建筑用电负荷设计标准		待编	节能减排,施工安全,计算准确

序号	体系分类编码	标准编码	标准名称	现行标准编号	标准状态	主题特征
12	[CZG4]4.3.1	[CZG4]4.3.1.2	20kV及以下变电所设计规范	GB 50053—2013	现行	节能减排,施工安全,住房保障,新农村建设
13	[CZG4]4.3.1	[CZG4]4.3.1.3	供配电系统设计规范	GB 50052—2009	现行	节能减排,施工安全,住房保障,新农村建设
14	[CZG4]4.3.1	[CZG4]4.3.1.4	低压配电设计规范	GB 50054—2011	现行	节能减排,施工安全,住房保障,新农村建设
15	[CZG4]4.3.1	[CZG4]4.3.1.5	通用用电设备配电设计规范	GB 50055—2011	现行	节能减排,施工安全,住房保障,新农村建设
16	[CZG4]4.3.1	[CZG4]4.3.1.6	建筑物电磁兼容技术规范		制订中	节能减排
17	[CZG4]4.3.1	[CZG4]4.3.1.7	民用建筑自备应急电源设计规范		待编	节能减排,施工安全,住房保障,新农村建设
18	[CZG4]4.3.1	[CZG4]4.3.1.8	工业与民用电力装置的接地设计规范	GBJ 65—1983	修订中	施工安全,住房保障,新农村建设
19	[CZG4]4.3.1	[CZG4]4.3.1.9	电力工程电缆设计规范	GB 50217—2007	现行	施工安全,住房保障,新农村建设
20	[CZG4]4.3.1	[CZG4]4.3.1.10	建筑物防雷设计规范	GB 50057—2010	现行	施工安全,住房保障,新农村建设
21	[CZG4]4.3.1		建筑照明设计标准	GB 50034—2014	现行	
22	[CZG4]4.3.1	[CZG4]4.3.1.11	古建筑防雷技术规范		制订中	施工安全,古建安全
23	[CZG4]4.3.1	[CZG4]4.3.1.12	太阳能光伏玻璃幕墙电气设计规范		制订中	节能减排,施工安全,技术先进
[CZG4]4.3.2 村镇建筑电气弱电设计专用标准						
24	[CZG4]4.3.2	[CZG4]4.3.2.1	用户电话交换系统工程设计规范	GB/T 50622—2010	现行	住房保障,市政基础设施,新农村建设
25	[CZG4]4.3.2	[CZG4]4.3.2.2	综合布线系统工程设计规范	GB 50311—2007	现行	住房保障,市政基础设施,新农村建设
26	[CZG4]4.3.2	[CZG4]4.3.2.3	通信管道与通道工程设计规范	GB 50373—2006	现行	住房保障,市政基础设施,新农村建设
27	[CZG4]4.3.2	[CZG4]4.3.2.4	有线电视系统工程技术规范	GB 50200—94	修订中	住房保障,市政基础设施,新农村建设
28	[CZG4]4.3.2	[CZG4]4.3.2.5	公共广播系统工程技术规范	GB 50526—2010	现行	施工安全,新农村建设,声音传播
29	[CZG4]4.3.2	[CZG4]4.3.2.6	电子会议系统工程设计规范	GB 50799—2012	现行	施工安全,技术先进,远程会议

序号	体系分类编码	标准编码	标准名称	现行标准编号	标准状态	主题特征
30	[CZG4]4.3.2	[CZG4]4.3.2.7	厅堂扩声系统设计规范	GB 50371—2006	现行	节能减排,新农村建设,声音传播
31	[CZG4]4.3.2	[CZG4]4.3.2.8	建筑设备监控系统设计规范		制订中	节能减排
32	[CZG4]4.3.2	[CZG4]4.3.2.9	火灾自动报警系统设计规范	GB 50116—2013	修订中	施工安全,住房保障
33	[CZG4]4.3.2	[CZG4]4.3.2.10	安全防范工程技术规范	GB 50348—2004	现行	施工安全,住房保障
34	[CZG4]4.3.2	[CZG4]4.3.2.11	入侵报警系统工程设计规范	GB 50394—2007	现行	施工安全,住房保障
35	[CZG4]4.3.2	[CZG4]4.3.2.12	视频安防监控系统工程设计规范	GB 50396—2007	现行	施工安全,住房保障
36	[CZG4]4.3.2	[CZG4]4.3.2.13	出入口控制系统工程设计规范	GB 50395—2007	现行	施工安全,住房保障
37	[CZG4]4.3.2	[CZG4]4.3.2.14	停车库(场)管理系统设计规范		待编	施工安全,住房保障
38	[CZG4]4.3.2	[CZG4]4.3.2.15	电子信息系统机房设计规范	GB 50174—2008	现行	施工安全
39	[CZG4]4.3.2	[CZG4]4.3.2.16	建筑物电子信息系统防雷技术规范	GB 50343—2012	修订中	施工安全
40	[CZG4]4.3.2	[CZG4]4.3.2.17	视频显示系统工程技术规范	GB 50464—2008	现行	施工安全
[CZG4]4.3.3 村镇建筑电气强电验收专用标准						
41	[CZG4]4.3.3	[CZG4]4.3.3.1	民用建筑自备应急电源验收规范		待编	节能减排,施工安全,建设新农村
42	[CZG4]4.3.3	[CZG4]4.3.3.2	电气装置安装工程低压电器施工及验收规范	GB 50254—2014	现行	施工安全,建设新农村
43	[CZG4]4.3.3	[CZG4]4.3.3.3	电气装置安装工程电缆线路施工及验收规范	GB 50168—2006	现行	施工安全,建设新农村
44	[CZG4]4.3.3	[CZG4]4.3.3.4	电气装置安装工程接地装置施工及验收规范	GB 50169—2006	现行	施工安全,建设新农村
45	[CZG4]4.3.3	[CZG4]4.3.3.5	建筑物防雷工程施工与质量验收规范	GB 50601—2010	现行	施工安全,建设新农村
[CZG4]4.3.4 村镇建筑电气弱电验收专用标准						
46	[CZG4]4.3.4	[CZG4]4.3.4.1	用户电话交换系统工程验收规范	GB/T 50623—2010	现行	住房保障,市政基础设施,新农村建设
47	[CZG4]4.3.4	[CZG4]4.3.4.2	综合布线系统工程验收规范	GB 50312—2007	现行(2012年修订)	住房保障,市政基础设施,新农村建设

续表

序号	体系分类编码	标准编码	标准名称	现行标准编号	标准状态	主题特征
48	[CZG4]4.3.4	[CZG4]4.3.4.3	通信管道工程施工及验收规范	GB 50374—2006	现行	住房保障,市政基础设施,新农村建设
49	[CZG4]4.3.4	[CZG4]4.3.4.4	火灾自动报警系统施工及验收规范	GB 50166—2007	现行	施工安全,住房保障
50	[CZG4]4.3.4	[CZG4]4.3.4.5	电子信息系统机房施工及验收规范	GB 50462—2008	现行	施工安全
[CZG4]4.3.5 村建筑电气设计与施工验收专用标准						
51	[CZG4]4.3.5	[CZG4]4.3.5.1	村建筑防雷设计规范		待编	施工安全,住房保障,新农村建设
52	[CZG4]4.3.5	[CZG4]4.3.5.2	古建筑防雷工程技术规范	GB 51017—2014	现行	施工安全,住房保障,新农村建设
53	[CZG4]4.3.5	[CZG4]4.3.5.3	村建筑电气设计规范		待编	施工安全,新农村建设
54	[CZG4]4.3.5	[CZG4]4.3.5.4	村建筑电气工程施工验收规范		待编	施工安全,新农村建设

6.4　村镇建筑电气分支标准体系项目说明

[CZG4] 4.1 基础标准

[CZG4] 4.1.1 术语标准

[CZG4] 4.1.1.1《建筑电气术语标准》

本标准适用于新建、扩建、改建民用建筑工程中建筑电气工程的设计、监理、施工。

主要技术内容包括：总则、供配电、电气设备、公共安全、通信网络、电视广播、线路敷设、防雷接地。

目前工程建设标准中关于术语标准已有 30 多项，涉及建筑、钢铁、化工、水利、纺织、公路、冶金、电力等各行各业，建筑行业已经发布的有《建筑结构设计术语和符号标准》GB/T 50083—97、《工程结构设计基本术语和通用符号》GBJ 132—90、《给水排水设计基本术语标准》GBJ 125—89、《采暖通风与空气调节术语标准》GB 50155—92，缺少《建筑电气术语标准》。

《建筑电气术语标准》将对现行的工程建设标准、IEC 标准里有关建筑电气专业设计、施工、监理、验收等工作中常用的术语进行归纳、整合、补充、定义。

内容属性：建筑电气、术语。

主题特征：节能减排、施工安全、住房保障。

[CZG4] 4.1.2 图形标准

[CZG4] 4.1.2.1《建筑电气制图标准》GB/T 50786—2012。

本标准适用于新建、扩建、改建民用建筑工程中建筑电气工程的设计、监理、施工。

主要技术内容包括：总则、术语、一般规定、图形符号、文字符号、制图规则。

　　《建筑电气制图标准》2002 年列入国家标准编制计划，主编单位：中国建筑标准设计研究院、中国纺织工业设计院，2003 年按计划召开审查会，因涉及与下列现行国家标准的协调问题，《建筑电气制图标准》一直没上报、发布。此标准应与现行国家标准协调的有：《电气技术用文件的编制　第 1 部分：一般要求》GB/T 6988.1—1997、《电气技术用文件的编制　第 2 部分：功能性简图》GB/T 6988.2—1997、《电气技术用文件的编制第 3 部分：接线图和接线表》GB/T 6988.3—1997、《电气技术用文件的编制　第 4 部分：位置文件与安装文件》GB/T 6988.4—2002、《电气技术用文件的编制　第 5 部分：索引》GB/T 6988.5—2006、《控制系统功能表图的绘制》GB/T 6988.6—1993。

　　通过此次体系的编制，希望能协调、解决此问题，完成《建筑电气制图标准》。

　　内容属性：建筑电气、制图。

　　主题特征：施工安全、住房保障、新农村建设。

[CZG4] 4.2 通用标准

[CZG4] 4.2.1 村镇建筑电气设计通用标准

　　[CZG4] 4.2.1.1《建筑电气设计文件编制标准》

　　本标准适用于建筑电气工程建设项目方案设计、初步设计和施工图设计文件编制。

　　主要技术内容包括：一般要求、设计总说明（包括安全措施、消防措施、环境保护措施、节能措施）、总图、系统图、平面图、控制原理图、主要设备材料表、计算书、总概算等。

　　注：建筑电气设计文件包括智能化系统设计文件。

　　内容属性：建筑电气，设计文件，编制

　　主题特征：节能减排，施工安全，住房保障，新农村建设

　　[CZG4] 4.2.1.2《民用建筑电气设计规范》

　　《民用建筑电气设计规范》融汇了《建筑设计防火规范》GB 50016—2006、《高层民用建筑设计防火规范》GB 50045—95（2005 年版）、《建筑照明设计标准》GB 50034—2004、《10kV 及以下变电所设计规范》GB 50053—94、《低压配电设计规范》GB 50054—95、《通用用电设备配电设计规范》GB 50055—93、《建筑物防雷设计规范》GB 50057—94（2000 年版）、《火灾自动报警系统设计规范》GB 50116—98、《有线电视系统工程技术规范》GB 50200—94 等几十本规范有关民用建筑的设计内容，方便了设计人员的查阅、引用，节约了设计时间，提高了设计质量。从 20 世纪 80 年代出版至今，深受建筑电气专业设计、监理、施工人员的认可，是从事电气工程设计人员必备的现行国家标准。

　　《民用建筑电气设计规范》包括建筑电气强电、弱电（智能化系统）20 多个系统，基本上按一个系统一个章节编写。主要技术内容包括：总则、术语、代号、供配电系统、配变电所、继电保护及电气测量、自备应急电源、低压配电、配电线路布线系统、常用设备电气装置、电气照明、民用建筑物防雷、接地和特殊场所的安全防护、火灾自动报警系统、安全技术防范系统、有线电视和卫星电视接收系统、广播、扩声与会议系统、呼应信号及信息显示、建筑设备监控系统、计算机网络系统、通信网络系统、综合布线系统、电磁兼容与电磁环境卫生、电子信息设备机房、锅炉房热工检测与控制。

　　内容属性：民用、建筑电气、设计。

主题特征：节能减排、施工安全、住房保障。

［CZG4］4.2.1.3《智能建筑设计标准》

内容属性：智能建筑、设计。

主题特征：节能减排、施工安全。

［CZG4］4.2.1.4《建筑电气工程节能设计标准》

本标准适用于新建、扩建、改建的建筑电气工程的节能设计。

主要技术内容包括：总则、供配电系统的节能、电气照明的节能、电气设备的节能、能耗计量与管理、可再生能源利用等。

为了在工程建设中指导建筑电气工程设计人员正确选择和应用成熟节能技术，进行建筑电气设计，推行和实施建筑电气工程节能，建设资源节约型社会，制定本标准。

内容属性：建筑电气、节能、设计。

主题特征：节能减排。

［CZG4］4.2.2 村镇建筑电气验收通用标准

［CZG4］4.2.2.1《建筑电气工程节能验收规范》

本标准适用于新建、扩建、改建的建筑电气工程的节能验收。

主要技术内容包括：总则、供配电系统的节能、电气照明的节能、电气设备的节能、能耗计量与管理、可再生能源利用等。

为了加强建筑电气工程的节能管理，规范建筑电气工程的节能验收，保证达到节能设计目的，制定本规范。

内容属性：建筑电气、节能、验收。

主题特征：节能减排、施工安全、质量保障。

［CZG4］4.2.2.2《建筑电气工程施工质量验收规范》GB 50303—2015

内容属性：建筑电气、验收。

主题特征：节能减排、施工安全、质量保障。

［CZG4］4.2.2.3《智能建筑工程质量验收规范》GB 50339—2013

内容属性：智能建筑、验收。

主题特征：节能减排、施工安全、质量保障。

［CZG4］4.2.2.4《智能建筑工程施工规范》GB 50606—2010

内容属性：智能建筑、验收。

主题特征：节能减排、施工安全、质量保障。

［CZG4］4.3 专用标准

［CZG4］4.3.1 村镇建筑电气强电设计专用标准

［CZG4］4.3.1.1《民用建筑用电负荷设计标准》

本标准适用于新建、扩建、改建民用建筑工程中用电负荷的计算与设计。

主要技术内容包括：总则、负载系数、功率因素、需要系数、同期使用系数、参差分布系统、负荷密度、单位指标、设备损耗、线路损耗等。

内容属性：民用建筑、负荷、设计。

主题特征：节能减排、施工安全、计算准确。

［CZG4］4.3.1.2《20kV 及以下变电所设计规范》GB 50053—2013（主编部门：中国

机械工业联合会，2005 前立项修订）

内容属性：20kV、变电所、设计。

主题特征：节能减排、施工安全、住房保障、新农村建设。

［CZG4］4.3.1.3《供配电系统设计规范》GB 50052—2009（主编部门：中国机械工业联合会）

内容属性：供配电、设计。

主题特征：节能减排、施工安全、住房保障、新农村建设。

［CZG4］4.3.1.4《低压配电设计规范》GB 50054—2011（主编部门：中国机械工业联合会，2005 前立项修订）

内容属性：低压配电、设计。

主题特征：节能减排、施工安全、住房保障、新农村建设。

［CZG4］4.3.1.5《通用用电设备配电设计规范》GB 50055—2011（主编部门：中国机械工业联合会，2005 前立项修订）

内容属性：通用、用电设备、配电、设计。

主题特征：节能减排、施工安全、住房保障、新农村建设。

［CZG4］4.3.1.6《建筑物电磁兼容技术规范》

本标准适用于新建、扩建、改建民用建筑工程电磁兼容的设计、检测与验收。

主要技术内容包括：总则、术语与符号、建筑物的电磁环境、居住与工作环境的电磁辐射与卫生标准、建筑物配电系统谐波预防与治理（包括谐波环境中的配电设计与计算方法）、电子信息系统的电磁环境指标、电磁环境检测、谐波治理验收等。

内容属性：建筑物、电磁兼容、技术。

主题特征：节能减排。

［CZG4］4.3.1.7《民用建筑自备应急电源设计规范》

本标准适用于新建、扩建、改建民用建筑工程中自备应急电源的设计。

主要技术内容包括：总则、柴油发电机组、应急电源装置、不间断电源装置等。

内容属性：民用建筑、自备应急电源、设计。

主题特征：节能减排、施工安全、住房保障、新农村建设。

［CZG4］4.3.1.8《工业与民用电力装置的接地设计规范》GBJ65—1983

本标准适用于新建、扩建、改建工程中建筑电气装置接地系统的设计。

主要技术内容包括：变配电系统的接地、变压器的接地、柴油发电机的接地、保护装置的接地、智能化系统的接地及接地体（包括利用基础钢筋做接地体）、接地极、接地线的选择等。

《工业与民用电力装置的接地装置设计规范》是在 GBJ 65—83、《系统接地的型式及安全技术要求》GB 14050—1993 基础上，与 IEC 新标准协调一致，增加智能化系统的接地系统设计。

内容属性：村、电力装置、接地设计。

主题特征：施工安全、住房保障、新农村建设。

［CZG4］4.3.1.9《电力工程电缆设计规范》GB 50217—2007（主编部门：中国电力企业联合会）

内容属性：电力工程、电缆、设计。

主题特征：施工安全、住房保障、新农村建设。

[CZG4] 4.3.1.10《建筑物防雷设计规范》GB 50057—2010

本标准适用于工业和民用建筑（包括爆炸危险环境的建筑）防直击雷和防感应雷的设计。

主要技术内容包括：建筑物的防雷分类、建筑物的防雷措施、防雷装置、接闪器的选择和布置等。

内容属性：建筑物、防雷、设计。

主题特征：施工安全、住房保障、新农村建设。

[CZG4] 4.3.1.11《古建筑防雷技术规范》

本标准适用于古建筑的防雷设计、施工和验收。

主要技术内容包括：在不改变文物原貌的前提下，古建筑防雷工程实施的程序、内容和要求，古建筑防雷工程基础资料勘查的内容和要求，现行建筑物防雷规范未涵盖的古建筑的防雷要求和特点、防雷类型及防雷措施，防雷装置类型选择的方法和要求，防雷施工的工艺、方法和质量验收标准等。

内容属性：古建筑、防雷、技术。

主题特征：施工安全、古建安全。

[CZG4] 4.3.1.12《太阳能光伏玻璃幕墙电气设计规范》

本标准适用于以太阳能光伏玻璃作为发电单元的幕墙的电气设计。

主要技术内容包括：太阳能光伏电站分类、太阳能光伏玻璃幕墙安装面积确定、光伏幕墙组件功率计算、光伏幕墙组件与蓄电池匹配优化、旁路和防逆流设计、接线盒安装位置确定等。

内容属性：太阳能光伏、玻璃幕墙、电气、设计。

主题特征：节能减排、施工安全、技术先进。

[CZG4] 4.3.2 村镇建筑电气弱电设计专用标准

[CZG4] 4.3.2.1《用户电话交换系统工程设计规范》GB/T 50622—2010（主编部门：信息产业部）

本标准适用于新建、扩建、改建用户电话交换系统、调度系统、会议电话系统和呼叫中心的设计。

主要技术内容包括：总则、术语与符号、系统类型与组成、组网及中继方式、业务性能与系统功能、信令与接口、中继电路与宽带计算、设备配置、编号及IP地址、网络管理、计费系统、传输指标及同步、电源系统设计、机房选址及设备安装、接地与防护。

内容属性：用户电话交换、设计。

主题特征：住房保障、市政基础设施、新农村建设。

[CZG4] 4.3.2.2《综合布线系统工程设计规范》GB 50311—2007（主编部门：信息产业部）

内容属性：综合布线、设计。

主题特征：住房保障、市政基础设施、新农村建设。

[CZG4] 4.3.2.3《通信管道与通道工程设计规范》GB 50373—2006（主编部门：信

息产业部）

内容属性：通信管道、设计。

主题特征：住房保障、市政基础设施、新农村建设。

［CZG4］4.3.2.4《有线电视系统工程技术规范》GB 50200—94（主编部门：广播电影电视部）

内容属性：有线电视系统、技术。

主题特征：住房保障、市政基础设施、新农村建设。

［CZG4］4.3.2.5《公共广播系统工程技术规范》GB 50526—2010（主编部门：信息产业部）

本标准适用于新建、扩建、改建民用建筑工程中公共广播系统的设计施工。

主要技术内容包括：总则、系统组成、公共广播系统的声学特性指标、公共安全（包括火灾、安防、应急等自然灾害）紧急广播，公益性、服务性、商业性的广播等。

内容属性：公共广播、设计、施工。

主题特征：施工安全、新农村建设、声音传播。

［CZG4］4.3.2.6《电子会议系统工程设计规范》GB 50799—2012（主编部门：信息产业部，2007 立项制订）

本标准适用于室内会议厅、堂的电子会议系统设计。

主要技术内容包括：系统组成、系统功能要求、技术性能要求、设备选择等。

内容属性：电子会议、设计。

主题特征：施工安全、技术先进、远程会议。

［CZG4］4.3.2.7《厅堂扩声系统设计规范》GB 50371—2006（主编部门：信息产业部）

内容属性：厅堂扩声、设计。

主题特征：节能减排、新农村建设、声音传播。

［CZG4］4.3.2.8《建筑设备监控系统设计规范》

本标准适用于新建、扩建、改建民用建筑工程中建筑设备监控系统的设计。

主要技术内容包括：总则、系统组成、系统功能、建筑设备（制冷系统、热力系统、空调系统、送排风系统、给排水系统、供配电系统、照明系统等）测量、监视、控制、传输信道、设备选型、接口等。

内容属性：建筑设备、监控、设计。

主题特征：节能减排。

［CZG4］4.3.2.9《火灾自动报警系统设计规范》GB 50116—2013（主编部门：公安部，2006 年立项修订）

本标准适用于工业与民用建筑内设置的火灾自动报警系统设计。

主要技术内容包括：系统保护对象分级及火灾探测器设置、报警区域和探测区域划分、报警系统设计、消防控制室和消防联动控制、火灾探测器选择、火灾探测器和手动火灾报警按钮设置、报警系统供电、布线等。

内容属性：火灾、自动报警、设计。

主题特征：施工安全、住房保障。

[CZG4] 4.3.2.10《安全防范工程技术规范》GB 50348—2004（主编部门：公安部）

内容属性：安全防范、技术。

主题特征：施工安全、住房保障。

[CZG4] 4.3.2.11《入侵报警系统工程设计规范》GB 50394—2007（主编部门：公安部）

内容属性：入侵报警、设计。

主题特征：施工安全、住房保障。

[CZG4] 4.3.2.12《视频安防监控系统工程设计规范》GB 50396—2007（主编部门：公安部）

内容属性：视频、监控、设计。

主题特征：施工安全、住房保障。

[CZG4] 4.3.2.13《出入口控制系统工程设计规范》GB 50395—2007（主编部门：公安部）

内容属性：出入口控制、设计。

主题特征：施工安全、住房保障。

[CZG4] 4.3.2.14《停车库（场）管理系统设计规范》

本标准适用于新建、扩建、改建民用建筑工程中停车库（场）管理系统的设计。

主要技术内容包括：总则、系统组成、系统功能、系统管理、入口处配置、出口处配置、传输信道、设备选型、接口等。

内容属性：停车库（场）管理、设计。

主题特征：施工安全、住房保障。

[CZG4] 4.3.2.15《电子信息系统机房设计规范》GB 50174—2008（主编部门：信息产业部）

本标准适用于陆地上新建、改建和扩建的电子信息机房工程设计。

主要技术内容包括：电子信息机房位置选择和组成、设备布置、环境条件、建筑、空气调节、电气技术、给水排水、消防与安全等。

内容属性：电子信息、机房、设计。

主题特征：施工安全。

[CZG4] 4.3.2.16《建筑物电子信息系统防雷技术规范》GB 50343—2012（2007 年立项修订）

本标准适用于新建、扩建、改建的建筑物电子信息系统防雷的设计、施工、验收、维护和管理，不适用于易燃、易爆危险环境和场所的电子信息系统防雷。

主要技术内容包括：总则、术语、雷电防护分区、雷电防护分级、防雷设计、防雷施工、施工质量验收、维护与管理等。

内容属性：建筑物、电子信息、防雷、技术。

主题特征：施工安全。

[CZG4] 4.3.2.17《视频显示系统工程技术规范》GB 50464—2008（主编部门：信息产业部）

内容属性：视频显示、技术。

主题特征：施工安全。

[CZG4] 4.3.3 村镇建筑电气强电验收专用标准

[CZG4] 4.3.3.1《民用建筑自备应急电源验收规范》

本标准适用于新建、扩建、改建民用建筑工程中自备应急电源的验收。

主要技术内容包括：总则、柴油发电机组、应急电源装置等竣工验收。

内容属性：民用建筑、自备应急电源、验收。

主题特征：节能减排、施工安全、建设新农村。

[CZG4] 4.3.3.2《电气装置安装工程　低压电器施工及验收规范》GB 50254—2014（主编部门：中国电力企业联合会）

内容属性：安装工程、低压电器、施工、验收。

主题特征：施工安全、建设新农村。

[CZG4] 4.3.3.3《电气装置安装工程　电缆线路施工及验收规范》GB 50168—2006（主编部门：中国电力企业联合会）

内容属性：安装工程、电缆线路、施工、验收。

主题特征：施工安全、建设新农村。

[CZG4] 4.3.3.4《电气装置安装工程　接地装置施工及验收规范》GB 50169—2006（主编部门：中国电力企业联合会）

内容属性：安装工程、接地装置、施工、验收。

主题特征：施工安全、建设新农村。

[CZG4] 4.3.3.5《建筑物防雷工程施工与质量验收规范》GB 50601—2010

本标准适用于新建、扩建、改建民用建筑工程中防雷工程的验收。

主要技术内容包括：总则、术语、基本规定、接地装置分项工程、引下线分项工程、接闪器分项工程、等电位连接分项工程、屏蔽分项工程、综合布线分项工程、电涌保护器分项工程和工程质量验收等。

内容属性：建筑物、防雷工程、施工、验收。

主题特征：施工安全、建设新农村。

[CZG4] 4.3.4 村镇建筑电气弱电验收专用标准

[CZG4] 4.3.4.1《用户电话交换系统工程验收规范》GB/T 50623—2010（主编部门：信息产业部）

本标准适用于新建、扩建、改建用户电话交换系统、调度系统、会议电话系统和呼叫中心的验收。

主要技术内容包括：总则、术语与符号、施工前检查、硬件安装检查、系统检查测试、工程初验、试运转工程终验。

内容属性：用户电话交换、验收。

主题特征：住房保障、市政基础设施、新农村建设。

[CZG4] 4.3.4.2《综合布线系统工程验收规范》GB 50312—2007（主编部门：信息产业部）

内容属性：综合布线、验收。

主题特征：住房保障、市政基础设施、新农村建设。

［CZG4］4.3.4.3《通信管道工程施工及验收规范》GB 50374—2006（主编部门：信息产业部）。

内容属性：通信管道、验收。

主题特征：住房保障、市政基础设施、新农村建设。

［CZG4］4.3.4.4《火灾自动报警系统施工及验收规范》GB 50166—2007（主编部门：公安部）

内容属性：火灾、自动报警、施工、验收。

主题特征：施工安全、住房保障。

［CZG4］4.3.4.5《电子信息系统机房施工及验收规范》GB 50462—2008（主编部门：信息产业部）

本标准适用于陆地上新建、改建和扩建的电子信息机房工程的施工及验收。

主要技术内容：包括内部结构与装修、空气调节、电气装置、消防、电磁屏蔽、综合测试及竣工验收等。

内容属性：电子信息、机房、施工、验收。

主题特征：施工安全。

［CZG4］4.3.5 村建筑电气设计与施工验收专用标准

［CZG4］4.3.5.1《村建筑防雷设计规范》

内容属性：防雷、接地、安全防护。

主题特征：施工安全、住房保障、新农村建设。

［CZG4］4.3.5.2《古建筑防雷工程技术规范》

内容属性：防雷、接地、安全防护。

主题特征：施工安全、住房保障、新农村建设。

［CZG4］4.3.5.3《村建筑电气设计规范》

内容属性：包括建筑电气强电、弱电（智能化系统）。

主题特征：施工安全、住房保障、新农村建设。

［CZG4］4.3.5.4《村建筑电气工程施工验收规范》

内容属性：建筑电气、验收。

主题特征：节能减排、施工安全、质量保障。

第7章 村镇建筑供暖分支标准体系

7.1 综述

采暖是北方地区人民生活的必需品，南方不供热区域，家庭冬季主要是以"烤火"防寒。采暖主要分为集中供热、分散供热和自采暖。目前，在我国在大中城市或经济较发达地区，集中供热是一种较为普遍的采暖方式，普及率较高。集中供热与分散供热和自采暖相比较，有着方便、干净、热效率高、节能、环保等诸多优点。村镇总体上讲以分散供热和自采暖为主，但随着我国经济的高速发展、人民生活水平的不断提高以及村镇化进程的加快，城市以及有条件的村镇大力发展集中供热是必然的趋势，不仅提高民众的生活质量，也符合国家的节能减排国策。

总体上讲，村镇人口分散，总体规模小，加之受经济条件约束，采用集中供热供暖的条件受到一定的限制，采用分散供热和自采暖是合理的技术路线。目前，我国的大部分自然村主要采暖方式是传统的煤炉、火炕，能源主要为煤炭、柴薪以及农业废弃物，存在能耗高、污染大、不安全等因素。近几年，村镇的自采暖除了传统的模式外，在较为富裕的村镇，逐步采用有电采暖、太阳能辅助采暖、地热采暖、风能辅助采暖、热泵采暖、暖池采暖等多种模式，不但方便、干净，而且环保节能。但目前我国的大多数村镇还不富裕，传统的煤炉、火炕在相当一个时期还是村镇，特别是自然村民众采暖的主要模式。为此，需要根据不同地域的能源资源，民众生活水平、生活习惯等，并与建筑相协调，提出合理、可行的供暖技术方案，并制定相应的技术标准，为建立科学合理的村镇供热工程标准体系提供依据。

7.1.1 现行标准关键技术的适用性

村镇采用集中供热或分散供热，建筑供暖在技术上与城市没有区别。自采暖中，除传统的煤炉、火炕、火墙外，地热、热泵、太阳能等新型能源的采暖方式也可以应用于城市的建筑，在技术上差别不大，因此，在建设村镇建筑工程时，供暖可依照现有的城镇供热标准进行规划、设计、施工和运行管理。适合乡村，特别是自然村的采暖方式，是火炕、煤炉和少量使用的火墙，近几年开发出暖池采暖，即利用农牧业生产废弃物发酵产生的热取暖技术，这些主要适合乡村的采暖方式，制定相应的技术标准主要是从能源结构、能源质量、使用安全及卫生、提高能源利用率等方面进行规范，目前逐步在制定相关标准，正在制订的有《农村火炕系统通用技术规范》。

7.1.2　分支标准体系层级划分及框架建立

1. 构建思路

（1）依托现行工程建设建筑设计标准体系，补充、完善村镇工程建设标准体系中的标准，尽量避免重复制定标准。

（2）体系框架按现行的工程建设标准体系。

（3）标准的制定贴近村镇的经济、社会现实情况，充分、全面考虑村镇的供暖方式，有利于村镇供暖新技术的推广，起到保证工程质量与安全的技术控制作用。

（4）基础标准和通用标准按现行体系中的标准。

（5）专用标准主要新能源和可再生能源供暖标准，农村传统的采暖标准。

2. 层级划分

村镇供热专业标准体系的层级划分为 4 层。其中 0 层的综合标准，也为标准体系的顶层，是涉及质量、安全、卫生、环境保护和公共利益等方面的目标要求，或为达到这些目标要求所必需的技术要求及管理要求，属于强制性的范畴。第 1 层为供热基础标准，基础标准主要为：术语、符号、标志标准等，是针对技术工作和标准化工作等制定的需要共同遵守的标准，村镇可以执行城镇的基础标准。第 2 层为通用标准层，通用标准在供热行业普遍遵循，覆盖面广，对设计、施工及运行管理通用的技术要求提出规定，同第一层一样，村镇可以执行城镇的通用标准。第 3 层为专用标准，专用标准为供热行业普遍遵循，但仅涉及行业的某个范围，对单独的工艺、操作管理等专用技术提出要求。针对村镇单独供暖的标准符合专用标准的特性。

7.1.3　村镇供暖建设标准体系内标准覆盖范围界定

村镇建筑供暖标准体系是在城镇建筑供暖标准体系基础上建立起来的，涵盖城镇和乡村供热工程建设需要的各个方面。由于我国城镇发展水平差异较大，以城市、镇乡村划定使用标准不可能达到统一，发展水平较高的村镇可以采用集中供热，建筑供暖工程建设可以参照已使用已较为完善的城镇建筑供暖标准，而发展水平较低，人口相对分散的乡镇，不具备集中供热条件，还是以自采暖为主。所以体系标准不涵盖城市建筑供暖标准和村镇供暖标准，另对新能源、可再生能源及以乡村新的供暖技术纳入标准体系范围。

本标准体系主要提出村镇自供暖所需标准，主要包括以下几个方面：

（1）标准覆盖现有村镇火炕、火墙及采暖炉等传统取暖方式；

（2）太阳能、地热、热泵等城乡皆可行的供暖方式；

（3）针对镇和村的特点，涵盖农业生产废弃物作为供暖能源的相关标准。

7.2　村镇建筑供暖分支标准分体系框图

7.2.1　分支标准体系总框架图

分支标准体系总框架图如图 2-7-1 所示。

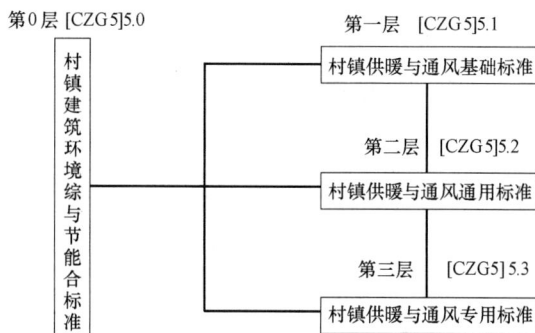

图 2-7-1 分支标准体系总框架图

7.2.2 分支标准体系细化分类框图

分支标准体系细化分类框图如图 2-7-2 所示。

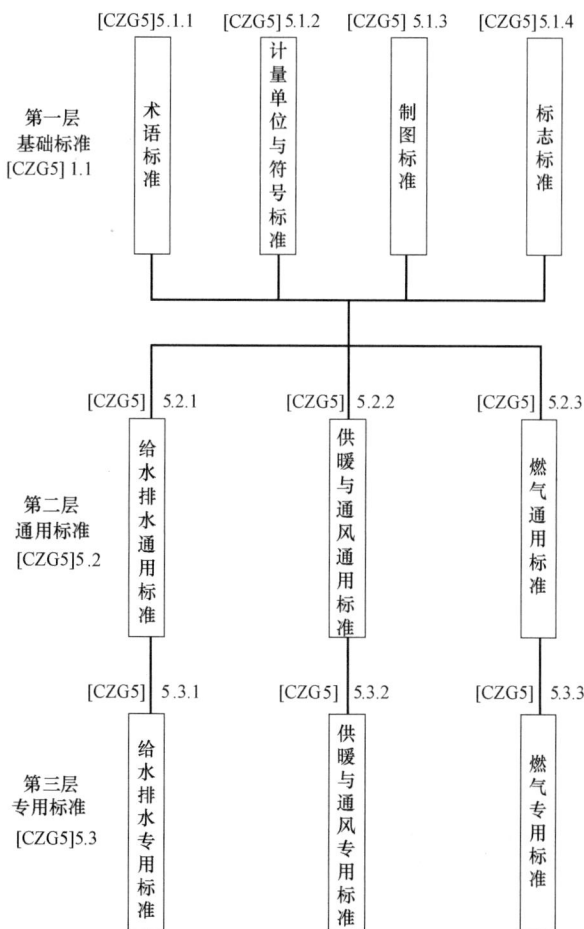

图 2-7-2 分支标准体系细化分类框图

7.3 村镇建筑供暖分支标准体系表

村镇建筑供暖分支标准体系表 表 2-7-1

序号	体系分类编码	标准编码	标准名称	现行标准编号	标准状态	主题特征
	[CZG5]5.0 综合标准					
1	[CZG5]5.0	[CZG5]5.0.1	建筑环境与节能技术规范		待编	建筑环境与节能综合
	[CZG5]5.1 基础标准					
	[CZG5]5.1.1 术语标准					
2	[CZG5]5.1.1	[CZG5]5.1.1.1	供暖通风与空气调节术语标准	GB/T 50155-2015	现行	供暖与通风术语
	[CZG5]5.1.2 计量单位与符号标准					
3	[CZG5]5.1.2	[CZG5]5.1.2.1	建筑采暖通风空调净化设备计量单位及符号	GB/T 16732—1997	现行	供暖与通风单位和符号
	[CZG5]5.1.3 制图标准					
4	[CZG5]5.1.3	[CZG5]5.1.3.1	暖通空调制图标准	GB/T 50114—2010	现行	供暖与通风制图
	[CZG5]5.1.4 标志标准					
5	[CZG5]5.1.4	[CZG5]5.1.4.1	供暖通风标志标准		待编	供暖与通风标志
	[CZG5]5.2 通用标准					
	[CZG5]5.2.1 供暖与通风通用标准					
6	[CZG5]5.2.1	[CZG5]5.2.1.1	民用建筑供暖通风与空气调节设计规范	GB 50736—2012	现行	供暖与通风设计
7	[CZG5]5.2.1	[CZG5]5.2.1.2	通风与空调工程施工规范	GB 50738—2011	现行	施工
8	[CZG5]5.2.1	[CZG5]5.2.1.3	建筑给水排水及采暖工程施工质量验收规范	GB 50242—2002	修订中	供暖与通风质量验收
9	[CZG5]5.2.1	[CZG5]5.2.1.4	通风与空调工程施工质量验收规范	GB 50243—2002	修订中	供暖与通风质量验收
10	[CZG5]5.2.1	[CZG5]5.2.1.5	供暖通风与空气调节运行维护技术规范		待编	供暖与通风运行
	[CZG5]5.3 专用标准					
	[CZG5]5.3.1 供暖与通风专用标准					
11	[CZG5]5.3.1	[CZG5]5.3.1.1	辐射供暖供冷技术规程	JGJ 142—2012	现行	供暖供冷辐射
12	[CZG5]5.3.1	[CZG5]5.3.1.2	地源热泵系统工程技术规范(2009 版)	GB 50366—2005	现行	供暖热泵
13	[CZG5]5.3.1	[CZG5]5.3.1.3	太阳能供热采暖工程技术规范	GB 50495—2009	现行	供暖太阳能

序号	体系分类编码	标准编码	标准名称	现行标准编号	标准状态	主题特征
14	［CZG5］5.3.1	［CZG5］5.3.1.4	民用建筑太阳能空调工程技术规范	GB 50787—2012	现行	供暖太阳能
15	［CZG5］5.3.1	［CZG5］5.3.1.5	采暖通风与空气调节工程检测技术规程	JGJ/T 260—2011	现行	供暖与通风检测
16	［CZG5］5.3.1	［CZG5］5.3.1.6	农村火炕系统通用技术规范		制订中	供暖火炕
17	［CZG5］5.3.1	［CZG5］5.3.1.7	火墙采暖系统通用技术规范		待编	供暖火墙
18	［CZG5］5.3.1	［CZG5］5.3.1.8	家庭采暖炉系统通用技术规程		待编	供暖采暖炉
19	［CZG5］5.3.1	［CZG5］5.3.1.9	暖池供暖通用技术规程		待编	供暖暖池
20	［CZG5］5.3.1	［CZG5］5.3.1.10	燃气壁挂炉供暖系统通用技术规程		待编	供暖燃气炉
21	［CZG5］5.3.1	［CZG5］5.3.1.11	电供暖系统通用技术规程		待编	供暖电

7.4 村镇建筑供暖分支标准体系项目说明

［CZG5］5.0 村镇供热综合标准

［CZG5］5.0.1《建筑环境与节能技术规范》

本标准为全文强制标准，适用于建筑环境与节能，包括建筑给水排水、供暖、空调、通风、室内燃气等专业，涵盖设计、施工、验收和运行管理的基本要求，主要内容为较全面地规定确保工程质量、安全、人身健康，节约资源、保护环境和确保公众利益等重要技术的目标要求。

内容属性：建筑环境与节能、全文强制、技术规范。

主题特征：系统设备、节能减排、环境保护、安全。

［CZG5］5.1 基础标准

［CZG5］5.1.1 术语标准

［CZG5］5.1.1.1 《供暖通风与空气调节术语标准》GB/T 50155—2015

本标准适用于采暖通风与空气调节及其制冷工程的设计、科研、施工、验收、教学及维护管理等方面的应用。

主要技术内容包括：选取采暖通风与空气调节工程中的常用术语、室内外计算参数、采暖、通风、空气调节、制冷、自动控制、消声与隔振的术语和设备的基础术语及表征设备性能的术语。

内容属性：供暖通风、空气调节、术语。

主题特征：系统设备。

［CZG5］5.1.2 计量单位与符号标准

［CZG5］5.1.2.1 《建筑采暖通风空调净化设备计量单位及符号》GB/T 16732—1997

本标准适用于建筑供暖与通风工程所使用的计量单位和符号。

主要技术内容包括：常用的符号和符号，以及按热工、传热、水力、机械、工程力学、保温、防腐、环保等学科分类表述。计量单位针对流量、温度、热量等最主要的物理量做出规定。

内容属性：供暖通风、空气调节、单位符号。

主题特征：系统设备。

［CZG5］5.1.3 制图标准

［CZG5］5.1.3.1 《暖通空调制图标准》GB/T 50114—2010

本标准适用于暖通空调专业的工程制图，即新建、改建、扩建工程的各阶段设计图、竣工图；原有建筑物、构筑物等的实测图；通用设计图、标准设计图。适用于手工制图，及计算机制图方式绘制的图样。

内容属性：供暖通风、制图。

主题特征：系统设备。

［CZG5］5.1.4 标志标准

［CZG5］5.1.4.1 《供暖通风标志标准》

本标准适用于建筑供暖通风系统所使用的标志。

主要技术内容包括：隐蔽工程的地面标志、供暖管通风线及设施的相关标志等。

内容属性：供暖通风、标志。

主题特征：系统设备。

［CZG5］5.2 通用标准

［CZG5］5.2.1 供暖与通风通用标准

［CZG5］5.2.1.1 《民用建筑供暖通风与空气调节设计规范》GB 50736—2012

本标准适用于新建、扩建和改建的民用建筑的采暖、通风、空气调节设计。主要技术内容包括：室内外计算参数、采暖、通风、空气调节、空气调节冷热源、监测与控制、消声与隔振等。

内容属性：民用建筑、采暖通风、空气调节、设计。

主题特征：系统设备、节能、质量安全。

［CZG5］5.2.1.2 《通风与空调工程施工规范》GB 50738—2011

本标准适用于新建、扩建、改建的民用建筑和工业企业生产厂房及辅助建筑物的采暖、通风、空气调节及其制冷工程的施工，包括管线和设备的安装等。

内容属性：通风、空调、施工。

主题特征：系统设备、建筑节能、质量安全。

［CZG5］5.2.1.3 《建筑给水排水及采暖工程施工质量验收规范》GB 50242—2002

本标准适用于建筑采暖工程施工质量的验收，主要包括室内采暖系统管道及配件安装、散热器及辐射板安装，系统水压试验及调试，小区锅炉及其附属设备、管道的安装，小区换热站安装等。施工中采用的工程技术文件、承包合同文件对施工质量验收的要求不得低于本规范的规定。

内容属性：采暖工程、质量验收。

主题特征：建筑节能、质量安全。

[CZG5] 5.2.1.4　《通风与空调工程施工质量验收规范》GB 50243—2002

本标准适用于新建、扩建、改建的民用建筑和工业企业生产厂房及辅助建筑物的采暖、通风、空气调节及其制冷工程的施工规定。

内容属性：通风、空调、质量验收。

主题特征：建筑节能、质量安全。

[CZG5] 5.2.1.5　《供暖通风与空气调节运行维护技术规范》

本标准适用于民用建筑供暖通风与空气调节系统的常规运行管理，以及在发生与空调通风系统相关的突发性事件时，应采取的相关应急运行管理。主要内容是管理要求，技术要求，突发性事件应急管理措施等。

内容属性：供暖通风、空调、运行维护。

主题特征：系统热备、建筑节能。

[CZG5] 5.3.1　供暖与通风专用标准

[CZG5] 5.3.1.1　《辐射供暖供冷技术规程》JGJ 142—2012

本标准适用于新建的工业与民用建筑物，以热水为热媒或以发热电缆为加热元件的地面辐射供暖工程的设计、施工及验收。主要内容是设计、材料、施工、检验、调试及验收等。

内容属性：供暖供冷、辐射。

主题特征：系统设备。

[CZG5] 5.3.1.2　《地源热泵系统工程技术规范 2009 版》GB 50366—2005

本标准适用于以岩土体、地下水、地表水为低温热源，以水或添加防冻剂的水溶液为传热介质，采用蒸气压缩热泵技术进行供热、空调或加热生活热水的系统工程的设计、施工及验收等。主要内容是工程勘测；地埋管换热系统；地下水换热系统；地表水换热系统；建筑物内系统；整体运转、调试与验收等。

内容属性：地源热泵、工程。

主题特征：系统设备。

[CZG5] 5.3.1.3　《太阳能供热采暖工程技术规范》GB 50495—2009

本标准适用于在新建、扩建和改建建筑中使用太阳能供热采暖系统的工程，以及在既有建筑上改造或增设太阳能供热采暖系统的工程。主要内容包括太阳能供热采暖系统设计、太阳能供热采暖系统施工、太阳能供热采暖系统调试、验收与效益评估等。

内容属性：城镇供热、太阳能采暖。

主题特征：市政基础设施、节能减排、环境保护。

[CZG5] 5.3.1.4　《民用建筑太阳能空调工程技术规范》GB 50787—2012

本标准适用于在新建、扩建和改建民用建筑中使用以热力制冷为主的太阳能空调系统工程，以及在既有建筑上改造或增设的以热力制冷为主的太阳能空调系统工程。

主要技术内容包括：总则、术语、基本规定、太阳能空调系统设计、规划和建筑设计、太阳能空调系统安装、太阳能空调系统验收、太阳能空调系统运行管理。

内容属性：太阳能、空调。

主题特征：节能减排、可再生能源应用。

[CZG5] 5.3.1.5 《采暖通风与空气调节工程检测技术规程》JGJ/T 260—2011

本标准适用于采暖通风与空气调节工程检验检测方式方法。

主要技术内容包括：对采暖通风与空气调节工程各种管道安全和功能、设备试验、试运转、温度、洁净度、新风量、噪声及防排烟等检验、检测方法。

内容属性：采暖通风与空调、检测。

主题特征：系统设备、建筑节能。

[CZG5] 5.3.1.6 《农村火炕系统通用技术规范》

本标准适用于农村火炕供暖系统的设计、施工验收和使用、维护。

主要技术内容包括：供暖热负荷设计计算的依据和步骤，供暖系统的选择、应用等。

内容属性：村镇供暖、火炕。

主题特征：节能减排、新农村建设。

[CZG5] 5.3.1.7 《火墙采暖系统通用技术规范》

本标准适用于火墙供暖系统的设计、施工验收和使用、维护。

内容属性：供暖、火墙系统。

主题特征：节能减排、新农村建设。

[CZG5] 5.3.1.8 《家庭采暖炉系统通用技术规程》

本标准适用于采用家庭采暖炉系统的设计、安装验收和使用、维护。

内容属性：村镇供暖、采暖炉。

主题特征：节能减排、新农村建设。

[CZG5] 5.3.1.9 《暖池供暖通用技术规程》

本标准适用于采用农村秸秆发酵供暖系统的设计、施工验收和使用、维护。

内容属性：村镇供暖、秸秆发酵。

主题特征：节能减排、新农村建设。

[CZG5] 5.3.1.10 《燃气壁挂炉供暖系统通用技术规程》

本标准适用于采用燃气壁挂炉供暖系统的设计、施工验收和运行管理。

内容属性：城镇供暖、燃气壁挂炉。

主题特征：节能减排、新农村建设。

[CZG5] 5.3.1.11 《电供暖系统通用技术规程》

本标准适用于采用电供暖系统的设计、施工验收和运行管理。

内容属性：城镇供暖、燃气壁挂炉。

主题特征：节能减排、节能减排、环境保护。

第8章　村镇建筑给水排水分支标准体系

8.1　综述

改善村镇建筑给水排水设施建设是落实中央关于实施我国统筹城乡发展方略，加快工业化、城镇化和现代化进程的重要举措。本课题以村镇建筑环境中建筑给水排水技术标准体系和适用的关键技术为主要研究内容，以国家、地方政府和农民开展村镇建设需要为对象，针对不同区域村镇经济发展水平和生产生活方式，从科学发展观和因地制宜、分类指导的原则出发，为村镇建设提供科学的给水排水工程建设标准依据，为村镇建设的发展提供技术支持和保障，具有重要实践指导意义。

（1）村镇建设有非常大的差异和不同，目前已经建立了较完善的城镇建筑给水排水标准体系，并编制了大量适用于城镇的建筑给水排水标准，因此对于镇的建设基本可以参照现行的城镇建筑给水排水标准体系和已经发布的标准，镇建设需求利用城镇已有的标准和标准体系。

（2）农村具有其自身的特点，且由于发展差异性和居住的分散性，按照城市的集中大规模管理是不可行的。特别是对于水资源的合理利用与农业生产也具有密切关系。作为生活与生产的重要基础资源，保证农村用水供水的安全性与可靠性具有非常重要的意义。

（3）农村建筑给水排水的标准体系需要考虑农村现有发展条件和实际情况，具有针对性地逐步建立。从用水的安全性和稳定性上来说，农村的建筑给水排水标准应该同城市相同，但是从目前的现状和发展情况来看，最实际的解决办法是分步骤来实现这些服务和控制标准。

8.2　村镇建筑给水排水分支标准体系框图

8.2.1　分支标准体系总框图

分支标准体系总框图如图 2-8-1 所示。

8.2.2　分支标准体系细化分类框图

分支标准体系细化分类框图如图 2-8-2 所示。

第0层　　　　　[CZG6]6.0

村镇建筑给水排水综合标准

第1层　　　　　[CZG6]6.1

村镇建筑给水排水基础标准

第2层　　　　　[CZG6]6.2

村镇建筑给水排水通用标准

　　　　　　　[CZG6]6.3(1)　　　　　　　　　　　[CZG6]6.3(2)

第3层

村镇建筑给水排水专用标准 ------- 村建筑给水排水专用标准

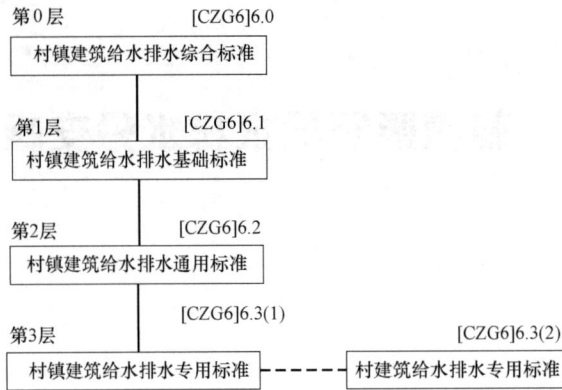

图 2-8-1　分支标准体系总框图

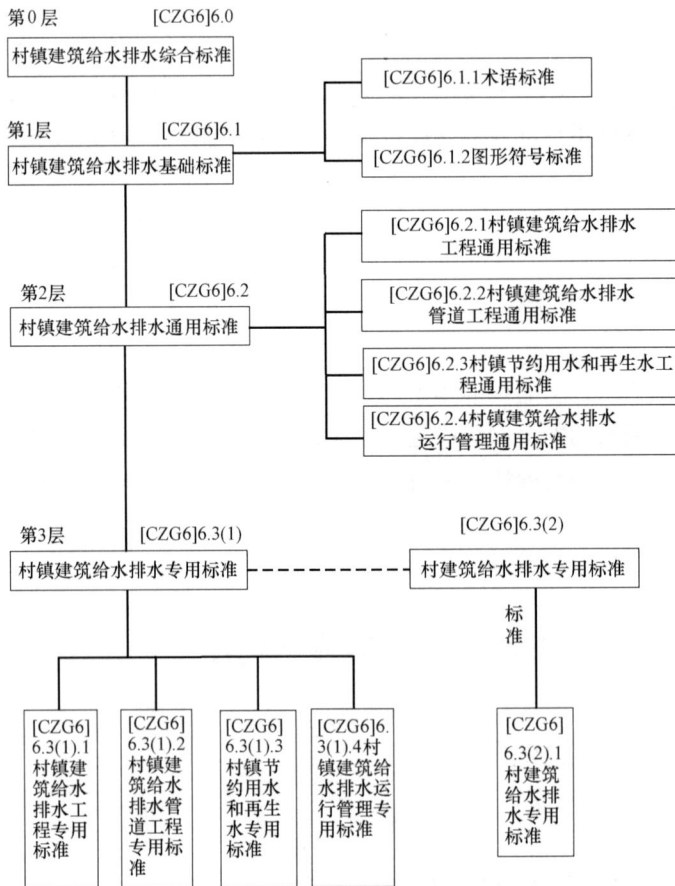

第0层　　　[CZG6]6.0

村镇建筑给水排水综合标准

[CZG6]6.1.1术语标准

第1层　　　　　[CZG6]6.1

村镇建筑给水排水基础标准

[CZG6]6.1.2图形符号标准

[CZG6]6.2.1村镇建筑给水排水
工程通用标准

[CZG6]6.2.2村镇建筑给水排水
管道工程通用标准

第2层　　　　　[CZG6]6.2

村镇建筑给水排水通用标准

[CZG6]6.2.3村镇节约用水和再生水工
程通用标准

[CZG6]6.2.4村镇建筑给水排水
运行管理通用标准

第3层　　　[CZG6]6.3(1)　　　　　　　[CZG6]6.3(2)

村镇建筑给水排水专用标准 ------- 村建筑给水排水专用标准

标
准

[CZG6]
6.3(1).1
村镇建
筑给水
排水工
程专用
标准

[CZG6]
6.3(1).2
村镇建
筑给水
排水管
道工程
专用标
准

[CZG6]
6.3(1).3
村镇节
约用水
和再生
水专用
标准

[CZG6]6.
3(1).4村
镇建筑给
水排水运
行管理专
用标准

[CZG6]
6.3(2).1
村建筑
给水排
水专用
标准

图 2-8-2　分支标准体系细化分类框图

8.3　村镇建筑给水排水分支标准体系表

村镇建筑给水排水分支标准体系表

表 2-8-1

序号	体系分类编码	标准编码	标准名称	现行标准编号	标准状态	主题特征
[CZG6]6.0 综合标准						
1	[CZG6]6.0	[CZG6]6.0.1	城镇给水排水技术规范	GB 50788—2012	现行	建筑给水排水
[CZG6]6.1 基础标准						
[CZG6]6.1.1 术语标准						
2	[CZG6]6.1.1	[CZG6]6.1.1.1	给水排水工程基本术语标准	GB/T 50125—2010	现行	建筑给水排水
[CZG3]6.1.2 图形符号标准						
3	[CZG6]6.1.2	[CZG6]6.1.2.1	建筑给水排水制图标准	GB/T 50106—2010	现行	建筑给水排水
4	[CZG6]6.1.2	[CZG6]6.1.2.2	建筑给水排水基本符号标准		待编	建筑给水排水
5	[CZG6]6.1.2	[CZG6]6.1.2.3	建筑给水排水标志标准		待编	建筑给水排水
[CZG6]6.2 通用标准						
[CZG6]6.2.1 村镇建筑给水排水工程通用标准						
6	[CZG6]6.2.1	[CZG6]6.2.1.1	建筑给水排水设计规范(2009 年版)	GB 50015—2003	修订中	建筑给水排水
7	[CZG6]6.2.1	[CZG6]6.2.1.2	建筑给水排水及采暖工程施工质量验收规范	GB 50242—2002	修订中	建筑给水排水
8	[CZG6]6.2.1	[CZG6]6.2.1.3	建筑机电工程抗震设计规范	GB 50981—2014	现行	建筑给水排水
9	[CZG6]6.2.1	[CZG6]6.2.1.4	建筑机电工程抗震验收规范		待编	建筑给水排水
10	[CZG6]6.2.1	[CZG6]6.2.1.5	村镇建筑给水排水设计规范		待编	建筑给水排水
11	[CZG6]6.2.1	[CZG6]6.2.1.6	村镇给水排水工程施工质量验收规范		待编	建筑给水排水
12	[CZG6]6.2.1	[CZG6]6.2.1.7	室外给水设计规范	GB 50013—2006	制订中	建筑给水排水
13	[CZG6]6.2.1	[CZG6]6.2.1.8	室外排水设计规范(2014 年版)	GB 50014—2006	修订中	建筑给水排水
14	[CZG6]6.2.1	[CZG6]6.2.1.9	给水排水工程构筑物结构设计规范	GB 50069—2002	修订中	建筑给水排水
15	[CZG6]6.2.1	[CZG6]6.2.1.10	给水排水构筑物工程施工及验收规范	GB 50141—2008	修订中	建筑给水排水

序号	体系分类编码	标准编码	标准名称	现行标准编号	标准状态	主题特征
16	［CZG6］6.2.1	［CZG6］6.2.1.11	室外给水排水和燃气热力工程抗震设计规范	GB 50032—2003	修订中	
［CZG6］6.2.2 村镇建筑给水排水管道工程通用标准						
17	［CZG6］6.2.2	［CZG6］6.2.2.1	建筑给水排水管道工程设计规范		待编	建筑给水排水
18	［CZG6］6.2.2	［CZG6］6.2.2.2	建筑给水排水管道非开挖修复更新工程技术规程		待编	建筑给水排水
19	［CZG6］6.2.2	［CZG6］6.2.2.3	给水排水工程管道结构设计规范	GB 50332—2002	修订中	建筑给水排水
20	［CZG6］6.2.2	［CZG6］6.2.2.4	给水排水管道工程施工及验收规范	GB 50268—2008	现行	建筑给水排水
［CZG6］6.2.3 村镇节约用水和再生水工程通用标准						
21	［CZG6］6.2.3	［CZG6］6.2.3.1	民用建筑节水设计标准	GB 50555—2010	待编	建筑给水排水
22	［CZG6］6.2.3	［CZG6］6.2.3.2	建筑生活用水定额制订方法		待编	建筑给水排水
23	［CZG6］6.2.3	［CZG6］6.2.3.3	建筑生活用水量标准		待编	建筑给水排水
24	［CZG6］6.2.3	［CZG6］6.2.3.4	村镇建筑生活用水量标准		待编	建筑给水排水
［CZG6］6.2.4 村镇建筑给水排水工程运行管理通用标准						
25	［CZG6］6.2.4	［CZG6］6.2.4.1	村镇建筑给水排水系统运行安全评价标准		待编	建筑给水排水
26	［CZG6］6.2.4	［CZG6］6.2.4.2	村镇建筑给水排水设施运行、维护及其安全技术规程		待编	建筑给水排水
27	［CZG6］6.2.4	［CZG6］6.2.4.3	建筑给排水系统运行安全评价标准		待编	建筑给水排水
［CZG6］6.3(1)村镇专用标准						
［CZG6］6.3(1).1 村镇建筑给水排水工程专用标准						
28	［CZG6］6.3(1).1	［CZG6］6.3(1).1.1	二次供水工程技术规程	CJJ 140—2010	现行	建筑给水排水
29	［CZG6］6.3(1).1	［CZG6］6.3(1).1.2	公共浴场给水排水工程技术规程	CJJ 160—2011	现行	建筑给水排水
30	［CZG6］6.3(1).1	［CZG6］6.3(1).1.3	游泳池给水排水工程技术规程	CJJ 122—2008	现行	建筑给水排水
31	［CZG6］6.3(1).1	［CZG6］6.3(1).1.4	管道直饮水系统技术规程	CJJ 110—2006	现行	建筑给水排水
32	［CZG6］6.3(1).1	［CZG6］6.3(1).1.5	民用建筑太阳能热水系统应用技术规范	GB 50364—2005	现行	建筑给水排水

序号	体系分类编码	标准编码	标准名称	现行标准编号	标准状态	主题特征
33	［CZG6］6.3(1).1	［CZG6］6.3(1).1.6	居住小区给水排水设计规范		待编	建筑给水排水
34	［CZG6］6.3(1).1	［CZG6］6.3(1).1.7	村镇居住小区给水排水设计规范		待编	建筑给水排水
35	［CZG6］6.3(1).1	［CZG6］6.3(1).1.8	居住小区集中生活热水工程技术规范		待编	建筑给水排水
36	［CZG6］6.3(1).1	［CZG6］6.3(1).1.9	建筑同层排水工程技术规程	CJJ 232—2016	现行	建筑给水排水
37	［CZG6］6.3(1).1	［CZG6］6.3(1).1.10	建筑屋面雨水排水系统技术规程	CJJ 142—2014	现行	建筑给水排水
38	［CZG6］6.3(1).1	［CZG6］6.3(1).1.11	水景喷泉给水排水工程技术规程		待编	建筑给水排水
39	［CZG6］6.3(1).1	［CZG6］6.3(1).1.12	医疗卫生机构污水处理技术规程		待编	建筑给水排水
40	［CZG6］6.3(1).1	［CZG6］6.3(1).1.13	建筑给水排水管道检测与评估技术规程		待编	建筑给水排水
41	［CZG6］6.3(1).1	［CZG6］6.3(1).1.14	建筑特殊单立管排水系统技术规程		待编	建筑给水排水
42	［CZG6］6.3(1).1	［CZG6］6.3(1).1.15	制热机组供应生活热水设计规程		待编	建筑给水排水
43	［CZG6］6.3(1).1	［CZG6］6.3(1).1.16	建筑给水排水系统电气与自动化工程技术规程		待编	建筑给水排水
44	［CZG6］6.3(1).1	［CZG6］6.3(1).1.17	建筑小区景观水体生态修复工程技术规程		待编	建筑给水排水
45	［CZG6］6.3(1).1	［CZG6］6.3(1).1.18	村镇景观水体生态修复工程技术规程		待编	建筑给水排水
［CZG6］6.3(1).2 村镇建筑给水排水管道工程专用标准						
46	［CZG6］6.3(1).2	［CZG6］6.3(1).2.1	建筑给水塑料管道工程技术规程	CJJ/T 98—2014	现行	建筑给水排水
47	［CZG6］6.3(1).2	［CZG6］6.3(1).2.2	建筑给水复合管道工程技术规程	CJJ/T 155—2011	现行	建筑给水排水
48	［CZG6］6.3(1).2	［CZG6］6.3(1).2.3	建筑给水金属管道工程技术规程	CJJ/T 154—2011	现行	建筑给水排水
49	［CZG6］6.3(1).2	［CZG6］6.3(1).2.4	建筑排水塑料管道工程技术规程	CJJ/T 29—2010	现行	建筑给水排水
50	［CZG6］6.3(1).2	［CZG6］6.3(1).2.5	建筑排水复合管道工程技术规程	CJJ/T 165—2011	现行	建筑给水排水
51	［CZG6］6.3(1).2	［CZG6］6.3(1).2.6	建筑排水金属管道工程技术规程	CJJ 127—2009	现行	建筑给水排水
52	［CZG6］6.3(1).2	［CZG6］6.3(1).2.7	埋地塑料给水管道工程技术规程	CJJ 101—2016	现行	建筑给水排水

序号	体系分类编码	标准编码	标准名称	现行标准编号	标准状态	主题特征
53	[CZG6]6.3 (1).2	[CZG6]6.3 (1).2.8	埋地塑料排水管道工程技术规程	CJJ 143—2010	现行	建筑给水排水
54	[CZG6]6.3 (1).2	[CZG6]6.3 (1).2.9	塑料排水检查井应用技术规程		待编	建筑给水排水
55	[CZG6]6.3 (1).2	[CZG6]6.3 (1).2.10	城镇供水管网漏损控制及评定标准	CJJ 92—2002	现行	建筑给水排水
56	[CZG6]6.3 (1).2	[CZG6]6.3 (1).2.11	城镇供水管网漏水探测技术规程	CJJ 159—2011	现行	建筑给水排水
[CZG6]6.3(1).3 村镇节约用水和再生水专用标准						
57	[CZG6]6.3 (1).3	[CZG6]6.3 (1).3.1	建筑中水设计规范	GB 50336—2002	现行	建筑给水排水
58	[CZG6]6.3 (1).3	[CZG6]6.3 (1).3.2	建筑与小区雨水利用工程技术规范	GB 50400—2006	现行	建筑给水排水
59	[CZG6]6.3 (1).3	[CZG6]6.3 (1).3.3	生物自处理化粪池技术规程		制订中	建筑给水排水
[CZG6]6.3(1).4 村镇建筑给水排水工程运行管理专用标准						
60	[CZG6]6.3 (1).4	[CZG6]6.3 (1).4.1	民用建筑太阳能热水系统评价标准	GB/T 50604—2010	现行	建筑给水排水
61	[CZG6]6.3 (1).4	[CZG6]6.3 (1).4.2	城镇供水末端管网运行维护及安全技术规程		待编	建筑给水排水
62	[CZG6]6.3 (1).4	[CZG6]6.3 (1).4.3	城镇供水末端水质在线监测技术规程		待编	建筑给水排水
63	[CZG6]6.3 (1).4	[CZG6]6.3 (1).4.4	建筑与小区给水排水管网抢修技术规程		待编	建筑给水排水
64	[CZG6]6.3 (1).4	[CZG6]6.3 (1).4.5	城镇排水管渠与泵站维护技术规程	CJJ 68—2007	修订中	建筑给水排水
65	[CZG6]6.3 (1).4	[CZG6]6.3 (1).4.6	城镇排水管道维护安全技术规程	CJJ 6—2009	现行	建筑给水排水
[CZG6]6.3(2) 村专用标准						
[CZG6]6.3(2).1 村建筑给水排水专用标准						
66	[CZG6]6.3 (2).1	[CZG6]6.3 (2).1.1	村镇建筑给水排水设计规范		待编	建筑给水排水
67	[CZG6]6.3 (2).1	[CZG6]6.3 (2).1.2	村镇给水排水工程施工质量验收规范		待编	建筑给水排水
68	[CZG6]6.3 (2).1	[CZG6]6.3 (2).1.3	村镇建筑生活用水量标准		待编	建筑给水排水
	[CZG6]6.3 (2).1	[CZG6] 6.3(2).1.4	村镇建筑给水排水系统运行安全评价标准		待编	建筑给水排水
69	[CZG6]6.3 (2).1	[CZG6]6.3 (2).1.5	村镇建筑给水排水设施运行、维护及其安全技术规程		待编	建筑给水排水
70	[CZG6]6.3 (2).1	[CZG6]6.3 (2).1.6	村镇居住小区给水排水设计规范		待编	建筑给水排水

8.4　村镇建筑给水排水分支标准体系项目说明

［CZG6］6.0 综合标准

［CZG6］6.0.1《城镇给水排水技术规范》

本标准适用于城镇供水（城镇生活、生产和公共服务等用水，不包括生产用特殊用水）、城镇排水（雨水和污水）、污水再生利用和雨水利用、建筑给水排水相关的规划、设计、施工和运营维护。

本标准是以城镇给水排水设施功能和性能要求为主要内容的全文强制执行的国家标准。

主要技术内容包括：城镇给水排水工程建设的规划、设计、施工以及运营管理中涉及安全、卫生、环境保护、资源节约和社会公共利益等方面的相关技术要求。本规范共分 7 章：1. 总则；2. 基本规定；3. 城镇给水；4. 城镇排水；5. 污水再生利用与雨水利用；6. 结构；7. 机械、电气与自动化。

内容属性：给水排水、技术规范。

主题特征：安全、环保、循环经济、可持续发展。

［CZG6］6.1 基础标准

［CZG6］6.1.1 术语标准

［CZG6］6.1.1.1《给水排水工程基本术语标准》

本标准包括给水排水专业涉及的所有名词和术语，现有《给水排水设计基本术语标准》仅有设计方面的内容，应在目前《给水排水设计基本术语标准》基础上进行修订补充，增加教学、科研、施工、设备、管理以及给水排水工程结构、机电等方面涉及的名词和术语

内容属性：给水排水、术语。

主题特征：基础设施。

［CZG6］6.1.2 图形符号标准

［CZG6］6.1.2.1《建筑给水排水制图标准》

本标准为了使建筑给水排水专业制图做到基本统一，清晰简明，提高制图效率，满足设计、施工、存档等要求，以适应工程建设需要而制订。本标准适用于建筑给水排水专业新建、改建、扩建工程的各阶段设计图、竣工图；原有建筑物、构筑物、总图等的实测图；通用图、标准图等。

内容属性：建筑给水排水、制图。

主题特征：统一制图。

［CZG6］6.1.2.2《建筑给水排水基本符号标准》

本标准包括建筑给水排水专业标准编写、教学、科研、设计、出版等工作中常用符号和计量单位的表示方法。

内容属性：建筑给水排水、符号。

主题特征：建筑给水排水。

〔CZG6〕6.1.2.3《建筑给水排水标志标准》

本标准适用于建筑给水排水系统管线、机房、构筑物等设施。

主要技术内容包括：规定地下隐蔽工程、管线的地面标志、地上设施、管线、阀门等相关标志。

内容属性：建筑给水排水、标志。

主题特征：建筑给水排水。

〔CZG6〕6.2 通用标准

〔CZG6〕6.2.1 村镇建筑给水排水工程通用标准

〔CZG6〕6.2.1.1《建筑给水排水设计规范》

本标准适用于居住小区、公共建筑区、民用建筑给水排水设计，亦适用于工业建筑生活给水排水和厂房屋面雨水排水设计。

本标准是以建筑给水排水设计为主要内容的国家标准。

主要技术内容包括：建筑给水、排水、热水及饮水的相关要求。本规范共分 5 章：1. 总则；2. 术语、符号；3. 给水；4. 排水；5. 热水及饮水供应。

内容属性：建筑给水排水、设计规范。

主题特征：建筑给水排水、设计。

〔CZG6〕6.2.1.2《建筑给水排水及采暖工程施工质量验收规范》

本标准适用于建筑给水、排水及采暖工程施工质量的验收。

本标准依据国家现行法律法规和相关标准，总结了近年来我国建筑工程中建筑给水排水及供暖工程的设计、施工、验收和运行管理方法的实践经验和研究成果，借鉴了国际先进经验和做法，充分考虑了我国现阶段设备工程的实际情况，突出了验收中的基本要求和重点，是一部涉及建筑给水排水及供暖工程，以达到施工质量要求为目标的验收规范。本规范主要内容有：1. 总则；2. 术语；3. 基本规定；4. 室内给水系统安装；5. 室内排水系统安装；6. 室内热水供应系统安装；7. 卫生器具安装；8. 室内供暖系统安装；9. 室外给水管网安装；10. 室外排水管网安装；11. 室外供热管网安装；12. 建筑中水系统及游泳池水系统安装；13. 供热锅炉及辅助设备安装；14. 分部（子分部）工程质量验收等。

内容属性：建筑给水排水、施工质量验收。

主题特征：建筑给水排水、采暖、施工验收。

〔CZG6〕6.2.1.3《建筑机电工程抗震设计规范》

本标准适用于抗震设防烈度为 6～9 度的建筑机电工程抗震设计，不适用于抗震设防烈度大于 9 度或有特殊要求的建筑机电工程的抗震设计。

为贯彻执行《中华人民共和国建筑法》和《中华人民共和国防震减灾法》，实行以"预防为主"的方针，使建筑给水排水、供暖、通风、空调、燃气、热力、电力、通信、消防等机电工程经抗震设防后，减轻地震破坏，防止次生灾害，避免人员伤亡，减少经济损失，做到安全可靠、技术先进、经济合理、维护管理方便，制定本规范。本规范主要内容：1. 总则；2. 术语和符号；3. 设计基本要求；4. 给水排水；5. 暖通空调；6. 燃气；7. 电气；8. 抗震支吊架。

内容属性：建筑给水排水、抗震设计。

主题特征：建筑给水排水、抗震。

〔CZG6〕6.2.1.5《村镇建筑给水排水设计规范》

本标准包括村镇建筑给水排水设计规范中对于给水、排水、热水等部分的设计要求。

内容属性：村镇建筑给水排水、设计。

主题特征：建筑给水排水。

〔CZG6〕6.2.1.6《村镇给水排水工程施工质量验收规范》

本标准包括村镇建筑给水排水施工中中对于给水、排水、热水等部分的质量验收要求。

内容属性：村镇建筑给水排水、验收。

主题特征：建筑给水排水。

〔CZG6〕6.2.1.7《室外给水设计规范》

本标准包括水量、水质、水压、取水构筑物、输配水及常规给水处理工艺的要求。适用于新建、扩建或改建的城镇、工业企业及居住区的永久性室外给水工程设计。

内容属性：室外给水、设计。

主题特征：建筑给水排水。

〔CZG6〕6.2.1.8《室外排水设计规范》

本标准包括排水量计算、排水管渠、排水泵房、污水污泥处理构筑物和常规处理工艺要求。适用于新建、扩建和改建的城镇、工业企业及居住区的永久性的室外排水工程设计。

内容属性：室外排水、设计。

主题特征：建筑给水排水。

〔CZG6〕6.2.1.9《给水排水工程构筑物结构设计规范》

本标准根据对原规范《给水排水工程结构设计规范》GBJ 69—84 作了修订。

本规范主要是针对给水排水工程构筑物结构设计中的一些共性要求作出规定，包括适用范围、主要符号、材料性能要求、各种作用的标准值、作用的分项系数和组合系数、承载能力和正常使用极限状态以及构造要求等。这些共性规定将在今后具体的构筑物如水池、沉井、水塔等构筑物专业标准中去遵循和实施。

内容属性：给排水、构筑物结构、设计。

主题特征：建筑给水排水、安全。

〔CZG6〕6.2.1.10《给水排水构筑物工程施工及验收规范》

本标准包括水池、泵房、地上和地下取水构筑物、水塔等构筑物的施工和验收要求。适用于城镇和工业给水排水构筑物的施工及验收。

内容属性：给排水、构筑物、施工验收。

主题特征：建筑给水排水。

〔CZG6〕6.2.1.11《室外给水排水和燃气热力工程抗震设计规范》

本标准规定室外给水排水和燃气热力工程抗震设计的基本要求，对场地、地基和基础、地震作用和结构抗震验算，盛水构筑物、贮气构筑物、泵房、水塔和管道等的抗震设计做出规定。

内容属性：抗震设计。

主题特征：建筑给水排水。

[CZG6] 6.2.2 村镇建筑给水排水管道工程通用标准

[CZG6] 6.2.2.1《建筑给水排水管道工程设计规范》

本标准是以建筑给水排水管道设计为主要内容的工程标准。主要内容包括建筑给水、排水、热水系统管道设计的技术要求。

内容属性：建筑给水排水管道、设计规范。

主题特征：建筑给水排水。

[CZG6] 6.2.2.2《建筑给水排水管道非开挖修复更新工程技术规程》

本标准对建筑给水排水管道非开挖修复更新工程技术给出规定，主要包括适用技术的设计、施工和质量验收等。

内容属性：建筑给水排水管道、非开挖修复。

主题特征：建筑给水排水。

[CZG6] 6.2.2.3《给水排水工程管道结构设计规范》

本标准根据对原规范《给水排水工程结构设计规范》GBJ 69—84 作了修订。

本规范主要是针对给水排水工程管道构筑物结构设计中的一些共性要求作出规定，包括适用范围、主要符号、材料性能要求、各种作用的标准值、作用的分项系数和组合系数、承载能力和正常使用极限状态以及构造要求等。这些共性规定将在今后具体的管道结构，如钢管、铸铁管、塑料管、钢筋混凝土、预应力混凝土、圆形、矩形等管道结构设计的专业标准中去遵循和实施。

内容属性：给排水、管道结构、设计。

主题特征：建筑给水排水。

[CZG6] 6.2.2.4《给水排水管道工程施工及验收规范》

本标准适用于城镇和工业区的室外给水排水管道工程的施工及验收。

本标准包括钢管内外防腐、钢管、铸铁、球墨铸铁管安装，砌筑管渠、现浇钢筋混凝土管渠、装配式钢筋混凝土管渠施工安装要求，顶管、盾构、倒虹管施工要求，水压实验和验收规定。

今后应将中国工程建设标准化协会标准《混凝土排水管道工程闭气检验标准》、《长距离顶管技术规程》、《管道伸缩接头安装技术规程》以及《市政排水管渠工程质量检验评定标准》CJJ 3—90 纳入本标准。

内容属性：给排水管道、施工及验收。

主题特征：建筑给水排水、安全。

[CZG6] 6.2.3 村镇节约用水和再生水工程通用标准

[CZG6] 6.2.3.1《民用建筑节水设计标准》

本标准规定了民用建筑设计中的节水部分设计标准与方法，技术要求等。内容包括总则、术语和符号、节水设计计算、节水系统设计、非传统水源利用、节水设备、计量仪表、器材及管材、管件。

内容属性：建筑、节水设计。

主题特征：建筑给水排水、节约水资源。

[CZG6] 6.2.3.2《建筑生活用水定额制订方法》

本标准规定了民用建筑设计中用水定额编制及选取的依据与方法。

内容属性：建筑、用水定额。

主题特征：建筑给水排水、节约水资源。

［CZG6］6.2.3.3《建筑生活用水量标准》

本标准规定了民用建筑设计中的不同类别建筑物的用水量标准。

内容属性：建筑、生活用水量。

主题特征：建筑给水排水、节约水资源。

［CZG6］6.2.3.4《村镇建筑生活用水量标准》

本标准规定了村镇建筑设计的生活用水量标准。

内容属性：村镇建筑、生活用水量。

主题特征：建筑给水排水、节约水资源。

［CZG6］6.2.4 村镇建筑给水排水工程运行管理通用标准

［CZG6］6.2.4.1《村镇建筑给水排水系统运行安全评价标准》

本标准规定了村镇建筑给水排水系统运行安全的评价标准与方法、技术要求等。

内容属性：村镇建筑给水排水、安全运行评价。

主题特征：建筑给水排水、安全运行。

［CZG6］6.2.4.2《村镇建筑给水排水设施运行、维护及其安全技术规程》

本标准规定了村镇建筑给水排水设施的运行、维护、安全等技术要求与方法，技术要求等。

内容属性：村镇建筑给水排水、安全运行。

主题特征：建筑给水排水、安全运行。

［CZG6］6.2.4.3《建筑给排水系统运行安全评价标准》

本标准适用于新建、扩建、改建和既有建筑的给水排水系统安全评价。

本标准的编制确保建筑给水排水系统工程质量和运行安全，加强系统安全的监督管理，实现安全评价的规范化和制度化，保障水质安全、生产安全和商业连续性，保护生命、卫生、财产和环境安全，提高安全生产管理水平，预防和减少危害。

主要技术内容包括：1. 总则；2. 术语和符号；3. 基本规定；4. 工业给水；5. 循环冷却水；6. 工业排水；7. 生活给水；8. 生活热水；9. 管道直饮水；10. 生活排水；11. 雨水排水和回收利用；12. 建筑中水和再生水；13. 特殊给排水；14. 设备；15. 管材；管件和阀门；16. 加药和消毒。

内容属性：建筑给水排水、安全运行、评价。

主题特征：建筑给水排水、安全运行。

［CZG6］6.3（1）村镇专用标准

［CZG6］6.3（1）.1 村镇建筑给水排水工程专用标准

［CZG6］6.3（1）.1.1《二次供水工程技术规程》

本标准对建筑二次供水工程的基本参数确定、设计、系统运行维护、施工验收等作出规定。

主要技术内容包括：1. 总则；2. 术语；3. 基本规定；4. 水质、水量、水压；5. 系统设计；6. 设备与设施；7. 泵房；8. 控制与保护；9. 施工；10. 调试与验收；11. 设施维护与安全运行管理。

内容属性：二次供水。

主题特征：建筑给水排水。

[CZG6] 6.3 (1).1.2《公共浴场给水排水工程技术规程》

本标准对公共浴场给水排水工程的基本参数确定、设计、系统运行维护、施工验收等作出规定。

主要技术内容包括：1. 总则；2. 术语和符号；3. 洗浴水质、水温；4. 浴池给水系统；5. 淋浴设计；6. 浴池设计；7. 浴池水消毒与水质平衡；8. 洗浴水加热；9. 设备和管材；10. 废水及余热利用；11. 设备机房；12. 施工与质量验收；13. 运行与管理。

内容属性：公共浴场、给水排水工程。

主题特征：建筑给水排水。

[CZG6] 6.3 (1).1.3《游泳池给水排水工程技术规程》

本标准对游泳池给水排水工程的基本参数确定、设计、系统运行维护、施工验收等作出规定。

主要技术内容包括：1. 总则；2. 术语和符号；3. 池水特性；4. 池水循环；5. 池水净化；6. 池水消毒；7. 池水加热；8. 水质监测和系统控制；9. 特殊设施；10. 洗净设施；11. 排水及回收利用；12. 池水净化设备机房；13. 施工与质量验收；14. 运行、维护和管理。

内容属性：游泳池、给水排水工程。

主题特征：建筑给水排水。

[CZG6] 6.3 (1).1.4《管道直饮水系统技术规程》

本标准对建筑内的管道直饮水系统的基本参数确定、设计、系统运行维护、施工验收等作出规定。适用于居住建筑、公共建筑等的管道直饮水系统的设计、施工、验收、运行和管理。

主要技术内容包括：1. 总则；2. 术语和符号；3. 池水特性；4. 池水循环；5. 池水净化；6. 池水消毒；7. 池水加热；8. 水质监测和系统控制；9. 特殊设施；10. 洗净设施；11. 排水及回收利用；12. 池水净化设备机房；13. 施工与质量验收；14. 运行、维护和管理。

内容属性：管道直饮水。

主题特征：建筑给水排水。

[CZG6] 6.3 (1).1.5《民用建筑太阳能热水系统应用技术规范》

本标准规范了太阳能热水系统的设计、安装和工程验收，保证工程质量。本标准适用于城镇中使用太阳能热水系统的新建、扩建和改建的民用建筑，以及改造既有建筑上已安装的太阳能热水系统和在既有建筑上增设太阳能热水系统。本规范对民用建筑太阳能热水系统的基本参数确定、系统及规划设计、系统安装和施工验收等作出规定。

主要技术内容包括：1. 总则；2. 术语；3. 基本规定；4. 太阳能热水系统设计；5. 规划和建筑设计；6. 太阳能热水系统安装；7 太阳能热水系统验收。

内容属性：建筑太阳能、热水系统。

主题特征：建筑给水排水。

[CZG6] 6.3 (1).1.6《居住小区给水排水设计规范》

本标准对居住小区的建筑给水、排水、热水系统设计给出了相关规定，主要包括居住小区给水排水各系统设计的基本规定、系统计算、安装敷设要求等。

内容属性：居住小区、给水排水。

主题特征：建筑给水排水。

[CZG6] 6.3（1）.1.7《村镇居住小区给水排水设计规范》

本标准对村镇居住小区的建筑给水、排水、热水系统设计给出了相关规定，主要包括居住小区给水排水各系统设计的基本规定、系统计算、安装敷设要求等。

内容属性：村镇居住小区，给水排水。

主题特征：建筑给水排水。

[CZG6] 6.3（1）.1.8《居住小区集中生活热水工程技术规范》

本标准对居住小区的建筑集中生活热水系统设计、安装、卫生、施工验收等给出了相关规定，主要包括居住小区集中生活系统设计的基本规定、系统计算、安装要求、卫生安全、施工验收等。

内容属性：居住小区、集中热水。

主题特征：建筑给水排水。

[CZG6] 6.3（1）.1.9《建筑同层排水工程技术规程》

本标准对采用同层排水技术建筑排水系统的设计、安装、施工验收等给出了相关规定。

主要技术内容包括：1. 总则；2. 术语、符号；3. 系统设计；4. 系统施工；5. 系统验收；6. 系统维护。

内容属性：同层排水。

主题特征：建筑给水排水。

[CZG6] 6.3（1）.1.10《建筑屋面雨水排水系统技术规程》

本标准对不同类型的建筑屋面雨水排水系统的设计、安装、施工验收等给出了相关规定。

主要技术内容包括：总则；术语、符号；屋面雨水排水系统；屋面集水沟设计；半有压屋面雨水系统；压力流屋面雨水系统；重力流屋面雨水系统；加压提升雨水系统；施工安装；工程验收和维护管理。

内容属性：屋面雨水、技术。

主题特征：建筑给水排水。

[CZG6] 6.3（1）.1.11《水景喷泉给水排水工程技术规程》

本标准对建筑与小区的水体景观、喷泉等给水排水系统的设计、安装、施工验收等给出了相关规定

内容属性：水景喷泉、给水排水工程。

主题特征：建筑给水排水。

[CZG6] 6.3（1）.1.12《医疗卫生机构污水处理技术规程》

本标准对城镇医疗卫生机构的污水排水处理系统的工艺设计、设备安装、施工验收等给出了相关规定

内容属性：医疗卫生污水、水处理。

主题特征：建筑给水排水。

［CZG6］6.3（1）.1.13《建筑给水排水管道检测与评估技术规程》

本标准对新建、改建和扩建的建筑内部给水排水管道监测与评估的方法、原则、要求等给出了相关规定

内容属性：建筑给水排水管道、检测评估。

主题特征：建筑给水排水。

［CZG6］6.3（1）.1.14《建筑特殊单立管排水系统技术规程》

本标准对建筑特殊单立管排水系统的设计、安装、施工验收等给出了相关规定。

内容属性：特殊单立管、排水。

主题特征：建筑给水排水。

［CZG6］6.3（1）.1.15《制热机组供应生活热水设计规程》

本标准对采用制热机组制备建筑集中生活热水的系统的设计、安装、施工验收等给出了相关规定。

内容属性：制热机组、生活热水。

主题特征：建筑给水排水。

［CZG6］6.3（1）.1.16《建筑给水排水系统电气与自动化工程技术规程》

本标准对建筑给水排水系统中相关的电气与自动化系统的设计、安装、施工验收等给出了相关规定。

内容属性：建筑给水排水、电气、自动化。

主题特征：建筑给水排水。

［CZG6］6.3（1）.1.17《建筑小区景观水体生态修复工程技术规程》

本标准对城镇建筑与小区中的景观水体采用生态修复技术净化水体工程中的系统工艺设计、设备安装、运行施工验收等给出了相关规定。

内容属性：小区、景观水体、生态修复。

主题特征：建筑给水排水、节约用水。

［CZG6］6.3（1）.1.18《村镇景观水体生态修复工程技术规程》

本标准对村镇中的各类景观水体采用生态修复技术净化水体工程中的系统工艺设计、设备安装、运行施工验收等给出了相关规定。

内容属性：村镇景观水体、生态修复。

主题特征：建筑给水排水、节约用水。

［CZG6］6.3（1）.2 村镇建筑给水排水管道工程专用标准

［CZG6］6.3（1）.2.1《建筑给水塑料管道工程技术规程》

本标准对建筑用给水聚乙烯类管道工程应用中的基本参数确定、设计、系统运行维护、施工验收等作出规定。适用于新建、改建和扩建的工业与民用建筑中聚乙烯类，包括聚乙烯（PE）、交联聚乙烯（PE-X）和耐热聚乙烯（PE-RT）的冷、热水管道系统设计、施工及验收。

主要技术内容包括：1. 总则；2. 术语；3. 材料；4. 设计；5. 管道施工；6. 水压试验与验收。

内容属性：给水、塑料管道。

主题特征：建筑给水排水。

［CZG6］6.3（1）.2.2《建筑给水复合管道工程技术规程》

本标准对建筑用给水复合管道工程应用中的基本参数确定、设计、系统运行维护、施工验收等作出规定。适用于新建、改建和扩建的民用与工业建筑给水复合管道工程的设计、施工及质量验收。

主要技术内容包括：1. 总则；2. 术语和符号；3. 材料；4. 设计；5. 施工；6. 质量验收。

内容属性：给水、复合管道。

主题特征：建筑给水排水。

［CZG6］6.3（1）.2.3《建筑给水金属管道工程技术规程》

本标准对建筑用给水金属管道工程应用中的基本参数确定、设计、系统运行维护、施工验收等作出规定。适用于新建、改建和扩建的民用与工业建筑给水金属管道工程的设计、施工及质量验收。

主要技术内容包括：1. 总则；2. 术语和符号；3. 材料；4. 设计；5. 施工；6. 质量验收。

内容属性：给水、金属管道。

主题特征：建筑给水排水。

［CZG6］6.3（1）.2.4《建筑排水塑料管道工程技术规程》

本标准对建筑用排水塑料管道工程应用中的基本参数确定、设计、系统运行维护、施工验收等作出规定。适用于新建、改建和扩建的民用与工业建筑排水塑料管道工程的设计、施工及质量验收。

主要技术内容包括：1. 总则；2. 术语和符号；3. 材料；4. 设计；5. 施工；6. 质量验收。

内容属性：排水、塑料管道。

主题特征：建筑给水排水。

［CZG6］6.3（1）.2.5《建筑排水复合管道工程技术规程》

本标准对建筑用排水复合管道工程应用中的基本参数确定、设计、系统运行维护、施工验收等作出规定。适用于新建、改建和扩建的民用与工业建筑排水复合管道工程的设计、施工及质量验收。

主要技术内容包括：1. 总则；2. 术语和符号；3. 材料；4. 设计；5. 施工；6. 质量验收。

内容属性：排水、复合管道。

主题特征：建筑给水排水。

［CZG6］6.3（1）.2.6《建筑排水金属管道工程技术规程》

本标准对建筑用排水金属管道工程应用中的基本参数确定、设计、系统运行维护、施工验收等作出规定。适用于新建、改建和扩建的民用与工业建筑给水金属管道工程的设计、施工及质量验收。

主要技术内容包括：1. 总则；2. 术语和符号；3. 材料；4. 设计；5. 施工；6. 质量验收。

内容属性：排水、金属管道。

主题特征：建筑给水排水。

[CZG6] 6.3（1）.2.7《埋地塑料给水管道工程技术规程》

本标准对埋地用给水塑料管道工程应用中的基本参数确定、设计、系统运行维护、施工验收等作出规定。适用于新建、改建和扩建的民用与工业埋地给水塑料管道工程的设计、施工及质量验收。

主要技术内容包括：1. 总则；2. 术语、符号；3. 材料；4. 管道系统设计；5. 管道连接；6. 管道敷设；7. 水压试验、冲洗与消毒；8. 管道系统的竣工验收；9. 管道维修。

内容属性：埋地、给水塑料管道。

主题特征：建筑给水排水。

[CZG6] 6.3（1）.2.8《埋地塑料排水管道工程技术规程》

本标准对建筑用排水金属管道工程应用中的基本参数确定、设计、系统运行维护、施工验收等作出规定。适用于新建、改建和扩建的民用与工业建筑给水金属管道工程的设计、施工及质量验收。

主要技术内容包括：1. 总则；2. 术语和符号；3. 材料；4. 设计；5. 施工；6. 检验；7. 验收。

内容属性：埋地、排水塑料管道。

主题特征：建筑给水排水。

[CZG6] 6.3（1）.2.9《塑料排水检查井应用技术规程》

本标准对建筑用排水金属管道工程应用中的基本参数确定、设计、系统运行维护、施工验收等作出规定。

内容属性：塑料、排水检查井。

主题特征：建筑给水排水。

[CZG6] 6.3（1）.2.10《城镇供水管网漏损控制及评定标准》

本标准规定了城镇供水管网的用水计量管理要求、漏损率指标、评定计算方法以及漏损检测方法。

主要技术内容包括：1. 总则；2. 术语；3. 一般规定；4. 管网管理与改造；5. 漏水检测方法；6. 评定。

内容属性：管网漏损、评定。

主题特征：建筑给水排水。

[CZG6] 6.3（1）.2.11《城镇供水管网漏水探测技术规程》

本标准对应用多种方法检测供水管道漏水点的技术作出相关规定。

主要技术内容包括：1. 总则；2. 术语和符号；3. 基本规定；4. 流量法；5. 压力法；6. 噪声法；7. 听音法；8. 相关分析法；9. 其他方法；10. 成果检验与成果报告。

内容属性：管网漏水、探测。

主题特征：建筑给水排水。

[CZG6] 6.3（1）.3 村镇节约用水和再生水专用标准

[CZG6] 6.3（1）.3.1《建筑中水设计规范》

本标准对城镇建设中的设置建筑中水的系统设计、工艺、卫生安全等给出了规定，实现污水、废水资源化，节约用水，治理污染，保护环境，使建筑中水工程设计做到安全可靠、经济适用、技术先进。

主要技术内容包括：总则、术语符号、中水水源、中水水质标准、中水系统、处理工艺及设施、中水处理站、安全防护和监（检）测控制等。

内容属性：建筑中水。

主题特征：建筑给水排水。

［CZG6］6.3（1）.3.2《建筑与小区雨水利用工程技术规范》

本标准对城镇建设中的设置建筑与小区雨水利用的系统设计、施工安装、质量验收等给出了规定，实现雨水资源化，节约用水，修复水环境与生态环境，减轻城市洪涝，使建筑与小区雨水利用工程做到技术先进、经济合理、安全可靠，制定本规范。

主要技术内容包括：总则、术语、符号、水量与水质、雨水利用系统设置、雨水收集、雨水入渗、雨水储存与回用、水质处理、调蓄排放、施工安装、工程验收、运行管理。

内容属性：建筑与小区、雨水利用。

主题特征：建筑给水排水。

［CZG6］6.3（1）.3.3《生物自处理化粪池技术规程》

本标准对城镇建设中的设置生物自处理化粪池设计、施工安装、质量验收给出了规定。

内容属性：化粪池。

主题特征：建筑给水排水。

［CZG6］6.3（1）.4 村镇建筑给水排水工程运行管理专用标准

［CZG6］6.3（1）.4.1《民用建筑太阳能热水系统评价标准》

本标准对城镇建设中民用建筑设置太阳能热水系统的系统评价方法与原则等给出了规定。

主要技术内容包括：总则、术语、基本规定、系统与建筑集成评价、系统安全性能评价、系统耐久性能评价、系统经济性能评价、系统部件评价。

内容属性：太阳能热水、评价。

主题特征：建筑给水排水。

［CZG6］6.3（1）.4.2《城镇供水末端管网运行维护及安全技术规程》

本标准规定给水管网末端养护周期、养护方法和技术标准指标。

内容属性：供水管网末端、运行、维护、安全。

主题特征：建筑给水排水、生产安全。

［CZG6］6.3（1）.4.3《城镇供水末端水质在线监测技术规程》

本标准规定给水管网末端水质在线监测周期、监测方法和技术标准指标。

内容属性：供水管网末端、在线监测。

主题特征：建筑给水排水、生产安全。

［CZG6］6.3（1）.4.4《建筑与小区给水排水管网抢修技术规程》

本标准规定建筑与小区给水排水管网应急抢修的方法和技术标准指标。

内容属性：建筑与小区、给水排水管网抢修。

主题特征：建筑给水排水、生产安全。

［CZG6］6.3（1）.4.5《城镇排水管渠与泵站维护技术规程》

本标准规定城镇排水管渠与泵站的养护周期、养护方法和技术标准指标。

内容属性：管渠与泵站、运行、维护。

主题特征：建筑给水排水、生产安全。

［CZG6］6.3（1）.4.6《城镇排水管道维护安全技术规程》

本标准规定进行排水管道养护工作时必须遵循的安全操作要求。

内容属性：排水管道、维护、安全。

主题特征：建筑给水排水、施工安全。

［CZG6］6.3（2）村专用标准

［CZG6］6.3（2）.1 村建筑给水排水专用标准

［CZG6］6.3（2）.1.1《村镇建筑给水排水设计规范》

本标准给出了村镇建筑给水、排水、热水等系统的设计要求及规定。

内容属性：村镇建筑给水排水。

主题特征：建筑给水排水。

［CZG6］6.3（2）.1.2《村镇给水排水工程施工质量验收规范》

本标准给出了村镇建筑给水、排水、热水等系统的施工质量验收要求及规定。

内容属性：村镇建筑给水排水、施工质量验收。

主题特征：建筑给水排水、安全。

［CZG6］6.3（2）.1.3《村镇建筑生活用水量标准》

本标准给出了村镇建筑的生活用水量标准选取要求及规定。

内容属性：村镇建筑、生活用水量。

主题特征：建筑给水排水。

［CZG6］6.3（2）.1.4《村镇建筑给排水系统运行安全评价标准》

本标准给出了村镇建筑给排水系统运行过程的系统安全评价原则与方法。

内容属性：村镇建筑、给水排水系统、安全评价。

主题特征：建筑给水排水、安全。

第9章 村镇建筑施工与加固分支标准体系

9.1 综述

我国大部分建制村镇的住房建设，基本由农民自己投资和管理，基本可以归为如下几类：

（1）集体土地上，集中成片开发；由商业化公司实施。

（2）村集体按照固定图样进行框架指导，农民找包工队或工匠自建。

（3）村集体管理无序，放任农民按自己意愿，由建筑游击队随意建房。

（4）违规偷建（占用耕地或林地、随意加层、扩宅基地、建筑散户等）。

目前，我国在乡镇建筑方面较为落后，大部分仍然采用传统搭设大面积脚手架施工方法。材料浪费大、施工效率低、搭设和拆装费时、费工且安全性差等，导致近年来国内建筑脚手架坍塌和高处坠落事故频频发生。

农村建房安全监管几近空白，按照规定，农民住房建筑的质量、施工安全监管由当地政府的村镇建设部门负责。而事实上，这些部门难以对承建者的资质进行查验，更谈不上管理。乡镇一级农村建房一般由镇村办负责，有配置的镇村办，往往只配备一名工作人员。一个乡镇有几百几千户农民在建房，数量庞大，建房的安全问题，实在难以监管。一旦出了意外，导致施工人员或路人死伤，一般也是当地镇村、司法等有关部门介入，协调双方事主在理赔上达成一致。

按照规定，村民建住宅应提出建房申请，经村委会同意由乡级政府审查批准，而施工单位和个体工匠应确保施工质量，严格按照批准的规划、设计图纸和有关技术规范、标准施工。同时，根据安全法规，施工时必须使用安全设施、安全用具进行防护。但在农村，农民建房大多数不会考虑聘请资质单位设计、施工。此外，农村民宅普遍没有报建，建设部门难以监管。

综合以上，长期以来，农村盖房修屋都是由一些乡村建筑队或临时工承担，盖房靠经验、工人靠拼凑、安全靠运气，存在巨大的安全隐患。无资质施工队所酿成的悲剧令人惋惜，乡村建筑队生存和安全现状亟需引起重视。标准体系要在满足村镇民间建房需求的基础上加强行业监管、提高准入门槛、强化管理力度，把乡村建筑队管起来，使其朝规范化的方向发展。

9.2 村镇建筑施工与加固分支标准体系框图

分支标准体系框图如图 2-9-1 所示。

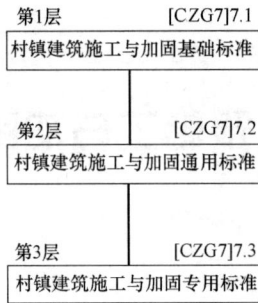

图 2-9-1 分支标准体系框图

9.3 村镇建筑施工与加固分支标准体系表

村镇建筑施工与加固分支标准体系表 表 2-9-1

序号	体系分类编码	标准编码	标准项目名称	现行标准编号	标准状态	主题特征
	[CZG7] 7.1 基础标准					
1	[CZG7]7.1	[CZG7]7.1.1	建筑材料术语标准	JGJ/T 191—2009	现行	村镇施工
2	[CZG7]7.1	[CZG7]7.1.2	建筑与市政工程检测项目分类标准	JGJ/T 181—2009	现行	工程检测
3	[CZG7]7.1	[CZG7]7.1.3	给水排水工程基本术语标准	GB/T 50125—2010	现行	给排水
4	[CZG7]7.1	[CZG7]7.1.4	安全色	GB 2893—2008	现行	安全
5	[CZG7]7.1	[CZG7]7.1.5	安全标志及其使用导则	GB 2894—2008	现行	安全
6	[CZG7]7.1	[CZG7]7.1.6	白蚁防治工程基本术语标准	GB/T 50768—2012	现行	白蚁防治
7	[CZG7]7.1	[CZG7]7.1.7	建筑维护加固基本术语标准		待编	维护加固
8	[CZG7]7.1	[CZG7]7.1.8	建筑工程施工质量术语标准		待编	施工质量
9	[CZG7]7.1	[CZG7]7.1.9	建筑施工安全与卫生术语标准		待编	安全卫生
10	[CZG7]7.1	[CZG7]7.1.10	建筑安全监管体系分类与编码标准		待编	安全监管
	[CZG7]7.2 通用标准					
	[CZG7]7.2.1 施工规范类					
11	[CZG7]7.2.1	[CZG7]7.2.1.1	混凝土结构工程施工规范	GB 50666—2011	现行	工程施工
12	[CZG7]7.2.1	[CZG7]7.2.1.2	木结构工程施工规范	GB/T 50772—2012	现行	工程施工
13	[CZG7]7.2.1	[CZG7]7.2.1.3	砌体结构工程施工规范	GB 50924—2014	现行	工程施工
14	[CZG7]7.2.1	[CZG7]7.2.1.4	建筑地基基础施工规范		制订中	工程施工

序号	体系分类编码	标准编码	标准项目名称	现行标准编号	标准状态	主题特征
15	[CZG7]7.2.1	[CZG7]7.2.1.5	建筑工程绿色施工规范	GB/T 50905—2014	现行	工程施工
16	[CZG7]7.2.1	[CZG7]7.2.1.6	通风与空调工程施工规范	GB 50738-2011	现行	工程施工
17	[CZG7]7.2.1	[CZG7]7.2.1.7	建筑电气工程施工规范		待编	工程施工
18	[CZG7]7.2.1	[CZG7]7.2.1.8	建筑防水工程施工规范		待编	工程施工
19	[CZG7]7.2.1	[CZG7]7.2.1.9	墙体材料应用统一技术规范	GB 50574—2010	现行	工程施工
20	[CZG7]7.2.1	[CZG7]7.2.1.10	木骨架组合墙体技术规范	GB/T 50361—2005	修订中	工程施工
21	[CZG7]7.2.1	[CZG7]7.2.1.11	轻型木桁架技术规范		制订中	工程施工
22	[CZG7]7.2.1	[CZG7]7.2.1.12	胶合木结构技术规程	GB/T 50708—2012	现行	工程施工
23	[CZG7]7.2.1	[CZG7]7.2.1.13	地源热泵系统工程技术规范	GB 50366—2009		工程施工
24	[CZG7]7.2.1	[CZG7]7.2.1.14	燃气热泵系统工程技术规程		制订中	工程施工
25	[CZG7]7.2.1	[CZG7]7.2.1.15	城镇供热系统监测与调控技术规程		制订中	工程施工
26	[CZG7]7.2.1	[CZG7]7.2.1.16	户式供热系统工程技术规范		待编	工程施工
[CZG7]7.2.2 质量验收与评价类						
27	[CZG7]7.2.2	[CZG7]7.2.2.1	建筑工程施工质量验收统一标准	GB 50300—2013	现行	施工质量
28	[CZG7]7.2.2	[CZG7]7.2.2.2	村镇住宅结构施工及验收规范		制订中	施工质量
29	[CZG7]7.2.2	[CZG7]7.2.2.3	建筑地基基础工程施工质量验收规范	GB 50202—2002	修订中	施工质量
30	[CZG7]7.2.2	[CZG7]7.2.2.4	砌体结构工程施工质量验收规范	GB 50203—2011	现行	施工质量
31	[CZG7]7.2.2	[CZG7]7.2.2.5	混凝土结构工程施工质量验收规范	GB 50204—2015	现行	施工质量
32	[CZG7]7.2.2	[CZG7]7.2.2.6	钢结构工程施工质量验收规范	GB 50205—2001	修订中	施工质量
33	[CZG7]7.2.2	[CZG7]7.2.2.7	木结构工程施工质量验收规范	GB 50206—2012	现行	施工质量
34	[CZG7]7.2.2	[CZG7]7.2.2.8	地下防水工程质量验收规范	GB 50208—2011	现行	施工质量
35	[CZG7]7.2.2	[CZG7]7.2.2.9	建筑装饰装修工程质量验收规范	GB 50210—2001	修订中	施工质量
36	[CZG7]7.2.2	[CZG7]7.2.2.10	电梯工程施工质量验收规程	GB 50310—2002	现行	施工质量

序号	体系分类编码	标准编码	标准项目名称	现行标准编号	标准状态	主题特征
37	[CZG7]7.2.2	[CZG7]7.2.2.11	构筑物工程质量验收规范	GB 50094—98	现行	施工质量
38	[CZG7]7.2.2	[CZG7]7.2.2.12	高耸结构工程施工质量验收规范		制订中	施工质量
39	[CZG7]7.2.2	[CZG7]7.2.2.13	建筑节能工程施工质量验收规范	GB 50411—2007	修订中	施工质量
40	[CZG7]7.2.2	[CZG7]7.2.2.14	建筑给水排水及采暖工程施工质量验收规范	GB 50242—2002	修订中	施工质量
41	[CZG7]7.2.2	[CZG7]7.2.2.15	古建筑修建工程施工与质量验收规范	JGJ 159—2008	现行	施工质量
42	[CZG7]7.2.2	[CZG7]7.2.2.16	给水排水构筑物工程施工及验收规范	GB 50141—2008	现行	施工质量
43	[CZG7]7.2.2	[CZG7]7.2.2.17	给水排水管道工程施工及验收规范	GB 50268—2008	现行	施工质量
44	[CZG7]7.2.2	[CZG7]7.2.2.18	建筑机电工程抗震验收规范		待编	施工质量
45	[CZG7]7.2.2	[CZG7]7.2.2.19	建筑工程施工质量评价标准	GB/T 50375—2006	修订中	施工质量
46	[CZG7]7.2.2	[CZG7]7.2.2.20	绿色工业建筑评价标准	GB/T 50878—2013	现行	施工质量
47	[CZG7]7.2.2	[CZG7]7.2.2.21	村镇给排水工程施工质量验收规范		待编	施工质量
48	[CZG7]7.2.2	[CZG7]7.2.2.22	村庄污水处理设施工程施工质量验收规范		待编	施工质量
49	[CZG7]7.2.2	[CZG7]7.2.2.23	建筑结构加固工程施工质量验收规范	GB 50550-2010	现行	施工质量
50	[CZG7]7.2.2	[CZG7]7.2.2.24	建筑地基加固施工质量验收及检测技术标准		待编	施工质量
51	[CZG7]7.2.2	[CZG7]7.2.2.25	住宅室内装饰装修工程质量验收规范	JGJ/T 304—2013	现行	施工质量
[CZG7]7.2.3 工程检测试验类						
52	[CZG7]7.2.3	[CZG7]7.2.3.1	普通混凝土拌合物性能试验方法标准	GB/T 50080—2002	现行	施工质量
52	[CZG7]7.2.3	[CZG7]7.2.3.2	普通混凝土力学性能试验方法标准	GB/T 50081—2002	现行	施工质量
52	[CZG7]7.2.3	[CZG7]7.2.3.3	普通混凝土长期性能和耐久性能试验方法标准	GB/T 50082—2009	现行	施工质量
52	[CZG7]7.2.3	[CZG7]7.2.3.4	混凝土强度检验评定标准	GB/T 50107—2010	现行	施工质量
52	[CZG7]7.2.3	[CZG7]7.2.3.5	砌体基本力学性能试验方法标准	GB/T 50129—2011	现行	施工质量
52	[CZG7]7.2.3	[CZG7]7.2.3.6	建筑砂浆基本性能试验方法	JGJ/T 70—2009	现行	施工质量

序号	体系分类编码	标准编码	标准项目名称	现行标准编号	标准状态	主题特征
52	［CZG7］7.2.3	［CZG7］7.2.3.7	混凝土耐久性检验评定标准	JGJ/T 193—2009	现行	施工质量
52	［CZG7］7.2.3	［CZG7］7.2.3.8	混凝土结构试验方法标准	GB/T 50152—2012	现行	施工质量
52	［CZG7］7.2.3	［CZG7］7.2.3.9	砌体工程现场检测技术标准	GB/T 50315—2011	现行	施工质量
52	［CZG7］7.2.3	［CZG7］7.2.3.10	木结构试验方法标准	GB/T 50329—2012	现行	施工质量
52	［CZG7］7.2.3	［CZG7］7.2.3.11	建筑结构检测技术标准	GB/T 50344—2004	现行	施工质量
52	［CZG7］7.2.3	［CZG7］7.2.3.12	玻璃幕墙工程质量检验标准	JGJ/T 139—2001	现行	施工质量
52	［CZG7］7.2.3	［CZG7］7.2.3.13	建筑基桩检测技术规范	JGJ 106—2003	修订中	施工质量
52	［CZG7］7.2.3	［CZG7］7.2.3.14	混凝土结构现场检测技术标准	GB/T 50784—2013	现行	施工质量
52	［CZG7］7.2.3	［CZG7］7.2.3.15	钢结构现场检测技术标准	GB/T 50621—2010	现行	施工质量
52	［CZG7］7.2.3	［CZG7］7.2.3.16	建筑地基检测技术规范		制订中	施工质量
52	［CZG7］7.2.3	［CZG7］7.2.3.17	建筑工程施工过程时变分析与监测技术规范		制订中	施工质量
［CZG7］7.2.4 施工组织与管理						
53	［CZG7］7.2.4	［CZG7］7.2.4.1	工程建设施工企业质量管理规范	GB/T 50430—2007	修订中	施工管理
54	［CZG7］7.2.4	［CZG7］7.2.4.2	建筑施工组织设计规范	GB/T 50502—2009	现行	施工管理
55	［CZG7］7.2.4	［CZG7］7.2.4.3	建设工程监理规范	GB 50319—2013	现行	施工管理
56	［CZG7］7.2.4	［CZG7］7.2.4.4	建设工程项目管理规范	GB/T 50326—2006	修订中	施工管理
57	［CZG7］7.2.4	［CZG7］7.2.4.5	建设工程资料管理规程	JGJ/T 185—2009	现行	施工管理
58	［CZG7］7.2.4	［CZG7］7.2.4.6	建筑工程检测试验技术管理规范	JGJ 190—2010	现行	施工管理
59	［CZG7］7.2.4	［CZG7］7.2.4.7	建设工程质量监督规范		制订中	施工管理
60	［CZG7］7.2.4	［CZG7］7.2.4.8	房屋建筑和市政基础设施工程质量检测技术管理规范	GB 50618—2011	现行	施工管理
61	［CZG7］7.2.4	［CZG7］7.2.4.9	建设工程文件归档整理规范	GB/T 50328—2001	修订中	施工管理
62	［CZG7］7.2.4	［CZG7］7.2.4.10	建筑施工企业安全管理规范		制订中	施工管理
63	［CZG7］7.2.4	［CZG7］7.2.4.11	建筑施工安全内业管理标准		制订中	施工管理
64	［CZG7］7.2.4	［CZG7］7.2.4.12	施工现场安全生产目标管理规范		待编	施工管理
65	［CZG7］7.2.4	［CZG7］7.2.4.13	市政工程施工现场安全管理标准		待编	施工管理

序号	体系分类编码	标准编码	标准项目名称	现行标准编号	标准状态	主题特征
[CZG7]7.2.5 技能要求类						
66	[CZG7]7.2.5	[CZG7]7.2.5.1	建筑工程施工职业技能标准		制订中	职业技能
67	[CZG7]7.2.5	[CZG7]7.2.5.2	建筑装饰装修职业技能标准		制订中	职业技能
68	[CZG7]7.2.5	[CZG7]7.2.5.3	建筑工程安装职业技能标准		制订中	职业技能
[CZG7]7.2.6 施工安全						
69	[CZG7]7.2.6	[CZG7]7.2.6.1	农村防火规范	GB 50039—2010	现行	施工安全
70	[CZG7]7.2.6	[CZG7]7.2.6.2	建筑施工安全技术统一规范	GB 50870—2013	现行	施工安全
71	[CZG7]7.2.6	[CZG7]7.2.6.3	建筑施工高处作业技术规程	JGJ 80—91	修订中	施工安全
72	[CZG7]7.2.6	[CZG7]7.2.6.4	施工现场临时用电安全技术规程	JGJ 46—2005	现行	施工安全
73	[CZG7]7.2.6	[CZG7]7.2.6.5	建筑施工有毒有害作业安全技术规范		待编	施工安全
74	[CZG7]7.2.6	[CZG7]7.2.6.6	建筑施工脚手架统一技术标准		制订中	施工安全
75	[CZG7]7.2.6	[CZG7]7.2.6.7	建筑施工模板统一技术标准		待编	施工安全
76	[CZG7]7.2.6	[CZG7]7.2.6.8	建筑机械使用与安全技术规程	JGJ 33—2012	修订中	施工安全
77	[CZG7]7.2.6	[CZG7]7.2.6.9	建筑施工起重吊装作业安全技术规程		制订中	施工安全
78	[CZG7]7.2.6	[CZG7]7.2.6.10	施工企业安全生产评价标准	JGJ/T 77—2010	现行	施工安全
79	[CZG7]7.2.6	[CZG7]7.2.6.11	建筑施工现场安全管理体系评价标准		待编	施工安全
80	[CZG7]7.2.6	[CZG7]7.2.6.12	建筑施工文明工地安全评价标准		待编	施工安全
81	[CZG7]7.2.6	[CZG7]7.2.6.13	建筑施工安全检查标准	JGJ 59—2011	现行	施工安全
82	[CZG7]7.2.6	[CZG7]7.2.6.14	建筑施工现场升降设备设施检验标准	JGJ 305—2013	现行	施工安全
83	[CZG7]7.2.6	[CZG7]7.2.6.15	建筑施工现场环境与卫生标准	JGJ 146—2013	现行	施工安全
84	[CZG7]7.2.6	[CZG7]7.2.6.16	建筑施工作业劳动防护用品配备及使用标准	JGJ/T 184—2009	现行	施工安全
85	[CZG7]7.2.6	[CZG7]7.2.6.17	建筑施工工人安全教育规范		制订中	施工安全

序号	体系分类编码	标准编码	标准项目名称	现行标准编号	标准状态	主题特征
[CZG7]7.2.7 房屋鉴定评定						
86	[CZG7]7.2.7	[CZG7]7.2.7.1	危险房屋鉴定标准	JGJ 125—1999	修订中	既有建筑
87	[CZG7]7.2.7	[CZG7]7.2.7.2	民用建筑可靠性鉴定标准	GB 50292—1999	修订中	既有建筑
88	[CZG7]7.2.7	[CZG7]7.2.7.3	混凝土结构可靠性评定标准		待编	既有建筑
89	[CZG7]7.2.7	[CZG7]7.2.7.4	砌体结构可靠性评定标准		待编	既有建筑
90	[CZG7]7.2.7	[CZG7]7.2.7.5	钢结构可靠性评定标准		待编	既有建筑
91	[CZG7]7.2.7	[CZG7]7.2.7.6	木结构可靠性评定标准		待编	既有建筑
92	[CZG7]7.2.7	[CZG7]7.2.7.7	建筑防水渗漏检测与评定标准		待编	既有建筑
93	[CZG7]7.2.7	[CZG7]7.2.7.8	既有建筑设备工程鉴定与改造技术规范		制订中	既有建筑
94	[CZG7]7.2.7	[CZG7]7.2.7.9	村镇建筑抗震鉴定与加固技术规程		制订中	既有建筑
95	[CZG7]7.2.7	[CZG7]7.2.7.10	村镇危险房屋鉴定标准		制订中	既有建筑
96	[CZG7]7.2.7	[CZG7]7.2.7.11	建筑震后应急评估与修复技术规程		制订中	既有建筑
97	[CZG7]7.2.7	[CZG7]7.2.7.12	既有建筑幕墙可靠性鉴定与加固技术规程		制订中	既有建筑
98	[CZG7]7.2.7	[CZG7]7.2.7.13	建筑隔声评价标准	GB/T 50121—2005	修订中	既有建筑
99	[CZG7]7.2.7	[CZG7]7.2.7.14	绿色建筑评价标准	GB/T 50378—2014		既有建筑
100	[CZG7]7.2.7	[CZG7]7.2.7.15	住宅性能评定技术标准	GB/T 50362—2005	现行	既有建筑
101	[CZG7]7.2.7	[CZG7]7.2.7.16	古建筑修建工程质量检验评定标准	CJJ 39—91、CJJ 70—96	现行	既有建筑
[CZG7]7.2.8 修缮加固与维护提升						
102	[CZG7]7.2.8	[CZG7]7.2.8.1	既有房屋拆除技术标准		待编	既有建筑
103	[CZG7]7.2.8	[CZG7]7.2.8.2	房屋白蚁预防技术规程	JGJ/T 245—2011	现行	既有建筑
104	[CZG7]7.2.8	[CZG7]7.2.8.3	民用建筑修缮工程查勘与设计规程	JGJ 117—98	修订中	既有建筑
105	[CZG7]7.2.8	[CZG7]7.2.8.4	民用房屋修缮工程施工规程	CJJ/T 52—93	修订中	既有建筑
106	[CZG7]7.2.8	[CZG7]7.2.8.5	房屋渗漏修缮技术规程	JGJ/T 53—2011	现行	既有建筑
107	[CZG7]7.2.8	[CZG7]7.2.8.6	历史建筑修缮技术规范		制订中	既有建筑
108	[CZG7]7.2.8	[CZG7]7.2.8.7	建筑外墙外保温系统修缮标准		制订中	既有建筑
110	[CZG7]7.2.8	[CZG7]7.2.8.8	既有建筑地基基础加固技术规范	JGJ 123—2012	现行	既有建筑

续表

序号	体系分类编码	标准编码	标准项目名称	现行标准编号	标准状态	主题特征
111	[CZG7]7.2.8	[CZG7]7.2.8.9	建筑抗震加固技术规程	JGJ 116—2009	现行	既有建筑
112	[CZG7]7.2.8	[CZG7]7.2.8.10	混凝土结构加固设计规范	GB 50367—2006	现行	既有建筑
113	[CZG7]7.2.8	[CZG7]7.2.8.11	钢结构加固技术规范		待编	既有建筑
114	[CZG7]7.2.8	[CZG7]7.2.8.12	砌体结构加固技术规范		制订中	既有建筑
115	[CZG7]7.2.8	[CZG7]7.2.8.13	木结构加固技术规范		待编	既有建筑
116	[CZG7]7.2.8	[CZG7]7.2.8.14	砌体结构耐久性加固技术规程		待编	既有建筑
117	[CZG7]7.2.8	[CZG7]7.2.8.15	预应力高强钢丝绳加固混凝土结构技术规程		制订中	既有建筑
118	[CZG7]7.2.8	[CZG7]7.2.8.16	民用建筑运行维护技术规范		待编	既有建筑
119	[CZG7]7.2.8	[CZG7]7.2.8.17	建筑外墙维护清洗技术规程	JGJ 168—2009	现行	既有建筑
120	[CZG7]7.2.8	[CZG7]7.2.8.18	古建筑结构维护与加固技术规范	GB 50165—92	现行	既有建筑
121	[CZG7]7.2.8	[CZG7]7.2.8.19	既有建筑使用功能改善技术规范		制订中	既有建筑
122	[CZG7]7.2.8	[CZG7]7.2.8.20	农村火炕系统通用技术规范		制订中	既有建筑
	[CZG7]7.3 专用标准					
	[CZG7]7.3.1 墙地面与围护结构					
123	[CZG7]7.3.1	[CZG7]7.3.1.1	塑料门窗设计及组装技术规程		制订中	专项施工
124	[CZG7]7.3.1	[CZG7]7.3.1.2	塑料门窗工程技术规程	JGJ 103—2008	现行	专项施工
125	[CZG7]7.3.1	[CZG7]7.3.1.3	铝合金门窗工程技术规范	JGJ 214—2010	现行	专项施工
126	[CZG7]7.3.1	[CZG7]7.3.1.4	混凝土小型空心砌块建筑技术规程	JGJ/T 14—2011	现行	专项施工
127	[CZG7]7.3.1	[CZG7]7.3.1.5	蒸压加气混凝土建筑应用技术规程	JGJ/T 17—2008	现行	专项施工
128	[CZG7]7.3.1	[CZG7]7.3.1.6	复合墙体施工技术规程		制订中	专项施工
129	[CZG7]7.3.1	[CZG7]7.3.1.7	机械喷涂抹灰施工规程	JGJ/T 105—2011	现行	专项施工
130	[CZG7]7.3.1	[CZG7]7.3.1.8	建筑轻质条板隔墙技术规程	JGJ/T 157—2008	修订中	专项施工
131	[CZG7]7.3.1	[CZG7]7.3.1.9	自保温混凝土复合砌块墙体应用技术规程		制订中	专项施工
132	[CZG7]7.3.1	[CZG7]7.3.1.10	纤维石膏空心大板复合墙体应用技术规程		制订中	专项施工
133	[CZG7]7.3.1	[CZG7]7.3.1.11	石膏砌块砌体施工与验收规程		制订中	专项施工

续表

序号	体系分类编码	标准编码	标准项目名称	现行标准编号	标准状态	主题特征
134	[CZG7]7.3.1	[CZG7]7.3.1.12	淤泥多孔砖应用技术规程	JGJ/T 293—2013	现行	专项施工
135	[CZG7]7.3.1	[CZG7]7.3.1.13	建筑玻璃应用技术规程	JGJ 113—2009	修订中	专项施工
136	[CZG7]7.3.1	[CZG7]7.3.1.14	石材背栓式干挂技术规程		制订中	专项施工
137	[CZG7]7.3.1	[CZG7]7.3.1.15	建筑用木塑复合板应用技术规程		制订中	专项施工
138	[CZG7]7.3.1	[CZG7]7.3.1.16	建筑地面工程防滑技术规程		制订中	专项施工
[CZG7]7.3.2 节点施工与通病处理						
139	[CZG7]7.3.2	[CZG7]7.3.2.1	建筑工程裂缝防治技术规程		制订中	专项施工
140	[CZG7]7.3.2	[CZG7]7.3.2.2	钢筋阻锈剂应用技术规程	JGJ/T 192—2009	现行	专项施工
141	[CZG7]7.3.2	[CZG7]7.3.2.3	建筑钢结构焊接技术规程	JGJ 81—2002	现行	专项施工
142	[CZG7]7.3.2	[CZG7]7.3.2.4	预应力筋用锚具、夹具和连接器应用技术规程	JGJ 85—2010	现行	专项施工
143	[CZG7]7.3.2	[CZG7]7.3.2.5	钢筋机械连接技术规程	JGJ 107—2010 JGJ 108—96 JGJ 109—96	现行	专项施工
144	[CZG7]7.3.2	[CZG7]7.3.2.6	钢筋锚固板应用技术规程	JGJ 256—2011	现行	专项施工
[CZG7]7.3.3 环境						
145	[CZG7]7.3.3	[CZG7]7.3.3.1	村庄污水处理设施技术规程	CJJ 163—2011		专项施工
146	[CZG7]7.3.3	[CZG7]7.3.3.2	户式中央空调工程技术规程		制订中	专项施工
[CZG7]7.3.4 专项施工						
147	[CZG7]7.3.4	[CZG7]7.3.4.1	工程网络计划技术规程	JGJ/T 121—99	修订中	专项施工
148	[CZG7]7.3.4	[CZG7]7.3.4.2	气泡混合轻质土填筑工程技术规程	CJJ/T 177—2012	现行	专项施工
149	[CZG7]7.3.4	[CZG7]7.3.4.3	静压桩施工技术规程		制订中	专项施工
150	[CZG7]7.3.4	[CZG7]7.3.4.4	悬挂式竖井施工规程		制订中	专项施工
151	[CZG7]7.3.4	[CZG7]7.3.4.5	地下建筑工程逆作法技术规程	JGJ 165—2010	现行	专项施工
152	[CZG7]7.3.4	[CZG7]7.3.4.6	钢-混凝土组合结构施工规范		制订中	专项施工
[CZG7]7.3.5 防水						
153	[CZG7]7.3.5	[CZG7]7.3.5.1	住宅室内防水工程技术规范	JGJ 298—2013	现行	建筑防水

续表

序号	体系分类编码	标准编码	标准项目名称	现行标准编号	标准状态	主题特征
154	[CZG7]7.3.5	[CZG7]7.3.5.2	硬泡聚氨酯保温防水工程技术规范	GB 50404—2007	修订中	建筑防水
155	[CZG7]7.3.5	[CZG7]7.3.5.3	喷涂聚脲防水技术规程		制订中	建筑防水
	[CZG7]7.3.6 混凝土砂浆					
156	[CZG7]7.3.6	[CZG7]7.3.6.1	混凝土质量控制标准	GB 50164—2011	现行	混凝土砂浆
157	[CZG7]7.3.6	[CZG7]7.3.6.2	早期推定混凝土强度试验方法标准	JGJ/T 15—2008	现行	混凝土砂浆
158	[CZG7]7.3.6	[CZG7]7.3.6.3	轻骨料混凝土技术规程	JGJ 51—2002	现行	混凝土砂浆
159	[CZG7]7.3.6	[CZG7]7.3.6.4	普通混凝土用砂、石质量及检验方法标准	JGJ 52—2006	现行	混凝土砂浆
160	[CZG7]7.3.6	[CZG7]7.3.6.5	普通混凝土配合比设计规程	JGJ 55—2011	现行	混凝土砂浆
161	[CZG7]7.3.6	[CZG7]7.3.6.6	混凝土用水标准	JGJ 63—2006	现行	混凝土砂浆
162	[CZG7]7.3.6	[CZG7]7.3.6.7	清水混凝土应用技术规程	JGJ 169—2009	现行	混凝土砂浆
163	[CZG7]7.3.6	[CZG7]7.3.6.8	掺合料在混凝土中应用技术规程		制订中	混凝土砂浆
164	[CZG7]7.3.6	[CZG7]7.3.6.9	海砂混凝土应用技术规范	JGJ 206—2010	现行	混凝土砂浆
165	[CZG7]7.3.6	[CZG7]7.3.6.10	混凝土再生骨料应用技术规程		制订中	混凝土砂浆
166	[CZG7]7.3.6	[CZG7]7.3.6.11	磷渣混凝土应用技术规程		制订中	混凝土砂浆
167	[CZG7]7.3.6	[CZG7]7.3.6.12	高强混凝土应用技术规程	JGJ/T 281—2012	现行	混凝土砂浆
168	[CZG7]7.3.6	[CZG7]7.3.6.13	自密实混凝土应用技术规程	JGJ/T 283—2012	现行	混凝土砂浆
169	[CZG7]7.3.6	[CZG7]7.3.6.14	高抛免振捣混凝土应用技术规程	JGJ/T 296—2013	现行	混凝土砂浆
170	[CZG7]7.3.6	[CZG7]7.3.6.15	混凝土外加剂应用技术规范	GB 50119—2013	现行	混凝土砂浆
171	[CZG7]7.3.6	[CZG7]7.3.6.16	抹灰砂浆技术规程	JGJ/T 220—2010	现行	混凝土砂浆
172	[CZG7]7.3.6	[CZG7]7.3.6.17	预拌砂浆应用技术规程	JGJ/T 223—2010	现行	混凝土砂浆
173	[CZG7]7.3.6	[CZG7]7.3.6.18	砌筑砂浆配合比设计规程	JGJ/T 98—2010	现行	混凝土砂浆
	[CZG7]7.3.7 检验检测					
174	[CZG7]7.3.7	[CZG7]7.3.7.1	钢筋焊接接头试验方法标准	JGJ/T 27—2001	修订中	质量控制
175	[CZG7]7.3.7	[CZG7]7.3.7.2	建筑工程饰面砖粘结强度检验标准	JGJ 110—2008	现行	质量控制

续表

序号	体系分类编码	标准编码	标准项目名称	现行标准编号	标准状态	主题特征
176	[CZG7]7.3.7	[CZG7]7.3.7.3	建筑门窗工程检测技术规程	JGJ/T 205-2010	现行	质量控制
177	[CZG7]7.3.7	[CZG7]7.3.7.4	锚杆锚固质量无损检测技术规程	JGJ/T 182—2009	修订中	质量控制
178	[CZG7]7.3.7	[CZG7]7.3.7.5	采暖通风与空气调节工程检测技术规程	JGJ/T 260—2011	现行	质量控制
179	[CZG7]7.3.7	[CZG7]7.3.7.6	围护结构传热系数现场检测技术规程		制订中	质量控制
180	[CZG7]7.3.7	[CZG7]7.3.7.7	建筑防水工程现场检测技术规范	JGJ/T 299—2013	现行	质量控制
181	[CZG7]7.3.7	[CZG7]7.3.7.8	红外热像法检测建筑外墙饰面粘结质量技术规程	JGJ/T 277—2012	现行	质量控制
182	[CZG7]7.3.7	[CZG7]7.3.7.9	钻芯法检测砌体抗剪强度及砌筑砂浆强度技术规程		制订中	质量控制
183	[CZG7]7.3.7	[CZG7]7.3.7.10	雷达法检测混凝土结构技术规程		制订中	质量控制
184	[CZG7]7.3.7	[CZG7]7.3.7.11	直拔法检测混凝土抗压强度技术规程		制订中	质量控制
185	[CZG7]7.3.7	[CZG7]7.3.7.12	钻芯法检测混凝土强度技术规程		制订中	质量控制
186	[CZG7]7.3.7	[CZG7]7.3.7.13	建筑变形测量规范	JGJ/T 8—2007	修订中	质量控制
187	[CZG7]7.3.7	[CZG7]7.3.7.14	建筑热反射涂料节能检测标准		制订中	质量控制
[CZG7]7.3.8 单项验收						
188	[CZG7]7.3.8	[CZG7]7.3.8.1	建筑物防雷工程施工与质量验收规范	GB 50601—2010	现行	工程验收
189	[CZG7]7.3.8	[CZG7]7.3.8.2	外墙饰面砖工程施工及验收规程	JGJ 126—2000	修订中	工程验收
190	[CZG7]7.3.8	[CZG7]7.3.8.3	钢筋焊接及验收规程	JGJ 18—2012	现行	工程验收
191	[CZG7]7.3.8	[CZG7]7.3.8.4	屋面工程质量验收规范	GB 50207—2012	现行	工程验收
192	[CZG7]7.3.8	[CZG7]7.3.8.5	建筑防腐蚀工程质量检验评定标准	GB 50224—2010	现行	工程验收
193	[CZG7]7.3.8	[CZG7]7.3.8.6	铝合金结构工程施工质量验收规范	GB 50576—2010	现行	工程验收
194	[CZG7]7.3.8	[CZG7]7.3.8.7	钢管混凝土施工质量验收规范	GB 50628—2010	现行	工程验收
195	[CZG7]7.3.8	[CZG7]7.3.8.8	住宅室内装饰装修工程质量验收规范	JGJ/T 304—2013	现行	工程验收
196	[CZG7]7.3.8	[CZG7]7.3.8.9	建筑隔震施工与验收规范		制订中	工程验收

续表

序号	体系分类编码	标准编码	标准项目名称	现行标准编号	标准状态	主题特征
197	[CZG7]7.3.8	[CZG7]7.3.8.10	建筑涂饰工程施工及验收规程		制订中	工程验收
[CZG7]7.3.9 鉴定维护与修缮加固						
198	[CZG7]7.3.9	[CZG7]7.3.9.1	古建筑结构维护与加固技术规范	GB 50165—92	现行	维护加固
199	[CZG7]7.3.9	[CZG7]7.3.9.2	古建筑修建工程质量检验评定标准	CJJ 39—91、CJJ 70—96	现行	维护加固
200	[CZG7]7.3.9	[CZG7]7.3.9.3	房屋渗漏修缮技术规程	JGJ/T 53—2011	现行	维护加固
201	[CZG7]7.3.9	[CZG7]7.3.9.4	历史建筑修缮技术规范		制订中	维护加固
202	[CZG7]7.3.9	[CZG7]7.3.10.5	村镇建筑抗震鉴定与加固技术规程		制订中	维护加固
203	[CZG7]7.3.9	[CZG7]7.3.9.6	村镇危险房屋鉴定标准		制订中	维护加固
204	[CZG7]7.3.9	[CZG7]7.3.9.7	建筑震后应急评估与修复技术规程		制订中	维护加固
205	[CZG7]7.3.9	[CZG7]7.3.9.8	村镇建筑抗洪鉴定与加固规程		待编	维护加固
206	[CZG7]7.3.9	[CZG7]7.3.9.9	村镇建筑抗风鉴定与加固规程		待编	维护加固
[CZG7]7.3.10 施工安全						
207	[CZG7]7.3.10	[CZG7]7.3.10.1	建筑施工重大安全隐患防治安全规程		待编	
208	[CZG7]7.3.10	[CZG7]7.3.10.2	建筑施工土石方工程安全技术规范	JGJ/T 180—2009	现行	施工安全
209	[CZG7]7.3.10	[CZG7]7.3.10.3	建筑施工起重吊装工程安全技术规范	JGJ 276—2012	现行	施工安全
210	[CZG7]7.3.10	[CZG7]7.3.10.4	建筑拆除工程安全技术规范	JGJ 147—2004	现行	施工安全
211	[CZG7]7.3.10	[CZG7]7.3.10.5	建筑施工深基坑工程安全技术规范	JGJ 311—2013	现行	施工安全
212	[CZG7]7.3.10	[CZG7]7.3.10.6	湿陷性黄土地区建筑基坑工程安全技术规程	JGJ 167—2009	现行	施工安全
213	[CZG7]7.3.10	[CZG7]7.3.10.7	建筑施工软土地基开挖及支护安全技术规范		待编	施工安全
214	[CZG7]7.3.10	[CZG7]7.3.10.8	建筑施工焊接工程安全技术规范		待编	施工安全
215	[CZG7]7.3.10	[CZG7]7.3.10.9	建筑施工钢结构工程安全技术规范		待编	施工安全
216	[CZG7]7.3.10	[CZG7]7.3.10.10	桥梁拆除工程安全技术规范		制订中	施工安全
217	[CZG7]7.3.10	[CZG7]7.3.10.11	建筑施工门式钢管脚手架安全技术规程	JGJ 128—2010	现行	施工安全

序号	体系分类编码	标准编码	标准项目名称	现行标准编号	标准状态	主题特征
218	[CZG7]7.3.10	[CZG7]7.3.10.12	建筑施工扣件式钢管脚手架安全技术规范	JGJ 130—2011	现行	施工安全
219	[CZG7]7.3.10	[CZG7]7.3.10.13	建筑施工碗扣式钢管脚手架安全技术规范	JGJ 166—2008	修订中	施工安全
220	[CZG7]7.3.10	[CZG7]7.3.10.14	建筑施工木脚手架安全技术规范	JGJ 164—2008	现行	施工安全
221	[CZG7]7.3.10	[CZG7]7.3.10.15	建筑施工竹脚手架安全技术规范	JGJ 254—2011	现行	施工安全
222	[CZG7]7.3.10	[CZG7]7.3.10.16	建筑施工工具式脚手架安全技术规范	JGJ 202—2010	现行	施工安全
223	[CZG7]7.3.10	[CZG7]7.3.10.17	液压升降整体脚手架安全技术规程	JGJ 183—2009	修订中	施工安全
224	[CZG7]7.3.10	[CZG7]7.3.10.18	建筑施工承插型盘扣钢管支架安全技术规程	JGJ 231—2010	现行	施工安全
225	[CZG7]7.3.10	[CZG7]7.3.10.19	建筑施工临时支撑结构技术规范	JGJ 300—2013	现行	施工安全
226	[CZG7]7.3.10	[CZG7]7.3.10.20	建筑施工模板安全技术规范	JGJ 162—2008	修订中	施工安全
227	[CZG7]7.3.10	[CZG7]7.3.10.21	组合钢模板技术规范	GB 50214—2001	修订中	施工安全
228	[CZG7]7.3.10	[CZG7]7.3.10.22	建筑工程大模板技术规程	JGJ 74—2003	现行	施工安全
229	[CZG7]7.3.10	[CZG7]7.3.10.23	组装式桁架模板支撑应用技术规程		制订中	施工安全
230	[CZG7]7.3.10	[CZG7]7.3.10.24	租赁模板脚手架维修保养技术规范	GB 50829—2013	现行	施工安全
231	[CZG7]7.3.10	[CZG7]7.3.10.25	组合铝合金模板工程技术规程		制订中	施工安全
232	[CZG7]7.3.10	[CZG7]7.3.10.26	建筑塑料复合模板工程技术规程		制订中	施工安全
233	[CZG7]7.3.10	[CZG7]7.3.10.27	钢框胶合板模板施工质量验收规程		制订中	施工安全
234	[CZG7]7.3.10	[CZG7]7.3.10.28	建筑边坡工程鉴定与加固技术规范	GB 50843—2013	现行	施工安全
235	[CZG7]7.3.10	[CZG7]7.3.10.29	龙门架及井架物料提升机安全技术规范	JGJ 88—2010	现行	施工安全
236	[CZG7]7.3.10	[CZG7]7.3.10.30	建筑施工升降机安装拆除使用安全技术规程	JGJ 215—2010	现行	施工安全
237	[CZG7]7.3.10	[CZG7]7.3.10.31	建筑施工塔式起重机安装拆除安全技术规程	JGJ 196—2010	现行	施工安全
238	[CZG7]7.3.10	[CZG7]7.3.10.32	塔式起重机安全监控系统应用技术规程		制订中	施工安全

序号	体系分类编码	标准编码	标准项目名称	现行标准编号	标准状态	主题特征
239	[CZG7]7.3.10	[CZG7]7.3.10.33	大型塔式起重机混凝土基础工程技术规程	JGJ/T 301—2013	现行	施工安全
240	[CZG7]7.3.10	[CZG7]7.3.10.34	桩工机械安装拆除使用安全技术规程		待编	施工安全
241	[CZG7]7.3.10	[CZG7]7.3.10.35	塔式起重机限位保险装置使用安全技术规程		待编	施工安全
242	[CZG7]7.3.10	[CZG7]7.3.10.36	施工现场机械设备检查技术规程	JGJ 160—2008	现行	施工安全
243	[CZG7]7.3.10	[CZG7]7.3.10.37	建筑起重机械安全评估技术规程	JGJ/T 189—2009	现行	施工安全
244	[CZG7]7.3.10	[CZG7]7.3.10.38	建筑施工升降设备设施检验标准	JGJ 305—2013	现行	施工安全
245	[CZG7]7.3.10	[CZG7]7.3.10.39	施工现场临时用电安全技术规范	JGJ 46—2005	现行	施工安全
246	[CZG7]7.3.10	[CZG7]7.3.10.40	建设工程施工现场供用电安全规范	GB 50194—2014	现行	施工安全
247	[CZG7]7.3.10	[CZG7]7.3.10.41	建设工程施工现场消防安全技术规范	GB 50720—2011	现行	施工安全
248	[CZG7]7.3.10	[CZG7]7.3.10.42	建筑施工作业劳动防护用品配备及使用标准	JGJ/T 184—2009	现行	施工安全
249	[CZG7]7.3.10	[CZG7]7.3.10.43	建筑工程施工现场标志设置技术规程		制订中	施工安全

9.4 项目说明

[CZG7] 7.1 基础标准

[CZG7] 7.1.1 《建筑材料术语标准》JGJ/T 191—2009

本标准适用于建筑工程领域。

主要技术内容包括：钢材、混凝土及其原材料、石膏和石灰、木材、砌体材料、建筑板材、瓦、流体输送用管材、建筑陶瓷和卫生陶瓷、建筑装饰石材、建筑玻璃、绝热与吸声材料、耐火材料、防腐材料和增强、加固与修补材料等的相关技术内容解释。

内容属性：建筑材料、建筑工程。

[CZG7] 7.1.2 《建筑与市政工程检测项目分类标准》JGJ/T 181—2009

本标准适用于房屋建筑与市政基础设施工程检测人员，具体包括房屋建筑物和附属构筑物设施相关的地基与基础、主体结构、建筑给水排水、采暖通风、建筑电气、智能建筑、装修装饰工程，以及城市道路、桥梁、供水、排水、污水处理、燃气、热力、垃圾处理、防洪等设施的土建和管道安装工程的检测人员。

主要技术内容包括：工程材料检测、工程实体检测、工程环境检测等。

内容属性：建筑、市政工程、检测。

［CZG7］7.1.3《给水排水工程基本术语标准》GB/T 50125—2010

本标准适用于给水排水工程的设计、施工验收和运行管理。

主要技术内容包括：通用术语、设计、施工验收、运行管理等。

内容属性：给水排水工程、施工验收、运行管理。

［CZG7］7.1.4《安全色》GB 2893—2008

本标准适用于公共场所、生产经营单位和交通运输、建筑、仓储等行业以及消防等领域所使用的信号和标志的表面色。不适用于灯光信号和航海、内河航运以及其他目的而使用的颜色。

内容属性：信号、标志、安全色。

［CZG7］7.1.5《安全标志及其使用导则》GB 2894—2008

本标准适用于公共场所、工业企业、建筑工地和其他有必要提醒人们注意安全的场所。

内容属性：安全标志、公共场所、工业企业、建筑工地。

［CZG7］7.1.6《白蚁防治工程基本术语标准》GB 50768—2012

本标准适用于白蚁防治工程的规划、设计、施工、管理。

主要技术内容包括：基础术语、白蚁名称、防治技术、药剂、材料与设备、工程管理、工程相关生物生态学术语等。

内容属性：白蚁、防治工程、生物生态学。

［CZG7］7.1.7《建筑维护加固基本术语标准》

内容属性：建筑、维护、加固。

［CZG7］7.1.8《建筑工程施工质量术语标准》

内容属性：建筑工程、施工质量。

［CZG7］7.1.9《建筑施工安全与卫生术语标准》

内容属性：建筑施工安全、卫生术语。

［CZG7］7.1.10《建筑安全监管体系分类与编码标准》

内容属性：建筑安全、监管、编码。

［CZG7］7.2 通用标准

［CZG7］7.2.1 施工规范类

［CZG7］7.2.1.1《混凝土结构工程施工规范》GB 50666—2011

本标准适用于建筑工程混凝土结构的施工，不适用于轻骨料混凝土及特殊混凝土的施工。

主要技术内容包括：术语，基本规定，模板工程，钢筋工程，预应力工程，混凝土制备与运输，现浇结构工程，装配式结构工程，冬期、高温与雨期施工，环境保护等。

内容属性：混凝土结构、工程施工。

［CZG7］7.2.1.2《木结构工程施工规范》GB/T 50772—2012

主要技术内容包括：总则、术语、基本规定、木结构工程施工用材、木结构构件制作、构件连接与节点施工、木结构安装、轻型木结构制作与安装、木结构工程防火施工和木结构工程施工安全。

内容属性：木结构、施工用材、施工安全。

［CZG7］7.2.1.3《砌体结构工程施工规范》GB 50924—2014

内容属性：砌体结构、工程施工。

［CZG7］7.2.1.4《建筑地基基础施工规范》

内容属性：建筑地基、基础施工。

［CZG7］7.2.1.5《建筑工程绿色施工规范》GB/T 50905—2014

内容属性：建筑工程、绿色施工。

［CZG7］7.2.1.6《通风与空调工程施工规范》GB 50738—2011

本标准适用于建筑工程中通风与空调工程的施工安装。

主要技术内容包括：术语、基本规定、金属风管与配件制作、非金属与复合风管及配件制作、风阀与部件制作、支吊架制作与安装、风管与部件安装、空气处理设备安装、空调冷热源与辅助设备安装、空调水系统管道与附件安装、空调制冷剂管道与附件安装、防腐与绝热、监测与控制系统安装、监测与试验、通风与空调系统试运行与调试。

内容属性：建筑工程、通风与空调、工程施工。

［CZG7］7.2.1.7《建筑电气工程施工规范》

内容属性：建筑电气、工程施工。

［CZG7］7.2.1.8《建筑防水工程施工规范》

内容属性：建筑工程、防水施工。

［CZG7］7.2.1.9《墙体材料应用统一技术规范》GB 50574—2010

本标准适用于墙体材料和建筑工程应用，本标准所指的墙体材料为块体材料、板材、砂浆、管控混凝土及保温、连接及其他材料。

主要技术内容包括：术语和符号、墙体材料、建筑及件建筑节能设计、结构设计、墙体裂缝控制欲构造要求、施工、验收、墙体维护和试验。

内容属性：墙体材料、建筑工程。

［CZG7］7.2.1.10《木骨架组合墙体技术规范》GB/T 50361—2005

本标准适用于住宅建筑，办公楼和《建筑设计防火规范》GB 50016 规定的丁、戊类工业建筑的非承载墙体的设计、施工、验收和维护管理。

主要技术内容包括：术语和符号、基本规定、材料、墙体设计、施工和生产、质量和验收、维护管理。

内容属性：墙体材料、木骨架、非承载墙体。

［CZG7］7.2.1.11《轻型木桁架技术规范》

内容属性：轻型木桁架、施工规范。

［CZG7］7.2.1.12《胶合木结构技术规程》GB/T 50708—2012

本标准适用于建筑工程中承重胶合木结构的设计、施工和质量验收。

主要技术内容包括：术语和符号、材料、基本的合计规定、构件设计、连接设计、构件防火设计、构造要求、构件制作、构件安装施工、防护与维修。

内容属性：胶合、木结构、施工验收。

［CZG7］7.2.1.13《地源热泵系统工程技术规范》GB 50366—2009

本标准适用于以岩土体、地下水、地表水为低温热源，以水或添加防冻剂的水溶液为传热介质，采用蒸汽压缩热泵技术进行供热、空调或加热生活热水的系统工程的设计、施工及验收。

内容属性：地源热泵、系统工程、施工验收。

［CZG7］7.2.1.14《燃气热泵系统工程技术规程》

内容属性：燃气热泵、系统工程。

［CZG7］7.2.1.15《城镇供热系统监测与调控技术规程》

内容属性：城镇供热、系统监测、调控技术。

［CZG7］7.2.1.16《户式供热系统工程技术规范》

内容属性：户式供热、系统工程。

［CZG7］7.2.2 质量验收与评价类

［CZG7］7.2.2.1《建筑工程施工质量验收统一标准》GB 50300—2013

本标准适用于建筑工程施工质量的验收，并作为建筑工程各专业工程施工质量验收规范编制的统一准则。

内容属性：建筑工程、施工质量、验收。

［CZG7］7.2.2.2《村镇住宅结构施工及验收规范》

内容属性：村镇住宅、施工验收。

［CZG7］7.2.2.3《建筑地基基础工程施工质量验收规范》GB 50202—2002

本标准适用于建筑工程的地基基础工程施工质量验收。

主要技术内容包括：术语、基本规定、地基、桩基础、土方工程、基坑工程及工程验收等内容。

内容属性：建筑地基、基础工程、施工质量、验收。

［CZG7］7.2.2.4《砌体结构工程施工质量验收规范》GB 50203—2011

本标准适用于建筑工程的砖、石、小砌块等砌体结构工程的施工质量验收，不适用于铁路、公路和水工建筑等砌石工程。

主要技术内容包括：术语、基本规定、砌筑砂浆、砖砌体工程、混凝土小型空心砌块砌体工程、石砌体工程、配筋砌体工程、填充墙砌体工程等。

内容属性：砌体结构、施工质量。

［CZG7］7.2.2.5《混凝土结构工程施工质量验收规范》GB 50204—2015

本标准适用于建筑工程混凝土结构施工质量的验收，不适用于特种混凝土结构施工质量的验收。

内容属性：建筑工程、混凝土结构、施工质量。

［CZG7］7.2.2.6《钢结构工程施工质量验收规范》GB 50205—2001

本标准适用于建筑工程的单层、多层、高层以及网架、压型金属板等钢结构工程施工质量的验收。

主要技术内容包括：术语、符号、基本规定、原材料及成品进场、焊接工程、紧固件连接工程、钢零件及钢部件加工工程、钢构件组装工程、钢构件预拼装工程、单层钢结构安装工程、多层及高层钢结构安装工程、钢网架结构安装工程、压型金属板工程、钢结构涂装工程、钢结构分部工程等。

内容属性：建筑工程、钢结构、施工质量。

[CZG7] 7.2.2.7《木结构工程施工质量验收规范》GB 50206—2012

本标准适用于方木和原木结构、胶合木结构、轻型木结构及其防腐、防虫和防火措施的施工质量验收。

内容属性：木结构、施工质量、验收。

[CZG7] 7.2.2.8《地下防水工程质量验收规范》GB 50208—2011

本标准适用于房屋建筑工程、防护工程、市政隧道、地下铁道等地下防水工程质量验收。

主要技术内容包括：术语、基本规定、主体结构防水工程、细部构造防水工程、特殊施工法结构防水工程、排水工程、注浆工程、子分部工程质量验收。

内容属性：地下防水、工程质量、验收。

[CZG7] 7.2.2.9《建筑装饰装修工程质量验收规范》GB 50210—2001

本标准适用于新建、扩建和既有建筑的装饰装修工程的质量验收。

主要技术内容包括：抹灰工程、门窗工程、吊顶工程、轻质隔墙工程、饰面板（砖）工程、幕墙工程、涂饰工程、裱糊与软包工程、细部工程等。

内容属性：建筑装饰、装修工程、质量验收。

[CZG7] 7.2.2.10《电梯工程施工质量验收规程》GB 50310—2002

本标准适用于电力驱动的曳引式或强制式电梯、液压电梯、自动扶梯和自动人行道安装工程质量的验收，不适用于杂物电梯安装工程质量的验收。

内容属性：电梯工程、施工质量、验收。

[CZG7] 7.2.2.11《构筑物工程质量验收规范》GB 50094—98

内容属性：构筑物、工程质量、验收

[CZG7] 7.2.2.12《高耸结构工程施工质量验收规范》

内容属性：高耸结构工程、施工质量、验收

[CZG7] 7.2.2.13《建筑节能工程施工质量验收规范》GB 50411—2007

本标准适用于新建、改建和扩建的民用建筑工程中墙体、幕墙、门窗、屋面、地面、采暖、通风与空调、空调与采暖系统的冷热源及管网、配电与照明、监测与控制等建筑节能工程施工质量的验收。

内容属性：建筑节能、施工质量、验收。

[CZG7] 7.2.2.14《建筑给水排水及采暖工程施工质量验收规范》GB 50242—2002

本标准适用于建筑给水、排水及采暖工程施工质量的验收。

主要技术内容包括：室内给水系统安装、室内排水系统安装、室内热水供应系统安装、卫生器具安装、室内采暖系统安装、室外给水管网安装、室外排水管网安装、室外供热管网安装、建筑中水系统及游泳池水系统安装、供热锅炉及辅助设备安装等。

内容属性：给水排水、采暖工程、施工质量。

[CZG7] 7.2.2.15《古建筑修建工程施工与质量验收规范》JGJ 159—2008

本标准适用于各种古建筑修缮、移建（迁建）、重建（复建）工程，各种仿古建筑的新建和修缮工程，近现代建筑中采用古建筑做法的新建和修缮项目。

内容属性：古建筑、修建工程、施工质量。

[CZG7] 7.2.2.16《给水排水构筑物工程施工及验收规范》GB 50141—2008

本标准适用于新建、扩建和改建城镇公用设施和工业企业中常规的给水排水构筑物工程的施工与验收，不适用于工业企业中具有特殊要求的给水排水构筑物工程施工与验收。

内容属性：给水排水、构筑物工程、施工验收。

［CZG7］7.2.2.17《给水排水管道工程施工及验收规范》GB 50268—2008

本标准适用于新建、扩建和改建城镇公共设施和工业企业的室外给水排水管道工程的施工及验收，不适用于工业企业中具有特殊要求的给水排水管道施工及验收。

主要技术内容包括：术语、基本规定、土石方与地基处理、开槽施工管道主体结构、不开槽施工管道主体结构、沉管和桥管施工主体结构、管道附属构筑物、管道功能性试验。

内容属性：给水排水、管道工程、施工验收。

［CZG7］7.2.2.18《建筑机电工程抗震验收规范》

内容属性：机电工程、抗震、验收。

［CZG7］7.2.2.19《建筑工程施工质量评价标准》GB/T 50375—2006

本标准适用于建筑工程在工程质量合格后的施工质量优良评价。工程创优活动应在优良评价的基础上进行。

主要技术内容包括：术语、基本规定、施工现场质量保证条件评价、地基及桩基工程质量评价、结构工程质量评价、屋面工程质量评价、装饰装修工程质量评价、安装工程质量评价、单位工程质量综合评价。

内容属性：建筑工程、质量评价。

［CZG7］7.2.2.20《绿色工业建筑评价标准》GB/T 50878—2013

内容属性：绿色、工业建筑、评价。

［CZG7］7.2.2.21《村镇给排水工程施工质量验收规范》

内容属性：村镇、给水排水工程、施工质量。

［CZG7］7.2.2.22《村庄污水处理设施工程施工质量验收规范》

内容属性：村庄、污水处理设施、施工质量、验收。

［CZG7］7.2.2.23《建筑结构加固工程施工质量验收规范》GB 50550—2010

本标准适用于混凝土结构、砌体结构和钢结构加固工程的施工过程控制和施工质量验收。

主要技术内容包括：建筑结构加固工程施工的基本规定、材料、混凝土构件增大截面工程、局部置换构件混凝土工程、混凝土构件绕丝工程、混凝土构件外加预应力工程、外粘或外包型钢工程、外粘纤维复合材工程、外粘钢板工程、钢丝绳网片外加聚合物砂浆面层工程、砌体或混凝土构件外加钢筋网—砂浆面层工程、砌体柱外加预应力撑杆工程、钢构件增大截面工程、钢构件焊缝补强工程、钢结构裂纹修复工程、混凝土及砌体裂缝修补工程、植筋工程、锚栓工程、灌浆工程、建筑结构加固工程。

内容属性：建筑结构、加固工程、施工质量。

［CZG7］7.2.2.24《建筑地基加固施工质量验收及检测技术标准》

内容属性：地基加固、施工质量、验收及检测。

［CZG7］7.2.2.25《住宅室内装饰装修工程质量验收规范》JGJ/T 304—2013

内容属性：住宅室内、装饰装修工程、质量验收。

［CZG7］7.2.3 工程检测试验类

［CZG7］7.2.3.1《普通混凝土拌合物性能试验方法标准》GB/T 50080—2002

本标准适用于建筑工程中的普通混凝土拌合物性能试验。

主要技术内容包括：取样及试样制备、稠度试验、凝结时间试验、泌水与压力泌水试验、表观密度试验、含气量试验和配合比分析试验。

内容属性：混凝土拌合物、性能试验。

［CZG7］7.2.3.2《普通混凝土力学性能试验方法标准》GB/T 50081—2002

本标准适用于工业与民用建筑以及一般构筑物中的普通混凝土力学性能试验。

主要技术内容包括：抗压强度试验、轴心抗压强度试验静力受压弹性模量试验、劈裂抗拉强度试验和抗折强度试验。

内容属性：普通混凝土、力学、性能试验。

［CZG7］7.2.3.3《普通混凝土长期性能和耐久性能试验方法标准》GB/T 50082—2009

本标准适用于工程建设活动中对普通混凝土进行的长期性能和耐久性能试验。

内容属性：普通混凝土、长期性能试验、耐久性能试验。

［CZG7］7.2.3.4《混凝土强度检验评定标准》GB/T 50107—2010

本标准规范适用于混凝土强度的检验评定。

内容属性：混凝土、强度检验。

［CZG7］7.2.3.5《砌体基本力学性能试验方法标准》GB/T 50129—2011

本标准适用于砌体结构工程的各类砌体基本力学性能试验与检验。对研制的新型承重块体材料或新型砂浆材料，应按本标准进行砌体基本力学试验。

内容属性：砌体、力学性能试验。

［CZG7］7.2.3.6《建筑砂浆基本性能试验方法》JGJ/T 70—2009

本标准适用于以无机胶凝材料、细集料、掺合料为主要材料，用于工业与民用建筑物（构筑物）的砌筑、抹灰、地面工程及其他用途的建筑砂浆的基本性能试验。

内容属性：建筑砂浆、性能试验。

［CZG7］7.2.3.7《混凝土耐久性检验评定标准》JGJ/T 193—2009

本标准适用于建筑与市政工程中混凝土耐久性的检验与评定。

内容属性：混凝土、耐久性检验。

［CZG7］7.2.3.8《混凝土结构试验方法标准》GB/T 50152—2012

本标准适用于房屋和一般构筑物的钢筋混凝土结构、预应力混凝土结构的试验、结构监测及动力学特性测试。有特殊要求的试验，处于高温、负温、侵蚀性介质等环境条件下的结构试验以及混凝土结构构件其他类型的试验，应符合国家现行相关标准的规定或专门的试验要求。

内容属性：混凝土、结构试验。

［CZG7］7.2.3.9《砌体工程现场检测技术标准》GBT 50315—2011

本标准适用于砌体工程中砖砌体，砌筑砂浆和砌筑块体的现场检测和强度推定。

内容属性：砌体、现场检测。

［CZG7］7.2.3.10《木结构试验方法标准》GB/T 50329—2012

本标准适用于房屋和一般构筑物中承重的木结构和构件及其连接在短期荷载作用下的静力试验。对于木结构中经防护剂处理的木材，当需要测定化学药剂的投入度和保持量时，应遵循本标准附录 E 的规定。

内容属性：木结构、试验方法。

[CZG7] 7.2.3.11《建筑结构检测技术标准》GB/T 50344—2004

本标准适用于建筑工程中各类结构工程质量的检测和既有建筑结构性能的检测。

内容属性：建筑结构、检测技术。

[CZG7] 7.2.3.12《玻璃幕墙工程质量检验标准》JGJ/T 139—2001

本标准适用于玻璃幕墙工程材料的现场检验和安装质量的检验。

内容属性：玻璃幕墙、质量检验。

[CZG7] 7.2.3.13《建筑基桩检测技术规范》JGJ 106—2003

本标准适用于建筑工程基桩的承载力和桩身完整性的检测与评价。

内容属性：建筑基桩、检测技术。

[CZG7] 7.2.3.14《混凝土结构现场检测技术标准》GB/T 50784—2013

本标准适用于房屋建筑、市政工程和一般构筑物中混凝土结构的现场检测，不适用于轻骨混凝土结构的现场检测。

内容属性：混凝土结构、现场检测技术。

[CZG7] 7.2.3.15《钢结构现场检测技术标准》GB/T 50621—2010

本标准适用于钢结构中的有关连接、变现、钢材厚度、钢材品种、涂装厚度动力特性等方面质量的现场检测及相应检测结果的评价。

内容属性：钢结构、现场检测技术。

[CZG7] 7.2.3.16《建筑地基检测技术规范》

内容属性：建筑地基、检测技术。

[CZG7] 7.2.3.17《建筑工程施工过程时变分析与监测技术规范》

内容属性：建筑工程、时变分析、监测技术。

[CZG7] 7.2.4　施工组织与管理

[CZG7] 7.2.4.1《工程建设施工企业质量管理规范》GB/T 50430—2007

本标准适用于施工企业的质量管理活动，是施工企业质量管理的标准，也是对施工企业质量管理监督、检查和评价的依据。施工企业的质量管理活动，除执行本标准外，还应执行国家现行有关标准规范的规定。

内容属性：工程建设、施工企业、质量管理。

[CZG7] 7.2.4.2《建筑施工组织设计规范》GB/T 50502—2009

本标准适用于新建、扩建和改建等建筑工程的施工组织设计的编制与管理。建筑施工组织设计应结合地区条件和工程特点进行编制。建筑施工组织设计的编制与管理，除应符合本规范标准外，尚应符合国家现行有关标准的规定。

内容属性：建筑施工、组织设计、编制与管理。

[CZG7] 7.2.4.3《建设工程监理规范》GB 50319—2013

本标准适用于新建、扩建和改建等建筑工程的施工组织设计的编制与管理。

内容属性：建设工程、监理。

［CZG7］7.2.4.4《建设工程项目管理规范》GB/T 50326—2006

本标准适用于新建、扩建和改建等建筑工程的施工组织设计的编制与管理，是建立项目管理组织、明确企业各层次和人员的职责与工作关系，规范项目管理行为，考核和评价项目管理成果的基本依据。

内容属性：建设工程、项目管理。

［CZG7］7.2.4.5《建设工程资料管理规程》JGJ/T 185—2009

本标准适用于北京市行政区域内新建、改建、扩建建筑工程的资料管理。

内容属性：建设工程、资料管理。

［CZG7］7.2.4.6《建筑工程检测试验技术管理规范》JGJ 190—2010

本标准适用于建筑工程施工现场检测试验的技术管理。

内容属性：建设工程、检测试验、技术管理。

［CZG7］7.2.4.7《建设工程质量监督规范》

内容属性：建设工程、质量监督。

［CZG7］7.2.4.8《房屋建筑和市政基础设施工程质量检测技术管理规范》GB 50618—2011

本标准适用于房屋建筑工程和市政基础设施工程有关建筑材料、工程实体质量检测活动的技术管理。

内容属性：房屋建筑、市政基础设施、质量检测、技术管理。

［CZG7］7.2.4.9《建设工程文件归档整理规范》GB/T 50328—2001

本标准适用于建设工程文件的归档整理以及建设工程档案的验收。专业工程按有关规定执行。

内容属性：建设工程、文件归档整理。

［CZG7］7.2.4.10《建筑施工企业安全管理规范》

内容属性：建筑施工、企业安全管理。

［CZG7］7.2.4.11《建筑施工安全内业管理标准》

内容属性：建筑施工、安全、管理。

［CZG7］7.2.4.12《施工现场安全生产目标管理规范》

内容属性：施工现场、安全生产、目标管理。

［CZG7］7.2.4.13《市政工程施工现场安全管理标准》

内容属性：市政工程、施工现场、安全管理。

［CZG7］7.2.5 技能要求类

［CZG7］7.2.5.1《建筑工程施工职业技能标准》

内容属性：建筑工程、施工、职业技能。

［CZG7］7.2.5.2《建筑装饰装修职业技能标准》

内容属性：建筑工程、装饰装修、职业技能。

［CZG7］7.2.5.3《建筑工程安装职业技能标准》

内容属性：建筑工程、安装、职业技能。

［CZG7］7.2.6 施工安全

［CZG7］7.2.6.1《农村防火规范》GB 50039—2010

本标准适用于农村消防规划、建筑防火设计、既有建筑防火改造、消防安全等内容的指导农村防火的综合技术规范。

内容属性：农村消防、防火规划。

［CZG7］7.2.6.2《建筑施工安全技术统一规范》GB 50870—2013

本标准适用于房屋建筑的施工。

内容属性：建筑施工、安全技术。

［CZG7］7.2.6.3《建筑施工高处作业技术规程》JGJ 80—91

本标准适用于原定仅限于工业与民用房屋和一般构筑物施工中在整体结构范围以内的特定的高处作业，包括临边、洞口、攀登、悬空、操作平台与交叉作业等 6 个范畴。

内容属性：建筑施工、高处作业。

［CZG7］7.2.6.4《施工现场临时用电安全技术规程》JGJ 46—2005

本标准适用于新建、改建和扩建的工业与民用建筑和市政基础设施施工现场临时用电工程中的电源中性点直接接地的 220/380V 三相四线制低压电力系统的设计、安装、使用、维修和拆除。

内容属性：施工现场、临时用电、安全技术。

［CZG7］7.2.6.5《建筑施工有毒有害作业安全技术规范》

内容属性：建筑施工、有毒有害、作业安全。

［CZG7］7.2.6.6《建筑施工脚手架统一技术标准》

内容属性：建筑施工、脚手架、技术标准。

［CZG7］7.2.6.7《建筑施工模板统一技术标准》

内容属性：建筑施工、模板统一、技术标准。

［CZG7］7.2.6.8《建筑机械使用与安全技术规程》JGJ 33—2012

本标准适用于建筑安装、工业企业及维修企业中各种类型建筑机械的使用。

内容属性：建筑机械、使用与安全、技术规程。

［CZG7］7.2.6.9《建筑施工起重吊装作业安全技术规程》

内容属性：建筑施工、起重吊装、安全技术。

［CZG7］7.2.6.10《施工企业安全生产评价标准》JGJ/T 77—2010

本标准适用于对施工企业进行安全生产条件和能力的评价。

内容属性：施工企业、安全生产。

［CZG7］7.2.6.11《建筑施工现场安全管理体系评价标准》

内容属性：建筑施工、现场、安全管理、体系评价。

［CZG7］7.2.6.12《建筑施工文明工地安全评价标准》

内容属性：建筑施工、文明工地、安全评价。

［CZG7］7.2.6.13《建筑施工安全检查标准》JGJ 59—2011

本标准适用于房屋建筑工程施工现场安全生产的检查评定。建筑施工安全检查除应符合本标准外，尚应符合国家现行有关标准的评定。

内容属性：建筑施工、安全生产、检查评定。

［CZG7］7.2.6.14《建筑施工现场升降设备设施检验标准》JGJ 305—2013

本标准适用于建筑施工中使用的附着式升降脚手架、高处作业吊篮、龙门架及井架物料提升机、施工升降机、塔式起重机等升降设备、设施的安装、使用检验。

内容属性：建筑施工、升降设备、设施检验。

［CZG7］7.2.6.15《建筑施工现场环境与卫生标准》JGJ 146—2013

本标准适用于新建、扩建、改建的房屋建筑与市政基础设施工程的施工现场环境与卫生的管理。

内容属性：建筑施工、现场、环境与卫生。

［CZG7］7.2.6.16《建筑施工作业劳动防护用品配备及使用标准》JGJ/T 184—2009

本标准适用于从事建筑施工作业的人员和进入施工现场的其他人员配备的个人防护装备的使用。

主要技术内容包括：头部防护类，眼部面部防护类，听觉、耳部防护类，手部防护类，足部防护类，呼吸器官防护类设备的使用。

内容属性：建筑施工、劳动防护、用品配备。

［CZG7］7.2.6.17《建筑施工工人安全教育规范》

内容属性：建筑施工、工人、安全教育。

［CZG7］7.2.7 房屋鉴定评定

［CZG7］7.2.7.1《危险房屋鉴定标准》JGJ 125—1999

本标准适用于既有房屋的危险性鉴定，对有特殊要求的工业建筑、保护建筑和高层建筑以及在偶然作用下的房屋危险性鉴定，除符合本标准规定外，尚应符合国家现行有关强制性标准的规定。

内容属性：既有房屋、危险性鉴定。

［CZG7］7.2.7.2《民用建筑可靠性鉴定标准》GB 50292—1999

本标准适用于民用建筑在下列情况下的检查与鉴定：建筑物的安全鉴定（其中包括危房鉴定及其他应急鉴定）、建筑物使用功能鉴定及日常维护检查、建筑物改变用途、改变使用条件或改造前的专门鉴定。

内容属性：民用建筑、可靠性鉴定。

［CZG7］7.2.7.3《混凝土结构可靠性评定标准》

内容属性：混凝土结构、可靠性评定。

［CZG7］7.2.7.4《砌体结构可靠性评定标准》

内容属性：砌体结构、可靠性。

［CZG7］7.2.7.5《钢结构可靠性评定标准》

内容属性：钢结构、可靠性。

［CZG7］7.2.7.6《木结构可靠性评定标准》

内容属性：木结构、可靠性。

［CZG7］7.2.7.7《建筑防水渗漏检测与评定标准》

内容属性：建筑工程、防水渗漏。

［CZG7］7.2.7.8《既有建筑设备工程鉴定与改造技术规范》

内容属性：既有建筑、设备工程、鉴定与改造。

［CZG7］7.2.7.9《村镇建筑抗震鉴定与加固技术规程》

内容属性：村镇建筑、抗震鉴定、加固技术。

［CZG7］7.2.7.10《村镇危险房屋鉴定标准》

内容属性：村镇建筑、危险房屋、鉴定。

［CZG7］7.2.7.11《建筑震后应急评估与修复技术规程》

内容属性：建筑工程、震后应急评估、修复技术。

［CZG7］7.2.7.12《既有建筑幕墙可靠性鉴定与加固技术规程》

内容属性：既有建筑、幕墙、可靠性鉴定、加固技术。

［CZG7］7.2.7.13《建筑隔声评价标准》GB/T 50121—2005

本标准适用于建筑物和建筑构件的空气声隔声和撞击声隔声评价，其所用原始数据的测量方法应按现行国家隔声测量标准执行。

内容属性：建筑隔声评价（填写标准项目名称中的关键词）。

［CZG7］7.2.7.14《绿色建筑评价标准》GB/T 50378—2014

本标准适用于评价住宅建筑和办公建筑、商场、宾馆等公共建筑。

内容属性：绿色建筑、评价。

［CZG7］7.2.7.15《住宅性能评定技术标准》GB/T 50362—2005

本标准适用于城镇新建和改建住宅的性能评审和认定。本标准将住宅性能划分成适用性能、环境性能、经济性能、安全性能和耐久性能五个方面。每个性能按重要性和内容多少规定分值，按得分分值多少评定住宅性能。

内容属性：城镇住宅、性能评审与认定。

［CZG7］7.2.7.16《古建筑修建工程质量检验评定标准》CJJ 39—91、CJJ 70—96

本标准适用于我国古建筑的整体或部分修建工程。

主要技术内容包括：官式古建筑和仿古建筑、近现代建筑中采用古建筑形式或做法的项目以及古建筑的修缮、迁移、重建工程。

内容属性：古建筑、修建工程、质量检验。

［CZG7］7.2.8 修缮加固与维护提升

［CZG7］7.2.8.1《既有房屋拆除技术标准》

内容属性：既有房屋、拆除技术。

［CZG7］7.2.8.2《房屋白蚁预防技术规程》JGJ/T 245—2011

本标准适用于我国土木两栖和土栖性白蚁危害地区新建、扩建、改建房屋及其附属设施的白蚁预防工程的设计与施工。

内容属性：房屋、白蚁预防。

［CZG7］7.2.8.3《民用建筑修缮工程查勘与设计规程》JGJ 117—98

本标准适用于城市中原有底层和多层民用建筑修缮工程的查勘与设计。

内容属性：民用建筑、修缮工程、查勘与设计。

［CZG7］7.2.8.4《民用房屋修缮工程施工规程》CJJ/T 53—93

本标准适用于城镇现有居民低层和多层房屋的修缮工程施工。

内容属性：民用房屋、修缮工程。

［CZG7］7.2.8.5《房屋渗漏修缮技术规程》JGJ/T 53—2011

本标准适用于屋面、墙体、厕浴间及地下室渗漏修缮工程。

内容属性：房屋、渗漏修缮。

［CZG7］7.2.8.6《历史建筑修缮技术规范》

内容属性：历史建筑、修缮技术。

［CZG7］7.2.8.7《建筑外墙外保温系统修缮标准》

内容属性：建筑外墙、外保温系统、修缮。

［CZG7］7.2.8.8《既有建筑地基基础加固技术规范》JGJ 123—2012

本标准适用于既有建筑因勘察、设计、施工或使用不当，增加载荷、纠倾、位移、改建，古建筑保护；遭受邻近新建件数、深基坑开挖、新地下工程或自然灾害的影响对其地基和基础进行加固的设计、施工和质量检验。

内容属性：既有建筑、地基基础、加固技术。

［CZG7］7.2.8.9《建筑抗震加固技术规程》JGJ 116—2009

本标准适用于抗震设防烈度为6～9度地区的现有建筑，经抗震鉴定后需要进行抗震加固的设计及施工。古建筑和行业有特殊要求的建筑，应按专门的规定进行抗震加固的设计及施工。

内容属性：建筑、抗震加固。

［CZG7］7.2.8.10《混凝土结构加固设计规范》GB 50367—2006

本标准适用于房屋和一般构筑物钢筋混凝土承重结构加固的设计。

内容属性：混凝土、结构加固。

［CZG7］7.2.8.11《钢结构加固技术规范》

内容属性：钢结构、加固技术。

［CZG7］7.2.8.12《砌体结构加固技术规范》

内容属性：砌体结构、加固技术。

［CZG7］7.2.8.13《木结构加固技术规范》

内容属性：木结构、加固技术。

［CZG7］7.2.8.14《砌体结构耐久性加固技术规程》

内容属性：砌体结构、耐久性、加固技术。

［CZG7］7.2.8.15《预应力高强钢丝绳加固混凝土结构技术规程》

内容属性：预应力、钢丝绳加固、混凝土结构技术。

［CZG7］7.2.8.16《民用建筑运行维护技术规范》

内容属性：民用建筑、运行维护。

［CZG7］7.2.8.17《建筑外墙维护清洗技术规程》JGJ 168—2009

本标准适用于采用石材、烧结材料、玻璃与金属幕墙、涂料等做饰面的建筑外墙的清晰维护与质量验收。

内容属性：建筑外墙、维护清洗。

［CZG7］7.2.8.18《古建筑结构维护与加固技术规范》GB 50165—92

本标准适用于古建筑木结构及其相关工程的检查维护与加固。古建筑木结构维护与加固除应遵守本标准外，尚应符合国家现行有关标准规范的规定。

内容属性：古建筑、维护与加固。

［CZG7］7.2.8.19《既有建筑使用功能改善技术规范》

内容属性：既有建筑、使用功能、改善技术。

［CZG7］7.2.8.20《农村火炕系统通用技术规范》

内容属性：农村火炕、通用技术。

［CZG7］7.3 专用标准

［CZG7］7.3.1 墙地面与围护结构

［CZG7］7.3.1.1《塑料门窗设计及组装技术规程》

内容属性：塑料门窗、设计、组装技术。

［CZG7］7.3.1.2《塑料门窗工程技术规程》JGJ 103—2008

本标准适用于未增塑聚氯乙烯（PVC-U）塑料门窗的设计、施工、验收及保养维修。

内容属性：塑料门窗、工程技术。

［CZG7］7.3.1.3《铝合金门窗工程技术规范》JGJ 214—2010

本标准适用于一般工业与民用建筑的铝合金门窗工程设计、制作、安装及验收和维护。

内容属性：铝合金门窗、工程技术。

［CZG7］7.3.1.4《混凝土小型空心砌块建筑技术规程》JGJ/T 14—2011

本标准适用于非抗震设防地区和抗震设防烈度为 6～8 度地区，以混凝土小型空心砌块为墙体材料的砌块房屋建筑的设计与施工。

内容属性：混凝土、小型空心砌块、建筑技术。

［CZG7］7.3.1.5《蒸压加气混凝土建筑应用技术规程》JGJ/T 17—2008

本标准适用于水泥矿渣砂加气混凝土、水泥石灰砂加气混凝土和水泥石灰粉煤灰加气混凝土制成的干密度为 500kg/m³、强度为 3MPa 以及干密度为 700kg/m³、强度为 5MPa 的砌块和配筋板材蒸压加气混凝土制品。对于其他品种和其他密度的蒸压加气混凝土制品，可以根据制品性能的可靠试验数据，参照本标准进行设计和应用。本标准不适用于非蒸压加气混凝土制品。

内容属性：蒸压加气、混凝土、建筑应用。

［CZG7］7.3.1.6《复合墙体施工技术规程》

内容属性：复合墙体、施工技术。

［CZG7］7.3.1.7《机械喷涂抹灰施工规程》JGJ/T 105—2011

本标准适用于建筑工程墙柱面、顶棚、屋面、楼地面以及一般构筑物表面的机械喷涂抹灰施工。

内容属性：机械喷涂、抹灰施工。

［CZG7］7.3.1.8《建筑轻质条板隔墙技术规程》JGJ/T 157—2008

本标准适用于抗震设防烈度为 8 度和 8 度以下的地区及非抗震设防地区，以轻质条板隔墙作为居住建筑、公共建筑和一般工业建筑工程的非承重板材隔墙的设计、施工及验收。

内容属性：建筑、轻质条板、隔墙技术。

［CZG7］7.3.1.9《自保温混凝土复合砌块墙体应用技术规程》

内容属性：自保温、混凝土、复合砌块墙体、应用技术。

［CZG7］7.3.1.10《纤维石膏空心大板复合墙体应用技术规程》

内容属性：纤维石膏、空心、大板、复合墙体、应用技术。

［CZG7］7.3.1.11《石膏砌块砌体施工与验收规程》

内容属性：石膏、砌块砌体、施工与验收。

［CZG7］7.3.1.12《淤泥多孔砖应用技术规程》JGJ/T 293—2013

本标准适用于非抗震设防区和抗震设防 6～8 度地区的新建、改建和扩建的民用建筑工程的设计、施工及验收。

内容属性：淤泥多孔砖、应用技术。

［CZG7］7.3.1.13《建筑玻璃应用技术规程》JGJ 113—2009

本标准适用于建筑玻璃的设计及安装。

内容属性：建筑玻璃、应用技术。

［CZG7］7.3.1.14《石材背栓式干挂技术规程》

内容属性：石材、背栓式、干挂技术。

［CZG7］7.3.1.15《建筑用木塑复合板应用技术规程》

内容属性：建筑用、木塑复合板、应用技术。

［CZG7］7.3.1.16《建筑地面工程防滑技术规程》

内容属性：建筑地面工程、防滑技术。

［CZG7］7.3.2 节点施工与通病处理

［CZG7］7.3.2.1《建筑工程裂缝防治技术规程》

内容属性：建筑工程、裂缝、防治技术。

［CZG7］7.3.2.2《钢筋阻锈剂应用技术规程》JGJ/T 192—2009

本标准适用于钢筋混凝土结构采用钢筋阻锈剂进行钢筋符合时的钢筋阻锈剂选用、检验、施工及质量验收。

内容属性：钢筋、阻锈剂、应用技术。

［CZG7］7.3.2.3《建筑钢结构焊接技术规程》JGJ 81—2002

本标准适用于桁架或网架（壳）结构多层和高层梁柱—框架结构等工业与民用建筑和一般构筑物的钢结构工程。钢材厚度大于或等于 3mm 的碳素结构钢和低合金高强度结构钢的焊接。适用的焊接方法包括手工电弧焊、气体保护焊、自保护焊、埋弧焊、电渣焊、气电立焊、栓钉焊及相应焊接方法的组合。

内容属性：建筑钢结构、焊接技术。

［CZG7］7.3.2.4《预应力筋用锚具、夹具和连接器应用技术规程》JGJ 85—2010

本标准适用于预应力混凝土结构、房屋建筑预应力钢结构、岩锚和地锚等工程预应力筋用锚具、家具和连接器的应用。

内容属性：预应力筋用锚具、夹具和连接器、应用技术。

［CZG7］7.3.2.5《钢筋机械连接技术规程》JGJ 107—2010/JGJ 108—96/JGJ 109—96

本标准适用于房屋建筑与一般构筑物中各类钢筋机械连接接头（以下简称接头）的设计、应用与验收。

内容属性：钢筋、机械连接。

［CZG7］7.3.2.6《钢筋锚固板应用技术规程》JGJ 256—2011

本标准适用于混凝土结构中钢筋的锚固。

内容属性：钢筋、锚固板、应用技术。

［CZG7］**7.3.3 环境**

［CZG7］7.3.3.1《村庄污水处理设施技术规程》CJJ 163—2011

本标准适用于规划设施人口在 5000 人以下的行政村、自然村以及分散农户新建、扩建和改建的生活污水（包括居民厕所、盥洗和厨房排水等）处理设施的设计、施工和验收，不适用于专业养殖户、农产品加工、工业园区及乡镇企业等生产污水处理设施。

内容属性：村庄、污水处理、设施技术。

［CZG7］7.3.3.2《户式中央空调工程技术规程》

内容属性：户式、中央空调。

［CZG7］**7.3.4 专项施工**

［CZG7］7.3.4.1《工程网络计划技术规程》JGJ/T 121—99

本标准适用于工程建设的规划、设计、施工，以及在相关工作计划中，

计划子项目（以下简称工作项目或工作）和工作之间的逻辑关系及各工作的持续时间都肯定的情况下，进度计划的编制与控制管理，也适用于国民经济各部门生产、科研、技术开发、设备维修及其他工作中上述几点都肯定的进度计划的编制与控制管理。

内容属性：工程网络、计划技术。

［CZG7］7.3.4.2《气泡混合轻质土填筑工程技术规程》CJJ/T 177—2012

本标准适用于道路工程、建筑工程等领域的气泡混合轻质土的设计、施工及检验。

内容属性：气泡混合、轻质土、填筑工程。

［CZG7］7.3.4.3《静压桩施工技术规程》

内容属性：静压桩、施工技术。

［CZG7］7.3.4.4《悬挂式竖井施工规程》

内容属性：悬挂式、竖井施工。

［CZG7］7.3.4.5《地下建筑工程逆作法技术规程》JGJ 165—2010

本标准适用于新建、扩建的地下建筑工程。

内容属性：地下、建筑工程、逆作法技术。

［CZG7］7.3.4.6《钢-混凝土组合结构施工规范》

内容属性：钢—混凝土、组合结构、施工。

［CZG7］**7.3.5 防水**

［CZG7］7.3.5.1《住宅室内防水工程技术规范》JGJ 298—2013

本标准适用于新建和既有住宅室内防水工程的设计、施工和质量验收。

内容属性：住宅、室内防水、工程技术。

［CZG7］7.3.5.2《硬泡聚氨酯保温防水工程技术规范》GB 50404—2007

本标准适用于新建、改建、扩建的民用建筑、工业建筑及既有建筑改造的硬泡聚氨酯保温防水工程的设计、施工和质量验收。

内容属性：硬泡聚氨酯、保温防水、工程技术。

［CZG7］7.3.5.3《喷涂聚脲防水技术规程》

内容属性：喷涂聚脲、防水技术。

［CZG7］**7.3.6 混凝土砂浆**

［CZG7］7.3.6.1《混凝土质量控制标准》GB 50164—2011

本标准适用于建设工程的普通混凝土质量控制。

内容属性：混凝土、质量控制。

[CZG7] 7.3.6.2《早期推定混凝土强度试验方法标准》JGJ/T 15—2008

本标准适用于混凝土强度的早期推定、混凝土生产和施工中的强度控制以及混凝土配合比调整的辅助设计。

内容属性：早期推定、混凝土、强度试验方法。

[CZG7] 7.3.6.3《轻骨料混凝土技术规程》JGJ 51—2002

本标准适用于无机轻骨料混凝土及其制品的生产、质量控制和检验。热工、水工、桥涵和船舶等用途的轻骨料混凝土可按本标准执行，但还应遵守相关的专门技术标准的有关规定。

内容属性：轻骨料、混凝土、技术规程。

[CZG7] 7.3.6.4《普通混凝土用砂、石质量及检验方法标准》JGJ 52—2006

本标准适用于一般工业与民用建筑和构筑物中普通混凝土用砂、石的质量要求和检验。

内容属性：普通混凝土用砂、石、质量标准、检验方法。

[CZG7] 7.3.6.5《普通混凝土配合比设计规程》JGJ 55—2011

本标准适用于工业与民用建筑及一般构筑物所采用的普通混凝土配合比设计，除一些专业工程以及特殊构筑物的混凝土。

内容属性：普通混凝土、配合比、设计规程。

[CZG7] 7.3.6.6《混凝土用水标准》JGJ 63—2006

本标准适用于工业与民用建筑以及一般构筑物的混凝土搅拌和养护用水。

内容属性：混凝土、用水。

[CZG7] 7.3.6.7《清水混凝土应用技术规程》JGJ 169—2009

本标准适用于表面有清水混凝土外观效果要求的混凝土工程的设计、施工与质量验收。

内容属性：清水、混凝土、应用技术。

[CZG7] 7.3.6.8《掺合料在混凝土中应用技术规程》

内容属性：掺合料、混凝土、应用技术。

[CZG7] 7.3.6.9《海砂混凝土应用技术规范》JGJ 206—2010

本标准适用于建设工程中海砂混凝土的配合比设计、施工、质量检验和验收。

内容属性：海砂、混凝土、应用技术。

[CZG7] 7.3.6.10《混凝土再生骨料应用技术规程》

内容属性：混凝土、再生骨料、应用技术。

[CZG7] 7.3.6.11《磷渣混凝土应用技术规程》

内容属性：磷渣混凝土、应用技术。

[CZG7] 7.3.6.12《高强混凝土应用技术规程》JGJ/T 281—2012

本标准适用于高强度混凝土的原材料控制、性能要求、配合比设计、施工和质量检验。

内容属性：高强、混凝土、应用技术。

［CZG7］7.3.6.13《自密实混凝土应用技术规程》JGJ/T 283—2012

本标准适用于自密实混凝土工程和预制自密实混凝土构件的材料配合比设计、施工及验收。

内容属性：自密实、混凝土、应用技术。

［CZG7］7.3.6.14《高抛免振捣混凝土应用技术规程》JGJ/T 296—2013

本标准适用于采用高抛免振捣工艺，抛落高度在3～12m范围内的混凝土工程。

内容属性：高抛、免振捣、混凝土、应用技术。

［CZG7］7.3.6.15《混凝土外加剂应用技术规范》GB 50119—2013

本标准适用于普通减水剂、高效减水剂、引气剂、引气减水剂、缓凝剂、缓凝减水剂、缓凝高效减水剂、早强剂、早强减水剂、防冻剂、膨胀剂、泵送剂、防水剂及速凝剂等十四种外加剂在混凝土工程中的应用。

内容属性：混凝土、外加剂、应用技术。

［CZG7］7.3.6.16《抹灰砂浆技术规程》JGJ/T 220—2010

本标准适用于新建、改建、扩建和既有建筑的一般抹灰工程用砂浆的配合比设计、施工及质量验收。

内容属性：抹灰、砂浆。

［CZG7］7.3.6.17《预拌砂浆应用技术规程》JGJ/T 223—2010

本标准适用于水泥基砌筑砂浆、抹灰砂浆、地面砂浆、防水砂浆、界面砂浆和陶瓷砖粘结砂浆等预拌砂浆的施工与质量验收。

内容属性：预拌、砂浆、应用技术。

［CZG7］7.3.6.18《砌筑砂浆配合比设计规程》JGJ/T 98—2010

本标准适用于工业与民用建筑及一般构筑物中所采取的砌筑砂浆的配合比设计。

内容属性：砌筑砂浆、配合比设计。

［CZG7］7.3.7 检验检测

［CZG7］7.3.7.1《钢筋焊接接头试验方法标准》JGJ/T 27—2001

本标准适用于工业与民用建筑及一般构筑物的混凝土结构中的钢筋焊接接头的拉伸、剪切、弯曲、冲击和疲劳等试验。

内容属性：钢筋、焊接接头、试验方法。

［CZG7］7.3.7.2《建筑工程饰面砖粘结强度检验标准》JGJ 110—2008

本标准适用于建筑工程外墙饰面砖粘结强度的检验。

内容属性：建筑工程、饰面砖、粘结强度检验。

［CZG7］7.3.7.3《建筑门窗工程检测技术规程》JGJ/T 205—2010

本标准适用于新建、扩建和改建建筑门窗工程质量检测和既有建筑门窗性能检测，不适用于建筑门窗防火，防盗等特殊性能检测。

内容属性：建筑门窗、工程检测。

［CZG7］7.3.7.4《锚杆锚固质量无损检测技术规程》JGJ/T 182—2009

本标准适用于建筑工程全长粘结锚杆锚固质量的无损检测。

内容属性：锚杆、锚固质量、无损检测。

［CZG7］7.3.7.5《采暖通风与空气调节工程检测技术规程》JGJ/T 260—2011

本标准适用于采暖通风与空气调节工程中基本技术参数性能指标测试，以及采暖、通风、空调、洁净、恒温恒湿工程的试验试运行及调试的检测。

内容属性：采暖通风、空气调节、检测技术。

[CZG7] 7.3.7.6《围护结构传热系数现场检测技术规程》

内容属性：围护结构、传热系数、现场检测。

[CZG7] 7.3.7.7《建筑防水工程现场检测技术规范》JGJ/T 299—2013

本标准适用于新建、改建、扩建既有建筑防水工程的现场检测。

内容属性：建筑、防水工程、现场检测。

[CZG7] 7.3.7.8《红外热像法检测建筑外墙饰面粘结质量技术规程》JGJ/T 277—2012

本标准适用于建筑物外墙采用满粘法施工的饰面层粘贴质量检测，不适用于点粘法施工的饰面层、采用不同颜色瓷砖或涂料的饰面层、表面有较大凹凸装饰的饰面层、采用外墙保温体系的饰面层。

内容属性：红外热像法、检测、建筑外墙饰面、粘结质量。

[CZG7] 7.3.7.9《钻芯法检测砌体抗剪强度及砌筑砂浆强度技术规程》

内容属性：钻芯法、检测、砌体抗剪强度、砌筑砂浆强度。

[CZG7] 7.3.7.10《雷达法检测混凝土结构技术规程》

内容属性：雷达法、检测、混凝土结构。

[CZG7] 7.3.7.11《直拔法检测混凝土抗压强度技术规程》

内容属性：直拔法、检测、混凝土、抗压强度。

[CZG7] 7.3.7.12《钻芯法检测混凝土强度技术规程》

内容属性：钻芯法、检测、混凝土强度。

[CZG7] 7.3.7.13《建筑变形测量规范》JGJ/T 8—2007

本标准适用于工业与民用建筑的地基、基础、上部结构及场地的沉降测量、位移测量和特殊变形测量。

内容属性：建筑、变形、测量。

[CZG7] 7.3.7.14《建筑热反射涂料节能检测标准》

内容属性：建筑、热反射涂料、节能检测。

[CZG7] 7.3.8 单项验收

[CZG7] 7.3.8.1《建筑物防雷工程施工与质量验收规范》GB 50601—2010

本标准适用于新建、改建和扩建建筑物防雷工程的施工与质量验收。

内容属性：建筑物、防雷工程、施工与质量。

[CZG7] 7.3.8.2《外墙饰面砖工程施工及验收规程》JGJ 126—2000

本标准适用于采用陶瓷砖，玻璃马赛克等材料作为外墙饰面材料，并采用满粘法施工的外墙饰面砖工程的设计、施工及验收。

内容属性：外墙、饰面砖、工程施工、验收。

[CZG7] 7.3.8.3《钢筋焊接及验收规程》JGJ 18—2012

本标准适用于一般工业与民用建筑工程混凝土加工中的钢筋焊接施工及质量检验与验收。适用的焊接方法包括钢筋电阻点焊、闪光对焊、箍筋闪光对焊、电阻焊、电渣压力焊、气压焊和预埋件 T 型接头钢筋埋弧压力焊、埋弧螺柱焊等方法。

内容属性：钢筋、焊接、验收。

［CZG7］7.3.8.4《屋面工程质量验收规范》GB 50207—2012

本标准适用于房屋建筑屋面工程的质量验收。

内容属性：屋面、工程质量、验收。

［CZG7］7.3.8.5《建筑防腐蚀工程质量检验评定标准》GB 50224—2010

本标准适用于新建、改建、扩建的建筑物和构筑物防腐蚀工程施工质量的验收。

内容属性：建筑、防腐蚀、工程质量、检验评定。

［CZG7］7.3.8.6《铝合金结构工程施工质量验收规范》GB 50576—2010

本标准适用于建筑工程的框架结构、空间网络结构、面板以及幕墙等铝合金结构工程施工质量的验收。

内容属性：铝合金、结构工程、施工质量。

［CZG7］7.3.8.7《钢管混凝土施工质量验收规范》GB 50628—2010

本标准适用于建设工程钢管混凝土工程施工质量的验收。

内容属性：钢管、混凝土、施工、质量验收。

［CZG7］7.3.8.8《住宅室内装饰装修工程质量验收规范》JGJ/T 304—2013

内容属性：住宅、室内装饰装修、工程质量。

［CZG7］7.3.8.9《建筑隔震施工与验收规范》

内容属性：建筑、隔震施工。

［CZG7］7.3.8.10《建筑涂饰工程施工及验收规程》

内容属性：建筑、涂饰、工程施工。

［CZG7］7.3.9 鉴定维护与修缮加固

［CZG7］7.3.9.1《古建筑结构维护与加固技术规范》GB 50165—92

本标准适用于古建筑木结构及其相关工程的检查维护与加固。

内容属性：古建筑、结构、维护与加固。

［CZG7］7.3.9.2《古建筑修建工程质量检验评定标准》CJJ 39—91、CJJ 70—96

本标准适用于古建筑木结构及其相关工程的检查维护与加固。

内容属性：古建筑、修建工程、质量检验。

［CZG7］7.3.9.3《房屋渗漏修缮技术规程》JGJ/T 53—2011

本标准适用于屋面、墙体、厕浴间及地下室渗漏修缮工程。

内容属性：房屋、渗漏修缮。

［CZG7］7.3.9.4《历史建筑修缮技术规范》

内容属性：历史建筑、修缮技术。

［CZG7］7.3.9.5《村镇建筑抗震鉴定与加固技术规程》

内容属性：村镇建筑、抗震鉴定、加固技术。

［CZG7］7.3.9.6《村镇危险房屋鉴定标准》

内容属性：村镇、危险房屋、鉴定。

［CZG7］7.3.9.7《建筑震后应急评估与修复技术规程》

内容属性：建筑、震后应急、修复技术。

［CZG7］7.3.9.8《村镇建筑抗洪鉴定与加固规程》

内容属性：村镇建筑、抗洪鉴定、加固规程。

[CZG7] 7.3.9.9《村镇建筑抗风鉴定与加固规程》

内容属性：村镇建筑、抗风鉴定、加固。

[CZG7] 7.3.10 施工安全

[CZG7] 7.3.10.1《建筑施工重大安全隐患防治安全规程》

内容属性：建筑施工、重大安全、隐患防治。

[CZG7] 7.3.10.2《建筑施工土石方工程安全技术规范》JGJ/T 180—2009

本标准适用于工业与民用建筑及一般构筑物土石方工程施工时的安全生产作业。

内容属性：建筑施工、土石方工程、安全技术。

[CZG7] 7.3.10.3《建筑施工起重吊装工程安全技术规范》JGJ 276—2012

本标准适用于工业与民用建筑施工中的起重吊装作业。

内容属性：建筑施工、起重吊装工程、安全。

[CZG7] 7.3.10.4《建筑拆除工程安全技术规范》JGJ 147—2004

本标准适用于工业与民用建筑、构筑物、市政基础设施、地下工程、房屋附属结构设施拆除的施工安全及管理。

内容属性：建筑、拆除工程、安全。

[CZG7] 7.3.10.5《建筑施工深基坑工程安全技术规范》JGJ 311—2013

本标准适用于建筑深基坑工程的现场勘察与环境调查、设计、施工、风险分析及基坑工程安全监测、基坑的安全使用与维护管理。

内容属性：建筑施工、深基坑工程、安全技术。

[CZG7] 7.3.10.6《湿陷性黄土地区建筑基坑工程安全技术规程》JGJ 167—2009

本标准适用于湿陷性黄土地区建筑基坑工程的勘察、设计、施工、检测、监测与安全技术管理。

内容属性：湿陷性、黄土地区、建筑基坑工程、安全技术。

[CZG7] 7.3.10.7《建筑施工软土地基开挖及支护安全技术规范》

内容属性：建筑施工、软土地基、开挖及支护、安全技术。

[CZG7] 7.3.10.8《建筑施工焊接工程安全技术规范》

内容属性：建筑施工、焊接工程、安全技术。

[CZG7] 7.3.10.9《建筑施工钢结构工程安全技术规范》

内容属性：建筑施工、钢结构工程、安全技术。

[CZG7] 7.3.10.10《桥梁拆除工程安全技术规范》

内容属性：桥梁、拆除工程、安全技术。

[CZG7] 7.3.10.11《建筑施工门式钢管脚手架安全技术规程》JGJ 128—2010

本标准适用于工业与民用建筑施工中采用的落地（底撑）门式钢管脚手架的设计、施工和使用。其他用途（烟囱、水塔等一般构筑物）的门式钢管脚手架可按照本标准的原则进行。

内容属性：建筑施工、门式钢管、脚手架。

[CZG7] 7.3.10.12《建筑施工扣件式钢管脚手架安全技术规范》JGJ 130—2011

本标准适用于房屋建筑工程和市政工程等施工用落地式单、双排扣件式钢管脚手架、满堂扣件式钢管脚手架、型钢悬挑扣件式钢管脚手架、满堂扣件式钢管支撑架的设计、施工及验收。

内容属性：建筑施工、扣件式、钢管、脚手架。

［CZG7］7.3.10.13《建筑施工碗扣式钢管脚手架安全技术规范》JGJ 166—2008

本标准适用于工业与民用建筑工程施工中碗扣式钢管脚手架及模板支撑架的设计、施工和使用。其他用途如：烟囱、水塔等一般构筑物以及道路、桥梁、水坝等工程可按照本标准的原则执行。

内容属性：建筑施工、碗扣式、钢管、脚手架。

［CZG7］7.3.10.14《建筑施工木脚手架安全技术规范》JGJ 164—2008

本标准适用于工业与民用建筑一般多层房屋和构筑物施工用落地式的单、双排木脚手架的设计、施工、拆除和管理。

内容属性：建筑施工、木脚手架、安全技术。

［CZG7］7.3.10.15《建筑施工竹脚手架安全技术规范》JGJ 254—2011

本标准适用于工业与民用建筑施工中竹脚手架的搭设和使用。以竹竿为主要材料，采用竹篾、铁丝和塑料篾绑扎的竹脚手架搭设，禁止杆件钢竹、木竹混用。

内容属性：建筑施工、竹脚手架、安全技术。

［CZG7］7.3.10.16《建筑施工工具式脚手架安全技术规范》JGJ 202—2010

本标准适用于建筑施工中的工具式脚手架，包括附着式升降脚手架、高空作业吊篮、外挂防护架的设计、制作、安装、拆除、使用及安全管理。

内容属性：建筑施工、工具式、脚手架。

［CZG7］7.3.10.17《液压升降整体脚手架安全技术规程》JGJ 183—2009

本标准适用于在高度小于210m的高层、超高层建筑物或高耸构筑物上使用、不携带施工外模板升降的附着升降脚手架。对使用高度超过210m的或携带施工外模板提升的附着升降脚手架，应对风荷载取值、架体构造等方面进行专门的加强设计。

内容属性：全自动、液压升降、整体脚手架、安全技术。

［CZG7］7.3.10.18《建筑施工承插型盘扣钢管支架安全技术规程》JGJ 231—2010

本标准适用于工业与民用建筑工程、市政和桥梁工程以及烟囱、水塔、筒仓等一般建筑物工程施工中采用承插型盘扣式钢管支架的设计与施工。搭建临时舞台、看台工程和灯光架、广告架等工程采用承插式钢管支架的设计与施工，亦可按照本标准的原则执行。

内容属性：建筑施工、承插型、盘扣钢管支架。

［CZG7］7.3.10.19《建筑施工临时支撑结构技术规范》JGJ 300—2013

本标准适用于建筑施工中用钢管脚手架搭设的建筑施工临时支撑价格的设计、施工与监测。

内容属性：建筑施工、临时支撑、结构技术。

［CZG7］7.3.10.20《建筑施工模板安全技术规范》JGJ 162—2008

本标准适用于建筑施工中现浇混凝土工程模板体系的设计、制作、安装和拆除。

内容属性：建筑施工、模板、安全技术。

［CZG7］7.3.10.21《组合钢模板技术规范》GB 50214—2001

本标准适用于工业与民用建筑及一般构筑物的现浇混凝土工程和预制混凝土构件所用

的组合钢模板的设计制作施工和技术管理。

内容属性：组合钢模板、技术管理。

[CZG7] 7.3.10.22《建筑工程大模板技术规程》JGJ 74—2003

本标准适用于多层和高层建筑及一般构筑物竖向结构现浇混凝土工程在模板的设计、制作与施工。

内容属性：建筑工程、大模板技术。

[CZG7] 7.3.10.23《组装式桁架模板支撑应用技术规程》

内容属性：组装式、桁架模板、支撑应用技术。

[CZG7] 7.3.10.24《租赁模板脚手架维修保养技术规范》GB 50829—2013

本标准适用于全钢大模板及配套模板、组合钢模板、钢框胶合模板、扣件式钢管脚手架、碗扣式钢管脚手架、门式钢管脚手架、承插型盘扣式钢管脚手架构件的维护、维修、保养和检验。

内容属性：租赁、模板脚手架、维修保养技术。

[CZG7] 7.3.10.25《组合铝合金模板工程技术规程》

内容属性：组合、铝合金、模板工程。

[CZG7] 7.3.10.26《建筑塑料复合模板工程技术规程》

内容属性：建筑塑料、复合模板、工程技术。

[CZG7] 7.3.10.27《钢框胶合板模板施工质量验收规程》

内容属性：钢框、胶合板模板、施工质量。

[CZG7] 7.3.10.28《建筑边坡工程鉴定与加固技术规范》GB 50843—2013

本标准适用于既有建筑、市政工程的边坡工程、岩石基坑工程以及工程滑坡的鉴定和加固。软土、湿陷性黄土、冻土及膨胀土等特殊性岩土和侵蚀性环境以及地震区、灾后的边坡工程的鉴定和加固，尚应符合国家现行有关标准的规定。

内容属性：建筑、边坡工程、鉴定与加固技术。

[CZG7] 7.3.10.29《龙门架及井架物料提升机安全技术规范》JGJ 88—2010

本标准适用于建筑工程和市政工程所使用的以卷扬机或曳引机为动力、吊笼沿导轨垂直运行的物料提升机的设计、制作、安装、拆除及使用，不适用于电梯、矿井提升机及升降平台。

内容属性：龙门架、井架物料提升机、安全技术。

[CZG7] 7.3.10.30《建筑施工升降机安装拆除使用安全技术规程》JGJ 215—2010

本标准适用于房屋建筑工程、市政工程所用的齿轮齿条式、钢丝绳式人货两用施工升降机，不适用于电梯、矿井提升机、升降平台。

内容属性：建筑施工、升降机、安装拆除、使用安全。

[CZG7] 7.3.10.31《建筑施工塔式起重机安装拆除安全技术规程》JGJ 196—2010

本标准适用于房屋建筑工程、市政工程所用塔式起重机的安装、使用和拆卸。

内容属性：建筑施工、塔式起重机、安装拆除、安全技术。

[CZG7] 7.3.10.32《塔式起重机安全监控系统应用技术规程》

内容属性：塔式起重机、安全监控系统、应用技术。

[CZG7] 7.3.10.33《大型塔式起重机混凝土基础工程技术规程》JGJT 301—2013

本标准适用于建筑工程施工过程中的塔机混凝土基础工程的设计及施工。

内容属性：大型、塔式起重机、混凝土、基础工程。

［CZG7］7.3.10.34《桩工机械安装拆除使用安全技术规程》

内容属性：桩工机械、安装拆除、使用安全。

［CZG7］7.3.10.35《塔式起重机限位保险装置使用安全技术规程》

内容属性：塔式起重机、限位保险装置、使用安全。

［CZG7］7.3.10.36《施工现场机械设备检查技术规程》JGJ 160—2008

本标准适用于新建、改建和扩建的工业与民用建筑及市政基础设施施工现场使用的机械设备检查。

内容属性：施工现场、机械设备、检查技术。

［CZG7］7.3.10.37《建筑起重机械安全评估技术规程》JGJ/T 189—2009

本标准适用于建设工程使用的塔式起重机、施工升降机的安全评估。

内容属性：建筑、起重机械、安全评估技术。

［CZG7］7.3.10.38《建筑施工升降设备设施检验标准》JGJ 305—2013

本标准适用于建筑施工中使用的附着式升降脚手架、高处作业吊篮、龙门架及井架物料提升机、施工升降机、塔式起重机等升降设备设施的安装、使用检验。

内容属性：建筑施工、升降设备设施、检验。

［CZG7］7.3.10.39《施工现场临时用电安全技术规范》JGJ 46—2005

本标准适用于新建、改建和扩建的工业与民用建筑和市政基础设施施工现场临时用电工程中的电源中性点直接接地的 220/380V 三相四线制低压电力系统的设计、安装、使用、维修和拆除。

内容属性：施工现场、临时用电、安全技术。

［CZG7］7.3.10.40《建设工程施工现场供用电安全规范》GB 50194—2014

本标准适用于一般工业与民用建设工程电压在 10kV 及以下的施工现场供用电设施的设计施工运行及维护，但不适用于水下井下和矿井等特殊工程。

内容属性：建设工程、施工现场、供电安全。

［CZG7］7.3.10.41《建设工程施工现场消防安全技术规范》GB 50720—2011

本标准适用于新建、改建和扩建等各类建设工程施工现场的防火。

内容属性：建设工程、施工现场、消防安全。

［CZG7］7.3.10.42《建筑施工作业劳动防护用品配备及使用标准》JGJ/T 184—2009

本标准适用于建筑施工企业和建筑工程施工现场作业的劳动防护用品的配备，使用及管理。

内容属性：建筑施工、作业、劳动防护、用品配备及使用。

［CZG7］7.3.10.43《建筑工程施工现场标志设置技术规程》

内容属性：建筑工程、施工现场、标志设置技术。

第 10 章　村镇建筑信息化分支标准体系

10.1　综述

10.1.1　现行标准关键技术的适用性

国家村镇建设信息化标准体系研究是在国际或国内信息技术的标准规范的基础上，结合村镇建设信息化的需求，研制适合我国村镇建设领域需要的信息技术标准规范，使其形成一个较为系统完整的标准体系。

从"十五"开始，在国家信息化浪潮的推动下，以"数字城市"、"智慧城市"为标志的城市信息化建设在全国各城市全面展开。城市信息化既是国家信息化的重要组成部分，也是城市发展的新主题和新动力。"数字城市"、"智慧城市"建设有力地推动了城市信息化向深度和广度发展，从全局上促进社会和经济的可持续发展。在"数字城市"、"智慧城市"建设过程中，信息化有关标准的制订和贯标培训等起到了良好的推动作用。例如，由住房和城乡建设部组织编制的《城市市政综合监管信息系统》系列 7 个标准包含了"数字城管"从建设、运行到验收、绩效评价等多个环节的内容，充分体现了数字化城市管理新模式的"高位监督"的基本原则、"监管分离"的基本原理和强化考核评价的根本要求，在制度上保证了体制机制的可操作性，有效地防止"伪数字城管"的出现，从而使"数字城管"在全国 300 多个城市的推广应用中规范、有序地开展，通过信息技术与新管理模式的结合，促使城市管理变粗放型管理为精细化管理，变多头管理为统一管理，大大提升了城市管理的效率和效果，提高了城管部门的执法形象，促进了社会的和谐。

党的十六届五中全会在提到建设社会主义新农村的重大历史任务时，提出了"生产发展、生活宽裕、乡风文明、村容整洁、管理民主"等"美丽乡村"的具体要求。立足于"智慧城市"建设的研究成果和实践经验，信息化工作将在"美丽乡村"建设中发挥重要的作用。但由于我国农村地区地域广阔，地理条件、经济发展程度差异性很大，信息化基础设施条件、人员素质等相比城市差距很大，农村地区的管理对象、管理方式、运营模式等与城市也有很大的差异，因此，村镇信息化建设与"数字城市"、"智慧城市"建设有十分明显的不同，不能简单照搬照抄，需要认真研究制订适合村镇特点的信息化标准体系。

具体落实到住房和城乡建设领域，国家村镇建设工程标准体系之信息化标准体系将主要包括：村镇规划、村镇建设工程与建筑业、村镇住宅与房地产、村镇基础设施、村镇建筑监测管理以及村镇建设信息综合应用等多方面的基础标准、通用标准和专用标准。在信息化标准体系具体研究制订过程中，需要认真做好国内外同类或相关标准的具体内容，尤其是做好与城市同类或相关标准的对比研究，吸收信息化建设和行政管理当中好的、共性的内容，针对不适合农村地区村镇建设信息化应用的方面，要做有针对性的分析、设计和编制。同时在标准编制完成后，在审核发布过程中要切实做好村镇规划、房屋建筑、基础设施信息化标准中关键性技术的适用性评价，剔除不适用的部分，并完善修改，使标准更贴近实际，能有效指导村镇信息化建设。

10.1.2　信息化标准体系层级划分及框架建立

村镇建设工程标准体系中的信息化标准体系（以下称为"村镇建设信息化标准体系"）研究是指围绕我国村镇建设领域信息化所涉及的新技术应用、数据库建立和信息系统建设、运行与管理而开展的一系列标准化工作。国家村镇建设信息化标准体系的研究与建立对于提升村镇规划、建设、管理的信息化管理水平与效率、促进村镇建设信息共享、保障信息安全具有十分重要意义。

信息化标准体系如果按专业层面划分或是按信息技术的应用范畴划分，得出的标准体系架构具有不同的特点，本次国家村镇建设信息化标准体系研究综合考虑了这两方面的特点来划分和建立标准体系。

在纵向上，国家村镇建设信息化标准体系分为基础标准、通用标准、专用标准三个层次：（1）基础标准规定村镇建设领域信息技术应用的基本表达方式；（2）通用标准规定村镇建设领域各专业层面应用信息技术普遍适用的技术要求；（3）专用标准反映村镇建设领域各专业层面对应用信息技术的特有需求及相关的技术要求。

在横向上，国家村镇建设信息化标准体系分为术语标准、信息描述标准、信息共享交换标准、数据基本标准、管理标准、标准规范框架六个层次的基础标准，以及村镇规划信息化、村镇建设工程与建筑业信息化、村镇住宅与房地产信息化、村镇基础设施信息化、村镇建筑监测管理信息化、信息技术综合应用六个专业层面的通用与专用标准。

1. 国家村镇建设信息化标准体系中的基础标准包括下面六个层次：

（1）术语标准规定了村镇建设领域信息技术应用的专业术语标准；

（2）信息描述标准规定了村镇建设领域数据、分类及代码描述格式的标准；

（3）信息共享交换标准规定了村镇建设领域数据共享与交换相关的标准；

（4）数据基本标准规定了村镇建设领域信息技术应用的各类成果资料文件、图形、表格等多类数据的标准；

（5）管理标准规定了村镇建设领域各级单位信息技术应用监督管理层面的标准；

（6）标准规范框架规定了村镇信息化标准方面顶层设计，包括标准框架、标准目录体系等。

2. 国家村镇建设信息化标准体系中的通用与专用标准包括六个方面，分别是：

（1）村镇规划信息化标准规定了村庄规划、村庄设计等层面的通用及专用标准；

（2）村镇建设工程与建筑业信息化标准规定了村镇建设工程项目、建筑设计、建筑施工质量与安全等层面的通用及专用标准；

（3）村镇住宅与房地产信息化标准规定了村镇危房改造及房地产项目等层面的通用及专用标准；

（4）村镇基础设施信息化标准规定了村镇供水、排水、垃圾处理、燃气、照明、地下管线等层面的通用及专用标准；

（5）村镇建筑监测管理信息化标准规定了村镇特色建筑（如历史文化名村名镇保护信息化、古建筑修缮信息化等）监测管理层面的通用及专用标准；

（6）信息技术综合应用标准规定了涉及多专业层面或不便分类的标准。

以上这些共同构成了国家村镇建设工程标准体系中的信息化标准体系的框架。

10.2 村镇建筑信息化分支标准体系框图

分支标准体系框图如图 2-10-1 所示。

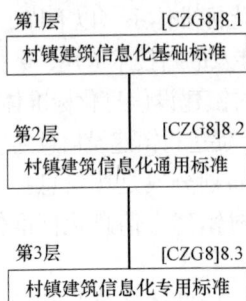

图 2-10-1 分支标准体系框图

分支标准体系细化分类框图如图 2-10-2 所示。

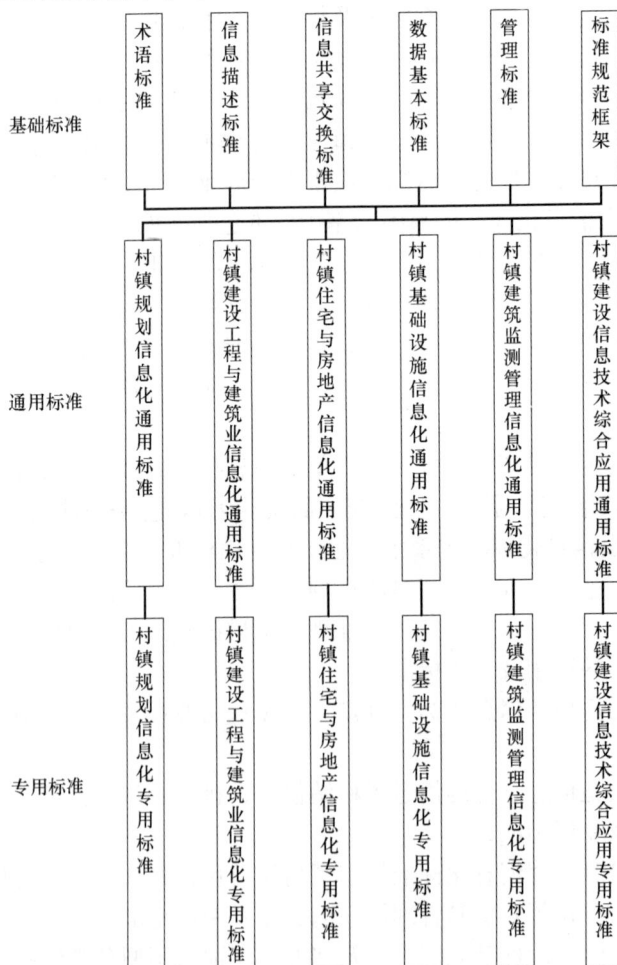

图 2-10-2 分支标准体系细化分类框图

10.3 村镇建筑信息化分支标准体系表

村镇建筑信息化分支标准体系表

表 2-10-1

序号	体系分类编码	标准编码	标准项目名称	现行标准编号	标准状态	主题特征
[CZG8]8.1 基础标准						
[CZG8]8.1.1 术语标准						
1	[CZG8]8.1.1	[CZG8]8.1.1.1	村镇建设领域信息技术应用基本术语标准		待编	村镇建设,信息技术,术语
[CZG8]8.1.2 信息分类编码标准						
2	[CZG8]8.1.2	[CZG8]8.1.2.1	村镇建设领域信息分类编码规则及基础信息分类编码标准		待编	村镇建设,信息,分类编码
[CZG8]8.1.3 信息交换标准						
3	[CZG8]8.1.3	[CZG8]8.1.3.1	村镇建设领域信息交换技术标准		待编	村镇建设,信息交换,数据格式
4	[CZG8]8.1.3	[CZG8]8.1.3.2	村镇建设领域信息元数据标准		待编	村镇建设,元数据
[CZG8]8.1.4 数据基本标准						
5	[CZG8]8.1.4	[CZG8]8.1.4.1	村镇建设领域基础信息数据标准		待编	村镇建设,基础信息
[CZG8]8.1.5 管理标准						
6	[CZG8]8.1.5	[CZG8]8.1.5.1	村镇建设领域信息化管理标准		待编	村镇建设,信息化管理
7	[CZG8]8.1.5	[CZG8]8.1.5.2	村镇建设领域信息化监督考核标准		待编	村镇建设,信息化,监督考核
[CZG8]8.1.6 标准规范框架						
8	[CZG8]8.1.6	[CZG8]8.1.6.1	村镇信息化标准体系框架		制订中	村镇建设,标准体系,框架
9	[CZG8]8.1.6	[CZG8]8.1.6.2	村镇建设领域信息资源目录体系		待编	村镇建设,信息资源,目录体系
10	[CZG8]8.1.6	[CZG8]8.1.6.3	村镇建设领域信息资源目录规范		待编	村镇建设领域,信息资源,目录
11	[CZG8]8.1.6	[CZG8]8.1.6.4	村镇建设领域信息资源编目指南		待编	村镇建设,信息资源,编目,指南
[CZG8]8.2 通用标准						
[CZG8]8.2.1 村镇规划信息化通用标准						

续表

序号	体系分类编码	标准编码	标准项目名称	现行标准编号	标准状态	主题特征
12	[CZG8]8.2.1	[CZG8]8.2.1.1	村镇用地分类代码与制图标准		待编	村镇规划,用地,分类,制图
13	[CZG8]8.2.1	[CZG8]8.2.1.2	村镇规划编制成果分类及制图标准		待编	村镇规划,编制成果,分类,制图
14	[CZG8]8.2.1	[CZG8]8.2.1.3	村镇规划综合数据建库技术规定		待编	村镇规划,数据建库
15	[CZG8]8.2.1	[CZG8]8.2.1.4	村镇规划管理业务信息化模型标准		待编	村镇规划,管理,业务,模型
16	[CZG8]8.2.1	[CZG8]8.2.1.5	村镇规划管理信息系统技术规范		待编	村镇规划,管理,信息系统
17	[CZG8]8.2.1	[CZG8]8.2.1.6	村镇规划监督管理信息系统技术规范		待编	村镇规划,监督,管理,信息系统
	[CZG8]8.2.2 村镇建设工程与建筑业信息化通用标准					
18	[CZG8]8.2.2	[CZG8]8.2.2.1	村镇建设工程项目信息模型标准		待编	村镇建设,工程项目,信息模型
19	[CZG8]8.2.2	[CZG8]8.2.2.2	村镇建设工程项目管理综合数据建库技术规定		待编	村镇建设,工程项目,数据建库
20	[CZG8]8.2.2	[CZG8]8.2.2.3	村镇建设工程项目管理信息系统技术规范		待编	村镇建设,工程项目管理,信息系统
	[CZG8]8.2.3 村镇住宅与房地产信息化通用标准					
21	[CZG8]8.2.3	[CZG8]8.2.3.1	房屋代码编码标准	JGJ/T 246—2012	现行	村镇房屋管理,编码规则
22	[CZG8]8.2.3	[CZG8]8.2.3.2	村镇房地产综合数据建库技术规定		待编	村镇房屋,数据建库
23	[CZG8]8.2.3	[CZG8]8.2.3.3	村镇房地产管理信息系统技术规范		待编	村镇房地产,管理,信息系统
24	[CZG8]8.2.3	[CZG8]8.2.3.4	村镇房地产档案管理信息系统技术规范		待编	村镇房地产,档案管理,信息系统
	[CZG8]8.2.4 村镇基础设施信息化通用标准					
25	[CZG8]8.2.4	[CZG8]8.2.4.1	村镇基础设施信息分类代码与制图标准		待编	村镇基础设施,分类,制图
26	[CZG8]8.2.4	[CZG8]8.2.4.2	村镇基础设施综合数据建库技术规定		待编	村镇基础设施,数据建库
27	[CZG8]8.2.4	[CZG8]8.2.4.3	村镇基础设施管理信息系统技术规范		待编	村镇建设,基础设施管理,信息系统

序号	体系分类编码	标准编码	标准项目名称	现行标准编号	标准状态	主题特征
[CZG8]8.2.5 村镇建筑监测管理信息化通用标准						
28	[CZG8]8.2.5	[CZG8]8.2.5.1	村镇建筑监测管理信息代码编码标准		待编	村镇,建筑监测,信息代码,编码
29	[CZG8]8.2.5	[CZG8]8.2.5.2	村镇建筑监测数据库技术规定		待编	村镇,建筑监测,数据库
30	[CZG8]8.2.5	[CZG8]8.2.5.3	村镇建筑监测管理信息系统技术规范		待编	村镇,建筑监测,信息系统
[CZG8]8.2.6 村镇建设信息技术综合应用通用标准						
31	[CZG8]8.2.6	[CZG8]8.2.6.1	村镇地理空间框架数据标准		待编	村镇信息化,地理空间信息,框架数据,公共数据
32	[CZG8]8.2.6	[CZG8]8.2.6.2	村镇基础地理信息系统技术规范		待编	村镇,基础地理信息,信息系统
33	[CZG8]8.2.6	[CZG8]8.2.6.3	村镇建设电子档案元数据标准		待编	村镇建设,电子档案,元数据
34	[CZG8]8.2.6	[CZG8]8.2.6.4	城市三维建模技术规范	CJJ/T 157—2010	现行	村镇,三维模型
35	[CZG8]8.2.6	[CZG8]8.2.6.5	村镇建设领域应用软件测评通用规范		待编	村镇建设,应用软件,测评
[CZG8]8.3 专用标准						
[CZG8]8.3.1 村镇规划信息化专用标准						
36	[CZG8]8.3.1	[CZG8]8.3.1.1	村镇规划用地遥感分类与制图规范		待编	村镇规划,用地,遥感,制图
37	[CZG8]8.3.1	[CZG8]8.3.1.2	村镇规划信息化数据标准—成果提交部分		待编	村镇规划,信息化,成果提交
38	[CZG8]8.3.1	[CZG8]8.3.1.3	村镇规划信息化数据标准—制图部分		待编	村镇规划,信息化,制图
39	[CZG8]8.3.1	[CZG8]8.3.1.4	村镇规划信息化数据标准—数据库部分		待编	村镇规划,信息化,数据库
40	[CZG8]8.3.1	[CZG8]8.3.1.5	村镇规划信息化数据标准—分类与编码部分		待编	村镇规划,信息化,分类与编码
41	[CZG8]8.3.1	[CZG8]8.3.1.6	村镇规划信息化数据标准—质量控制部分		待编	村镇规划,信息化,质量控制
42	[CZG8]8.3.1	[CZG8]8.3.1.7	村镇规划信息化数据标准—数据更新部分		待编	村镇规划,信息化,数据更新
[CZG8]8.3.2 村镇建设工程与建筑业信息化专用标准						
43	[CZG8]8.3.2	[CZG8]8.3.2.1	村镇园林绿化管理信息系统技术规范		待编	村镇,园林绿化,管理,信息系统

序号	体系分类编码	标准编码	标准项目名称	现行标准编号	标准状态	主题特征
44	[CZG8]8.3.2	[CZG8]8.3.2.2	村镇旅游管理信息系统技术规范		待编	村镇,特色旅游,信息系统
45	[CZG8]8.3.2	[CZG8]8.3.2.3	智能建筑工程施工规范	GB 50606—2010	现行	智能,建筑工程,施工
46	[CZG8]8.3.2	[CZG8]8.3.2.4	建筑施工企业管理基础数据规范	JGJ/T 204—2010	现行	建筑施工企业,管理,基础数据
[CZG8]8.3.3 村镇住宅与房地产信息化专用标准						
47	[CZG8]8.3.3	[CZG8]8.3.3.1	传统村落、传统民居数据建库技术规定		待编	传统村落,传统民居,数据建库
48	[CZG8]8.3.3	[CZG8]8.3.3.2	农村危房改造农户档案管理信息系统技术规范		待编	农村危房改造,档案管理,信息系统
49	[CZG8]8.3.3	[CZG8]8.3.3.3	村镇房屋权属信息查询系统技术规范		待编	村镇房屋权属,信息查询,信息系统
[CZG8]8.3.4 村镇基础设施信息化专用标准						
50	[CZG8]8.3.4	[CZG8]8.3.4.1	村镇供水管理信息系统技术规范		待编	村镇,供水管理,信息系统
51	[CZG8]8.3.4	[CZG8]8.3.4.2	村镇环境卫生管理信息系统技术规范		待编	村镇,环境卫生,信息系统
52	[CZG8]8.3.4	[CZG8]8.3.4.3	村镇排污水管理信息系统技术规范		待编	村镇,污水管理,排水管理,信息系统
53	[CZG8]8.3.4	[CZG8]8.3.4.4	村镇路灯管理信息系统技术规范		待编	村镇,路灯管理,信息系统
54	[CZG8]8.3.4	[CZG8]8.3.4.5	村镇综合管线管理信息系统技术规范		待编	村镇,综合管线,信息系统
55	[CZG8]8.3.4	[CZG8]8.3.4.6	村镇道路桥梁管理信息系统技术规范		待编	村镇,道路桥梁,信息系统
[CZG8]8.3.5 村镇建筑监测管理信息化专用标准						
56	[CZG8]8.3.5	[CZG8]8.3.5.1	历史文化名村、名镇监测管理系统技术规范		待编	历史文化名村,名镇,监测管理系统
57	[CZG8]8.3.5	[CZG8]8.3.5.2	村镇古建筑修缮监测管理系统技术规范		待编	村镇,古建筑,修缮,监测管理系统
[CZG8]8.3.6 村镇建设信息技术综合应用专用标准						
58	[CZG8]8.3.6	[CZG8]8.3.6.1	村镇建设信息系统技术规范		制订中	村镇建设,信息系统

序号	体系分类编码	标准编码	标准项目名称	现行标准编号	标准状态	主题特征
59	［CZG8］8.3.6	［CZG8］8.3.6.2	数字化农村社区管理与服务技术标准		待编	农村社区，数字化，管理，服务
60	［CZG8］8.3.6	［CZG8］8.3.6.3	数据中心基础设施施工及验收规范	GB 50462—2015	现行	数据中心，基础设施，施工，验收

10.4　村镇建筑信息化分支标准体系项目说明

［CZG8］8.1 基础标准

［CZG8］8.1.1 术语标准

［CZG8］8.1.1.1《村镇建设领域信息技术应用基本术语标准》

本标准适用于村镇建设领域信息技术应用。

主要技术内容包括：规定村镇建设领域信息技术应用基本术语的中文名称、对应的英文名称以及定义或解释等。

主题特征：村镇建设、信息技术、术语。

［CZG8］8.1.2 信息分类编码标准

［CZG8］8.1.2.1《村镇建设领域信息分类编码规则及基础信息分类编码标准》

本标准适用于村镇建设领域信息共享与应用。

主要技术内容包括：规定村镇建设领域各种信息分类的基本原则与模式、信息分类编码的结构及规则，并基于这些规定制定村镇建设领域有关基础信息的分类及其编码等。

主题特征：村镇建设、信息、分类编码。

［CZG8］8.1.3 信息交换标准

［CZG8］8.1.3.1《村镇建设领域信息交换技术标准》

本标准适用于村镇建设领域信息交换与应用。

主要技术内容包括：规定村镇建设领域信息交换的模式及基本技术要求等。

主题特征：村镇建设、信息交换、数据格式。

［CZG8］8.1.3.2《村镇建设领域信息元数据标准》

本标准适用于村镇建设领域信息元数据的建立和应用。

主要技术内容包括：规定村镇建设领域信息元数据的基本内容、扩展规则以及元数据的技术质量要求等。

主题特征：村镇建设、元数据。

［CZG8］8.1.4 数据基本标准

［CZG8］8.1.4.1《村镇建设领域基础信息数据标准》

本标准适用于村镇建设领域基础信息数据的存储和管理。

主要技术内容包括：规定村镇建设领域信息技术应用的各类成果资料文件、图形、表格等多类数据的分类、命名规则、存储格式、组织结构、数据保存与管理等方面的规定。

主题特征：村镇建设、基础信息。

［CZG8］8.1.5 管理标准

［CZG8］8.1.5.1《村镇建设领域信息化管理标准》

本标准适用于村镇建设领域信息化的管理与应用。

主要技术内容包括：规定村镇建设领域信息化管理的对象、实施管理的主体、职责、管理的工作内容、管理的基本制度规定等。

主题特征：村镇建设、信息化管理。

［CZG8］8.1.5.2《村镇建设领域信息化监督考核标准》

本标准适用于村镇建设领域各级单位信息技术应用的监督管理。

主要技术内容包括：规定村镇建设领域信息化建设监督考核的对象、考核的内容、依据、方法、频率以及考核结果的公布等方面的规定等。

主题特征：村镇建设、信息化、监督考核。

［CZG8］8.1.6 标准规范框架

［CZG8］8.1.6.1《村镇信息化标准体系框架》

本标准适用于村镇建设领域信息化标准方面的顶层设计。

主要技术内容包括：规定村镇建设领域信息化标准体系的构成、层次关系、各部分标准内容的说明等。

主题特征：村镇建设、标准体系、框架。

［CZG8］8.1.6.2《村镇建设领域信息资源目录体系》

本标准适用于村镇建设领域信息化标准方面的顶层设计。

主要技术内容包括：规定村镇建设领域信息资源的总体框架、层次关系、目录结构、分类与代码、内容说明等。

主题特征：村镇建设、信息资源、目录体系。

［CZG8］8.1.6.3《村镇建设领域信息资源目录规范》

本标准适用于村镇建设领域信息化标准方面的顶层设计。

主要技术内容包括：规定村镇建设领域信息资源的具体目录，涉及目录的层次结构、分级条目、条目分类与代码、条目内容说明等。

主题特征：村镇建设、信息资源、目录。

［CZG8］8.1.6.4《村镇建设领域信息资源编目指南》

本标准适用于村镇建设领域信息化标准方面的顶层设计。

主要技术内容包括：规定村镇建设领域信息资源梳理与编目工作的目标、技术要求、编目工作准备、信息资源调查实施、信息资源目录生成、信息资源编码及编目工具的使用等要求。

主题特征：村镇建设、信息资源、编目、指南。

［CZG8］8.2 通用标准

［CZG8］8.2.1 村镇规划信息化通用标准

［CZG8］8.2.1.1《村镇用地分类代码与制图标准》

本标准适用于村镇规划编制、审批、实施过程中的用地分类与制图。

主要技术内容包括：规定村镇用地分类、规划数据及其处理要求、制图图式及要求等。

主题特征：村镇规划、用地、分类、制图。

[CZG8] 8.2.1.2《村镇规划编制成果分类及制图标准》

本标准适用于村镇规划编制、审批、实施过程中的规划编制成果的分类与制图。

主要技术内容包括：规定村镇规划的类别、各类规划编制成果的内容及处理要求、规划图制图图式及要求等。

主题特征：村镇规划、编制成果、分类、制图。

[CZG8] 8.2.1.3《村镇规划综合数据建库技术规定》

本标准适用于村镇规划综合数据的获取、管理与应用。

主要技术内容包括：规定村镇规划编制成果、村镇规划办公业务、规划图文、与规划相关的基础数据、公众服务等综合数据的数据类别、命名规范、数据内容、数据格式、建库方法、技术质量要求等。

主题特征：村镇规划、数据建库。

[CZG8] 8.2.1.4《村镇规划管理业务信息化模型标准》

本标准适用于村镇规划管理信息技术应用。

主要技术内容包括：从信息化的视角对村镇规划管理的主要业务类型、各类型业务的流程、业务表格及基本文档等做出规定，为村镇规划管理信息化建设和应用提供基础支持。

主题特征：村镇规划、管理、业务、模型。

[CZG8] 8.2.1.5《村镇规划管理信息系统技术规范》

本标准适用于村镇规划管理信息系统的设计、建立、运行和维护。

主要技术内容包括：村镇规划管理信息系统的技术设计、系统配置及主要功能和性能要求、数据库建设要求、系统集成和系统测试规定、系统运行方式以及系统维护管理等。

主题特征：村镇规划、管理、信息系统。

[CZG8] 8.2.1.6《村镇规划监督管理信息系统技术规范》

本标准适用于村镇规划监督管理信息系统的设计、建立、运行和维护。

主要技术内容包括：规定村镇规划监督管理信息系统的技术要求，包括应用系统模式和功能、信息资源获取与管理、系统集成和运行维护等。

主题特征：村镇规划、监督、管理、信息系统。

[CZG8] 8.2.2 村镇建设工程与建筑业信息化通用标准

[CZG8] 8.2.2.1《村镇建设工程项目信息模型标准》

本标准适用于村镇工程建设领域信息技术应用。

主要技术内容包括：规定适用于村镇建设工程项目设计、施工、运营等阶段的综合信息模型及其技术要求等。

主题特征：村镇建设、工程项目、信息模型。

[CZG8] 8.2.2.2《村镇建设工程项目管理综合数据建库技术规定》

本标准适用于村镇建设工程项目管理综合数据的获取、建库、管理与应用。

主要技术内容包括：规定村镇建设工程项目管理办公业务、工程项目管理图文、与工程项目相关的基础数据、公众服务等综合数据的数据类别、命名规范、数据内容、数据格式、建库方法、技术质量要求等。

主题特征：村镇建设、工程项目、数据建库。

［CZG8］8.2.2.3《村镇建设工程项目管理信息系统技术规范》

本标准适用于村镇建设工程项目管理信息系统的设计、建立、运行和维护。

主要技术内容包括：村镇建设工程项目管理信息系统的技术设计、系统配置及主要功能和性能要求、数据库建设要求、系统集成和系统测试规定、系统运行方式以及系统维护管理等。

主题特征：村镇建设、工程项目管理、信息系统。

［CZG8］8.2.3 村镇住宅与房地产信息化通用标准

［CZG8］8.2.3.1《房屋代码编码标准》

本标准适用于村镇房屋涉及测绘、权属、物业、拆迁、房屋普查等多方面的管理及信息化系统的设计与应用。

主要技术内容包括：村镇房屋的类型、房屋编码的构成、各特征子码的生成规则及房屋校验码的计算规则等。

主题特征：村镇房屋管理、编码规则。

［CZG8］8.2.3.2《村镇房地产综合数据建库技术规定》

本标准适用于村镇房屋综合数据的获取、管理与应用。

主要技术内容包括：规定村镇房屋权属交易、拆迁、改造、安居工程等办公业务、房屋管理图文、与房屋相关的基础数据、公众服务等综合数据的数据类别、命名规范、数据内容、数据格式、建库方法、技术质量要求等。

主题特征：村镇房屋、数据建库。

［CZG8］8.2.3.3《村镇房地产管理信息系统技术规范》

本标准适用于村镇房地产管理信息系统的设计、建立、运行和维护。

主要技术内容包括：村镇房地产管理信息系统的技术设计、系统配置及主要功能和性能要求、数据库建设要求、系统集成和系统测试规定、系统运行方式以及系统维护管理等。

主题特征：村镇房地产、管理、信息系统。

［CZG8］8.2.3.4《村镇房地产档案管理信息系统技术规范》

本标准适用于村镇房地产档案管理信息系统的设计、建立、运行和维护。

主要技术内容包括：村镇房地产档案管理信息系统的技术设计、系统配置及主要功能和性能要求、数据库建设要求、系统集成和系统测试规定、系统运行方式以及系统维护管理等。

主题特征：村镇房地产、档案管理、信息系统。

［CZG8］8.2.4 村镇基础设施信息化通用标准

［CZG8］8.2.4.1《村镇基础设施信息分类代码与制图标准》

本标准适用于村镇基础设施规划设计、审批、建设、运营管理等过程中的信息分类与制图。

主要技术内容包括：规定村镇基础设施的类别、名称、各类基础设施所包含的要素信息分类代码及处理要求、基础设施图件的类别及各类图件的制图图式及要求等。

主题特征：村镇基础设施、分类、制图。

［CZG8］8.2.4.2《村镇基础设施综合数据建库技术规定》

本标准适用于村镇基础设施综合数据的获取、管理与应用。

主要技术内容包括：规定涉及村镇基础设施管理与建设、运营管理的办公业务、基础设施图文、与基础设施相关的基础数据、公众服务等综合数据的数据类别、命名规范、数据内容、数据格式、建库方法、技术质量要求等。

主题特征：村镇基础设施、数据建库。

［CZG8］8.2.4.3《村镇基础设施管理信息系统技术规范》

本标准适用于村镇基础设施管理信息系统的设计、建立、运行和维护。

主要技术内容包括：村镇基础设施管理信息系统的技术设计、系统配置及主要功能和性能要求、数据库建设要求、系统集成和系统测试规定、系统运行方式以及系统维护管理等。

主题特征：村镇建设、基础设施管理、信息系统。

［CZG8］8.2.5 村镇建筑监测管理信息化通用标准

［CZG8］8.2.5.1《村镇建筑监测管理信息代码编码标准》

本标准适用于村镇建筑监测综合数据的组织、分类、管理与应用。

主要技术内容包括：规定村镇建筑监测管理过程所涉及的基础数据、动态监测数据、监测分析成果数据等综合数据的类别、名称、各要素信息分类代码及处理要求等。

主题特征：村镇、建筑监测、信息代码、编码。

［CZG8］8.2.5.2《村镇建筑监测数据库技术规定》

本标准适用于村镇建筑监测综合数据的获取、管理与应用。

主要技术内容包括：规定涉及村镇建筑监测管理与建设、运营管理的基础数据、动态监测数据、监测分析数据等多种数据的数据类别、命名规范、数据内容、数据格式、建库方法、技术质量要求等。

主题特征：村镇、建筑监测、数据库。

［CZG8］8.2.5.3《村镇建筑监测管理信息系统技术规范》

本标准适用于村镇建筑监测管理信息系统的设计、建立、运行和维护。

主要技术内容包括：村镇建筑监测管理信息系统的技术设计、系统配置及主要功能和性能要求、数据库建设要求、系统集成和系统测试规定、系统运行方式以及系统维护管理等。

主题特征：村镇、建筑监测、信息系统。

［CZG8］8.2.6 村镇建设信息技术综合应用通用标准

［CZG8］8.2.6.1《村镇地理空间框架数据标准》

本标准适用于村镇信息化建设中地理空间框架数据和公共数据的获取、加工、管理与应用服务。

主要技术内容包括：村镇地理空间框架数据的基本要求、框架数据的内容及技术要求、框架数据的质量要求以及其他数据与框架数据的空间配准等。

主题特征：村镇信息化、地理空间信息、框架数据、公共数据。

［CZG8］8.2.6.2《村镇基础地理信息系统技术规范》

本标准适用于村镇基础地理信息系统中村镇基础地理空间数据的获取、加工、建库、更新和系统建设、管理、维护及数据分发服务等工作。

　　主要技术内容包括：村镇基础地理数据的内容与质量要求、村镇基础地理数据管理基本要求、数据组织与数据库设计、基础地理信息系统技术要求及运行管理与维护、村镇基础地理信息系统数据分发与技术服务等。

　　主题特征：村镇、基础地理信息、信息系统。

　　［CZG8］8.2.6.3《村镇建设电子档案元数据标准》

　　本标准适用于与村镇建设有关的工程勘测、设计、施工、监理等建设电子档案的归档、验收、移交工作，以及电子档案的著录、检索、管理、利用等工作。

　　主要技术内容包括：村镇建设电子档案元数据的定义及构成，村镇建设电子档案形成、交换、归档、保管、利用等过程中产生的元数据描述，村镇建设档案元数据框架体系，村镇建设档案元数据的结构及核心元素集，元数据应用相关规则，村镇建设电子档案管理系统数据库结构及数据交换格式以及村镇建设电子档案长期存储数据格式等。

　　主题特征：村镇建设、电子档案、元数据。

　　［CZG8］8.2.6.4《城市三维建模技术规范》

　　本标准适用于村镇建设三维地理信息化应用中三维模型数据的采集、处理、制作、集成管理、更新维护等。

　　主要技术内容包括：村镇三维模型的分类和技术质量要求、数据组织、数据采集处理、三维模型制作、数据集成与管理、数据更新与维护等。

　　主题特征：村镇、三维模型。

　　［CZG8］8.2.6.5《村镇建设领域应用软件测评通用规范》

　　本标准适用于村镇规划、村镇房地产、村镇建设、村镇基础设施等村镇领域应用软件测评。

　　主要技术内容包括：村镇建设领域应用软件测评的原则、内容、方法和文档要求等。

　　主题特征：村镇建设、应用软件、测评。

［CZG8］8.3 专用标准

［CZG8］8.3.1 村镇规划信息化专用标准

　　［CZG8］8.3.1.1《村镇规划用地遥感分类与制图规范》

　　本标准适用于村镇规划编制、审批、实施管理过程中基于遥感数据用地分类与制图。

　　主要技术内容包括：基于遥感影像的村镇规划用地分类、遥感数据及其处理要求、制图图式及要求等。

　　主题特征：村镇规划、用地、遥感、制图。

　　［CZG8］8.3.1.2《村镇规划信息化数据标准——成果提交部分》

　　本标准适用于村镇规划信息化中的数据管理、应用及信息化系统建设等。

　　主要技术内容包括：规定村镇规划层面各类数据成果资料提交的要求，包括提交方式、成果内容、文件组织、文件命名、文件格式等内容。

　　主题特征：村镇规划、信息化、成果提交。

　　［CZG8］8.3.1.3《村镇规划信息化数据标准——制图部分》

　　本标准适用于村镇规划信息化中的数据管理、应用及信息化系统建设等。

　　主要技术内容包括：规定村镇规划层面各类图件在信息化条件下的制图表达要求，包括数据基础、图层管理、图形规范、属性规范、整饰规范及线型、符号、颜色要求等内容。

主题特征：村镇规划、信息化、制图。

［CZG8］8.3.1.4《村镇规划信息化数据标准——数据库部分》

本标准适用于村镇规划信息化中的数据管理、应用及信息化系统建设等。

主要技术内容包括：规定村镇规划层面各类数据尤其是空间数据的图层划分、属性结构、数据字典等内容。

主题特征：村镇规划、信息化、数据库。

［CZG8］8.3.1.5《村镇规划信息化数据标准——分类与编码部分》

本标准适用于村镇规划信息化中的数据管理、应用及信息化系统建设等。

主要技术内容包括：规定村镇规划层面各类数据尤其是空间数据的建库要素的分类与编码。

主题特征：村镇规划、信息化、分类与编码。

［CZG8］8.3.1.6《村镇规划信息化数据标准——质量控制部分》

本标准适用于村镇规划信息化中的数据管理、应用及信息化系统建设等。

主要技术内容包括：规定村镇规划层面各类数据的质量要求以及质量控制方法等。

主题特征：村镇规划、信息化、质量控制。

［CZG8］8.3.1.7《村镇规划信息化数据标准——数据更新部分》

本标准适用于村镇规划信息化中的数据管理、应用及信息化系统建设等。

主要技术内容包括：规定了村镇规划层面各类数据的更新机制、方式及方法等。

主题特征：村镇规划、信息化、数据更新。

［CZG8］8.3.2　村镇建设工程与建筑业信息化专用标准

［CZG8］8.3.2.1《村镇园林绿化管理信息系统技术规范》

本标准适用于村镇园林绿化管理信息系统的建立与应用。

主要技术内容包括：村镇园林绿化管理信息系统的架构、功能和性能，基础数据、与美丽村庄建设有关的园林绿化专业数据和管理数据的内容、形式和技术质量要求，系统集成与管理规定，系统运行与维护要求等。

主题特征：村镇、园林绿化、管理、信息系统。

［CZG8］8.3.2.2《村镇旅游管理信息系统技术规范》

本标准适用于村镇旅游管理信息系统的建立与应用。

主要技术内容包括：村镇旅游管理信息系统的设计、建设、运行与维护技术要求，基础数据、村镇特色旅游专业数据和管理数据内容、形式和技术质量要求等。

主题特征：村镇、特色旅游、信息系统。

［CZG8］8.3.2.3《智能建筑工程施工规范》GB 50606—2010

本标准适用于新建、改建和扩建工程中的智能建筑工程施工。

主要技术内容包括：智能建筑工程的施工管理、工程实施、质量保证、成品保护、质量记录、安全、环保、节能措施等基本规定以及智能建筑工程中所包含的综合管线、综合布线系统、信息网络系统、卫星接收及有线电视系统、会议系统、广播系统、信息设施系统、信息化应用系统、建筑设备监控系统、火灾自动报警系统、安全防范系统、智能化集成系统、防雷与接地和机房工程等项目的施工、安装、质量控制、自检自验等内容。

主题特征：智能、建筑工程、施工。

［CZG8］8.3.2.4《建筑施工企业管理基础数据规范》JGJ/T 204—2010

本标准适用于建筑施工企业在管理过程中的基础数据标识、分类、编码、存储、检索、交换、共享和集成等数据处理工作。

主要技术内容包括：建筑施工企业管理涉及的企业基本信息、工程施工招投标管理、建设工程合同管理、施工进度管理、建筑施工科学技术管理、施工质量管理、施工安全管理、建筑材料管理、建筑机械设备管理、建筑施工节能环保管理、人力资源管理、财务管理、资金管理、风险管理、档案管理、企业文化管理等管理内容和对象的信息分类及其详细子项的规定、数据的形式和技术质量要求等。

主题特征：建筑施工企业、管理、基础数据。

［CZG8］8.3.3 村镇住宅与房地产信息化专用标准

［CZG8］8.3.3.1《传统村落、传统民居数据建库技术规定》

本标准适用于传统村落、传统民居数据的获取、管理与应用。

主要技术内容包括：规定与传统村落、传统民居有关的调查表格数据、地理空间位置、图形数据、图文、音像等多媒体数据、与传统村落、传统民居相关的基础数据、公众服务等综合数据的数据类别、命名规范、数据内容、数据格式、建库方法、技术质量要求等。

主题特征：传统村落、传统民居、数据建库。

［CZG8］8.3.3.2《农村危房改造农户档案管理信息系统技术规范》

本标准适用于农村危房改造农户档案管理系统的设计、建立、运行和维护。

主要技术内容包括：农村危房改造农户档案管理系统的技术设计、系统配置及主要功能和性能要求、数据库建设要求、系统集成和系统测试规定、系统运行方式以及系统维护管理等。

主题特征：农村危房改造、档案管理、信息系统。

［CZG8］8.3.3.3《村镇房屋权属信息查询系统技术规范》

本标准适用于村镇房屋权属信息查询系统的设计、建立、运行和维护。

主要技术内容包括：村镇房屋权属信息查询系统的技术设计、架构、硬软件配置，系统的主要功能和性能、数据要求、信息安全要求、系统维护管理要求等。

主题特征：村镇房屋权属、信息查询、信息系统。

［CZG8］8.3.4 村镇基础设施信息化专用标准

［CZG8］8.3.4.1《村镇供水管理信息系统技术规范》

本标准适用于村镇供水管理信息系统的建立与应用。

主要技术内容包括：村镇供水管理信息系统的设计、建设、运行与维护技术要求，基础数据与水源地、水厂、供水管网等专业数据和管理数据内容、形式和技术质量要求等。

主题特征：村镇、供水管理、信息系统。

［CZG8］8.3.4.2《村镇环境卫生管理信息系统技术规范》

本标准适用于村镇环境卫生管理信息系统的建立与应用。

主要技术内容包括：村镇环境卫生管理信息系统的设计、建设、运行与维护技术要求，基础数据与垃圾箱、垃圾处理站、垃圾车辆等专业数据和管理数据内容、形式和技术质量要求等。

主题特征：村镇、环境卫生、信息系统。

［CZG8］8.3.4.3《村镇排污水管理信息系统技术规范》

本标准适用于村镇排污水管理信息系统的建立与应用。

主要技术内容包括：村镇排污水管理信息系统的设计、建设、运行与维护技术要求，基础数据与污水处理厂、排污口、污水管网、排水管网等专业数据和管理数据内容、形式和技术质量要求等。

主题特征：村镇、污水管理、排水管理、信息系统。

［CZG8］8.3.4.4《村镇路灯管理信息系统技术规范》

本标准适用于村镇路灯管理信息系统的建立与应用。

主要技术内容包括：村镇路灯管理信息系统的设计、建设、运行与维护技术要求，基础数据与路灯杆、路灯管网等专业数据和管理数据内容、形式和技术质量要求等。

主题特征：村镇、路灯管理、信息系统。

［CZG8］8.3.4.5《村镇综合管线管理信息系统技术规范》

本标准适用于村镇综合管线管理信息系统的建立与应用。

主要技术内容包括：村镇综合管线管理信息系统的设计、建设、运行与维护技术要求，基础数据与供水、污排水、路灯、电力、电信、有线电视等综合管线数据和管理数据内容、形式和技术质量要求等。

主题特征：村镇、综合管线、信息系统。

［CZG8］8.3.4.6《村镇道路桥梁管理信息系统技术规范》

本标准适用于村镇道路桥梁管理信息系统的建立与应用。

主要技术内容包括：村镇道路桥梁管理信息系统的设计、建设、运行与维护技术要求，基础数据与道路、桥梁等交通设施数据和管理数据内容、形式和技术质量要求等。

主题特征：村镇、道路桥梁、信息系统。

［CZG8］8.3.5 村镇建筑监测管理信息化专用标准

［CZG8］8.3.5.1《历史文化名村、名镇监测管理系统技术规范》

本标准适用于历史文化名村、名镇监测管理系统的设计、管理、考核评估、运营等。

主要技术内容包括：按照信息系统建设的流程，首先对历史文化名村、名镇监测管理系统的功能进行划分，并针对每类功能制定功能要求及其数据要求，同时制定对系统安全和保密性的要求，然后对系统实施所需要的保障条件进行了要求，最后从对数据构成、各子系统与数据之间的关系等方面制定了系统验收的要求。

主题特征：历史文化名村、名镇、监测管理系统。

［CZG8］8.3.5.2《村镇古建筑修缮监测管理系统技术规范》

本标准适用于村镇古建筑修缮监测管理系统的设计、管理、考核评估、运营等。

主要技术内容包括：按照信息系统建设的流程，首先对村镇古建筑修缮监测管理系统的功能进行划分，并针对每类功能制定功能要求及其数据要求，同时制定对系统安全和保密性的要求，然后对系统实施所需要的保障条件进行了要求，最后从对数据构成、各子系统与数据之间的关系等方面制定了系统验收的要求。

主题特征：村镇、古建筑、修缮、监测管理系统。

［CZG8］8.3.6 村镇建设信息技术综合应用专用标准

［CZG8］8.3.6.1《村镇建设信息系统技术规范》

本标准适用于村镇建设信息系统规划、建设验收及管理应用。

主要技术内容包括：按照信息系统建设的流程，首先对村镇建设信息系统的功能进行划分，并针对每类功能制定功能要求及其数据要求，同时制定对系统安全和保密性的要求，然后对系统实施所需要的保障条件进行了要求，最后从对数据构成、各子系统与数据之间的关系等方面制定了系统验收的要求。

主题特征：村镇建设、信息系统。

［CZG8］8.3.6.2《数字化农村社区管理与服务技术标准》

本标准适用于新型农村社区管理与服务的信息技术应用。

主要技术内容包括：新型农村社区的数字化服务商业模式、农村社区服务对象空间化管理、农村社区服务信息化支撑体系以及农村社区服务移动终端技术要求等。

主题特征：农村社区、数字化、管理、服务。

［CZG8］8.3.6.3《数据中心基础设施施工及验收规范》

本标准适用于陆地上建筑内的新建、改建和扩建的各类数据中心工程的施工及验收。

主要技术内容包括：数据中心工程的施工基本要求、材料和设备的基本要求、施工验收的基本要求，建筑室内装饰装修、配电系统、防雷与接地系统、空气调节系统、给水排水系统、综合布线和网络系统、监控与安全防范、消防系统、电磁屏蔽等各部分的一般规定、各组成部分的技术要求和施工验收要求等，以及综合测试的有关规定、交工验收的条件和验收程序等要求。

主题特征：数据中心、基础设施、施工、验收。

第11章 村镇市政给水排水分支标准体系

11.1 综述

村镇基础设施建设是落实中央关于实施我国统筹城乡发展方略，加快工业化、城镇化和现代化进程的重要举措；是社会主义新农村建设的一项重要内容；是缩小城乡差距，构建和谐社会的基本途径。村镇基础设施直接为生产和生活提供服务，并直接参与社会生产过程，它必须在数量和质量上、在时空分布上与村镇建设同步配套。但是目前村镇建设中标准缺失和不适用的问题已经成为村镇建设和发展的瓶颈，本课题以村镇基础设施中给水排水技术标准体系和适用的关键技术为主要研究内容，以国家、地方政府和农民开展村镇建设需要为对象，针对不同区域村镇经济发展水平和生产生活方式，从科学发展观和因地制宜、分类指导的原则出发，为村镇建设提供科学的给水排水工程建设标准依据，为村镇建设的发展提供技术支持和保障，具有重要实践指导意义。

11.1.1 城乡技术标准对比研究

（1）村镇建设有非常大的差异和不同，目前已经建立了较完善的城镇给水排水标准体系并编制了大量适用于城镇的给水排水标准，因此对于镇的建设基本可以参照现行的城镇给水排水标准体系和已经发布的标准，镇建设需求利用城镇已有的标准和标准体系。

（2）"新农村"再新，其本质上还是"农村"，农村具有其天然的产业特点，包括农村居民分散居住，不利于按照城市思路进行集中的供排水设施建设和管理；水资源的利用与农业利用密切关联，水不仅作为生活基础，也是农业基本生产要素；农村水资源的自然净化和消纳能力要远大于集中居住的城市。

（3）农村给水排水问题的解决需要不同于城市的技术原则和标准，在距离城市很近的村落，可以考虑城乡统筹，即由城市管网辐射向农村供水；并且将污水收集，并入城市管网。在城市供水水源保护区，污水的控制可以采用集中处理的方式，实施严格的污水处理排放标准。对于分散的农村，污水处理需要区分对待，采取以下原则：①尽可能地源头分离、循环利用、全过程控制；②集中与分散处理相结合，以分散处理为主导，尽量采用可持续、生态型的处理系统；③综合考虑面源污染控制，并与农业生产紧密结合；④雨水采用分散源头削减和净化，雨、污水处理要与水生态建设相结合。农村给水排水的标准体系也需要针对性地逐步建立，应分步、分区实现。从长远看，农村的供水标准和排水标准也应该同城市相同，但从目前的现状和发展情况来看，最实际的解决办法是分步骤来实现这些服务和控制标准。

11.1.2　村镇关键技术标准技术适用性研究

1. 村镇给水工程情况

目前我国村镇主要有集中供水和分散供水两种方式。

我国农村的集中式供水规模普遍较小,绝大部分工程为村级集中式供水工程。北方以地下水源为主,南方以地表水源为主;村级集中式供水工程,多数为单村供水,水源以地下水和山溪水为主;集中式供水工程中,多数供水设施简陋,只有水源和管网,缺少水处理设施和水质检测措施。此外,部分集中供水工程存在供水能力大于实际用水量的问题,原因是部分农民收入水平低,饮用、做饭等使用好水,洗涤、饲养牲畜等仍取用原有不收费的水。

我国农村的分散式供水工程,多数为户建、户管、户用,普遍缺乏水质检验和监测。分散式供水大部分为浅井供水,主要分布在浅层地下水资源开发利用较容易的农村,供水设施多数为真空井或筒井,建在庭院内或离农户较近的地方,取水方式主要为手动泵、辘轳或微型潜水电泵;少部分地区采用集雨方式,主要分布在山丘区水资源开发利用困难或海岛等淡水资源缺乏的农村,以屋檐和硬化庭院集流场为主,北方以水窖蓄水为主,南方以水池蓄水为主;引泉方式,主要分布在山丘区,南方较多;有些地区直接取用河水、溪水、坑塘水、山泉水或到其他村拉水,主要分布在南方降水较丰富的山丘区农村。

农村水质安全问题也较突出,大部分地区没有消毒措施,许多地区长期饮用苦咸水、含氟、砷、锰等影响人身健康的水源,急需改变。

2. 村镇给水研究方向和适用技术

目前农村供水问题分为三个层次:第一是"饮水解困",解决有水喝的问题;第二是"饮水安全",解决水量、水质问题,提供清洁饮用水;第三是"饮水方便",解决饮用方便的自来水。尤其需要解决前两个层次的问题。

我国农村各类水源地的选择技术、实现农村水源地开发利用的各类工程技术方法以及适合农村安全供水的各种水处理技术、输送方法、储存技术等已经有一定的积累和总结。

临近城市近郊村镇应纳入城市集中公共供水系统,让更多农村饮用自来水,有条件的村镇应做好规划,建设小型水厂,集中连片供水,供应达到国家《生活饮用水卫生标准》的水质。对于分散式村、户应采用简单、可靠、经济的措施,重点解决保障饮用水安全问题。

水处理技术方面:水质良好的地下水仅需进行消毒处理,原水含沙量变化较大或浊度过高时,在常规净水工艺前增加预沉淀、粗滤或渗滤设施;苦咸水淡化,采用电渗析、反渗透、电吸附等水处理措施;高氟水的降氟采用介质吸附、电渗析、反渗透或电吸附法等水处理措施;高砷水的除砷采用电凝聚、混凝沉淀或吸附法等水处理措施;高铁锰水的除铁除锰采用氧化过滤工艺;微污染水处理采用强化常规净水工艺,或在常规净水工艺中增加气浮工艺、生物预处理、化学预氧化处理、活性炭或臭氧活性炭深度处理等措施。也有分散式用户可采用的除砷除氟机。

今后农村给水安全研究主要技术内容包括供水规划、集中式供水工程设计、集中式供水工程施工与验收、集中式供水工程运行管理、分散式供水工程设计施工与运行管理,适用于建制镇、集镇、村庄供水工程的建设和管理等。

3. 村镇排水工程情况

目前全国大部分村镇缺乏完善的排水设施，已有的排水沟渠是随着村镇的发展而逐步建立的，但存在的问题是缺乏整体性和系统性，排泄能力较差。一般村镇也缺乏污水处理设施，雨污水合流就近排入附近水体，造成河流、水塘污染，影响村容村貌、村民居住环境，甚至直接威胁农民的身体健康。

农村污染源比较复杂、分散、涉及面广，农村生活污水首要问题是收集系统不完善，这是一个全国的共性问题。我国农村大多数没有排水系统，随意排放，粪尿进入干厕，其他杂排水就近排入河道，处理率非常低。

农村生活污水主要是洗涤、沐浴和部分卫生洁具排水。居民的粪便目前有些地区主要通过化粪池进行处理，多数居民用这些粪便污水进行农作物施肥，不需要收集处理。因此农村地区需要处理的污水实际上是居民生活污水，如厨房炊事、衣物洗涤等产生的生活污水，这类污水对农村水体环境的影响也最大。

农村污水流量变化因地区性经济程度的差异而不同，一般具有排水量少，不连续且波动较大，早中晚家庭用水量明显较多，具有脉冲的模式，并且居民的生活习惯和作息时间因地区、季节和民族习惯而异，因此农村污水日变化系数大。

农村生活污水以有机污染物为主，可生化性较好，氮磷浓度高及含有大量的营养盐、细菌、病毒等特点，所含有机物浓度相对偏高。

4. 农村污水处理发展方向和技术

污水处理模式首先是分散处理模式，即将农户污水按照分区进行收集，以稍大的村庄或邻近村庄的联合为宜，每个区域污水单独处理。污水分片收集后，采用中小型污水处理设备或自然处理等形式处理村庄污水。该处理模式具有布局灵活、施工简单、管理方便、出水水质有保障等特点。适用于村庄布局分散、规模较小、地形条件复杂、污水不易集中收集的村庄污水处理。通常在我国中西部村庄布局较为分散的地区采用。其次是集中处理模式，即所有农户产生的污水进行集中收集，统一建设处理设施处理村庄全部污水。污水处理采用自然处理、常规生物处理等工艺形式。该处理模式具有占地面积小、抗冲击能力强、运行安全可靠、出水水质好等特点。适用于村庄布局相对密集、规模较大、经济条件好、村镇企业或旅游业发达、处于水源保护区内的单村或联村污水处理。通常适合于在我国东部和华北地区，村庄分布密集、经济基础较好的农村采用。第三是接入市政管网统一处理模式，即村庄内所有农户污水经污水管道集中收集后，统一接入邻近市政污水管网，利用城镇污水处理厂统一处理村庄污水。该处理模式具有投资省、施工周期短、见效快、统一管理方便等特点。适用于距离市政污水管网较近，符合高程接入要求的村庄污水处理。适合于靠近城市或城镇、经济基础较好，具备实现农村污水处理由"分散治污"向"集中治污、集中控制"转变条件的农村地区采用。

由于农村数量众多，新农村建设资金有限，这就要求在建设过程中应本着"花小钱，办大事"的原则来处理好农村的污水问题。国内对农村生活污水的治理尚处于刚刚起步，很多新型有动力的污水处理技术也仅停留在示范研究阶段，目前用有动力的小型化污水处理设备治理农村生活污水存在的主要难点在于基建投资和运行费用较大，农村的经济实力和技术力量很难满足常规城市生活污水处理厂的技术要求及技术配备，所以我国急需一种适应于点多面广的农村生活污水现状的分散式污水处理技术和设备，该技术和设备除满足使污水完全达标排放外还应该满足以下几个要素：投资省，运行费用低；设备小型化，不占用基本农田；设备结构简洁，动力部件少，农村电工或者略懂一些机械原理的农机修配人员即可对主要设备进行更换或维修；技术先进，系统流程简单，村民按照系统操作说明即可进行日常巡检和管理。与国外相比，我国村镇排水研究还相对欠缺。目前国内针对城市排水标准研究较多，而农村排水工程建设往往参照执行。未来村镇排水工程的研究重点主要包括村镇排水体制、污水收集与排放、生产废水进行排水许可发放、再生水回用、污水处理模式、污水处理工艺等方面的研究。

11.1.3　分支标准体系层级划分及框架建立

1. 现行标准存在的主要问题

目前国内村镇建设政出多门，建设、农业、水利、环保、卫生等部门都从不同角度先后编制了一些村镇建设标准，由于出发点和编制目的不同，一些村镇给水排水标准与我国村镇给水排水事业发展已出现了一些不协调之处，所列标准内容互相交叉、重复等问题也需要及时调整；甚至造成某些内容相互矛盾，为标准的执行带来了困难，另外我国农村情况极其复杂，以一种技术、一个标准根本不能解决农村建设的标准化问题，这些都是制订新标准体系时应予以注意的，有待在本次新修订体系研究和标准制订中予以充实解决和加强。

2. 科学区分、合理制订标准体系

本次标准体系研究应科学区分村镇类型，有针对性地确定合理的标准体系，并应遵循以下几个原则：

（1）本次研究工作应该以农村建设为重点，突出农村的需求和特点，确定标准内容和要求。

我国农村情况极其复杂，地理、气候、环境、习惯千差万别，本次研究应该摈弃部门管理的狭隘思维，以国家村镇建设方针政策为引导，全面梳理新农村建设的经验和教训，以农村为重点，以农村建设的实际需求为方向，打破部门界限，全面、系统、科学研究村镇建设的标准体系，特别是如何做好区别对待，有的放矢是做好标准体系成败的关键。

（2）结合城乡二元结构向城乡一体化转型的政策导向，针对农业的产业特点和农村的住区形式，依托城镇给水排水标准体系，构建村庄给水排水标准专用标准体系表。

虽然城乡发展以一体化为目标，城镇建设对于村庄有可借鉴之处，但是农业特有的产业特点和农村分散的居住形式决定了城镇和村庄的建设标准既有联系又不能一刀切。本研究提出村镇给水排水体系应分为镇给水排水标准体系和村庄给水排水专用标准体系，即镇给水排水标准体系按照现有城镇给水排水标准体系执行，村庄给水排水标准在借鉴城镇给水排水综合标准、基础标准和通用标准的基础上，构建专用标准层级。

11.2　村镇市政给水排水分支标准体系框图

11.2.1　分支标准体系总框图

分支标准体系总框图如图 2-11-1 所示。

第0层　　　　　　[CZG9]9.0
村镇市政给水排水综合标准

第1层　　　　　　[CZG9]9.1
村镇市政给水排水基础标准

第2层　　　　　　[CZG9]9.2
村镇市政给水排水通用标准

第3层　　　　　　[CZG9]9.3(1)　　　　　　　　　　[CZG9]9.3(2)
村镇市政给水排水专用标准 ────── 村市政给水排水专用标准

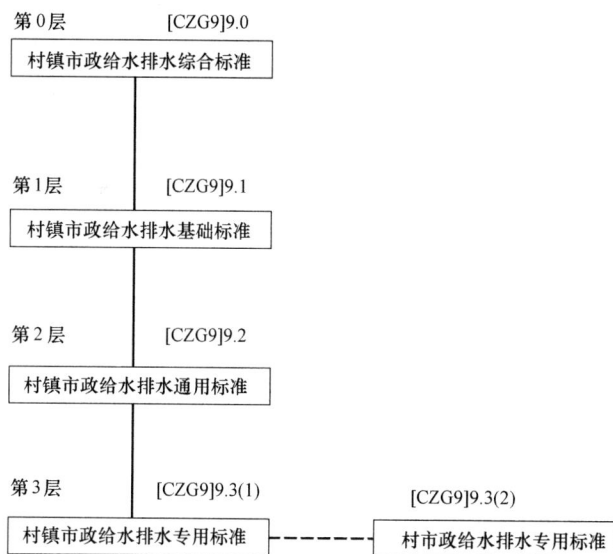

图 2-11-1　分支标准体系总框图

11. 2. 2　分支标准体系细化分类框图

分支标准体系细化分类框图如图 2-11-2 所示。

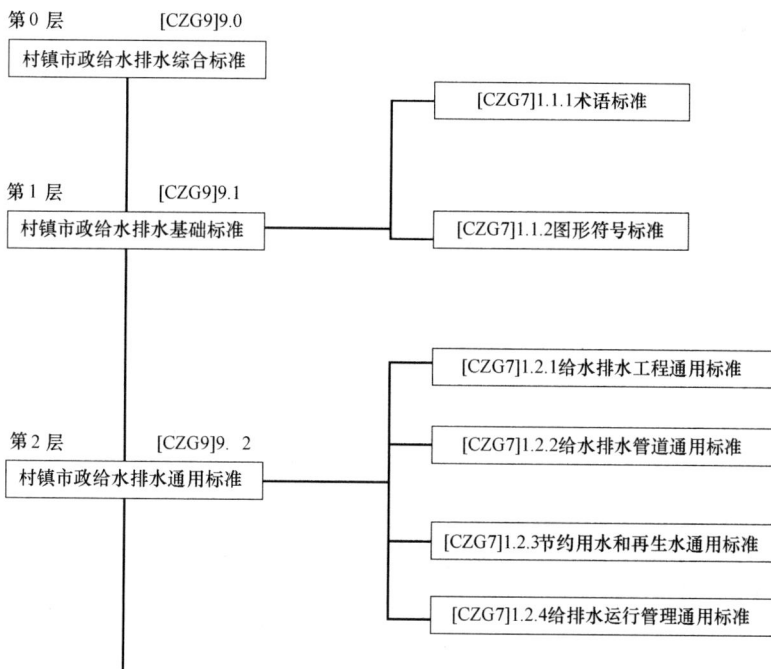

第0层　　　　[CZG9]9.0
村镇市政给水排水综合标准

[CZG7]1.1.1术语标准

第1层　　　　[CZG9]9.1
村镇市政给水排水基础标准

[CZG7]1.1.2图形符号标准

[CZG7]1.2.1给水排水工程通用标准

[CZG7]1.2.2给水排水管道通用标准

第2层　　　　[CZG9]9. 2
村镇市政给水排水通用标准

[CZG7]1.2.3节约用水和再生水通用标准

[CZG7]1.2.4给排水运行管理通用标准

图 2-11-2　分支标准体系细化分类框图

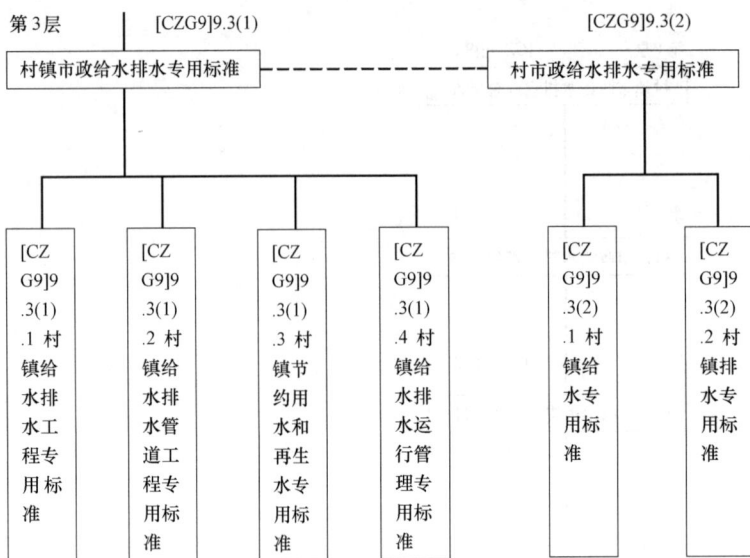

图 2-11-2　分支标准体系细化分类框图（续）

11.3　村镇市政给水排水分支体系表

村镇市政给水排水分支体系表

表 2-11-1

序号	体系分类编码	标准编码	标准名称	现行标准编号	标准状态	主题特征
\[CZG9\]9.0 综合标准						
1	\[CZG9\]9.0	\[CZG9\]9.0.1	城镇给水排水技术规范	GB 50788—2012	现行	市政给水排水
\[CZG9\]9.1 基础标准						
\[CZG9\]9.1.1 术语标准						
2	\[CZG9\]9.1.1	\[CZG9\]9.1.1.1	给水排水工程基本术语标准	GB/T 50125—2010	现行	市政给水排水
\[CZG9\]9.1.2 图形符号标准						
3	\[CZG9\]9.1.2	\[CZG9\]9.1.2.1	建筑给水排水制图标准	GB/T 50106—2010	现行	市政给水排水
4	\[CZG9\]9.1.2	\[CZG9\]9.1.2.2	给水排水基本符号标准		待编	市政给水排水
5	\[CZG9\]9.1.2	\[CZG9\]9.1.2.3	给水排水标志标准		待编	市政给水排水
\[CZG9\]9.2 通用标准						
\[CZG9\]9.2.1 村镇给水排水工程通用标准						
6	\[CZG9\]9.2.1	\[CZG9\]9.2.1.1	室外给水设计规范	GB 50013—2006	修订中	市政给水排水
7	\[CZG9\]9.2.1	\[CZG9\]9.2.1.2	室外排水设计规范	GB 50014—2006	修订中	市政给水排水
8	\[CZG9\]9.2.1	\[CZG9\]9.2.1.3	城市供水设施安全等级标准		待编	市政给水排水
9	\[CZG9\]9.2.1	\[CZG9\]9.2.1.4	给水排水工程构筑物结构设计规范	GB 50069—2002	修订中	市政给水排水

续表

序号	体系分类编码	标准编码	标准名称	现行标准编号	标准状态	主题特征
10	［CZG9］9.2.1	［CZG9］9.2.1.5	给水排水构筑物工程施工及验收规范	GB 50141—2008	修订中	市政给水排水
11	［CZG9］9.2.1	［CZG9］9.2.1.6	城镇给水厂工程施工及质量验收规范		待编	市政给水排水
12	［CZG9］9.2.1	［CZG9］9.2.1.7	城镇污水处理厂工程施工规范		制订中	市政给水排水
13	［CZG9］9.2.1	［CZG9］9.2.1.8	城市污水处理厂工程质量验收规范	GB 50334—2002	修订中	市政给水排水
14	［CZG9］9.2.1	［CZG9］9.2.1.9	城镇内涝防治技术规范		制订中	市政给水排水
15	［CZG9］9.2.1	［CZG9］9.2.1.10	城镇雨水调蓄工程技术规范		制订中	市政给水排水
16	［CZG9］9.2.1	［CZG9］9.2.1.11	室外给水排水和燃气热力工程抗震设计规范	GB 50032—2003	现行	市政给水排水
17	［CZG9］9.2.1	［CZG9］9.2.1.12	室外给水排水和燃气热力工程抗震修复和加固技术规程		待编	市政给水排水
［CZG9］9.2.2　村镇给水排水管道工程通用标准						
18	［CZG9］9.2.2	［CZG9］9.2.2.1	给水排水管道工程设计规范		待编	市政给水排水
19	［CZG9］9.2.2	［CZG9］9.2.2.2	给水排水工程管道结构设计规范	GB 50332—2002	现行	市政给水排水
20	［CZG9］9.2.2	［CZG9］9.2.2.3	给水管道非开挖修复更新工程技术规程		制订中	市政给水排水
21	［CZG9］9.2.2	［CZG9］9.2.2.4	城镇排水管道非开挖修复更新工程技术规程	CJJ/T 210—2014	现行	市政给水排水
22	［CZG9］9.2.2	［CZG9］9.2.2.5	给水排水管道工程施工及验收规范	GB 50268—2008	现行	市政给水排水
23	［CZG9］9.2.2	［CZG9］9.2.2.6	城镇地下管网抗震鉴定标准		制订中	市政给水排水
［CZG9］9.2.3　村镇节约用水和再生水工程通用标准						
24	［CZG9］9.2.3	［CZG9］9.2.3.1	城镇居民生活及公共（建筑）生活用水定额制订方法		待编	市政给水排水
25	［CZG9］9.2.3	［CZG9］9.2.3.2	城市居民生活用水量标准	GB/T 50331—2002	现行	市政给水排水
26	［CZG9］9.2.3	［CZG9］9.2.3.3	城镇公共（建筑）生活用水量标准		待编	市政给水排水
27	［CZG9］9.2.3	［CZG9］9.2.3.4	污水再生利用工程设计规范	GB 50335—2002	现行	市政给水排水
28	［CZG9］9.2.3	［CZG9］9.2.3.5	城市节水评价标准	GB/T 51083—2015	现行	市政给水排水
［CZG9］9.2.4　村镇给水排水工程运行管理通用标准						
29	［CZG9］9.2.4	［CZG9］9.2.4.1	城镇水源地安全防护规范		待编	市政给水排水
30	［CZG9］9.2.4	［CZG9］9.2.4.2	城镇供水厂运行、维护及安全技术规范	CJJ 58—2009	现行	市政给水排水
31	［CZG9］9.2.4	［CZG9］9.2.4.3	城镇污水处理厂运行、维护及安全技术规范	CJJ 60—2011	现行	市政给水排水

序号	体系分类编码	标准编码	标准名称	现行标准编号	标准状态	主题特征
32	[CZG9]9.2.4	[CZG9]9.2.4.4	城镇再生水厂运行、维护及安全技术规范		制订中	市政给水排水
[CZG9]9.3(1)村镇专用标准						
[CZG9]9.3(1).1 村镇给水排水工程专用标准						
33	[CZG9]9.3(1).1	[CZG9]9.3(1).1.1	给水排水工程钢筋混凝土沉井结构设计规范		待编	市政给水排水
34	[CZG9]9.3(1).1	[CZG9]9.3(1).1.2	给水排水工程钢筋混凝土水池结构设计规范		待编	市政给水排水
35	[CZG9]9.3(1).1	[CZG9]9.3(1).1.3	给水排水工程钢筋混凝土构筑物变形缝结构设计规范		待编	市政给水排水
36	[CZG9]9.3(1).1	[CZG9]9.3(1).1.4	给水排水工程水塔结构设计规范		待编	市政给水排水
37	[CZG9]9.3(1).1	[CZG9]9.3(1).1.5	给水管井技术规范	GB 50296—2014	现行	市政给水排水
38	[CZG9]9.3(1).1	[CZG9]9.3(1).1.6	城镇给水微污染水预处理技术规程	CJJ/T 229—2015	现行	市政给水排水
39	[CZG9]9.3(1).1	[CZG9]9.3(1).1.7	城镇给水膜处理技术规程		制订中	市政给水排水
40	[CZG9]9.3(1).1	[CZG9]9.3(1).1.8	城镇污水曝气生物滤池处理工程技术规程		待编	市政给水排水
41	[CZG9]9.3(1).1	[CZG9]9.3(1).1.9	城镇污水生物接触氧化处理工程技术规程		待编	市政给水排水
42	[CZG9]9.3(1).1	[CZG9]9.3(1).1.10	城镇给水厂污泥处理技术规程		待编	市政给水排水
43	[CZG9]9.3(1).1	[CZG9]9.3(1).1.11	含藻水给水处理设计规范	CJJ 32—2011	现行	市政给水排水
44	[CZG9]9.3(1).1	[CZG9]9.3(1).1.12	高浊度水给水设计规范	CJJ 40—2011	现行	市政给水排水
45	[CZG9]9.3(1).1	[CZG9]9.3(1).1.13	高氟水给水处理设计规范		待编	市政给水排水
46	[CZG9]9.3(1).1	[CZG9]9.3(1).1.14	低温低浊水给水处理设计规范		待编	市政给水排水
47	[CZG9]9.3(1).1	[CZG9]9.3(1).1.15	城镇供水与污水处理化验室技术规范	CJJ/T 182—2014	现行	市政给水排水
48	[CZG9]9.3(1).1	[CZG9]9.3(1).1.16	城镇给水系统电气及自动化工程技术规程		待编	市政给水排水
49	[CZG9]9.3(1).1	[CZG9]9.3(1).1.17	城镇给水设施调度系统设计规范		待编	市政给水排水
50	[CZG9]9.3(1).1	[CZG9]9.3(1).1.18	镇（乡）村给水工程技术规程	CJJ 123—2008	现行	市政给水排水
51	[CZG9]9.3(1).1	[CZG9]9.3(1).1.19	城镇污水处理厂污泥处理技术规程	CJJ 131—2009	现行	市政给水排水
52	[CZG9]9.3(1).1	[CZG9]9.3(1).1.20	污水稳定塘设计规范	CJJ/T 54—1993	修订中	市政给水排水
53	[CZG9]9.3(1).1	[CZG9]9.3(1).1.21	寒冷地区污水活性污泥法处理设计规程		待编	市政给水排水

序号	体系分类编码	标准编码	标准名称	现行标准编号	标准状态	主题特征
54	[CZG9]9.3(1).1	[CZG9]9.3(1).1.22	医疗卫生机构污水处理技术规程		待编	市政给水排水
55	[CZG9]9.3(1).1	[CZG9]9.3(1).1.23	城镇污水处理厂臭气处理技术规程		制订中	市政给水排水
56	[CZG9]9.3(1).1	[CZG9]9.3(1).1.24	城镇污水处理厂噪声处理技术规程		待编	市政给水排水
57	[CZG9]9.3(1).1	[CZG9]9.3(1).1.25	城镇排水系统电气与自动化工程技术规程	CJJ 120—2008	现行	市政给水排水
58	[CZG9]9.3(1).1	[CZG9]9.3(1).1.26	城镇排水设施调度系统设计规范		待编	市政给水排水
59	[CZG9]9.3(1).1	[CZG9]9.3(1).1.27	镇（乡）村排水工程技术规程	CJJ 124—2008	现行	市政给水排水
[CZG9]9.3(1).2 村镇给水排水管道工程专用标准						
60	[CZG9]9.3(1).2	[CZG9]9.3(1).2.1	城镇给水排水预应力混凝土管道工程技术规程		待编	市政给水排水
61	[CZG9]9.3(1).2	[CZG9]9.3(1).2.2	城镇给水金属管道工程技术规程		待编	市政给水排水
62	[CZG9]9.3(1).2	[CZG9]9.3(1).2.3	城镇给水预应力钢筒混凝土管道工程技术规程	CJJ 224—2014	现行	市政给水排水
63	[CZG9]9.3(1).2	[CZG9]9.3(1).2.4	埋地塑料给水管道工程技术规程	CJJ 101—2016	修订中	市政给水排水
64	[CZG9]9.3(1).2	[CZG9]9.3(1).2.5	埋地塑料排水管道工程技术规程	CJJ 143—2010	现行	市政给水排水
65	[CZG9]9.3(1).2	[CZG9]9.3(1).2.6	城镇排水预制混凝土圆形管道工程技术规程		待编	市政给水排水
66	[CZG9]9.3(1).2	[CZG9]9.3(1).2.7	城镇排水矩型管管道工程技术规程		待编	市政给水排水
67	[CZG9]9.3(1).2	[CZG9]9.3(1).2.8	泵站技术规程	GB/T 50265—2010	现行	市政给水排水
68	[CZG9]9.3(1).2	[CZG9]9.3(1).2.9	城镇给水管网安全评估技术规程		待编	市政给水排水
69	[CZG9]9.3(1).2	[CZG9]9.3(1).2.10	城镇排水管道检测与评估技术规程	CJJ 181—2012	现行	市政给水排水
70	[CZG9]9.3(1).2	[CZG9]9.3(1).2.11	城镇供水管网漏水探测技术规程	CJJ 159—2011	现行	市政给水排水
71	[CZG9]9.3(1).2	[CZG9]9.3(1).2.12	塑料排水检查井应用技术规程	CJJ/T 209—2013	现行	市政给水排水
72	[CZG9]9.3(1).2	[CZG9]9.3(1).2.13	城镇再生水管道工程技术规程		待编	市政给水排水
[CZG9]9.3(1).3 村镇节约用水和再生水专用标准						
73	[CZG9]9.3(1).3	[CZG9]9.3(1).3.1	城市供水管网漏损控制及评定标准	CJJ 92—2002	现行	市政给水排水
74	[CZG9]9.3(1).3	[CZG9]9.3(1).3.2	城镇供水管网漏水探测技术规程	CJJ 159—2011	现行	市政给水排水
75	[CZG9]9.3(1).3	[CZG9]9.3(1).3.3	城镇水环境污染物控制自动监测技术规程		待编	市政给水排水

序号	体系分类编码	标准编码	标准名称	现行标准编号	标准状态	主题特征
76	［CZG9］9.3(1).3	［CZG9］9.3(1).3.4	城镇河湖水系统生态修复工程技术规程		待编	市政给水排水
［CZG9］9.3(1).4 村镇给水排水工程运行管理专用标准						
77	［CZG9］9.3(1).4	［CZG9］9.3(1).4.1	城镇给水排水系统经济调度技术规程		待编	市政给水排水
78	［CZG9］9.3(1).4	［CZG9］9.3(1).4.2	城镇供水管网运行、维护及安全技术规程	CJJ 207—2013	现行	市政给水排水
79	［CZG9］9.3(1).4	［CZG9］9.3(1).4.3	城镇排水管渠与泵站维护技术规程	CJJ 68—2007	修订中	市政给水排水
80	［CZG9］9.3(1).4	［CZG9］9.3(1).4.4	城镇排水管道维护安全技术规程	CJJ 6—2009	现行	市政给水排水
81	［CZG9］9.3(1).4	［CZG9］9.3(1).4.5	城镇供水水质在线监测技术规程		制订中	市政给水排水
82	［CZG9］9.3(1).4	［CZG9］9.3(1).4.6	城市排水设施普查数据采集技术标准		制订中	市政给水排水
83	［CZG9］9.3(1).4	［CZG9］9.3(1).4.7	城镇污水处理厂运营质量评价标准	CJJ/T 228—2014	现行	市政给水排水
84	［CZG9］9.3(1).4	［CZG9］9.3(1).4.8	城镇排水设施运行统计报表技术标准		待编	市政给水排水
85	［CZG9］9.3(1).4	［CZG9］9.3(1).4.9	城镇供水管网抢修技术规程	CJJ/T 226—2014	现行	市政给水排水
86	［CZG9］9.3(1).4	［CZG9］9.3(1).4.10	城镇排水管网抢修技术规程		待编	市政给水排水
［CZG9］9.3(2)村专用标准						
［CZG9］9.3(2).1 村给水专用标准						
87	［CZG9］9.3(2).1	［CZG9］9.3(2).1.1	村庄水源水质保护标准		待编	市政给水排水
88	［CZG9］9.3(2).1	［CZG9］9.3(2).1.2	镇（乡）村给水工程规划规范		制订中	市政给水排水
89	［CZG9］9.3(2).1	［CZG9］9.3(2).1.3	镇（乡）村给水工程技术规程	CJJ 123—2008	现行	市政给水排水
90	［CZG9］9.3(2).1	［CZG9］9.3(2).1.4	农村特殊水质给水处理技术规范		待编	市政给水排水
91	［CZG9］9.3(2).1	［CZG9］9.3(2).1.5	农村饮用水水井工程技术规范		待编	市政给水排水
92	［CZG9］9.3(2).1	［CZG9］9.3(2).1.6	农村水窖工程技术规范		待编	市政给水排水
93	［CZG9］9.3(2).1	［CZG9］9.3(2).1.7	农村给水管道工程技术规程		待编	市政给水排水
［CZG9］9.3(2).2 村排水专用标准						
94	［CZG9］9.3(2).2	［CZG9］9.3(2).2.1	镇（乡）村排水工程规划规范		待编	市政给水排水
95	［CZG9］9.3(2).2	［CZG9］9.3(2).2.2	镇（乡）村排水工程技术规程	CJJ 124—2008	现行	市政给水排水
96	［CZG9］9.3(2).2	［CZG9］9.3(2).2.3	农村雨洪防治和雨水利用工程技术规程		待编	市政给水排水

序号	体系分类编码	标准编码	标准名称	现行标准编号	标准状态	主题特征
97	[CZG9]9.3(2).2	[CZG9]9.3(2).2.4	农村排水管渠工程技术规程		待编	市政给水排水
98	[CZG9]9.3(2).2	[CZG9]9.3(2).2.5	村庄污水处理设施技术规程	CJJ/T 163—2011	现行	市政给水排水
99	[CZG9]9.3(2).2	[CZG9]9.3(2).2.6	村庄水系统生态保护技术规程		待编	市政给水排水

11.4　村镇市政给水排水分支标准体系项目说明

[CZG9] 9.0 综合标准

[CZG9] 9.0.1《城镇给水排水技术规范》

本标准适用于城镇供水（城镇生活、生产和公共服务等用水，不包括生产用特殊用水）、城镇排水（雨水和污水）、污水再生利用和雨水利用、建筑给水排水相关的规划、设计、施工和运营维护。

本标准是以城镇给水排水设施功能和性能要求为主要内容的全文强制执行的国家标准。主要内容包括城镇给排水工程建设的规划、设计、施工以及运营管理中涉及安全、卫生、环境保护、资源节约和社会公共利益等方面的相关技术要求。本规范共分 7 章：1. 总则；2. 基本规定；3. 城镇给水；4. 城镇排水；5. 污水再生利用与雨水利用；6. 结构；7. 机械、电气与自动化。

内容属性：给水排水、技术规范。

主题特征：市政基础设施、安全、环保、循环经济、可持续发展。

[CZG9] 9.1 基础标准

[CZG9] 9.1.1 术语标准

[CZG9] 9.1.1.1《给水排水工程基本术语标准》

本标准包括给水排水专业涉及的所有名词和术语，现有《给水排水设计基本术语标准》，仅有设计方面的内容，应在目前《给水排水设计基本术语标准》基础上进行修订补充，增加教学、科研、施工、设备、管理以及给排水工程结构、机电等方面涉及的名词和术语

内容属性：给水排水、术语。

主题特征：市政基础设施。

[CZG9] 9.1.2 图形符号标准

[CZG9] 9.1.2.1《建筑给水排水制图标准》

本标准为了使给水排水专业制图做到基本统一，清晰简明，提高制图效率，满足设计、施工、存档等要求，以适应工程建设需要而制订。本标准适用于给水排水专业新建、改建、扩建工程的各阶段设计图、竣工图；原有建筑物、构筑物、总图等的实测图；通用图、标准图等。现行标准主要以建筑给水排水制图为主，缺少室外部分，修订时应该增加

室外给水排水工程制图规定。

内容属性：给水排水、制图。

主题特征：市政基础设施。

[CZG9] 9.1.2.2《给水排水基本符号标准》

本标准包括给水排水专业标准编写、教学、科研、设计、出版等工作中常用符号和计量单位的表示方法。

内容属性：给水排水、符号。

主题特征：市政基础设施。

[CZG9] 9.1.2.3《给水排水标志标准》

本标准适用于给水排水系统管网、泵站、构筑物等设施。主要内容是规定地下隐蔽工程、管线的地面标志，地上设施（如检查井、泵站、倒虹管、过河管）等相关标志。

[CZG9] 9.2 通用标准

[CZG9] 9.2.1 村镇给水排水工程通用标准

[CZG9] 9.2.1.1《室外给水设计规范》

本标准包括水量、水质、水压、取水构筑物、输配水及常规给水处理工艺的要求，适用于新建、扩建或改建的城镇、工业企业及居住区的永久性室外给水工程设计。

内容属性：室外给水、设计。

主题特征：市政基础设施。

[CZG9] 9.2.1.2《室外排水设计规范》

本标准包括排水量计算、排水管渠、排水泵房、污水污泥处理构筑物和常规处理工艺要求。适用于新建、扩建和改建的城镇、工业企业及居住区的永久性的室外排水工程设计。

内容属性：室外排水、设计。

主题特征：市政基础设施。

[CZG9] 9.2.1.3《城镇供水设施安全等级标准》

本标准主要根据城镇供水工程设施的重要程度、城市规模、管理水平等作出分级考核标准。主要包括供水水源、取水设施、输水设施、水处理设施、消毒设施和配水设施等的技术考核指标，同时对可能发生的突发停止供水的安全事故应急保障设施作出规定，保障城镇不间断安全供水。

内容属性：供水、安全、等级。

主题特征：市政基础设施、安全。

[CZG9] 9.2.1.4《给水排水工程构筑物结构设计规范》

本标准是在原标准《给水排水工程结构设计规范》GBJ 69—84 基础上作了修订。

本规范主要是针对给水排水工程构筑物结构设计中的一些共性要求作出规定，包括适用范围、主要符号、材料性能要求、各种作用的标准值、作用的分项系数和组合系数、承载能力和正常使用极限状态，以及构造要求等。这些共性规定将在今后具体的构筑物如水池、沉井、水塔等构筑物，专业标准中去遵循和实施。

内容属性：给水排水、构筑物结构、设计。

主题特征：市政基础设、安全。

［CZG9］9.2.1.5《给水排水构筑物工程施工及验收规范》

本标准包括水池、泵房、地上和地下取水构筑物、水塔等构筑物的施工和验收要求，适用于城镇和工业给水排水构筑物的施工及验收。

内容属性：给水排水、构筑物、施工验收。

主题特征：市政基础设施。

［CZG9］9.2.1.6《城镇给水厂工程施工及质量验收规范》

本标准结合城镇给水厂特点，参照国内外先进的技术和经验，制订施工组织方案要求、施工程序、各种构筑物施工方法，水处理机械设备安装质量，隐蔽工程施工质量要求等。提出各专业工程质量指标，工程施工误差标准，总体工程及分项工程的检测方法与指标，单体试验与系统试验要求，工程检测试验重点项目及控制指标，统一的验收标准等要求。

内容属性：给水厂、施工验收。

主题特征：市政基础设施、安全。

［CZG9］9.2.1.7《城镇污水处理厂工程施工规范》

本标准结合城镇污水处理厂工程特点，制订施工组织方案要求、施工程序、不同构筑物施工方法，水处理机械设备安装质量，隐蔽工程施工质量要求，一般工程施工要点等，针对施工测量、构筑物、设备安装等重点环节进行规定。

内容属性：污水厂、施工。

主题特征：市政基础设施。

［CZG9］9.2.1.8《城市污水处理厂工程质量验收规范》

本标准结合城镇污水处理厂工程特点，明确界定城镇污水处理厂工程质量验收的适用范围和验收内容。针对污水处理厂土建工程验收、设备安装工程验收以及联动试运转期间的工程质量验收，提出各专业工程质量标准指标，工程施工误差标准，总体工程及分项工程的检测方法与指标，单体试验与系统联动试验要求，规定施工和验收方面的标准要求。目前《城市污水处理厂工程质量验收规范》GB 50334—2002 应修订增加施工质量要求。

内容属性：污水厂、质量验收。

主题特征：市政基础设施、安全。

［CZG9］9.2.1.9《城镇内涝防治技术规范》

本标准规定城镇内涝防治系统的主要内容、规划设置原则、技术标准和设计程序；规定渗透、转输和调蓄等源头控制设施的设计方法和技术要求；规定内涝防治系统中排水管渠设施的技术要求；规定城镇水体、调蓄设施和行泄通道等设施用于超标雨水控制的设计方法和技术要求；规定内涝防治设施运行管理的技术要求。

内容属性：内涝防治。

主题特征：市政基础设施。

［CZG9］9.2.1.10《城镇雨水调蓄工程技术规范》

本标准规定城镇雨水调蓄工程的规划和设计原则；规定雨水调蓄量的计算方法；规定城镇雨水调蓄工程，包括水体调蓄工程、绿地广场调蓄工程、调蓄池和隧道调蓄工程的设计方法和技术要求；规定城镇雨水调蓄工程的施工验收和运行维护的技术要求。

内容属性：雨水调蓄。

主题特征：市政基础设施。

［CZG9］9.2.1.11《室外给水排水和燃气热力工程抗震设计规范》

本标准规定室外给水排水和燃气热力工程抗震设计的基本要求，对场地、地基和基础、地震作用和结构抗震验算，盛水构筑物、贮气构筑物、泵房、水塔和管道等的抗震设计做出规定。

内容属性：抗震设计。

主题特征：市政基础设施。

［CZG9］9.2.1.12《室外给水排水和燃气热力工程抗震修复和加固技术规程》

本标准对室外给水排水和燃气热力工程抗震修复和加固技术做出规定，包括适用技术的设计、施工和质量验收等。

内容属性：抗震修复加固。

主题特征：市政基础设施。

［CZG9］9.2.2 村镇给水排水管道工程通用标准

［CZG9］9.2.2.1《给排水管道工程设计规范》

本标准是室外给水和室外排水规范的深化和扩展，特别考虑到近年来大容量、长距离输配水管工程的增多，对其相关较为复杂的问题进行规范，包括其附属构筑物以及给排水管道穿越水域、山谷、铁路、公路、城区等问题。

内容属性：给水排水管道、设计。

主题特征：市政基础设施

［CZG9］9.2.2.2《给水排水工程管道结构设计规范》

本标准是在原标准《给水排水工程结构设计规范》GBJ 69—84 基础上作了修订。

本规范主要是针对给水排水工程管道构筑物结构设计中的一些共性要求作出规定，包括适用范围、主要符号、材料性能要求、各种作用的标准值、作用的分项系数和组合系数、承载能力和正常使用极限状态以及构造要求等。这些共性规定将在今后具体的管道结构，如钢管、铸铁管、塑料管、钢筋混凝土、预应力混凝土、圆形、矩形等管道的结构设计专业标准中去遵循和实施。

内容属性：给水排水、管道结构、设计。

主题特征：市政基础设施、安全。

［CZG9］9.2.2.3《给水管道非开挖修复更新工程技术规程》

本标准主要对旧有给水管道多种非开挖更新改造工程施工技术作出规定，包括多种非开挖管道铺设技术和管道涂衬技术的工程设计、施工、质量验收等。

内容属性：给水管道、非开挖、修复、工程。

主题特征：市政基础设施、新技术、新材料。

［CZG9］9.2.2.4《城镇排水管道非开挖修复更新工程技术规程》

本标准主要对旧有排水管道多种非开挖更新改造工程施工技术作出规定。主要技术内容包括：插入法和原位固化法（CIPP）修复更新排水管道时的工程设计、施工、质量验收；裂管法、折叠管内衬法、管道缩径法和螺旋缠绕法修复更新排水管道时的工程设计、施工、质量验收。

内容属性：排水管道、非开挖、修复、工程。

主题特征：市政基础设施、新技术、新材料。

［CZG9］9.2.2.5《给水排水管道工程施工及验收规范》

本标准适用于城镇和工业区的室外给水排水管道工程的施工及验收。

本标准包括钢管内外防腐、钢管、铸铁、球墨铸铁管安装，砌筑管渠、现浇钢筋混凝土管渠、装配式钢筋混凝土管渠施工安装要求，顶管、盾构、倒虹管施工要求，水压实验和验收规定。今后应将中国工程建设标准化协会标准《混凝土排水管道工程闭气检验标准》、《长距离顶管技术规程》、《管道伸缩接头安装技术规程》以及《市政排水管渠工程质量检验评定标准》CJJ 3—90 纳入本标准。

内容属性：给水排水管道、施工及验收。

主题特征：市政基础设施、安全。

［CZG9］9.2.2.6《城镇地下管网抗震鉴定标准》

本标准规定地下管网调查的技术与方法、鉴定的方法和程序、评价的指标和具体要求。

内容属性：地下管网、抗震鉴定。

主题特征：市政基础设施、安全。

［CZG9］9.2.3　村镇节约用水和再生水工程通用标准

［CZG9］9.2.3.1《城镇居民生活及公共（建筑）生活用水定额制订方法》

本标准是我国节水工作中的一项基础性建设工作。本标准适用于全国城镇居民生活用水及公共（建筑）生活取水定额的制订、城镇节水管理和城镇给水工程设计。

主要技术内容包括：城镇居民生活用水及公共（建筑）生活取水定额标准控制指标、城镇居民生活用水及公共（建筑）生活取水定额标准指标权重、城镇居民生活用水及公共（建筑）生活取水定额计算方法和程序。

内容属性：居民用水、建筑用水、定额、方法。

主题特征：节约水资源、环境保护。

［CZG9］9.2.3.2《城市居民生活用水量标准》

本标准适用于对居民用水实施考核，实行阶梯式计量水价，季节性水价。

本标准是我国节水工作中的一项基础性建设工作。合理制订城镇居民生活用水量标准有利于加强给水管理，推动节约用水，为开展居民用水量考核，推动水价改革服务，

内容属性：居民用水、定额。

主题特征：节约水资源、环境保护。

［CZG9］9.2.3.3《城镇公共（建筑）生活用水量标准》

本标准适用于对公共（建筑）生活用水量实施考核，实行阶梯式计量水价，季节性水价。

本标准是我国节水工作中的一项基础性建设工作。合理制订城镇居民生活用水量标准有利于加强给水管理，推动节约用水，为开展公共（建筑）生活用水量考核，推动水价改革服务。

内容属性：建筑用水、定额。

主题特征：节约水资源、环境保护。

［CZG9］9.2.3.4《污水再生利用工程设计规范》

本标准适用于以再生水利用为目的再生水处理厂的工程设计，确定针对不同进、出水水质要求的工艺和工艺组合，包括方案设计、污水再生利用分类和水质控制指标、再生处理工艺与构筑物设计、安全措施和监测控制等。

［CZG9］9.2.3.5《城市节水评价标准》

本标准适用于对节水型城市的评定。

本标准结合不同地区情况对节水型城市相关法规建设，节水规划编制，城市地下水管理情况，节水管理组织建设，各类用水定额制订，各类用水水平考核，节水效益等诸多定性或定量考核指标作出了规定。

内容属性：城市、节水。

主题特征：节约水资源、环境保护。

［CZG9］9.2.4　村镇给水排水工程运行管理通用标准

［CZG9］9.2.4.1《城镇水源地安全防护规范》

本标准适用于城镇地表水源和地下水源的管理。

本标准规定城镇水源地安全防护管理要求，包括防护范围、措施、具体防护标准，考核办法等规定。

内容属性：水源地、安全、管理。

主题特征：市政基础设施、安全、环保。

［CZG9］9.2.4.2《城镇供水厂运行、维护及安全技术规范》

本标准适用于所有城镇供水厂。

本标准包括城镇供水厂水质监测、制水生产工艺、给水设施、设备的运行和维护规定。

内容属性：供水厂、运行、维护及安全。

主题特征：市政基础设施、节能降耗、生产安全。

［CZG9］9.2.4.3《城镇污水处理厂运行、维护及安全技术规范》

本本标准适用于所有城镇污水处理厂。

本标准包括城镇供污水处理厂水质监测，以及格栅间、进水泵房、沉砂池、初次沉淀池、曝气池、鼓风机房、二次沉淀池、回流污泥泵房、加氯间、浓缩池、污泥厌氧消化池、污泥脱水机房、沼气柜等设施、设备的运行和维护规定。

内容属性：污水厂、运行、维护及安全。

主题特征：市政基础设施、节能降耗、生产安全。

［CZG9］9.2.4.4《城镇再生水厂运行、维护及安全技术规范》

本标准适用于所有城镇再生水处理厂。

本标准包括城镇再生水厂水质监测、设施运行与维护、通用设备运行与维护、电气及自动控制、生产记录及报表、安全。

内容属性：再生水利用、运行、维护及安全。

主题特征：市政基础设施、节能降耗、生产安全。

［CZG9］9.3（1）村镇专用标准

［CZG9］9.3（1).1　村镇给水排水工程专用标准

［CZG9］9.3（1).1.1《给水排水工程钢筋混凝土沉井结构设计规范》

本标准根据《给水排水工程构筑物结构设计规范》GB 50069 规定的原则制订。本标准适用于给水排水工程中各类钢筋混凝土沉井结构的设计。

内容属性：给水排水、沉井结构、设计。

主题特征：市政基础设施。

[CZG9] 9.3 (1).1.2《给水排水工程钢筋混凝土水池结构设计规范》

本标准根据《给水排水工程构筑物结构设计规范》GB 50069 规定的原则制订。本标准适用于城镇给水排水工程钢筋混凝土水池的结构设计，不适用于工业企业中具有特要求的钢筋混凝土水池设计。

内容属性：给水排水、水池结构、设计。

主题特征：市政基础设施。

[CZG9] 9.3 (1).1.3《给水排水工程钢筋混凝土构筑物变形缝结构设计规范》

本标准适用于城镇给水排水工程的混凝土贮水池、管渠、泵房等变形缝（伸缩缝、沉降缝及防震缝）的设计。

为了保证给水排水工程混凝土构筑物变形缝的设计达到安全适用、经济合理、确保质量、提高投资效益的目的，制订本标准。

内容属性：给水排水、变形缝结构、设计。

主题特征：市政基础设施。

[CZG9] 9.3 (1).1.4《给水排水工程水塔结构设计规范》

本标准依据《给水排水工程构筑物结构设计规范》GB 50069 规定的原则制订。适用于城镇给水排水工程贮存常温水的常用的钢筋混凝土结构水塔和小型钢筋混凝土水箱砖石支承结构设计。

内容属性：给水排水、水塔结构、设计。

主题特征：市政基础设施。

[CZG9] 9.3 (1).1.5《给水管井技术规范》

本标准适用于生活和生产用水管井工程的设计、施工及验收，现还有《给水管井设计、施工及验收规范》CJJ10-86 与其内容有重复，修订时应合并。

内容属性：给水、管井技术、工程。

主题特征：市政基础设施。

[CZG9] 9.3 (1).1.6《城镇给水微污染水预处理技术规程》

本标准适用于对给水微污染原水水质的处理工艺的设计要求。主要包括化学预处理法，如臭氧、高锰酸钾等氧化法；生物预处理法，如生物接触氧化、生物滤池等工法，还包括适用的水质、各种工艺构造和主要参数。

内容属性：给水、微污染水、处理、工程。

主题特征：市政基础设施、节水、安全。

[CZG9] 9.3 (1).1.7《城镇给水膜处理技术规程》

本标准适用于采用膜法的给水处理工程的设计、施工和验收。包括各种膜法对应的水质要求，采用微滤、超滤、纳滤、反渗透等膜法的工艺搭配组合及主要参数以及施工方法和验收标准等。

内容属性：给水、膜法、处理、工程。

主题特征：市政基础设施、环保、资源利用、新材料。

［CZG9］9.3（1）.1.8《城镇污水曝气生物滤池处理工程技术规程》

本标准适用于中小城镇污水采用曝气生物滤池进行二级或三级处理的工程设计、施工验收和运行管理。

主要技术内容包括：设计参数选择中小城镇污水生物二级处理工艺流程组合；城市污水三级处理工艺流程组合；布置与构造；设备与材料；工程施工与验收和运行与管理。

内容属性：污水、曝气生物滤池、处理、工程。

主题特征：市政基础设施、环保、资源利用。

［CZG9］9.3（1）.1.9《城镇污水生物接触氧化处理工程技术规程》

本标准适用于中小城镇污水采用生物接触氧化法进行二级或三级处理的工程设计、施工验收和运行管理。

主要技术内容包括：设计参数选择中小城镇污水生物二级处理工艺流程组合；城市污水三级处理工艺流程组合；布置与构造；设备与材料；工程施工与验收和运行与管理。

内容属性：污水、接触氧化、处理、工程。

主题特征：市政基础设施、环保、资源利用。

［CZG9］9.3（1）.1.10《城镇给水厂污泥处理技术规程》

本标准重点规定给水厂污泥处理的工艺要求、污泥处置方法、污泥处理标准等方面的工程设计规定以及污泥处理工程的施工质量标准和验收要求。

内容属性：给水厂、污泥、处理、工程

主题特征：市政基础设施、环保、资源利用。

［CZG9］9.3（1）.1.11《含藻水给水处理设计规范》

本标准为含藻特殊水质处理工艺设计标准。

内容属性：含藻水、给水、设计。

主题特征：市政基础设施、节水。

［CZG9］9.3（1）.1.12《高浊度水给水设计规范》

本标准为高浊度特殊水质处理工艺设计标准。

内容属性：高浊度水、给水、设计。

主题特征：市政基础设施、节水。

［CZG9］9.3（1）.1.13《高氟水给水处理设计规范》

本标准为高氟特殊水质处理工艺设计标准。

内容属性：高氟水、给水、设计。

主题特征：市政基础设施、安全。

［CZG9］9.3（1）.1.14《低温低浊水给水处理设计规范》

本标准为低温低浊特殊水质处理工艺设计标准。

内容属性：低温低浊水、给水、设计。

主题特征：市政基础设施。

［CZG9］9.3（1）.1.15《城镇供水与污水处理化验室技术规范》

《城镇污水处理厂附属建设和附属设备设计标准》CJJ 31—89和《城镇给水厂附属建设和附属设备设计标准》CJJ 41—89两个标准中关于化验室的配备要求部分合并制订为

一本标准，标准名称为《城镇给水厂和污水处理厂检验设施设计规范》。该标准可结合新的饮用水标准和水处理回用等方面的水质要求，确定相关水质检验方面的硬件配备的设计要求。解决目前该方面在工程建设设计中无章可寻的问题。

内容属性：给水厂和污水厂、检验设施、工程。

主题特征：市政基础设施。

［CZG9］9.3（1）.1.16《城镇给水系统电气及自动化工程技术规程》

本标准适用于城镇供水系统。

本标准规定了水厂、管网、调度等系统的自动化工程设计、自动化设备的选择和配备标准，控制方式和任务要求，数据传输的质量指标以及工程施工安装质量要求和验收标准。

内容属性：给水系统、电气及自动化、工程。

主题特征：市政基础设施。

［CZG9］9.3（1）.1.17《城镇给水设施调度系统设计规范》

本标准按照城市给水设施的规模以及调度对象的多少及复杂程度确定城镇给水设施调度系统的不同标准等级。调度系统的组成包括对水源、输水、净水和配水系统的主要参数的实时监测和数据采集，提供优化调度的方法和平台。

内容属性：给水设施、调度系统、设计。

主题特征：市政基础设施、节能降耗。

［CZG9］9.3（1）.1.18《镇（乡）村给水工程技术规程》

本标准适用于规模不大于 $5000m^3/d$ 的村镇永久性室外给水工程。规定了农村和集镇的小型集中给水系统的用水量、水压、水源选择和取水构筑物、设计规模、净化工艺、输配水工程的设计、施工和质量验收要求。本标准适用于农村和集镇的小型集中给水系统。

内容属性：镇（乡）村给水、工程。

主题特征：新农村建设。

［CZG9］9.3（1）.1.19《城镇污水处理厂污泥处理技术规程》

本标准适用于城镇污水处理厂产生的初沉污泥和剩余污泥及其混合污泥的处理。

本标准以"稳定化、减量化、无害化"为目的，规定了污水厂污泥采用堆肥、干化、焚烧等处理、处置工程的设计、施工和验收。

本标准不包括城镇污水的初步处理中产生的砂砾或筛屑的处理。

内容属性：污水处理厂、污泥处理、工程。

主题特征：市政基础设施、环保。

［CZG9］9.3（1）.1.20《污水稳定塘设计规范》

目前已制订的《污水稳定塘设计规程》包括氧化塘进水水质标准、工程总体布置、处理工艺要求、各种塘体的设计、附属设施配备要求以及氧化塘土方工程要求，各类塘体和构筑物施工方法、质量控制指标和工程验收标准。本标准修订时应该补充人工湿地处理方面的技术内容，将污水自然处理工程的中的设计要求、施工验收要求和运行维护要求都纳入本标准中。

内容属性：污水、稳定塘。

主题特征：市政基础设施、环保、资源利用。

［CZG9］9.3（1）.1.21《寒冷地区污水活性污泥法处理设计规程》

本标准以北方冬季城镇污水常规处理工艺设计方法为主要内容，是污水特殊处理方法标准之一。

内容属性：寒冷地区、污水、处理、设计。

主题特征：市政基础设施、环保。

［CZG9］9.3（1）.1.22《医疗卫生机构污水处理技术规程》

本标准对各类医院以及其他医疗卫生机构被病菌、病毒所污染和含低放射性物质的污水进行处理的设计规定以及工程的施工和验收规定，是污水特殊处理方法标准之一。

内容属性：医疗卫生、污水、处理、工程。

主题特征：市政基础设施、环保。

［CZG9］9.3（1）.1.23《城镇污水处理厂臭气处理技术规程》

本标准适用于污水处理厂新建、扩建和改建的臭气和噪声防治工程。

本标准对城镇污水处理厂格栅间和污泥处理过程中产生臭气的收集、处理以及鼓风机房噪音防治等方面的工程设计、施工和验收等作了规定。

内容属性：污水处理厂、臭气、处理、工程。

主题特征：市政基础设施、环保。

［CZG9］9.3（1）.1.24《城镇污水处理厂噪声处理技术规程》

本标准适用于污水处理厂新建、扩建和改建的臭气和噪声防治工程。

本标准对城镇污水处理厂鼓风机房噪声防治等方面的工程设计、施工和验收等作了规定。

内容属性：污水处理厂、噪声、处理、工程。

主题特征：市政基础设施、环保。

［CZG9］9.3（1）.1.25《城镇排水系统电气与自动化工程技术规程》

本标准适用于城镇排水系统。

本标准规定了城镇排水泵站、管网、污水处理厂、调度等系统的自动化工程设计、自动化设备的选择和配备标准，控制方式和任务要求，数据传输的质量指标，以及工程施工安装质量要求和验收标准。

内容属性：排水系统、电气及自动化、工程。

主题特征：市政基础设施。

［CZG9］9.3（1）.1.26《城镇排水设施调度系统设计规范》

本标准按照城市排水设施的规模以及调度对象的多少及复杂程度确定城镇排水设施调度系统的不同标准等级。调度系统的组成包括对雨水洪水监测、重要污染源监测、污水排放流量、污水水质、排水泵站的主要参数的实时监测和数据采集，可提供优化调度的方法和平台。

内容属性：排水、调度、设计。

主题特征：市政基础设施、节能降耗。

［CZG9］9.3（1）.1.27《镇（乡）村排水工程技术规程》

本标准适用于村庄、集镇和县级人民政府驻地以外镇、乡的新建、扩建和改建的排水工程。

本标准规定了农村和集镇的排水设施、管道以及小型污水处理设施构筑物、处理工艺的设计以及各项工程施工和质量验收要求。本标准适用于农村和集镇的集中排水系统。

［CZG9］9.3（1）.2 村镇给水排水管道工程专用标准

［CZG9］9.3（1）.2.1《城镇给水排水预应力混凝土管道工程技术规程》

本标准适用于城镇给水排水应用的有压、无压预应力混凝土管道工程的设计施工和验收，包括水力计算、结构设计、基础处理方法、管件的配置方法以及管道施工安装方法和验收要求等。

内容属性：给水排水、混凝土管道、工程。

主题特征：市政基础设施。

［CZG9］9.3（1）.2.2《城镇给水金属管道工程技术规程》

本标准适用于给水工程中采用焊接钢管、球墨铸铁管管道的工艺设计、结构设计、连接要求、管道衬里技术要求，包括水泥砂浆及各种化学涂料等材料标准、外防腐措施等以及工程施工和验收要求。

内容属性：给水排水、金属管道、工程。

主题特征：市政基础设施。

［CZG9］9.3（1）.2.3《城镇给水预应力钢筒混凝土管管道工程技术规程》

本标准适用于城镇给水预应力钢筒混凝土管管道工程的设计施工和验收，包括水力计算、结构设计、管材等级分类、土壤腐蚀防护、特殊荷载加固要求、基础处理方法、异型管件的配置方法以及管道施工安装方法和验收要求等。

内容属性：给水排水、钢套筒管道、工程。

主题特征：市政基础设施、新材料。

［CZG9］9.3（1）.2.4《埋地塑料给水管道工程技术规程》

本标准规定化学建材管道（包括各种改性材料的塑料管材如 PVC、PE、PP、PB、ABS 等材料）用于室外给水输配工程的现场管材验收标准、管道结构设计、水力计算、管道敷设和补偿方式、土方工程、管道施工安装质量标准和工程验收质量指标要求。

内容属性：埋地、给水、塑料管道、工程。

主题特征：市政基础设施、新材料。

［CZG9］9.3（1）.2.5《埋地塑料排水管道工程技术规程》

本标准规定化学建材管道（包括各种改性材料的塑料管材如 PVC、PE、PP、PB、ABS 等材料）用于室外排水输配工程的现场管材验收标准、管道结构设计、水力计算、管道敷设和补偿方式、土方工程、施工安装和验收要求。现有《埋地硬聚氯乙烯聚乙烯筋型壁螺旋管排水管道工程技术规程》、《埋地聚乙烯双壁波纹管缠绕筋壁螺旋管排水管道工程技术规程》应合并。

内容属性：埋地、排水、塑料管道、工程。

主题特征：市政基础设施、新材料。

［CZG9］9.3（1）.2.6《城镇排水预制混凝土圆形管管道工程技术规程》

本标准规定了雨、污水管道工程中预制无内压的混凝土圆管的结构设计要求。

内容属性：给水排水、混凝土、圆形管道、工程。

主题特征：市政基础设施。

［CZG9］9.3（1）.2.7《城镇排水矩形管管道工程技术规程》

本标准规定了雨、污水管道工程中的砌体、混合结构和钢筋混凝土矩形管道的设计、施工和验收要求。

内容属性：给水排水、矩形管道、工程。

主题特征：市政基础设施。

［CZG9］9.3（1）.2.8《泵站技术规程》

本标准结合城镇防汛防涝标准等级，规定城镇排水泵站的设计标准和土建工程施工质量标准、机械设备、水泵安装标准以及工程质量验收要求。

内容属性：排水、泵站、工程。

主题特征：市政基础设施。

［CZG9］9.3（1）.2.9《城镇给水管网安全评估技术规程》

本标准规定城镇给水管网采用不同材质的管道，包括钢管、铸铁、球墨铸铁管、塑料管，陶管以及砌筑管渠、现浇钢筋混凝土管渠、装配式钢筋混凝土管渠等使用损坏程度鉴定标准、使用年限以及维修、施工方法和检查验收规定。

内容属性：给水、管网、安全评估。

主题特征：市政基础设施、安全。

［CZG9］9.3（1）.2.10《城镇排水管道检测与评估技术规程》

本标准规定城镇排水管网采用不同材质的管道，包括钢管、铸铁、球墨铸铁管、塑料管，陶管以及砌筑管渠、现浇钢筋混凝土管渠、装配式钢筋混凝土管渠等使用损坏程度鉴定标准、使用年限以及维修、施工方法和检查验收规定。

内容属性：排水、管网、安全评估。

主题特征：市政基础设施、安全。

［CZG9］9.3（1）.2.11《城镇供水管网漏水探测技术规程》

本标准对应用多种方法检测供水管道漏水点的技术作出相关规定，包括区域装表法，多种漏点噪声放大技术和相关检漏技术等。

内容属性：供水、管道、漏水探测、工程。

主题特征：市政基础设施、节水。

［CZG9］9.3（1）.2.12《塑料排水检查井应用技术规程》

本标准适用于建筑小区及市政给水排水系统中采用塑料检查井的工程设计、施工、验收和运行管理。

内容属性：排水管道、塑料检查井、设计、施工。

主题特征：新材料。

［CZG9］9.3（1）.2.13《城镇再生水管道工程技术规程》

本标准规定了经城镇再生水厂处理后输送管网的设计、施工和验收及运行管理。

内容属性：再生水管道、设计、安全。

主题特征：水资源利用、节水。

［CZG9］9.3（1）.3 村镇节约用水和再生水专用标准

［CZG9］9.3（1）.3.1《城市供水管网漏损控制及评定标准》

本标准规定了城市供水管网的用水计量管理要求、漏损率指标、评定计算方法以及漏损检测方法。

内容属性：供水、管网漏损、评定。

主题特征：节约水资源。

[CZG9] 9.3（1）.3.2《城镇供水管网漏水探测技术规程》

本标准对应用多种方法检测供水管道漏水点的技术作出相关规定，包括区域装表法、多漏点噪声放大技术和相关检漏技术等。

内容属性：供水、管道、漏水探测。

主题特征：市政基础设施、节水。

[CZG9] 9.3（1）.3.3《城镇水环境污染物控制自动监测技术规程》

本标准适用于城镇水环境污染物自动监测工程技术的设计、施工和管理。主要内容为城镇重点污染源、污染物排放口、排水管网、污水处理厂、河湖水系及城市整体水环境污染程度的检测，提供实时的城市水环境污染现状，达到自动检测、自动传输、自动汇总分析，为控制污染和政府决策提供数据。重点研究系统数据采样精度周期，研究采用一次仪表的可靠性，研究数据传输通信协议模式。

内容属性：水环境、污染物、监测。

主题特征：节能减排、环境保护。

[CZG9] 9.3（1）.3.4《城镇河湖水系统生态修复工程技术规程》

本标准适用于城镇河道、湖泊（含人工湖）水系采用生态修复工程技术的设计、施工和管理。该标准将系统总结我国城市河湖水系整治中的问题和经验，结合不同气候条件、自然地理环境和水质、水量特点，采用多种生态、自然修复技术，如土壤、植物等吸附技术、环境自净技术、生态驳岸建设技术，规范城市河湖水系整治行为标准，引导发展城市河湖生态修复整治工程实践。内容主要包括城市河湖生境重构、城市河湖水系驳岸修复、滨河绿地、湿地植被恢复、河湖水质净化技术、动物生境重构技术（含微生物、鱼类、鸟类等），提出工程设计、施工和日常维护和管理要求。

内容属性：水环境、设计、修复。

主题特征：节能减排、环境保护。

[CZG9] 9.3（1）.4 村镇给水排水工程运行管理专用标准

[CZG9] 9.3（1）.4.1　《城镇给水排水系统经济调度技术规程》

本标准规定给水排水系统，包括水厂、污水处理厂、管网、泵站等设施的经济调度方法和模式。

内容属性：给水排水、调度技术。

主题特征：市政基础设施、节水、节能降耗。

[CZG9] 9.3（1）.4.2《城镇供水管网运行、维护及安全技术规程》

本标准规定给水管网养护周期、养护方法和技术标准指标。

内容属性：供水管网、运行、维护、安全。

主题特征：市政基础设施、生产安全。

[CZG9] 9.3（1）.4.3《城镇排水管渠与泵站维护技术规程》

本标准规定城镇排水管渠与泵站的养护周期、养护方法和技术标准指标。

内容属性：管渠与泵站、运行、维护。

主题特征：市政基础设施、生产安全。

［CZG9］9.3（1）.4.4《城镇排水管道维护安全技术规程》

本标准规定进行排水管道养护工作时必须遵循的安全操作要求。

内容属性：排水管道、维护、安全。

主题特征：施工安全。

［CZG9］9.3（1）.4.5《城市供水水质在线监测技术规程》

本标准为了保证城市供水安全，规定在线水质标准的监测指标，并对水质指标如何进行检测以及检测仪器和设备精度、周期的要求。

内容属性：给水、管理、水质。

主题特征：水质安全。

［CZG9］9.3（1）.4.6《城市排水设施普查数据采集技术标准》

本标准对城镇排水设施，包括管网、泵站进行普查工作应该采集的数据和办法。

内容属性：排水管道、管理。

主题特征：信息化。

［CZG9］9.3（1）.4.7《城镇污水处理厂运营质量评价标准》

本标准对城镇污水处理厂的运行效率效果，包括水质、水量、设备等规定应该考核和评价的指标及计算方法。

内容属性：污水处理、监测评价。

主题特征：管理、节能减排。

［CZG9］9.3（1）.4.8《城镇排水设施运行统计报表技术标准》

本标准适用于不同规模、不同工艺、不同城市的城镇污水处理厂、再生水厂、污泥处理处置厂、排水管网、泵站等排水设施。

本标准包括原始记录和统计报表两部分，表格以构筑物为记录单元，可按照不同工艺进行拼接组合。

主要技术内容包括：对排水管网、污水处理厂、再生水厂、再生水管网、污泥处理处置、化验、设备、成本和安全运行的原始记录及统计报表做出标准模板，包括城镇污水处理厂各工艺段的原始记录，即预处理及初级处理记录、二级处理记录、深度处理记录、消毒记录、除臭记录、加药记录、污泥处理记录、设备管理记录、化验管理记录及其他记录。统计报表包括工艺、设备、化验及成本分析的统计日报表、月报表、年报表。

［CZG9］9.3（1）.4.9《城镇供水管网抢修技术规程》

本标准适用于城镇供水管网的抢修，也适用于自备水源的供水管网、总表后的埋地管网、农村集中供水管网。

为加强城镇供水管网抢修管理，规范抢修作业，提高城镇供水管网突发事故应急处置能力，保障抢修工程安全和质量，制订本标准。

内容属性：供水管网水。

主题特征：抢修安全。

［CZG9］9.3（1）.4.10《城镇排水管网抢修技术规程》

为加强城镇排水管网抢修管理，规范抢修作业，提高城镇排水管网突发事故应急处置能力，保障抢修工程安全和质量，制订本标准。

内容属性：排水管网。

主题特征：抢修安全。

［CZG9］9.3（2）.1 村给水专用标准

［CZG9］9.3（2）.1.1《村庄水源水质保护标准》

本标准主要针对农村不同类型水源提出保护要求，包括小型水库、山泉、河塘、蓄水池等地表水以及浅层地下水、水窖等各种水源，提出保护工程措施、保护方法和要求等。

内容属性：水环境、污染物、监测。

主题特征：水质安全。

［CZG9］9.3（2）.1.2《镇（乡）村给水工程规划规范》

本标准适用于县级人民政府驻地以外的镇（乡）村，界定为 3 万人以下、供水规模不大于 $5000m^3/d$ 的给水工程的规划。

主要技术内容包括：水资源及用水量、水质和水压、给水系统、输配水、水厂等。

内容属性：给水规划、设计。

主题特征：新农村建设、基础设施建设。

［CZG9］9.3（2）.1.3《镇（乡）村给水工程技术规程》

见村镇给水排水［CZG9］9.3（1）.1.18。

［CZG9］9.3（2）.1.4《农村特殊水质给水处理设计规范》

本标准针对我国部分农村地区饮用苦咸水、高氟水、含、砷、锰以及其他原水严重超标的水质，确定相对应的工程处理工艺的设计要求、施工要求。

内容属性：新农村建设、给水处理、设计、施工。

主题特征：新农村建设、饮用水安全、基础设施建设。

［CZG9］9.3（2）.1.5《农村饮用水水井工程技术规范》

本标准对农村采用地下水为水源的集中供水和分散供水的水井勘察、设计、材料、施工等方面提出要求。

内容属性：饮水工程、设计、施工。

主题特征：新农村建设、应用水安全、基础设施建设。

［CZG9］9.3（2）.1.6《农村水窖工程技术规范》

本标准适用于采用水窖为水源的农村，包括集水方式、水窖结构、水窖材料、水窖施工、水窖的应用和管理等。

内容属性：饮水工程设计、施工。

主题特征：新农村建设、饮用水安全、基础设施建设。

［CZG9］9.3（2）.1.7《农村给水管道工程技术规程》

本标准适用于农村集中供水管道工程的建设。

主要技术内容包括：管道材料要求、水量和水压、管道系统、工程施工验收要求、管道运行和维护要求等。

内容属性：给水管道、设计、施工。

主题特征：新农村建设、基础设施建设。

［CZG9］9.3（2）.2 村排水专用标准

［CZG9］9.3（2）.2.1《镇（乡）村排水工程规划规范》

本标准适用于县级人民政府驻地以外的镇（乡）村，界定为 3 万人以下、排水规模不大于 5000m³/d 的排水工程的规划。

主要技术内容包括：生活污水水量、水质、排水系统、处理设施、排放口选择等。

内容属性：排水管道、规划、设计。

主题特征：新农村建设、基础设施建设。

[CZG9] 9.3 (2).2.2《镇（乡）村排水工程技术规程》

见村镇给排水 [CZG9] 9.3 (1).1.27。

[CZG9] 9.3 (2).2.3《农村雨洪防治和雨水利用工程技术规程》

本标准对农村应对暴雨、山洪等洪涝灾害，在住房建设和公共设施建设以及保护方面应选取的自然措施和应采取的工程措施包括规划要求、建设要求、山体、滑坡防治等以及雨水收集利用措施。

内容属性：雨虹防治、设计、施工。

主题特征：新农村建设、防灾减灾、节约用水。

[CZG9] 9.3 (2).2.4《农村排水管渠工程技术规程》

本标准适用于农村集中式污水排放和处理系统配套的污水和雨水输配管渠的工程设计、施工、验收和运行管理，包括管道设计流量和水质、排水管渠和构筑物、小型泵站等。

内容属性：排水管道、设计、施工。

主题特征：新农村建设、基础设施建设。

[CZG9] 9.3 (2).2.5《村庄污水处理设施技术规程》

本标准适用于规划服务人口在 5000 人以下村庄以及分散农户新建、扩建和改建的生活污水（包括居民厕所、盥洗和厨房排水等）处理设施的设计、施工和验收，不包括专业养殖户、农产品加工、工业园区及乡镇企业等工业废水的处理设施。

主要技术内容包括：处理技术分类；分散型污水处理方式；集中型污水处理方式；施工与质量验收。

内容属性：污水处理、设计、施工。

主题特征：新农村建设、节能减排、环境保护。

[CZG9] 9.3 (2).2.6《村庄水系统生态保护技术规程》

本标准适用于农村河道、湖泊（含人工湖）水系统采用生态修复工程技术的设计、施工和管理。该标准将结合不同气候条件、自然地理环境和水质、水量特点，采用多种生态、自然修复技术，如土壤、植物等吸附技术、环境自净技术，规范农村河湖水系保护行为标准。内容主要包括农村河湖生境重构、湿地植被恢复、河湖水质净化技术、动物生境重构技术（含微生物、鱼类、鸟类等），提出工程设计、施工和日常维护和管理要求。

内容属性：水环境、污染物、监测。

主题特征：新农村建设、水质、环境保护。

第12章　村镇燃气分支标准体系

12.1　综述

党的十八大报告中关于农业的论述共有八句话，每一句都有深刻的含义，给农村的发展指明方向。其中："解决好农业农村农民问题是全党工作重中之重，城乡发展一体化是解决'三农'问题的根本途径；要加大统筹城乡发展力度，增强农村发展活力，逐步缩小城乡差距，促进城乡共同繁荣；加快完善城乡发展一体化体制机制，着力在城乡规划、基础设施、公共服务等方面推进一体化，促进城乡要素平等交换和公共资源均衡配置，形成以工促农、以城带乡、工农互惠、城乡一体的新型工农、城乡关系"等内容也是村镇燃气专业体系编写的指导原则。

村镇燃气标准体系的编写，不能效仿和照搬城镇燃气标准体系。这两个体系名称中虽然都有"镇"，但是其中的区别很大。城镇燃气中的"镇"往往指自然条件和经济条件比较好，用气条件接近或达到城市要求的镇，这种镇目前在我国是少数，经济发达地区这种镇较多，它的体系的编制主要是以城市燃气的要求为主。按照十八大的要求，村镇燃气应该是一种自下而上、普惠性的燃气体系，村镇燃气中的"镇"应该是目前我国广大农村地区一般村镇。城市的规划依据国民经济和社会发展规划以及当地的自然环境、资源条件、历史情况、现状特点，统筹兼顾、综合部署，为确定城市的规模和发展方向，实现城市的经济和社会发展目标，合理利用城市土地，协调城市空间布局和基础设施的建设等所做的一定期限内的综合部署和具体安排。村镇规划是为实现村镇的经济和社会发展目标，确定村镇的性质、规模和发展方向，协调村镇布局和各项建设而制订的综合部署和具体安排；城市配套设施要全面有综合性，且应留有未来发展用地，设施应尽可能集中且要求覆盖面广。村镇则应考虑尽可能以单体配套，独立解决问题，集中处理即可。城市规划目标以节约用地，道路宽阔为主。村镇规划目标以灵活方便，运输便利为主。

根据国务院颁布的《村庄和集镇规划建设管理条例》的规定，村镇规划一般分为村庄、集镇总体规划和村庄、集镇建设规划两个阶段。总的来说，村和镇的发展水平差异较大，镇是农村一定区域经济、文化和生活的服务中心；村庄是指农村村民居住和从事各种生产的聚居点。从燃气专业看，现有的标准体系能满足条件较好的镇燃气建设需要，不能满足普通村庄镇建设的需求。根据村庄的特点，乡村道路路窄，多用沙石、泥土筑成，比较松软，居住分散，缺少规划，应根据其自身特点灵活采用多种气源、小范围集中供气、小型储罐供气和液化石油气钢瓶等方式，因此需要有相关适合的标准来支撑。不宜用管道输送，宜使用液化石油气供应。但现有标准体系中液化石油气的相关规定不适合农村的情况，例如，当农镇的道路比较闭塞，标准中规定居民使用的液化石油气钢瓶为15kg，有的居民点比较偏远，换瓶不方便，所以适合使用可以采用液化石油气小型储罐供气，同时需要修改现有标准体系中液化石油气的相关规定。

村镇燃气标准体系以城镇燃气标准体系为基础，城镇燃气标准中的基础标准和通用标准，既广泛渗透于所有标准之中，又贯穿于基础标准、通用标准和专用标准的各个阶段，所以村镇燃气标准体系在城镇燃气标准体系的基础上，进行加减，减掉城市特有的大规模厂站（液化石油气、液化天然气和压缩天然气）的建设标准，增加村镇用沼气、小型液化石油气储罐等标准，同时对相应的指标进行调整以适应农村情况。通过对甘肃村镇的考察，对村镇燃气标准体系的编制有了更进一步的认识。镇燃气标准体系可以利用城镇燃气标准体系中的标准，村燃气标准体系应与镇燃气标准体系的内容有所区分。另外，我国地域辽阔，各地村镇在地理环境、风俗习惯、经济条件等方面表现出的差异会比城市间的差异更大，因此村镇燃气标准体系应充分考虑各地的差异性，以保证标准实施后的适应性。

12.1.1　国内外技术标准现状及对比研究

国外标准一般分为三级，即国家标准、协会及专业团体标准、企业标准。这些标准并不具有强制使用的法律效力，只有当这些规定涉及人身安全、卫生和健康、环境保护、公众利益等方面被具有法律效力的文件（法规、政令等）引用后，才具有强制执行的属性。对于一个行业来说，强制性执行的主要是技术法规，由政府的专门机构组织制定和监督执行的。技术标准则是推荐性的，用户可自愿采用。各种协会、技术委员会、企业或个人均可提出申请编制标准。

以日本燃气法规、标准体系为例，体系分为法律、政令、省令、告示和标准等。法律、政令有：《日本燃气事业法》、《日本高压气体管理法及施行令》、《液化石油气安全及交易法及施行令》等。省令（约 30 个左右）有：《燃气设备技术标准省令》、《高压气设备耐震设计省令》、《液化气安全规则》、《压力容器安全规则》、《特定设备检查规则》、《关于液化石油气具检定省令》等。标准（约 30 个左右）有：《球罐、卧罐、槽车标准》、《管道、蒸发器、调压器标准》、《阀门、法兰、金属挠性管等标准》、《电器、仪表、防火墙等标准》等。法律和省令是强制执行的。在与日本燃气企业和协会相关人员交流过程中发现，对行业标准，企业也是严格执行，例如：燃气协会及有关部门，根据燃气事故发生的原因，找出产品的缺陷，修订产品标准，标准一经颁布，生产厂家按标准的要求组织生产。

我国燃气行业的工程标准主要沿袭苏联的标准模式，绝大多数标准是在计划经济条件下，政府用行政手段建立起来的。随着计划经济向市场经济转型，我国逐步建立了适应有计划的社会主义商品经济的国家技术标准体系，该阶段的标准分为国家标准、行业标准、地方标准和企业标准，标准体制也由单一的强制性标准转为强制性标准和推荐性标准两类相结合。在标准的制订方面，更多地通过由专家组成的专业标准化技术委员会和标准技术归口单位负责组织起草和审议，同时国家鼓励转化采用国际标准和国外先进标准。但标准的立项、制订及管理等仍然没有摆脱计划经济体制的束缚，我国的标准化管理体制是以计划为主导、以政府为主体的标准化管理模式，仍然保留着计划经济时期按部门进行条块划分、实行统一管理与分工管理相结合的做法。存在着标准内容交叉、强制性标准过多、强制性条文和推荐性条文混存、条文零乱、系统性不强、不利于工程建设和管理人员的贯彻执行、不利于政府部门的监督管理等问题。

我国加入 WTO 后，标准规范体系也在与国际通行体制接轨，即技术法规和技术标准体制。从 2000 年起，作为标准改革的第一步，把以前陆续颁布的强制性标准中直接涉及工程质量、安全、卫生及环境保护等关系国家、公众利益和必须强制执行的技术要求摘录汇总，从其形式、内容以及实施的要求看，就是现阶段我国工程建设领域的技术法规或相当于国外普遍认可的技术法规，同时各专业也进行了全文强制性标准的编制。燃气行业的《城镇燃气技术规范》GB 50494 为全文强制性标准。也可以说，目前我国工程建设领域是以《强制性条文》和全文强制性标准作为技术法规的表现形式。

我国现已发布的城镇燃气工程技术标准，从燃气的气源、输配和应用环节，至各环节工程建设的规划、设计、施工、验收、运行、维护管理等标准系列已基本配套完成。

12.1.2 城乡技术标准对比研究

对于城乡燃气行业技术标准来说，可以分为两部分，城镇标准和村镇标准。燃气行业的标准，从 1978 年燃气专业第一本标准《城市煤气设计规范》TJ 28—78（试行）颁布以来，经过三十多年燃气人的不断努力，标准涵盖了气源、输配和应用整个城镇燃气工程的规划、设计、施工、验收、运行、维护管理等各个方面。由于村镇不在住房和城乡建设部的管理职责范围内，所以燃气标准不包含农村的能源利用的内容。通过对四川和甘肃等地调研，发现我国农村基础设施建设比城市落后很多，能源利用率整体水平较低，且区域差异显著。长三角、珠三角经济发达省份及南方农村，燃料资源优于中西部地区，部分城镇乡与城市燃料利用没有太多的差别，炊事用能为管道天然气、液化石油气和电。随着农村电力的普及，生活用能（炊事、热水），利用电、太阳能较多。生物制气，不是很普遍，有政策支持的地区和畜牧业产业较发达地区，实施的较好。村庄居住分散，缺少规划，应根据其自身特点灵活采用多种气源、小范围集中供气、小型储罐供气和液化石油气钢瓶等方式，因此需要有相关适合的标准来支撑。不宜用管道输送，宜使用液化石油气供应。但现有标准体系中液化石油气的相关规定不适合农村的情况，所以，在本体系中应建立、完善适合村镇，且技术成熟的标准体系。

12.1.3 燃气分支标准体系层级划分及框架建立

城镇和村镇，这两个体系名称中都有"镇"，虽然有区别，城镇燃气中的体系的编制主要是以城市燃气的要求为主。村镇燃气体系的编制应覆盖我国广大农村地区一般村镇。通过相关资料和调研发现，村镇中的村和镇还是有相当大的差距，所以村镇燃气标准体系分为以镇燃气工程建设为主的镇燃气标准体系和以村为主的村燃气标准体系。标准项目将燃气专业技术，通过对规划、设计、施工到运行管理的各环节进行协同控制，从而达到保证质量的目标要求。其层次间更多地体现了控制指导或技术的支撑关系；同层次不同环节间的标准，其内在关系是目标一致，不同阶段的实施。镇燃气标准体系主要沿用城镇燃气标准体系的框架和内容，村燃气标准体系在镇的基础上增减。

村镇燃气专业标准体系的层级划分为 3 层。第 1 层为村镇燃气基础标准，基础标准主要为：术语、符号、标志标准等，是针对技术工作和标准化工作等制订的，城镇和村镇没有区别，需要共同遵守的标准。所以，村镇可以执行城镇的基础标准，不需要特殊制定。

第 2 层为通用标准层，现行燃气行业通用标准在全国燃气行业普遍行得通，覆盖面广，对规划、设计、施工等通用的技术事项作出规定，体系的编制主要是以城市燃气的要求为主。由于村镇发展的不平衡，对于发达地区，城镇标准可以适用于村镇。第 3 层为镇、村两部分专用标准，镇专用标准在全国燃气行业也普遍行得通，但仅涉及行业的某个范围，对单独的工艺、操作管理等专用技术提出要求。由于燃气具有易燃易爆的特性，无论城市还是村镇，燃气的生产、输送和使用都应严格在一个标准层面上。所以镇和城镇这部分标准没有区别。村体系的专用标准，主要针对农村的特点和仅适用于村镇。

村镇能源工程的建设和能源的利用是一个系统工程，仅从技术上就涉及气源厂站、管网、调压设备等的设计、施工、运行、管理。从政策层面上看，符合国家重点工程的新农村建设，农村居民家庭能源结构的调整是促进农村能源建设，改善农村生态环境，农民增收致富的有效途径。有利于发展"环境友好，资源节约"的循环经济，对促进农村经济又好又快的发展具有重大意义。

村镇燃气标准框架的建立是为最大限度地发挥标准对村镇燃气建设引导和推动与技术保障作用；更充分彻底地通过标准化途径贯彻落实国家的有关政策和发展战略；更有针对性地规划标准体系项目，从整体上凸显提高农民生活质量的目标诉求。村镇燃气专业标准体系表制订的原则是：镇和村的燃气标准体系应分开制订。村、镇的基础标准一致，在城镇燃气标准体系的基础上增加生物天然气和沼气的质量标准；镇燃气标准体系中有通用标准和专用标准，在城镇标准体系的基础上做加减法；村燃气标准体系也有通用标准和专用标准，在镇通用标准和专用标准体系基础上做加减法。

12.2　村镇燃气分支标准分体系框图

12.2.1　分支标准体系总框图

分支标准体系总框图如图 2-12-1 所示。

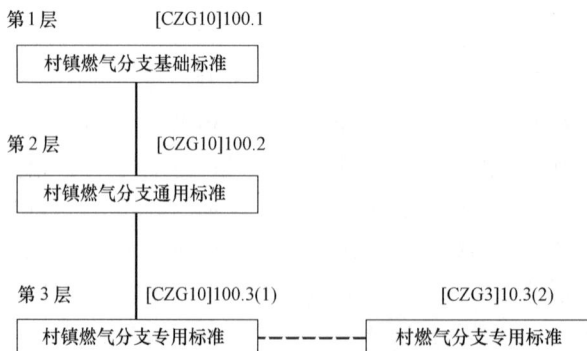

第 1 层　　[CZG10]100.1

村镇燃气分支基础标准

第 2 层　　[CZG10]100.2

村镇燃气分支通用标准

第 3 层　　[CZG10]100.3(1)　　　　　　　　[CZG3]10.3(2)

村镇燃气分支专用标准　 ------ 　村燃气分支专用标准

图 2-12-1　分支标准体系总框图

12.2.2　分支标准体系细化分类框图

分支标准体系细化分类框图如图 2-12-2 所示。

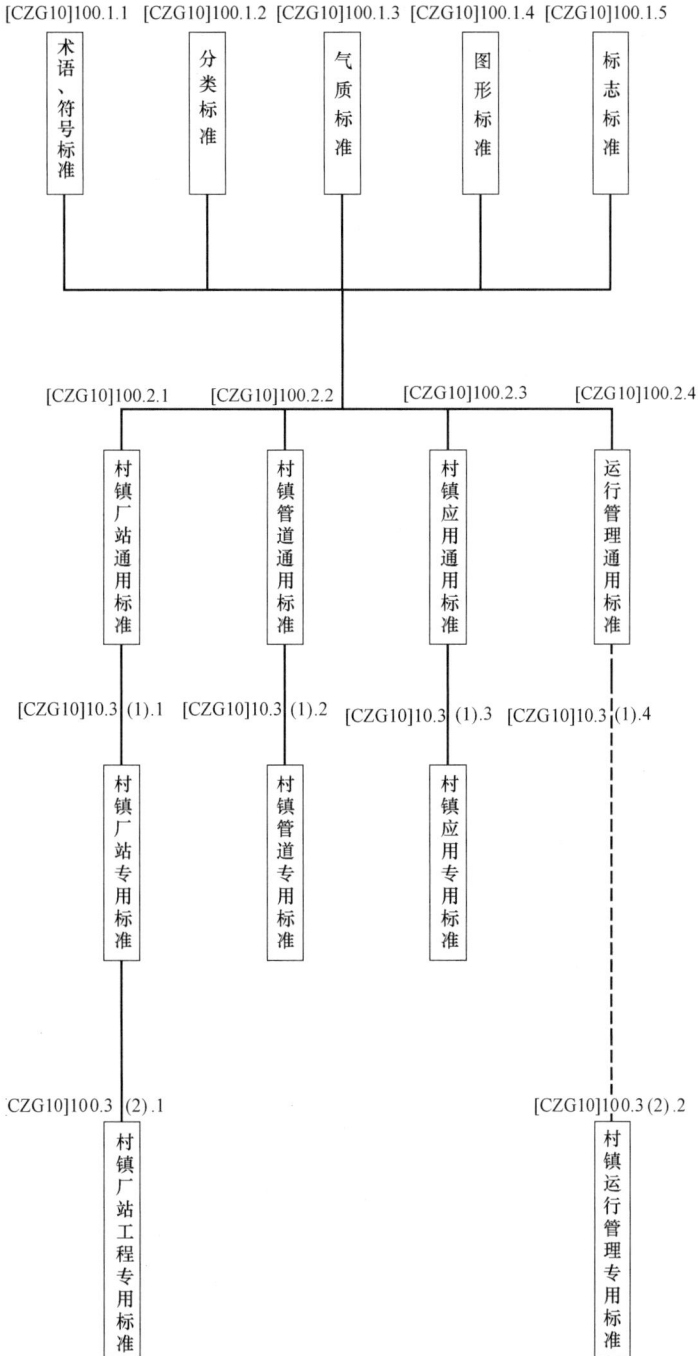

图 2-12-2　分支标准体系细化分类框图

12.3 村镇燃气分支标准体系表

村镇燃气分支标准体系表　　　　表 2-12-1

序号	体系分类编码	标准编码	标准名称	现行标准编号	标准状态	主题特征
[CZG10]10.1 基础标准						
[CZG10]10.1.1 术语、符号标准						
1	[CZG10]10.1.1	[CZG10]10.1.1.1	城镇燃气工程基本术语标准	GB/T 50680—2012	现行	基础设施
[CZG10]10.1.2 分类标准						
2	[CZG10]10.1.2	[CZG10]10.1.2.1	城镇燃气分类和基本特性	GB/T 13611—2006	现行	基础设施
3	[CZG10]10.1.2	[CZG10]10.1.2.2	沼气工程规模分类	NY/T 667—2011	现行	基础设施
[CZG10]10.1.3 气质标准						
4	[CZG10]10.1.3	[CZG10]10.1.3.1	天然气	GB 17820—2012	现行	基础设施
5	[CZG10]10.1.3	[CZG10]10.1.3.2	液化石油气	GB 11174—2011	现行	基础设施
6	[CZG10]10.1.3	[CZG10]10.1.3.3	生物天然气		待编	基础设施
[CZG10]10.1.4 图形标准						
7	[CZG10]10.1.4	[CZG10]10.1.4.1	燃气工程制图标准	CJJ/T 130—2009	现行	基础设施
[CZG10]10.1.5 标志标准						
8	[CZG10]10.1.5	[CZG10]10.1.5.1	城镇燃气标志标准	CJJ/T 153—2010	现行	基础设施
[CZG10]10.2 通用标准						
[CZG10]10.2.1 村镇燃气厂站工程通用标准						
9	[CZG10]10.2.1	[CZG10]10.2.1.1	城镇燃气设计规范	GB 50028—2006	现行	基础设施
10	[CZG10]10.2.1	[CZG10]10.2.1.2	压缩天然气供应站设计规范		在编	基础设施
11	[CZG10]10.2.1	[CZG10]10.2.1.3	液化石油气供应工程设计规范	GB 51142—2015	现行	基础设施
12	[CZG10]10.2.1	[CZG10]10.2.1.4	大中型沼气工程技术规范	GB/T 51063—2014	现行	基础设施
13	[CZG10]10.2.1	[CZG10]10.2.1.5	沼气工程技术规范 第1部分:工艺设计	NY/T 1220.1—2006	现行	基础设施

序号	体系分类编码	标准编码	标准名称	现行标准编号	标准状态	主题特征
14	[CZG10]10.2.1	[CZG10]10.2.1.6	沼气工程技术规范　第2部分:供气设计	NY/T 1220.2—2006	现行	基础设施
15	[CZG10]10.2.1	[CZG10]10.2.1.7	沼气工程技术规范　第3部分:施工及验收	NY/T 1220.3—2006	现行	基础设施
16	[CZG10]10.2.1	[CZG10]10.2.1.8	规模化畜禽养殖场沼气工程设计规范	NY/T 1222—2006	现行	基础设施
[CZG10]10.2.2 村镇燃气管道工程通用标准						
17	[CZG10]10.2.2	[CZG10]10.2.2.1	城镇燃气输配工程施工及验收规范		在编	基础设施
[CZG10]10.2.3 村镇燃气应用工程通用标准						
18	[CZG10]10.2.3	[CZG10]10.2.3.1	城镇燃气用户工程设计规范		在编	基础设施
19	[CZG10]10.2.3	[CZG10]10.2.3.2	城镇燃气室内工程施工与质量验收规范		在编	基础设施
[CZG10]10.2.4 村镇燃气运行管理通用标准						
20	[CZG10]10.2.4	[CZG10]10.2.4.1	城镇燃气设施运行、维护和抢修安全技术规程	CJJ 51—2016	现行	基础设施
[CZG10]10.3(1)专用标准						
[CZG10]10.3(1).1 村镇燃气厂站工程专用标准						
21	[CZG10]10.3(1).1	[CZG10]10.3(1).1.1	城镇燃气加臭技术规程	CJJ/T 148—2010	现行	基础设施
[CZG10]10.3(1).2 村镇燃气管道工程专用标准						
22	[CZG10]10.3(1).2	[CZG10]10.3(1).2.1	聚乙烯燃气管道工程技术规程	CJJ 63—2008	修订	基础设施
23	[CZG10]10.3(1).2	[CZG10]10.3(1).2.2	城镇燃气埋地钢质管道腐蚀控制技术规程	CJJ 95—2013	现行	基础设施
24	[CZG10]10.3(1).2	[CZG10]10.3(1).2.3	城镇燃气管道穿跨越工程技术规程		在编	基础设施
[CZG10]10.3(1).3 村镇燃气应用工程专用标准						
25	[CZG10]10.3(1).3	[CZG10]10.3(1).3.1	家用燃气燃烧器具安装及验收规程	CJJ 12—2013	现行	基础设施
26	[CZG10]10.3(1).3	[CZG10]10.3(1).3.2	城镇燃气报警控制系统技术规程	CJJ/T 146—2011	现行	基础设施

续表

序号	体系分类编码	标准编码	标准名称	现行标准编号	标准状态	主题特征
[CZG10]10.3(2).1 村燃气厂站工程专用标准						
27	[CZG10]10.3(2).1	[CZG10]10.3(2).1.1	液化石油气小型储罐技术规程		待编	基础设施
28	[CZG10]10.3(2).1	[CZG10]10.3(2).1.2	户用农村能源生态工程 南方模式设计施工与使用规范	NY/T 465—2001	现行	基础设施
29	[CZG10]10.3(2).1	[CZG10]10.3(2).1.3	户用农村能源生态工程 北方模式设计施工和使用规范	NY/T 466—2001	现行	基础设施
30	[CZG10]10.3(2).1	[CZG10]10.3(2).1.4	户用沼气池标准图集	GB/T 4750—2002	现行	基础设施
31	[CZG10]10.3(2).1	[CZG10]10.3(2).1.5	户用沼气池质量检查验收规范	GB/T 4751—2002	现行	基础设施
32	[CZG10]10.3(2).1	[CZG10]10.3(2).1.6	户用沼气池施工操作规程	GB/T 4752—2002	现行	基础设施
[CZG10]10.3(2).2 村燃气运行管理专用标准						
33	[CZG10]10.3(2).2	[CZG10]10.3(2).2.1	沼气工程技术规范 第4部分:运行管理	NY/T 1220.4—2006	现行	基础设施
34	[CZG10]10.3(2).2	[CZG10]10.3(2).2.2	沼气工程技术规范 第5部分:质量评价	NY/T 1220.5—2006	现行	基础设施
35	[CZG10]10.3(2).2	[CZG10]10.3(2).2.3	规模化畜禽养殖场沼气工程运行、维护及其安全技术规程	NY/T 1221—2006	现行	基础设施

12.4 村镇燃气分支标准体系项目说明

[CZG10] 10.1 基础标准

[CZG10] 10.1.1 术语、符号标准

[CZG10] 10.1.1.1《城镇燃气工程基本术语标准》GB/T 50680

本标准适用于燃气工程规划、设计、施工及运行维护等文件编制。

主要技术内容包括:城镇燃气工程、燃气气源、燃气输配系统、压缩天然气供应、液化天然气供应、液化石油气供应、燃气应用、燃气汽车加气站等有关的基本术语。

内容属性:城镇、村镇燃气,工程,术语。

主题特征：市政基础设施。

[CZG10] 10.1.2 分类标准

[CZG10] 10.1.2.1《城镇燃气分类和基本特性》GB/T 13611

本标准适用于作城镇燃料使用的各种燃气的分类。

本标准规定了燃气分类用的术语和定义，燃气分类的技术要求、特性指标计算方法、特性指标要求和民用燃气燃烧器具的试验气。

内容属性：城镇、村镇燃气，分类，基本特性。

主题特征：市政基础设施。

[CZG10] 10.1.3 气质标准

[CZG10] 10.1.3.3《生物天然气》

本标准适用于经过处理的通过管道输送的生物天然气，也适用于生物天然气的市场交易。

本标准规定生物天然气的成分、热值、燃气互换性等技术要求、试验方法和检验规则。

我国正处在工业化、城镇化高速发展期，快速的经济发展带来了日益增大的能源缺口和严峻的环境问题，调整能源结构、发展可再生清洁能源刻不容缓。生物质燃气属于低碳清洁能源，在生产过程中能将有机废弃物变废为宝，在利用过程中还能节能减排。

属于本体系中的待编标准。

内容属性：村镇燃气、气质。

主题特征：村镇基础设施。

[CZG10] 10.1.4 图形标准

[CZG10] 10.1.4.1《燃气工程制图标准》CJJ/T 130

本标准适用于城镇、村镇燃气工程的设计制图。

本标准主要规定了城镇燃气工程制图的基本要求、常用代号及各种管道、设备和阀件的图形符号，并规定了厂站工艺流程、平面布置、管道和设备安装及管道施工图等图样内容和画法。

内容属性：城镇、村镇燃气，工程，制图。

主题特征：市政基础设施。

[CZG10] 10.1.5 标志标准

[CZG10] 10.1.5.1《城镇燃气标志标准》

本标准适用于天然气、人工煤气、液化石油气等输配系统。

本标准规定了燃气设施地下隐蔽工程的地面标志（如管线走向、压力级制、三通、凝水缸等），输气、储存设施的标志（如储气罐、液化石油气储罐、调压站、井室井盖等）。

内容属性：城镇、村镇燃气，标志。

主题特征：市政基础设施。

[CZG10] 10.2 通用标准

[CZG10] 10.2.1 村镇燃气厂站工程通用标准

[CZG10] 10.2.1.1《城镇燃气设计规范》GB 50028

本标准适用于向城市、乡镇或居民点供给居民生活、商业、工业企业生产、采暖通风和空调等各类用户作燃料用的新建、扩建或改建的城镇燃气工程设计。

本标准主要对城镇燃气工程设计中的用气量和燃气质量、制气、净化、燃气输配系统、压缩天然气供应、液化石油气供应、液化天然气供应和燃气的应用等进行了规定。

内容属性：城镇、村镇燃气，设计。

主题特征：市政基础设施。

［CZG10］10.2.1.2《压缩天然气供应站设计规范》

本标准适用于工作压力不大于 25.0MPa（表压）的城镇压缩天然气加气站、压缩天然气储配站、压缩天然气瓶组供气站的工程设计

本标准主要规定了压缩天然气供应站内的工艺设计；站内工艺装置、建（构）筑物之间的防火间距；站内管道应设置的安全保护及安全放散装置；控制仪表及安全报警装置；建（构）筑物的防雷；消防设施和器材配备；停车、回车场地等设计要求。

内容属性：城镇、村镇燃气，压缩天然气，供应站，设计。

主题特征：市政基础设施。

［CZG10］10.2.1.3《液化石油气供应工程设计规范》GB 51142

本标准适用于液化石油气供应基地、储存站、储配站、灌瓶站工程设计。

本标准主要规定了液化石油气储存站、储配站、灌瓶站及气化、混气站的工艺设计；液化石油气储罐与站内工艺装置、站内外建（构）筑物之间的防火间距；站内的分区布置原则；站内液化石油气管道应设置的安全保护及安全放散装置；建（构）筑物的防雷；消防设施和器材配备等设计、施工及验收的要求。对液化石油气储罐、管材和管道附件均作出详细规定。

内容属性：液化石油气、厂站、设计。

主题特征：市政基础设施。

［CZG10］10.2.1.4《大中型沼气工程技术规范》GB/T 51063

本标准适用于采用厌氧消化工艺，处理农业有机废弃物、工业高浓度有机废水、工业有机废渣、污泥，沼气产量不小于 500m³/d 的沼气工程；且以供气为主，可用于民用、发电和提纯压缩的新建、改建或扩建的沼气工程的设计、施工验收及运行维护。

本标准规定基本规定、沼气站、沼气输送及应用、施工安装与验收、运行与维护。

本标准既适用于城市污水处理厂、酿造厂等产生的废弃物、废水进行综合利用和有效处理，也适用于农牧业产业的发展。大型养鸡场、养猪场等养殖规模不断扩大，对周边土壤、空气和水体的有一定程度的污染。这些污染物也是优质的生物质能源，任其自然排放除了造成严重的环境问题之外，也造成了资源浪费，无法把生物质能有效利用。开发生物质能源回收，一方面为了解决环境污染问题和资源浪费问题，企业现拟建设大型沼气综合利用工程，对生产过程中产生的废弃物、废水进行综合利用和有效处理，开发生物质能源，回收有机肥资源，将治理污染、净化环境、回收能源、综合利用、改善生态环境有机结合起来。

内容属性：村镇燃气、沼气厂站、设计、施工、验收。

主题特征：村镇基础设施。

［CZG10］10.2.2 村镇燃气管道工程通用标准

［CZG10］10.2.2.1《城镇燃气输配工程施工及验收规范》

本标准适用于压力不大于 4.0MPa（表压）的城镇燃气（不包括液态燃气）室外输配

工程的施工及验收。

主要技术内容包括：城镇燃气工程（不包括液态燃气）管道、调压、加压、防腐等设备的检验、安装、试验与验收。

内容属性：城镇、村镇燃气，输配工程，施工，验收。

主题特征：市政基础设施。

[CZG10] 10.2.3 村镇燃气应用工程通用标准

[CZG10] 10.2.3.1《城镇燃气用户工程设计规范》

本标准适用于城镇居民住宅、商业建筑和工业企业内部的燃气系统设计。

主要技术内容包括：城镇燃气用户室内管道的最高压力、管材的选择及敷设（明设和暗设）原则；燃具、阀门、计量等用具的设置；通风、排烟、报警、安全监控等。

内容属性：城镇、村镇燃气，用户工程，施工，验收。

主题特征：市政基础设施。

[CZG10] 10.2.3.2《城镇燃气室内工程施工与质量验收规范》

本标准适用于新建、扩建、改建的城镇居民住宅、商业建筑、中小型燃气锅炉房、实验室、小型工业企业厂房、车间等用户室内燃气管道和燃气设备的施工及验收。

主要技术内容包括：用户燃气工程的管道、计量表、燃具、商业及工业用气设备的安装及检验；施工完毕后，强度试验、气密性试验的要求及工程验收所包括的内容。

内容属性：城镇、村镇燃气，用户工程，施工，验收。

主题特征：市政基础设施。

[CZG10] 10.2.4 城镇燃气运行管理通用标准

[CZG10] 10.2.4.1《城镇燃气设施运行、维护和检修安全技术规程》CJJ 51

本标准适用于城镇燃气管道及其附件、门站、储配站、罐瓶站、气化及混气站、调压站、液化石油气瓶装供应站、用户设施和用气设备所组成的城镇燃气供应系统的运行、维护和抢修。

主要技术内容包括：城镇燃气设施运行、维护和抢修单位及部门应制定的管理制度和操作规定的内容和范围，抢修所需的车辆、通信设备、防护用具、检测仪器等，同时还规定了燃气车辆运输应遵守的原则。

内容属性：城镇燃气、运行维护、安全。

主题特征：市政基础设施、节能减排、安全。

[CZG10] 10.3（1）专用标准

[CZG10] 10.3（1）.1 村镇燃气厂站工程专用标准

[CZG10] 10.3（1）.1.1《城镇燃气加臭技术规程》CJJ/T148

本标准适用于使用环境温度为 -20～50℃ 的城镇燃气加臭工程。

主要技术内容包括：臭剂的性能；不同燃气种类和不同燃气用户的加臭量、加臭方法；加臭量的检测及对加臭设备的技术要求等。

内容属性：城镇燃气、加臭。

主题特征：市政基础设施。

[CZG10] 10.3（1）.2 城镇燃气管道工程专用标准

[CZG10] 10.3（1）.2.1《聚乙烯燃气管道工程技术规程》CJJ 63

本标准适用于最大允许工作压力不大于 0.7MPa（表压）、工作温度在−20～40℃的新建、改建、扩建的埋地聚乙烯和钢骨架塑料复合燃气管道工程的设计、施工及验收。

主要技术内容是根据埋地聚乙烯管道及钢骨架塑料复合燃气管道的特点规定管道的水力计算、材料的验收、存放、搬运和运输、管道的热熔、电容连接、钢塑过渡连接、管道的敷设等。

内容属性：聚乙烯、燃气管道、工程。

主题特征：市政基础设施。

［CZG10］10.3（1）.2.2《城镇燃气埋地钢质管道腐蚀控制技术规程》CJJ 95

本标准适用于城镇燃气地下钢管外腐蚀控制工程的设计、施工、验收与管理等。

主要技术内容包括：腐蚀控制系统应考虑的因素（土壤的腐蚀性、埋设管道的环境条件等）、管道腐蚀强度的评判、对阴极保护系统的设计、施工以及埋地燃气管道外涂层的检查及维护等。

内容属性：城镇燃气、埋地、钢质管道、腐蚀控制。

主题特征：市政基础设施。

［CZG10］10.3（1）.2.3《城镇燃气管道穿跨越工程技术规程》

本标准适用于城镇燃气管道（不大于 1.6MPa）穿跨越河流、铁路、高速公路和城镇主要干道的设计、施工及验收。

本标准对次高压及以下城镇燃气管道（不大于 1.6MPa）的穿、跨越各种方式的做法及设备、机具、材料的性能进行了规定。

内容属性：城镇燃气、管道、穿跨越。

主题特征：市政基础设施。

主题特征：市政基础设施。

［CZG10］10.3（1）.3 村镇燃气应用工程专用标准

［CZG10］10.3（1）.3.1《家用燃气燃烧器具安装及验收规程》CJJ 12

本标准适用于居民住宅中使用的热水器、单（双）眼灶、烤箱、采暖设备等燃具的安装和验收。

主要技术内容包括：燃具通风、排烟、燃具的安装间距及防火、燃具安装、施工验收等。应补充燃气空调安装的有关内容。

内容属性：家用、燃气燃烧器具、安装、验收。

主题特征：市政基础设施。

［CZG10］10.3（1）.3.2《城镇燃气报警控制系统技术规程》CJJ/T 146

本标准适用于使用城镇燃气的居民用户、商业用户和工业用户的燃气自动报警控制系统的设计、施工及日常维护管理。也适用于城镇燃气工程中的储配站、门站、调压站及液化石油气供应站等。

主要技术内容包括：对报警控制系统的安装场所、安装方法和使用前的调试和使用后的运行维护作了详细的规定。

内容属性：城镇燃气、报警、控制。

主题特征：市政基础设施。

［CZG10］10.3（2）.1 村燃气厂站工程专用标准

［CZG10］10.3（2).1.1《液化石油气小型储罐技术规程》

本标准适用于储罐容积不超过 1m³ 小型液化石油气储罐的设计、施工及验收。

本标准主要规定了小型储罐室的适用范围；小型储罐可靠性、设置的环境等要求；根据不同的设置形式，对罐体的制造、防腐蚀等提出要求；小型储罐配送与充装等。

标准着重要解决的技术问题有：

（1）气质标准和开罐检验问题

小型 LPG 储罐的无泄漏要求决定了罐体不能像传统储罐那样设置排污阀，储罐一旦出现残液将难以处理，且含硫量过高对罐体的腐蚀大。小型 LPG 储罐距离建筑物比较近，且因连续性供气的要求，决定了小型 LPG 储罐不能像传统储罐那样安排现场开罐检验。故建议小型 LPG 储罐选用高纯度的丙烷，或者低硫份、露点温度低于环境温度 5℃ 以上的商品丙丁烷混合物，确保无残液产生。因而，我国也可以将小型 LPG 储罐的使用期限按照 20 年设计，使用期限内无需做开罐检验。同样人孔（检查孔）也不必设置，可减少不必要的泄漏源。

（2）液化石油气配送和充装

按我国《压力容器安全监察技术规程》第 38 条第一款规定，LPG 槽车禁止自带装卸泵，而为小型 LPG 储罐配送和充装槽车应当满足的特定功能和安全要求，需要自带装卸泵。为有别于传统槽车管理，建议将该类槽车定义为小型 LPG 储罐配送专用槽车，并制订相应的专用槽车技术标准，同时对槽车的设计、制造、运行、场站外的灌装、操作人员的培训、资质管理等做出相应的规定。不过，2012 年 6 月 1 日实施的《移动式压力容器安全技术规程》TSG R0005—2011 没有明确禁止 LPG 槽车自带装卸泵，或许这一规定有望解禁。

（3）安全附件的配置及技术要求相关规定的问题

内容属性：村镇燃气、液化石油气、小型储罐、设计、施工。

主题特征：村镇基础设施。

第13章 村镇供热分支标准体系

13.1 综述

供热是北方地区人民生活的必需品，随着人民生活水平的不断提高，近年来南方不少城市也提出了供热的需求。目前我国冬季需要采暖的区域主要分布在"三北"（东北、华北、西北）13个省、市、自治区和山东、河南两省，长江中下游一些经济发达地区的供热工程建设也正开始起步。城镇化是经济社会发展必然的趋势，目前我国的城镇水平已达到52.6%。村镇建设城市化的重要一环，是改善村镇人居环境，促进村镇集约发展和全面协调发展，因此完善村镇相应的基本公共服务是十分重要的任务。完善村镇基础设施，是当前建设社会主义新农村中需要深入探讨的问题。

村镇建设，新农村"拆平上楼"，农村传统的取暖方式受到制约，必须要解决居民的供暖问题。另一方面，供热是高耗能行业，集中供热工程投资高，对富裕的村镇可以采用城市的供热方式，并执行现行的工程建设标准体系。但目前我国的大多数村镇还不富裕，完全复制城市供热的模式并不现实。为此，需要根据不同地域的能源资源、民众生活水平、生活习惯等，并与建筑相协调，提出合理、可行的供暖技术方案，并制定相应的技术标准。本课题针对村镇供热现状和村镇供热的模式，研究适于我国村镇发展特点的供热技术，为建立科学合理的村镇供热工程标准体系提供依据。

13.1.1 现行标准关键技术的适用性

1. 国内外技术标准现状及对比研究

国外标准一般分为三级，即国家标准、协会或专业团体标准、企业标准，与我国国家标准或行业标准、协会标准、企业标准分级基本一致。国外标准依托各标准化组织自身的技术实力所推出的标准具有较高的适用性和成熟性，形成了相对较为完整的科学体系。国外工程标准体系分类很细，标准较为齐全。标准编制注重理论研究和试验数据，技术参数依据充分、可靠，标准的质量较高，如供热直埋管道的相关标准，其计算公式中的相关参数都通过试验确定。标准的修订周期短，一般三年就对标准进行一次修订。当前国外先进国家或地区从战略上不断加强国际标准化活动，使国际先进标准更多地为本国或本地区，确立技术优势，为贸易服务；标准内容制订的重点从可持续发展战略出发，重视以下几方面的标准制订：（1）以人为本，保障人身安全和健康的标准；（2）降低能耗、节约材料的标准；（3）新技术、新工艺的标准；（4）与现代通信技术结合，提高供热管理水平等方面的标准。

我国城镇供热标准的制订起步较晚，第一个供热工程标准于1989年发布执行。目前我国供热行业的管理体制比较复杂。热源部分基本上由工业部门管理，城市管网主要由供热企业管理，工业用户由工业部门管理，民用用户由建筑工程部门管理。目前，城镇供热系统的工程标准主要针对管网系统。供热管网系统包含设计、施工、验收、运行管理、维护检修等标准系列，已基本配套完成。我国从20世纪80年代末，随着经济建设的加快，城镇基础设施建设的飞速发展，城镇集中供热也得到了较快的发展，但其总体技术水平与其他市政设施相比较仍很落后，这也是城镇供热标准制定缓慢的因素之一。1993年原建设部标准定额所组织编制了"建设部技术标准体系表"，同时，城镇集中供热步伐加快，供热行业重视引进推广国外先进的产品技术、建设管理经验，促进了行业标准技术的提高，并逐步形成了一支标准编制的技术骨干队伍。今后一段时间除修编已完成的标准外，标准编制的重点应紧密结合我国的产业政策，重点放在节能技术标准、计量技术标准、安全标准、提高供热系统自控等标准，为供热行业的节能减排、保护环境、创造和谐社会提供技术支撑。

2. 城乡技术标准对比

供热主要分两种方式，一是集中供热，二是分户供暖。村镇集中供热是利用集中热源通过管网向村镇居民和企业统一供热的方式。对于经济发达的镇、乡村，可采用集中供热，在技术上与城市集中供热没有太大的区别，包括使用热泵或地热供热，主要不同在锅炉使用燃料上是否可采用秸秆等农业生产废弃物。对于经济欠发达或人口规模小以及生活习惯等不适于集中供热的，采用分户供暖，可选择的方式不多，大部分还是以传统的火炕或分户小采暖炉为主，另外可选取的方式包括太阳能供暖、秸秆发酵等，在技术上是可行的，但目前应用很少，在经济上是否可行还需要推广示范。对于人口少、居住分散的村镇，采用传统的火炕、小火炉等分散供暖方式在技术经济上是合理的，对于具有一定城镇化水平的，可采用与城市一样的集中供热。

村镇采用集中供热，其主要技术标准应与城市是一致的，只是在供热能源结构上根据农村的特点可有所不同，也就是目前制定的供热标准完全适合、满足村镇集中供热工程的需要，包括太阳能、地热等供暖技术标准。目前针对或适用于乡村单独供暖的技术标准，已颁布的有《太阳能供热采暖工程技术规范》GB 50495—2009，正在制订的有《农村火炕系统通用技术规范》。

依据住房和城乡建设部工程建设标准体系，城镇供热工程标准主要针对集中供热系统，包含设计、施工、验收、运行管理、维护检修等标准系列，体系中标准基本编制完成，标准覆盖率达到80%，其中基础标准覆盖率达到100%，通用标准的覆盖率达到90%，能够满足集中供热工程建设的实际需要。

3. 村镇关键技术标准技术适用性研究

集中供热工程投资高、运行费用高，供热使用费对不少城市居民也是一笔不小的开支，远高于居民用水、燃气，也高于用电。目前我国区域经济发展差异较大，大部分农村，包括乡镇，与城市的收入差别较大，这就决定了我国大部分乡村还是以自采暖为主，主要采用火炕和小采暖炉，能源以秸秆等农业生产废弃物或部分有条件地使用煤炭，投资很低，使用成本低。另一方面，我国的乡村镇的发展水平、人口数量有很大的差别，包括建制镇的差别也较大。富裕的村镇在供热方式上与城市没有区别，也采用集中供热。

我国广大冬季采暖地区的村镇住区自然条件差异较大。如上所述，经济相对落后的村镇大部分采用分散采暖的形式，分散式采暖会造成环境污染，而且能源利用效率低。经济情况较好的村镇可采用集中供热。相对于城镇集中供热系统，村镇集中供热系统普遍具有规模较小、供热半径较小、末端用户规模小、单位建筑面积耗热量高等特点。由于供热规模较小，多为几万平方米的建筑面积，供热半径较小，因此主要采用低温直供热水系统。

村镇供热管网具有布局相对分散、供热管网规模和管径较小等特点。对于单个村，供暖面积多在几万平方米，热负荷大多数在10MW以下，供热干管管径一般不超过DN400。

比较《镇规划标准》GB 50188的2007年版和1993年版，对于"村镇"的规模界定范围从1993年版的不超过10000人扩大到2007年版的50000人的镇区，由此可见，村镇的城镇化步伐正在加速。

我国各地的村镇自然状况、经济水平差异非常大，发展村镇供热应根据各地的实际情况，因地制宜，结合当地的能源供应情况，可选择锅炉房、热电厂、工业余热、地热、热泵等不同方式供热。对于几个相邻的村镇，可以考虑联村供热模式，在热负荷中心建立集中供热热源，向几个村镇供热；对于日照充足的村镇可采用太阳能供热；冬季需采暖、夏季需降温的村镇亦可根据水文地质条件设置地源热泵系统。由于村镇规模的逐步扩大，为采用集中供热提供了发展空间，在建设村镇供热工程时，可依照现有的城镇供热标准进行规划、设计、施工和运行管理。

13.1.2　标准体系层级划分及框架建立

1. 构建思路

（1）依托现行工程建设建筑设计标准体系，补充、完善村镇工程建设标准体系中的标准，尽量避免重复制定标准。

（2）体系框架按现行的工程建设标准体系。

（3）标准的制定贴近村镇的经济、社会现实情况，充分、全面考虑村镇的供暖方式，有利于村镇供暖新技术的推广，起到保证工程质量与安全的技术控制作用。

（4）基础标准和通用标准按现行体系中的标准。

（5）专用标准主要考虑增加以农业生产废弃物作为热源的标准等。

2. 层级划分

村镇供热专业标准体系的层级划分为4层。其中0层的综合标准，也为标准体系的顶层，是涉及质量、安全、卫生、环境保护和公共利益等方面的目标要求，或为达到这些目标要求必需的技术要求及管理要求，属于强制性的范畴。第1层为供热基础标准，基础标准主要为：术语、符号、标志标准等，是针对技术工作和标准化工作等制订的需要共同遵守的标准，村镇可以执行城镇的基础标准。第2层为通用标准层，通用标准在供热行业普遍遵循，覆盖面广，对设计、施工及运行管理通用的技术要求提出规定，同第一层一样，村镇可以执行城镇的通用标准。第3层为专用标准，专用标准为供热行业普遍遵循，但仅涉及行业的某个范围，对单独的工艺、操作管理等专用技术提出要求。

13.2 村镇供热分支标准体系框图

13.2.1 分支标准体系总框图

分支标准体系总框图如图 2-13-1 所示。

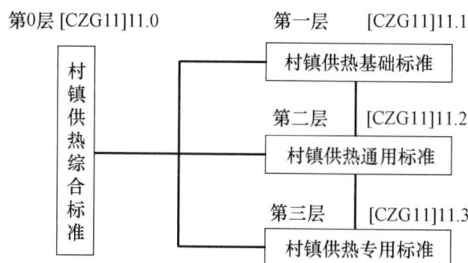

图 2-13-1 分支标准体系总框图

13.2.2 分支标准体系细化分类框图

分支标准体系细化分类框图如图 2-13-2 所示。

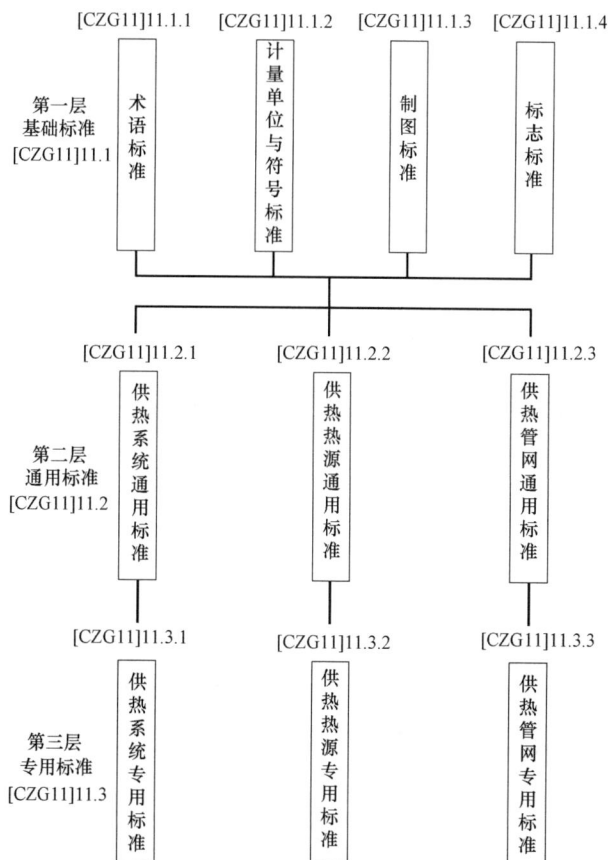

图 2-13-2 分支标准体系细化分类框图

13.3　村镇供热分支标准体系表

村镇供热分支标准体系表　　　　　　　表 2-13-1

序号	体系分类编码	标准编码	标准名称	现行标准编号	标准状态	主题特征
[CZG11]11.0 综合标准						
1	[CZG11]11.0	[CZG11]11.0.1	城镇供热技术规范		制订中	供热综合
[CZG11]11.1 基础标准						
[CZG11]11.1.1 术语标准						
2	[CZG11]11.1.1	[CZG11]11.1.1.1	供热术语标准	CJJ 55—2011	现行	供热术语
[CZG11]11.1.2 计量单位与符号标准						
3	[CZG11]11.1.2	[CZG11]11.1.2.1	供热计量单位和符号标准		制订中	供热单位符号
[CZG11]11.1.3 制图标准						
4	[CZG11]11.1.3	[CZG11]11.1.3.1	供热工程制图标准	CJJ/T 78—2010	现行	供热制图
[CZG11]11.1.4 标志标准						
5	[CZG11]11.1.4	[CZG11]11.1.4.1	城镇供热系统标志标准	CJJ/T 220—2014	现行	供热标志
[CZG11]11.2 通用标准						
[CZG11]11.2.1 供热系统通用标准						
6	[CZG11]11.2.1	[CZG11]11.2.1.1	城镇供热系统评价标准	GB/T 50627—2010	现行	供热系统评价
7	[CZG11]11.2.1	[CZG11]11.2.1.2	城镇供热系统运行维护技术规程	CJJ 88—2014	现行	供热系统运行
8	[CZG11]11.2.1	[CZG11]11.2.1.3	城镇供热系统抢修技术规范	CJJ 203—2013	现行	供热系统运行
9	[CZG11]11.2.1	[CZG11]11.2.1.4	城镇供热系统节能技术规范	CJJ/T 185—2012	现行	供热系统节能
10	[CZG11]11.2.1	[CZG11]11.2.1.5	供热系统节能改造技术规范	GB/T 50893—2013	现行	供热系统节能
[CZG11]11.2.2 供热热源通用标准						
11	[CZG11]11.2.2	[CZG11]11.2.2.1	锅炉房设计规范	GB 50041—2008	现行	供热锅炉房
12	[CZG11]11.2.2	[CZG11]11.2.2.2	锅炉安装工程施工及验收规范	GB 50273—2009	现行	供热锅炉房
13	[CZG11]11.2.2	[CZG11]11.2.2.3	燃气冷热电联供工程技术规范		制订中	供热联供

序号	体系分类编码	标准编码	标准名称	现行标准编号	标准状态	主题特征
[CZG11]11.2.3 供热管网通用标准						
14	[CZG11]11.2.3	[CZG11]11.2.3.1	城镇供热管网设计规范	CJJ 34—2010	现行	供热管网设计
15	[CZG11]11.2.3	[CZG11]11.2.3.2	城镇供热管网结构设计规范	CJJ 105—2005	现行	供热结构
16	[CZG11]11.2.3	[CZG11]11.2.3.3	城镇供热管网工程施工及验收规范	CJJ 28—2014	现行	供热管网施工
17	[CZG11]11.2.3	[CZG11]11.2.3.4	城镇供热管道安全评估技术规范		待编	供热管网评估
[CZG11]11.3 专用标准						
[CZG11]11.3.1 供热系统专用标准						
18	[CZG11]11.3.1	[CZG11]11.3.1.1	城镇供热系统监测与调控技术规程		制订中	供热监控
19	[CZG11]11.3.1	[CZG11]11.3.1.2	供热计量系统运行技术规程	CJJ/T 223—2014	现行	供热计量
[CZG11]11.3.2 供热热源专用标准						
20	[CZG11]11.3.2	[CZG11]11.3.2.1	城镇地热供热工程技术规程	CJJ 138—2010	现行	供热地热
21	[CZG11]11.3.2	[CZG11]11.3.2.2	城镇热泵供热工程技术规程		待编	供热热泵
22	[CZG11]11.3.2	[CZG11]11.3.2.3	农业生产废弃物锅炉房技术规程		待编	供热废弃物
[CZG11]11.3.3 供热管网专用标准						
23	[CZG11]11.3.3	[CZG11]11.3.3.1	城镇供热直埋热水管道技术规程	CJJ/T 81—2013	现行	供热热水管道
24	[CZG11]11.3.3	[CZG11]11.3.3.2	城镇供热直埋蒸汽管道技术规程	CJJ/T 104—2014	现行	供热蒸汽管道
25	[CZG11]11.3.3	[CZG11]11.3.3.3	城镇供热直埋塑料管道工程技术规程		待编	供热塑料管道
26	[CZG11]11.3.3	[CZ11]11.3.3.4	城镇供热管网探测技术规程		待编	供热管网探测
27	[CZG11]11.3.3	[CZ11]11.3.3.5	城镇供热直埋热水管道泄漏监测系统技术规程		制订中	供热泄漏监测
28	[CZG11]11.3.3	[CZG11]11.3.3.6	供热站房噪声与振动控制技术规程		制订中	供热噪声控制

13.4 村镇供热分支标准体系项目说明

［CZG11］**11.0 村镇供热综合标准**

［CZG11］**11.0.1《城镇供热技术规范》**

本标准为全文强制标准，适用于整个城镇供热系统，涵盖城镇供热设计、施工、验收和运行管理的基本要求。

主要技术内容包括：确保工程质量、安全、人身健康、节约资源、保护环境和确保公众利益等重要技术目标的要求。

内容属性：城镇供热、全文强制、技术规范。

主题特征：市政基础设施、节能减排、环境保护、安全。

［CZG11］**11.1 基础标准**

［CZG11］**11.1.1 术语标准**

［CZG11］11.1.1.1《供热术语标准》CJJ 55—2011

本标准适用于城镇供热工程所使用的术语。

主要技术内容包括：基本术语、热负荷及耗热量、供热热源、供热管网、热力站与热用户、水力计算与强度计算、热水供热系统水力工况和热力工况、施工验收、运行管理与调节等。

内容属性：城镇供热、术语。

主题特征：市政基础设施。

［CZG11］**11.1.2 计量单位与符号标准**

［CZG11］11.1.2.1《供热计量单位和符号标准》

本标准适用于城镇供热工程所使用的计量单位和符号。

主要技术内容包括：供热工程中常用的符号，以及按热工、传热、水力、机械、工程力学、土建结构、保温、防腐、环保等学科分类表述；计量单位针对流量、温度、热量等最主要的物理量做出规定。

内容属性：城镇供热、计量单位、计量符号。

主题特征：市政基础设施。

［CZG11］**11.1.3 制图标准**

［CZG11］11.1.3.1《供热工程制图标准》CJJ/T 78—2010

本标准适用于城镇供热工程的设计制图。

主要技术内容包括：制图基本规定、制图、常用代号和图形符号、锅炉房图样画法、供热管网图样画法、热力站和中继泵站图样画法等。

内容属性：城镇供热、工程制图。

主题特征：市政基础设施。

［CZG11］**11.1.4 标志标准**

［CZG11］11.1.4.1《城镇供热系统标志标准》CJJ/T 220—2014

本标准适用于供热系统所使用的标志。

主要技术内容包括：地下隐蔽工程的地面标志（如管线走向、弯头、膨胀节及阀件等）、供热设施的标志（如井室井盖、泵站、热力站）、锅炉房设施等相关标志等。

内容属性：城镇供热、标志。

主题特征：市政基础设施。

［CZG11］11.2 通用标准

［CZG11］11.2.1 供热系统通用标准

［CZG11］11.2.1.1《城镇供热系统评价标准》GB/T 50627—2010

本标准适用于城镇供热系统。加强城镇集中供热系统运行管理，统一城镇集中供热系统的评价方法，提高城镇集中供热系统的能源利用率，减少污染物排放，促进供热与用热质量的提高和系统安全运行，满足人们的生活和工作需求。

主要技术内容包括：评价体系和评价方法、评价程序、锅炉房、热力站、供热管网、室内供暖系统、管理评价、能效评价、环保安全消防评价等。

内容属性：城镇供热、系统评价。

主题特征：市政基础设施、节能减排、环境保护、安全。

［CZG11］11.2.1.2《城镇供热系统运行维护技术规程》CJJ 88—2014

本标准适用于城镇供热系统。

主要技术内容为供热系统中热源、热网和热力站、用热户等供热设施的运行和维护，包括启动、运行、控制、停车、监控与运行调度、故障处理、停运后的保养、维护安全、资料及记录保存等要求。

内容属性：城镇供热、系统、运行维护。

主题特征：市政基础设施、节能减排、安全、环境保护。

［CZG11］11.2.1.3《城镇供热系统抢修技术规范》CJJ 203—2013

本标准适用于城镇供热系统。

主要技术内容包括：城镇供热热源、管网、换热站、用户等系统事故的分级，各类事故应急预案，事故抢修的技术措施和技术要求，以及抢修结束后，供热系统的恢复运行，供热系统抢修的安全，供热管网维修抢修的工具、备品备件要求等。

内容属性：城镇供热、系统、抢修。

主题特征：市政基础设施、安全。

［CZG11］11.2.1.4《城镇供热系统节能技术规范》CJJ/T 185—2012

本标准适用于城镇供热系统节能的设计、施工及验收、运行管理。

主要技术内容包括：供热系统热源、热网、换热站、监控系统、监控装置、热效率指标、节能评价等。

内容属性：城镇供热、系统节能。

主题特征：市政基础设施、节能减排、环境保护。

［CZG11］11.2.1.5《供热系统节能改造技术规范》GB/T 50893—2013

本标准适用于既有供热系统的节能改造工程。供热系统包括供热热源、热力站、供热管网及建筑物内供暖系统。供热系统的热源包括热电厂首站、区域锅炉房或其他热源形式。

主要技术内容包括：供热系统的节能改造工作的节能查勘、供热系统节能评估、节能改造的设计、施工、验收及节能改造后的用能效果评价等。

内容属性：城镇供热、系统节能改造。

主题特征：市政基础设施、节能减排、环境保护。

[CZG11] 11.2.2 供热热源通用标准

[CZG11] 11.2.2.1《锅炉房设计规范》GB 50041—2008

本标准适用于下列范围内的工业、民用、区域锅炉房及其室外热力管道设计：（1）以水为介质的蒸汽锅炉锅炉房，其单台锅炉额定蒸发量为 1～75t/h、额定出口蒸汽压力为 0.10～3.82MPa（表压）、额定出口蒸汽温度小于等于 450℃；（2）热水锅炉锅炉房，其单台锅炉额定热功率为 0.7～70MW、额定出口水压为 0.10～2.50MPa（表压）、额定出口水温小于等于 180℃；符合以上参数的室外蒸汽管道、凝结水管道和闭式循环热水系统。

主要技术内容包括：锅炉房的布置、燃煤系统、燃油系统、燃气系统、锅炉烟风系统、锅炉给水设备和水处理、供热热水制备、监测和控制、化验和检修、锅炉房管道、保温和防腐蚀、土建、电气、采暖通风和给水排水、环境保护、消防、室外热力管道。

内容属性：城镇供热、锅炉房、设计。

主题特征：市政基础设施、环境保护。

[CZG11] 11.2.2.2《锅炉安装工程施工及验收规范》GB 50273—2009

本标准适用于工业、民用、区域供热额定工作压力小于或等于 3.82MPa 的固定式蒸汽锅炉，额定出水压力大于 0.1MPa 的固定式热水锅炉和有机热载体炉安装工程的施工及验收。

主要技术内容包括：基础复检和放线、钢架、锅筒、集箱和受热面管、压力试验、取源部件、仪表、阀门、吹灰器和辅助装置、燃烧设备、炉墙砌筑和绝热层、漏风试验、烘炉、煮炉、严密性试验和试运行、工程验收。

内容属性：城镇供热、锅炉安装、施工、验收。

主题特征：市政基础设施、安全。

[CZG11] 11.2.2.3《燃气冷热电联供工程技术规范》

本标准适用于以燃气为一次能源，发电机容量小于或等于 25MW，新建、改建、扩建的供应冷、热、电能的分布式能源系统的设计、施工、验收和运行管理。

主要技术内容包括：系统配置、能源站、燃气系统及设备、供配电系统及设备、余热利用系统及设备、监控系统。

内容属性：城镇供热、热源、联供系统。

主题特征：市政基础设施、节能减排、环境保护、安全。

[CZG11] 11.2.3 供热管网通用标准

[CZG11] 11.2.3.1《城镇供热管网设计规范》CJJ 34—2010

本标准适用于供热热水介质设计压力小于或等于 2.5MPa，设计温度小于或等于 200℃；供热蒸汽介质设计压力小于或等于 1.6MPa，设计温度小于或等于 350℃ 的城镇供热管网的设计。

主要技术内容包括：耗热量、供热介质、供热管网型式、供热调节、水力计算、管网布置与敷设、管道应力计算与作用力计算、中继泵站与热力站、保温与防腐涂层、热工检测与控制、街区热水供热管网等。

内容属性：城镇供热、管网、设计。

主题特征：市政基础设施、安全、节能减排、环境保护。

[CZG11] 11.2.3.2《城镇供热管网结构设计规范》CJJ 105—2005

本标准适用于城镇供热管网工程中，放坡开挖或护壁施工的明挖管沟及检查室，独立式管道支架结构的设计。

主要技术内容包括：热力网、厂、站建筑结构设计、大型设备基础结构设计、管道固定支墩的结构设计等，包括材料、结构上的作用、极限状态计算、静力计算构造要求等。

内容属性：城镇供热、管网、结构、设计。

主题特征：市政基础设施、安全。

[CZG11] 11.2.3.3《城镇供热管网工程施工及验收规范》CJJ 28—2014

本标准适用于新建、扩建、改建的城镇供热管网的施工与验收要求。

主要技术内容包括：工程测量、土建工程、管道穿越工程、管道及设备安装、焊接质量及焊工的要求、管道预制件制作、管道附件及阀件安装、泵站和热力站管道及设备安装、管道防腐保温工程的施工要求、管道系统的试压强度和气密性试验等要求；工程竣工后应检查的施工文件（原始记录、试验报告、设备调试、系统试运行、验收资料清单及各阶段验收报告）和质量验收要求等。

内容属性：城镇供热、管网、施工。

主题特征：市政基础设施、节能减排、安全、环境保护。

[CZG11] 11.2.3.4《城镇供热管道安全评估技术规范》

本标准适用于城镇供热管网的各类管道的检测及安全评估。

主要技术内容包括：安全评定指标、检测点的选择、检测安全、取样方法、试验方法、安全评定和风险评估、管道安全标准、保温效果评估、剩余寿命预测、成果检验与成果报告等。

内容属性：城镇供热、管网、安全、评估。

主题特征：市政基础设施、安全、节能减排、环境保护。

[CZG11] 11.3 专用标准

[CZG11] 11.3.1 供热系统专用标准

[CZG11] 11.3.1.1《城镇供热系统监测与调控技术规程》

本标准适用于城镇供热系统监测与调控系统的设计、施工、调试、验收和运行管理。主要技术内容包括：供热系统（包括热源、热网及热用户）的监测与调节控制的系统配置、控制参数、软件功能、数据通信，对涉及供热系统安全与节能运行的重要监测指标做出规定，提出供热系统运行调节的节能控制技术等。

内容属性：城镇供热、监测、调控。

主题特征：市政基础设施、节能减排、环境保护、安全。

[CZG11] 11.3.1.2《供热计量系统运行技术规程》CJJ/T 223—2014

本标准适用于集中供热热源、热力站、楼栋及热用户的供热计量系统的运行、维护管理。

主要技术内容包括：调节和控制、设备管理、数据采集及管理、系统的检定和运行检验、分摊误差、检验周期和记录等。

内容属性：城镇供热、计量、运行管理。

主题特征：市政基础设施、节能减排、环境保护。

［CZG11］11.3.2 供热热源专用标准

［CZG11］11.3.2.1《城镇地热供热工程技术规程》CJJ 138—2010

本标准适用于以地热井提取地热流体为热源的城镇供热工程的规划、设计、施工、验收及运行管理。

主要技术内容包括：地热供热设计基础、地热供热系统、地热井泵房、地热供热站、地热供热管网与末端装置、地热热水供应、地热系统防腐与防垢、地热供热系统的监测与控制、环境保护、地热回灌、地热资源的动态监测等。

内容属性：城镇供热、热源、地热供热。

主题特征：市政基础设施、节能减排、环境保护。

［CZG11］11.3.2.2《城镇热泵供热工程技术规程》

本标准适用于以热泵技术供热的供热系统，包括水源热泵和地源热泵。

主要技术内容包括：设计、施工及验收、运行管理等方面的技术要求以及环境保护的要求。

内容属性：城镇供热、热源、热泵。

主题特征：市政基础设施、节能减排、环境保护。

［CZG11］11.3.2.3《农业生产废弃物锅炉房技术规程》

本标准适用于以农业生产废弃物为燃料的供热锅炉房，包括秸秆、生物质等燃料。

主要技术内容包括：设计、施工及验收、运行管理等方面的技术要求以及环境保护的要求。

内容属性：城镇供热、农业生产废弃物、锅炉房。

主题特征：市政基础设施、节能减排、环境保护。

［CZG11］11.3.3 供热管网专用标准

［CZG11］11.3.3.1《城镇供热直埋热水管道技术规程》CJJ/T 81—3013

本标准适用于新建和改建的供热热水的设计温度不大于140℃，以钢制内管、保温层、保护外壳结合为一体的供热预制保温直埋热水管道的设计、施工、验收和运行管理。

主要技术内容包括：保温管道、管线布置与敷设、管道应力验算、固定结构设计、管道施工、检漏系统、管道试验、清洗及试运行、竣工验收、运行与维修等。

内容属性：城镇供热、直埋管道、热水管道。

主题特征：市政基础设施、节能减排、安全、工程质量。

［CZG11］11.3.3.2《城镇供热直埋蒸汽管道技术规程》CJJ/T 104—2014

本标准适用于工作压力小于或等于1.6MPa，温度小于或等于350℃，直接埋地敷设的保温蒸汽管道的设计、施工、验收及运行维护。

主要技术内容包括：管道布置与敷设、工作管道强度计算与应力验算、保温层、外护管及防腐、工程测量及土建工程、管道安装、工程验收、运行与维护等。

内容属性：城镇供热、直埋管道、蒸汽管道。

主题特征：市政基础设施、节能减排、安全、工程质量。

［CZG11］11.3.3.3《城镇供热直埋塑料管道工程技术规程》

本标准适用于新建、改建和扩建的供热热水设计温度不大于 95℃，工作压力不大于 0.8MPa，城镇供热预制保温直埋塑料管道（以耐热塑料管道为工作内管，由塑料内管、保温层、塑料保护套三层复合的管道）的设计、施工、验收与运行管理。

主要技术内容包括：预制保温直埋塑料管道质量要求，保温层设计验算、管道结构设计计算、水力学计算、管线布置与敷设等设计要求，沟槽开挖、管道连接、接口保温防水处理、管道敷设、沟槽回填压实等施工要求，管道系统水压试验、检漏系统检验、清洗及试运行、竣工验收等检验与验收要求，以及管道系统运行维修管理。

内容属性：城镇供热、直埋管道、塑料管道。

主题特征：市政基础设施、节能减排、安全环保、工程质量。

［CZG11］11.3.3.4《城镇供热管网探测技术规程》

本标准适用于城镇供热管网的探测。

主要技术内容包括：供热管网探查、管线测量、地下管线图的编绘、管线信息管理、报告书编写和成果验收等内容。

内容属性：城镇供热、管网、探测。

主题特征：市政基础设施、安全。

［CZG11］11.3.3.5《城镇供热直埋热水管道泄漏监测系统技术规程》

本标准适用于新建及既有直埋热水管网中的泄漏监测系统的设计、施工和运行管理。

主要技术内容包括：泄漏监测系统的组成、主要功能、设备和材料要求、信息数据采集和传输、泄漏点定位等。

内容属性：城镇供热、管道泄漏监测系统。

主题特征：市政基础设施、安全。

［CZG11］11.3.3.6《供热站房噪声与振动控制技术规程》

本标准适用于供热站房内水泵、换热器等主要设备以及管道、墙体及吊顶等减振降噪的设计、施工、验收及运行维护。

主要技术内容包括：供热站房结构及噪声空气声控制要求、噪声与振动控制设备及材料规定；水泵、换热器、管道减振、吸声设计；施工工艺、验收和试运行；维护周期及时效判定等。

内容属性：城镇供热、站房、降噪减振。

主题特征：市政基础设施、环境保护。

第14章 村镇道路桥梁分支标准体系

14.1 综述

工程建设标准是根据研究对象的分类、分级以及相应的法规制订的，是覆盖勘测、规划、设计、施工、验收、养护管理等工程阶段的指导准则。

本标准体系主要包括道路工程、桥梁（涵）工程的设计、施工与验收及养护管理标准等。由于城镇道路工程已包含镇，故镇道路工程标准参照城镇道路工程已形成的标准进行调整，而村庄道路工程标准体系较为缺失，是本次研究重点。此外，村镇道路工程与城镇道路工程及公路工程在设计、施工、养护管理上有许多共同之处，标准可相互通用，因此，城镇道路工程及公路工程已形成标准可通用的，本体系中不再列入。

14.1.1 现行标准关键技术的适用性

1. 国内外标准体系特性

（1）国外标准体系

在欧美等国家，因多为技术法规与技术标准相结合的"标准体制"，技术标准一般是由专业协会或学术团体组织各自编制和发布，自愿采用，标准体系多为自然形成的"实有标准体系"。

（2）国内标准体系

国内的技术标准由建设行政主管部门及相关部门编制和发布，强制及推荐采用，WTO已承认我国的强制性标准相当于其技术法规，推荐性标准相当于其技术标准，但我国强制性标准和推荐性标准的范围界定与WTO对技术法规和技术标准的界定不同（见表2-14-1）。

国内外标准体系特性对比 表2-14-1

内容	中国	美国
标准化主管机构	建设行政主管部门及相关部门	ANSI(非政府机构)
标准基本体制	政府部门主导	民间主导/市场化管理
标准分级	四级:国家标准、行业标准、地方标准、企业标准	ANSI国家标准、协会团体标准,公司标准
标准属性	强制性标准+推荐性标准	自愿性标准
制定程序	准备、征求意见、送审稿、报批稿	单位/个人申请、表决、成立标准委员会、编制、表决、发布
经费	国家拨给予	协会收入、国家资助
标准信息服务	行政通知、公告	协会通知、宣传、标准化培训等

2. 国内外村镇技术标准现状及对比研究

（1）镇建设

国外一般依据立法性规范及技术标准，形成了较为完整的立法体系及标准体系；我国镇道路建设一般参照城镇标准，体系较为完善，但针对性不强。

（2）村庄建设

国外的相关建设过程中没有特定的建设标准，且村庄建设多以"新农村建设"为名开展国家的农村发展计划，例如，韩国在 20 世纪 70 年代推行了新农村建设，三十年以来，其以钢筋水泥建设农村的时代已经成为过去，进入了可持续发展的新轨道，农村建设代之以绿色为主调，以提高生活质量为核心，以民主参与为主要方式。在欧盟，农村社区是对公共交通及满足日常生活、休闲娱乐的基础设施的需求加大，决定了农村社区的道路必须既考虑到车行又考虑人行。上述国家的农村社区多采用依山就势、顺其自然的方式布局，通过减少道路的总长度和宽度来减少道路整体铺装面积，尽量在满足需求的前提下降低对现况环境的影响。

我国新农村建设正在发展过程中，但现行村庄道路工程标准均为地方标准，内容复杂多样，地域性较强，编制依据不统一，不具通用性。

综上所述，目前国内外镇道路建设的标准及其体系相对完善，但针对村庄道路建设的标准较为缺乏，体系不完整。

14.1.2 分支标准体系层级划分及框架建立

通过整理、分析，将村庄与镇分离，分别建立标准体系。其中镇标准体系参照城镇道路桥梁标准体系进行调整，标准体系由四层框架形成，分别为综合标准层、专业基础标准层、专业通用标准层和专业专用标准层。通用标准和专用标准分别按"道路"、"桥梁"两部分列出；鉴于国内村庄形态复杂多样，不易设置综合标准层，本次村庄标准体系仅由三层框架形成，分别为专业基础标准层、专业通用标准层和专业专用标准层，其中通用标准和专用标准将道路、桥涵合一列出。

（1）基础标准

均参照城镇道路桥梁基础标准编制或调整。

（2）通用标准

镇道路桥梁基础标准参照城镇调整；村庄标准根据村庄道路交通体系的特点，同时考虑村庄道路、桥涵内容较为简单，通用标准将道路、桥涵合为一类列入了设计、施工、养护方面的通用性规范，为便于非专业人士的使用，建议编制通用图集与标准体系共同使用。

（3）专用标准

镇道路桥梁基础标准参照城镇专业标准分体系专用标准进行调整；考虑到村庄道路的特点，制定相应的规范。如考虑到村庄道路交通组成、管理模式及对交通设施需求与城镇的区别，增加了《村庄道路交通设施技术规范》等。考虑到弹石路面在云南地区应用技术条件已成熟，新增《弹石路面技术规范》等。

14.2　村镇道路桥梁分支标准体系框图

14.2.1　分支标准体系总框图

分支标准体系总框图如图 2-14-1 所示。

第1层　　　　[CZG12]12.1
村镇道路桥梁基础标准

第0层
[CZG12]12.0
道路桥梁综合标准

第2层　　　　[CZG12]12.2(1)　　　　　　[CZG12]12.2(2)
镇道路桥梁通用标准　——　村道路桥梁通用标准

第3层　　　　[CZG12]12.3(1)　　　　　　[CZG12]12.3(2)
镇道路桥梁专用标准　——　村道路桥梁通用标准

图 2-14-1　分支标准体系总框图

14.2.2　分支标准体系细化分类框图

分支标准体系细化分类框图如图 2-14-2 所示。

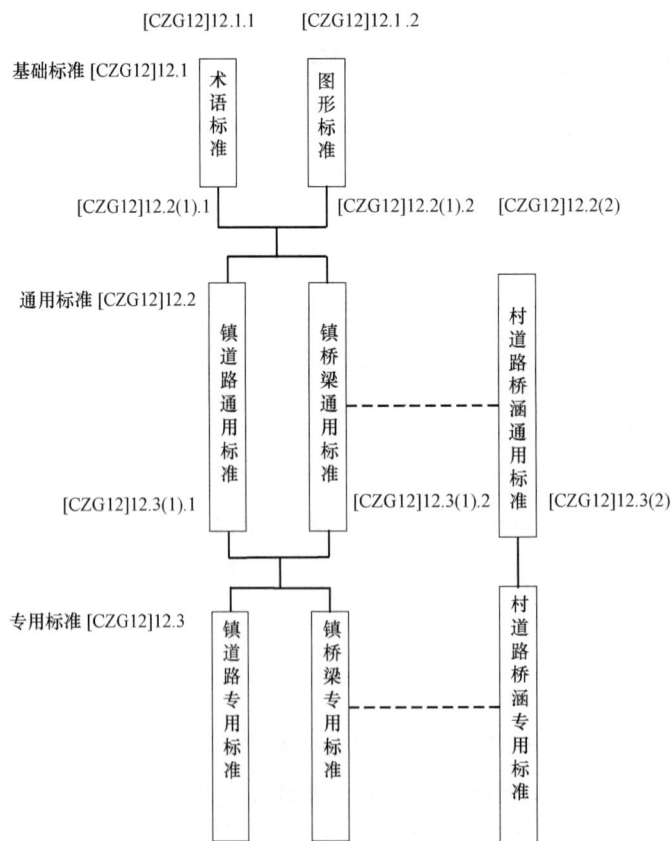

[CZG12]12.1.1　　　[CZG12]12.1.2

基础标准 [CZG12]12.1　术语标准　图形标准

[CZG12]12.2(1).1　　[CZG12]12.2(1).2　　[CZG12]12.2(2)

通用标准 [CZG12]12.2　镇道路通用标准　镇桥梁通用标准　村道路桥涵通用标准

[CZG12]12.3(1).1　　[CZG12]12.3(1).2　　[CZG12]12.3(2)

专用标准 [CZG12]12.3　镇道路专用标准　镇桥梁专用标准　村道路桥涵专用标准

图 2-14-2　分支标准体系细化分类框图

14.3 村镇道路桥梁分支标准体系表

村镇道路桥梁分支标准体系表 表 2-14-2

序号	体系分类编码	标准编码	标准名称	现行标准编号	标准状态	主题特征
[CZG12]12.0 综合标准						
1	[CZG12]12.0	[CZG12]12.0.1	城镇道路桥梁工程技术标准		待编	城镇、道路、桥梁、技术
[CZG12]12.1 基础标准						
[CZG12]12.1.1 术语标准						
2	[CZG12]12.1.1	[CZG12]12.1.1.1	道路工程术语标准	GBJ 124—1988	修订中	道路、工程、术语
[CZG12]12.1.2 图形标准						
3	[CZG12]12.1.2	[CZG12]12.1.2.1	道路工程制图标准	GB 50162—1992	修订中	道路、工程、制图
[CZG12]12.2 通用标准						
[CZG12]12.2(1).1 镇道路通用标准						
4	[CZG12]12.2(1).1	[CZG12]12.2(1).1.1	城市道路工程设计规范	CJJ 37—2012	现行	道路、工程、设计
5	[CZG12]12.2(1).1	[CZG12]12.2(1).1.2	城镇道路工程施工与质量验收规范	CJJ 1—2008	现行	道路、施工、质量、验收
6	[CZG12]12.2(1).1	[CZG12]12.2(1).1.3	城市道路养护技术规范	CJJ 36—2006	现行	道路、养护、技术
7	[CZG12]12.2(1).1	[CZG12]12.2(1).1.4	城镇停车设施通用规范		待编	停车设施
[CZG12]12.2(1).2 镇桥梁通用标准						
8	[CZG12]12.2(1).2	[CZG12]12.2(1).2.1	城镇桥梁设计规范	CJJ 11—2011	现行	桥梁、设计
9	[CZG12]12.2(1).2	[CZG12]12.2(1).2.2	城市桥梁工程施工与质量验收规范	CJJ 2—2008	现行	桥梁、施工、质量、验收
10	[CZG12]12.2(1).2	[CZG12]12.2(1).2.3	城镇桥梁养护技术规范	CJJ 99—2003	现行	桥梁、养护、技术
[CZG12]12.2(2).1 村道路桥涵通用标准						
11	[CZG12]12.2(2).1	[CZG12]12.2(2).1.1	乡村道路工程技术规范		制订中	乡村、道路、设计、技术、基础设施、新农村建设

续表

序号	体系分类编码	标准编码	标准名称	现行标准编号	标准状态	主题特征
12	［CZG12］12.2(2).1	［CZG12］12.2(2).1.2	村庄道路施工及质量验收规范		待编	村庄、道路、施工、验收、基础设施
13	［CZG12］12.2(2).1	［CZG12］12.2(2).1.3	村庄桥涵施工及质量验收规范		待编	村庄、桥涵、施工、验收、基础设施
14	［CZG12］12.2(2).1	［CZG12］12.2(2).1.4	村庄道路养护技术规范		待编	村庄、道路、养护、基础设施
15	［CZG12］12.2(2).1	［CZG12］12.2(2).1.5	村庄道路桥涵养护技术规范		待编	村庄、桥涵、养护、基础设施
16	［CZG12］12.2(2).1	［CZG12］12.2(2).1.6	村庄道路交通设施技术规范		待编	村庄、道路、交通设施、基础设施
［CZG12］12.3 专用标准						
［CZG12］12.3(1).1 镇道路专用标准						
17	［CZG12］12.3(1).1	［CZG12］12.3(1).1.1	城镇道路路线设计规范	CJJ 193—2012	待修编	道路、线路、设计
18	［CZG12］12.3(1).1	［CZG12］12.3(1).1.2	城镇道路交叉口设计规程	CJJ 152—2010	待修编	道路、交叉、设计
19	［CZG12］12.3(1).1	［CZG12］12.3(1).1.3	城镇道路标志标线设计规范		制订中	道路、标志、标线、设计
20	［CZG12］12.3(1).1	［CZG12］12.3(1).1.4	城镇道路交通设施设计规范	GB 50688—2011	现行	道路、交通安全、设施、设计
21	［CZG12］12.3(1).1	［CZG12］12.3(1).1.5	城镇道路路基设计规范		待编	道路、路基、设计
22	［CZG12］12.3(1).1	［CZG12］12.3(1).1.6	城镇道路路面设计规范		待编	道路、路面、设计
23	［CZG12］12.3(1).1	［CZG12］12.3(1).1.7	城镇道路照明设计规程	CJJ 45—2015	现行	道路、照明、设计
24	［CZG12］12.3(1).1	［CZG12］12.3(1).1.8	城镇道路照明施工及验收规程	CJJ 89—2012	现行	道路、照明、施工、验收
25	［CZG12］12.3(1).1	［CZG12］12.3(1).1.9	城镇道路雨水利用技术规程		待编	道路、雨水、利用、技术
26	［CZG12］12.3(1).1	［CZG12］12.3(1).1.10	城镇停车广场设计规程		待编	停车、广场、设计
27	［CZG12］12.3(1).1	［CZG12］12.3(1).1.11	城镇广场设计规程		待编	广场、设计

续表

序号	体系分类编码	标准编码	标准名称	现行标准编号	标准状态	主题特征
〔CZG12〕12.3(1).2 镇桥梁专用标准						
28	〔CZG12〕12.3(1).2	〔CZG12〕12.3(1).2.1	城市人行天桥与人行地道技术规程	CJJ 69—1995	现行	人行天桥、人行地道、技术
〔CZG12〕12.3(2).1 村道路桥涵专用标准						
29	〔CZG12〕12.3(2).1	〔CZG12〕12.3(2).1.1	村庄道路路线设计规范		待编	村庄、道路、路线、基础设施
30	〔CZG12〕12.3(2).1	〔CZG12〕12.3(2).1.2	村庄道路照明设计规范		待编	村庄、道路、照明、基础设施
31	〔CZG12〕12.3(2).1	〔CZG12〕12.3(2).1.3	村庄桥涵检测技术规程		待编	村庄、桥涵、检测、基础设施
32	〔CZG12〕12.3(2).1	〔CZG12〕12.3(2).1.4	村庄停车场设计规范		待编	村庄、停车场、基础设施
33	〔CZG12〕12.3(2).1	〔CZG12〕12.3(2).1.5	村庄广场设计规范		待编	村庄、广场、基础设施
34	〔CZG12〕12.3(2).1	〔CZG12〕12.3(2).1.6	弹石路面技术规程		待编	弹石、路面、技术
35	〔CZG12〕12.3(2).1	〔CZG12〕12.3(2).1.7	铺砖路面技术规程		待编	铺砖、路面、技术
36	〔CZG12〕12.3(2).1	〔CZG12〕12.3(2).1.8	粒料路面技术规程		待编	粒料、路面、技术
37	〔CZG12〕12.3(2).1	〔CZG12〕12.3(2).1.9	古桥结构检测技术规程		待编	古桥、结构、加固、技术
38	〔CZG12〕12.3(2).1	〔CZG12〕12.3(2).1.10	古桥结构加固技术规程		待编	古桥、结构、加固、技术

14.4 村镇道路桥梁分支标准体系项目说明

〔CZG12〕12.0 综合标准

〔CZG12〕12.0.1《城镇道路桥梁工程技术标准》。

为本专业全文强制标准，根据政府相关法律法规、管理条例，列入道路、交通、桥梁、隧道等工程中直接涉及人民生命财产安全、人身健康、环境保护和公共利益的条文，同时考虑提高经济和社会效益等方面的要求。

主题特征：城乡、道路、桥梁、技术、市政基础设施。

［CZG12］12.1 基础标准

［CZG12］12.1.1 术语标准

［CZG12］12.1.1.1《道路工程术语标准》GBJ 124—1988

本标准适用于道路工程的规划、设计、施工、验收、质量检验和养护管理等方面。列入了道路、桥梁、隧道工程常用的术语，也适当给出了道路工程勘测、材料、试验、施工机具等术语。本标准中术语的名称及释义考虑了科学性、通用性，并尽可能与国际上一致。本标准是制订各种道路工程标准和技术文件的依据。

主题特征：道路、工程、术语、市政基础设施。

［CZG12］12.1.2 图形标准

［CZG12］12.1.2.1《道路工程制图标准》GB 50162—1992

本标准适用于道路及其桥梁、涵洞、隧道、交通工程的设计和工程竣工制图。标准中规定了图幅和图框尺寸、图标和会签栏位置，提出了对字体和书写方面、线形和线宽、尺寸标注方法、绘图比例及工程图纸编排顺序等的要求，对道路平面、纵断面和横断面绘图及桥梁、涵洞、隧道等结构制图也提出了具体要求，并给出了统一的常用图例。

主题特征：道路、工程、制图、市政基础设施。

［CZG12］12.2 通用标准

［CZG12］12.2（1).1 镇道路通用标准

［CZG12］12.2（1).1.1《城市道路工程设计规范》CJJ 37—2012

本标准适用于城市道路及广场新建、扩建及改建工程的设计，是一本综合性标准，用于规定城市道路在道路网中的地位、交通功能及对沿线建筑物的服务功能，规定城市道路的分级、分类以及相应的技术指标。统一机动车、非机动车设计车辆的外廓尺寸，规定保证车辆安全通行的道路建筑限界、设计年限及防洪、抗震设防标准。

主题特征：道路、工程、设计、市政基础设施。

［CZG12］12.2（1).1.2《城镇道路工程施工与质量验收规范》CJJ 1—2008

本标准适用于城乡新建、改建、扩建的道路工程和大中型维护工程的施工与质量验收。

主要技术内容包括：施工准备、测量、路基基层（含石灰稳定土灰、石灰粉煤灰、工业废渣积渣土、水泥稳定土、级配砾石、沙石基层）、面层（沥青混凝土路面、水泥混凝土路面、铺砌式面层，广场停车场面层）、人行道铺装、人行通道、挡土墙及附属构筑物的施工与验收。

主题特征：道路、施工、质量、验收市政基础设施。

［CZG12］12.2（1).1.3《城市道路养护技术规范》CJJ 36—2006

本标准适用于城乡道路工程的养护管理，规定了道路工程养护内容及技术要求，并对各种设施管理提出了要求。

主题特征：道路、养护、技术、市政基础设施。

［CZG12］12.2（1).1.4《城镇停车设施通用规范》

主要技术内容包括：停车场与城市道路的连接点选择；停车场布局、面积；停车场内车辆停放形式；管理方式及收费系统等。范围包括地面停车场、地下停车场、立体停车场、车站、码头、机场及重要商业设施停车场、大型体育设施停车场、路边停车场等。

主题特征：停车、设施、市政基础设施。

［CZG12］12.2（1）.2 镇桥梁通用标准

［CZG12］12.2（1）.2.1《城镇桥梁设计规范》CJJ 11—2011

本标准适用于城市道路的新建永久性桥梁、立体交叉及高架道路桥梁和地道的设计。规定了桥梁分类、桥梁作用、桥梁防洪、桥梁限界等技术指标，规定了桥梁设计的细部构造和附属设施的技术要求。

主题特征：桥梁、设计、市政基础设施。

［CZG12］12.2（1）.2.2《城市桥梁工程施工与质量验收规范》CJJ 2—2008

本标准适用于城市桥梁结构的施工与验收。

主要技术内容包括：桥梁基础、上部结构、下部结构、附属结构的施工方法、技术要求、安全控制等。

主题特征：桥梁、施工、质量、验收、市政基础设施、施工安全。

［CZG12］12.2（1）.2.3《城市桥梁养护技术规范》CJJ 99—2003

本标准适用于城乡范围内混凝土、钢、木、石料桥梁的常规养护及维修。规定了桥梁养护的基本要求，管理养护方法和对桥梁安全状况的评价方法。标准还包括了桥梁常规维修的内容。

主题特征：桥梁、养护、技术、市政基础设施。

［CZG12］12.2（2）.1 村道路桥涵通用标准

［CZG12］12.2（2）.1.1《乡村道路工程技术规范》

本标准适用于乡村内部新建和改建道路工程的设计、施工和验收。

主要技术内容包括：路基工程、路面工程、桥涵及附属设施等项目及其指标，以及其他相关要求。

主题特征：乡村、道路、设计、技术、基础设施、新农村建设。

［CZG12］12.2（2）.1.2《村庄道路施工及质量验收规范》

本标准适用于村庄内部道路等基础设施的施工及验收。

主要技术内容包括：路基工程、路面工程及附属设施等项目的施工及验收。

主题特征：村庄、道路、施工、质量验收、基础设施。

［CZG12］12.2（2）.1.3《村庄桥涵施工及质量验收规范》

本标准适用于村庄内部桥涵等基础设施的施工及验收。

主要技术内容包括：桥梁、涵洞及附属设施等项目的施工及验收。

主题特征：村庄、桥涵、施工、质量验收、基础设施。

［CZG12］12.2（2）.1.4《村庄道路养护技术规范》

本标准适用于村庄道路的养护管理，规定了道路养护内容及技术要求，并对各种设施管理提出了要求，明确提出应建立统一的村庄道路养护机制。

主题特征：村庄、道路、养护、技术、基础设施。

［CZG12］12.2（2）.1.5《村庄道路桥涵养护技术规范》

本标准适用于村庄桥涵的养护管理，规定了桥涵养护内容及技术要求，并对各种设施管理提出了要求，明确提出应建立统一的村庄桥涵养护机制。

主题特征：村庄、道路、桥涵、养护、技术、基础设施。

[CZG12] 1.2（2）.1.6《村庄道路交通设施技术规范》

本标准为进行村庄道路交通安全设施设计而制定。本标准适用于新建及改建村庄道路工程交通设施的设置、施工及养护。

主要技术内容包括：村庄道路交通安全设施设置标准、交通安全防护设施的设计、交通安全保障设施构造规定等内容，规定各种设施的材料要求、力学性能要求、施工和质量验收，规定安全设施的养护维修方法。

主题特征：村庄、道路、交通、技术、基础设施。

[CZG12] 12.3 专用标准

[CZG12] 12.3（1）.1 镇道路专用标准

[CZG12] 12.3（1）.1.1《城镇道路路线设计规范》CJJ 193—2012

本标准适用于新建及改建城市道路。

主要技术内容包括：道路通行能力，接入控制，道路横断面设计，道路平面设计，道路纵断面设计，道路平、纵面组合设计等。

主题特征：道路、线路、设计、市政基础设施。

[CZG12] 12.3（1）.1.2《城镇道路交叉口设计规程》CJJ 152—2010

本标准包含城乡道路各种形式的平面交叉，立体交叉与铁路平面及立体交叉的有关技术规定。

主题特征：道路、交叉、设计、市政基础设施。

[CZG12] 12.3（1）.1.3《城镇道路标志标线设计规范》

本标准适用于新建及改建城市道路工程的交通标志和标线设置。

主要技术内容包括：警告标志、禁令标志、指示标志、旅游区标志及其他标志的设置；纵向标线、横向标线及其他标线的设置；标志标线的综合应用等。

主题特征：道路、标志、标线、设计、市政基础设施。

[CZG12] 12.3（1）.1.4《城镇道路交通设施设计规范》GB 50688—2011

本标准为进行城市道路交通安全设施设计而制定。标准明确交通安全设施的范围和类型，制订城市道路系统中为保障交通安全而建造的各类设施的设计控制要素、设计指标、设计方法等。主要包括城市道路交通安全设施设置标准、交通安全防护设施的设计、交通安全保障设施构造规定等内容，规定各种设施的材料要求、力学性能要求、施工和质量验收，规定安全设施的养护维修方法。

主题特征：道路、交通安全、设施、设计、市政基础设施。

[CZG12] 12.3（1）.1.5《城镇道路路基设计规范》CJJ 194—2013

本标准适用于新建与改建道路的设计。

主要技术内容包括：设计原则与规定、土基分类及加固措施等。对特殊土质地段加固措施也提出了具体要求。

主题特征：道路、路基、设计、市政基础设施。

[CZG12] 12.3（1）.1.6《城镇道路路面设计规范》CJJ 169—2012

本标准适用于城乡道路沥青混凝土路面，混凝土路面的设计。对设计原则、结构组成、设计标准及参数等提出了要求。

主题特征：道路、路面、设计、市政基础设施。

［CZG12］12.3（1）.1.7《城镇道路照明设计规程》CJJ 45—2015

本标准适用于城市现有道路及新建、扩建、改建道路的照明设计，目的是为车辆驾驶人员和行人提供良好的视环境。其中按城市路灯服务范围将照明分为五类，规定了机动车通行道路照明应满足的平均亮度（平均照度）、亮度均匀度、眩光限制和诱导性四项评价指标，行人和非机动车行道路应满足的平均亮度评价指标。

主题特征：道路、照明、设计、市政基础设施。

［CZG12］12.3（1）.1.8《城镇道路照明施工及验收规程》CJJ 89—2012

本标准适用于10kV及以下城市道路照明设施安装及配线工程的施工和验收。

主要技术内容包括：架空线路、低压电缆线路、配电与控制、安全保护及路灯安装。

主题特征：道路、照明、施工、验收、市政基础设施。

［CZG12］12.3（1）.1.9《城镇道路雨水利用技术规程》

本标准为进行道路雨水利用而制定。标准明确对城乡道路雨水利用的范围和技术类型进行规定。标准规定不同雨水利用方式的特点、道路设计方法、道路施工工艺、道路施工质量检测方法、雨水利用效果评价和检测方法。标准对城乡道路雨水利用系统的维修养护方法和注意事项。

主题特征：道路、雨水、利用、技术、市政基础设施。

［CZG12］12.3（1）.1.10《城镇停车广场设计规程》

本标准适用于城市地面停车广场的设计。

主要技术内容包括：功能要求、场址选择、布置要求、进出口设计、标识系统及附属设施等。

主题特征：停车、广场、设计、市政基础设施。

［CZG12］12.3（1）.1.11《城镇广场设计规程》

本标准适用于城市广场的设计。

主要技术内容包括：功能要求、场址选择、进出口设计、铺装设计、排水设计、标识系统及附属设施等。

主题特征：广场、设计、市政基础设施。

［CZG12］12.3（1）.2《镇桥梁专用标准》

［CZG12］12.3（1）.2.1《城市人行天桥与人行地道技术规程》CJJ 69—1995

本标准适用于城市中跨越道路的天桥和下穿道路的地道的设计与施工。规定了在城市规划布局下满足车辆及行人安全，减少行人对正常交通影响的基本要求。标准给出了设计通行能力、净宽、净高限界数据，明确了设计原则，荷载组合与构造要求，对附属设施也提出了相应要求。

主题特征：人行天桥、人行地道、技术、市政基础设施。

［CZG12］12.3（2）.1 村道路桥涵专用标准

［CZG12］12.3（2）.1.1《村庄道路路线设计规范》

本标准适用于新建及改建村庄道路。

主要技术内容包括：道路通行能力，接入控制，道路横断面设计，道路平面设计，道路纵断面设计，道路平、纵面组合设计等。

主题特征：村庄、道路、线路、设计、基础设施。

[CZG12] 12.3（2）.1.2《村庄道路照明设计规范》

本标准适用于村庄现有道路及新建、扩建、改建道路的照明设计，目的是为车辆驾驶人员和行人提供良好的视环境。规定了机动车通行道路照明应满足的平均亮度（平均照度）、亮度均匀度、眩光限制和诱导性四项评价指标，行人和非机动车行道路应满足的平均亮度评价指标。

主题特征：村庄、道路、照明、设计、基础设施。

[CZG12] 12.3（2）.1.3《村庄桥涵检测技术规程》

本标准适用于村庄桥涵的检测与评定。

主要技术内容包括：桥涵检测、桥涵结构检算、荷载试验及分析、桥涵结构承载能力评定等。

主题特征：村庄、桥梁、检测、基础设施。

[CZG12] 12.3（2）.1.4《村庄停车场设计规范》

本标准适用于村庄地面停车广场的设计。

主要技术内容包括：功能要求、场址选择、布置要求、进出口设计、标识系统及附属设施等。

主题特征：村庄、停车场、设计、基础设施。

[CZG12] 12.3（2）.1.5《村庄广场设计规范》

本标准适用于村庄广场的设计。

主要技术内容包括：功能要求、场址选择、进出口设计、铺装设计、排水设计、标识系统及附属设施等。

主题特征：村庄、广场、设计、基础设施。

[CZG12] 12.3（2）.1.6《弹石路面技术规程》

本标准适用于弹石路面的设计、施工及验收。

主要技术内容包括：适用范围、原材料、设计方法、施工、质量控制和验收。

主题特征：弹石、路面、技术、基础设施。

[CZG12] 12.3（2）.1.7《铺砖路面技术规程》

本标准适用于红砖、水泥混凝土砖等路面的设计、施工及验收。

主要技术内容包括：适用范围、原材料、设计方法、施工、质量控制和验收。

主题特征：铺砖、路面、技术、基础设施。

[CZG12] 12.3（2）.1.8《粒料路面技术规程》

本标准适用于以碎石、砾石、砂砾等为主要材料，以黏土或灰土为结合料铺筑的路面的设计、施工及验收。

主要技术内容包括：适用范围、原材料、设计方法、施工及注意事项、质量控制和验收。

主题特征：粒料、路面、技术、村庄基础设施。

[CZG12] 12.3（2）.1.9《古桥结构检测技术规程》

本标准适用于古桥的检测。

主要技术内容包括：适用范围、原则、分类、检测内容、评价方法及指标等内容。

主题特征：古桥、检测、技术、基础设施。

［CZG12］12.3（2）.1.10《古桥结构加固技术规程》

本标准适用于古桥的加固维修。

主要技术内容包括：适用范围、原则、分类、加固方法等内容。

主题特征：古桥、结构、加固、技术、基础设施。

第 15 章　村镇环境与卫生分支标准体系

15.1　综述

自 2006 年以来，连续 8 个中央一号文件都强调农村环境整治问题，2013 年中央 1 号文件强调要"稳步推进农村环境综合整治"，"搞好垃圾、污水治理，改善农村人居环境"。2013 年底，习近平总书记在"中央农村工作会议"上也特别指出中国要强，农业必须强；中国要美，农村必须美；中国要富，农民必须富。2014 年 11 月 18 日，住房和城乡建设部组织召开全国农村生活垃圾治理工作电视电话会议，启动农村生活垃圾 5 年专项治理，使全国 90％村庄的生活垃圾得到治理。同年 12 月 26 日，全国住房和城乡建设工作会议明确提出：全面启动村庄规划、深化农村生活垃圾治理。在推进新农村、城镇一体化建设的进程中，高度重视村镇环境卫生建设，环境治理工作又一次摆在了十分重要的位置。村镇环境卫生建设和管理是一个涉及面比较广的系统工程，包括村镇环境卫生公共设施的规划、建设、配置，生活垃圾收集、运输、处理处置、资源利用等重要内容。为落实科学发展观的要求，建设社会主义新农村、美丽乡镇，加强村镇人居环境建设，需有一批因地制宜、可靠有效、适合我国村镇实际情况的工程建设技术标准来保证。

15.1.1　国内外市容环境卫生技术标准现状

1. 国内现状

村镇指的是我国县级政府驻在地（城关镇）以外的居民居住点，含建制镇、集镇（包括乡政府驻地）、行政村、自然村等，是我国超过 60％人口的居住区域，其生活垃圾产生与处理对广大农村区域（占国土面积 90％）的环境与公共卫生质量有极大的影响。村镇生活垃圾的主要特性为：产生源点多量大，组分复杂，布局分散，不利收集。村镇生活垃圾特别容易受燃料种类、局部开发、节令变化、集市贸易等因素的影响，在产量和组分上发生较强的波动。据不完全统计，2013 年我国建制镇与集镇生活垃圾年产生量约 5000 万 t、村庄生活垃圾产生量约 11600 万 t，并且呈现出快速增长趋势。

（1）村镇市容环境卫生区域差异显著

改革开放以来，我国村镇特别是农村经济取得了长足的发展，但由于地域、气候差异，也由于传统粗放的农村经济发展模式根深蒂固的影响，同时由于重城市轻农村、重工业轻农业、重发展轻保护等历史遗留问题的影响，全国农村环境保护工作整体欠账较多，市容环境卫生发展较不平衡。在人均收入水平低、地域偏僻、居住分散的地区，大部分农民对环境的认识尚未得到根本的转变，造成农村垃圾仍然处于上山、下地、进流水的乱扔乱放状态，没有固定的生活垃圾堆放点，农业废料、建筑垃圾、橡胶等垃圾逐渐增多，处理难度也越来越大，垃圾的收集、运输、处理现状不容乐观。而在一些城镇化水平较高、经济较发达的区域，由于资金投入相对较大，村镇生活垃圾得到有效集中收集和处理，基本实现了生活垃圾资源化和减量化。

江苏省张家港等地方政府发布了指导村镇环境治理的实施意见，部分地方开展了村镇生活垃圾处理实践活动；2006 年由原建设部环境卫生工程技术研究中心和海南省建设厅在海南省儋州市蓝洋镇农场开展了生活垃圾分类收集和处理试点；2013 年广西结合"美丽广西·清洁家园"活动，推动垃圾分类试点由城市向农村推进，探索符合农村实际的垃圾处理方式。

（2）村镇生活垃圾收运处理模式进展不均衡

"十一五"以来，根据《关于推进社会主义新农村建设的若干意见》，我国很多地区开展了村镇生活垃圾收运处理体系建设，其中以华东一带起步较早。例如江苏省以太湖流域为突破口，积极指导各地全面推广"组保洁、村收集、镇运转、县处理"的城乡统筹生活垃圾处理模式。浙江省从 2008 年开始全面推进农村垃圾集中处理，在平原和经济发达地区采用"户集、村收、镇中转、县处理"模式，在离县级填埋场较远的山区、海岛地区和还没有建设县级集中处理设施的地区采用"户集、村收、镇运、镇处理"模式。上海市陆续关停了郊区镇村级生活垃圾堆场并进行生态修复，将村镇生活垃圾纳入全区收运体系。

村镇生活垃圾收运系统尚未全面覆盖，大多数地区收运系统还未完全建立，总体进展不均衡，新型模式推广和执行难度较大。已建成生活垃圾收运系统的村镇地区也存在系统性、技术集成化程度方面均不高，不能适应当前城乡生活垃圾收运一体化的要求。一方面垃圾收集容器投入不足，还有农户随意将垃圾倾倒在房前屋后；垃圾收集点大多数为开敞的收集池或者收集斗，环境污染严重；垃圾收集主要是人力运输，收集装备机械化程度低、跑冒滴漏严重，收运路线不合理等因素也造成收运成本较高。整体上呈现的是一种粗放的收运方式，收运技术和设施水平严重不能适应社会经济发展需求。

（3）村镇生活垃圾处理和资源化技术较缺乏

在村镇生活垃圾处理与资源化利用过程中，已有多种生活垃圾处理处置与资源化利用技术以及相关标准规范的报道，并且对于生活垃圾污染控制起到了较好的作用。但是，均没有根据村镇生活垃圾的特点，完全套用城市生活垃圾的处理处置技术和模式，针对村镇生活垃圾特点的高效低成本的低碳处理和资源化技术在我国还处于刚刚起步阶段，能够稳定运行的、规范化的集中处理设施尚未形成；村镇污染土壤治理技术和土地利用技术在国内仍是空白。

（4）村镇环卫建设标准编制缺失较多

近年来城市市容环卫工程建设标准体系已经逐渐成熟和完善，但是没有出版专门针对农村的市容环卫标准体系和标准，只是在城市标准的章节中附带了一些内容，但是由于编制人员没有实地考察和了解农村的实际情况，标准的可操作性差，执行力更差，这些情况制约着我国村镇市容环卫的建设和发展，直接影响了我国建设美丽乡镇的发展目标。

2. 国外状况

（1）生活垃圾收运技术较为成熟

发达国家如德国、日本、美国的城乡一体化程度较高，农村收运处理起步较早，农村生活垃圾处理技术较为成熟，目前已经进入了从减少废物产生到对其进行再循环及处置全过程治理的新阶段，由单纯的处理向综合治理方向转变，从根本上改变了垃圾处理的内涵，注重源头减量和资源化利用，从而能够有效控制污染、回收资源、减少垃圾的处理量。建立了较完善的农村垃圾分类收运系统。在垃圾处理时，首先考虑热能回收，然后考虑卫生填埋技术。

（2）农村生活垃圾处理技术比较有针对性

① 厌氧发酵技术

有机垃圾厌氧发酵是在厌氧状态下利用微生物将垃圾中的有机物转化为甲烷和二氧化碳的技术，其反应机理与污水的厌氧发酵过程类似。厌氧发酵技术能提高生物质垃圾资源化水平，是目前国内外研究的热点。近10年来，有机垃圾厌氧发酵技术在德国、瑞士、奥地利、芬兰、瑞典等国家发展迅速，日本荏原公司也从欧洲引进技术，建设了首座厌氧发酵示范工程。基于生态和法律的要求，对生活垃圾及有机垃圾进行厌氧发酵处理正成为全球的大趋势。至2008年，欧洲厌氧发酵处理厂的垃圾处理量比1991年增长了十几倍。

② 生活垃圾堆场生态修复和土地安全再利用技术

西方发达国家由于经济发展水平比较高，大型简易垃圾堆场目前已停止建设，原有简易垃圾堆场停止使用几年甚至十几年，堆场已部分稳定化，因此，国外简易垃圾堆场的封场及利用情况比较多，也具有了一定理论和实践经验。例如：美国波士顿一占地40公顷的简易垃圾堆场通过合理的设计，目前已建成一个集休闲道路、儿童娱乐、野营、水上公园、科学园、自然学习园地、小型剧院以及各种各样的小型公园的综合性运动、学习和娱乐场所，成为波士顿市最大的环境资源循环利用工程。此外，国外发达国家简易垃圾堆场封场利用的方式还有建设绿地、树林、高尔夫球场、大型购物中心以及学校等一些永久性建筑。

（3）农村垃圾出台专项法规规定

1965年和1970年美国联邦政府与议会通过了《固体废弃物处理法》和《资源保护与回收法》，1974年英国制订了《污染控制法》，1976年法国颁布了关于废弃物处置和回收的75-633号法令，1972年联邦德国通过了《废弃物管理法》，1986年又通过了一项新的《垃圾法》。除了国家颁布的法案对农村垃圾治理有相关规定外，部分地区还颁布了针对农村垃圾专项法规，如美国俄克拉荷马州和肯塔基州对农村地区路边倾倒垃圾的问题颁布了法规，对非法倾倒垃圾的行为处理有条文规范。加拿大的卡佩勒地区颁布了关于村庄垃圾收集设施的规定，对收集设施和收运管理有严格的规定，澳大利亚的Campaspe市对农村废物回收设备发布了相关政策。为促进农村生活废弃物的减量、回收利用和处理，发达国家通过财政手段向生活废弃物处理者提供必要的资金援助。如通融资金、补助金和税收等；对废弃物生产者收取垃圾收集和处理的全部费用，减少农村垃圾的产量。经济性政策极大地促进了农村垃圾治理的发展。

美国废弃物处理及再资源化经济奖金制度规定："对制订和修改固体废物计划的州、市或州间机关实行补助；对固体废弃物处理方法的研究开发，调查研究以及实际验证实行补助；对资源回收装置的设计、操作管理、监督和维护人员的训练计划实行补助。"

联邦德国规定："对废弃物输送车采取免税制度"等。对生产者，垃圾减量最明显的经济刺激是直接收取他们产生垃圾的收集、处理和处置的全部费用。环境卫生收费，一部分是排污处理费，另一部分是社会服务费，生活垃圾收费制是管理生活垃圾的有效措施之一，可以抑制垃圾量的增长，同时还可补偿垃圾处理的运行费。

15.1.2　村镇环境卫生关键技术标准技术适用性

财政部《关于发挥一事一议财政奖补作用推动美丽乡村建设试点的通知》（财农改〔2013〕3 号）提出实现道路硬化、卫生净化、村庄绿化、村庄亮化、环境美化等目标，改善村容村貌和农民人居环境。结合县域总体规划和城镇发展规划要加快垃圾收集处理等专项规划向周边农村延伸，因地制宜探索相应的建设标准和模式。

2015 年 11 月，住房和城乡建设部等十部委联合发布全面推进农村垃圾治理的指导意见（建村〔2015〕170 号），同年 12 月又联合发布《农村生活垃圾治理验收办法》，同时上海、广东、海南等省市也纷纷出台新政响应号召。

村镇环境卫生整治是当前及今后一段时间内各级政府及主管部门的重点和主要任务，其中农村（村庄）层面工作的任务更重、困难更多，且必要性、紧迫性更强。因此，制定村镇环卫标准体系及编制村镇标准，不能以项目资金量、技术难度为主要依据，而应该考虑标准编制的应用范围、综合效益及必要性，应该把农村（村庄）层面的环卫标准作为重中之重。从标准的适用性和实用性考虑，应该设置单独的农村（村庄）环卫标准。

（1）编制农村环境卫生层面的综合性标准《农村生活垃圾处理技术规程》来引领和统筹农村地区环境卫生其他相关标准。

（2）制订适宜的村镇生活垃圾处理工程技术标准，如《县域生活垃圾处理工程规划规范》和现有城市生活垃圾处理工程设施规范在技术指标、工程化程度上有差异性的技术标准。

（3）设置单独且合理有效的村镇市容环境卫生系统性标准，如《村镇容貌标准》、《村镇公共厕所设计标准》等与城市要求差别较大的标准。

（4）为结合目前村镇建设的重点工作，可编制《旅游景区市容环境卫生标准》、《村镇环境卫生评价标准》等村镇建设其他环卫标准。

15.2　村镇环境与卫生分支标准体系框图

15.2.1　分支标准体系总框图

分支标准体系总框图如图 2-15-1 所示。

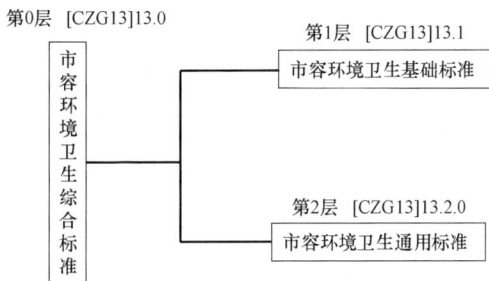

图 2-15-1　分支标准体系总框图

15.2.2 分支标准体系细化分类框图

分支标准体系细化分类框图如图 2-15-2 所示。

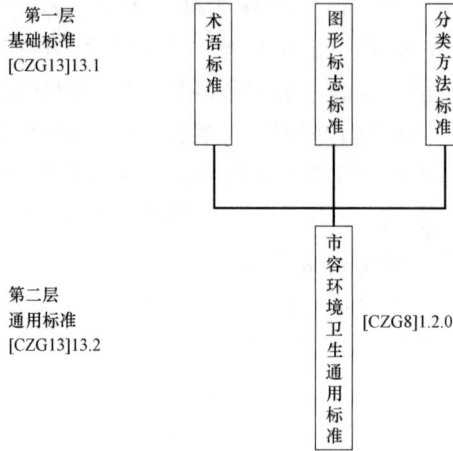

图 2-15-2 分支标准体系细化分类框图

15.3 村镇环境与卫生分支标准体系表

村镇环境与卫生分支标准体系表

表 2-15-1

序号	标准体系编码	标准编码	标准项目名称	现行标准编号	标准状态	主题特征
	[CZG13]13.0 综合标准					
1	[CZG13]13.0	[CZG13]13.0.1	环境卫生技术规范		在编	市政基础设施
2	[CZG13]13.0	[CZG13]13.0.2	农村生活垃圾处理技术规程		在编	市政基础设施
	[CZG13]13.1 基础标准					
	[CZG13]13.1.1 术语标准					
3	[CZG13]13.1.1	[CZG13]13.1.1.1	市容环境卫生术语标准	CJJ/T 65—2004	修订中	市政基础设施
	[CZG13]13.1.2 图形标志标准					
4	[CZG13]13.1.2	[CZG13]13.1.2.1	环境卫生图形符号标准	CJJ/T 125—2008	现行	市政基础设施
	[CZG13]13.1.3 分类方法标准					
5	[CZG13]13.1.3	[CZG13]13.1.3.1	城市生活垃圾分类及其评价标准	CJJ/T 102—2004	修订中	市政基础设施
	[CZG13]13.2 通用标准					
	[CZG13]13.2.1 市容环境卫生通用标准					

序号	标准体系编码	标准编码	标准项目名称	现行标准编号	标准状态	主题特征
6	[CZG13]13.2.1	[CZG13]13.2.1.1	村镇容貌标准		待编	市政基础设施
7	[CZG13]13.2.1	[CZG13]13.2.1.2	县域生活垃圾处理工程规划规范		在编	市政基础设施
8	[CZG13]13.2.1	[CZG13]13.2.1.3	村镇污染土壤治理技术规范		待编	市政基础设施
9	[CZG13]13.2.1	[CZG13]13.2.1.4	村镇粪便沼气处理技术规范		待编	市政基础设施
10	[CZG13]13.2.1	[CZG13]13.2.1.5	村镇公共厕所设计标准		待编	市政基础设施
11	[CZG13]13.2.1	[CZG13]13.2.1.6	旅游景区市容环境卫生标准		待编	市政基础设施
12	[CZG13]13.2.1	[CZG13]13.2.1.7	村镇环境卫生评价标准		待编	市政基础设施

15.4 村镇环境与卫生分支标准项目说明

［CZG13］13.0 综合标准

［CZG13］13.0.1《环境卫生技术规范》

本标准适用于环境卫生设施的规划、设计、建设、运行维护和监管。

主要技术内容包括：环境卫生公共设施、清扫保洁、生活垃圾收集运输、生活垃圾卫生填埋、生活垃圾焚烧处理、生活垃圾生物处理、粪便收运与处理、餐厨垃圾处理、建筑垃圾管理与处理、渗沥液处理等技术中直接涉及质量、人身安全、环境保护、公共利益等方面必须强制执行的条文。

［CZG13］13.0.2《农村生活垃圾处理技术规程》

本标准适用于农村生活垃圾的分类、收集、运输、转运、处理、处置及农村生活垃圾资源化利用和农村生活垃圾管理。

主要技术内容包括：农村生活垃圾分类，农村生活垃圾收集与运输；农村生活垃圾处理；农村生活垃圾资源化利用；农村生活垃圾管理。

［CZG13］13.1 基础标准

［CZG13］13.1.1 术语标准

［CZG13］13.1.1.1《市容环境卫生术语标准》

本标准适用于市容环境卫生行业及相关领域。

主要技术内容包括：市容环境卫生的基本术语；市容景观、清扫保洁、垃圾收集运输、垃圾预处理、垃圾处理、二次污染物防治、市容环卫管理等方面规定的专业术语。

[CZG13] 13.1.2 图形标志标准

[CZG13] 13.1.2.1《环境卫生图形符号标准》

本标准适用于各类环境卫生设施与设备的规划、设计、建设与管理。

主要技术内容包括：公共厕所、垃圾收集站、垃圾转运站、垃圾处理设施等环境卫生设施行业标志、指示性标志和禁止性标志；市容环境卫生机械设备图例及其他图形符号标准。

[CZG13] 13.1.3 分类方法标准

[CZG13] 13.1.3.1《城市生活垃圾分类及其评价标准》

本标准适用于城镇地区、城乡一体化区域、有条件开展生活垃圾分类的乡村地区。

主要技术内容包括：生活垃圾分类类别、评价指标、评价方法。

[CZG13] 13.2 通用标准

[CZG13] 13.2.1 市容环境卫生通用标准

[CZG13] 13.2.1.1《村镇容貌标准》

本标准适用于镇（乡）、村庄的容貌。

主要技术内容包括：镇（乡）、村庄原有风貌传统名居、建构筑物、道路、园林绿化、公共设施及照明、广告、公共场所、水域、居住区容貌的建设和管理等。

[CZG13] 13.2.1.2《县域生活垃圾处理工程规划规范》

本标准适用于县域区范围内从生活垃圾源头产生到末端处理处置的全过程治理。

主要技术内容包括：县域地区生活垃圾分类、收集、运输、中转、处理等设施的规划、设计、建设和管理。

[CZG13] 13.2.1.3《村镇污染土壤治理技术规范》

本标准适用于镇（乡）、村庄污染土壤的治理。

主要技术内容包括：镇（乡）、村庄受污染土壤的检测、分析、治理、巩固等相关技术要求。

[CZG13] 13.2.1.4《村镇粪便沼气处理技术规范》

本标准适用于镇（乡）、村庄简易的粪便沼气处理。

主要技术内容包括：镇（乡）、村庄畜禽粪便、化粪池粪便收集、集中处理和沼气利用。

[CZG13] 13.2.1.5《村镇公共厕所设计标准》

本标准适用于镇（乡）、村庄各种不同类型公共厕所的新建、改建设计。

主要技术内容包括：规划不同类型公共厕所设置；规定公共厕所设计的原则、设计中的基本规定和公共厕所设施设备配置及构造与节能节水设计基本要求。

[CZG13] 13.2.1.6《旅游景区市容环境卫生标准》

本标准适用于全国旅游景区的容貌、市容环境卫生公共设施、工程设施，道路、水域。

主要技术内容包括：旅游景区生活垃圾投放、收集、运输以及处理处置等要求；环境卫生公共设施规划、设计、建设、管理等要求；道路和水域保洁等要求以及整体容貌的要求以及各项要求相关的量化指标。

[CZG13] 13.2.1.7《村镇环境卫生评价标准》

本标准适用于村镇地区的环境卫生公共设施、工程设施、道路及水域运行管理的评价。

主要技术内容包括：对生活垃圾收集点、站运站、粪便码头、环卫清扫保洁工人作息场所、环卫车辆停车场、公共厕所等公共设施；填埋场、焚烧厂、堆肥厂、渗沥液处理厂、建筑垃圾、粪便处理处置等处理设施的运行管理的评价内容。

第 3 篇　专项标准体系

第16章 村镇防灾专项标准体系

16.1 综述

16.1.1 国内外工程防灾技术发展

工程防灾是一门较新的学科，特别是在20世纪90年代"国际减灾十年"活动开展以后，才引起世界各国的重视。

火灾是一种违反人们意志、在时间和空间上失去控制的燃烧现象。人们在与火灾斗争中逐渐形成了减少火灾损失、保证人员的生命安全的基本对策，制订了相关的标准。

我国的抗震减灾，始于20世纪50年代末，1964年邢台地震后国家就成立了地震办公室和抗震办公室，直接领导地震预测预报工作和抗震防灾工作，取得较好成绩，开展了相关的理论研究和试验研究，并通过震害调查、抗震加固和工程实践，形成了具有我国特色的抗震防灾技术。在液化判别、抗震设计理论、抗震概念设计上，均在国际上占有一席之地。

对洪水发生的时空分布、洪涝预报、防洪标准、损失估计、防灾应急对策等都展开了研究；对确定台风发生的预报、观测和最大风速、风力脉动参数等也有所研究。

在对单一灾种如地震、洪水、火灾等的研究基础上，1990年起开展的"国际减灾十年"活动中，开始针对城市的灾害源和自然条件、经济发展情况、已有工程抗灾能力，研究城市灾害的综合防御对策，以达到城市发展和建设过程中不断提高防灾能力和减轻各种灾害损失的目的。

强烈地震、洪水等自然灾害给人类的生命财产造成了巨大的损失。世界各国的科技工作者对地震等自然灾害发生的机理和规律进行了大量的科学研究，对提高各类结构工程以及整个城镇的抗灾能力进行了研究。在对各类结构工程抗灾性能试验和分析研究的基础上，世界各国均制订了工程抗灾设计的有关规范或标准。自20世纪80年代开始，世界各国先后从单体工程的抗灾研究，逐步过渡到既重视单体工程的抗灾又重视整个城镇和区域的系统防灾研究。

我国是世界上洪水和地震多发的国家之一，近几十年来，对工程防灾和城乡防灾研究一直比较重视，造就一大批从事工程和城乡防灾技术研究的科技工作者，通过他们的努力，无论在工程抗灾减灾，还是在城镇防灾方面都取得了很大进展。近年来信息系统的发展，有力地促进了城乡防灾系统的研究。我国自然科学基金会与住房和城乡建设部共同资助的重大科研项目"城市综合防灾的研究"，取得了较大进展，为深入开展城乡综合防灾研究奠定了坚实的基础。

16.1.2　国内外标准现状

关于抗震设计标准，我国起步于 20 世纪 50 年代末，1964 年提出了建筑物和构筑物抗震设计规范的初稿，1974 年发布了第一本建筑物通用的抗震设计规范（试行），1976 年唐山地震后进行了修订并发布了建筑物通用的抗震鉴定标准。此后，在国家抗震主管部门的统筹安排和各工业部门抗震管理机构的大力支持下，有关冶金、铁路、公路、水运、水工、天然气、石化、市政、电力设施、核电等行业也相继制订了本行业的抗震设计和抗震鉴定的标准，逐渐形成门类较为齐全的抗震设计和鉴定的标准系列。在世界各国的建筑物抗震设计标准中，我国的抗震规范在设防目标、场地划分、液化判别、抗震概念设计和重视抗震构造措施方面具有先进的水平，在 2001 版的建筑抗震设计规范中，还纳入了隔震和减震设计和非结构抗震设计的内容，开始向基于性能要求的抗震设计迈出重要的一步。

在 20 世纪 80 年代以前，我国的抗震设计标准和一般结构静力设计标准的内容是完全分开的。20 世纪 90 年代，以经常性活荷载和重现期 30 年的风雪荷载为主要荷载的混凝土结构通用设计规范，增加了重现期 475 年的灾害性地震的设计内容，出现了标准的交叉、重叠和矛盾；随后，2001 年砌体结构通用设计规范也增加了抗震设计内容，进一步增加了标准的交叉、重叠和矛盾。一些结构设计的专用标准中也有抗震设计的专门章节。

与建筑工程抗震防灾标准相比，我国市政工程抗震防灾技术标准相对薄弱，修订不够及时，规范的覆盖面不够。

关于防洪设计标准，我国市政工程和房屋建筑的防洪设计起步较晚。城镇防洪作为整个流域防洪的一个组成部分纳入《防洪标准》中，只在专业标准保留《蓄滞洪区建筑工程技术规范》。

关于防风灾、防雷击和地质灾害的标准，我国目前仅有《建筑物防雷设计规范》和防止山区地质灾害的《建筑边坡工程技术规范》。

在世界各国的抗震技术标准中，1973 年列入世界抗震设计规定汇编的有美、日、新西兰、俄罗斯等共 28 本，1996 年列入世界抗震设计规定汇编的，包括 ISO 3010，共 44本；在结构用的欧洲规范中，有专门的抗震规范 Eurocode 8。这些标准，一般由建设主管部门或标准机构发布，内容包括地震区划、建筑用途分类、场地、结构地震作用和抗震验算方法、基本构造要求，还有按不同结构材料分别提出的对构件细部构造的专门规定，以及非结构、现存建筑鉴定和震损建筑修复加固的内容，近来还提出了供地震保险用的结构抗震能力评估。每次大地震发生后，有关国家的抗震标准均根据震害经验作了相应的修订。1994 年美国北岭地震和 1995 年日本阪神地震后，美、日的设计标准均做了相应的修改，还列入建筑隔震、减震的内容，而且正朝着基于性能要求的设防目标开展研究，拟制定相应的设计规定。

国外的抗震设计标准大致有三种类型。第一种遵照 ISO 3010，以结构用欧洲规范为代表，有单独的抗震设计规定（Eurocodes 8），由五个部分组成：第一部分有四项：（1）总要求，包括术语、极限状态、场地条件、地震作用及其组合；（2）结构总则，包括概念设计、规则性要求、结构分析模型和分析方法、位移计算、非结构构件和安全验算；（3）不同材料建筑结构的专门规定，包括混凝土结构、钢结构、混合结构、木结构和砌体结构，其内容除了具体结构的设计准则外，专门规定了有别于其他结构材料欧洲规范的构件抗震细部构造，而其他结构材料的欧洲规范（如混凝土结构设计 Eurocodes 2）不包括抗震的细部构造；（4）修复加固细则。第二部分：桥梁细则。第三部分：塔、桅、烟囱细则。第四部分：罐、筒仓、管线细则。第五部分：基础、挡土结构等。

第二种以美国 UBC97 和 IBC2003 为代表，在合为一体的建筑规范中，有详尽的防火设计规定，抗震计算（包括隔震、减震设计）列入结构设计基本要求中，在各类结构材料的设计中，除了引用结构材料规范（如混凝土材料 ACI 规范、钢结构材料 AISC 规范）的规定外，列入对结构材料规范的修订以及抗震的规定，还有既存建筑的修复加固规定。有的结构材料规范（如 ACI）既有静力又有抗震，与总体建筑规范内容交叉。在钢结构规范（AISC）中，静力设计与抗震设计是分开的，内容不交叉。

第三种以日本建筑法为代表，由于日本地震发生的频度很高，全国设防地震的强度基本相同，均需进行抗震设计，故各种结构规范不专门规定抗震要求。

16.1.3　体系构建思路

同村镇建筑结构、地基分支标准体系建设的原则相同，村镇工程防灾专项标准体系一定要好用，易操作。本着"因地制宜，就地取材、简易有效、经济合理"的精神，在农民可接受的造价范围内较大程度地提高农村房屋的结构安全和抗震能力。目前应该充分利用现有的标准，梳理现有标准在村镇建设中的适用性，结合村镇实际情况，补充切实需要的标准，并配套相应的指南及图集，以便于工匠等相关人员的理解和应用。

新制订的村镇防灾专项标准体系在竖向上与现行国家工程建设标准体系一致，全文强制的综合标准、基础标准、通用标准和专用标准；在横向上按照抗灾减灾学科分为防火耐火、抗震减灾、抗洪减灾、抗风雪雷击和抗地质灾害五个门类，同时增加村镇防灾门类以适应今后村镇防灾设计发展的需要。

16.2　村镇防灾专项标准体系框图

16.2.1　专项标准体系总框图

专项标准体系总框图如图 3-16-1 所示。

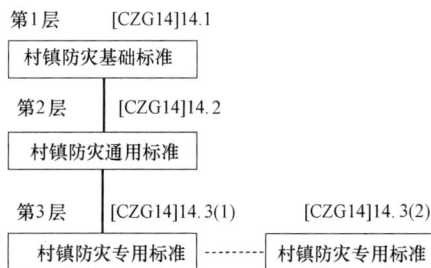

图 3-16-1　专项标准体系总框图

16.2.2 专项标准体系细化分类框图

专项标准体系细化分类框图如图 3-16-2 所示。

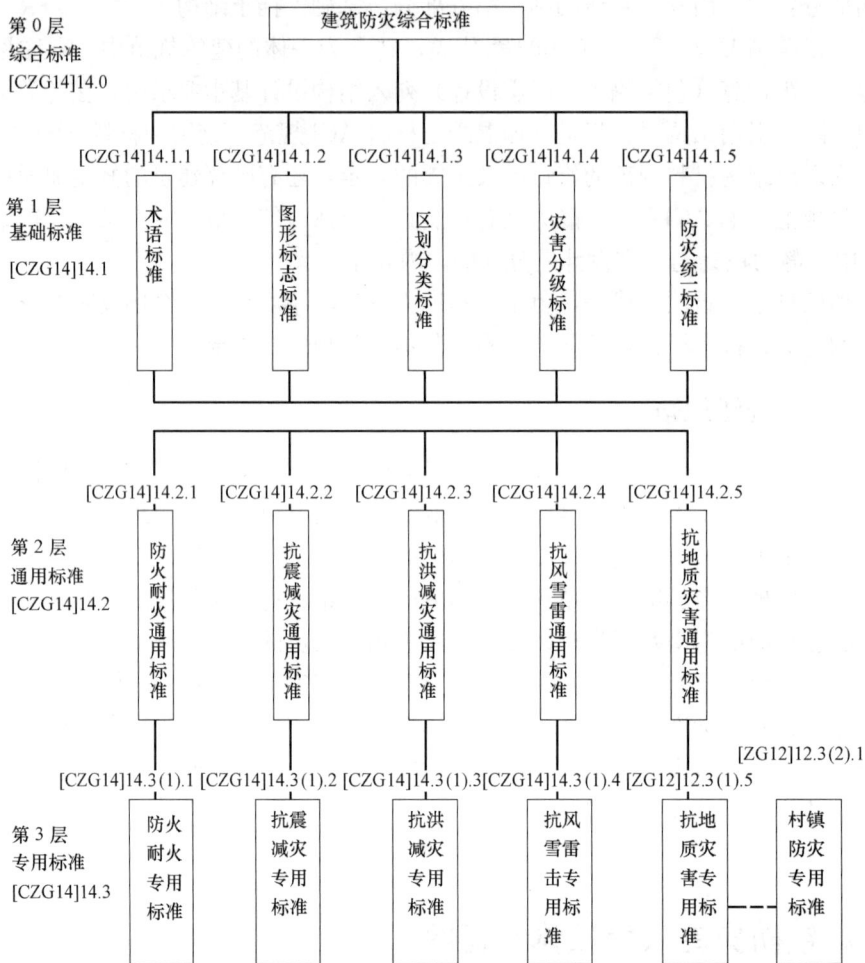

图 3-16-2 专项标准体系细化分类框图

16.3 村镇防灾专项标准体系表

村镇防灾专项标准体系表 表 3-16-1

序号	体系分类编码	标准编码	标准名称	现行标准编号	标准状态	主题特征
[CZG14]14.1 基础标准						
[CZG14]14.1.1 术语标准						
1	[CZG14]14.1.1	[CZG14]14.1.1.1	工程抗灾基本术语标准		待制订	工程抗灾
2	[CZG14]14.1.1	[CZG14]14.1.1.2	工程抗震术语标准	JGJ/T 97—2011	现行	工程抗震

序号	体系分类编码	标准编码	标准名称	现行标准编号	标准状态	主题特征
[CZG14]14.1.2 图形标志标准						
3	[CZG14]14.1.2	[CZG14]14.1.2.1	城镇防灾(应急避难场所等)标志		待制定	工程防灾
[CZG14]14.1.3 区划分类标准						
4	[CZG14]14.1.3	[CZG3]14.1.3.1	城市抗震防灾规划标准	GB 50413—2007	修订,征求意见	抗震防灾规划
5	[CZG14]14.1.3	[CZG3]14.1.3.2	建筑工程抗震设防分类标准	GB 50223—2008	现行	抗震设防分类
6	[CZG14]14.1.3	[CZG3]14.1.3.3	城镇综合防灾规划标准		制订,征求意见	综合防灾规划
[CZG14]14.1.4 镇防灾灾害分级标准						
7	[CZG14]14.1.4	[CZG3]14.1.4.1	建筑地震震损等级划分标准		待制订	建筑抗震,灾害分级
8	[CZG14]14.1.4	[CZG 3]14.1.4.2	建(构)筑物地震破坏等级划分	GB/T 24335—2009	现行	建筑抗震,灾害分级
9	[CZG14]14.1.4	[CZG 3]14.1.4.3	建筑工程基于性能的抗震设计标准		待制订	工程抗震,灾害分级
10	[CZG14]14.1.4	[CZG 3]14.1.4.4	生命线工程地震破坏等级划分	GB/T 24336—2009	现行	工程抗震,灾害分级
[CZG14]14.1.5 防灾统一标准						
11	[CZG14]14.1.5	[CZG14]14.1.5.1	建设工程抗震设防统一标准		待制订	抗震设防
12	[CZG14]14.1.5	[CZG14]14.1.5.2	防洪标准	GB 50201—2014	现行	防洪
13	[CZG14]14.1.5	[CZG14]14.1.5.3	建筑火灾荷载规程		制订	工程防灾
[CZG14]14.2 通用标准						
[CZG14]14.2.1 防灾耐火通用标准						
14	[CZG14]14.2.1	[CZG 14]14.2.1.1	建筑设计防火规范	GB 50016—2014	现行	建筑防火
15	[CZG14]14.2.1	[CZG14]14.2.1.2	农村防火规范	GB 50039—2010	现行	建筑防火
[CZG14]14.2.2 抗震减灾通用标准						
16	[CZG14]14.2.2	[CZG14]14.2.2.1	建筑抗震设计规范	GB 50011—2010	现行	建筑抗震
17	[CZG14]14.2.2	[CZG14]14.2.2.2	构筑物抗震设计规范	GB 50191—2012	现行	工程抗震
18	[CZG14]14.2.2	[CZG14]14.2.2.3	室外给水排水和燃气热力工程抗震设计规范	GB 50032—2003	现行	工程抗震
19	[CZG14]14.2.2	[CZG14]14.2.2.4	建筑抗震鉴定标准	GB 50023—2009	现行	工程抗震、抗震鉴定
20	[CZG14]14.2.2	[CZG14]14.2.2.5	构筑物抗震鉴定标准	GB 50117—2014	现行	工程抗震、抗震鉴定
21	[CZG14]14.2.2	[CZG14]14.2.2.6	建筑震后评估、修复和加固技术规程		制订,已报批	工程抗震、抗震鉴定

序号	体系分类编码	标准编码	标准名称	现行标准编号	标准状态	主题特征
22	[CZG14]14.2.2	[CZG14]14.2.2.7	建筑抗震试验规程	JGJ/T 101—2015	现行	工程抗震、抗震试验
23	[CZG14]14.2.2	[CZG14]14.2.2.8	城镇地下管网抗震鉴定与改造技术规程		制订，已开题	工程抗震、抗震鉴定
24	[CZG14]14.2.2	[CZG14]14.2.2.9	城镇地下管道震损检测与修复设计规程		制订，已开题	工程抗震、抗震鉴定
[CZG14]14.2.3 抗洪减灾通用标准						
25	[CZG14]14.2.3	[CZG14]14.2.3.1	蓄滞洪区建筑工程技术规范	GB 50181—1993	修订，已开题	工程防灾
[CZG14]14.2.4 抗风雪雷击通用标准						
26	[CZG14]14.2.4	[CZG14]14.2.4.1	建筑物防雷设计规范	GB 50057—2010	现行	建筑防灾
27	[CZG14]14.2.4	[CZG14]14.2.4.2	古建筑防雷工程技术规范	GB 51017—2014	现行	建筑防灾
[CZG14]14.2.5 抗地质灾害通用标准						
28	[CZG14]14.2.5	[CZG14]14.2.5.1	地质灾害防治工程监理规范	DZ/T 0222—2006	现行	工程防灾
[CZG14]14.3 专用标准						
[CZG14]14.3(1).1 防灾耐火专用标准						
29	[CZG14]14.3(1).1	[CZG14]14.3(1).1.1	灾区过渡安置点防火规范		制订	工程防灾
[CZG14]14.3(1).2 抗震减灾专用标准						
30	[CZG14]14.3(1).2	[CZG14]14.3(1).2.1	约束砌体与配筋砌体结构技术规程	JGJ 13—2014	现行	工程抗震
31	[CZG14]14.3(1).2	[CZG14]14.3(1).2.2	预应力混凝土结构抗震设计规程	JGJ 140—2004	修订，已开题	工程抗震
32	[CZG14]14.3(1).2	[CZG14]14.3(1).2.3	非结构构件抗震设计规范	JGJ 339—2015	现行	工程抗震
33	[CZG14]14.3(1).2	[CZG14]14.3(1).2.4	底部框架-抗震墙砌体房屋抗震技术规程	JGJ 248—2012	现行	工程抗震
34	[CZG14]14.3(1).2	[CZG14]14.3(1).2.5	建筑消能减震技术规程	JGJ 297—2013	现行	工程抗震、消能减震
35	[CZG14]14.3(1).2	[CZG14]14.3(1).2.6	建筑抗震加固技术规程	JGJ 116—2009	现行	工程抗震
36	[CZG14]14.3(1).2	[CZG14]14.3(1).2.7	城市轨道交通结构抗震设计规范	GB 50909—2014	现行	工程抗震
[CZG14]14.3(1).3 抗洪减灾专用标准						
37	[CZG14]14.3(1).3	[CZG14]14.3(1).3.1	蓄滞洪区建筑工程技术规范	GB 50181—1993		抗洪
[CZG14]14.3(1).4 抗风雪雷击专用标准						
38	[CZG14]14.3(1).4	[CZG14]14.3(1).4.1	大跨建筑抗风灾技术规程		待制订	抗风
[CZG14]14.3(1).5 抗地质灾害专用标准						
39	[CZG14]14.3(1).5	[CZG14]14.3(1).5.1	建筑边坡工程技术规范	GB 50330—2013	现行	工程防灾

序号	体系分类编码	标准编码	标准名称	现行标准编号	标准状态	主题特征
[CZG14]14.3(2).1 村镇防灾专用标准						
40	[CZG14]14.3(2).1	[CZG14]14.3(2).1.1	镇（乡）村建筑抗震技术规程	JGJ 161—2008	修订，已开题	工程抗震
41	[CZG14]14.3(2).1	[CZG14]14.3(2).1.2	村镇建筑抗震鉴定和加固规程		制订，已开题	工程抗震鉴定加固
42	[CZG14]14.3(2).1	[CZG14]14.3(2).1.3	农村危房加固技术规程		制订，已开题	工程抗震鉴定加固
43	[CZG14]14.3(2).1	[CZG14]14.3(2).1.4	山地建筑结构设计规程		制订，开题编制	工程抗震
44	[CZG14]14.3(2).1	[CZG14]14.3(2).1.5	村庄与集镇防灾规划规范		制订，征求意见	防灾规划
45	[CZG14]14.3(2).1	[CZG14]14.3(2).1.6	农村民居雷电防护工程技术规范	GB 50952—2013	现行	建筑防灾
46	[CZG14]14.3(2).1	[CZG14]14.3(2).1.7	村镇建筑抗洪鉴定与加固规程		待制订	村镇建筑、抗洪、坚定与加固
47	[CZG14]14.3(2).1	[CZG14]14.3(2).1.8	村镇建筑抗风鉴定与加固规程		待制订	村镇建筑、抗风、坚定与加固

16.4　村镇防灾专项标准体系项目说明

[CZG14] 14.1 基础标准

[CZG14] 14.1.1 术语标准

[CZG14] 14.1.1.1《工程抗灾基本术语标准》

本标准适用于工程结构抗灾科研、勘察、设计、施工、教学和管理等领域。主要内容是较全面地规定了耐火、抗震、抗洪、抗风雪雷击、抗地质灾害等门类的基本术语，包括设防标准、灾害分级的术语，概念设计、构造设计的术语，以及灾害程度、抗灾救援、防灾规划等领域的常用基本术语。

内容属性：工程抗灾、基本术语。

[CZG14] 14.1.1.2《工程抗震术语标准》JGJ/T 97—2011

本标准适用于工程抗震和抗震防灾、减灾的科研、设计、教学、施工、勘察及其管理。

内容属性：工程抗震、术语、技术标准。

主题特征：基本术语。

[CZG14] 14.1.3 区划分类标准

[CZG14] 14.1.3.1《城市抗震防灾规划标准》GB 50413—2007

本标准适用于地震动峰值加速度大于或等于 0.05g（地震基本烈度为 6 度及以上）地

区的城市抗震防灾规划。

内容属性：抗震防灾城市抗震、防灾规划。

主题特征：城市防灾规划。

［CZG14］14.1.3.2《建筑工程抗震设防分类标准》GB 50223—2008

本标准适用于抗震设防区建筑工程的抗震设防分类。

内容属性：建筑工程、抗震设防、设防分类。

主题特征：建筑工程、抗震设防分类。

［CZG14］14.1.3.3《城镇综合防灾规划标准》

本标准适用于城镇综合防灾规划的编制和施。

内容属性：建筑工程、抗震设防、设防分类。

主题特征：城镇综合防灾规划。

［CZG14］14.1.4 镇防灾灾害分级标准

［CZG14］14.1.4.1《建筑地震震损等级划分标准》

本标准适用于各类房屋建筑地震后震损的损失估计。主要内容是地震震损轻重的分级方法、经济损失估计原则，以及多层砖房、混凝土框架、底框房屋、单层厂房、空旷房屋、旧民房等建筑具体评定其地震震损的定性和定量描述。本标准是各类建筑遭受强烈地震后救灾抢险、修复和今后保险赔偿的依据。本标准可将建抗377号文转换为标准。

内容属性：建筑、震损等级、分级方法。

［CZG 14］14.1.4.2《建（构）筑物地震破坏等级划分》GB/T 24335—2009

本标准适用于地震现场震害调查、灾害损失评估、烈度评定、建（构筑）物安全鉴定，以及震害预测和工程修复等工作。

内容属性：建（构）筑物、地震破坏等级划分。

主题特征：村庄与集镇防灾规划。

［CZG 14］14.1.4.3《建筑工程基于性能的抗震设计标准》

本标准适用于需要按使用性能要求进行抗震设计的建筑。主要内容是紧跟国际发展趋势，规定根据业主对使用上的要求，在国家规定的最低标准之上，从设防目标、设防标准、投资和保险等综合决策上，在建筑结构的设计计算和构造等技术上提供一套基本的抗震设计原则。

内容属性：建筑工程、性能、抗震设计。

［CZG 14］14.1.4.4《生命线工程地震破坏等级划分》GB/T 24336—2009

本标准规定了生命线工程地震破坏等级划分的原则和方法。本标准适用于地震现场震害调查、灾害损失评估、烈度评定以及震害预测和工程修复等工作。

内容属性：地震破坏等级划分。

主题特征：生命线工程。

［CZG14］14.1.5 防灾统一标准

［CZG14］14.1.5.1《建设工程抗震设防统一标准》

本标准适用于抗震设防区各类建设工程的抗震设计。

主要技术内容包括：有关铁路工程、公路工程、水运工程、水工建筑物、电力设施、市政设施、冶金建筑等抗震设计的共性部分。在设防目标、概念设计和基本要求、场地选择、地基基础抗震验算和处理、结构地震作用取值和抗震构造措施等方面做出统一规定。

内容属性：建设工程、抗震设防、统一规定。

［CZG14］14.1.5.2《防洪标准》GB 50201—2014

本标准适用于防洪保护区、工矿企业、交通运输设施、电力设施、环境保护设施、通信设施、文物古迹和旅游设施、水利水电工程等防护对象，防御暴雨洪水、融雪洪水、雨雪混合洪水和海岸、河口地区防御潮水的规划、设计、施工和运行管理工作。

内容属性：防洪。

主题特征：防洪保护区。

［CZG14］14.1.5.3 建筑火灾荷载规程

本标准适用于火灾荷载数据调查。

主要技术内容包括：火灾荷载分类、定义，量值计算参考，火灾荷载基础调查方法，调查过程，结果分析，报告格式等。

内容属性：建筑物、火灾、荷载。

主题特征：工程防灾。

［CZG14］14.2 通用标准

［CZG14］14.2.1 防灾耐火通用标准

［CZG 14］14.2.1.1《建筑设计防火规范》GB 50016—2014

本标准适用于下列新建、扩建和改建的建筑：（1）厂房；（2）仓库；（3）民用建筑；（4）甲、乙、丙类液体储罐（区）；（5）可燃、助燃气体储罐（区）；（6）可燃材料堆场；（7）城市交通隧道。人民防空工程、石油和天然气工程、石油化工工程和火力发电厂与变电站等的建筑防火设计，当有专门的国家标准时，宜从其规定。

内容属性：建筑防火。

主题特征：建筑设计、建筑防灾。

［CZG14］14.2.1.2《农村防火规范》GB 50039—2010

本标准适用于下列范围：（1）农村消防规划；（2）农村新建、扩建和改建建筑的防火设计；（3）农村既有建筑的防火改造；（4）农村消防安全管理。除本标准规定外，农村的厂房、仓库、公共建筑和建筑高度超过 15m 的居住建筑的防火设计应执行现行国家标准《建筑设计防火规范》GB 50016 等的规定。

内容属性：农村防火。

主题特征：农村防火。

［CZG14］14.2.2 抗震减灾通用标准

［CZG14］14.2.2.1《建筑抗震设计规范》GB 50011—2010

本标准适用于抗震设防烈度为 6～9 度地区建筑工程的抗震设计以及隔震、消能减震设计。建筑的抗震性能化设计，可采用本标准规定的基本方法。抗震设防烈度大于 9 度地区的建筑及行业有特殊要求的工业建筑，其抗震设计应按有关专门规定执行。

内容属性：抗震设计。

主题特征：建筑抗震。

［CZG14］14.2.2.2《构筑物抗震设计规范》GB 50191—2012

本标准适用于抗震设防烈度为 6～9 度地区构筑物的抗震设计。

内容属性：抗震设计。

主题特征：构筑物抗震。

［CZG14］14.2.2.3《室外给水排水和燃气热力工程抗震设计规范》GB 50032—2003

本标准适用于抗震设防烈度为6～9度地区的室外给水、排水和燃气、热力工程设施的抗震设计。对抗震设防烈度大于9度或有特殊抗震要求的工程抗震设计，应按专门研究的规定设计。

内容属性：室外给排水、煤气热力工程、抗震设计。

主题特征：工程抗震。

［CZG14］14.2.2.4《建筑抗震鉴定标准》GB 50023—2009

本标准适用于抗震设防烈度为6～9度地区的现有建筑的抗震鉴定。

内容属性：抗震鉴定。

主题特征：建筑抗震。

［CZG14］14.2.2.5《构筑物抗震鉴定标准》GB 50117—2014

本标准适用于抗震设防烈度为6～9度地区的现有构筑物的抗震鉴定。本标准不适用于新建构筑物施工质量的评定。

内容属性：抗震鉴定。

主题特征：构筑物抗震。

［CZG14］14.2.2.6《建筑震后评估、修复和加固技术规程》

本标准适用于地震后建筑的评估，适用于抗震设防烈度为6～9度地区震损建筑修复和加固的设计及施工。

内容属性：震后评估、抗震鉴定。

主题特征：建筑抗震。

［CZG14］14.2.2.7《建筑抗震试验规程》JGJ/T 101—2015

本标准适用于建筑物、构筑物及其构件的抗震性能试验。

内容属性：抗震试验。

主题特征：建筑抗震。

［CZG14］14.2.2.8《城镇地下管网抗震鉴定与改造技术规程》

本标准适用于城镇既有和新建地下管网的震抗震鉴定与优化设计。

主要技术内容包括：地下管线抗震性能要求，地下管线调查与检测技术，地下管线的震害评估鉴定程序与方法，不同类型地下管线改造技术措施与方法，地下管网抗震改造设计与优化技术。

内容属性：抗震鉴定、改造、技术。

主题特征：市政管网抗震。

［CZG14］14.2.2.9《城镇地下管道震损检测与修复设计规程》

本标准适用于城镇地下管道的震损检测和修复设计。

主要技术内容包括：地下管线的震损检测、评定方法，结合地震动观测与管线震损检测结果的管网可靠度评定，基于管网可靠度评定的震损地下管网修复设计（应急修复、恢复、重建三个阶段），震损地下管线的修复技术与方法。

内容属性：真损检测、修复设计。

主题特征：市政管网抗震。

［CZG14］14.2.3 抗洪减灾通用标准

［CZG14］14.2.3.1《蓄滞洪区建筑工程技术规范》GB 50181—1993

本标准适用于蓄滞洪区建筑设计水深不大于 8m 地区的建筑物（构筑物）抗洪设计和施工。注：在 6～9 级风（平均风速 22.6m/s）的情况下，作用在房屋墙面上的波浪动水压力最大可达到 3～10kN/m²。居住区水流速度不大于 3.5m/s 的山区洪水易发地区的建筑抗洪设计与施工。

内容属性：抗洪设计。

主题特征：工程抗震。

［CZG14］14.2.4 抗风雪雷击通用标准

［CZG14］14.2.4.1《建筑物防雷设计规范》GB 50057—2010

本标准适用于新建、扩建、改建建（构）筑物的防雷设计。

内容属性：防雷设计。

主题特征：建筑防灾。

［CZG14］14.2.4.2《古建筑防雷工程技术规范》GB 51017—2014

本标准适用于古建筑的防雷工程设计、施工、验收、维护和管理。

内容属性：古建筑、防雷设计。

主题特征：工程防灾。

［CZG14］14.2.5 抗地质灾害通用标准

［CZG14］14.2.5.1《地质灾害防治工程监理规范》DZ/T 0222—2006

本标准适用于崩塌、滑坡和不稳定斜坡（含水库塌岸等）、泥石流、地面塌陷、地面沉降、地裂缝等主要地质灾害防治工程的勘察、设计、施工的监理。

内容属性：地质灾害、防治。

主题特征：工程防灾。

［CZG14］14.3 专用标准

［CZG14］14.3（1）.1 防灾耐火专用标准

［CZG14］14.3（1）.1.1《灾区过渡安置点防火规范》

本标准适用于各类自然灾害灾区的应急避难场所和过渡安置点防火设计。

主要技术内容包括：确定应急避难场所和过渡安置点的规划选址、防火设计、消防安全管理、灭火和抢险救援装备配置。

内容属性：自然灾害、防火。

主题特征：工程防灾。

［CZG14］14.3（1）.2 抗震减灾专用标准

［CZG14］14.3（1）.2.1《约束砌体与配筋砌体结构技术规程》JGJ 13—2014

本标准适用于非抗震设防地区和抗震设防烈度为 6～9 度地区，约束砌体与配筋砌体建筑的设计、施工及验收。

内容属性：约束砌体与配筋砌体结构、抗震设防、设计、施工、验收。

主题特征：工程抗震。

［CZG14］14.3（1）.2.2《预应力混凝土结构抗震设计规程》JGJ 140—2004

本标准适用于抗震设防烈度为6～8度地区的现浇后张预应力混凝土框架和板柱等建筑结构的抗震设计；抗震设防烈度为9度地区的预应力混凝土结构，其抗震设计应有充分依据，并采取可靠措施。

内容属性：预应力混凝土结构、抗震设计。

主题特征：工程抗震。

[CZG14] 14.3（1）.2.3《非结构构件抗震设计规范》JGJ 339—2015

本标准适用于抗震设防烈度为6～9度的一般工业与民用建筑的非结构构件及其与建筑连接的抗震设计。

内容属性：非结构构件、抗震设计。

主题特征：工程抗震。

[CZG14] 14.3（1）.2.4《底部框架-抗震墙砌体房屋抗震技术规程》JGJ 248—2012

本标准主要适用于抗震设防烈度为6～8度（0.20g）、抗震设防类别为标准设防类的底层或底部两层框架－抗震墙砌体房屋的抗震设计与施工。

内容属性：底层框架、抗震墙砖房、抗震设计。

主题特征：工程抗震。

[CZG14] 14.3（1）.2.5《建筑消能减震技术规程》JGJ 297—2013

本标准适用于抗震设防烈度为6～9度地区新建建筑结构和既有建筑结构抗震加固的消能减震设计、施工、验收和维护。抗震设防烈度大于9度地区及有特殊要求的新建建筑结构和既有建筑结构抗震加固的消能减震设计、施工、验收和维护，应按有关专门规定执行。

内容属性：消能减震、抗震设计。

主题特征：工程抗震。

[CZG14] 14.3（1）.2.6《建筑抗震加固技术规程》JGJ 116—2009

本标准适用于抗震设防烈度为6～9度地区经抗震鉴定后需要进行抗震加固的现有建筑的设计及施工。古建筑和行业有特殊要求的建筑，应按专门的规定进行抗震加固的设计及施工。

内容属性：抗震加固、抗震设计。

主题特征：工程抗震。

[CZG14] 14.3（1）.2.7《城市轨道交通结构抗震设计规范》GB 50909—2014

本标准适用于新建、改建城市轨道交通结构的抗震设计。

内容属性：城市轨道交通、抗震设计。

主题特征：工程抗震。

[CZG14] 14.3（1）.3 抗洪减灾专用标准

[CZG14] 14.3（1）.3.1《蓄滞洪区建筑工程技术规范》

本标准适用于蓄滞洪区农村和乡镇的建筑工程的减灾设计。

主要技术内容包括：抗洪减灾规划、抗洪设计基本规定、波浪要素和波浪荷载、地基基础、常用房屋的抗洪构造和抗洪对策等。

内容属性：蓄滞洪区、建筑工程、防洪技术。

[CZG14] 14.3（1）.4 抗风雪雷击专用标准

［CZG14］14.3（1）.4.1《大跨建筑抗风灾技术规程》

本标准适用于大跨建筑的抗风设计及施工。主要规定大跨建筑不同于一般建筑的抗风设计技术，包括风力区划、风压分布、相关的动力分析和抗风构造等。

内容属性：大跨建筑、抗风灾、技术。

［CZG14］14.3（1）.5 抗地质灾害专用标准

［CZG14］14.3（1）.5.1《建筑边坡工程技术规范》GB 50330—2013

本标准适用于岩质边坡高度为 30m 以下（含 30m）、土质边坡高度为 15m 以下（含15m）的建筑边坡工程以及岩石基坑边坡工程。

内容属性：建筑边坡、设计。

主题特征：工程防灾。

［CZG14］14.3（2）.1.1《镇（乡）村建筑抗震技术规程》JGJ 161—2008

本标准适用于抗震设防烈度为 6～9 度地区镇（乡）村（以下简称村镇）建筑的抗震设计与施工。村镇建筑系指乡镇与农村中层数为一、二层，采用木或冷轧带肋钢筋预应力圆孔板楼（屋）盖的一般民用房屋。对于村镇中三层及以上的房屋，或采用钢筋混凝土圈梁、构造柱和楼（屋）盖的房屋，应按现行国家标准《建筑抗震设计规范》GB50011 进行设计。

内容属性：镇乡村建筑、抗震设计。

主题特征：工程抗震。

［CZG14］14.3（2）.1.2《村镇建筑抗震鉴定和加固规程》

本标准适用于抗震设防烈度为 6～9 度地区既有村镇建筑的抗震鉴定与加固，不适用于新建村镇建筑的抗震设计和施工质量的评定。

内容属性：村镇建筑、抗震鉴定加固、抗震设计。

主题特征：工程抗震。

［CZG14］14.3（2）.1.3《农村危房加固技术规程》

本标准适用于生土结构、石结构、木结构和二层及以下混凝土结构、砌体结构等危险房屋加固设计、施工和验收。

主要技术内容包括：加固材料性能指标规定，针对各类结构的加固方法和构造措施要求，加固设计、施工和验收的技术要求。

内容属性：农村危房、加固技术。

主题特征：工程防灾。

［CZG14］14.3（2）.1.4《山地建筑结构设计规程》

本标准适用于山地建筑结构设计。

主要技术内容包括：山地建筑结构的荷载与作用；计算模型和分析方法；地下室、高度计算方法、结构布置原则、层刚度比等控制指标、转换层设置高度、接地措施等。

内容属性：山地建筑、结构设计。

主题特征：工程防灾。

［CZG14］14.3（2）.1.5《村庄与集镇防灾规划规范》

本标准适用于全国各类村庄与集镇防灾规划的编制。

主要技术内容包括：城镇防灾规划编制基本要求和分类；村庄与集镇防灾规划编制

技术。

内容属性：防灾规划。

主题特征：村庄与集镇防灾规划。

［CZG14］14.3（2).1.6《农村民居雷电防护工程技术规范》GB 50952—2013

本标准适用于农村 3 类等级以下的建筑防雷。

主要技术内容包括：制订农村民居选址的基本原则、综合防雷设计的一般规定、综合防雷施工、日常检查维护要求和雷电预警与应急处置。

内容属性：农村民居、雷电防护。

主题特征：工程防灾。

［CZG14］14.3（2).1.7《村镇建筑抗洪鉴定与加固规程》

本标准适用于洪泛区（行洪区和蓄滞洪区）村镇建筑的抗洪鉴定与加固。主要内容是规定了对房屋抗洪能力进行评估时的设防目标和评定方法，对不符合鉴定要求的房屋提出加固措施和施工要求。针对村镇砖木结构、木结构、土木结构、石木结构等房屋的特点规定了抗洪鉴定方法与加固技术措施。

内容属性：村镇建筑、抗洪、鉴定与加固。

［CZG14］14.3（2).1.8《村镇建筑抗风鉴定与加固规程》

本标准适用于遭受台风袭击频度较高的沿海地区村镇建筑的抗风鉴定与加固。主要内容是规定了对房屋抗风能力进行评估时的设防目标和评定方法，对不符合鉴定要求的房屋提出加固措施和施工要求。针对村镇砖木结构、木结构、土木结构、石木结构等房屋的特点规定了抗风鉴定方法与加固技术措施。

内容属性：村镇建筑、抗风、鉴定与加固。

第17章 村镇节能专项标准体系

17.1 综述

村镇是村庄、集镇、建制镇（县级人民政府所在地建制镇除外）的统称，是农村经济、社会、文化乃至整个面貌的重要载体，我国村镇地区地广人多，建筑面积庞大，当前，也正处于快速城镇化时期，在此城镇化过程中面临着严重的能源和资源短缺问题，如何按照调结构、转方向，做好建筑节能工作，破解能源资源瓶颈约束，走新型城镇化的道路是我们集中智慧要攻克的一个难题。

17.1.1 我国村镇节能现状

村镇住房生活用能是村镇能源消费的主要构成部分，大部分村镇建筑的节能措施采取了在墙体内增加保温隔热材料及暖廊的设计模式，实现了冬暖夏凉的效果。目前，中国农村地区人口近 8 亿，占人口总数的 60% 左右。农村地区共有房屋建筑面积约 278 亿 m^2，其中 90% 以上是居住建筑，约占全国房屋建筑面积的 65%；每年新建房屋 5.5 亿 m^2，300 万户，占总农户的 1.2%，占全国新建建筑总量的 29%。新建农村建筑投资约为 2000 亿元。

近年来，随着农村经济的发展和农民生活水平的提高，中国农村的生活用能急剧增加，农村能源商品化倾向特征明显。根据《中国能源统计年鉴 2008》，2007 年底，中国商品能源消费总量为 26.5583 亿 t 标准煤，生活消费商品用能 2.6790 亿 t 标准煤。其中，农村地区生活消费商品用能约为 1 亿 t 标准煤，为全国商品能源消费总量的 3.8%，沼气、秸秆、薪柴等非商品用能约为 2.6 亿 t 标准煤，如果全部转化为商品能源，则农村地区生活消费用能将达 3.6 亿 t 标准煤，占全国商品能源消费总量的 13.6%。虽然农村煤炭、电力等商品能源消耗量所占比例较小，但增长迅猛，且其他非商品能源陆续被燃煤等常规商品能源所替代。农村用能已成为制约中国农村经济、社会、环境和持续发展的重要瓶颈之一，随着中国城镇化进程的快速发展，这一问题会更加突出。

在北方地区，由于建筑围护结构绝大部分未进行保温处理，并且室内采用简陋而低效的供暖方式，供暖设备热效率低，消耗大量的燃料，农村居住建筑冬季供暖能耗约占生活耗能的 80%，但室内热环境远低于国家标准规定的城市住宅的舒适温度范围。南方建筑一般没有常规隔热降温措施，夏季室温普遍高于 30℃ 以上，住房舒适性差。农村住宅建筑节能工作亟待加强，推进农村住宅建筑节能已成为当前村镇建设的重要内容之一。目前我国建筑节能技术的研究主要集中在城市，颁布的节能目标和强制性规范主要针对城市地区，不适应农村建筑的具体情况。农村住宅特点、农民的生活作息习惯及技术经济条件等决定了其在室温标准、节能率及设计原则上都不同于城市。随着新农村建设的开展，大量新型农村节能住宅在建设或改造，但农村节能住宅应达到什么样的节能标准，目前只是照搬城市标准，具有很大盲目性。结合农村住宅特点及技术经济条件，合理确定农村住宅节能率，应用符合农民意愿的新型节能舒适的围护结构节能技术和高效采暖与通风技术，积累相关工程应用的成功经验，制订农村住房建筑节能设计标准，指导村镇住房建筑节能设计及改造，对新农村建设、降低建筑能耗具有重要的现实意义。

17.1.2　国外村镇节能标准情况

20世纪70年代全世界爆发能源危机以来，建筑节能成为世界人们共同关注的热点问题，也是建筑技术进步的一个重要性标志。如何去改进建筑技术及节能环保新型的建筑材料和产品，如何引导新技术、新材料、新产品应用于建筑，成了现阶段人们共同研究的重点课题。经过30年来的不断努力探索和研究，各发达国家在建筑节能方面取得了长足进步，相继推广了绿色建筑、建筑可再生能源综合利用、建筑建造节能措施等概念，指出了该如何有效地利用自然资源、先进的建筑施工技术、节能运行管理，去改善建筑的高耗能状态、减少能源利用排放所造成的环境污染以及在建造过程中的能源耗量等问题。然而针对村镇建设方面来说，韩国、美国、加拿大、俄罗斯、英国等国家的乡村建筑都是按照城市低层建筑采用同样的节能标准，并没有单独制订标准体系。

17.1.3　村镇节能标准编制方向

针对建筑节能专业，村镇建设标准应从以下几方面积极开展工作：

（1）引导农村居住建筑进行合理布局与节能设计。农村居住建筑节能存在多方面的影响因素，包括选址、朝向、平立面设计到充分利用建筑外部环境等方面。在选址和布局中，严寒和寒冷地区农村居住建筑宜建在冬季避风的地段；建筑南立面不宜受到过多遮挡；建筑与庭院里植物的距离应满足采光与日照的要求；宜采用双拼式、联排式或叠拼式等节省占地面积，减少外围护结构耗热量的布局方式，限制独立式建筑的建设。在平立面设计中，不同气候区的农村居住建筑也有不同的体形设计要求。严寒和寒冷地区的农村居住建筑，采用平整、简洁的建筑形式，体形系数较小，有利于减少建筑热损失，降低供暖能耗；夏热冬冷和夏热冬暖地区的农村居住建筑，采用错落、丰富的建筑形式，体形系数较大，有利于建筑散热，改善室内热环境。

因此建议加快编制《绿色农房设计标准》、《绿色农房改造标准》、《绿色农房建筑评价标准》、《农村居住建筑节能工程施工技术标准》、《农村居住建筑节能工程施工质量验收标准》、《农村居住建筑节能检测标准》等。

（2）充分利用太阳能建造被动式太阳房。被动式太阳房是一种最简单、最有效的冬季供暖形式。在冬季太阳能丰富的地区，只要建筑围护结构进行一定的保温节能改造，被动式太阳房就有可能达到室内热环境所要求的基本标准。由于农村的经济技术水平相对落后，应在经济可行的条件下，进行被动式太阳房设计，并兼顾造型美观。

因此建议尽快编制《农村被动式太阳房设计标准》。

（3）充分利用农村当地资源，促进农村特点建材的应用。农村地区拥有大量的农作物秸秆等生物质资源，利用农作物秸秆制成的建筑保温材料经济、环保。黑龙江地区已成功地应用了稻草制成的草砖和草板作为农村居住建筑的外墙围护材料，保温节能效果显著。农村大量现有房屋的坡屋面吊顶中铺散稻草、锯末、草灰等农村特有的材料作保温，成本低，保温效果好。标准中以充分利用农村当地资源和发展农村特色建材为宗旨，采纳了新兴的草砖墙和草板墙的建造技术，同时对传统保温技术进行改良，科学指导农村居住建筑中如何采用稻草、锯末、草灰等农村特色材料为屋面进行内保温。

因此建议尽快编制《农村生物质可再生能源应用评价标准》。

（4）合理利用可再生能源技术。农村居住建筑利用可再生能源时，应遵循因地制宜、多能互补、综合利用、安全可靠、讲求效益的原则，选择适宜当地经济和资源条件的技术来实施。有条件时，农村居住建筑中应采用可再生能源作为供暖、炊事和生活热水用能。

因此建议尽快编制《农村新型节能柴灶设计标准》、《农村新型节能火炕设计标准》、《农村建筑室内热水供暖系统节能设计标准》。

17.1.4 村镇节能标准体系建设原则

村镇建筑环境与节能标准体系在纵向上，将标准体系分为基础标准、通用标准、专用标准三个层次。在横向上，将标准体系分为术语标准、制图标准、气候区划标准、气象参数标准四个层次的基础标准，以及供暖通风空气调节、空气质量空气净化、建筑声学、建筑光学、建筑热工和建筑节能与绿色建筑六个专业层面的通用与专用标准，并结合村镇建筑环境与节能实际工作需要，考虑当前我国工程建设标准体系的特点，提出了适当的待编标准项目。

17.2 村镇节能专项标准体系框图

村镇节能专项标准体系框图如图 3-17-1 所示。

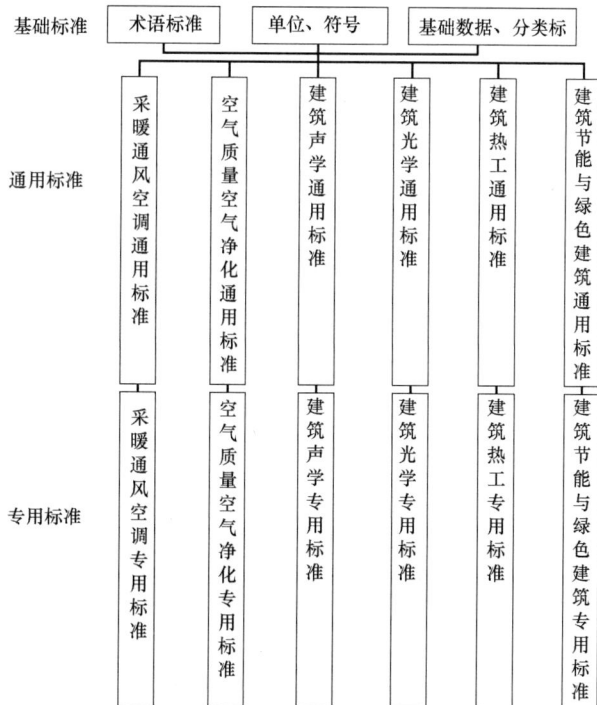

图 3-17-1 村镇节能专项标准体系框图

17.3 村镇节能专项标准体系表

村镇节能专项标准体系表　　　　表 3-17-1

序号	体系分类编码	标准编码	标准项目名称	现行标准编号	标准状态	主题特征
[CZG15]15.1 基础标准						
1	[CZG15]15.1	[CZG15]15.1.1	建筑气候区划标准	GB 50178—1993	现行	建筑节能
2	[CZG15]15.1	[CZG15]15.1.2	建筑气象参数标准	JGJ 35—1987	现行	建筑节能
3	[CZG15]15.1	[CZG15]15.1.3	暖通空调制图标准	GB/T 50114—2010	现行	暖通空调
4	[CZG15]15.1	[CZG15]15.1.4	采暖通风与空气调节术语标准	GB 50155—1992	修订中	暖通空调
5	[CZG15]15.1	[CZG15]15.1.5	建筑节能基本术语标准		在编	建筑节能
6	[CZG15]15.1	[CZG15]15.1.6	建筑节能气象参数标准		在编	建筑节能
[CZG15]15.2 通用标准						
7	[CZG15]15.2	[CZG15]15.2.1	民用建筑热工设计规范	GB 50176—1993	修订中	建筑热工
8	[CZG15]15.2	[CZG15]15.2.2	公共建筑节能设计标准	GB 50189—2015	现行	建筑节能
9	[CZG15]15.2	[CZG15]15.2.3	建筑节能工程施工质量验收规范	GB/T 50411—2007	修订中	建筑节能
10	[CZG15]15.2	[CZG15]15.2.4	严寒和寒冷地区居住建筑节能设计标准	JGJ 26—2010	现行	建筑节能
11	[CZG15]15.2	[CZG15]15.2.5	夏热冬暖地区居住建筑节能设计标准	JGJ 75—2012	现行	建筑节能
12	[CZG15]15.2	[CZG15]15.2.6	夏热冬冷地区居住建筑节能设计标准	JGJ 134—2010	现行	建筑节能
13	[CZG15]15.2	[CZG15]15.2.7	绿色建筑评价标准	GB/T 50378—2014	现行	绿色建筑
14	[CZG15]15.2	[CZG15]15.2.8	民用建筑绿色设计规范	JGJ/T 229—2010	现行	绿色建筑
15	[CZG15]15.2	[CZG15]15.2.9	民用建筑太阳能热水系统应用技术规范	GB 50364—2005	现行	太阳能利用
16	[CZG15]15.2	[CZG15]15.2.10	地源热泵系统工程技术规范	GB 50366—2009	现行	地热资源利用
17	[CZG15]15.2	[CZG15]15.2.11	太阳能供热采暖工程技术规范	GB 50495—2009	现行	太阳能利用
18	[CZG15]15.2	[CZG15]15.2.12	民用建筑太阳能空调工程技术规范	GB 50787—2012	现行	太阳能利用
19	[CZG15]15.2	[CZG15]15.2.13	民用建筑太阳能光伏系统应用技术规范	JGJ 203—2010	修订中	太阳能利用
[CZG15]15.3 专用标准						
20	[CZG15]15.3	[CZG15]15.3.1	外墙外保温工程技术规程	JGJ 144—2004	现行	围护结构
21	[CZG15]15.3	[CZG15]15.3.2	外墙内保温工程技术规程	JGJ/T 261—2011	现行	围护结构
22	[CZG15]15.3	[CZG15]15.3.3	建筑外墙外保温防火隔离带技术规程	JGJ 289—2012	现行	围护结构
23	[CZG15]15.3	[CZG15]15.3.4	节能建筑评价标准	GB/T 50668—2011	现行	建筑节能
24	[CZG15]15.3	[CZG15]15.3.5	农村居住建筑节能设计标准	GB/T 50824—2013	现行	建筑节能

序号	体系分类编码	标准编码	标准项目名称	现行标准编号	标准状态	主题特征
25	［CZG15］15.3	［CZG15］15.3.6	既有居住建筑节能改造技术规程	JGJ/T 129—2012	现行	建筑节能
26	［CZG15］15.3	［CZG15］15.3.7	居住建筑节能检测标准	JGJ/T 132—2009	现行	建筑节能
27	［CZG15］15.3	［CZG15］15.3.8	民用建筑能耗数据采集标准	JGJ/T 154—2007	现行	建筑节能
28	［CZG15］15.3	［CZG15］15.3.9	公共建筑节能改造技术规范	JGJ 176—2009	现行	建筑节能
29	［CZG15］15.3	［CZG15］15.3.10	公共建筑节能检测标准	JGJ/T 177—2009	现行	建筑节能
30	［CZG15］15.3	［CZG15］15.3.11	建筑能效标识技术标准	JGJ/T 288—2012	现行	建筑节能
31	［CZG15］15.3	［CZG15］15.3.12	城镇供热系统节能技术规范	CJJ/T 185—2012	现行	建筑节能
32	［CZG15］15.3	［CZG15］15.3.13	民用建筑太阳能热水系统评价标准	GB/T 50604—2010	现行	太阳能利用
33	［CZG15］15.3	［CZG15］15.3.14	可再生能源建筑应用工程评价标准	GB/T 50801—2013	现行	可再生能源利用
34	［CZG15］15.3	［CZG15］15.3.15	被动式太阳能建筑技术规范	JGJ/T 267—2012	现行	太阳能利用
35	［CZG15］15.3	［CZG15］15.3.16	光伏建筑一体化系统运行与维护规范		在编	太阳能利用
36	［CZG15］15.3	［CZG15］15.3.17	自保温混凝土复合砌块墙体应用技术规程		在编	建筑节能
37	［CZG15］15.3	［CZG15］15.3.18	建筑用真空绝热板应用技术规程		在编	建筑节能

17.4 村镇节能专项标准体系项目说明

［CZG15］15.1 基础标准

［CZG15］15.1.1《建筑气候区划标准》

本标准根据与建筑相关的气候特征，将全国划分成若干个建筑气候区，提出在各个气候区设计和建造建筑时应考虑的气候影响及相应的措施。

内容属性：建筑、气候、区划。

主题特征：建筑节能。

［CZG15］15.1.3《暖通空调制图标准》

本标准是为了统一暖通空调专业制图规则，保证制图质量，提高制图效率，做到图面清晰、简明，符合设计、施工、存档的要求，适应工程建设的需要而制订。本标准适用于暖通空调专业的工程制图，即新建、改建、扩建工程的各阶段设计图、竣工图；原有建筑物、构筑物等的实测图；通用设计图、标准设计图。适用于手工制图及计算机制图方式绘制的图样。

内容属性：暖通空调、制图。

主题特征：暖通空调。

［CZG15］15.2 通用标准

［CZG15］15.2.1《民用建筑热工设计规范》

本标准规定了民用建筑热工设计的一般原则、建筑热工设计的各项控制指标、热工计算方法和关键参数的选取等。

内容属性：民用建筑、热工、设计。

主题特征：建筑热工。

[CZG15] 15.2.3《建筑节能工程施工质量验收规范》

本标准总结我国建筑工程中节能工程的设计、施工、验收和运行管理方面的实践经验和研究成果，借鉴了国际先进经验和做法，结合我国建筑节能工程的实际情况，突出验收中的基本要求和重点，涉及多专业、以达到建筑节能要求为目标的施工验收规范。

本标准以实现功能和性能要求为基础、以过程控制为主、以现场检验为辅，结构完整，内容充实，具有较强的科学性、完整性、协调性和可操作性。

主要技术内容包括：墙体、幕墙、门窗、屋面、地面、采暖、通风与空气调节、空调与采暖系统冷热源及管网、配电与照明、监测与控制、建筑节能工程质量验收。

内容属性：建筑节能、施工、验收。

主题特征：建筑节能。

[CZG15] 15.2.4《严寒和寒冷地区居住建筑节能设计标准》

本标准由《民用建筑建筑节能设计标准（采暖居住建筑部分）》修订更名而成。

本标准规定我国寒冷和严寒地区配备有集中供热系统的居住建筑的建筑节能设计要求。从建筑围护结构的热工性能和供热系统两个方面提出了控制指标。

内容属性：严寒、寒冷、居住建筑、节能。

主题特征：建筑节能。

[CZG15] 15.2.5《夏热冬暖地区居住建筑节能设计标准》

本标准适用于夏热冬暖地区新建、扩建和改建居住建筑的建筑节能设计。

主要技术内容包括：建筑节能设计计算指标、建筑和建筑热工节能设计、建筑节能设计的综合评价、空调采暖和通风节能设计等。

内容属性：夏热冬暖、居住建筑、节能、设计。

主题特征：建筑节能。

[CZG15] 15.2.6《夏热冬冷地区居住建筑节能设计标准》

本标准适用于夏热冬冷地区新建、扩建和改建居住建筑的建筑节能设计。

主要技术内容包括：室内热环境和建筑节能设计指标，建筑和建筑热工节能设计，建筑物的节能综合指标，采暖、空调和通风节能设计等。

内容属性：夏热冬冷、居住建筑、节能、设计。

主题特征：建筑节能。

[CZG15] 15.2.7《绿色建筑评价标准》

本标准适用于评价住宅建筑和公共建筑中的办公建筑、商业建筑和旅馆建筑。

主要技术内容包括：总则、术语、基本规定、评价住宅建筑和公共建筑在全寿命周期内的节地与室外环境、节能与能源利用、节水与水资源利用、节材与材料资源利用、室内环境质量和运营管理的要求。

内容属性：绿色建筑、评价。

主题特征：绿色建筑。

［CZG15］15.2.8《民用建筑绿色设计规范》

本标准适用于新建、改建和扩建民用建筑的绿色设计。

主要技术内容包括：总则、术语、基本规定、绿色设计策划、场地与室外环境、建筑设计与室内环境、建筑材料、给水排水、暖通空调、建筑电气。

内容属性：民用建筑、绿色、设计。

主题特征：绿色建筑。

［CZG15］15.2.10《地源热泵系统工程技术规范》

本标准适用于以岩土体、地下水、地表水为低温热源，以水或添加防冻剂的水溶液为传热介质，采用蒸气压缩热泵技术进行供热、空调或加热生活热水的系统工程的设计、施工及验收等。

主要技术内容包括：工程勘测，地埋管换热系统，地下水换热系统，地表水换热系统，建筑物内系统，整体运转、调试与验收等。

内容属性：地源热泵、工程。

主题特征：地热资源利用。

［CZG15］15.2.11《太阳能供热采暖工程技术规范》

本标准适用于在新建、扩建和改建建筑中使用太阳能供热采暖的工程，以及在既有建筑上改造或增设太阳能供热采暖的工程。

主要技术内容包括：总则、术语、太阳能供热采暖系统设计、太阳能供热采暖系统工程施工、太阳能供热采暖的工程的调试、验收与效益评估。

内容属性：太阳能、供热采暖、技术。

主题特征：太阳能利用太阳能利用。

［CZG15］15.2.12《民用建筑太阳能空调工程技术规范》

本标准适用于在新建、扩建和改建民用建筑中使用以热力制冷为主的太阳能空调系统工程，以及在既有建筑上改造或增设的以热力制冷为主的太阳能空调系统工程。

主要技术内容包括：总则、术语、基本规定、太阳能空调系统设计、规划和建筑设计、太阳能空调系统安装、太阳能空调系统验收、太阳能空调系统运行管理。

内容属性：太阳能、空调、技术。

主题特征：太阳能利用。

［CZG15］15.2.13《民用建筑太阳能光伏系统应用技术规范》

本标准适用于在新建、改建和扩建的民用建筑光伏系统工程，以及在既有民用建筑上安装或改造已安装的光伏系统工程的设计、安装和验收。

主要技术内容包括：总则、术语、太阳能光伏系统设计、规划、建筑和结构设计、太阳能光伏系统安装、工程验收。

内容属性：太阳能、光伏、技术。

主题特征：太阳能利用。

［CZG15］15.3 专用标准

［CZG15］15.3.1《外墙外保温工程技术规程》

本标准规定了各种外侧保温墙体的技术要点（包括关键材料、施工步骤等）、质量保证的关键以及保温性能和耐久性能的检测和评价方法。

内容属性：外墙、外保温、工程。

主题特征：围护结构。

［CZG15］15.3.9《公共建筑节能改造技术规范》

本标准规定既有公共建筑的节能改造的方法、技术和要求。

内容属性：公共建筑、节能、改造、技术。

主题特征：建筑节能。

第 4 篇　村镇建设工程
项目建设标准体系

第18章 村镇建设工程项目建设标准体系

18.1 综述

改革开放以来，我国城镇化率由 1978 年的 17.9％提高到了 2013 年的 53.7％，城镇化速度明显高于世界平均水平。经过三十多年的发展，我国城镇规模不断扩大，结构和布局得到优化，村镇基础设施和公共服务设施水平有所提升，农村生产和生活环境有了一定的改善。但由于过去几十年城镇化的一个突出特点是越来越大城市化，带来的结果是拉大了城乡差距、拉大了大中小城市和小城镇之间的差距，城乡二元结构依然是制约城乡发展一体化的主要障碍。中国要实现可持续发展，实现区域、城乡均衡发展，就必须扭转继续大城市化的趋势，就必须大力加强村镇建设，让更多的人在小城镇、在农村也都能安居乐业。

近年来，国家高度重视城乡统筹发展。中共中央、国务院《关于加大统筹城乡发展力度进一步夯实农业农村发展基础的若干意见》（2010 年中央一号文件）提出："把统筹城乡发展作为全面建设小康社会的根本要求"，"把建设社会主义新农村和推进城镇化作为保持经济平稳较快发展的持久动力。"十八大报告提出："坚持把国家基础设施建设和社会事业发展重点放在农村，深入推进新农村建设和扶贫开发，全面改善农村生产生活条件。""十八届三中全会"审议通过的《中共中央关于全面深化改革若干重大问题的决定》专门指出，要"健全城乡发展一体化体制机制"，"让广大农民平等参与现代化进程、共同分享现代化成果。""中央城镇化工作会"中强调，"推进城镇化是解决农业、农村、农民问题的重要途径。"最新出台的《国家新型城镇化规划（2014－2020 年）》也将"四化同步，统筹城乡"作为国家新型城镇化的基本原则。

在统筹城乡发展的背景下，我国明显加大了对于乡村地区的投资力度，特别是 2003 年以后，财政支农投入的增长通过制度形式加以保障。2003 年颁布并正式实施的《中华人民共和国农业法》中规定："中央和县级以上地方财政每年对农业总投入的增长幅度应当高于其财政经常性收入的增长幅度"；另外，提出并开始实施公共财政覆盖农村政策，新增教育、卫生、文化支出主要用于农村；在基本建设投资包括国债资金方面加大了对农村公共基础设施建设的投入；同时，开辟新的支农资金渠道，国有土地出让金用于农业土地开发的比重不得少于 15％。在村庄建设方面，每年都有数以千亿计的投入，2012 年，全国村庄建设投入高达 7420 亿元，较 2002 年增长 3.7 倍，其中各类房屋建设投入 5761 亿元，市政公用设施投入 1659 亿元[1]。与此同时，小城镇发展作为"带动农村经济和社会

---

1 住房和城乡建设部. 中国城乡建设统计年鉴 2012. 北京：中国计划出版社，2013.

发展的一个大战略"也得到国家和地方的高度重视,建设投资力度也在不断增大。2012年,我国建制镇个数1.72万个,乡1.27万个,乡镇建设投入合计6385亿元,较2002年增长3.5倍。

面对如此大批量且相对分散的村镇建设项目,现有的工程项目建设标准由于更多涉及城市型项目或国家重大建设项目,在村镇建设项目中并不具有太强的指导意义。因此,如何保障村镇建设工程项目投资决策的科学性,提高资金使用效益,实施有效的管理调控,已成为亟待研究和解决的重要问题。村镇建设工程项目建设标准对于投资项目特别是政府投资项目,在宏观调控、科学决策、规范建设行为、合理利用资源、发挥投资综合效益方面有着十分重要的作用。在国家全面深化改革背景下,对村镇建设项目的管理,完全依靠计划手段和行政干预的做法已经成为历史,如何对建设项目实施监管,在总结以往项目建设经验教训的基础上,经过专家论证,把共性的问题上升为标准,进而有效地实施标准是一个重要而有效的手段和基础条件。

为深入贯彻《国家中长期科学和技术发展规划纲要(2006—2020年)》和"十二五"农村科技发展规划的总体精神,落实《国家"十二五"科学和技术发展规划》中提出的"加强农业农村科技创新"的任务要求,满足我国社会主义新农村建设和全面建设小康社会重大战略任务的需求,住房和城乡建设部确立了村镇建设标准体系的专题项目《"十二五"国家科技支撑计划课题》(2012BAJ19B02)。课题针对制约我国村镇建设和发展的各类标准缺失、标准体系空白、标准制定滞后于发展需求等突出问题,通过研究建立村镇建设标准体系,全面有序地推进村镇建设领域的标准制订工作,充分发挥标准对村镇建设活动的引导约束和支撑保障作用,提高我国村镇建设水平。其中,"建立村镇建设工程项目建设标准体系"是课题确立的三大目标之一,用以指导和管理村镇建设工程项目建设标准的编制。

18.1.1　制订村镇建设工程项目建设标准体系的意义

工程项目建设标准是为工程项目科学决策和合理确定建设水平的全国统一标准,是编制、评估和审批工程项目可行性研究报告的重要依据,也是有关部门审查工程项目初步设计和对工程项目建设全过程进行监督检查的尺度。工程项目建设标准的编制对象一般是整个建设项目。建设标准的内容一般包括影响工程项目决策、建设水平和投资效益的主要方面。民用项目主要包括:建设原则、建设规模或等级、建筑标准(包括装修标准)、建筑设备、建设用地和主要技术经济指标等;工业项目主要包括:建设原则、建设规模或等级、项目构成、工艺与装备、配套工程、建筑标准(包括装修标准)、建设用地、环境保护与安全卫生和主要技术经济指标等。

村镇建设工程项目不同于城市型、区域型的大型工程项目,长期以来体量小、空间分散、建设方式为自建等现状,加之村镇相关技术人才和管理人才相对匮乏,使得村镇建设工程质量无法得到有效保障。现阶段随着城镇化建设的不断加快,村镇建设工程项目的数量和规模也随之加大,特别是在我国面临的日渐凸显的人口增长与能源、资源以及环境的约束和冲突下,对村镇建设工程项目建设标准体系开展全方位研究,科学制订村镇建设工程项目建设标准体系框架,以"体系框架"为指导,按照轻重缓急、分期分批制修订各类村镇建设工程项目建设标准,对支撑我国今后村镇建设健康快速发展有着重要的现实意义。

村镇基础设施和公共服务设施是村镇建设的重要内容，涵盖了交通设施、农田水利设施、饮水设施、电力设施、通信设施、基础教育设施、医疗卫生设施、农村文化设施等，是村镇赖以生存发展的一般物质条件，关系到农业生产、农民生活，关系到农村社会的发展与稳定，也是推动城镇化进程的重要组成部分。《中共中央国务院关于加大统筹城乡发展力度进一步夯实农业农村发展基础的若干意见》（2010年中央1号文件）明确提出了"加强农村水电路气房建设，搞好新农村建设规划引导，合理布局，完善功能，加快改变农村面貌。"

工程项目建设标准对基础设施和公共服务设施的项目选址、建设规模、建筑等级、项目构成、设备水平等做出规定，是工程项目建设前期投资决策的基本依据。改革开放三十多年以来，我国城市建设取得了巨大的成就，相应的城市建设工程项目建设标准也得到了长足发展，而现阶段我国村镇建设方兴未艾，进入快速发展时期的同时，村镇建设工程项目建设标准数量相对很少，而且缺乏对村镇经济和自然环境的针对性和适用性，不能满足村镇建设的需要，此种局面亟待改变。因此，构建完整的村镇建设工程项目建设标准体系，对于贯彻产业政策、引导投资方向、合理配置资源和提高投资效益具有重要作用，对提高地方政府和各行业具体工程项目的决策和科学管理水平，实现村镇生态环境保护和可持续发展具有深远意义。

村镇建设工程项目建设标准体系是确保村镇基础设施和公共服务设施投资效益的重要保障。现阶段，我国村镇建设资金仍然非常有限，村镇建设工程项目建设标准体系同时涵盖了用于投资估算的主要技术经济指标、建设工期及效益评价，有利于引导资金投入到与村镇民生关系最为密切的项目中去，保障村镇建设工程项目的最佳经济和社会效益。

18.1.2　村镇建设工程项目建设标准的发展与现状

新中国成立以来，我国工程建设标准的制订，一直是围绕着工程建设实施阶段，涉及工程质量、安全、人体健康、环境保护以及公众利益的一些技术问题而开展的，标准的内容一般侧重在工程的规划、勘察、设计、施工、监理、验收等技术领域。而为工程项目科学决策和合理确定建设水平，为编制、评估和审批工程项目可行性研究及有关部门审查工程项目初步设计和对工程项目建设全过程进行监督检查一直缺少衡量的尺度。1987年，根据国务院领导同志的指示，原国家计委组织石油、铁道、化工、机械、轻工、纺织等25个部门，开展了以为建设项目决策阶段服务特别是针对建设项目可行性研究阶段，涉及投资规模的控制、建设水平确定的建设标准、投资估算指标和建设项目经济评价方法参数的研究、制订。这些标准、指标当时被称作"大标准"、"大定额"。

根据原国家计委《关于制订工程项目建设标准的几点意见》（计标〔1987〕2323号）和原建设部、原国家计委《关于工程项目建设标准编制工作暂行办法》（〔90〕建标字第519号）的要求，工程项目建设标准自1987年开始编制以来，至今已完成文教、卫生、城市建设、广电、通信、公安、人防、铁路、农业、林业、纺织、轻工、有色、煤炭、电力、石油、水利、建材等行业的工程项目建设标准105项。其中，煤炭、石油、化工等工业项目的建设标准58项，重要的基础设施以及教育、卫生、科研工程项目的建设标准47项。这些标准的发布实施，有效地指导了各行业和社会的工程项目建设，在国家宏观调控及管理、合理利用国家资源、合理确定建设规模和水平、控制投资规模、优化投资结构、发挥投资效益、推动技术进步、防止项目大而全小而全等诸多方面，发挥了重要作用。同时，也受到了各级投资管理、建设管理、行业管理以及咨询评估部门和单位的好评。例如，《粮食仓库建设标准》，在我国两次大规模的粮库建设中作为确定建设项目的依据发挥了重要作用，取得了良好经济效益和社会效益。《行政办公楼建设标准》在我国治理整顿期间作为检查各级政府办公楼建设是否超标的依据，用于处理了部分超出当时国情的办公建筑，有的办公楼被没收改作他用。又如，一些工业项目建设标准改变了原大、中、小型企业的划分标准，扩大了建设规模，起步规模比原划分标准扩大了3～5倍。由于起步规模的扩大，客观要求必须采用先进工艺和装备，不仅少占了用地，而且大大节约了能源和减少了环境污染，取得了明显社会经济效益。如有色冶金项目硫的利用率由原来的80%左右提高到95%以上，能耗也大幅降低。此外，已发布实施的铁路新建单线、双线、新增第二线、既有线电气化改造等工程项目建设标准在大秦、京秦、侯月、宝中、京九等铁路建设中得到了验证，覆盖面为75%，同时又给出了调制系数及使用条件，体现了科学性、实用性的要求，符合20世纪90年代铁路建设水平，能为宏观决策服务。

最近几年，随着政府职能的转变、投资体制改革的深化，政府对建设项目管理工作重点的转移，住房和城乡建设部会同国家发改委以公检法司、科教文卫工程项目为重点，组织有关部门及单位开展了相关项目建设标准的编制工作，批准发布了《人民法院法庭建设标准》、《人民检察院专业和技术用房建设标准》、《监狱建设标准》、《看守所建设标准》以及医疗卫生机构和学校等一批工程项目的建设标准，对于提高项目决策的科学化水平，合理利用国债资金、规范项目的建设行为起到十分重要的作用。工程项目建设标准与工程建设标准的异同参见表4-18-1。

工程项目建设标准与工程建设标准异同点

表4-18-1

	工程项目建设标准	工程建设标准
适用的建设阶段	应用于建设项目决策阶段，是项目可行性研究和编制、审批计划任务书的依据	应用于建设项目实施阶段，是进行工程勘察、规划、设计、施工、验收以及使用、维护加固和管理的技术依据
所属管理范畴	工程项目建设标准目前没有纳入标准化范畴，只属于一种行政文件，主要按照原国家计委《关于制定工程项目建设标准的几点意见》(计标[1987] 2323号文)的要求开展工作	属于标准化范畴，其制定的原则、程序、批准发布的方式、编号的要求，以及实施和监督应受《标准化法》《标准化法实施条例》《建筑法》《建设工程质量管理条例》等法律法规的约束
管理的程序和要求	只有国家级的标准，地方是否也可以组织这类标准的编制，尚无明确要求，其编制和管理应当符合原建设部、原国家计委印发的关于《工程项目建设标准编制工作暂行办法》([90]建标字第519号文)的规定	划分四个层次，即国家标准、行业标准、地方标准和企业标准，其编制和管理需要分别符合《工程建设国家标准管理办法》《工程建设行业标准管理办法》《工程建设地方标准化工作管理规定》《关于开展工程建设企业标准化工作的若干意见》等的规定
标准的编号及出版	需经主管部门批准发布、出版发行；批准发布时不需要赋予特定的标准编号，限内部发行，标准条文则采用大流水顺序排列，出版印刷符合《建设标准的幅面版式文字排法》的规定	需经主管部门批准发布、出版发行；需要按照规定的要求赋予一个特定的编号，公开发行，标准条文采用章、节、条、款、项顺序排列，出版印刷应符合《工程建设标准出版印刷规定》的要求

	工程项目建设标准	工程建设标准
执行者	主要是政府计划或建设主管部门、业主、建设项目咨询机构、建设项目可行性研究报告编制单位等	参与建设活动的所有部门、单位、机构的各类管理人员和工程技术人员,包括普通的建筑工人
法律责任	标准的内容划分为强制性和指导性,其中强制性内容要求贯彻执行,不执行除建设项目一般不会得到批准外,没有其他的处罚措施,也不需要承担法律责任	标准分为强制性标准和推荐性标准,在标准的内容中存在强制性内容和推荐性内容,其强制性标准或者说"工程建设标准强制性条文",要求必须严格执行,不执行或不严格执行必然受到相应的处罚,因此而造成工程质量或安全事故的,还应当承担相应的法律责任

资料来源:窦以松,齐莹.我国工程项目建设标准现状述评[J].标准化,2006.2.

目前,我国已发布的建设标准包括(见表4-18-2):

表 4-18-2

项目类别	项目细分	序号	标准名称	施行日期	发布单位
农业生产建设项目	农作物种植项目	1	果品库建设标准	1992.8.1	原建设部
		2	中低产田改造工程建设投资估算指标(试行)	1995.4.1	农业部
		3	粮食仓库建设标准	2001.5.1	原建设部
		4	棉麻仓库建设标准(修订)	2002.10.1	原建设部 原国家发展计划委员会
		5	连栋温室建设标准 NYJ/T 06—2005	2005.6.1	农业部
		6	日光温室建设标准 NYJ/T 07—2005	2005.6.1	农业部
		7	种子贮藏库建设标准 NYJ/T 08—2005	2005.6.1	农业部
		8	旱作节水农业工程项目建设规范 NY/T 2080—2011	2011.12.1	农业部
		9	高标准农田建设标准 NY/T 2148—2012	2012.3.1	农业部
		10	马铃薯脱毒种薯繁育基地建设标准 NY/T 2164—2012	2012.9.1	农业部
		11	蔬菜标准园建设规范 NY/T 2171—2012	2012.9.1	农业部
		12	标准茶园建设规范 NY/T 2172—2012	2012.9.1	农业部
		13	农作物生产基地建设标准 油菜 NY/T 2246—2012	2013.3.1	农业部
		14	农田建设规划编制规程 NY/T 2247—2012	2013.3.1	农业部
		15	热带水果非疫区及非疫生产点建设规范 NY/T 2256—2012	2013.3.1	农业部
	林业项目	16	橡胶树苗木繁育基地建设标准(NY/T 2166—2012)	2012.9.1	农业部
		17	橡胶树种植基地建设标准(NY/T 2167—2012)	2012.9.1	农业部

续表

项目类别	项目细分	序号	标 准 名 称	施行日期	发布单位
农业生产建设项目	畜牧业项目	18	工厂化养猪场工程建设投资估算指标（试行）	1995.4.1	农业部
		19	工厂化养鸡场工程建设投资估算指标	1995.4.1	农业部
		20	种牛场建设标准 NYJ/T 01—2005	2005.6.1	农业部
		21	种鸡场建设标准 NYJ/T 02—2005	2005.6.1	农业部
		22	种猪场建设标准 NYJ/T 03—2005	2005.6.1	农业部
		23	集约化养猪场建设标准 NYJ/T 04—2005	2005.6.1	农业部
		24	集约化养鸡场建设标准 NYJ/T 05—2005	2005.6.1	农业部
		25	种公猪站建设技术规范 NY/T 2077—2011	2011.12.1	农业部
		26	标准化养猪小区项目建设规范 NY/T 2078—2011	2011.12.1	农业部
		27	标准化奶牛养殖小区项目建设规范 NY/T 2079—2011	2011.12.1	农业部
		28	草原防火物资储备库建设标准 NY/T 2168—2012	2012.9.1	农业部
		29	种羊场建设标准 NY/T 2169—2012	2012.9.1	农业部
	渔业项目	30	中国对虾养殖工程建设投资估算指标		农业部
		31	鱼、虾遗传育种中心建设标准 NY/T 2165—2012	2012.9.1	农业部
		32	水产良种场建设标准 NY/T 2170—2012	2012.9.1	农业部
	其他	33	农业科技园区建设规范 NY/T 2365—2013	2013.8.1	农业部
		34	休闲农庄建设规范 NY/T 2366—2013	2013.8.1	农业部
		35	农业建设项目初步设计文件编制规范 NY/T1715—2009	2009.5.1	农业部
		36	农业建设项目投资估算内容与方法 NY/T1716—2009	2009.5.1	农业部
		37	农业建设项目验收技术规程 NY/T1717—2009	2009.5.1	农业部
		38	农业非营利性建设项目经济评价方法 NY/T1718—2009	2009.5.1	农业部
		39	农业建设项目通用术语规范 NY/T1719—2009	2009.5.1	农业部
		40	农业工程项目建设标准编制规范 NY/T 2081—2011	2011.12.1	农业部

续表

项目类别	项目细分	序号	标　准　名　称	施行日期	发布单位
农业生产建设项目	其他	41	制定《农村土地承包经营权证书（承包合同）和承包地块编码规则》标准 制定《农村承包土地调查技术规范》标准 制定《农村土地承包信息数据库》标准 制定《12316建设与服务规范》标准 制定《农业行业信息系统安全管理规范》标准 制定《设施农业传感器网络设备技术参数要求》标准 制定《农产品电子商务产品术语与分类》标准 制定《农民专业合作社管理信息化建设规范》标准		农业部
基础设施建设项目	给水工程项目	1	城市给水工程项目建设标准	1995.1.1	原建设部 原国家计划委员会
	排水工程项目	2	城市污水处理工程项目建设标准	2001.6.1	原建设部 原国家发展计划委员会
		3	小城镇污水处理工程建设标准（建标148—2010）	2011.2.1	原建设部 原国家发展计划委员会
	通信工程项目	4	通信工程项目建设用地指标	1995.9.1	原建设部
	电力工程项目	5	电力工程项目建设用地指标	1997.11.1	原建设部
	消防工程项目	6	城市消防站建设标准	1999.1.1	原建设部
	道路交通项目	7	公路建设项目用地指标	2000.1.1	原建设部 原国土资源部
		8	城市公共停车场工程项目建设标准（建标128—2010）		
	环卫工程项目	9	城市生活垃圾卫生填埋处理工程项目建设标准	2001.7.1	原建设部 原国家发展计划委员会
		10	城市生活垃圾堆肥处理工程项目建设标准	2001.12.1	原建设部 原国家发展计划委员会
		11	城市生活垃圾处理和给水与污水处理工程项目建设用地指标	2005.10.1	原建设部 原国土资源部
		12	小城镇生活垃圾处理工程项目建设标准（建标149—2010）	2011.2.1	住房和城乡建设部 原国家发展计划委员会
		13	城镇环境卫生设施设置标准 CJJ 27—2005	2005.5.1	
	燃气工程项目	14	生物质气化集中供气站建设标准 NYJ/T 08—2005	2005.6.1	农业部
		15	农村沼气集中供气工程技术规范 NY/T 2371—2013	2013.8.1	农业部
		16	秸秆沼气工程运行管理规范 NY/T 2372—2013	2013.8.1	农业部

续表

项目类别	项目细分	序号	标准名称	施行日期	发布单位
基础设施建设项目	燃气工程项目	17	秸秆沼气工程质量验收规范 NY/T 2373—2013	2013.8.1	农业部
		18	沼气工程沼液沼渣后处理技术规范 NY/T 2374—2013	2013.8.1	农业部
		19	沼气工程技术规范　第1部分:工艺设计 NY/T 1220.1—2006	2007.2.1	农业部
		20	沼气工程技术规范　第2部分:供气设计 NY/T 1220.2—2006	2007.2.1	农业部
		21	沼气工程技术规范　第3部分:施工及验收 NY/T 1220.3—2006	2007.2.1	农业部
		22	沼气工程技术规范　第4部分:运行管理 NY/T 1220.4—2006	2007.2.1	农业部
		23	沼气工程技术规范　第5部分:质量评价 NY/T 1220.5—2006	2007.2.1	农业部
		24	规模化畜禽养殖场沼气工程运行、维护及其安全技术规程 NY/T 1221—2006	2007.2.1	农业部
		25	规模化畜禽养殖场沼气工程设计规范 NY/T 1222—2006	2007.2.1	农业部
		26	制定《沼气工程安全管理规范》标准 制定《沼气工程发酵装置专用设备技术条件》标准 制定《沼气工程双模储气装置专用设备技术条件》标准 制定《离网型风力发电系统运行质量检验规程》标准 制定《生活污水净化沼气池质量验收规范》标准 修订《农村户用沼气输气系统　第1部分:塑料管材》标准 NY/T 1496.1—2007 修订《农村户用沼气输气系统　第2部分:塑料管件》标准 NY/T 1496.2—2007 修订《农村户用沼气输气系统　第3部分:塑料开关》标准 NY/T 1496.3—2007 制定《生物质纤维素、半纤维素、木质素及粗蛋白的测定》标准 制定《生物质热化学工程特性分析测试方法》标准		全国沼气标准化技术委员会秘书处
公共服务设施建设项目	文化设施项目	1	乡镇综合文化站建设标准(建标160-2012)	2012.5.1	住房和城乡建设部 国家发展改革委员会
	教育设施项目	2	农村普通中小学校建设标准	1997.6.1	原建设部
		3	城市幼儿园建筑面积定额(试行)	1988.7.1	原国家教育委员会 原建设部
	体育设施项目	4	城市社区体育设施建设用地指标	2005.11.1	原建设部 原国土资源部

续表

项目类别	项目细分	序号	标 准 名 称	施行日期	发布单位
公共服务设施建设项目	卫生设施项目	5	乡镇卫生院建设标准	2008.11.1	原建设部 国家发改委
		6	卫生防疫站建设标准		卫生部
		7	妇幼保健院、所建设标准		
	其他服务设施项目	8	党政机关办公用房建设标准	1999.12.1	国家计经委
		9	人民法院法庭建设标准	2003.4.17	最高人民法院
		10	农副产品批发市场建设标准	1992.3.1	原建设部
		11	招待所建设标准	1994.3.1	原建设部 国家计划委员会

村镇建设工程项目建设标准存在的问题：

（1）缺乏系统性

长期以来，村镇建设工程项目建设标准分散在多部门和多系统，各行业标准体系之间既交叉重复，又有许多遗漏。

（2）基础研究薄弱

标准体系是一个随着经济、技术和社会的发展而不断调整的动态系统。标准的制订必须以科学数据和风险评估为基础。目前，标准制定基础研究相对滞后，部分标准的缺失，一些标准的科学性和适用性得不到保证。

（3）针对性不强

现有的工程项目建设标准虽然是以政府投资项目为重点，但有关市政设施和公共服务设施的项目建设标准的服务对象多以区域型或城市型的（大中型）项目为主，村镇建设工程项目建设标准的配套程度低。

（4）部分标准不具时效性

部分标准编制年代过早，与村镇发展的实际情况不相吻合，需要对现有村镇工程项目建设标准进行清理，需要进行修订的工程项目建设标准结合发展现状和未来趋势及时修订，需要废止的工程项目建设标准不再列入体系框架。

（5）实施效果不明显

由于村镇基层管理和技术人才相对匮乏，对建设标准是为项目决策和科学管理服务，是审查、监督建设项目全过程的尺度的重要作用认识不清。建设单位及计划、土地、基建等部门在宣贯和执行过程中力度不够，在编制工程项目可行性研究报告时没有严格依据工程项目建设标准要求开展工作；主管部门在评估、审查工程项目可行性研究报告和初步设计时，对工程项目的管理和审批制度不严格，没有正确掌握和完全依据建设标准尺度严格执行。对是否执行建设标准缺乏监督机制和手段。

18.1.3　体系框架的制订原则

1. 体现政策导向

（1）中共中央、国务院《关于加大统筹城乡发展力度进一步夯实农业农村发展基础的若干意见》（2010 年中央一号文件）。

（2）党的十八大十八届三中全会《中共中央关于全面深化改革若干重大问题的决定》。

（3）最新出台的《国家新型城镇化规划（2014－2020年）》。

2. 以服务三农为重点

（1）与农民生活息息相关、与农村建设相关。

（2）以农业发展为主，不涉及工业（绝大多数镇都建有工业企业，涉及工业门类的方方面面，缺失针对性）。

3. 体现时代特征

农业科技服务的相关标准、新技术的推广应用、重视生态环境的建设、迎合休闲需求。

4. 有利于管理操作。

18.2　村镇建设工程项目建设标准体系框图

村镇建设工程项目建设标准体系框图如图4-18-1所示。

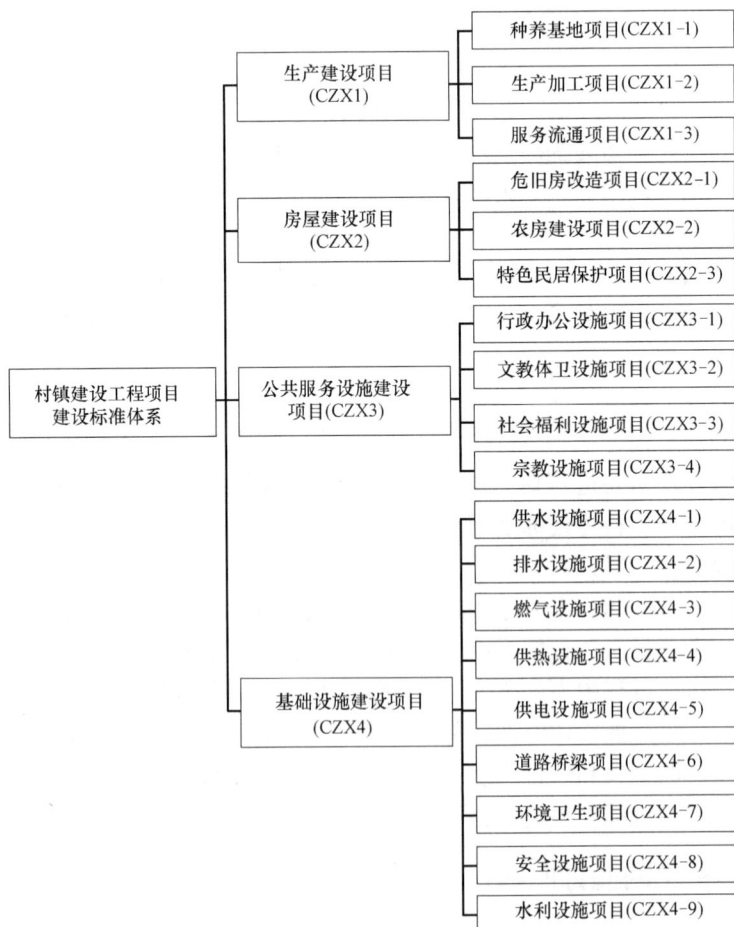

图4-18-1　村镇建设工程项目建设标准体系框图

村镇工程项目建设标准体系框图如图4-18-2所示。

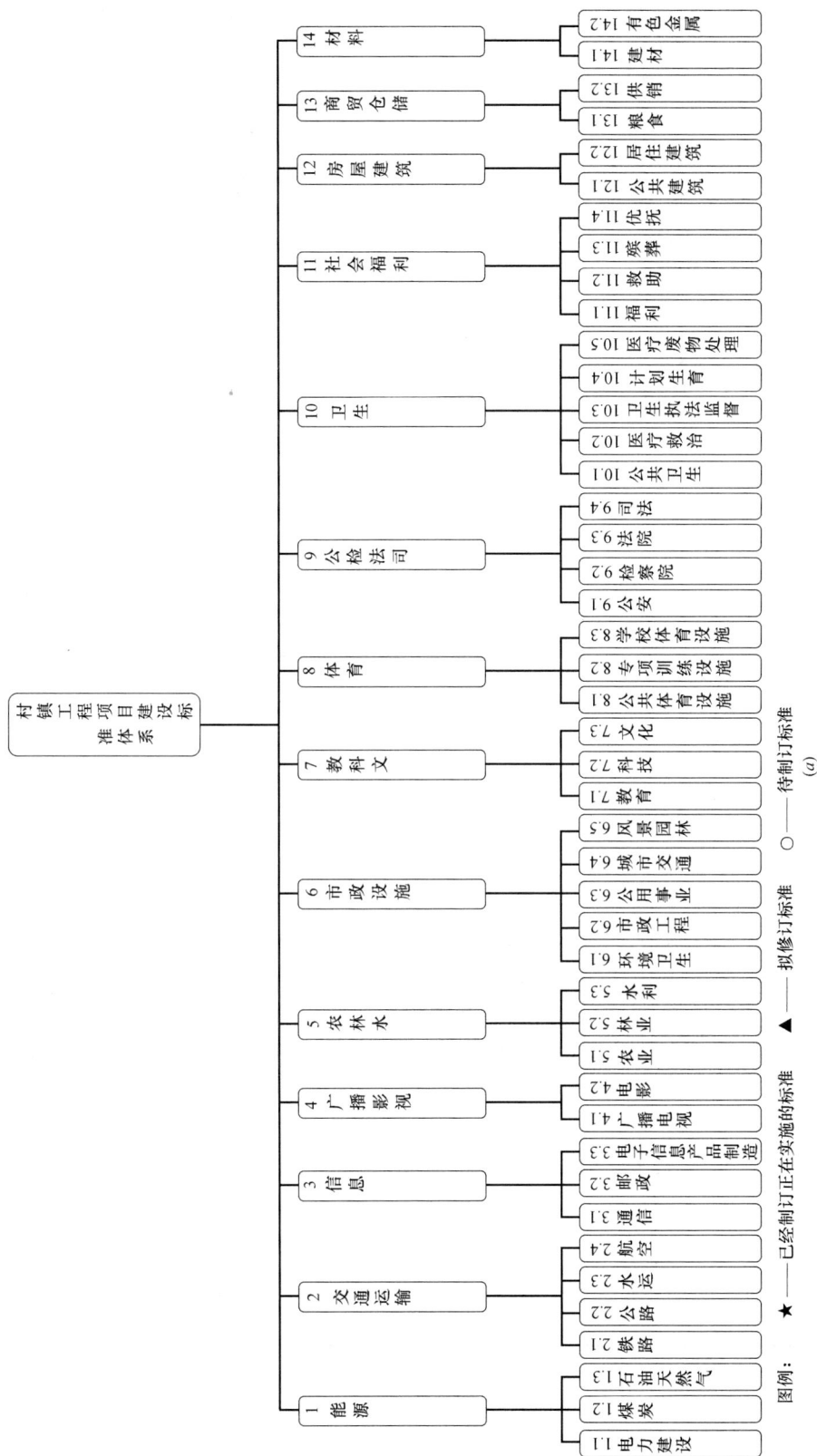

图4-18-2 村镇工程项目建设标准体系框图

子框图2(交通运输—铁路、公路)：

2 交通运输

2.1 铁路

客货共线
- ▲2.1.1 新建客货共线双线铁路工程项目建设标准
- ▲2.1.2 新建客货共线单线铁路工程项目建设标准
- ▲2.1.3 既有线路改建工程项目建设标准

客运专线
- ○2.1.4 新建客运专线铁路工程项目建设标准

货运专线
- ○2.1.5 货运专线铁路工程项目建设

客运站
- ○2.1.6 铁路客运站工程项目建设标准

集装箱中心站
- ○2.1.7 铁路集装箱中心站工程项目建设标准

2.2 公路

公路工程建设标准
- ○2.2.1 高速公路建设标准
- ○2.2.2 一般公路建设标准
- ○2.2.3 二、三、四级公路建设标准
- ○2.2.4 农村公路建设标准

(c)

子框图1(能源)：

1 能源

1.1 电力建设
- ○1.1.1 大中型火力发电厂工程项目建设标准
- ○1.1.2 小型火力发电厂项目建设标准
- ○1.1.3 大中型水电工程项目建设标准
- ○1.1.4 小型水电工程项目建设标准(5.3.18)
- ○1.1.5 农村小水电工程项目建设标准(5.3.19)
- ○1.1.6 抽水蓄能电站工程项目建设标准
- ○1.1.7 核电站工程项目建设标准
- ○1.1.8 风力发电工程项目建设标准
- ○1.1.9 变电所工程项目建设标准
- ○1.1.10 交流输电线路工程项目建设标准
- ○1.1.11 直流输电线路项目建设标准
- ○1.1.12 架空配电线路项目建设标准

1.2 煤炭
- ○1.2.1 煤炭工业矿井建设标准
- ○1.2.2 煤炭工业露天矿厂建设标准
- ○1.2.3 煤炭工业选煤厂建设标准
- ○1.2.4 煤炭工业矿区机电设备修理厂建设标准
- ○1.2.5 煤炭工业矿区辅助企业建设标准
- ○1.2.6 煤炭工业水煤浆厂建设标准

1.3 石油、天然气
- ▲1.3.1 原油长输管道建设标准(正在修订)
- ▲1.3.2 油田油气集输工程建设标准
- ▲1.3.3 油田供配电工程建设标准
- ▲1.3.4 油田注水工程建设标准
- ▲1.3.5 油田含油污水处理工程建设标准
- ★1.3.6 天然气长输管道建设标准
- ○1.3.7 石油储备油库工程项目建设标准
- ○1.3.8 加油加气站工程项目建设标准

(b)

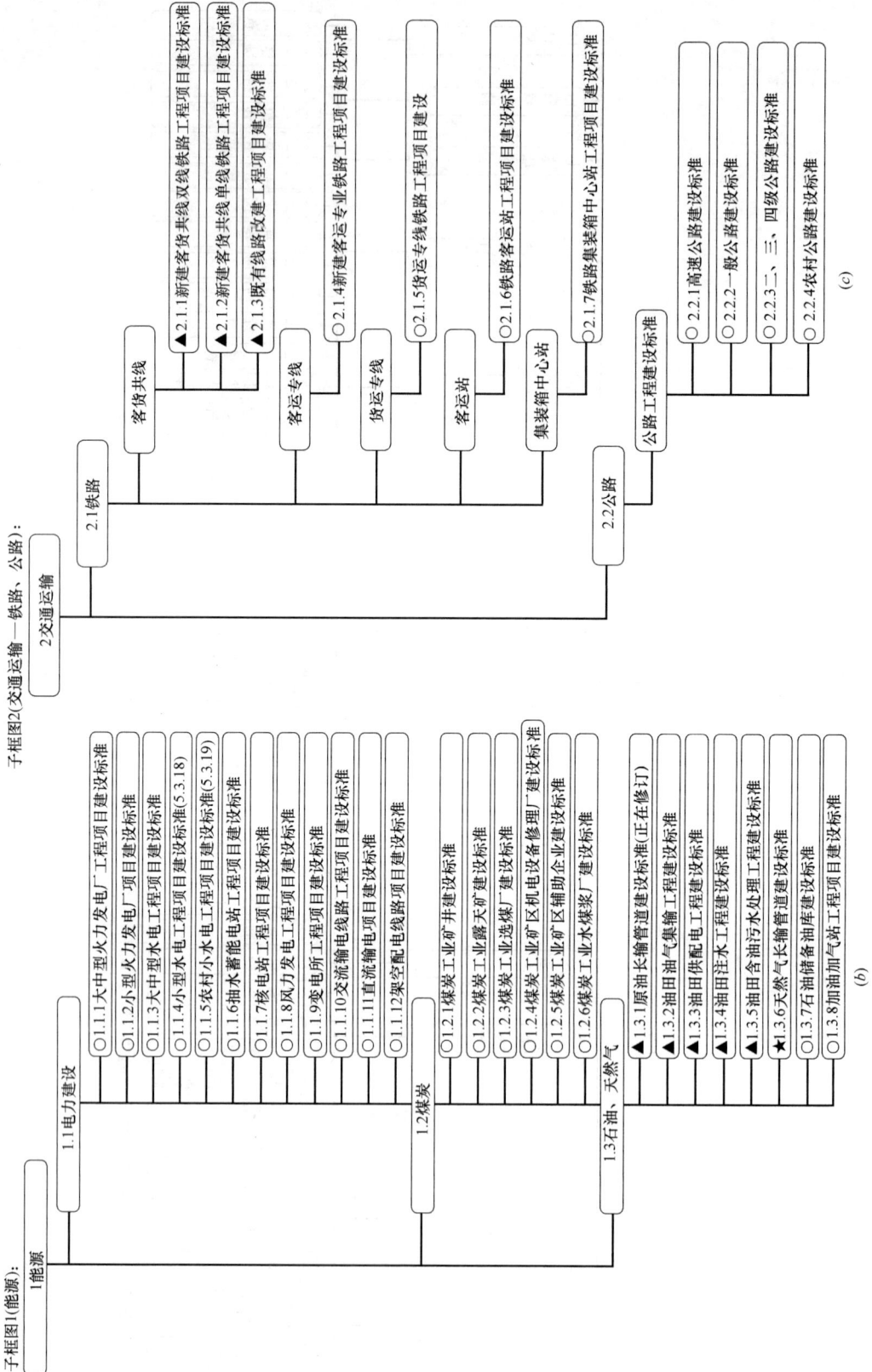

图 4-18-2　村镇工程项目建设标准体系框图（续）

282

18.3 村镇建设工程项目建设标准体系表

村镇建设工程项目建设标准体系表　　　　表 4-18-3

体系编码	标准名称	现行标准	权重	备注
[1]1.3.1　区域规划专用标准				
[1]1.3.1.1	区域综合交通系统规划规程		重要	待编
[1]1.3.1.2	城镇综合防灾规划标准		重要	制订中
[1]1.3.1.3	区域生态环境保护规划规范		重要	待编
[1]1.3.1.4	城乡水体保护规划规范		重要	待编
[1]1.3.1.5	区域历史文化遗产保护规划规程		重要	待编
[1]1.3.1.6	区域风景与绿地系统规划规范		重要	制订中
[1]1.3.1.7	城乡空域规划规范		重要	待编
[1]1.3.2　城市规划专用标准				
[1]1.3.2.1	城市居住区规划设计规范	GB 50180—2016	一般	现行
[1]1.3.2.2	工业园区规划设计规程		一般	待编

18.4 子框图（[CZX1]农业生产建设项目）

农业生产建设项目标准体系表　　　　表 4-18-4

大类	中类	小类	工程项目建设标准名称	备注
[CZX1] 生产建设项目	[CZX1.1] 种养基地项目	农作物种植业	中低产田改造工程建设投资估算指标	现行
			日光温室建设标准	现行
			连栋温室建设标准	待修订
			旱作节水农业工程项目建设规范	现行
			高标准农田建设标准	现行
			马铃薯脱毒种薯繁育基地建设标准	现行
			农田建设规划编制规程	现行
			南方水稻工厂化育秧建设标准	现行
			蔬菜集约化育苗场建设标准	在编
			农作物生产基地建设标准（棉花）	在编
			农作物生产基地建设标准（油菜）	在编
			农作物生产基地建设标准（甘蔗）	在编
			旱作节水示范区建设标准	现行
			北方水稻集中育秧设施建设标准	在编

大类	中类	小类	工程项目建设标准名称	备注
[CZX1] 生产建 设项目	[CZX1.1] 种养基 地项目	农作物 种植业	主要农作物良种繁育基地建设标准(水稻)	在编
			南方水稻集中育秧设施建设标准	在编
			主要农作物良种繁育基地建设标准(小麦)	在编
			主要农作物良种繁育基地建设标准(玉米)	在编
			果茶苗木良种繁育基地建设标准 茶叶	在编
			果茶苗木良种繁育基地建设标准(果树)	在编
			农作物种子加工中心建设标准	待编
			农田节水示范区建设标准	待编
			蔬菜标准园建设规范	现行
			水果标准园创建标准	待编
			标准茶园建设规范	现行
			作物组培繁育中心建设标准	待编
			大棚建设标准	待编
			农作物生产基地建设标准 油菜	现行
			热带水果非疫区及非疫生产点建设规范	现行
		林业	橡胶树苗木繁育基地建设标准	在编
			橡胶树种植基地建设标准	在编
			林木种苗繁育工程项目建设标准	待编
			生态林工程项目建设标准	待编
			道路、河渠绿化工程建设标准	待编
			荒山荒地绿化工程项目建设标准	待编
			速生丰产林工程项目建设标准	待编
		畜牧业	工厂化养猪场工程建设投资估算指标	现行
			工厂化养鸡场工程建设投资估算指标	现行
			集约化养猪场建设标准	待修订
			集约化养鸡场建设标准	待修订
			种牛场建设标准	待修订
			种猪场建设标准	待修订
			种鸡场建设标准	待修订
			标准化养猪小区项目建设规范	现行
			标准化奶牛养殖小区项目建设规范	现行
			种羊场建设标准	现行
			农村秸秆青贮氨化设施建设标准	在编
			牧区牲畜暖棚建设标准	在编
			种兔场建设标准	在编
			蚕种场建设标准	待编

续表

大类	中类	小类	工程项目建设标准名称	备注
[CZX1] 生产建 设项目	[CZX1.1] 种养基 地项目	畜牧业	家畜(家禽)资源场建设标准	待编
			家畜(家禽)原种场建设标准	待编
			奶牛场建设标准	待编
			蛋鸡养殖场建设标准	待编
			肉牛养殖场建设标准	待编
		渔业	中国对虾养殖工程建设投资估算指标	现行
			水产良种场建设标准	现行
			海洋大型人工渔礁建设标准	在编
			水产养殖场(设施养殖)建设标准	待编
			水产养殖场(池塘养殖)建设标准	待编
			渔港建设标准	待编
	[CZX1.2] 生产加 工项目	农作物 生产加工	粮食处理中心建设标准	待编
			碾米厂建设标准	待编
			小麦制粉厂建设标准	待编
			植物油厂建设标准	待编
			淀粉厂建设标准	待编
			植物蛋白厂建设标准	待编
			粮油食品厂建设标准	待编
		林业生 产加工	制材厂建设标准	待修订
			胶合板厂工程项目建设标准	待修订
			刨花板厂工程项目建设标准	待修订
			松脂加工厂工程项目建设标准	待修订
			木材综合加工工程项目建设标准	待修订
			人造板深度加工利用工程项目建设标准	待修订
			人造板热能中心工程项目建设标准	待编
			区、乡(镇)林业工作站工程项目建设标准	现行
			林区木材检查站建设标准	待编
		畜牧业 生产加工	饲料厂建设标准	待编
			牲畜屠宰厂建设标准	待编
		工业园区	乡镇工业园区建设标准	待编
	[CZX1.3] 服务流 通项目	农机服务	农机安全监理站装备建设标准	在编
			农机具停放场、库、棚建设标准	待编
		仓储保鲜	果品库建设标准	现行
			粮食仓库建设标准	现行
			蛋品冷库建设标准	待修订
			茶叶仓库建设标准	待编

续表

大类	中类	小类	工程项目建设标准名称	备注
[CZX1] 生产建设项目	[CZX1.3] 服务流通项目	仓储保鲜	棉麻仓库建设标准（修订）	现行
			种子贮藏库建设标准	待修订
			农作物种质资源库建设标准	待编
			果蔬保鲜库建设标准	待编
			化肥仓库建设标准	待编
			肉类冷库建设标准	现行
		供销流通	农产品产地批发市场建设标准	待编
			新品种展示示范基地建设标准	待编
			粮食批发市场建设标准	待编
			粮食配送中心建设标准	待编
			散粮运输建设标准	待编
			村级综合服务站（社）建设标准	待编
			农村农业生产资料和日用消费品连锁超市建设标准	待编
			农副产品批发市场建设标准	待编
		农业旅游	休闲农庄建设规范	现行
			乡村旅游住宿设施建设规范	待编
			乡村旅游餐饮设施建设规范	待编
			乡村旅游卫生设施建设规范	待编
		科技服务	农业科技园区建设规范	现行
			鱼、虾遗传育种中心建设标准	现行
			国家农作物品种试验站建设标准	在编
			农业部农产品质量安全监督检验中心建设标准	在编
			省级农产品质量安全监督检验中心建设标准	在编
			地市级农产品质量安全监督检验检测机构建设标准	在编
			县级农产品质量安全监督检验站建设标准	在编
			农作物改良中心建设标准	在编
			耕地质量监测与预警区域站（中心）建设标准	在编
			种畜禽性能测定中心建设标准　奶牛	在编
			种畜禽性能测定中心建设标准　种猪	在编
			农村沼气服务网点建设标准	在编
			农业转基因生物安全检测监测中心建设标准	待编
			植物新品种测试中心（分中心）建设标准	待编
			畜禽基因库建设标准	待编
			饲料安全评价中心建设标准	待编
			饲料质量安全监督检测中心建设标准	待编
			农药及农药残留检测中心建设标准	待编

续表

大类	中类	小类	工程项目建设标准名称	备注
[CZX1] 生产建 设项目	[CZX1.3] 服务流 通项目	科技服务	农机安全监理站设施建设标准	待编
			农业科研实验设施通用建设标准	待编
			农业野外科研观测站建设标准	待编
			县级农业技术服务中心建设标准	待编
		灾害/疫 病防控	草原防火物资储备库建设标准	现行
			基层水生动物疫病防治站建设标准	在编
			天然草原鼠虫害监控站建设标准	待编
			动物疫病预防控制中心建设标准	待编
			植物病虫害控制区域站(植检站)建设标准	待编
			植物检疫隔离场(温室)建设标准	待编
			农药安全检测评价中心建设标准	待编
			草原固定监测点建设标准	待编
			草原防火指挥中心建设标准	待编
			草原防火隔离带建设标准	待编
			省际间动物卫生监督检查站建设标准	待编
			动物卫生监督所建设标准	待编
			无害化处理厂建设标准	待编
			防雪灾物资储备库建设标准	待编
			种子储备库建设标准	待编
		生态保护	农业野生植物自然保护区建设标准	在编
			草原生态保护示范区建设标准	在编
			水产种质资源保护区建设标准	在编
			畜禽资源保护区(场、所)建设标准	在编
			畜禽粪污无害化处理场建设标准	在编
			草原监测站建设标准	在编
			渔业生态环境监测与治理中心建设标准	待编
			农业湿地生态监测分中心建设规范	待编
			农业湿地综合利用示范区建设规范	待编
			农业野生植物自然保护区建设标准	待编

18.5　子框图（[CZX2]住房建设项目）

住房建设项目标准体系表 表 4-18-5

大类	中类	工程项目建设标准名称	备注
[CZX2]住房 建设项目	[CZX2.1] 危旧房改造	村镇危险房屋鉴定标准	在编
		危旧房改造整治项目建设标准 危房改造建设标准	待编
		村庄整治技术规范	待修订
		村镇建筑抗震鉴定与加固技术规程	在编

续表

大类	中类	工程项目建设标准名称	备注
[CZX2]住房建设项目	[CZX2.1]危旧房改造	住宅性能评定技术标准	现行
		建筑抗震加固技术规程	现行
	[CZX2.2]农房建设	村镇住宅设计规范	在编
		绿色农房设计规范　绿色农房建设标准	待编
		夯土建筑设计规程	待编
		被动式农村住宅技术规程	待编
		村镇建筑结构设计规范	待编
		农村住宅卫生标准	现行
	[CZX2.3]特色民居保护	历史文化名镇名村评价标准	待编
		历史文化名镇、名村保护规划规范	在编
		历史文化名村(寨)保护技术导则	待编
		传统民居保护与修缮技术规程	待编
		传统民居保护修缮建设标准	待编

18.6　子框图（[CZX3]公共服务设施建设项目）

公共服务设施建设项目标准体系表

表 4-18-6

大类	中类	工程项目建设标准名称	备注
[CZX3]公共服务设施建设项目	[CZX3.1]行政管理设施项目	党政机关办公用房建设标准	现行
		村委会办公用房建设标准	待编
		人民法院法庭建设标准	现行
		公安派出所用房建设标准	现行
		村级便民服务中心建设标准	待编
	[CZX3.2]文教体卫设施项目	乡镇综合文化站建设标准	现行
		镇(乡)村文化中心建筑设计规范	待修订
		农村文化大礼堂建设标准	待编
		城市普通中小学校校舍建设标准	现行
		农村普通中小学校建设标准	现行
		镇(乡)村托儿所、幼儿园建设标准	待编
		镇(乡)村体育设施建设标准	待编
		乡镇卫生院建设标准	现行
		镇(乡)村卫生防疫站建设标准	待编
		镇(乡)村妇幼保健院、所建设标准	待编
	[CZX3.3]社会福利设施项目	儿童社会福利机构基本规范	现行
		老年人社会福利机构基本规范	现行
		农村社会救助机构建设标准	待编
	[CZX3.4]宗教设施项目	镇(乡)村宗教活动场所基本规范	待编

18.7 子框图（[CZX4] 基础设施建设项目）

基础设施建设项目标准体系表

表 4-18-7

大类	中类	工程项目建设标准名称	备注
[CZX4]基础设施建设项目	[CZX4.1]供水设施项目	村镇供水设施安全等级标准	待编
		村镇供水工程项目建设用地指标	待编
		村镇供水管网工程项目建设标准	待编
		村镇节约用水和再生水工程建设标准	待编
		供水厂建设标准	待编
		取水构筑物建设标准	待编
		给水泵站建设标准	待编
		农村饮用水水井建设标准	待编
		农村水窖工程建设标准	待编
		农村特殊水质给水处理工程建设标准	待编
		水源地安全防护规范	待编
		生活饮用水卫生标准 GB 5749—2006	现行
		镇（乡）村给水工程技术规程 CJJ 123—2008	现行
		村镇供水工程技术规范 SL 310—2004	现行
		农村给水设计规范 CECS 82—1996	现行
		雨水集蓄利用工程技术规范 GB/T 50596—2010	现行
		室外给水设计规范 GB 50013—2006	现行
		城市给水工程规划规范 GB 50282—1998	现行
		城市给水工程项目建设标准（建标[2009]120 号）	现行
	[CZX4.2]排水设施项目	村镇污水处理工程项目建设用地指标	待编
		村镇排水管网工程项目建设标准	待编
		村镇排水构筑物建设标准	待编
		污水处理厂建设标准	待编
		污水自然处理工程项目建设标准	待编
		雨水泵站建设标准	待编
		污水泵站建设标准	待编
		农村户用沼气池项目建设标准	待编
		室外排水设计规范 GB 50014—2006	现行
		小城镇污水处理工程建设规程（建标[2010]148 号）	现行
		镇（乡）村排水工程技术标准 CJJ 124—2008	现行
		村庄污水处理设施技术规程 CJJ/T 163—2011	现行
		农村生活污水处理技术规范 DB 33/T 868—2012	现行

续表

大类	中类	工程项目建设标准名称	备注
[CZX4]基础设施建设项目	[CZX4.2]排水设施项目	农村生活污染控制技术规范 HJ 574—2010	现行
		农村户用沼气发酵工艺规程 NY/T 90—2014	现行
		室外排水设计规范 GB 50014—2006	现行
		城市排水工程规划规范 GB 50318—2000	现行
		城市污水处理工程项目建设标准(建标[2001]77号)	现行
	[CZX4.3]燃气设施项目	村镇燃气设施安全等级标准	待编
		村镇燃气工程项目建设用地指标	待编
		村镇燃气管网工程项目建设标准	待编
		村镇燃气输配工程项目建设标准	待编
		村镇燃气用户工程项目建设标准	待编
		农村户用能源生态工程项目建设标准	待编
		农村户用沼气池建设标准	修订
		秸秆沼气集中供气工程建设标准	现行
		生物质气化集中供气站建设标准 NYJ/T 09—2005	现行
		农村沼气集中供气工程技术规范 NY/T 2371—2013	现行
		村镇液化石油/天然气储配站建设标准	待编
		村镇液化石油/天然气瓶装供应站建设标准	待编
		城镇燃气设计规范 GB 50028—2006	现行
	[CZX4.4]供热设施项目	村镇供热设施安全等级标准	待编
		村镇供热工程项目建设用地指标	待编
		村镇供热管网工程项目建设标准	待编
		村镇供热输配工程项目建设标准	待编
		村镇供热用户工程项目建设标准	待编
		城镇供热厂建设标准	现行
		村镇供热泵站建设标准	待编
		村镇燃气冷热电联供工程建设标准	待编
		村镇锅炉房建设标准	待编
		村镇户用锅炉建设标准	待编
		村镇生物能源集中供热项目建设标准	待编
		村镇户用生物能源供热项目建设标准	待编
		村镇太阳能集中供热项目建设标准	待编
		村镇户用太阳能供热项目建设标准	待编
		村镇户用采暖炉系统通用技术规程	待编
		农村户用火炕统通用技术规范	待编
		村镇供热系统节能项目建设标准	待编
		村镇供热系统改造项目建设标准	待编
		城市热力网设计规范 CJJ 34—2010	修订中

续表

大类	中类	工程项目建设标准名称	备注
[CZX4]基础设施建设项目	[CZX4.5]供电设施项目	村镇供电设施安全等级标准	待编
		村镇供电工程项目建设用地指标	待编
		村镇供电输配工程项目建设标准	待编
		村镇供电用户工程项目建设标准	待编
		村镇变电所工程项目建设标准	待编
		村镇交流输电工程项目建设标准	待编
		村镇直流输电工程项目建设标准	待编
		村镇架空配电线路项目建设标准	待编
		小型水利水电工程项目建设标准	待编
		抽水蓄能电站工程项目建设标准	待编
		沼气发电工程项目建设标准	待编
		风力发电工程项目建设标准	待编
		太阳能发电工程项目建设标准	待编
		城市电力规划规范 GB/T 50293—2014	现行
	[CZX4.6]道路桥梁项目	村镇道路桥梁工程项目建设用地指标	待编
		农用道路建设标准	待编
		林区、牧区公路工程项目建设标准	待编
		城市桥梁设计规范 CJJ 11—2011	修订
		乡村道路工程技术规范	修订
		村庄道路交通设施技术规范	修订
		村镇客运站建设标准	修订
		村镇无障碍设施建设标准	待编
		村镇广场设施建设标准	待编
		村镇停车设施建设标准	待编
		村镇道路照明工程项目建设标准	待编
		汽车加油加气站设计与施工规范 GB 50156—2012	现行
		城市道路交通规划设计规范 GB 50220—1995	现行
		公路工程技术标准 JTG B01—2014	现行
		无障碍设计规范 GB 50763—2012	现行
		城市道路绿化规划与设计规范 CJJ 75—1997	现行
		城市道路工程设计规范 CJJ 37—2012	现行
	[CZX4.7]环境卫生项目	村镇环卫设施安全等级标准	待编
		村镇环卫工程项目建设用地指标	待编
		村镇生活垃圾填埋处理工程项目建设标准	待编
		村镇生活垃圾堆肥处理工程项目建设标准	待编
		村镇生活垃圾综合处理工程项目建设标准	待编

大类	中类	工程项目建设标准名称	备注
[CZX4]基础设施建设项目	[CZX4.7]环境卫生项目	村镇垃圾填埋场生态恢复工程项目建设标准	待编
		村镇垃圾收集站建设标准	待编
		村镇垃圾转运站建设标准	待编
		村镇公共厕所建设标准	待编
		村镇环境卫生设施设置标准	待编
		农村简易卫生填埋场建设标准	待编
		村庄水系统生态保护技术规程	现行
		村庄景观环境工程技术规程 CECS 285—2011	现行
		生活垃圾收集站技术规范 CJJ 179—2012	现行
		环卫车辆停车场、清洗站建设标准	待编
		村镇环境监测站(室)建设标准	待编
		村镇气象观测站(室)建设标准	待编
		城市环境卫生设施规划规范 GB 50337—2003	现行
		环境卫生设施设置标准 CJJ 27—2012	现行
	[CZX4.8]安全设施项目	城镇综合防灾规划标准	修订
		村镇防灾规划技术规范	修订
		滑坡泥石流预报警站点建设标准	待编
		防洪抢险服务站项目建设标准	待编
		村镇消防设施建设标准	待编
		村镇建筑抗震加固工程项目建设标准	待编
		村镇基础设施抗震加固工程项目建设标准	待编
		村镇道路桥梁抗震加固工程项目建设标准	待编
		村镇建筑抗洪加固工程项目建设标准	待编
		村镇建筑抗风加固工程项目建设标准	待编
		建筑边坡工程技术规范 GB 50330—2013	现行
		地震应急避难场所场址及配套设施 GB 21734—2008	现行
		城市抗震防灾规划标准 GB 50413—2007	现行
	[CZX4.9]水利设施项目	水利基础设施建设标准	待编
		水利工程灌区建设标准	待编
		水文基础设施建设标准	现行
		村镇机井工程项目建设标准	待编
		村镇供水站项目建设标准	待编
		村镇小水电项目建设标准	待编
		村镇防洪抢险服务站项目建设标准	待编
		村镇水利抗旱服务中心项目建设标准	待编

附录 调研报告

第 1 章 目的与意义

建设社会主义新农村是我国现代化进程中的重大历史任务，是缩小城乡差距、全面建设小康社会的重要内容，是实现农村可持续发展、构建和谐社会的必然要求。我国已进入快速城镇化时期，实现城镇化和城市协调发展，对科技提出迫切需求。农村作为中国特色城镇化道路的重要组成部分，其健康发展能更好地协调资源环境冲突，促进可持续城镇化战略的实施和区域协调发展。推进社会主义新农村建设和全面建设小康社会是可持续城镇化的目的与归宿。

为统筹城乡建设发展、积极稳妥推进城镇化，需要进一步提高对村镇规划建设的综合服务能力，加强对村镇规划建设的引导和支持，保障村镇规划建设水平和发展质量。在我国面临日渐凸显的人口增长与能源、土地、水等资源环境约束和冲突的背景下，对村镇建设标准体系及关键技术标准开展的全方位研究，对支撑我国今后村镇建设健康快速发展有重要的现实意义。

村镇基础设施和公共服务设施是村镇建设的重要内容，涵盖了交通设施、农田水利设施、饮水设施、电力设施、通信设施、基础教育设施、医疗卫生设施、农村文化设施等，是村镇赖以生存发展的基本物质条件，关系到农业生产、农民生活，关系到农村社会的发展与稳定，也是推动城镇化进程的重要组成部分。《中共中央国务院关于加大统筹城乡发展力度进一步夯实农业农村发展基础的若干意见》（2010 年中央 1 号文件）明确提出了"加强农村水电路气房建设。搞好新农村建设规划引导，合理布局，完善功能，加快改变农村面貌。"

工程项目建设标准对基础设施和公共服务设施的项目选址、建设规模、建筑等级、项目构成、设备水平等做出规定，是工程项目建设前期投资决策的基本依据。改革开放三十多年以来，我国城市建设取得了巨大的成就，相应的城市建设工程项目建设标准也得到了长足发展，而现阶段我国村镇建设方兴未艾、进入快速发展时期的同时，村镇建设工程项目建设标准数量相对很少，而且缺乏对村镇经济和自然环境的针对性和适用性，不能满足村镇建设的需要，此种局面亟待改变。因此，通过研究村镇建设基础设施和公共服务设施的配置布局、村镇建设工程项目的运营模式和效果分析、村镇建设工程项目建设标准体系构建等，构建完整的村镇建设工程项目建设标准体系，覆盖各类村镇基础设施和公共服务设施，对于贯彻产业政策、引导投资方向、合理配置资源和提高投资效益具有重要作用，对提高地方政府和各行业具体工程项目的决策和科学管理水平，实现村镇生态环境保护和可持续发展具有深远意义。

另外，村镇建设工程项目建设标准体系是确保村镇基础设施和公共服务设施投资效益的重要保障。现阶段，我国村镇建设资金仍然非常有限，村镇建设工程项目建设标准体系同时涵盖了用于投资估算的主要技术经济指标、建设工期及效益评价，有利于引导资金投入到与村镇民生关系最为密切的项目中去，保障村镇建设工程项目的最佳经济和社会效益。

第 2 章　内容与方案

2.1　调研内容

为了开展村镇工程建设标准体系的研究，必须首先对目前国内村镇房屋建筑和基础设施建设情况进行调研，从调查结果分析目前我国村镇工程建设现状，指导相关村镇标准体系研究。

由于本次研究的重点是村镇工程建设标准体系，因此把调查的对象分为两大类：一是村镇房屋建筑；二是村镇基础设施建设。针对村镇房屋建筑和村镇基础设施建设情况分别进行基本现状和需求调查，并且将调查对象按不同专业进行划分，分别进行调查。其中，对村镇房屋建筑而言，分为：村镇建筑设计、村镇建筑结构和地基、村镇建筑电气、村镇建筑施工和加固、村镇建筑信息化、村镇建筑给水、村镇建筑采暖等；对村镇基础设施建设而言，分为：村镇市政给水排水、村镇环境与卫生、村镇道路桥梁、村镇燃气、村镇供热等。

调研内容主要包括：村镇房屋建筑和基础设施建设情况现状分析（包含人口情况、房屋建筑与市政设施基本情况、未来发展规划）、村镇房屋建筑和基础设施建设需求分析（包含国家或地方相关政策需求、村镇居民对房屋建筑与市政设施的需求）、村与镇建设情况差异性分析（基于上述现状和需求分析提出镇、村需求的差异性内容）等。

2.2　调研方案

2.2.1　调研思路

由于本次调研范围宽广，调查对象数量庞大，工作量较大，因此采取"由面及点，以点代面"的调研思路，即首先按照分区情况对整个地区的概况进行调查，此为"面"，然后针对该地区挑选典型村镇进行详细调研与分析，此为"点"，这种点面结合的方式兼顾了调查的可行性与结果的代表性，能够较全面地反映出我国村镇房屋建筑和基础设施建设情况现状。

2.2.2　调查方法

调查统计方法通常如下：

1. 普查：要求较高的准确性和时效性，且涉及面广。

2. 快速普查：为了某种紧急需要而进行的一种特殊形式的普查。

3. 重点调查：是在调查总体中只选择一部分单位进行调查的一种方式。所指的重点，是对现象的数量方面而言的。

4. 典型调查：是指根据调查的目的和要求，在对被调查对象进行全面分析的基础上，有意识地从中选择若干具有代表性的单位进行调查的一种方式。

5. 抽样调查：按照随机原则，在全部总体单位中抽取一部分单位进行观察，用这一部分单位的数量特征去推断总体数量特征的一种非全面调查。

综合时间、可操作性及调查目的等因素的考虑，本课题最终选择抽样调查。抽样调查的方法有很多种，按组织形式不同，可分为简单随机抽样、类型抽样、机械抽样和整群抽样四种。本课题选择的是类型抽样，主要是因为以下两点：

1. 可提高样本的代表性

由于分类时所根据的标志与所谓的现象有密切的关系，可将差别大的单位归入不同的类型，再在各类中抽取部分单位，这样得到的样本单位的分布情况，更能接近总体单位的分布情况，因而可提高样本的代表性。

2. 可降低样本的差异程度

由于进行了分类，而每类都进行了抽样调查，因此对所有的类来讲，实际上是全面调查，各类之间的差异程度不再影响抽样误差。同时，在各类中单位之间的共同性增大，差异程度缩小，对抽样误差的影响也小。

第 3 章　结果与分析

3.1　我国村镇建设现状

针对我国村镇建设现状调研主要为了解村镇规划建设的实际情况和规划建设管理中存在的主要问题，了解乡所在地及镇建设用地的管理情况以及公共服务、基础设施建设情况。通过调研，反思哪些问题可通过制订工程建设标准得以规范、改善或解决，梳理现行城乡规划标准体系中的村镇规划标准，科学建立解决实际问题和适应发展需求的村镇规划标准体系。

课题组分别对我国西北地区、西南地区、华南地区和东北地区典型村镇开展，下面给出调研结果与分析。

3.1.1　西南地区

对西南地区村镇建设需求性调研以四川省成都市下辖村镇作为重点。

1. 成都市新津县

四川省成都市新津县永商镇烽火社区位于观音寺往西 1km，辖区面积 5.4km²，辖 18 个村民小组，农户 596 户，农业人口 1684 人。2008 年以来，抓住成都全域推进统筹城乡综合配套改革的契机，依托土地综合整治项目，规划建设了布局合理、特色鲜明、用地节约、设施配套、功能完善、环境良好的新型社区，受到广大群众的认可。同时，农村燃料从烧煤、柴薪、竹子转换烧天然气，极大地改善了农民的家庭居住环境，提高生活质量，并从根本上解决固体颗粒物的低空排放，减少空气污染问题。

该社区建设伊始，力争成为新农村建设的示范典型，对总体规划高度重视，特聘请具有资质的规划设计单位进行社区建设规划，选择地质较为安全稳定的浅丘地带，依托区域

图1　规划布局体现田园之美

内背山、面塘、通风的自然条件，沿水、沿路布局，形成建筑围合水塘、水塘与建筑相映成趣的环境空间，处理好功能与品味、现代与传统、人文与自然的关系，保留了"显山、亮水、露田"的乡村田园风光，营造了生态宜居的社区环境。

该社区建设包括50栋住宅、1栋社区综合服务用房。住宅为1～4层的砖混结构，共安置596户，人均建筑面积40.17m²。住宅平面布局合理，明厅、明厨、明厕，前有小院、后有阳台，特别是结合居民生活需要、特点设计了天井、阳台和院墙等独具特色的川西风格，保留了农机具收纳空间、晾晒空间。

建筑立面的设计采用坡屋顶的传统民居形式，在建筑外观形式上融入了粉墙、黛瓦、小披檐、马头墙等具有传统民居的设计元素，建筑采用层层退台的设计手法，彰显空间层次，丰富了立面

图2　水塘与建筑相映成趣的环境空间

效果、增加了乡村民居的生活情趣，利用新建的木质景观长廊为居民提供休闲、娱乐的场地，进行民俗文化的宣传。

图3　融入粉墙、黛瓦、小披檐、马头墙传统民居的设计元素

该社区属于新建，有正规设计图纸和承建单位，是按工程建设标准体系执行的。按照农村新型社区公共服务实施社区综合配套建设，坚持道路、绿化、公厕、供电、供水、通信、垃圾、污水处理等基础设施优先配套建设。该社区路面均已硬化处理，通往社区的道路也进行了处理，并有往返公交车。社区住户水、电、气和宽带网络均入户，并采用一户一表分户计量，垃圾分类后由市政环卫统一运出，统一处理。

(a)

(b)

图 4　新建的木质景观长廊

图 5　社区宽带网络入户

图 6　社区燃气表集中设置

图 7　社区电表集中设置

图 8　社区道路、路灯

图 9　社区垃圾分类

图 10　设计、施工单位

(a)

(b)

图 11　天然气管道和计量表

2. 成都市平乐镇

平乐古镇位于成都市西南，镇域面积 77.84km²，人口 3.6 万人，建成区面积 1.49km²。平乐建镇已有 2000 多年历史，人文鼎蔚，青山层叠，竹树繁茂，山水文化旅游资源丰富。城镇绿地面积占城镇总面积 40.6% 以上。平乐古镇开发建设的定位明确，围绕"秦汉古镇－川西水乡"，始终把正确处理好历史文化古镇保护与城镇开发建设的关系放在第一位，做到保持历史原真性与资源开发利用相结合，经济社会发展与古镇历史文化遗产的保持相协调，实现历史文化资源的可持续保存和利用。

古镇领导在如何保护与如何开发上有想法，做了大量的实践工作，通过说服和动员，使古镇居民提高了古镇保护意识，所有建筑加固或改造均要有专业设计师设计，出具多个彩色效果图，进行方案比较，工作细致、慎重。同时，古镇保护所带来的特色旅游，又给古镇居民增加了经济收入，步入了良性循环的轨道。

古镇保护、开发两不误实际效果很好，古镇风貌依旧，古建筑立面修旧如旧，保护工作到位，经验值得借鉴。

(a)   (b)

图 12　古建筑融入

3. 成都市平乐镇花楸村

花楸村地处平乐镇境内，是一个历史文化资源丰富、古建筑保存完好、生态环境优美的历史文化名村，也是平乐镇最远的行政村，村内旅游资源丰富，景点众多。李家大院等古民居体现了民间能工巧匠精湛的技艺，实为川西清代古民居建筑之精品。

以李家大院为代表的古民居建筑的地址一般较偏远，交通不便，经济欠发达，随着岁月的流逝，呈自然衰败现象，居住条件没有得到改善，设施简陋，如何能有效挽救历史遗留的财富，传统村落保护发展工作是值得研究的课题。

3.1.2　西北地区

对西北地区村镇建设需求性调研以甘肃省兰州市、武威市、金昌市和白银市下辖村镇作为重点。

1. 兰州市榆中县青城镇

青城古镇被誉为"风雅之地"，位于榆中县北部的崇兰山下，距兰州 90km、白银 30km、榆中县城 54.2km，总面积 138.04km²，辖 14 村，71 个村民小组，总人口 2.12 万，耕地 1.44 万亩。这里地势南高北低，海拔 1450m，地形呈狭长地带，黄河流经北部，属典型的黄河谷地。气候温和，水源丰富。适宜种植瓜果蔬菜，尤其以盛产绿烟闻名。自古以来，经济发达，借助黄河水运，成为兰州通往北方的交通要道和商品集散地。尤其令人称道的是，这里由于古老悠长的历史而积淀

图 13　村内现况路网

的丰厚传统文化，使青城镇成为黄河上游独具特色的一块风水宝地。

青城原名为条城，据史记载为宋仁宗年间秦州刺史狄青巡边时所筑，所以叫青城，现

为甘肃兰州榆中县一个小镇，位于县城最北端的黄河南岸，距兰州 90km，距白银 25km，人口 2.26 万。历史上的青城是以水烟为主的货物集散地，水陆交通发达，北京、天津、太原等外地客商云集。泊来文化使得青城古民居既有山西大宅院风味，又有北京四合院的格式。

据统计，目前，青城有明代建筑 1 处，清代建筑 33 处，民国建筑 15 处，其中完整的四合院有 12 处。这些古建筑，其木雕、砖雕、石文化等，无不显现着中国传统文化的独特魅力。

(a)

(b)

图 14　村内现况青石板路

图 15　排水沟

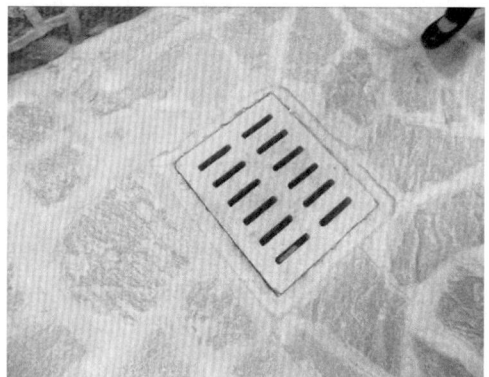

图 16　雨水口

2. 金昌市双湾镇

双湾镇位于甘肃省金昌市东郊 13km 处，总面积 1260km²，其中耕地 12.6 万亩。现辖 13 个行政村，63 个村民小组，共有 6215 户、19933 人。2013 年农民人均纯收入达 10296 元。1997 年跻身于甘肃省第一批小康镇行列，现位居全省百强乡镇前 50 位。

双湾镇交通便利，交通、能源、通信等基础设施完善，于 2002 年实现村村通公路目标。省道 212 线（河雅公路）、金武公路、下双公路、金民公路、陈金公路贯通全镇，分别与兰新铁路、国道 312 线衔接，通区、通村公路连成一体，形成东西相通、南北相连、四通八达、快捷畅通的交通运输网络。邮电通信服务网络覆盖全镇，互联网络铺设至村，电话普及率已达 95%，交通通信服务十分方便快捷。

(a)

(b)

(c)

图 17　现况道路及分隔带

以改善人居环境，实施生态富民为目的，于 1997 年起，先后完成整体规划 7 个村，3117 户，并完成了供水、供电、道路硬化、村庄绿化、沼气配套等基础设施建设；有初级中学一所，小学 12 所；中心卫生院一所，村级卫生所 13 家；镇中心文化广场一座，村级文化广场 5 座，村级文化大院 6 家；13 个行政村全部建成办公楼，阵地建设完善。农村基出设施的建设完善，为经济社会健康、持续发展搭建了良好的基础平台。

按照"彰显活力、突出现代风格"要求，定位小城镇发展方向为"产业基地带动型城镇"，规划用地 96.78 公顷，承载人口 7070～9425 人。规划工业园区、金融商业区、行政区、居民区等六个功能区。自 2002 年起，多渠道筹资 1420 万元，分年度建成人民文化广场 8497m²；改扩建小城镇道路 3.5km；新建商住楼 8 栋，共 7114m²，农贸市场 6600m²，城镇建设新颖整洁，供电、供水、排水、照明等设施配套完善，综合服务功能逐步增强。城镇管理规范有序，净化、绿化、亮化、美化水平进一步提高，城市品位不断提升，人居环境明显改善。现有双丰辣业公司、新立食品公司、宏业辣酱厂、振国农工商公司等 88 家龙头企业和农产品购销企业、个体工商户在镇区落户，经济及各项社会事业蓬勃发展，小城镇建设初具规模。

以村镇示范区建设为目标，着眼于"1 个中心镇、3 个中心村、10 个基层村"的三级城镇体系结构，修边了《双湾镇 2010-2020 总体规划》，完成了宜居功能、休闲观光、商贸流通、产业加工、文化交流、行政服务 6 个功能服务区的专项规划，配套建设了道路、排水、绿化、亮化等工程，建成了中小学教学楼、农民培训中心、华丰自然苑、小城镇道路灯；改造了陈家沟集贸市场、镇人民文化广场；完成了镇中心幼儿园、敬老院、集中供热站、关帝庙修缮和天然气入镇等工程，新建改建下双、金民、金陈、金古、天高、旧九等公路 6 条，提升了小城镇集聚功能。依托农村环境连片整治项目，积极探索并实现了"户分类、村收集、镇清运、区处理"的农村生活垃圾处理模式。

古城村位于甘肃省金昌市金川区双湾镇，东经 101°04′35″～102°43′40″，北纬 37°47′10″～39°00′30″，地处著名的河西走廊中部，属于平原戈壁地形，土壤多含沙石，绿化率较低。当地为内陆干旱气候，光照充足，降水量少，干燥多风，由于靠近腾格里沙漠与巴丹吉林沙漠交汇处，春秋两季沙尘天气频繁。

古城村现下辖七个村民小组，共有村民 603 户，2638 人，产业形式以农业为主，现有耕地八千亩，人均占有耕地近三亩，主要农作物为小麦、大麦、玉米、食葵、黑瓜子、西瓜、红辣椒等。村民收入以农产品原料销售为主，全村 2010 年村民人均收入接近 5000 元。古城村水资源匮乏，村内无流经河流，饮用与灌溉用水均为地下水，由于当地地下水矿物质含量较高，导致浇灌耕地有盐碱化趋势。境内未发现矿产资源。

3. 白银市一条山镇

一条山镇位于甘肃省景泰县中部，河西走廊东端，为丝绸之路重镇，东西宽约 7km，南北长约 20km，总面积约 160km² （城区所占面积 5.78km²），海拔 1330～1660m，属温带沙漠性气候，四季分明。年平均气温 8.2℃，平均日照为 7.5 小时，年平均降水量 184.8mm，光热资源丰富，地理位置优越。2005 年一条山镇实现生产总值 2.84 亿元，其中农业总产值 0.69 亿元，乡村企业总产值 2.15 亿元，城镇居民可支配收入 5100 元，农民人均纯收入达到 2840 元。

一条山镇区内街道纵横，排列整齐。东西向主要有振兴路、龙合路、长城路、中泉路、东西大街、人民路、大安路、黄河路、建材路等。南北向主要有车站路、705 路、条山路、建设路、南北大街等。2004 年，被评为甘肃省级文明卫生城市。

一条山镇是甘肃白银市景泰县委、县政府所在地，是全县政治、经济、文化活动中心。全镇辖 2 个行政村，7 个社区居委会，34 家省市驻景厂矿农场，总人口 92100 人。境内属山前冲积平原，地势平坦，起伏不大，坡度小，西高东低，温带沙漠型气候，四季分明。主要自然灾害有干旱、大风、霜冻、冰雹、暴雨、干热风等。近年来，一条山镇坚持打造经济发展先行镇、高效农业示范镇、环境优美宜居镇、生态休闲亮点镇、文明和谐平安镇的既定发展思路不动摇，镇域经济和各项社会事业实现了又好又快的发展。

景泰县城 1978 年由芦阳镇迁至一条山镇，1982 年编制了第一版总体规划，1987 年、2001 年、2011 年对总体规划进行了三次修编。2012 年完成的《景泰县县城总体规划（2011-2030）》，确定景泰县城市性质为甘肃省新能源和旅游影视文化基地之一，以沿黄现代高效农业、现代物流业为特色的戈壁绿洲城市，城市功能结构为"一城、三轴、六区"。规划区范围东至总五支渠，西至西六支渠，南达一条山村，北至北沙河，面积约 5439 公顷。过去三十多年，以规划作为城镇建设龙头，在操作中严格审批，杜绝未批先建、违章乱建和低标准修建，以高起点、高层次、新格局为发展方向。

一条山镇城镇化建设高速发展，得益于近十年来的几次重点工程。尤其是人民文化广场、人民公园、七〇五路、过境公路等重点项目的实施，使县城面貌发生了极大变化。2000年建成了占地面积达4.7万m²的人民文化广场和12.4万m²的人民公园；2008年建成日处理生活垃圾100t的垃圾填埋场；2012年对城区黄河中路、永泰路及长城东路进行了改造；2013年对城区建设路、黄河东路、景秀路、西南一路、条山路、广场环路进行改造；2013年建成日处理污水9000t的污水处理场和供热能力达45万m²的城区集中供热一期工程，截至2013年底，建成各类保障性住房6067套。这些项目的建成扩大了城市规模并且去增加了城市的承载能力。

4. 白银市景泰县永泰村

永泰村位于甘肃白银市景泰县城西南25km处，距兰州市135km，海拔高度2190m，现址甘肃景泰县寺滩乡，修筑于明万历三十六年（1608年），距今已有400多年的历史，是明政府为防御北方的少数民族入侵而修建。建成后即成为军事要塞。永泰城现在的行政区划为白银市景泰县寺滩乡永泰堡村。在20世纪50年代，村里有30多个姓，1300多人，到2013年9月锐减到100多人。2008年被评为"甘肃省历史文化名村"，2012年被列入中国第一批传统村落名录。因村内建有历史军事重镇——永泰古城而得名。村庄占地面积780亩，户籍人口1320人，常住人口820人。村民除一部分迁居城外3km的刘庄外，其他依旧居住于古城内。

(a)

(b)

(c)

(d)

图18　村内现况道路

古城东西 460m、南北 520m，平面呈椭圆形，城墙底宽 12m，顶部残宽 1～3m，高 12m。因城平面形似乌龟，又称龟城。城门向南开，城周有护城河，城墙外侧有瓮城 1 处、月城 3 个、马面 12 个。城墙除西北、东南有三个豁口外保存比较完整。古城历经 400 年之久，文化内涵丰富且城墙保存比较完整。村民生活用能与我国大部分北方农村的生活用能相似，家庭能源主要用于做饭、饲养和取暖，条件好的镇，集中建设楼房有集中供热和天然气入户。

历史因素造成人为性破坏。新中国成立后，在破四旧、移风易俗等一系列运动中，城内公共古建筑已被完全拆除、破坏。现存公共古迹有四周城墙 1600m、城内古街道、城北角"甘露池"旧址 1 处，在基础设施建设规划和实施过程中，需对现存古迹进行保护。

规划无序导致自然性破坏。现存十几户古民居因年代久远、无有效保护措施，已破败不堪，处于自生自灭的状态。在新农村建设中移民搬迁 42 户，部分民居房屋主题已拆除，只剩四周土院墙。因房屋陈旧无法居住，在原址上"拆旧建新"20 多户。

影视开发造成旅游性破坏。近年来，许多影视剧在龟城取景拍摄，龟城知名度有所提高。但由于无科学的保护利用规划、商业运作模式简单，给钱就建，目前城内建有教堂、衙门、酒馆、当铺、军营等用于影视拍摄的现代建筑 5 处，使得古城内建筑风格不伦不类。

城墙墙体破坏严重，需要进行抢救性保护；护城河易造成洪灾，防洪工程有待建设；永泰小学属于大木构架结构，经久失修，需要修缮；永泰城址内事务处古民居有待加固。

5. 武威市武南镇

武南镇位于素有"银武威"之美称，中国旅游标志铜奔马的故乡武威市东南部，距市区 10km，设立于 1984 年，是甘肃省最早的建制镇之一，是武威市中心城区的重要组成部分，2005 年被国家发改委确定为全国第一批发展改革试点镇、甘肃省人口大镇、交通重镇、经济强镇、财政富镇。全国首批发展改革试点小城镇、全国小城镇建设示范镇，镇域面积 84.5km²，其中镇区面积 4.3km²，辖 1 个街道办事处。

武南镇镇政府驻武南村。镇区内交通便利，兰新铁路、干武铁路、312 国道、武（威）黄（羊）公路横穿境内，武南一级公路连通市区和镇区，又将武威城区、城东工业区、武南工业区、武南镇区连成一片，形成了全市的经济开发带。

城镇建设方面，按照《武威市城市总体规划》中对武南的城市定位（交通枢纽、商贸（物流）中心、工业基地、旅游城市）及城市规划分区（东部为商贸区、南部为铁路发展区、西部为工业区、中北部为行政中心和住宅区），严格规划管理，并将城市建设项目分为经营性和非经营性两个大类，多渠道筹措建设资金，切实加大建设力度。自 1997 年以来，全镇累计完成各类城市建设项目 156 个，完成投资 3.2 亿元，仅用于城市基础设施和公用设施建设的投资就达 1.2 亿元。截至 2007 年底，镇区共建成道路 24 条 16km，硬化率达 95%，人均硬化面积 7.8m²；绿化面积 25 万 m²，绿化覆盖率达 5.8%，人均绿化面积 7.7m²；架设路灯 238 盏，安装交通标志牌 16 个；建成供水厂 2 处，铺设供水主管 15.8km；建成污水处理厂 1 座，排污主管道 13.6km；建成集中供热站 3 个，供热面积达 90 万 m²；建成供变电所 3 个，供电能力达 4 万 kV·A；建成集贸市场 2 个，现代化体育馆 1 个。

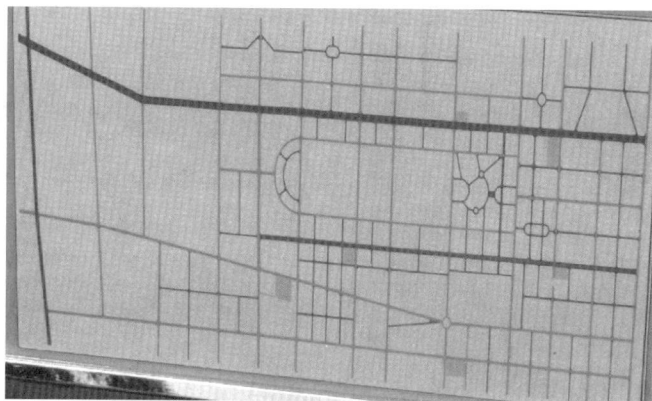

图 19 武南镇道路网规划图

(a)

(b)

图 20 现况道路及人行道

6. 高坝镇十三里村

十三里村"民乐苑"住宅小区根据凉州区"城郊城乡一体化"的要求,通过认真调研、科学论证,在充分征求群众意愿的基础上,按照"服务园区、城乡一体、科学规划、适度超前、典型示范、整体搬迁"的思路和市场化运作、社区化管理的理念,依托武威工业园区现有的基础设施进行规划建设。该小区地处园区核心规划区,位于杂木河路以东,经三路以西,纬四路以北,规划建设六层住宅楼 27 栋 936 套,总投资 1.46 亿元,并配套规划建设村委会、学校、文化休闲广场、娱乐活动中心、社区医疗卫生机构、商铺等基础设施。该小区计划在 3 年内建成,2010 年计划建设住宅楼 5 栋 204 套,搬迁入住村民 204户,到 2013 年入住农户达 90% 以上。

该小区建成后,将成为功能齐全、设施完善的生态花园式小区,彻底改变全村的居住环境和村容村貌,从根本上改善全村的人居环境,同时为工业园区项目建设节约耕地1404 亩,实现了节约用地、宅基地换房、小区式建设、社区化管理的新农村建设目标。

3.1.3 华北地区

对华北地区村镇建设需求性调研以北京市平谷区下辖村镇作为重点。

1. 平谷区金海湖镇

图 21 现况水泥路面及道路绿化

金海湖镇位于北京市平谷区东部，是北京市东北边缘镇。在《北京城市总体规划（2004 年-2020 年）》、《平谷新城规划（2005-2020）》、《平谷区金海湖镇总体规划（2006-2020）》中，金海湖镇的功能定位是平谷东部地区的经济、文化和集贸中心，是以生态观光农业、旅游休闲产业为主的生态宜居的旅游服务型城镇。

金海湖镇位于平谷区东部，是北京市东北边缘镇。东临天津蓟县，北接河北兴隆县，西与平谷南独乐河和黄松峪乡接壤，地处京、津、蓟的交汇处。距离东直门 90km，距北京机场 50km，据平谷区 13km。在其周边还有黄崖关长城、清东陵旅游景区、盘山风景区、蓟县历史文化名城及平谷区内的丫髻山组团、黄松峪地质公园组团、轩辕台－大峡谷组团等景区。

2003 年 4 月，由韩庄镇和靠山集镇合并而成为金海湖镇，全镇现有村庄 28 个：胡庄、韩庄、土门、耿井、晏庄、祖务、马屯、彰作、茅山后、小东沟、东上营、靠山集、海子、水峪、向阳村、洙水、中心村、将军关、滑子、红石门、上宅、郭家屯、罗汉石、黄草洼、上堡子、东马各庄、红石坎和黑水湾，主要分布在胡陡路、胡黄路、沟河南和金海湖周边。截至 2005 年底，平谷区辖 11 个镇，其中金海湖镇为 3 个重点镇之一。

截至 2006 年底，全镇共有常住户籍人口 12495 户，常住人口总计 30978 人。其中非农业户数 4395 户，6693 人，占总人口的 21.6%；农业户数 8100 户，农业人口 24285 人，

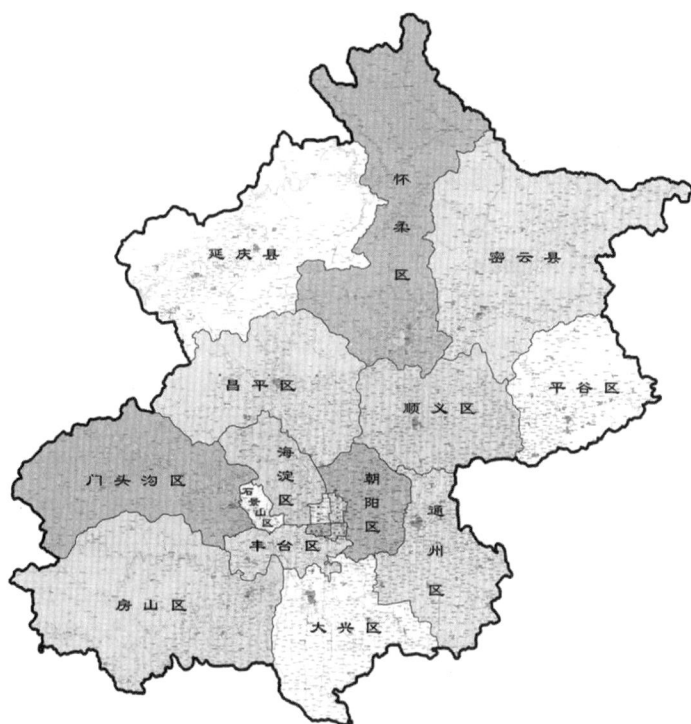

北京市市域面积16410km², 其中山区占61.4%,
平原占38.6%。全市下辖16个区、2个县。

图 22 平谷区地理位置示意图

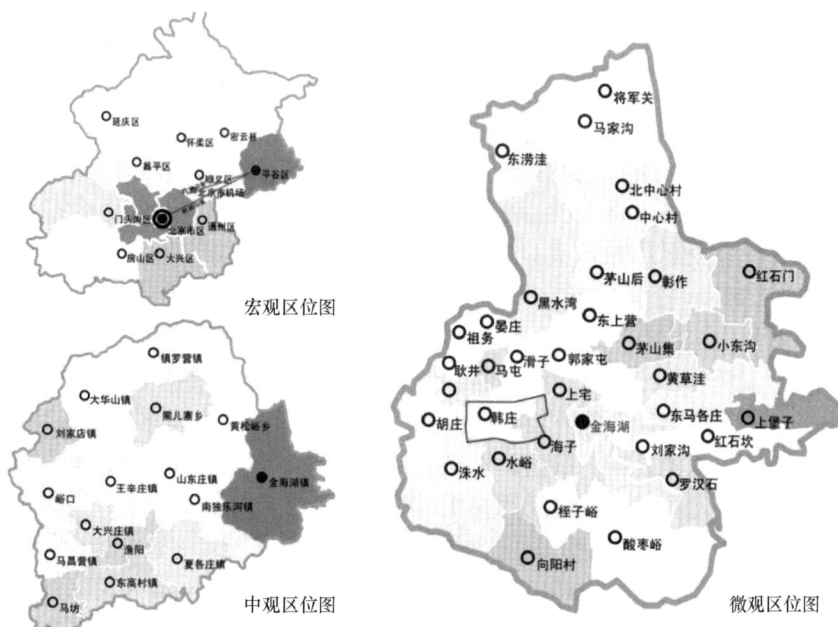

图 23 金海湖镇区位分析图

占总人口的 78.4%。随着经济发展，外来常驻人口逐年上升。劳动力构成上，全镇有劳动力 18772 人，从事一产的有 8241 人，占 43.9%；从事二产的有 5531 人，占 29.5%；从事三产的有 5000 人，26.6%。从产业构成情况可看出，从业人员一产明显高出二、三产。因此，今后应通过产业发展的战略性调整来创造大量的就业岗位，以促进剩余劳动力向非农产业转移，推动金海湖镇的城镇化进程。从人口的年龄构成来看，65 岁以上人口 4320 人，占全镇总人口的 14%，金海湖镇人口已出现人口老龄化现象。

平谷地层属华北地层区，燕山山脉的西缘，地层发育不全，太古界变质岩系有零星分布，其上缺失更新地层，只有平原山前地带为第四系松散沉积物所覆盖，部分地区发育有花岗岩和十性火山喷出岩，大地构造处于燕山沉降带中心地段。蓟县凹陷的一个小区——平谷稳定褶皱区，自元古代末期上升成陆地，后经地壳运动形成平缓褶皱。构造地段地质构造处祁吕——贺兰山字型构造体系东翼构成带及新华夏构造的交接部位，构造体系复杂。中元古界沉积岩构成平谷县山脉，主体长城系地层分布于北部山区，由北向南依次为常州沟组长石、石英砂岩、串岭沟组页岩、团山子组泥质硅质岩、大红峪组火山岩、高于庄组板状白云岩、含锰白云岩和燧石条带白云岩。此层位有金矿硅石、矿锰矿石、灰石矿等多处矿点分布。

金海湖镇位于平谷盆地的东部，深山、低山、浅谷和平原占三分之一，海拔在 64～945m 之间，镇北山峦重叠，沟谷交错，东西山峦间是将军关石河的谷地，其贯穿南北，地势平坦，海拔 102～250m。最高的大金山位于镇北，海拔 945m。海拔 150～800m 的低山区有 80km^2，分布于北东南部，以片麻岩、硅质白云岩、碎硝岩、碳酸盐岩类构成的单面山、馒头山为主，是林果的发展基地。岗台阶地分布于山前，呈环带状，由南独乐河延伸到韩庄北部，转向南，大部分地区已成平坦的块状阶地，为果园分布带，在镇域东部和北部，有多处天然隘口，这些隘口是由北方进入平谷进而出入华北平原的天然关隘，其中将军关是万里长城北京段东端第一关，自古以来一直是兵家必争之地彰。作里关是通往兴隆的又一隘口。

金海湖镇长度 2000m 以上的沟谷有 11 条，其中黑水湾沟长 4120m，小东沟沟长 4500m。将军关沟谷贯穿南北，这些谷内有奇峰怪石，泉水潺潺，山深林密，野趣盎然。北京境内流量大于 100L/s 的 15 个泉，金海湖镇就占了两个，一个是将军关泉，流量 100L/s；另一个是靠山集小东沟老泉，位于小东沟山口处，属于长城系白云岩，泉水常年不断，流量 103L/s，日涌水量为 95m^3，矿化度 0.22g/L，水温 11.5℃，可用于水质开发及娱乐。黄草洼泉泉水从沟底与坡脚的多处裂隙中流出，向沟内汇成溪流，溢流量受季节变化影响，日流量 4000～20000t 以上，一般年份不断流水质为重碳酸钙镁型，水温 13℃。镇内还有溶洞与暗河，如靠山集西的天门洞，在彰作村村西名为摩驼山的山腹中，探暗河长达 1500m，探测表明，洞内的石花、钟乳石和石笋全部处在活跃期。中国矿业大学专家鉴定，暗沟及溶洞的形成时间约在 15 亿年左右。

沿东北镇界是古长城，绵延不断保存较完整，这段长城大多构筑在高山峻岭悬崖陡壁上，镇东南就是三面环山的金海湖，金海湖水库距平谷区东 18km 海子村附近的泃河干流上。1960 年 10 月建成，1968 年、1974～1982 年进行续建和扩建。总库容 1.21 亿 m^3，控制流域面积 443km^2，是北京市的 4 座大型水库之一，建有主坝、南副坝、溢洪道和两座非常溢洪道。主坝为黏土斜墙坝，最大坝高 40.5m，坝顶长 413m。由于镇将军关西的金山产黄金，故水库称金海湖。1985 年取名金海公园，库南有锯齿山，附近还有盘山、湖洞水等景点。

沟河，境内最大主干流河，干流为 2 级，流经镇域内只有 6km。沟河发源于河北兴隆县青灰岭南麓，南流天津市蓟县北部黄崖关，经罗庄子急转向西，在泥河村附近入金海湖镇，倚山西流，在镇域内沿途有将军关石河土门石河、黑水湾石河等季节性河汇入沟河流域。阵雨量较多，是北京市暴雨区之一，汛期洪水量大，河底纵坡 0.7‰。历年平均流量 11L/s，最大洪水量 2000L/s（1958 年）。海子水库、黄松峪水库建成后，最大洪水量 500L/s（1978 年）。沟河多年平均水量为 1.39 亿 m^3，水质良好，将军关至韩庄段为二级，韩庄染料厂至张辛庄段为三级，平均输沙量 4.41kg/s，年输沙总量 13.9 万 t；浸蚀模数 72.7t/m^2。

2006 年金海湖镇国内生产总值 11137 万元，其中第一产业为 3600 万元，第二产业为 3037 万元，第三产业为 4500 万元，占国内生产总值的比率分别为 32.3、27.3、40.4，人均纯收入达到 6658 元。一产：主要依托旅游发展，现有金海湖镇万亩大枣、万亩大桃等几个大的观光采摘园。二产：全镇有乡镇企业近 56 家，包括铸造、机加、工美、制箱、服装、印刷、电镀、塑料等行业，门类不少，整体实力和竞争力明显不强。三产：镇域具有丰富的旅游资源，旅游业以金海湖旅游区为主，还开展集旅游、观光、采摘于一体的观光农业基础，目前年游客达 60 万，旅游收入 4000 万的水平。

2. 金海湖镇洙水村

洙水村村域面积 8.36km^2，现有耕地 2897 亩。全村共有 800 多户，3000 口人，有劳动力 1700 人。主导产业是果树种植。村庄就建在沟河南岸，村南有山，山川相连。村北有平原，洙水村庄位于山水之间。村庄现有东西走向三条主街（北街、中街、南街），有南北走向两条路（东路、西路），有围绕村四周的环村路与三街两路相连通。地势是东高西低，南高北低。

3. 金海湖镇海子村

海子村坐落于北京市平谷区金海湖镇，紧邻金海湖景区，水资源非常丰富，

图 24　穿村道路（沥青路面）

截至 2009 年，全村有 430 户，1340 人。2003 年被评为市级民俗村，有市级民俗户 28 户。该村农民收入以民俗旅游接待业为主，2008 年，农村经济总收入 3594.09 万元，农民人均纯收入 3430 元，其中：种植业收入 746.14 万元，占总收入的 8.56%；畜牧业收入 731.38 万元，占总收入的 9.93%；第二产业和第三产业收入 1632 万元，占总收入的 80.61%；工资性收入 69.8 万元，占总收入的 0.86%。全村常年外出务工人数 677 人（占劳动力的 13.19%），在省内务工 647 人，到省外务工 30 人。外出务工收入 62.99 万元。

3.1.4　华南地区

对华南地区村镇建设需求性调研以广东省佛山市、开平市、中山市下辖村镇作为

(a)　　　　　　　　　　　　　　(b)

图 25　村内道路（水泥路面）

(a)　　　　　　　　　　　　　　(b)

(c)　　　　　　　　　　　　　　(d)

图 26　村内主路和支路

重点。

1. 佛山市南海区陈村镇仙涌村

　　陈村镇位于广州、禅城、顺德、番禺、南海五地交会处，素有"中国花卉第一镇"、"千年花乡"的美誉，自古就是商贾云集之地，历史上曾与广州、佛山、东莞石龙镇合称

"广东四大名镇"，是《三字经》作者区适子、清代作家黎简和现代雕塑艺术家梁明诚的故乡。陈村区域面积 50.7km²，常住人口 15.4 万人，下辖 7 个村委会和 8 个居委会。2013 年实现本地生产总值 129.95 亿元；工业总产值 310.29 亿元；全社会固定资产投资 52.5 亿元；财政收入 6.97 亿元；税收收入 17.85 亿元；全镇居民储蓄余额 130.15 亿元。近年来，还获"世界盆景赏石园艺博览之都"、"中国花木之乡"、"中国机械装备工贸名镇"、"中国花卉之都"、"中华花卉美食名镇"、"国家级生态乡镇"等荣耀称号。

陈村镇地理位置优越，紧连广珠西线高速、广珠城际轨道，佛山一环、佛陈路快速化改造工程建成通车，广明高速、佛陈路东延线、魁奇路东延线、华阳路正在施工，规划建设的佛山地铁 2 号线、广州地铁 7 号线、广佛环线等重要交通设施贯穿境内。

陈村是"中国机械装备工贸名镇"、"广东省技术创新专业镇（机械装备业）"，涌现出一大批发展速度快、科技含量高、创新能力强的企业，目前拥有世界 500 强企业 2 家，产值超亿元企业 36 家。陈村的第三产业以商贸、物流、会展、文化旅游、总部经济为特色，未来将重点扶持发展高端商贸物流业，引进企业总部、高档商务写字楼、新型城市商业综合服务体等城市服务新业态，并积极为企业争取各种优惠政策。陈村的会展经济蓬勃发展，已成功举办首届广东（佛山）安全食用农产品博览会、中国国际植物展览会等一系列国家级和国际性的大型展会。陈村优越的投资环境，吸引了顺联温德姆酒店、四季酒店、骏杰花园酒店、新君悦酒店二期等五星级标准酒店的争相进驻。陈村花卉世界作为全球性花卉交易平台，汇聚了一大批国内外知名花商，2012 年成功申报国家 4A 级旅游景区。全国驰名的陈村花市已成功举办 30 届，吸引中外游客 48 万人次，销售额达 15 亿元。

陈村既有"千年花乡"的风情，又有现代城市的气派。近年来，高起点修编城市发展规划、经济与产业发展规划、花卉世界发展规划，主动对接广佛都市圈、融入珠三角。以新城区、新商圈为"双核"，以佛陈路、白陈路为"双轴"，逐步建立主体功能明晰、布局合理的城市格局。新城区总规划面积 2150 亩，重点发展总部经济、时尚休闲、旅游餐饮和商贸流通等行业。万科缤纷四季花园、顺峰山庄等高端生活性服务业项目相继进驻落成，陈村总商会大厦亦奠基建设。中轴线水系公园等公共活动场所正不断完善，着力打造环境优美、配套完善的新型生态滨水商贸居住中心。新商圈紧邻广州南站，总面积约 1050 亩，太平洋城市综合体、聚福山庄等项目建设如火如荼，将打造珠三角高端商务活动聚集地。随着珠三角一体化、广佛同城化步伐的不断加快，一个宜商宜居、生态优美的广佛都市圈城央花园加速崛起。

仙涌村地处广东省佛山市顺德区陈村镇中部偏东，距镇 4.5km，全村现有人口 6300 多人，1700 多户，全村面积 5.2km²，文登公路及花卉大道贯穿境内，东接白陈，西通佛陈公路。

辖下大涌、宇宙、大南、北兴、心南、旺沙 6 个村民小组。村的工农业保持可持续发展，村民以从事花卉桔果种植为主，取得较好的经济效益，生活水平不断提高。

2. 开平市唐口镇水边村

唐口镇位于广东省开平市中部，镇域面积 72.15km²，距市区 9km，东与长沙街连接，南与赤坎镇、百合镇相邻，北接马岗、沙塘镇，西与恩平市沙湖镇接壤。2003 年 10 月通车的开（平）阳（光）高速公路横跨全镇 5 个村委会，并在升平村有出口，往广州不到 70min 车程。东距国家一级口岸三埠港 12km。地理位置优越，交通运输便利。塘口镇经济水平处于开平市中下游，以旅游业为主，是世界文化遗产地之一。该镇由 15 个村委会和 1 个居委会组成，共 188 个自然村，全镇道路基本已经水泥化（含两条主干道），镇内道路按城市道路标准施做，村委会之间的联络线采用公路标准。乡镇以上纳入到政府支持建设的村道需经专门设计，其他按经验自行设计。乡道以下的道路建设投资获取采用两

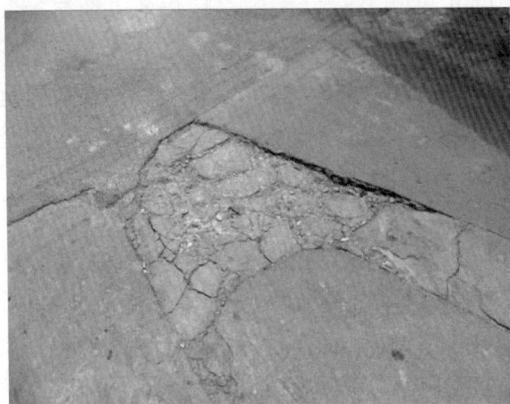

图 27 现况混凝土路面破损

图 28 现况河涌水质污染

(a)

(b)

图 29 村内主路（沥青路面）

(a)

(b)

图 30 村内主路外侧人行道

(a)

(b)

图 31　村内混凝土路面

(a)

(b)

图 32　花岗岩路缘石

(a)

(b)

图 33　交通标志标线

种方案（仅路面），一种是政府与村庄各投资 50％，另一种是政府拨款按 20 万/km 进行补贴（路宽需大于 3.5m）。村道一般采用 20cmC25 商品混凝土铺筑，若非商混，需对强度进行分析，符合要求后方可使用，强度分析由市政府相关主管部门组织进行。路基采用石渣或石粉进行处理。道路建设过程中村民参与监理。道路建成后 1 年内由施工单位养护，1 年后委托养护站进行养护。

图 34　雨水入河涌

图 35　村内公园

2012 年末，塘口镇行政管理范围下辖南屏、以敬、潭溪、北义、仲和、裡村、宅群、强亚、三社、升平、四九、卫星、冈陵、魁草、龙和和水边 16 个村委会，以及四九、塘口 2 个居委会（社区）。塘口镇有华侨、港澳台同胞 4 万多人，分布在世界 58 个国家和地区，是著名的"华侨之乡"、"碉楼之乡"和"曲艺之乡"。2011 年，地方财政预算一般收入 959 万元，完成年度计划的 102.24％，同比增长 10.48％；固定资产投资 7840 万元，完成年度计划的 100.26％，同比增长 8.28％；规模上工业增加值 5838 万元，完成年度计划的 101.48％，同比增长 28.7％；利用投资 3007.43 万元，完成年度计划的 101.6％，同比增长 15.35％；外贸出口总值 98 万美元，完成年计划的 105.38％，同比增长 11.36％。总体上来说，经济发展的步伐平稳向前。

水边村位于开平市塘口镇东部，人口 1720 人，旅外华侨约 1800 人，耕地面积 818 多亩，是塘口镇人民政府所在地。下辖14条自然村：居由、中古、中一、中二、北一、北二、上松、南安、中巷、楼前、东新、永安、长安、同安。近年来，塘口镇利用水边毗邻325国道和市区的优势，大力在此发展工业和开发别墅小区，发展前景欣欣向荣。

(a)

(b)

图36　村内道路

(a)

(b)

图37　村庄连通道路

(a)

(b)

图38　排水设施

3. 中山市古镇

古镇镇位于广东省中山市西北边缘，是中山、江门、佛山三市的交汇处，为珠江三角洲的交通枢纽之一，距广州80多公里，乘船到港澳约75min。全镇总面积47.8km²，由古镇、曹步、海洲三大片组成，下辖 12 个行政村，1 个居委会，常住人口约 6.8 万人，外来人口约 10 万人。

　　古镇镇按照"工业立镇，工农商并举"的经济发展方针，经过二十多年的艰苦奋斗，逐步从单一的农业经济转变为以工业为主，区域性特色经济明显的工业城镇。古镇镇区域经济特色十分明显，"灯饰电器千万种，花卉苗木全国种"是其真实写照。个体、私营经济十分活跃，占全镇经济总量的 95% 以上，现有灯饰灯具、塑料机械加工、建筑装饰材料、五金制锁、化工涂料等几大行业。灯饰业是古镇镇的工业龙头，也是古镇镇的经济支柱。从 1982 年发展至今，经过二十年的引导、扶持，古镇镇已先后发展成为国内最大的灯饰专业生产基地和批发市场。全镇已登记注册的灯饰厂企共 4000 多家，从业人员 6 万多人，形成了约 7 公里的"灯饰一条街"，共有灯饰铺位 1000 余家，蓬勃发展的灯饰产业为古镇镇赢得了"中国灯饰之都"的美誉。其产品畅销全国，在全国同行业市场中的份额约 60%，还大量出口到港澳台地区、东南亚、日本、美国及欧洲各国等 99 个国家和地区，享有较高的知名度和美誉度。1999 年、2002 年、2004 年、2005 年及 2006 年，古镇镇成功举办了五届国内最大的专业灯饰博览会，取得了良好的经济效益和社会效益，为灯饰行业的长远发展奠定了良好的基础。灯饰业的快速发展，带动了五金制品、塑料加工、饮食等相关行业的发展。1998 年，现任中共中央政治局常委，时任中共中央政治局委员、广东省委书记李长春同志视察古镇时称："古镇把一个小商品办成了大市场。"

　　在建设过程中，古镇镇获得众多的荣誉：1992 年获广东省首批工业卫星镇；1994 年，获了全国党员电化教育先进镇；1995 年获首届全国投资环境百强镇；1998 年，荣获广东省乡镇企业百强镇、南粤尊师重教先进单位、广东省国际灯饰城；1999 年初，被定为广东省十大农业现代化示范区之一、广东省文明村镇称号、国家卫生镇；2000 年，被授予"广东省体育先进镇"、"全国造林绿化百佳镇"等光荣称号，同时被定为广东省首批专业镇技术创新试点单位；2002 年获国家轻工业联合会授予"中国灯饰之都"的荣誉称号；2004 年获"广东省教育强镇"称号，2005 年获全国文明村镇称号。

　　多年来，古镇镇积极实施"小城镇、大战略"的工作方针，不断深化"城市经济"理念，以欧陆风格、岭南特色作为城镇建设的总体定位，坚持"不求所有，但求所在"、"不求其大，但求其精"的城镇建设思路，树立精品意识，主动接受中等城市的辐射和带动，吸引、拉动半径 30～50km 范围内的人流、物流、资金流的聚集。不断加大城镇建设的投入力度，加快中心区的规划建设，先后完成了国贸大酒店、灯饰广场、政府办公楼、各村房地产等一大批重点工程的规划建设以及 331.8m 高的"世纪灯王"建设项目的奠基，大大提升了城镇的综合竞争力和吸引力。同时，不断扩大绿化面积，全镇主要干道种大树、村村种大树，全镇面貌焕然一新，初步形成了"白天见绿色大树，晚上见夜色灯光"的"生态型古镇"、"光亮古镇"。

　　古镇镇坚持利益向下原则，大力发展村级集体经济，初步实现了镇村协调发展。在 20 世纪 90 年代初，古镇镇就开始实行能人治村，选拔私营企业主担任农村两委主要领导。全镇 12 个行政村的支部书记、村主任都是企业主。这些经济能人，不但德、能、威望俱全，而且有较强的奉献精神，在他们的带领下，村级班子的战斗力明显提高，村级经济实力不断增强。以租赁业为主的村级集体经济稳步增长，至 2010 年底古一、古二、古三、古四、六坊、冈东等村年集体收入人均已超 1 万元。农村大局稳定，人民安居乐业。

(a)

(b)

(c)

(d)

图 39　镇内街景

(a)

(b)

图 40　镇内道路绿化

(a)

(b)

(c)

图 41　道路基础设施

3.2 我国村镇建设情况分析

3.2.1 村镇规划

除了近年来的新建部分村庄有整体规划外，其他多为自由发展，缺少整体规划或规划不能较好执行，多造成土地利用率低、建设无序等情况，自由建设多是围绕房屋建设的个人家庭行为，对整个村庄的整体布局、空间结构、未来发展、产业结构、公共配套等考虑较少，发展缺少整体性与可持续性。

目前，我国村镇规划中存在如下问题：（1）城镇化发展水平不同，村镇经济社会发展存在着巨大的地区差异；（2）建制镇与村庄规划建设也存在着巨大的差异；土地资源的利用不够节约集约，存在着破坏生态环境、侵占基本农田的现象；（3）镇（乡）供水、道路、燃气、供热、信息网络等基础设施建设水平以及教育、医疗、文化、社区（含农村社区）等公共服务设施建设水平与城市相比差距较大；（4）村镇垃圾管理与污水排放等环境卫生问题有待进一步得到重视，人居环境有待进一步改善；（5）村镇规划建设对历史文化资源的保护与利用、地域特色与传统风貌延续与塑造等问题的认识有待提高；（6）规划工作滞后，缺乏控制引导，导致功能定位不明确、发展思路不清晰、建设重点不突出，村镇建设存在着较大的盲目性和随意性。

总之，小城镇的服务功能、辐射带动功能、吸引落户就地城镇化等功能尚未能充分发挥，还不能适应国家新型城镇化发展的需求；建设社会主义新农村，让农民生活在幸福美好的家园，仍有漫长的路要走。我国新型城镇化规划以及上述问题，都对村镇规划标准化工作提出了更高的要求和挑战。

针对上述主要问题反思村镇规划标准：（1）建制镇与村庄规划标准分开设置是正确的，可降低编制难度、提高针对性；（2）标准制订应加强调查研究，针对差异分类指导，提高可操作性；（3）补充传统村落保护的相关标准；（4）采取有效措施，推动在编标准工作进度、提高文件质量；目前，村镇规划在编的标准中，很多项目是2004年、2006年立项制订的，但至今未能完成编制工作；（5）有些标准编制或颁布时机确实不成熟，建议采用技术导则或指引、指南等方式先行推出，指导或引导村镇规划、建设和管理。

目前，现行村镇规划国家标准、行业标准共计7项，制订中的标准15项；现行城乡规划标准体系中设置的村镇类规划标准基本涵盖了镇规划、村庄规划各个层级、各相关专业的主要技术内容，但对传统村落保护规划的规定是缺失的，而且编制工作总体进展十分缓慢，远无法适应村镇规划发展、规范城镇建设与管理行为、引导村镇健康发展的实际需求。

3.2.2 村镇房屋建筑

1. 村镇建筑设计

通过调研不难看出，目前我国村镇建设存在两大类型：一种是以镇为核心的建设，另一种是以村为核心的建设。这两种建设存在较大的差异性。

以镇为核心的建设目前基本上是依据现有的我国工程建设标准体系来建造的，在设计和施工方面都基本遵循着现行的规范进行，与城市建设一样。但是以村为核心的建设，则存在较大的差异性。如前面所说的经济问题、技术问题、监管问题、规范问题、安全问题等，与镇的建设不同。大多数村的民宅是以个人为单位进行的，没有设计人员、建管人员的参与，造成众多隐患。

因此在大量调研分析后，课题组研究认为，村镇建筑设计标准体系在基础标准、通用标准上与现行标准体系一致，但是在专用标准上，把镇和村进行分离，把针对村建设的建筑设计标准纳入到体系中去，形成完成的村镇建筑设计标准体系。

具体体现在绿色农房设计、夯土建筑设计、村公共仓储用房设计、种植大棚用房设计、传统建筑改造技术规程、传统民居修缮技术规程、农村火炕系统通用技术规程、被动式农村住宅技术规程和农村居住建筑性能评价标准等方面。

同时，我国村镇建设的量大面广，存在的问题较多，对村镇标准的需求迫切，尤其是有针对村镇建设的标准规范，真正能指导村镇建设人员进行村镇建设。结合分析，我们可以看到目前村镇建设对标准体系的需求主要有以下几方面：

（1）村镇建设标准应便于执行

经过实地调研，课题组注意到村庄建设中标准执行情况较差，而对于为什么现有标准不能执行的原因进一步调查，对于村镇建设过程中存在的主要问题进行分析，可见居民认为最大的问题来自于可操作性难度大，占到调研居民的近85％。其次调查中显示，超过70％的居民认为现有标准与村镇建设不相适应，近50％的居民认为技术内容表述抽象。因此村镇建设标准体系应便于大家执行。

（2）村镇建筑设计标准语言应简明

图文并茂的标准更能得到实施，主要原因是村庄房屋建设者多为村民或自己组织施工队，其相对文化不高，专业知识欠缺，因此在相关标准的制订时需考虑参与主体的特征，标准规范等宜通俗易懂，将专业化语言转换为图示图例，便于理解。

（3）经济性要好

居民对标准实施效果侧重点调研发现，更多的在意建筑的经济性质与工程质量，这与主要受乡村经济发展水平及居民生活需求层次决定；对房屋功能与使用为正常要求，而普遍缺少科技创新愿望及环境意识，基本要求是经济、坚固、实用原则。

（4）对村庄建设标准调研显示，目前工程建设相关标准体系欠完善

缺少现有村庄建设适应的标准。已有标准多适用于城镇建设，而村庄工程建设具有监管少、资金紧缺、施工人员专业程度较低等特征，现有标准相对较高，对村庄建设不适用，操作难度大。标准的执行较难，由于建设参与者为村民或村内施工队，专业及文化程度较低，对标准规范的认识较少，对专业术语及标准理解难度较大；此外，缺少标准执行及检查部门，无法保证标准在建设、设计、施工、监管等环节中落实。

我国村镇建筑设计现存问题如下：

（1）村庄建设缺少规划引导

除了近年来的新建部分村庄有整体规划外，其他多为自由发展，缺少整体规划或规划不能较好执行，多造成土地利用率低、建设无序等情况，自由建设多是围绕房屋建设的个人家庭行为，对整个村庄的整体布局、空间结构、未来发展、产业结构、公共配套等考虑较少，发展缺少整体性与可持续性。

（2）设计及建设过程中专业人员参与度较低

在调研中发现，专业设计、施工人员参与的项目主要为公共建筑，包括小学、幼儿园、办公楼等。因土地、资金、技术等因素，住宅多为用户自己建设或由村中施工队建设，专业人员的缺失造成较大问题，如房屋穿套，布局不合理，使用不方便，材料使用不

当或不经济，建设质量较差，存在安全隐患或后期屋顶漏水、维修频繁，使用材料或建设方法对环境产生污染等。

（3）建设实施中监管力量薄弱

多数村庄建设为无监管或监管部门不明确，责任方模糊。造成乡村无秩序建设，土地使用缺少约束，对农田破坏，资源浪费现象，同时因没有适当的监管及工程验收环节，房屋建设质量无法得到保证、存在安全隐患等情况。

（4）房屋安全隐患

安全是农村住房调研中发现的较大问题，一是房屋结构上，对结构及抗震认识不够、施工不当造成房屋倒塌危险；其次是材料使用不当带来的火灾隐患；另外居民生活管线缺少标准规范，使用电源接线板，导线绝缘层容易长期磨损而造成漏电伤人事故。

（5）配套设施欠缺

通过实地选点调查和问卷调查统计显示，目前大多农村居民点的配套基础设施有了较大水平的提高，如电信、电视、通信等配套与城市的差距逐渐缩小，但仍有些配套设施不能满足村民的生活需要，如村庄公共广场、活动中心等配套被忽略，主要原因为：一是大部分村庄是长期自然发展形成，以家庭住房为单元的建设主要关注私人性，对公用部分重视不够；二是资金方面，由于资金相对紧缺大多"非必要"部分的建设被缩减或忽略。

（6）技术落后

技术含量较低，农村建设及配套设施多沿用较老的传统，许多配套缺失如垃圾回收、污水处理不当等，在建设中存在环境污染、资源低效利用情况；对新技术的利用如雨水排放回收、太阳能等技术的使用普遍较低，不符合节能环保的要求，无论是从建筑材料、形式上，还是保温构造、节能措施上，村镇住宅都存在较大的问题，亟需进行改善。

这些问题的根源是建设规范体系的不健全。大量农村的民房建设依然是传统的方式，没有响应的技术支持和监管，造成灾难发生时，民宅损失严重，危机安全。

2. 村镇建筑结构

我国村镇建筑的结构类型与当地的经济发展状况、民俗与传统习惯密切相关，房屋的结构形式和建筑风格表现出明显的地域特点。目前我国大多数农村建筑仍为传统的土木砖石类结构，近年来随着经济发展和小城镇化的推进，吸收和学习了一些城镇建筑的结构形式，乡镇和经济发达的东南沿海地区农村中已建有相当数量的现代砖混和框架结构建筑。

从全国村镇建设的总体情况看，除移民建镇、整体搬迁外，村镇建筑仍以农民自主建设为主，随意性很强，同时在又具有趋同性的特点。

村镇建筑按照承重材料的不同，可划分为以下几种主要的结构类型：砖（砌体）房屋、生土墙体承重房屋、木构架承重房屋、石结构房屋和混合承重房屋（木构架与墙体混合承重、不同材料墙体混合承重）。近年南方村镇有较多新建的砖（砌块）墙与钢筋混凝土柱共同承重房屋等。

我国地域辽阔，气候和地理环境多样，村镇建筑的结构形式和建筑特点与所在地区的地理环境、自然资源条件等密切相关，因此，对村镇建筑结构现状的调研可按不同区域进行适当划分，各区域以当地有代表性的结构形式为重点调研对象，同时兼顾其他结构形式房屋的现状。

村镇防灾包含两个范畴的内容，一是村镇的防灾规划；二是单体建筑的防灾能力。不同灾种自然灾害（地震、台风、洪水）的发生和灾害程度有明显的地域性特点，火灾的发生和蔓延则与建筑材料的选用和房屋分布情况相关。

地震灾害的防御以国家标准《中国地震动参数图》为参照，对高烈度区重点调研了村镇建筑的抗震能力现状。沿海的台风多发地区着重调研了村镇建筑的防台风能力现状。江河流域的分洪区、蓄滞洪区及历史上洪灾多发地区着重调研了村镇建筑的防洪能力现状。

我国村镇房屋所采用的结构类型，根据其承重材料的不同，可分为以下几种结构类型：

1. 生土墙体承重房屋

屋盖重量等荷载由生土墙体承担，主要包括以下几种类型：

（1）土坯墙房屋。用土坯块材作为墙体砌筑材料，黏土泥浆砌筑。屋架、梁搁置在纵墙上，檩条搁置在横墙或屋架、梁上。

（2）夯土墙房屋（俗称干打垒或板打墙）。将半干半湿加有掺料的黏性土放在木夹板之间，逐层分段夯实而成，每层厚度（夯实后）一般在 20cm 左右。按各地习惯做法不同，掺有不同比例的石灰粉、贝壳灰、砂、卵石、碎砖瓦块或炉灰渣等，以提高其强度。纵墙搁梁，硬山搁檩。

图 42　甘肃永泰古城土坯墙体承重房屋

图 43　云南大姚夯土墙体承重房屋

（3）土窑洞。主要有土拱窑和崖窑两类。土拱窑多用夯土墙或天然稳固的土崖体做拱脚，用土坯等顶砌成拱；崖窑通常是在黄土崖内挖成窑洞。土窑洞多见于我国西北黄土高原地区。

图 44　陕西拱窑房屋

图 45　陕西崖窑房屋

图46　江西九江下砖上土坯墙承重房屋

2.砖土、石土混合承重房屋

（1）下砖上土。房屋墙体下部为1m左右的砖墙，上部墙体用土坯砌筑，屋盖重量由砖土混合墙体承担。

（2）下石上土。房屋墙体下部为1m左右的石墙，上部墙体用土坯墙或夯土墙，屋盖重量由石土混合墙体承担。

（3）砖柱土墙。屋架由纵墙的砖柱与土墙支撑，硬山搁檩，屋盖重量由砖柱与山墙承担。

图47　浙江文成下石上夯土墙承重房屋

图48　内蒙古砖柱土坯墙承重房屋

（4）砖纵墙土山墙、砖外墙土内横墙、砖外山墙土纵横墙。屋盖重量由不同材料砌筑的墙体承担。

(a)

(b)

(c)

图49　土山墙承重房屋、砖外墙土内横墙承重房屋、砖外山墙土纵横墙承重房屋

3. 木构架承重房屋

屋盖重量等荷载由木柱及其与屋盖构件形成的木构架承担。根据木构架的结构形式不同可分为：

（1）穿斗木构架。每榀构架有 3~5 根（多者有 7~9 根）木柱，木柱顶部、中部由穿枋连接，构架上部的短立柱也用穿枋连接，较为牢固，横向整体性较好。房屋纵向各榀木构架间，屋顶处由两端做成燕尾榫的檩条连接，木构架横梁处有棚楞（龙骨）搭接或对接连接。横向刚度较大，纵向连接好的可形成空间构架。多为一、二层，也可做到三层，民宅和教学、办公等公用房屋均有采用。民宅多用土坯围护墙，公用房屋则土坯和砖围护墙两者都有。这种结构形式主要分布在我国西南地区。

（2）木柱木屋架。木柱承重，屋架为三角形。木柱与屋架用穿榫连接，屋架节点处放置檩条，檩条上做屋面，土坯、外砖内土坯或砖围护墙。这种结构形式的房屋可以比较空旷、高大一些，可做到两层，全国各地均有采用。

（3）木柱木梁

木柱木梁分为以下两种：

平顶木构架（又称门式木构架）。柱细梁粗，木柱砌入土坯或外砖里土坯墙中，木柱与大梁之间由暗榫连接，无斜撑或其他连接措施，木柱与墙体间也无任何拉结措施。房屋矮小，仅做到一层。

老式坡顶木构架（又称小式木构架）。大梁较粗，梁上立不同高度的瓜柱（小短柱），瓜柱上放檩条，檩条上做屋面，形成坡屋顶。多用土坯围护墙，房屋较矮小，一般只做到一层。

木构架与生土墙混合承重房屋。这类房屋在我国贫困地区农村多有采用，房屋的两端山墙与房屋纵向中部的木构架共同承重，即山墙为硬山搁檩。云南大姚地震灾区现场调查发现这类房屋在农村占大多数，当地群众称其为"灯笼架"房屋。新疆巴楚地震中也发现有这类房屋破坏或倒塌。

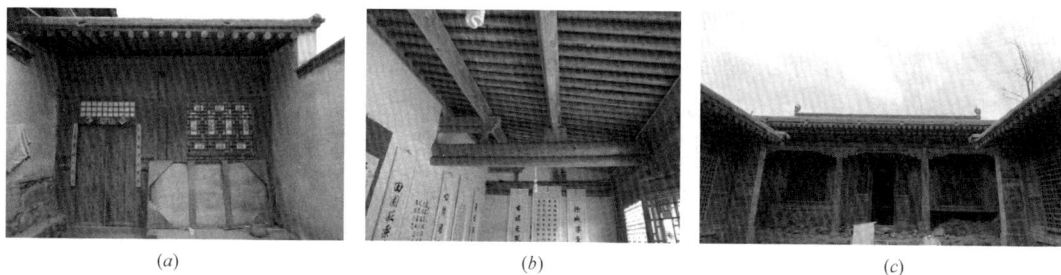

(a)　　　　　　　　　　(b)　　　　　　　　　　(c)

图 50　甘肃白银景泰镇木构架承重房屋

4. 石结构房屋

石结构房屋由石墙承重，按墙体所采用的石材可分为料石和毛石房屋；按承重方式可分为横墙承重、纵墙承重和纵横墙混合承重；按楼屋盖可分为石木结构和石混（钢筋混凝土楼屋盖）结构，也有采用石板楼屋盖结构。石结构房屋在我国东南沿海以及山区采用较多，地域分布较广。1~3 层居多，也有 4~5 层的。

5. 砖砌体房屋

砖砌体房屋由砖砌墙体或砖柱承重，是目前我国村镇采用最普遍的结构形式。这种房屋的类型很多，按楼屋盖结构形式可分为砖木结构和砖混结构；按墙体的砌筑方式不同又可分为空斗墙体、实心墙体和砖柱排架房屋。这类房屋北方农村多为单层，南方农村则以一层和二层居多，部分为三～四层。

（1）按楼、屋盖结构形式划分

砖木结构。屋盖和楼盖均采用木构件，农村多为单层。

砖混结构。屋盖和楼盖均采用现浇或装配式钢筋混凝土构件，乡镇1～3层居多，也有4～5层的。

在二层以上砖砌体房屋中，也有一些为钢筋混凝土楼盖与木屋盖混合的形式。

（2）按墙体的砌筑方式划分

空斗墙体房屋。有单层和多层，民宅多为一、二层，主要在淮河以南的华东地区采用，量大面广。通常空斗墙体采用一斗一眠和多斗一眠砌法，也有在一层内全部为斗砌的墙体，如浙江温州地区、湖南长沙地区等。

实心墙体房屋。有单层和多层，农村民宅多为一层，有坡顶、平顶和拱顶，坡顶大多为木屋架瓦屋面。乡镇中则有为数不少的多层房屋，且以二、三层居多。实心砖砌体房屋各种用途均有采用，是我国各地应用最普遍的一类房屋。

砖柱排架房屋。屋架及屋面荷载由砖排架柱承担，房屋较高大、空旷，承重砖柱间围护墙可为砖、土坯或其他轻质墙（如篱笆墙等）。多用于库房、礼堂、餐厅、教学等房屋，也有一些农村民宅，这类房屋在全国各地较为普遍。

6. 村镇建筑地基

建筑结构在基础选择时，应综合考虑建筑结构平面布置、结构类型、上部结构荷载大小及其分布，以及建筑物所处的抗震设防区，结合建筑场地地基实际情况，将地基、基础与上部结构视为一整体。基础形式与构造要与上部结构相适应、相协调，要与所处地基相吻合，三者既是独立部分，又有机联系、相辅相成，使其发挥空间作用，共同工作。同时，还要考虑当地的施工习惯做法，承建工程的施工队伍的施工经验，施工队伍的装备和技术水平，这些条件也是基础选型应考虑的因素。

另外地形是否有利也关系到基础的选择。地形有利地段一般是指开阔平坦的坚硬土、密实均匀中硬土以及稳定的基岩。震害表明不同场地上建造的建筑、结构，施工质量基本相同，但震害有明显的差异。土质愈软，覆盖上层愈厚，震害愈严重；反之，即轻。另外岩质地形比非岩质刚度好，岩石地形对抗震有利。不利地段是指软弱土、液化土、条状凸出的山嘴、高耸孤立的山丘、非岩质的陡坡、河岸、边缘。软弱土由于含水量大、孔隙率高、抗渗性差、承载力低，所以震害将使房屋产生过大沉降和不均匀沉降。

在村镇房屋采用的地基形式主要有六种：由独立基础、条形基础、井格基础、片筏基础、箱形基础和桩基础。

（1）墙下条形基础

常用的砖、毛石、混凝土刚性基础，主要是承受抗压强度，也承受抗拉、抗剪强度，但抗拉、抗剪强度不高。基础内产生的拉应力、剪应力通过刚性角控制，使其不超过材料的允许值。它一般适用于建造5层以下民用建筑及轻型生产用房，如果地基承载力较高，且地基比较均匀，层数还可以适当增加。这种基础的特点是，造价低、施工快，通过地圈梁的加强，增强基础的整体刚度，能承受上部结构较大的荷载及适应一定的地基变形。常用的钢筋混凝土柔性基础也是墙下条形基础的较好形式。当上部结构荷载较大，地基承载力又较低，且地基又不很均匀，采用刚性基础往往会使基础断面过大，如果要保持浅基础，则基础露出地面，如果加深基础又要增加土方量基础造价。即使采用刚性基础，也难避免在基础产生较大的抗拉、抗剪应力时，出现基础裂缝、不均匀下沉，以致引起上部结构墙体裂缝。这时一般采用钢筋混凝土条形基础，它可以承受较大的弯矩和剪力，用基础断面大小和配筋量来满足受力要求。如果地基不均匀，还可肋梁，以增强抗弯能力，调整不均匀沉降。

图51　甘肃白银景泰镇条形基础

（2）独立基础

刚性或柔性独立基础一般多用于柱下基础，根据柱荷载偏心距大小，基础断面可为方形或矩形。当柱距较大时，常为独立基础，这样较为经济。为增强基础整体性，也可采用拉梁适当拉结，以增强适应地基变形和抗震能力。多层建筑上部结构为框架体系时，如地基承载力较高，地基变形较小，荷载及柱网分布较均匀，宜选用独立基础，但在纵横两个方向宜拉梁适当拉接。拉梁断面选择要适当，不宜过大，可通过计算确定。一般民用建筑中的内柱，多数可考虑采用独立基础，而不用条形基础，在满足承载力及变形要求下，其经济效果是较好的。

（3）柱下条形基础及十字交叉基础

当柱荷载较大或地基较差时，采用独立基础不能满足承载力要求，扩大基础面积又受到场地限制时，可考虑采用条形基础。条形基础具有较大的刚度，对于调整不均匀沉降有良好的作用，但当柱距较大时，条基的刚度也差，调整不均匀沉降的能力也降低，所以选用柱下条形基础应控制在柱距不宜过大（6～7m）的条件下，能较好发挥作用。当地基承载力较低而柱荷载又较大时，或地基变形和柱荷载的分布在两个方向都不均匀时，一方面要求扩大基础底面积，以满足承载和地基变形的要求，同时又要求基础具有较大刚度，来调整不均匀沉降，这时可考虑设置十字交叉基础。十字交叉基础具有较大的空间刚度，是一种较好的基础形式，但它有自己的适用范围，不可任意滥用，只有当条形基础不能满足要求时，才采用十字交叉基础。

（4）钢筋混凝土筏片基础

当地基承载力较低，且地基土质不均匀，而上部结构荷载却很大，采用十字交叉基础，有的基础之间的空隙所剩无几，有的基础底面积重叠，已不能提供足够的基础底面积时，这时可采用筏片基础。对于有地下室的结构，它本身不要求防水或防潮，筏片基础恰好就是地下室的底板结构。当荷载不太大时，常采用平板式筏片；当荷载较大时，可采用梁板式筏片。由于筏片基础的整体刚度较大，故能将各柱或墙体的不均匀沉降调整得较为均匀。对于某些不均匀地基，且土质又较软，应先进行地基处理。提高地基承载力，减少地基的压缩性，再在处理过的地基上做筏片基础。这种地基与基础同时结合考虑，技术和经济效果均较理想。那种认为不管地基如何软弱和不均匀，只要做筏片基础就万无一失的想法是不全面的，实际工程中的教训还是有的，应引以为诫。

（5）桩基础

桩基础具有承载力高、沉降量小的特点。一般建筑物应尽量采用浅基础，若地基变形和强度方面都无法满足要求时，则可采用此种形式的深基础。下列情况可考虑采用桩基础：①建筑物上部结构荷载较大，而地基上部软弱，下部有可作为桩端持力层的坚实土层时；②天然地基上的浅基础沉降量过大，即使进行地基处理也不能满足建筑物要求时；③对较为重要的建筑物，虽然地基承载力尚好，但由于对控制沉降有较高要求，不允许有过大沉降，也可考虑采用；④对土层不很厚，土质又较差，如做条形基础，土方量较大，可考虑采用钻孔，灌注短桩。

7. 村镇防灾

（1）地震灾害

调查统计表明，地震灾害造成的人员伤亡几乎都和房屋破坏有关，我国大陆近些年发生的破坏性地震，其中房屋与室内财产损失之和约占总直接经济损失的84%以上。

众所周知，大地震（7~8级少遇地震）和中强地震（6~7级多遇地震）能够造成严重的人员伤亡和经济损失。而值得关注的是小地震（5级左右的常遇地震）对村镇造成的人员伤亡和经济损失，如四川盐源5.0级、甘肃岷县5.2级、云南鲁甸5.1级和5.0级也使11个乡镇、16.47万人受灾，造成了一定数量的人员伤亡和房屋的严重破坏甚至倒塌现象。2006年2月4日浙江文成县4.6级地震，也使当地大量空斗墙房屋产生不同程度的破坏，有的甚至达到不可修复的严重破坏。2012年9月7日云南彝良县发生5.7级地震，造成房屋倒塌7138户，80多人死亡，74.4万人受灾，直接经济损失为37.04亿元。

（2）洪水灾害

随着我国江河流域防洪标准的提高，平原洪水造成的人员伤亡相对减少，除了江河流域性大洪水的特殊年份外，一般年份，我国的洪涝灾害则主要表现为山洪灾害，即山区乡村的洪水灾害，我国山区洪水造成的人员伤亡和经济损失呈逐年增加趋势。如据国家防汛抗旱总指挥部统计，2002年全国因洪涝灾害死亡的1818人中，因山洪灾害造成的死亡人数占到了80%，而这一年大江大河并没有发生流域性洪水。2003年和2004年山洪灾害分别造成767人和815人死亡，分别占全国洪涝灾害死亡人数的49%和的76%。近年来，我国山区因降雨引发的山洪、泥石流、滑坡等山洪灾害问题日趋严重，山洪灾害已经成为当前防灾减灾工作中的突出问题。

统计表明，中国2100多个县级行政区中，有1500多个分布在山丘地区，受到山洪、泥石流、滑坡灾害威胁的人口达7400万人。

2004 年 9 月 4 日，温家宝总理批示："山洪灾害频发，造成损失巨大，已成为防灾减灾工作中的一个突出问题。必须把防治山洪灾害摆在重要位置，认真总结经验教训，研究山洪发生的特点和规律，采取综合防治对策，最大限度地减少灾害损失。"

自然灾害不仅给灾区人民带来灾难和痛苦，甚至家破人亡，也使得各级政府年年频于救灾，抚恤，重建家园。群众只有安居，才能乐业。

（3）火灾

据有关资料显示，我国从 1950～1985 年间，火灾损失翻了三番，平均 12 年翻一番。从 1950～2002 年，我国火灾损失从每年 1700 多万上升至 25 亿多元，上升幅度近 150 倍。从 1993～2002 年，我国火灾从每年 38000 余起，猛增至 258000 多起，增长近 7 倍。20 世纪 70 年代我国年均火灾损失约 2.5 亿，20 世纪 80 年代约 4 亿，20 世纪 90 年代增到 10 亿。多项数据说明，火灾对我国社会造成极端危害，火灾防治是我国社会中的一项长期的重要任务。

在我国，大量人口居住在农村，村镇火灾形势严峻。据统计，1997～2006 年间，全国村镇累计发生火灾 69.3 万起，死亡 15306 人，受伤 20012 人，直接财产损失 62.7 亿（不包括港澳台地区的火灾，也不包括森林、草原、军队和矿井地下部分的火灾）。其中，特大火灾 214 起，重大火灾 2065 起，一次烧毁几十户甚至上百户的重特大火灾时有发生，平均每年约有 4.4 万农户、15 万农民受灾，给农民村子的生命财产安全造成了严重危害，不少农民群众因火灾致贫、返贫，生产、生活陷入困境，给当地的经济、生活和社会稳定造成了重大影响。

（4）风雪雷灾害

风暴也是使村镇遭受严重灾害的灾种，我国每年平均约有 10 余个台风登陆。如 2001 年第 2 号台风"飞燕"在福建登陆，使 21 个乡镇的 434 个行政村受灾，受灾人口达 106.2 万人，损坏与倒塌房屋 2500 多间。尽管福建省采取积极办法转移人员，但仍造成 122 人死亡。又如 2006 年 8 月 10 日第 8 号台风"桑美"正面袭击浙江省温州市苍南县，因建筑物倒塌死亡 153 人，失踪 1 人，倒塌房屋 20310 间，严重损坏 45469 间，造成浙江省苍南县直接经济损失 91.24 亿元。

暴风雪灾害是对人民的生活影响最大、破坏性也最大的灾害之一。进入 21 世纪以来，短短 8 年中新疆发生过 6 次重大暴风雪灾害，造成房屋倒塌、人员伤亡，直接经济损失达数 10 亿。2007 年 10 月 19 日至 20 日，黑龙江省牡丹江市局部地区出现强降雪天气。其辖区内的绥芬河市、穆棱市、林口县、东宁县等东部地区，降雪量达到了大雪及暴雪的程度，部分地面积雪厚达 1m 以上。据当地气象部门介绍，此次降雪对当地的交通和秋收、蔬菜大棚有较大影响。2006 年 4 月 19 日至 20 日，吉林省延边朝鲜族自治州遭历史最大暴雪袭击，该州首府延吉市地面积雪平均厚度超过了 20cm。全州 8 个县市的 36 个乡镇受灾，3 万多居民饱受暴雪之苦。在此次雪灾中，共倒塌损坏大棚 7700 余个，面积达 105 公顷，倒塌损坏民房 20 户 58 间，死亡牲畜 62 头，经济损失达 1100 万元人民币。

雷电灾害是"联合国国际减灾十年"公布的最严重的十种自然灾害之一。最新统计资料表明，雷电造成的损失已经上升到自然灾害的第三位。全球每年因雷击造成人员伤亡、财产损失不计其数。据不完全统计，中国每年因雷击以及雷击负效应造成的人员伤亡达 3000～4000 人，财产损失在 50 亿元到 100 亿元人民币。雷电灾害所涉及的范围几乎遍布各行各业。

（5）地质灾害

地质灾害是指在自然或者人为因素的作用下形成的，对人类生命财产、环境造成破坏和损失的地质作用（现象）。如崩塌、滑坡、泥石流、地裂缝、地面沉降、地面塌陷、岩爆、坑道突水、突泥、突瓦斯、煤层自燃、黄土湿陷、岩土膨胀、砂土液化，土地冻融、水土流失、土地沙漠化及沼泽化、土壤盐碱化，以及地震、火山、地热害等。

村镇常见的地质灾害如下：

滑坡：是指斜坡上的岩体由于某种原因在重力的作用下沿着一定的软弱面或软弱带整体向下滑动的现象。

崩塌：是指较陡的斜坡上的岩土体在重力的作用下突然脱离母体崩落、滚动堆积在坡脚的地质现象。

泥石流：是山区特有的一种自然现象。它是由于降水而形成的一种带大量泥沙、石块等固体物质条件的特殊洪流。识别：中游沟身长不对称，参差不齐；沟槽中构成跌水；形成多级阶地等。

地面塌陷：是指地表岩、土体在自然或人为因素作用下向下陷落，并在地面形成塌陷坑的自然现象。

8. 村镇建筑电气

在我国村和镇还是有区别，村分为自然村和行政村。自然村是由村民经过长时间聚居而自然形成的村落。它受地理条件、生活方式等的影响。比如在山里头，可能几户在路边居住几代后就会形成一个小村落，这就叫自然村。北方平原地区的自然村通常比较大，南方丘陵水网地区的自然村通常比较小。行政村是政府为了便于管理，而确定的乡下边一级的管理机构所管辖的区域。两者的关系是自然村一般小于行政村，也就是说，几个相邻的小村可以构成一个大的行政村。这个行政村由一套领导班子（支部、村委会）管理，但可以把几个自然村分成几个组，每组一个组长，这些自然村都要受行政村村委会和村支部的管理和领导。

乡、镇虽然都是我国农村的现行体制下的行政区划单位，属于同一行政级别，但乡与镇最大的区别在于产业的区别，乡是农业人口集聚地，相对来说还是分散的人口，而镇是非农人口集聚，基本上是城市了。镇除了有乡的基本特征外，它更是一个经济区域内工商业的中心，商品生产的集散地和商品交换的场所，是政治、经济、文化的中心区。

所以根据村和镇的区别，实行村、镇体系划分可按照"村"和"镇"构建标准体系，镇标准体系框架构建可参照城市标准体系，结合镇（乡）发展情况进行研究；村标准体系要立足农村，符合农村实际，满足农村建设需要。

因此村标准体系只包括行政村。镇标准体系中包括乡、镇（由于时间的原因没进行国外村镇标准调研）。建筑电气专业调研结论主要考虑下列问题：农村人的用电安全（防雷、接地、等电位）；新建与改建农村工程中用电线路敷设及运维；古建筑与特色民居的保护。

（1）村镇建筑电气安全技术

随着农村城镇化进程的发展，各地区兴建了很多农舍、村宅和住宅示范小区。由于我国地域辽阔，经济发展水平差异很大，另外村镇住宅在建设中没有可依据的标准和规范，相关部门的管理和监督也没到位，村镇住宅的电气设计和施工，存在很多问题，留下很多事故安全隐患。下面以华北地区调研考察中所收集到的资料，谈谈村镇住宅电气安全问题。

1）高压配电系统

① 高压配电线路

村镇住宅高压配电线路现阶段大多采用架空线路，也有部分地区采用埋地敷设。现阶段村镇住宅的建设，电源从原有规划的架空线路接取，出现架空线路接头增多。分支架空线路电杆布置间距不合理，电杆挡距偏大，架空线路弧垂过大，距地安全距离不满足要求。这样不仅干扰了周围弱电线路而且对行人可能造成伤害。埋地敷设方式由于要占用耕地，所以在村镇住宅配电线路设计中只占 29%，但从调研反馈的资料可以看出，采用埋地敷设时，部分电缆半明半暗，明敷部分也未采用穿钢管保护，暗敷部分直埋时也未改用铠装电缆或穿钢管保护。埋地敷设的沿线路径也未采用电缆标示桩、标示牌。

② 变配电室

据统计，我国农村已有 23.5% 的住区设置了变配电室，变压器基本采用油浸式变压器。小容量的变压器（≤315kVA）大都采用柱上安装，大容量变压器基本采用封闭式和敞开式安装的结构形式。在现场发现，当变压器室为敞开式安装时，金属网门低于 1.8m，并且无专人管理和维护，门外也没有安全警告标示牌。

③ 供电距离

村镇住宅基本存在供电距离远，负荷间距大，呈散落分布状态。农用电网中，因最初设计时负荷相对偏小，电力变压器均设在村镇住宅的区域边缘。随着农村城镇化的进程和农民自建房的增多，使原有位置的变压器更加偏离负荷中心，加重了供电线路的损耗。

2）低压配电线路

① 低压配电系统的接地

村镇住宅低压配电系统的接地形式是根据不同地区或当地供电部门的要求来决定的。一般采用 TN 或 TT 系统。采用 TN 系统接地形式时，由于进入住户内为 TN-S 系统，也就是 PE 线和 N 线严格分开，线路错接现象并不多。但据调研了解到华北地区的部分农村采用 TT 接地形式，即变压器中性点直接接地，负荷侧电气设备的外露可导电部分直接接地。这样各类家用电器的金属可导电外壳应通过接地线直接同大地保持良好接触。由于很多住户没有电气方面的常识，在连线时将室内的单相三极插座接地极（PE 线）和中性线（N 线）直接相连，造成插座回路中的剩余电流保护器跳闸合不上，住户只好拆除剩余电流保护装置。正确的做法为将单相三极插座的接地极接在住户配电箱内的接地线上，接地线接至室外的接地体。

② 住户负荷标准

随着人们生活水平的提高，家用电器化水平不断提高。村镇住宅的用电器件从以前的收音机、电视机和冰箱到现在的家庭影院、录像机、电饭锅、电磁炉、电热水器、排烟机、空调机、浴霸等家用电器，另外家庭小作坊设备，包括磨面机等，种类和数量日益增多。针对华北地区村镇住宅住户的调研，常用家用电器负荷情况，见表 1。

常用家用电器负荷表　　　　　　　　　　　　　　表1

序号	电器名称	功率(W)	平均每户拥有量
1	电视机	100	1.19
2	冰箱	65～130	0.57
3	洗衣机	单缸：230 双缸：380	0.71
4	微波炉	1000	0.142
5	电脑	250	0.14
6	空调	800～1300	0.19
7	电风扇	60	1.48
8	电暖器	1600～2000	0.24
9	吸油烟机	150	0.14
10	电磁炉	1600	0.08
11	电热水器	1500	0.167
12	电饭煲	800	0.5

由表1可见，大功率家电已进入农家，用电负荷明显增多。华北地区每户4kW占45.5%，6kW占18.2%，8kW占27.3%，8kW以上规格占9%。因此考虑到中长期居民用电负荷的增长情况，对新建村镇住宅的电气设计要有一定的前瞻性，留有适当裕量。根据居民地域、生活情况不同，户均负荷建议4～10kW。

③ 电度表规格

虽然大功率家用电器的持有量日益增多，但仍有许多用户电表容量不足5（10）A。据调查华北地区农村电度表规格为5（20）A占44%，10（30）A占42%，10（40）A占14%。可见农村家用电度表额定电流普遍偏小，因此应该根据现有家庭实际用电量，考虑今后电器产品的增加情况，更换合适的电度表。

④ 电度表安装

华北地区农村住宅的电度表87.4%都放置在户外，即放置在进户杆上或明装在住宅外墙上，仅有12.6%放置在户内。置于户外的电度表有24.4%并没有采取防晒和防水措施。可见，仍有不少电度表的外防护没有达到使用要求，风吹雨淋使电气导线的使用寿命减少，绝缘层加速老化，存在安全隐患。而且接户线引入电度表之前未装设隔离开关，在检修住户线路时无法保证电气的完全隔离。此外，个别电气计量表箱的金属外壳没有接地措施。

⑤ 线路敷设

村镇住宅户内电气设计采用的敷设方式、管材和导线材料情况为：

敷设方式：75%仍旧是明敷，25%的住户采用暗敷。管材：75%以上都使用硬质聚乙烯管。导线材料：铜占63%，铝占37%。

存在的问题：

A. 各种功能的架空线（电源、有线电视和电话等）引入住户时杂乱无章，相互交叉。B. 回路设计不合理。由于很多自建农用房在建造时并无设计图纸，照明、插座和空调回路也未采用分回路配电。插座回路该设剩余电流保护的也由于接线有误经常跳闸，而取消了保护装置。C. 室内暗敷设时由于未事先预埋管线，存在墙上割槽将导线埋入的做法。D. 导线的连接不规范，铜线、铝线直接对接，或者铝线接头直接铰接，长期运行已出现腐蚀，接头电阻增大。E. 线路老化，导线常年过负荷运行。F. 室内导线并没有按规定的颜色标识选线，相线和中性线不宜区分。

⑥ 室内开关、插座设计

由于村镇住宅中常住人口主要为老人和孩子，卫生间和潮湿场所（比如浴室、猪牛圈）照明灯具也未采用防潮型灯具，开关放在室内时也未采用防潮型开关。厨房和卫生间的插座也未完全采用防溅水型插座。电源插座低于 1.8m 时没有采用安全型插座。

3）防雷、接地与等电位联结

村镇住宅一般不设防雷保护，据调查华北地区有 33.4％的农村住户已有防雷装置，但基本都是采用避雷针，也有少部分使用避雷网和避雷带。引下线材料均采用结构内钢筋。可见农村建筑普遍缺乏必要的防雷设施，在农村房顶装置的铁塔、金属水箱、太阳能热水器、金属栏杆、卫星天线等都没考虑到防雷措施，从而成为引雷装置。除此之外，农村住宅的进户线，比如电源线、电话线和有线电视线在入户前也未安装过电压保护器，一旦遭雷击，高电压的雷电流将顺着这些线路涌向室内，造成设备损坏和人员伤亡。

农村住户基本不做等电位联结。比如浴室、猪牛圈等潮湿场所基本未采用局部等电位联结。

4）照明节能产品的使用

仅以华北地区村镇住宅照明节能产品使用情况为例，白炽灯为主要照明光源的占 50％，以荧光灯作为主要照明光源的占 27％。可见人们对电光源方面的选择要求在不断提高，荧光灯已开始被更多的住户所接纳，但由于高效节能灯价格比较贵，除非政府有津贴补助，使用的住户很少。另外村镇住宅中，在公共走道、走廊和楼梯间装设声控开关、光控开关和双控开关的很少，对节省电能意识也不强。

以上以华北地区为例，分别从高压配电系统（高压配电线路、变配电室、供电距离）、低压配电线路（低压配电系统的接地、住户负荷标准、电度表规格、电度表安装、线路敷设和室内开关、插座设计、防雷、接地与等电位联结）和照明节能产品的使用几个方面针对村镇住宅电气设计和施工中存在的问题进行了比较详细的剖析，可以看出现阶段村镇住宅的电气设计和施工存在很多急需解决的问题。应针对村镇住宅的特殊性，管理部门尽快出台一套有关村镇住宅的设计和施工验收规范，以便规范管理，另外针对现阶段住户电气知识匮乏的问题，应有重点的培养一批工程技术人员，解决村镇住宅日常维护和管理。其次，应杜绝自建房或在施工和使用时需经指导和验收，不能盲目使用。建立村镇建筑标准体系。

（2）村镇建筑电气供配电系统的接线

现阶段我国村镇小康住宅一般分布在边远山区，供电线路主要以架空线路为主，用电分散，负荷等级比较低，一般以二、三级负荷为主。下面仅对村镇小康住宅中高压配电系统的接线方式和低压配电系统的接线方式作一简单的介绍。

1）放射式

① 高压配电系统放射式接线

　　高压配电系统放射式分为单回路放射式、双回路放射式和具有公共备用线的放射式。单回路放射式如图52所示，就是由总配变电所10kV母线上引出一回线路，直接向分配变电所或高压用电设备配电，沿线不支接其他负荷。这种形式的优点是：线路敷设简单，操作维护方便，保护简单。缺点是：总配变电所的出线较多，需用的高压设备（开关柜）数量也多，投资偏大。适合于用电相对比较集中的村镇小康住宅供电。

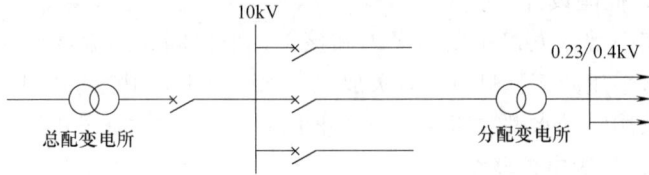

图 52　单回路放射式

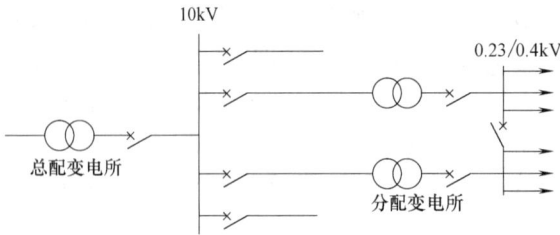

　　双回路放射式系统接线按电源数目又可分为单电源双回路放射式和双电源双回路放射式两种。双电源双回路放射式供电，投资较大，对电源要求很高，一般用于一级负荷，不适合于村镇小康住宅的供电，这里不再介绍。单电源双回路放射式如图53所示，两个回路由一个电源母线引出，

图 53　单电源双回路放射式

高压侧母线不分段，当一回路发生故障时，另一回路可以继续供电，并应保证重要负荷的供电。所以变压器容量及回路截面的选择均是按全部重要负荷计算。供电可靠性比单回路放射式好。

　　具有公共备用干线放射式如图54所示，从图中可以看出分配变电所的一个回路是由公共备用干线引来，当分配变电所某一回路发生故障时，经短时间停电"倒闸操作"后，使备用电源代替工作电源而恢复供电。此种供电方式比单回路放射式和单电源双回路放射式供电可靠性均有所提高，只是投入公共备用干线的操作过程中，需要短时停电。

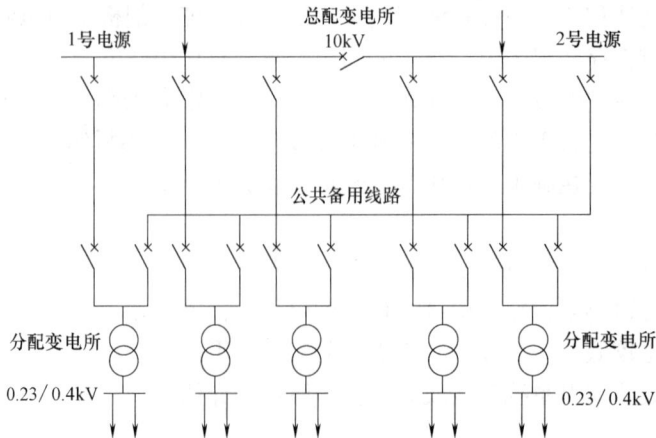

图 54　具有公共备用线放射式

此外，为提高单回路放射式系统的供电可靠性，也可采用具有低压联络线的方式，如图55所示。当1号分配变电所有重要负荷，由2号分配变电所引来低压联络备用电源。低压联络线一般采用电缆线路，以提高运行可靠性。但备用容量因受线路容量的限制而不能太大。低压联络开关，可采用自动投入或电动操作，视重要负荷的允许停电时间而定。

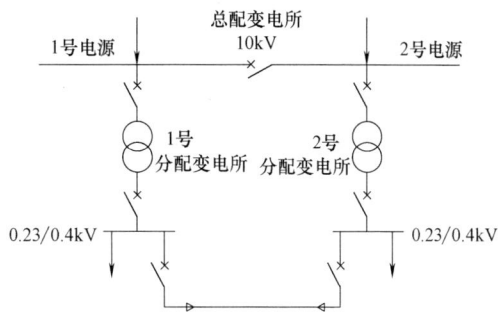

图55　低压联络的单回路放射式

② 低压配电系统放射式接线

低压配电系统放射式接线如图56所示，适合于容量大，负荷集中或重要的用电设备。供电可靠性较高，检修比较方便。图中AP动力配电箱和AL照明配电箱分别从低压电源处以放射式引出，ALE事故照明配电箱和AT双电源切换箱用于要求两个回路供电的二级以上负荷。

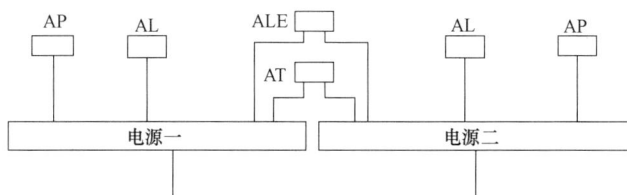

图56　低压配电系统放射式接线

2）树干式系统

① 高压配电系统树干式接线

高压配电系统树干式可分为直接联接树干式和链串型树干式两种。

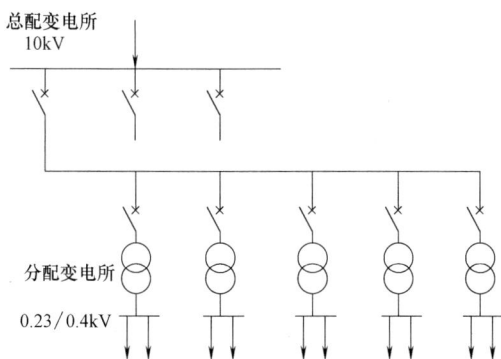

图57　直接联接树干式

直接联接树干式系统如图57所示，主要适合于架空线路，就是由总配变电所引出的每路高压配电干线沿道路架空敷设，每个分配变电所或负荷点都从该干线上直接接出分支线供电。分支线数目不宜太多，通常 $n \leqslant 5$，并要根据故障停电的影响、负荷大小和干线在系统中的地位而定。这种形式的高压配电接线在村镇小康住宅的供配电系统设计中经常采用。但直接联接树干式，只要回路上任一线路发生故障，则由该回路供电的全部分配变电所均断电，影响面较大。因此，一般要求每回高压线路直接引接的分支线限制在5个回路以内，配电变压器总容量不宜超过2000kVA。

为了充分发挥树干式线路的优点，尽可能地减轻其缺点所造成的影响，可以采用链串型树干式系统，如图58所示。这种改进后的树干式特点是：干线要引入到每个分配变电

333

所的高压母线（B）上，然后再引出走向另一个分配变电所的高压母线（B），干线进出两侧均安装隔离开关，如图 58 中的 QB1、QB2、QB3、QB4 等，均装于高压开关柜内。链串型树干式可以减少某一线段故障而引起停电的范围，对供电可靠性有所提高。例如图 58 中 WB3 线段电缆上发生故障时，干线总断路器 QA1 断开，当找到故障段 WB3 并拉开隔离开关 QB4，再合上断路器 QA1 后，则 1 号和 2 号分配变电所可以恢复供电，这两个分配变电所停电的时间为寻找故障线段和进行开关操作的时间。链串型树干式是对直接联接树干式系统的优化，也是村镇小康住宅高压供配电系统常采用的主接线方式。

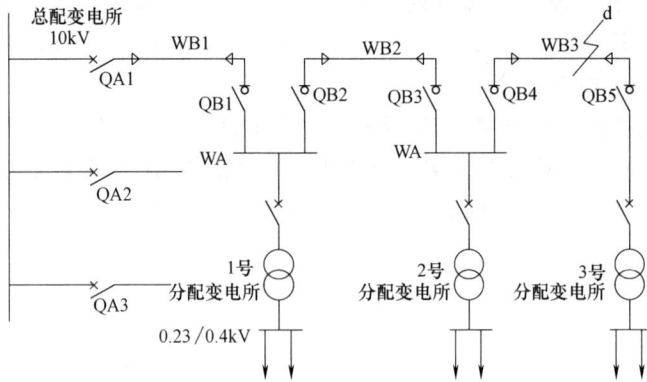

图 58 链串型树干式

② 低压配电系统树干式接线

低压配电系统树干式接线如图 59 所示，当用电设备的布置比较均匀、容量不大、又无特殊要求时，宜采用树干式配电。图中方案 A 为电缆 T 接端子树干式；方案 B 为封闭母线槽供电树干式；方案 C 为双电源电缆分区树干式；方案 D 为电缆分区树干式；方案 E 为预分支电缆树干式。

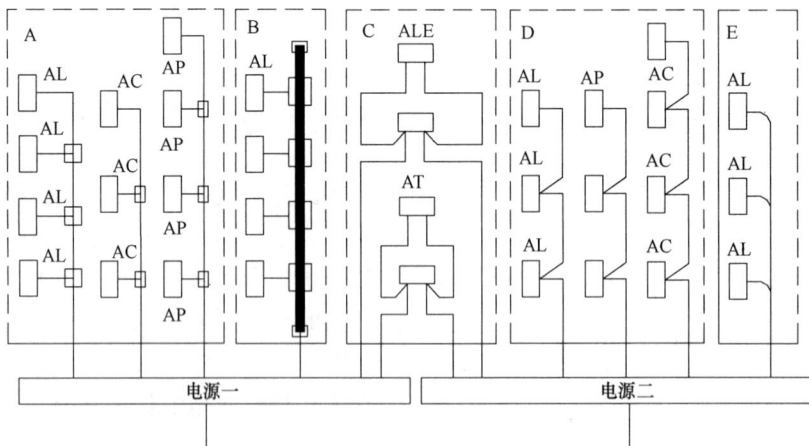

图 59 低压配电系统树干式接线

3）环状式系统

① 高压配电系统环状式接线

高压配电网中应用的环状式系统如图 60 所示，可认为是链串型树干式系统的改进，只要把两路链串型树干式线路联络起来就构成了环状式。环状式系统的优点是运行灵活，供电可靠性较高，当线路的任何线段发生故障时，在短时停电后经过"倒闸操作"拉开故障线段两侧的隔离开关，将故障线段切除后，全部分配变电所均可恢复供电。

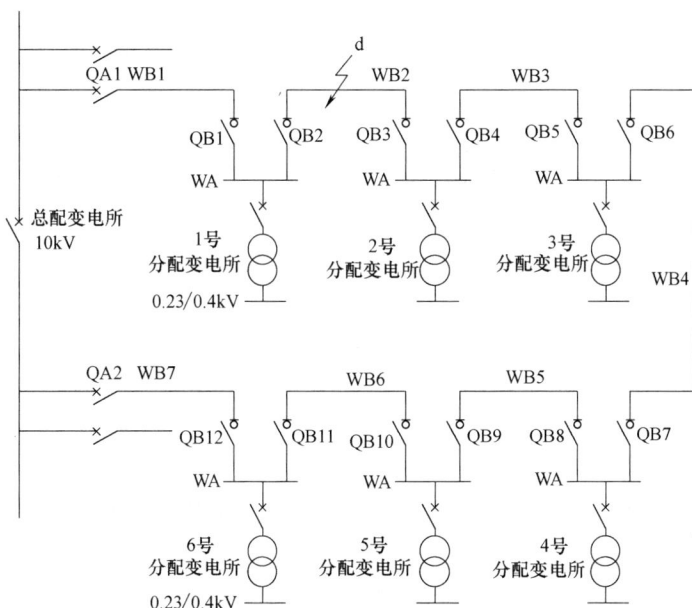

图 60　环状式系统

环状式系统的运行方式有两种：一为开环运行，另一为闭环运行。闭环运行时总配变电所电源侧两端同时供电，当环路中的任何一线路（WB1～WB7）出线故障时，环网两进线端的断路器（QA1 和 QA2）均跳闸，造成暂时的全部停电。而且继电保护整定比较复杂，因此，一般情况下都采用开环运行方式。开环运行时开环点应选在电位差最小处，通常宜使两路干线所担负的容量尽可能的相接近，所用的导线截面相同。设开环点在WB4 干线处，负荷开关 QB6 和 QB7 断开。当任一线路发生故障时，则仅使一路出线断路器（QA1 或 QA2）断开。例如 WB2 线段发生故障，则装于线段始端的断路器 QA1 自动断开，仅使线段 WB1、WB2、WB3 停电，在找到损坏的故障线段 WB2 之后，将故障线段两侧的负荷开关 QB2、QB3 断开，然后闭合开环点的负荷开关 QB6 和 QB7，再由两路干线向全部分配变电所供电。因此，环状式供电的恢复要比树干式快，因为树干式系统要在故障线段检修好以后，才能恢复供电。环状式系统一般适用于容许停电 30～40min 的二、三级负荷。

在选择环状式供电系统的导线截面时还考虑如下原则：在不正常情况下能担负环网内的全部变电所的负荷，电压损失不超过 10%～20%。

② 低压配电系统链式接线

低压配电系统链式接线如图 61 所示，特点与树干式相似，适用于距配电箱较远而彼此相距又较近的不重要的小容量用电设备。链接的设备一般不超过 5 台，总容量不超过10kW，当为供电给容量较小的用电设备如插座时，数量可适当增加。由于村镇小康住宅中，除了用于住户使用的电器外，还有用于家畜和家庭作坊等小容量的电器设备，链式接

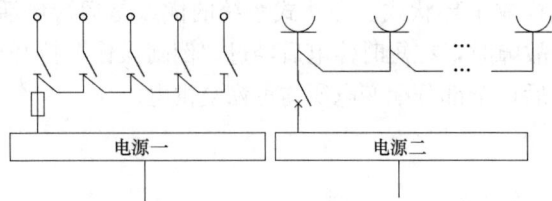

图 61　低压配电系统链式接线

线在村镇住宅的低压配电设计中是常采用的方式。

以上从村镇住宅电气设计的角度介绍了高压配电系统和低压配电系统设计中常用的三种基本结线方式，其各有优缺点。高压配电系统，放射式系统接线投资较大，占用大量土地，线路没有分支接点。树干式系统接线，供电线路可以支持很多负荷，投资较省。环网式供电不但可以提高供电可靠性，而且节省投资，所以根据我国现阶段村镇住宅的情况，高压配电系统接线采用树干式配电和环网式配电比较经济，并且也能满足负荷对供电等级的要求。

低压配电系统的三种基本接线方式在村镇小康住宅工程设计中应根据具体电气器件的负荷等级、容量大小和分布情况作具体分析，采用放射式、树干式和链式配电或其三种的混合式配电均可。

（3）建筑电气专业村镇建设标准体系建设原则

根据村和镇的区别，实行村、镇体系划分可按照"村"和"镇"构建标准体系，镇标准体系框架构建可参照城市标准体系，结合镇（乡）发展情况进行研究；村标准体系要立足农村，符合农村实际，满足农村建设需要。

9. 建筑给水排水

本次调研主要走访了甘肃省兰州市、四川省邛崃市和浙江省丽水市松阳县县城以下乡镇、村庄的村镇建筑给水排水工程的建设、管理和运行情况。兰州市榆中县青城古镇、武威市武南镇以及高坝镇十三里村民乐苑新型农村社区、金昌市双湾镇古城村市政供水设施较完备，且建有小型污水处理厂，白银市景泰县永泰古城目前还采用传统的 5 座坎儿井水作为生活用水。邛崃市大多数村镇已建成集中供水厂，但随着发展需求不断增大，供水实际输水量已超过设计能力的 1 倍以上。条件较好的村镇建立了污水集中处理设施，山区聚集点生活污水多由分散的沼气池处理。浙江省丽江市松阳县的农村集中供水多为行政村甚至自然村级的小水站，农村饮用水建设仍存在水质卫生不合格、水源缺乏、水量不足等问题。

村镇居民户内供水以集中供水为主，供水入户后设水表计量，户内一般设用水点较少，水压基本都能满足使用要求，但用水水质差异性较大。供水管材以 PE、PPR、UP-VC 等塑料给水管材为主，缺乏统一设计。部分新农村村镇住户给水设计较完备，同时装配了太阳能热水器。

村镇住户污水排水既有水厕，也有旱厕，新农村建设和已经搬迁至楼房的住户已大多改为水厕，其余基本为旱厕，部分村镇住户旱厕结合分户小型沼气池共建，夏季温度较高，产沼气较多，可供应沼气灶具使用。生活污水有的为设立管道收集后集中排放，部分村镇仍为排水沟排水，室外雨污合流。

由于农村条件限制，目前村镇的建筑用水基本不具备水质监测条件。生活用水的水质主要取决于水源水质，但由于周边工业发展及农业使用的化肥农药数量逐年累积，使得水源水质不断受到危害，既存在水源性缺水，同时大量存在水质性缺水。

从调研走访结果并结合相关现状资料，可以看出，随着城镇化进程的加快，镇的人口数量不断增长，镇的建筑给水排水设施建设与城市的差距越来越小，目前镇的建筑给水排水设计参照城市的标准规范进行。调研区的建制镇和中国大多数镇的情况类似，建筑内的给水排水设施已比较完善，只是由于地域差异较大，经济水平不同，建筑给水排水设计的规范性也各不相同，选用的设备、材料质量也有较大差距。

随着我国城镇化快速推进，镇的建筑给水排水建设与需求越来越靠近城市。与城市相比，镇往往规划与建设的水平偏低，且由于地域差异，镇建筑给水排水存在发展迅猛且不均衡的现状，所以在设计应用中既要借鉴城市模式，也要结合镇的具体实际需求。因此镇的建设工程标准体系可借鉴城市，但是许多现行城市建设工程标准并未明确指出适用于镇，因此需确立镇的建筑给水排水工程标准体系表，以规范镇建筑给水排水设施建设的程序和保障建设各环节的工程质量。

村镇建筑排水具有如下特点：污水量小面广，污水收集有组织，排水比率低，因此具有提高建设标准、规范建设程序和加强运行管理等的迫切需求。农村建筑给水排水的建设可部分参考镇的建筑给水排水工程标准体系，但必须有适用于农村的、符合农村建筑给水排水建设需求的、区别于城镇的专用标准。

10. 村镇建筑施工安全

全国大部分建制村镇的住房建设，基本由农民自己投资和管理，基本可以归为如下几类：

（1）集体土地上，集中成片开发由商业化公司实施。

（2）村集体按照固定图样进行框架指导，农民找包工队或工匠自建。

（3）村集体管理无序，放任农民按自己意愿，由建筑游击队随意建房。违规偷建（占用耕地或林地、随意加层、扩宅基地、建筑散户等）。

目前，我国在乡镇建筑方面较为落后，大部分仍然采用传统搭设大面积脚手架施工方法。材料浪费大、施工效率低、搭设和拆装费时、费工且安全性差等，导致近年来国内建筑脚手架坍塌和高处坠落事故频频发生。

我国自然村以 1～2 层房屋为主，小镇一般为 3～4 层楼房。在建楼房搭起的脚手架很简单，在建的二、三楼

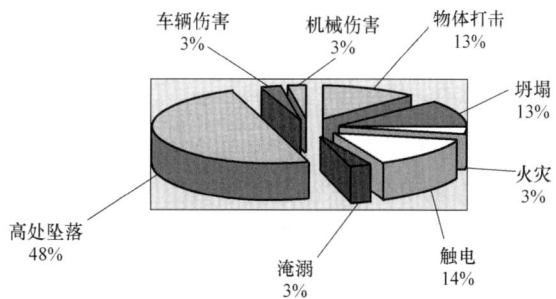

图 62 建筑施工事故比例

高度的工程都没有安装防护网，而在下方，就是人来人往的村镇道路。农村自建的楼房大多数面积不大，专业的设计施工队伍不会承接这种小工程。很多人建楼房自己动手，人不够的话请几名泥瓦匠，甚至浇筑楼板的活也是靠农村"游击队伍"来完成。

在一些农村区域，只要置办了搅拌机、脚手架和简易起吊机等设备，再招募几名懂技术的"泥瓦匠"和干力气活的"小工"，就可以组成建筑队承接项目。对一起民房坍塌事故的抽样显示，其施工队共 43 人，不仅是从村民中临时召集，而且年龄整体偏大，最大的已 65 岁。此外，妇女占绝大多数，达 34 人，可见，由于农村男性劳动力向城市的流动，造成留守妇女成为村镇建筑施工传统观念中男性色彩浓厚的建筑队的主力军。更为担

忧的是，建筑队里没有技术的留守妇女越来越多，她们只能做"搬砖提泥"的粗活，安全意识和防护能力较弱。由于利润较低，基本无力采取安全防护措施，工人很容易从高处摔下或者被重物砸中。

这些村镇"施工队"一般由几名泥瓦匠、妇女及家族近亲属帮工组成。怎么设计，怎么建，全凭经验。农村建房从设计、打地基、搭架、砌砖、钉模、浇板，再到勾缝、粉刷、贴砖，直至装修，往往都是由一个或几个没有资质的临时队包办的。钢筋要用几号的，水泥、沙土搭配比是多少，"游击队"也大多数是靠经验，建成后难以从外观发现质量问题。更多时候，安全、质量谈不上有保证。

在村镇，高空、临边作业等只搭简单脚手架，不设防护网，不用戴安全帽。在农村，干活累了，一些工人中午还喝点小酒才上工，这些，按施工规范是不被允许的。每年因为防护设施缺失、施工操作不当等原因，自建楼房导致脚手架坍塌、建材及人员高空坠落的安全事件并不鲜见。因此，目前城镇、农村建设活动中的安全意识不够，特别是农村建房盛行的"游击队"施工组织模式，对施工安全、房屋质量难以保证。

农村建房安全监管几近空白，按照规定，农民住房建筑的质量、施工安全监管由当地政府的村镇建设部门负责。而事实上，这些部门难以对承建者的资质进行查验，更难以谈得上管理。乡镇一级农村建房一般由镇村办负责，有配置的镇村办，往往只配备一名工作人员。一个乡镇有几百几千户农民在建房，数量庞大，建房的安全问题，实在难以监管。一旦出了意外，导致施工人员或路人死伤，一般也是当地镇村、司法等有关部门介入，协调双方事主在理赔上达成一致。

按照规定，村民建住宅应提出建房申请，经村委会同意由乡级政府审查批准，而施工单位和个体工匠应确保施工质量，严格按照批准的规划、设计图纸和有关技术规范、标准施工。根据安全法规，施工时必须使用安全设施、安全用具进行防护。但在农村，农民建房，大多数不会考虑聘请资质单位设计、施工。此外，农村民宅普遍没有报建，建设部门难以监管。

综合以上，长期以来，农村盖房修屋都是由一些乡村建筑队或临时工承担，盖房靠经验、工人靠拼凑、安全靠运气，存在巨大的安全隐患。无资质施工队所酿成的悲剧令人惋惜，乡村建筑队生存和安全现状亟需引起重视。政府要在满足村镇民间建房需求的基础上加强行业监管、提高准入门槛、强化管理力度，把乡村建筑队管起来，使其朝规范化的方向发展。

(a)

(b)

图 63　村镇建设的施工场景—乱搭乱建、现场凌乱、人员复杂

村镇成片小区的施工，一般由专业队伍采用一些基本的机械化装备完成，如塔式起重机、布料杆、搅拌机、小型搅拌配料机械、小型钢筋加工机械等。对于村落民房等，农村建筑队伍对建筑成本的敏感性较高，对采购租赁施工设备、施工防护用品、按图施工等仍存在市场的差距，积极性不高。一般由施工工匠或者临时村民游击队完成。因此使用乡土建材的木脚手架施工，使用土拔杆调运工具，进行顶层施工；竹脚手架作业，绑扎不规范，事故率较高。造成村镇安全事故多，浪费材料，甚至毁坏环境。

在小型搅拌机械、砂浆机械、快速维修升降机具等方面均形成成套技术和装备，我国的最新成果均达到国际先进水平。但由于农村需求动力不足，政府在村镇施工监管方面存在盲区，安全管理政策在机械化安全装备采用率的强制力不够，造成安全型施工装备推广使用滞后，村镇施工事故频发。

因此，我国村镇建筑施工总体显现出如下特征：

（1）建筑工业化、机械化程度低。大部分工程仍然采用传统的搭设大面积脚手架施工方法，该工艺存在施工材料浪费大、劳动效率低、搭设和拆装费时费工且安全性差等缺点

（2）缺乏关键设备核心技术与机具。近年来国内建筑脚手架坍塌和高处坠落事故频频发生，据统计，全国群死群伤事故中，建筑事故的死伤数仅次于采矿和交通事故。

（3）施工工艺、设备、产品安全和作业安全监管技术和标准方面落后。

11. 村镇建筑信息化

近几年，党中央、国务院以科学发展观统领经济社会发展全局，按照统筹城乡发展的要求，采取了一系列支农惠农的重大政策。随着城市化进程的加快，村镇的比例也在不断增加。根据《2007 年城市、县城和村镇建设统计公报》，全国有县 1635 个，建制镇 19249 个，乡 15120 个，自然村超过 260 万个；乡镇建成区面积 5.08 万 km^2，约为城市建成区面积的 1.5 倍；乡镇总人口数 10.56 亿人，是城市人口数的 3 倍。

由于村镇处于城乡过渡性特点，使大多数村镇在规划、开发、建设、管理，特别是社会管理方面的难度非常大。因此，如何做好各方面的城市管理、社会管理与为民服务工作，营造和谐平安的人居环境并确保社会稳定，已成为村镇管理所面临的最重要的任务之一。

村镇信息化经过几年的积累已经取得了一定的成效，但相对城市信息化发展取得的成果，还有相当大的差距。绝大多数村镇地区，由于信息资源分散，信息更新速度慢，能够为职能部门管理和运行提供决策依据的信息以及为民众提供服务的行业信息没有或者停留在几年前。村镇规划、建设依然沿用传统管理方式和手段，造成规划、建设等监管的不到位，加之近年来村镇信息化建设，由于多个部门实施惠农政策，纷纷在村镇建设信息系统，但也不可避免地出现了盲目发展、各自为政的现象，各类社会职能部门针对行政村的工作没有充分利用网络化的信息管理方式，导致村镇的发展不能与城市的信息化总体规划有效衔接。与此同时，村镇信息资源缺乏有效的整合与共享，村镇规划、建设、管理缺乏专业人才队伍和信息化技术手段，科技信息服务能力弱等问题，造成人力、财力、物力的多重浪费。

中国经济发展不平衡，农业社会、工业社会、信息社会三种社会结构并存，不仅阻碍了信息化进程，而且迫使中国的信息化首先要解决城乡二元社会的问题，增添了中国信息化建设的难度。特殊的国情压力既是困扰信息化的因素，亦可转化为信息化发展的动力。

就政府而言，加大对国家级的基础设施建设支持力度的同时，要把信息化的推动重点转向农村聚焦于占总人口 57.01% 的农村人口。

我国农村信息化经 10 多年发展，已初具基础，但形势仍严峻：总体规模小，地域分布不均衡，信息资源缺乏多样性，信息开放性和共享程度低，时效性差，缺乏宏观调控，资金支持不足，网络管理薄弱，现代信息技术还没有得到广泛应用。具体到农村村镇基层，则存在信息服务效率不高、效果不好、信息服务各行为主体利益无法保障、体系运作缺乏可持续性等问题。此外，有很多从事农村信息化研究和推进工作的人员还没有真正了解农村的现状，提出的农村信息化建设的办法也不完全切合实际。

目前，我国村镇信息化建设方面主要存在以下问题：

（1）信息化意识淡薄。信息作为生产中越来越重要的投入要素，极大地提高了生产力水平和现代化水平。但是从整体上来看，增强信息化意识仍是农村信息化建设面临的一个重要问题。一方面基层领导认识不到位，单纯地认为信息化仅仅是对网络的更新换代，对农村信息化工作的具体推进工作没有专门部署。另一方面农民自身信息意识不强，主要表现在我们要动员农民在信息化基本设施上进行投资非常困难。在调研中发现，对信息重要性的认识缺乏，对信息致富能力的怀疑，是阻碍乡镇信息网络建设的一个重要原因。

农民的信息化意识也呈现出一定封闭性，主要表现为对信息情报反应迟钝、缺乏应用信息的积极性、敏感性，因而对信息技术需求欲望低。这种现状，使农村仍然存在着信息流、物流不畅，生产、销售和需求相脱节，一些农产品被压等压价，甚至出现滞销等问题。如何解决这些问题，信息化建设是当务之急，这一点必须达成共识。

（2）信息化基础薄弱，村镇规划、建设监管不到位。多数村镇的建设与规划管理机构严重不健全，特别是缺乏利用信息技术进行规划、建设和管理的专业队伍，这使得规划的执行力度无法保证，致使村镇的规划、建设、管理处于混乱状态，村镇建设中乱占耕地、违章建设、骑路建设、杂乱无章、功能不合理、风貌不协调的现象比比皆是，而且造成很多选址不当和工程质量等安全隐患。而村庄建设管理更是盲区，因村里多数没有配备相应的建设管理人员，仅靠乡镇配备的规划管理工作人员根本无法深入基层进行监督管理，致使多数村庄无序建设明显，一些古老村落风貌及特色遭到严重破坏，这些都有悖建设社会主义新农村的发展要求。

农村信息传递的主要矛盾集中在村镇信息化水平，仅仅依靠推广方便、价格低廉的信息终端设备，不足以解决信息传播"最后一公里"的问题。据统计，农民自愿购买信息终端设备的用户只有 8%，能够长期使用、效果较好的占购买总数的 37%，大多数农民对信息在生产经营中的重要作用缺乏足够认识，82% 的农民获取信息渠道还需要公益性的信息服务体系和村镇政府引导。

（3）空间基础信息建设落后。尽管全国各地村镇信息化程度差异大，但大部分村镇地区没有大比例尺地形图或其他图种，有些地区（如西部地区）甚至连小比例尺的基本图都没有，这一状况是村镇普遍存在的。由于村镇基础空间数据的严重缺乏，致使出现了村镇规划缺失、发展无序、产业布局混乱、集聚效益低下，基础设施短缺、公共服务设施不配套，土地资源浪费严重、耕地保护形势严峻，土地污染退化、生态环境差等问题，这些都极大地制约了村镇的发展。与此同时，先进的信息化技术与村镇的现实需求之间存在断档，例如卫星遥感技术的突飞猛进，极大地提高了地理信息获取和更新的能力，随着取代传统的人工测绘，可以为村镇空间基础信息的建设节省大量成本。但类似的技术还没有在广阔的村镇地带得以应用。

大多数村镇不可能有大量的资金投入信息化建设，服务网络的覆盖面不宽，延伸不够；基层管理、信息技术人才队伍和村镇信息员队伍的人员数量和服务能力还不能满足需要。

大多数村镇信息服务工作薄弱，信息传播技术手段落后；信息采集覆盖面不广，信息资源开发利用滞后；信息服务中缺乏有效的利益机制等，在一定意义上形成信息服务网络延伸的"瓶颈"。

（4）村镇信息化综合应用水平低。近年来，数字化城市管理创新模式得到了党中央国务院的高度重视，其运用现代信息技术，提高城市管理水平，改善社区人居环境，是转变政府职能的必然要求，是公共服务的重要内容，是促进城市健康发展的重要基础。目前，全国51个数字城管试点城市已经有成熟的系统和成功的经验可供借鉴，在系统开发研究方面作了有益的尝试，为数字化城管向腹地村镇延伸建立奠定了基础。

鉴于目前我国还尚未建立起部、省、市、镇这种自上而下的基于遥感技术等现代科技手段的村镇规划建设与运行管理信息系统。由于机制尚未理顺，使城市在规划、建设、社会运行管理等方面的先进技术和成熟模式没有直接深入到乡镇并延伸应用，不利于城乡统筹建设。由于土地批租、房地产开发而导致土地管理分割，城乡单位犬牙交错，"一地两府"及"一地多主"的现象比较普遍，跨区的管理矛盾较突出。很多村镇地区，土地逾期完不成开发的较为普遍，土地开发问题不容忽视。

再次，村镇社区管理问题大量存在，道路、水系等被打乱，垃圾成堆，排水不畅，违章搭建十分严重，环境卫生恶化，社会治安形势严峻，无论是在社区景观或是在社区精神文明建设方面都存在诸多问题。

上述问题给村镇的规划、开发、建设、管理，特别是社会管理带来了很大难度。首先是部门条块分割严重，资源不能共享，致使村镇监管不力。

其次，随着城市化进程的加快，毗邻城市的村镇引来大规模开发区的规划建设，使大量高新技术工业和现代化服务业向结合部集中；在自身经济利益的驱动下，一些村镇居民以较低廉的房租对外租赁，使大量外来人口在些集聚，从而形成包括导入的城市居民、原住农民和外来人口在城乡接合部混杂居住、十分复杂的社会空间。与此同时，也引发了某些原始的、并对城市市容有严重影响的城市产业，如城市垃圾回收业以及为外来人口的服务业在这里"见缝插针"地滋生与发展，再加上原有的乡镇和村办企业，各类性质不同，差别很大，诸多冗杂的产业聚集在村镇地区，导致了村镇地区环境卫生、社会治安等问题十分突出。

再次，在村镇运行和综合监管过程中，没有有效地整合现有的优势资源，没有科学地利用先进的信息化技术手段（如卫星遥感技术），使村镇一方面缺乏基础数据，另一方面又不得不为村镇的运行监管付出高额的成本。因此，村镇信息化的建设是解决村镇低效管理的唯一手段，它的建设也将会带动村镇运行和管理的相关产业，形成新的业态。

从深层次角度来分析，村镇信息化难点问题有以下几项：

（1）村镇经济发展的不确定性决定了村镇信息化建设是一个艰巨而复杂的过程

目前，我国村镇信息化建设落后于西方发达国家，突出表现在缺乏适宜的技术与符合实际需求的信息系统产品，村镇信息化建设缺乏有力的信息技术支撑。村镇信息化的滞后，已逐步成为影响我国农业发展、农民增收乃至村镇稳定的重要因素，与其他产业的信息化相比，村镇经济发展的不确定性决定了村镇信息化建设是一个艰巨而复杂的过程，再加上农民整体科学文化素质相对较低和城市与乡村间普遍存在的"数字鸿沟"等客观因素，都加大了村镇信息化的难度。

(2) 村镇信息化研究基础环节后劲不足

国内基本上没有实用的方案和技术经验可以借鉴，由于基础条件缺口较大，直接用于村镇信息技术研究开发资金有限，导致村镇信息化研究基础环节后劲不足，部分地区简单套用相关信息技术，应用效果及作用不显著。其中，相关适宜村镇信息化建设的配套信息技术、建设技术规范、运行机制、建设模式、信息资源建设等是主要障碍，目前，国内基本上没有实用的方案和技术经验可以借鉴，因此，研究开发统一技术标准的村镇信息化发展模式和技术规范，开发具有普遍意义的成套建设方案及信息支持系统是主要的技术难点。

(3) 缺乏村镇自身的信息服务体系运行环境

目前，我国大多数村镇社会化信息服务体系没有形成，缺乏多种模式并存的村镇信息化服务机制，无论信息技术如何先进、实用，最终目的都是为农民提供信息服务，需要的是良好的运行环境。村镇信息化最终要纳入社会化服务体系，这是保证村镇信息化可持续发展的关键，所以，村镇信息化难点是社会化服务体系建设、示范应用效果和如何建立长效机制的问题。

当前，我国总体上已进入以工促农、以城带乡的发展阶段，初步具备了加大力度扶持"三农"的能力和条件，经济较发达地区的村镇在生活基础设施建设方面已经日趋完善，基本解决了饮水、行路、用电等问题。然而，与城市相比，村镇地区的生存环境、环境卫生、社会管理等方面的信息化应用还远不及城市。在这方面，近年来全国范围内推广的数字化城市管理模式是村镇信息化建设的良好范本。随着数字化城市管理的逐渐延伸，已经有部分经济发达的城市将管理和服务的范围拓宽至毗邻的乡镇。利用信息管理平台解决了城市和城乡结合地区的诸多社会管理问题。

例如，广州市在2006年启动镇村信息化试点工作，开发区九龙镇信息化试点镇建设工作在2007年初全面展开。经过两年的扎实工作，被广州市推荐为2007年度广东省信息化示范试点单位，成为全省唯一一家镇级信息化示范试点单位。区宽带网络已开通至九龙镇31个行政村，逐步建立起覆盖区、镇街、村三级的信息化网络基础平台。一是通过光纤，镇政府信息网络与区政府信息网络进行了互连，实现了区、镇信息数据的网上共享。二是完成了信息网络的"村村通"工程，信息网络基本覆盖了镇31个村（居），村（居）的信息数据能实时上报。三是组建了服务于农村信息化工作的信息员队伍。

例如上海市浦东新区的北蔡镇，自2007年起，北蔡镇结合浦东新区城市网格化管理的发展规划及北蔡镇的社会、经济发展实际需求，率先在村镇级别建立起社会综合管理服务、村镇政务服务等的综合管理信息平台，并实现了与市级平台的互通互享。这种数字化城管关键技术在村镇中应用以来，首先解决了城乡结合地区的户籍管理难题。处于城乡结合地区的北蔡镇，城建工地很多，因此搬迁移民和外来人口大量涌入，对当地带来繁荣的同时，产生了不少的社会问题和治安问题，小区居民来源参差不齐。而这个平台就以社区为单位，将社区人、房信息入库，实现了村镇社区的户籍综合管理。同时，通过进一步拓展服务的范围，梳理小区里的各种需求，北蔡镇还通过平台与各相关职能部门（环境、规划、交通、供水、供热等）联系，实现了政务系统与平台的对接。这种终端前移的运作方式，不仅提高了村镇综合管理和服务的效率，还带动与信息技术相关的服务产业（软件维护、硬件维修、咨询服务等），解决的城乡结合地区年轻劳动力的就业问题等。实践证明，运用利用信息管理平台对村镇进行管理，"及时"发现和处理问题的能力大为提高，有利于将村镇应急事故消灭在萌芽状态。

从现有成功案例来分析，可形成以下经验：

（1）统筹整合涉农信息资源，以信息畅通带动商贸流通

一是整合信息内容资源，为基层提供可利用的资源。理顺政府、企业、农民各主体间的关系，采取"政府支撑、企业运作"模式推进农村信息资源建设。保证基层及农民能够顺畅获取信息。从政府的信息服务做起，以提高信息内容的数字化程度为目标，进行数据库建设。二是整合服务资源，发挥服务效能。面向农村的信息服务涉及多种渠道，要加强与涉农部门的沟通协调，建立综合性农业农村信息服务平台。以农业信息服务站为节点，整合涉农信息资源，加强农业资源库数据库建设，重点加强农民急需的信息采集系统建设。三是开发完善农业信息应用系统。进一步开发农业经济主体数据库、农产品供求数据库和农业专家数据库，深化农业信息技术应用领域。鼓励发展以农村和农民为主体的电子商务模式，建设农业电子商务平台。

（2）优化农业信息服务体系以集约化为原则，建立和完善农村信息服务机构，加强信息服务队伍建设

进一步整合各涉农部门的网络系统、信息资源和科技服务体系，形成一个比较完善的、综合的、系统的信息网络，实现信息进村入户，逐步消除"数字鸿沟"。

（3）以农村信息网站为平台推动应用

一是与农民利益相关的农副产品和生产资料等市场价格信息；二是种植和养殖等方面的农业科技信息；三是提高文化科技素养和能力的教育培训信息；四是政策法规、气象服务、灾害预防、劳务需求、村务公开等公共信息。

（4）以信息能力培训造就新型农民

一是加强对信息员和农民的培训。着重培养农民的科技意识、市场意识和信息意识。重视并有计划地开展信息人才队伍培养。积极扶植和发展农村产业协会组织。二是加强对教师和学生的培训。根据教育强区的要求及区教育信息化的规划，分层分批推进农村中小学教育信息化培训，建立起一支高水平的农村信息化建设人才队伍。

3.2.3　村镇基础设施

1. 道路桥梁

我国村镇道路建设具有以下特点：

（1）镇及大型社区道路等基础设施建设均参照城镇标准，投资主体为政府。

（2）村庄内道路等基础设施建设的投入较少，以道路为例，一般为 15～25 万/km，由政府和村庄共同分担，因此，大部分道路采用造价稍低、使用寿命较长的水泥路面，而且大部分道路对路基的处理相对较弱，宽度较窄。

（3）目前城市道路及等级公路建设标准相对较高，不能满足村庄道路建设的需求。村庄道路设计一般按经验进行，结构层设计较为不合理。

（4）村庄道路桥涵施工不规范，验收程序不合理。村庄道路桥涵的施工一般由小的施工队伍实施，施工水平较低；施工过程多由村民监督，由于水平有限，仅能核对材料用量，无法对影响道路使用性能的关键因素（配合比、压实度等）进行控制；竣工验收无验收标准，不能准确反映建设质量。

（5）建设细节处理不到位，主要包括以下几个方面：

1）多数无交通标识，在交叉口及道路线形较差的地方存在安全隐患。

2）多数村庄村内排水方式为雨污合流，对于以传统农业为主的村庄可以接受此方式，但对于以工业、餐饮业（农家乐等）为主要经济支柱的村庄，此种方式会对现况环境造成较大的污染，尤其是水资源较丰富的村庄，污水随雨水直接排入河涌，造成现况河涌水质污染。

3）路面高于部分建筑地面，雨水有倒灌入建筑物内的风险。

4）道路线形较差，不利于行车。

5）断面较窄，未设置错车区域。

通过对国内不同地区村镇的实地调研，将各地区管理、建设、设计、施工等相关部门及使用者对村庄道路标准体系的要求进行汇总，由于镇、乡及大型社区道路等基础设施建设均参照城镇标准，本处仅列国内村庄道路建设对道路标准体系的需求，具体如下：

（1）对标准体系的要求

1）编制体系规划和计划应先行，应该先编制《村镇规划编制技术导则》、《村镇整治技术导则》、《村镇建设规划设计技术导则》。在村庄（镇）基础设施标准体系中道路、桥梁及相关基础设施标准体系综合考虑，构建道路、桥梁及附属设施设计、施工、养护等标准或规范，不能单方面实施。

2）农村道路设计标准体系可按照一个通用标准加若干专用标准的形式编制，另外再适当编写一些基础标准。

3）增加农村交通规划技术标准或编制导则，将农村进行分类分级，并给出不同类型农村交通体系所适合的交通策略、所需涉及的几种方式的交通体系以及每种交通体系的规划目标、网密度等主要参数的取值范围，以整合农村交通体系，实现绿色交通目标，以及内外衔接顺利、几种方式之间零换乘等要求。

4）可以将道路、桥梁合编，多配一些示意图和标准图册；文字可以科普化，便于非专业人士和村民使用。

5）可与公安部联合，编制涉及农村地区交通引道、交通安全、社区安防等内容的技术标准。

6）补充制订具有地方特点的材料、施工方法、养护方法及工艺等技术规程。

7）村庄道路及等外公路这类低等级道路设计年限低，养护跟不上，桥梁更谈不上定期检测。建议制订村庄道路设计规范、村庄道路及桥梁养护规范、村庄桥梁检测评估规范。在云南省乡村公路特有及普遍使用的弹石路面及城市绿道透水混凝土及彩色沥青等也应该纳入相应设计规范。

8）增加农村生态道路建设方面的规范。

9）结合智慧新农村理念，增加农村道路、桥梁运营养护阶段信息化管理方面、结构健康监测方面或智能交通方面的技术标准。

（2）对编制内容的要求

1）宜简单、实用、专一。

2）村庄道路分内部通道与外部通道两个方面考虑。

3）村庄基础设施标准体系中道路、桥涵及相关基础设施标准应同时融合公路及市政规范，人口稠密村镇应侧重结合市政规范，野外路段应采用公路规范。

4）农村桥梁标准体系应与现有公路、城市道路桥梁标准体系有机衔接，应避免相互脱节甚至矛盾，荷载标准、设计使用年限、生态环保等应作为重点研究内容。

5）关于村庄道路的横断面设计需要明确车道宽度、道路总宽度，不宜单纯为节约投资而降低道路通行条件及服务性能，现状情况下，部分村庄道路的车道宽度不足，错车困难，在村庄范围内存在村庄道路控制宽度不足，两侧建筑影响车辆通行的情况。应增加村庄道路回车场地的控制内容，村庄道路的纵坡要求适当放宽，以便结合场地坡度、高程设置，明确村庄道路与公路、城市道路的接入设计。

6）应强化村庄道路的安全防护设计，鉴于村庄道路很多经过沟塘等范围，应强化其安全防护要求。

7）村庄道路的路面结构应考虑农用车等通行车辆的特点制订，同时应考虑村庄道路建设不易，应着重考虑其缺乏养护条件下的适应性，适当提高道路结构标准，不建议临时路面结构。

8）村庄道路的路面不宜仅考虑车辆通行或道路本身，设计中应增加考虑村庄内的地面硬化、覆盖等措施，尽量在村庄内避免裸露土地，增强其环境友好性、雨雪等天气情况下的适应性。

9）村庄道路与土路的衔接，需要考虑土路行驶车辆带泥、水等特性而对村庄道路的破坏，建议增设过渡段，并设置足够长度。

10）通过村庄排水工程整治，应逐步实现"雨污分流"，污水不宜直接排入池塘。

11）房前屋后雨水排放可采用明沟或暗渠方式。排水沟渠应充分结合地形，使雨水及时排放，防止内涝。

12）增加村庄道路桥梁建设明确的标准（使用年限、设计荷载、养护管理）。

（3）对建设的要求

1）不同地区应按需求和当地财力，就地取材分级修建农村道路。

2）部分地区（黑龙江）农村道路需有防冻要求，应按季冻区和永冻区分别制订相应指导细则或标准。

（4）其他要求

对农村基础建设的集约性、安全性、生态性提出要求，对农村基础设施与区域性基础设施的衔接提出要求，明确农村道路的应用范围。

2. 市政给水排水

（1）给水排水设施建设情况

兰州市榆中县青城古镇、武威市武南镇以及高坝镇十三里村民乐苑新型农村社区、金昌市双湾镇古城村都已有自来水设施，均采用集中供水方式，特别是青城古镇建立了

500t/日供水厂和一座 200t/日小型污水处理厂。武南镇建立了 2 万 t/日供水厂和一座 8000t/日小型污水处理厂，敷设 25km 给水管网和 18km 排水管网。白银市景泰县永泰古城目前还采用传统的 5 座坎儿井水作为生活用水。

邛崃市大多数村镇已建成集中供水厂，但是随着农村人口向场镇、居民定居点和公路沿线迁移，一些管网的负荷进一步加大。邛崃市的羊安水厂、固驿水厂目前管道实际输水量已超过设计能力的 1 倍以上。有条件的村镇采用污水集中处理方式，山区聚集点主要为生活污水，由分散的沼气池处理。

浙江省丽江市松阳县的农村集中供水多为行政村甚至自然村级的小水站。虽然近几年来，在上级部门专项补贴、水利资金补助等资金的投入下，并伴随省千万农民饮水工程、新农村建设和千村示范万村整治等项目的开展，但是农村饮用水建设仍存在水质卫生不合格、水源缺乏、水量不足等问题。

（2）生活饮用水水源、水质标准和达标情况

甘肃地区沿黄河的村镇均采用黄河水为水源，而且该地段地处黄河上游水质较好，大概在 3～4 类水体以上。居民饮用水水质可以保证，远离黄河地区的农村采用地下水，由于农村条件限制，目前不具备水质监测条件。

尽管村镇供水水源水量总体上能满足现阶段的需求，但四川盆地腹部地区的自贡、遂宁、内江、南充市水资源量较少。而该地区人口众多、工业发达，城镇化程度较高，饮用水水源相对缺乏；盆周山区如达州、巴中等市地相当部分的场镇地处高山、半高山的垭口，远离河流和水库，仅靠拦蓄当地溪沟径流，一遇较大干旱，水量就不能满足需求。分散的井、池、窖等供水工程水量季节性变化较大，资阳、攀枝花、泸州等地季节性缺水严重。水厂以江河、水库、溪流、泉水为主，部分市州水源水质合格率低于 85%。分散水源存在农业面源污染，普遍细菌学超标。

浙江省虽为"诗画江南，山水浙江"，但随着各类污染的加剧，部分地区地下水的过量开采，"农村"水系特别是山区地表水受农村面源污染和生活污水的影响，饮水水源受到污染。不少地方是资源性缺水、工程性缺水和水质性缺水同时存在。饮用水水质超标问题主要为微生物超标、pH 超标、浑浊度超标以及游离氯未达标等。主要分布在行政村、自然村级的小水站和部分农村的末梢水中，大多是人畜粪便、化肥和农药污染所致。

（3）生活用水量情况，水费问题

甘肃村镇居民人均生活用水量在 80～100L/日左右，水费价格在 2 元左右，楼房均已安装水表计量，与城镇一样。农村按人口或按户收费。

2004 年年底，四川省将 21 个市州当时所有饮水不安全人口全部纳入了建设规划并开始逐年实施解决，尤其是将集中供水作为主要发展模式。至 2013 年，共新建了 329.95 万处村镇供水工程，其中集中供水工程 3.13 万处。全省集中供水规模从 2004 年的 71.32 万 t/日增加到 2013 年的 288.61 万 t/日，新增日供水能力 217.29 万 t/日。集中供水人口从 500.25 万人增加到 3005.35 万人，人均供水量从 47L/日提高到 96L/日。四川村镇供水没有完全市场化运作。因此，许多农村供水价格大多低于制水成本，许多村镇水厂存在政策性亏损，加之一些小型水厂专业化管理水平不高，水费收取困难，特别是甘孜州、阿坝州、凉山州的一些民族地区，群众用水几乎不收取任何费用，水厂连简单的日常维护都成问题。

浙江省农村供水由城市供水管网延伸供水的，纳入城市供水管网管理，由城市供水企业实施供水经营、设施维护和运行管理。城市供水企业不得向城市供水管网延伸工程涉及的农村居民用户收取开户费等费用。城市供水管网延伸工程的供水管理，按照《浙江省城市供水管理办法》执行。农村集体经济组织投资建设的农村供水工程，由村民委员会定期向村民公布水价和水费收支等情况。农村居民生活用水和非生活用水实行分类计价。农村供水价格按照下列规定确定：①政府投资建设的农村供水工程，供水价格实行政府定价；②利用其他方式投资建设的农村供水工程，供水价格实行政府指导价，其中单村供水工程供水价格由村民委员会参照政府指导价，召开村民会议或者村民代表会议讨论确定。农村供水价格的制定权限按照省有关规定执行。

（4）供排水设施管理和运行费用问题

甘肃调研区供排水设施由村镇培养的人员值班管理，由于设计的水厂工艺简单，也配备了控制系统，电源能够保障，给水厂运行基本顺利。污水处理设施仅青城古镇有一座，还在建设中，没有运行。据了解给水排水设施的运行费用靠收缴的水费后，不足部分由村镇集体补贴一部分。

调研区部分农村供排水设施无人管理，无法发挥工程应有的处理效果。有些污水处理设施进、出水不畅，存在堵塞的现象。

（5）水、旱厕情况

所考察的村镇水、旱厕全有。除已经集中上楼的农户主要使用水厕外，其他新农村虽然基本建设了水厕，大部分农民还继续使用旱厕。

（6）集中式排水设施建设情况，管网建设情况

此次考察的古镇和乡镇建设了集中式污水排水管网，由于甘肃年蒸发量大于降雨量，这些乡镇都没有建设雨水管网，道路也没有排水系统，今后也没有建设规划，这反倒符合该地区的特点。

截至2014年底，浙江省28653个建制村中，已完成农村生活污水治理村6120个，受益农户达155.12万户；累计完成厌（兼）氧处理终端站点39383个，好氧处理终端站点7511个，完成村内主管敷设1113.5万m，化粪池改造93.03万户。农村污水治理过程中也暴露出建设标准滞后、处理水平低效、运营维护不畅等难题。

从调研走访结果并结合相关现状资料，可以看出，镇由于其人口集聚的特性和功能定位，镇的市政给水排水设施建设可参照城市的标准规范进行。调研区的建制镇和中国大多数镇的情况类似，已建成集中供水排水系统，现阶段市政给水排水设施的突出问题是运行维护和管理水平的有待进一步提升。这个问题的凸显程度和镇的经济水平、发展规模和地理位置有关，不能一概而论。

农村供水工程普查自2010年1月启动，历时3年，普查范围涵盖全国31个省级行政区、所有地级、县级、乡级，近49万个村，普查范围广，涉及内容多，取得了丰富成果。农村供水工程分为集中式供水工程和分散式供水工程两大类。集中式供水工程指以村镇为单位，从水源集中取水、输水、净水，通过输配水管网送到用户或者集中供水点的供水系统，包括自建设施供水。集中式供水工包括城镇管网延伸工程、联村工程和单村工程三种类型。城镇管网延伸工程指依靠城市或乡镇供水管网向周边村镇通过管网延伸的供水工程；联村工程指在村庄（含居民点）、乡（集）镇、建制镇修建的永久性供水工程，包括

跨乡镇集中式供水工程和跨村的集中式供水工程；单村工程指单个村或自然村的集中式供水工程。分散式供水工程指除集中式供水工程以外的无配水管网，以单户或联户为单元的供水工程，包括分散供水井工程、引泉供水工程、雨水集蓄供水工程。通过普查，全国集中式供水工程数量仅占全国农村供水工程总数的 1.6%，但其受益人口却占全国农村供水工程总受益人口的 2/3。而分散式供水工程数量占全国农村供水工程总数的 98.4%，但其受益人口仅为总受益人口的 1/3。从受益人口角度评价，集中式供水工程受益人口多，是当前我国农村供水工程的主要形式，并且大部分实现了供水管网入户。从工程类型上看，单村供水工程受益人口占一半左右，是农村供水工程的主要形式。整体上我国农村供水工程规模偏小。根据本次调查成果分析，我国农村供水工程现状具有以下特点：①集中式供水工程是目前我国农村供水的主要形式；②南方地区受益人口以地表水为主，北方地区受益人口以地下水为主；③单村供水工程受益人口所占比重最大；④全国农村集中式供水工程管网大部分实现入户。我国农村供水安全现状有以下特点：①浅层地下水以及地表水是农民接触污染水的主要源头；②地面水污染，季节及降雨量会影响地面水中的泥沙含量和细菌数量；③同时存在水质性缺水和水源性缺水的情况。

水利部 2012 年 7～10 月开展了农村生活排水典型调查，收集了 16 个省，52 个县（市），包括 144 个乡镇，共计 1 831 个村，涉及 216.2 万农村人口的调查资料。根据本次调查并结合水利部调查数据，我国农村生活排水主要包括农村居民生活排水、分散禽畜养殖污水以及农产品加工和农村作坊污水。农村生活污水处理措施主要有以下几种：化粪池是一种利用沉淀和厌氧微生物发酵的原理，以去除粪便污水或其他生活污水中的悬浮物、有机物和病原微生物为主要目的的污水初级处理设施；沼气池是采用厌氧发酵技术和兼性生物过滤技术相结合的污水处理方法；厌氧生物膜池是通过在厌氧池内填充生物填料强化厌氧处理效果的一种厌氧生物膜污水处理技术；生物接触氧化池是采用活性污泥法与生物接触氧化法相结合的污水处理技术；氧化沟是活性污泥法的一种变形，其曝气池呈封闭的沟渠形；人工湿地是一种通过人工设计、改造而成的半生态型污水处理系统；稳定塘又名氧化塘或生物塘，是一种利用池塘水体自然净化能力处理污水的生物处理技术；土地渗滤处理系统是一种利用化粪池和土地渗滤相结合的人工强化的污水生态工程处理技术。从调查地区的情况看，采用的主要技术依次有沼气池 37%，化粪池 28%，土地渗漏 17%，人工湿地 10% 等。大部分工程采用单一的污水处理技术。从调查的地区看，农村生活排水的建设和管理工作职责没有明确，行业管理体制尚未建立。从已建设的工程来看，各地建设标准、建设成本差别较大，不少工程建设标准有待提高。大部分工程缺少专业管理技术人员，管理资金欠缺。

在我国快速城镇化的今天，镇作为联结城市与农村的关键节点，其基础设施建设、供水安全、水污染控制和水环境改善的需求日益显现。与城市相比，镇往往基础设施规划与建设的水平偏低，由于发展迅猛且不均衡，所以规划编制通常滞后于发展节拍，市政给水排水设施建设存在盲目上马、照搬大城市模式等问题，难以适应镇的实际需求。虽然镇的建设工程标准体系可借鉴城市，但是许多现行城市建设工程标准并未明确指出适用于镇，因此需确立镇的市政给水排水工程标准体系表，以规范镇市政给水排水设施建设的程序和保障建设各环节的工程质量。

农村供水排水设施建设的问题更为突出。2012 年 3 月国务院批复了《全国农村饮水安全工程"十二五"规划》，提出"十二五"期间，要在持续巩固已建工程成果基础上，进一步加快建设步伐，全面解决 2.98 亿农村人口和 11.4 万所农村学校的饮水安全问题，使全国农村集中式供水人口比例提高到 80％左右。实现农村供水工程集中化、规模化，从小规模向大规模农村供水工程转变。农村供水在人口覆盖、质量安全、运行保障等方面仍存在问题。农村供水出现质量安全问题的主要原因有：没有严格检验、检测供水水质的质量；供水工程建设初期缺乏规范性；并没有制订完善的建后管理机制，很难确保供水工程的正常运行。所以农村供水体现出提高建设标准、提高供水安全、增强水质检测、增强水源保护、规范建设程序、加强运行管理的迫切需求。农村排水设施具有如下特点：污水量小面广，进水水量在时间上变化大，管网不健全，用地有保障，区域差异化，污水接纳地区人口密度低，资金筹措能力弱等。所以农村排水设施建设存在覆盖人口低、污水处理率低、处理设施运行不稳定、污水处理不达标等问题，同样体现出提高建设标准、规范建设程序和加强运行管理等的迫切需求。农村给水排水设施的建设可部分参考镇的市政给水排水工程标准体系，但必须有适用于农村的、符合农村给水排水建设需求的、区别于城镇的专用标准。

我国幅员辽阔，各地城镇化发展速度和模式具有差异，抛开各地地理、气候、环境的差别，一般来说，我国的镇可按规模或人口集中度分为两大类：一是具有相当发展规模的小城镇，因为行政区划的约束，虽然属于镇的级别，但人口及产业规模已不亚于一些县城，给水排水设施规模达到数万立方米/日，完全可以借鉴城市给水排水的经验、技术和模式；二是真正意义上的小城镇，人口和产业规模相对较小，或比较分散，污水处理规模一般不超过 1 万 m^3/日，且处理水的出路相对多样化，这样的小城镇所需要的给水排水设施建设技术与模式不再完全雷同于城市，在标准体系中需针对性的专用标准来补充。

我国农村地区由于经济发展、地理位置、人口集聚程度、与城市的联系等各方面的不同，给水排水设施的建设更是千差万别。农村给水工程分为集中式供水工程和分散式供水工程两大类，集中式供水工又包括城镇管网延伸工程、联村工程和单村工程三种类型。各地农村生活排水发展状况也有差异。城市郊区、经济发达地区的农村生活排水工作已有一定成效。我国更广大农村的排水设施建设不完善，污水难以收集、不适于集中处理，部分已建成的污水处理设施运行难以为续。这些是与城镇的给水排水设施建设不同的问题，因此在市政给水排水专业领域内，在参照城镇市政给水排水标准体系基础标准、通用标准的基础上，应建立农村给水排水专用标准的分支体系。

3. 供热

目前我国村镇采暖分为集中供热、分散供热和自采暖。集中供热与分散供热和自采暖相比较，有着方便、干净、热效率高、节能、环保等诸多优点。村镇总体上讲以分散供热和自采暖为主，但随着我国经济的高速发展、人民生活水平的不断提高以及镇化进程的加快，城市以及有条件的村镇大力发展集中供热是必然的趋势，不仅提高民众的生活质量，也符合国家的节能减排国策。

村镇人口分散，总体规模小，加之受经济条件约束，采用集中供热供暖的条件受到一定的限制，就调查情况看，村镇没有采用集中供热的，条件较好的镇，包括"拆平上楼"的新农村，主要以分散供热为主。分散居住的传统村落或经济不发达的镇乡，主要采用传统的火炕、火墙或小煤炉采暖。

调研走访的甘肃省兰州市榆中县青城古镇、白银市景泰县永泰古城、武威市武南镇以及高坝镇十三里村民乐苑新型农村社区、金昌市双湾镇古城村等部分村镇地区，除高坝镇十三里村民乐苑新型农村社区外，供暖都采用火炕或小取暖炉的方式，与收回的调查表所统计的其他村镇的采暖方式一致。调研走访的高坝镇十三里村民乐苑新型农村社区为全国现代农业创新示范基地和省级美丽乡村示范点，拆除传统村落，集中小区居住，供暖采用了集中供热。村镇集中供热在京津地区也被广泛推广，但和高坝镇十三里村一样，都是经新农村建设，集中居住后实现的。从调研的情况统计，目前我国村镇供暖方式呈以下特点：

（1）分散居住，特别是以平房为主的村镇，采用火炕、火墙或小火炉供暖，是目前我国村镇最常用的供暖方式。

（2）经济不发达的乡镇，虽然居住较为集中，包括楼房在内的供暖多采用火炉形式，主要受经济条件限制。

（3）经济较为发达，且居住集中的村镇，有部分采用分散供热，这种情况在新农村建设中有一定的代表性。

我国传统农村生活燃料以电、农业生产废弃物、煤为主，也有少量使用太阳能、沼气等能源的，这与农村经济和农民生活水平、基础设施建设水平紧密相连。调研走访的甘肃省兰州市榆中县青城古镇、白银市景泰县永泰古城、武威市武南镇以及高坝镇十三里村民乐苑新型农村社区、金昌市双湾镇古城村等部分村镇地区，包括火炕供暖使用燃煤，这主要是因为当地有较为丰富的煤炭资源。从收回的调查表看，我国现阶段乡村的供暖使用农业生产废弃物的占有较大比例，特别在东北、华北地区，火炕、火墙一般使用农业生产废弃物或部分柴火作为能源。煤炭资源较为丰富、收入较好的家庭使用火炉，烧煤供暖，这与我国改革开放前的城市居民采暖有一定的相似性。从整体上来看，农村地区在能源利用方面仍然较为落后，冬季取暖，由于成本优势，使用烧煤炉和土炕取暖还是大多数家庭过冬的主要选择。目前较为节能的新型供暖方式，如太阳能、地热、热泵等技术，基本没有被应用。

目前，我国的大部分自然村主要采暖方式是传统的煤炉、火炕，能源主要为煤炭、柴薪以及农业废弃物，存在能耗高、污染大、不安全等因素。近几年，村镇的自采暖除了传统的模式外，在较为富裕的村镇，逐步采用有电采暖、太阳能辅助采暖、地热采暖、风能辅助采暖、热泵采暖、暖池采暖等多种模式，不但方便、干净，而且环保节能。但目前我国的大多数村镇还不富裕，传统的煤炉、火炕在相当一个时期，还是村镇，特别是自然村民众采暖的主要模式。

地源热泵供暖系统在城镇大多应用于商场、医院、学校、企业等大中型建筑的采暖和供冷。随着该技术的普及推广，乡村也开始使用地源热泵取代燃煤进行采暖。农户院里打深的井，埋一个U型管，上面装上配套机组，利用高效热泵机将地下深处的热量"抽"上来，通过热交换技术将系统管道内循环的水加热到33℃以上，从而给房间供暖；夏季，还可以利用地源热泵水循环将室内热量带入地下，以低温冷风形式为房间供冷。

太阳能热水供暖是由太阳能热水供暖系统、集热墙热风供暖系统、隔热保温节能系统、节能炉补偿系统四部分组成。太阳能供暖系统，利用太阳能将集热管里的水加热后储存到蓄热水箱里，按设定温度通过自动循环泵输送到铺有地盘管的房间里。在连续阴天或下雪天,则启用节能炉补热炉内水箱循环到太阳能蓄热水箱,再输送到房间。使用太阳能为主、因地制宜、多能互补供热采暖在我国北方小城镇及农村很实用,其节能减排效益显著,具有较好的经济效益和社会效益。随着我国建筑节能及环境保护的加强,太阳能+多能源互补采暖技术模式将是小城镇及广大农村未来冬季采暖趋势。

暖池采暖也称为地炕采暖,在河北一些农村有应用,但推广较慢。暖池采暖是在建筑物的下方挖筑地坑,将植物的碎根、茎、叶、壳,以及锯末子、苇花、稻壳、格挠等放在池内,经阴燃(缺氧缓慢燃烧)产生热量,经散热面通过传导、辐射和对流方式,提高室内温度的一种取暖方法。

目前针对集中供热的标准已完成标准体系建设,其现行标准已涵盖集中供热设计、施工、验收、运行管理等工程建设的方方面面,标准覆盖率达到 80%,其中基础标准覆盖率达到 100%,通用标准的覆盖率达到 90%,能够满足集中供热工程建设的实际需要。

针对农村分散住户,近几年由农业部牵头,逐步开始针对农村传统采暖制订标准,也包括新型能源的供暖。可用于农村分散住户供暖的《太阳能供热采暖工程技术规范》GB 50495—2009 已颁布实施,专门针对农村分散住户的《农村火炕系统通用技术规范》已进入报批阶段,《民用水暖煤炉通用技术条件》也列入 2014 年度的国家标准计划。

4. 燃气

通过调研发现,现阶段我国村镇居民生活用能与我国大部分北方农村的生活用能相似,家庭能源主要用于做饭、饲养和取暖,条件好的镇,集中建设楼房有集中供热和天然气入户。其具有能源多样性、地域性和不稳定性等特点。

(a)   (b)

图 64 土炕和煤炉

从整体上来看,西部农村地区在能源利用方面仍然非常落后,商品性能源使用率仍然很低,相当一部分农村地区留守的妇女和儿童较多,不能说农民没有能力支付热效率更高的商品能源的费用,但如果有直接可获取的、无成本的能源时,农民还是愿意花更多的时间和精力去搜集燃料。冬季取暖,由于成本优势,使用烧煤炉和土炕取暖还是大多数家庭过冬的主要选择。在他们看来烧煤炉取暖不仅可以烧水做饭,而且还能烘烤衣服,比用电划算得多。较多使用传统砖土打造的炉灶和土炕,不仅能源利用率低,而且燃烧产生大量的可吸入颗粒物、SO_2 和 NO_x 等有害物质。当然,他们不会注意到高的社会成本,像土壤中的有机质含量降低,植被的减少,水土流失等。室内煤炉采暖如果不注意室内通风和规范的安装，对人身安全和健康将带来危害。

图 65　居民储存的秸秆和牲畜粪便

图 66　太阳能装置和煤

从国内的调研情况来说，在我国农村用能具有以下特点：

（1）能源的多样性。有常规能源：电、煤炭、石油、液化石油气、天然气等；非常规能源：秸秆、柴薪、竹子、沼气、太阳能等。

（2）明显的地域性。我国农村分布地大面广，到处都有可利用的能源，但不同的地域可利用能源的类型不同，所以农村能源的开发利用必须因地制宜。

（3）不稳定性。由于农村能源受气候、季节等自然环境的影响很大，具有能量密度低、分散性、间歇性等不稳定性的特点，所以应该采取多能源互补的原则。

（4）能源的可再生性。由于太阳能、沼气等为自然能源，具有可再生性、清洁，符合可持续发展的要求。

大多数农村家庭能源消费以电＋柴薪＋秸秆＋煤＋太阳能、电＋沼气＋柴薪＋秸秆、电＋液化石油气＋柴薪等的混合型结构为主。经济发达省份农村的居民生活水平较高，电和液化石油气在生活用能结构中占的比重较大；无论经济发达还是欠发达地区的农村对生物质能的利用大都停留在直接燃烧的方式上。目前煤炭和薪柴作为农村生活用能最主要的来源在农村能源中占有很大比例，其过度采集是导致森林植被破坏的原因之一。在使用能源方面，燃煤烧柴释放出大量温室气体和污染物，也使得农村环境污染问题越发严重该方式既不利于农村能源资源的有效利用，也对农业经济的可持续发展、生态环境保护带来不利影响。

党的十八大提出，城乡发展一体化是解决"三农"问题的根本途径。解决农村能源问题必须加快农村能源可持续发展建设的步伐，加大统筹城乡发展力度，增强农村发展活力，逐步缩小城乡差距，促进城乡共同繁荣；提高从政府到农民和相关企业的能源利用意识，减少农村能源利用的低效和浪费。加快完善城乡发展一体化体制机制，着力在城乡规划、基础设施、公共服务等方面推进一体化。村镇的燃料使用还应结合环境的治理，统一规划。根据发达国家的经验和我国的实际情况，村镇的气体燃料供应，应以液化石油气为主。

新农村建设中没有相关村镇规划的技术标准及规范在村镇规划上，我国仅有一个标准，是国家制订的一个总体标准，被称为《村镇规划标准》，这个标准的技术规定主要是应用于农村建设中的，但是在村镇的实际建设情况中，这个标准太笼统，在燃气的设计、施工等具体方面的技术和指标主要借鉴城市建设的技术标准，这种双重标准的运用就使得新农村建设中的村镇建设和管理较为混乱。在新农村建设中，应从农村的实际情况出发，如村镇的规模小，布局分散，基础设施不完善，管理力度不够，经济的积聚功能不高等。要根据各地不同的情况，突出重点并具有针对性，技术标准与规范也要与村镇的建设相联系。

农村能源结构的改变一定要增加农民的人均收入，本报告只从与技术有关的内容讨论。

(1) 提高炉灶的热效率

燃烧装置的最终使用效率是影响家庭能源消费的重要因素，提高能源的使用效率意味着减少能源使用量。经实验室测试，改良后的炉灶能源使用效率可以超过 $20\%\sim30\%$，在实际生活中使用也可达到 15%。调查表明，现阶段炉灶的热效率约为 $5\%\sim20\%$，而平均约为 $10\%\sim11\%$。根据一些地区的经验，改造炉灶简单易行，花费不多，且好处很多。改造后的炉灶，烟灰不外溢，这不仅对环境和妇女健康无害，而且还可节省燃料，火力更旺，可提高效力 20% 以上。如能使用得法，这种炉灶一般可以节省 $30\%\sim40\%$、甚至 50% 的烧柴，一年可节省柴火 $1000kg$ 左右。所以，农村能源消费在节能方面存在很大的潜力。

改善炉灶，提高资源利用率不仅受制于农民的思想观念和生活习惯，还受到当地其他因素的影响。在发达地区的农民，因为改良后，炉灶外形美观，节省时间，使用方便等特点，他们乐于改良炉灶。而在贫困地区，存在大量剩余劳动力，他们有时间和精力获得大量"无成本"燃料，以较低水平的利用率，来满足自己的需求。所以要根据不同地区的生活习惯和收入，制订相应的标准，循序渐进地引导农民改善和提高炉灶的热效率。

(2) 使用清洁燃料

根据国家新农村建设力度的加大，农村用于生活和生产的能源应以电、天然气和太阳能等为主，瓶装液化石油气、沼气、煤炭等为辅。居住较分散的自然村要积极推广沼气、秸秆气化、太阳能、瓶装液化石油气或液化石油气小型储罐等清洁能源。在非传统能源中，太阳能具有许多特点和无限的供给能力，尤其适合西部农村，它的一个突出优点是可以满足那些偏远、孤立的农村地区的能源需求。阳光是一种到处可得、无污染且又"免费供给"的能量，所以西部农村应大力发展和使用太阳能。在有条件、居住较集中的新农村可以采用天然气管道供气或液化石油气小区气化。在农村推广新能源的使用不仅可以缓解能源供应问题，而且对环境的改善有着重要的意义，是节能减排的重要举措。

农村的燃气规划建设不同于城市，不是天然气、液化石油气就能解决的问题，也不是参考城镇建设标准就能建设成新农村，一定要坚持因地制宜。有些地区，农民不务农，环境有很大的改善，与城市居住环境差别不大，但其价值观念、生活习惯等一些内在的思想意识仍停留在农民的角色上。循序渐进，科学规划，不断创新机制和方式。

报告中阐述了农村未来对能源的需求和利用，但本报告研究主要落实在气体燃料的标准体系建设上。根据本次调研的情况和未来农村的发展，村镇燃气专业标准体系中可利用城镇燃气专业标准体系的部分内容，例如：燃气管道的设计施工及验收和室内燃气设施的设计、施工及验收完全可以按城镇燃气专业标准执行，针对农村分布地大面广的特点增加生物制气和液化石油气小型储罐设计、施工等内容，以适应新农村建设的需要。

建议在农业部颁发多本沼气方面标准的基础上，研究整合适合新农村建设的沼气标准，多能源综合利用方面的标准。

5. 环境与卫生

村镇建设及其村镇环境卫生工作是当前及今后一段时间内各级政府及主管部门的重点和中心工作之一，其中农村（村庄）层面工作的任务更重、困难更多，且必要性、紧迫性更强。2013年底，习近平总书记在"中央农村工作会议"上也特别指出中国要强，农业必须强；中国要美，农村必须美；中国要富，农民必须富。2014年11月18日，住房和城乡建设部组织召开全国农村生活垃圾治理工作电视电话会议，启动农村生活垃圾5年专项治理，使全国90%村庄的生活垃圾得到治理。同年12月26日，全国住房和城乡建设工作会议明确提出：全面启动村庄规划、深化农村生活垃圾治理。在推进新农村、城镇一体化建设的进程中，高度重视村镇环境卫生建设，环境治理工作又一次摆在了十分重要的位置。村镇环境卫生建设和管理是一个涉及面比较广的系统工程，包括村镇环境卫生公共设施的规划、建设、配置，生活垃圾收集、运输、处理处置、资源利用等重要内容。

上海市崇明县辖18个乡镇，257个村庄，共有69万人口。生活垃圾处理以填埋为主。生活垃圾收运处理采取"户投放、村收集、镇转运、县处理"的城乡一体化处理模式。保洁员采用人力三轮车统一上门收集并将垃圾投入到固定垃圾箱房，镇配套转运车辆集中转运到崇明县填埋场处理。2003年上海市人民政府办公厅下发的《关于本市组织实施万人就业项目的试行意见》（沪府办〔2003〕67号），上海市市容环境卫生管理局在本市郊区组织实施农村环境卫生保洁"千（百）人就业项目"。上海市郊区逐步建立镇有环卫所，村有保洁员，户有责任制的管理体系，为进一步巩固和扩大农村环境卫生保洁"千（百）人就业项目"的成果，2006年上海市市容环境卫生管理局又出台了"关于商请将本市郊区农村环境卫生保洁'千（百）人就业项目'列为市'万人就业项目'的函"，该文件规定各区县、镇乡应继续将农村环境卫生保洁项目所需经费支出列入政府财政预算，确保项目资金的稳定来源。除市财政补贴以外的项目所需经费由区县、镇乡两级政府财政自行确定分担比例，旨在充分发挥农村环境卫生保洁员在社会主义新郊区新农村建设和维护农村环境卫生中主力军和突击队的作用。

为全面达到农村生活垃圾收集"一户不漏、一家不缺"、"农村所有道路和环卫公共设施有专人保洁"的"农村生活垃圾收集全覆盖、农村居住区环境卫生公共服务全覆盖"工作目标，进一步调整和优化农村环境卫生保洁员队伍配置，建设一支"规模适度、作风文明、服务规范、技能娴熟"的农村环境卫生保洁队伍。崇明县为贯彻千人就业计划，全县共有保洁员 1560 余名，平均每个村设 5～6 名保洁员，从事路面和水域的保洁工作。同时县财政投入向每家农户发放 2 个 10L 垃圾桶。

路面保洁：村管理保洁员使用人力三轮车到每户村民上门收集垃圾的模式，将垃圾倒入垃圾房内 240L 的垃圾桶内，然后由所属镇派出的后装式垃圾车转运至中转站，最后进入填埋场进行最终处置。镇级道路保洁采用机扫和人工保洁相结合的方式，机扫率达到 50%，冲洗率 30%～40%。

水域保洁：崇明县共有镇级河道 396 条，村级河道 1.2 万条，东西大河有专门清扫船保洁，镇级和村级河道采用人工打捞保洁。

公共厕所保洁：崇明县全部取消旱厕和粪坑，每家农户由政府出资装备了水冲卫生厕所和化粪池，粪水自净化后灌溉农田。镇级、县级共有公共厕所 182 座，每镇配有保洁员 1 名，负责镇级所有公共厕所的保洁工作，采取巡回保洁的方式，村级公厕还未设立。

江苏省无锡市锡山区辖 8 个镇，1 个居委，117 个村。从 2009 年开始实行四级体系，即村保洁，镇压缩转运，区清运，市统一处理四个层面。每个村按照村人数的千分之五配备保洁员，负责道路和河道的保洁。

锡山区厚桥街道（镇）常住人口 2.8 万人，辖 8 个村，1 个居委，平均每天产生垃圾 25t。厚桥街道（镇）从 2009 年起开始建立并逐渐完善和巩固"户投放、村收集、镇转运、市处理"的生活垃圾处理新型模式，2011 年开始推机械化收集，并将于 2015 年底实现 100% 机械化收集，同时，该镇粪便排放处理全部纳管，进入市政网管。

生活垃圾收运：2～3 户村民设置 1 个垃圾桶，镇统一使用电瓶车（道路比较宽敞的情况下使用压缩车），每天 1 次上门收集，转运至中转站。生活垃圾的收集覆盖全镇。

公共场所管理：镇二类及以上公厕实行 1 人 1 座管理方式，二类以下实行 1 人管理 2～3 座的方式，争取在 2016 年所有公厕都达到二类及以上。

腾冲县曲石镇镇区人口约 1.5 万，下辖 17 个农村社区。生活垃圾处理流向主要为镇集中收运、处理，目前建设有 9 座小型焚烧站，全镇超过 50% 的生活垃圾通过小型焚烧站处理，建设有 1 座垃圾简易填埋场，用于填埋处理焚烧残渣和建筑垃圾。生活垃圾收运、处理经费 20% 靠居民收费，80% 靠镇政府补贴。镇区和部分农村地区建设有 400 个垃圾收储池，垃圾箱房等收集点，在收集点的布设密度原则上为 20 户/个。生活垃圾管理上采取镇区由建设局统一管理，村庄由村民小组长管理的模式。

图 67　城市垃圾清运（一）

　　昌宁县田园镇常住人口 6.1 万，镇区人口约 5 万。下辖 5 个城市社区，8 个农村社区。镇区及周边农村社区生活垃圾处理集中收运、填埋，山区社区自行收运、就近简易填埋。目前全镇建设有 1 座生活垃圾填埋场。全镇垃圾清运费主要靠镇财政支持，垃圾收集点主要是铁制垃圾桶，镇区生活垃圾管理由县环卫站统一管理，城中村、城边村为两级管理。

　　通过调研发现，我国农村垃圾处理具有如下特点：

　　（1）村镇生活垃圾组分较复杂、工业垃圾和农业废弃物比例高

　　村镇生活垃圾的主要特性为：产生源点多量大，组分复杂，布局分散，不利收集。由于工业、农业等多种产业存在，加上垃圾分类管理的水平较低，村镇生活垃圾组分较为复杂，混有大量的工业垃圾如纺织物、塑胶制品等，在农作物收成季节还有大量的农业废弃物如秸秆、藤蔓类植物。从组分上看，主要有清扫泥沙、燃煤灰渣、厨余、包装物等，厨余垃圾仍然是比例最高的垃圾类型（50％以上），此外，灰土渣石等无机物的比例在 15％以上。

　　（2）村镇生活垃圾收运体系建设进展不均衡

　　全国村镇经济发展水平不均衡，生活垃圾收运处理体系建设有差异，江苏省以太湖流域为突破口，已基本实现并积极推广"组保洁、村收集、镇运转、县处理"的城乡统筹生活垃圾处理模式，浙江省从 2008 年开始全面推进农村垃圾集中处理。目前在平原和经济

图 68 城市垃圾清运（二）

发达地区基本采用"户集、村收、镇中转、县处理"模式，在离县级填埋场较远的山区、海岛地区和还没有建设县级集中处理设施的地区基本采用"户集、村收、镇运、镇处理"模式。上海市已将村镇生活垃圾纳入全区收运体系。

由于经费持续投入成本较大，村镇生活垃圾收运系统尚未全面覆盖，大多数地区收运系统还未建立，总体进展不均衡。各地农村环卫财政保障受经济发展制约，经济受限地区垃圾收集容器投入不足，垃圾收集主要是人力运输，收集装备机械化程度低、跑冒滴漏严重，收运技术和设施水平严重不能适应社会经济发展需求；同时大部分农户对于环境意识也比较差，随意将垃圾倾倒在房前屋后，也影响了农村地区市容环境卫生的整体水平。

我国城市在固体废物处理、管理方面，已基本建立起包括软硬件设施在内的、完整的技术标准体系，拥有比较完善的管理制度、标准、法规，以及持续稳定的国家、地方财政投入。而村镇层面，特别是农村垃圾治理方面，缺乏相关的治理方法、制度建设和持续的财政配套。农村至今都没有专业的废物管理机构，垃圾治理的相关标准、法规目前也并未覆盖至农村。没有适合的标准体系及有效的治理模式。显然，将城市已有的标准规范套用到农村去的做法并不适用。基于上述原因分析，在村镇生活垃圾处理方面提出了以下需求建议：

（1）持续稳定投入环卫建设资金

各地应持续并稳定投入农村垃圾收运系统设施建设与维护管理费用，可研究建立各级公共财政持续投入的分担机制。同时通过政府购买公共服务的形式，出台优惠政策，激励市场主体进行垃圾处理设施建设及运营，减轻地方政府项目建设资金压力，加快提高农村垃圾处理设施的建设和运营管理水平。

（2）选取适宜生活垃圾处理模式

农村垃圾处理主要采取"村收镇运县处理"、"村收镇运片区处理"和"就近就地处理"等模式。各地选取何种模式，将根据距离市县垃圾处理场（厂）的远近情况而定。同时各地应因地制宜采取堆肥、微生物处理、填埋等处理方式，注重成本低、简单易行、可复制推广的适用技术和设施建设，建立合适的农村垃圾处理机制。

（3）建立长效村镇环卫保洁机制

各乡镇设立农村环境卫生保洁服务社，市、区县也应分别设立农村环境卫生保洁队伍管理办公室，实现连线管理。农村环境卫生保洁队伍实行乡镇属地管理，统一招聘、统一培训、持证上岗。保洁队伍由街道、乡镇市容环境卫生管理部门领导，农村环境卫生保洁服务社负责日常管理和使用，并派驻建制村从事农村环境卫生日常保洁服务。

同时各地应制订和完善村规民约，通过建立"户前三包"责任制，创建"五星级文明户"等，倡导农村文明生活和良好的生活习惯。同时，确保人员经费和保洁设备的投入，制定《卫生保洁制度》、《保洁人员工作职责》等相关制度，推进村屯保洁员队伍常态化建设，以持续改善农村环境。

（4）鼓励并宣传农村垃圾分类

可结合各地特色，设计制作各类以文字和图案为媒介的宣传品，要求生动有趣并贴近生活，规避教条式和法规式的宣传语言，将分类知识、垃圾乱扔危害深入浅出地向大众普及。推荐使用宣传海报、展板、宣传制品等载体宣传。可在村口、村民公共活动区域固定宣传，加强村民对于生活垃圾的分类的关切度和参与度。

第4章 总 结

"十二五"期间，为满足新农村建设和城镇化的需要，提高村镇建设标准化工作的科学管理水平，切实保障各项标准的顺利编制与发布，确保标准技术内容的适用性和实施效果，各项研究成果在真正落实为标准的技术内容之前，尚需在标准体系总体统筹规划和技术经济分析的基础上，进一步分类、甄别、协调和集成，实现科技成果向标准的转化。因此，本课题对我国典型村镇建设基本情况进行了深入而详细的调研，并获得以下重要结论：

1. 统筹城乡建设发展亟需构建科学规范的村镇建设标准体系

（1）建立并实施科学规范的村镇建设标准体系，是实现城乡统筹，扎实推进社会主义新农村建设和城镇化进程的迫切需求。

村镇建设领域应该和城市建设领域共享国家改革开放三十年来的丰硕成果，在城市建设高速有序发展的同时，我国村镇建设却刚刚起步，虽然正进入快速发展时期，但面对村镇建设发展对标准化工作的迫切需求，村镇建设领域的标准化工作却严重滞后，相应的村镇建设标准体系现在仍处于空白阶段。在扎实推进社会主义新农村和城镇化的进程中实现城乡统筹，就是要实现城市和村镇的协调发展，现阶段很多城市工程建设标准在农村并不适用，严重制约了关键技术在农村的应用和推广，也没有为新农村建设和城镇化进程提供基础性的支撑和保障作用。适用于村镇建设领域的标准亟需加快编制，对于村镇建设标准项目起到统筹规划的村镇建设标准体系也亟需建立起来。当然也并不是所有城市工程建设标准都不适用于村镇建设，由于技术上的关联性，支撑城市建设的工程标准体系和村镇建设标准体系既需要单独构建又需要统筹规划。同时，工程建设标准体系多年来积累的相关经验也应转化到村镇建设标准体系上来，保证村镇建设标准体系的科学建立。

标准体系在统筹规划标准项目设立，避免标准项目重复矛盾，实现对村镇建设领域的全面有效覆盖等方面发挥指导作用，已经成为研究确立标准编制计划的基本依据，可以说标准体系直接影响到标准作用的发挥。标准要及时服务于农村建设，就要求标准项目的编制和立项必须赶得上我国推进新农村建设和城镇化的进程，同时也要求各专业各标准项目全面有效地覆盖村镇建设的各个领域。因此，为满足当前村镇建设的实际需求，应该构建科学、合理的村镇建设标准体系，从而对村镇建设进行指导和约束。

（2）建立并实施科学规范的村镇建设标准体系，是保障民居安全，改善村容环境，全面推进建筑节能的迫切需求。

农村住房建设数量和需求不断增加。近 10 年来，每年新建农村住宅的竣工面积为 6～7 亿 m²，占全国新建住宅总量的一半以上。但普遍存在农房建筑缺少技术标准的支持和指导，使很多新建房屋都没有达到标准规范的设计要求，造成了新房即变危房的惨剧，这种问题的解决已经刻不容缓。

当前我国农村危房依然量大面广，改造任务十分艰巨。体现在：农村民居抗震能力低，安全隐患突出。20 世纪，我国发生六级以上的大地震占了全球的 30%，是仅次于日本的地震密度最高的大国。我国大陆处于地震烈度 6～9 度的地震区占国土面积的 60% 以上。震后重建的相关标准也非常匮乏，亟需适用性、针对性强的村镇建设标准确认危险等级、规范设计要求。

村镇公共设施短缺，生活环境日益恶化。农村地区快速增加的生产生活污水和废弃物超出了农村生态环境的自我平衡能力。据统计，全国农村每年有超过 2500 万 t 的生活污水直接排放，而目前我国绝大多数的村庄没有排水渠道和污水处理系统，造成河流、水塘污染，影响村民居住环境，严重威胁村民的身体健康。而这些方面的标准一直都很欠缺，亟需相关标准的立项与编制，以指导改善村容环境工作的有序开展。

我国农村的生活用能近年来急剧增加，尤其是北方地区冬季取暖的能耗占到生活能耗的 80%，三北地区建筑面积仅占全国建筑总量的 10%，但城市、村镇冬季采暖占整个建筑能耗的 40%，尤其在农村，低效老旧的采暖方式造成极大的能源浪费。因此，积极推进农村尤其是三北地区的建筑节能工作意义重大。随着太阳能光伏发电、生物质能、风能、小水电、沼气等适用于农村的可再生能源技术的不断发展，亟需建立村镇建设节能标准体系，结合我国民居的节能特性，集成转化节能技术，发挥积极的引导约束作用。

（3）建立并实施科学规范的村镇建设标准体系，是实现村镇建设领域科研成果的标准化转化，引导村镇适用技术与产品研发方向的迫切需求。

标准体系已经成为研究确立标准编制计划的基本依据，直接影响着标准作用的发挥。标准体系的建立可以为这些科研成果转化搭建中间平台，通过对这些科研成果的吸纳，使其在体系中找到适合的位置，从而在村镇建设中实际发挥作用。因此，为满足当前村镇建设的实际需求，应以科学发展观统领村镇建设标准体系研究工作，构建科学、合理的村镇建设标准体系，整合各方资源，引导科学技术成果的应用与推广。

从另一方面来说，标准体系中的标准项目覆盖了村镇建设领域的各个专业和各个环节，标准项目的编制都需要一定的科研技术基础，因此，通过体系的统一规划能够提出对于技术和产品研究的具体需求，同时也可以发现当前科研基础的薄弱环节，引导未来技术的发展方向，为今后的科技规划提供技术支撑，最终使科研工作和标准化工作产生联动机制，实现目标一致。

2. 建立村镇建设标准体系实现科技成果标准化

（1）提出体系构建的基本原则与方法，确保村镇建设标准体系的科学性、系统性和适用性。

我国现行的工程建设标准以城市建设为主要服务对象，大部分标准不适用于村镇建设。现行《工程建设标准体系》通过十几年不断的补充修订，已基本完善。但该体系按专业学科作为基本框架的划分原则，无法有针对性地解决村镇建设领域标准项目的规划布局问题。

村镇建设中各类现状问题突出，涉及专业学科众多，城乡及地域差异较大，发展极不平衡。在构建村镇建设标准体系的过程中，既要在总体框架构成层面解决好各分支和专项体系的划分问题，实现对村镇领域各类建设活动的全面有效覆盖；又要在各分支体系中做好各专业学科、各标准项目的层级划分和内容界定，保证整个体系各构成部分形成紧密而有序的内在关联。同时，还要充分考虑体系的可实施性，深入分析影响体系实施的各类因素和保障体系实施的各项条件，最大限度地追求体系建立与实施的外部效果。

为此，应先提出体系总体框架及分支体系的构建规则及技术，统筹兼顾体系建立与实施的全过程，以实现体系的均衡布局、全面覆盖、满足急需、分类指导、协调发展。

（2）建立村镇建设工程项目标准体系，实现提高投资效益、村镇基础设施和公共服务设施的合理功能布局。

村镇基础设施和公共服务设施是村镇建设的重要内容，涵盖了交通设施、农田水利设施、饮水设施、电力设施、通信设施、基础教育设施、医疗卫生设施、农村文化设施等，是村镇赖以生存发展的一般物质条件，关系到农业生产、农民生活，关系到农村社会的发展与稳定，也是推动城镇化进程的重要组成部分。《中共中央国务院关于加大统筹城乡发展力度进一步夯实农业农村发展基础的若干意见》（2010 年中央 1 号文件）明确提出了"加强农村水电路气房建设。搞好新农村建设规划引导，合理布局，完善功能，加快改变农村面貌。"

工程项目建设标准对基础设施和公共服务设施的项目选址、建设规模、建筑等级、项目构成、设备水平等做出规定，是工程项目建设前期投资决策的基本依据。改革开放三十多年以来，我国城市建设取得了巨大的成就，相应的城市建设工程项目建设标准也得到了长足发展，而现阶段我国村镇建设方兴未艾、进入快速发展时期的同时，村镇建设工程项目建设标准数量相对很少，而且缺乏对村镇经济和自然环境的针对性和适用性，不能满足村镇建设的需要，此种局面亟待改变。因此，通过研究村镇建设基础设施和公共服务设施的配置布局、村镇建设工程项目的运营模式和效果分析、村镇建设工程项目建设标准体系构建等，构建完整的村镇建设工程项目建设标准体系，覆盖各类村镇基础设施和公共服务设施，对于贯彻产业政策、引导投资方向、合理配置资源和提高投资效益具有重要作用，对提高地方政府和各行业具体工程项目的决策和科学管理水平，实现村镇生态环境保护和可持续发展具有深远意义。

另外，村镇建设工程项目建设标准体系是确保村镇基础设施和公共服务设施投资效益的重要保障。现阶段，我国村镇建设资金仍然非常有限，村镇建设工程项目建设标准体系同时涵盖了用于投资估算的主要技术经济指标、建设工期及效益评价，有利于引导资金投入到与村镇民生关系最为密切的项目中去，保障村镇建设工程项目的最佳经济和社会效益。

建设工程目标控制（土木建筑工程）复习题集

全国监理工程师职业资格考试辅导编写委员会　编写

中国建筑工业出版社

图书在版编目（CIP）数据

建设工程目标控制（土木建筑工程）复习题集/全国监理工程师职业资格考试辅导编写委员会编写.—北京：中国建筑工业出版社，2021.9（2022.4重印）

全国监理工程师职业资格考试辅导

ISBN 978-7-112-26514-5

Ⅰ.①建… Ⅱ.①全… Ⅲ.①土木工程—目标管理—资格考试—习题集 Ⅳ.①TU723

中国版本图书馆CIP数据核字（2021）第177020号

本书紧扣考试大纲，全面把握历年考试情况，有针对性地整理了各考点中的一些重要题目，是参加监理工程师考试的辅导用书。

本书包括三部分，第一部分是建设工程质量控制，共8章，分别是：建设工程质量管理制度和责任体系；ISO质量管理体系及卓越绩效模式；建设工程质量的统计分析和试验检测方法；建设工程勘察设计阶段质量管理；建设工程施工质量控制和安全生产管理；建设工程施工质量验收和保修；建设工程质量缺陷及事故处理；设备采购和监造质量控制。第二部分是建设工程投资控制，共7章，分别是：建设工程投资控制概述；建设工程投资构成；建设工程项目投融资；建设工程决策阶段投资控制；建设工程设计阶段投资控制；建设工程招标阶段投资控制；建设工程施工阶段投资控制。第三部分是建设工程进度控制，共6章，分别是建设工程进度控制概述；流水施工原理；网络计划技术；建设工程进度计划实施中的监测与调整；建设工程设计阶段进度控制；建设工程施工阶段进度控制。

责任编辑：范业庶　张　磊　王砾瑶
责任校对：党　蕾

全国监理工程师职业资格考试辅导

建设工程目标控制（土木建筑工程）复习题集

全国监理工程师职业资格考试辅导编写委员会　编写

＊

中国建筑工业出版社出版、发行（北京海淀三里河路9号）
各地新华书店、建筑书店经销
北京点击世代文化传媒有限公司制版
北京建筑工业印刷厂印刷

＊

开本：787毫米×1092毫米　1/16　印张：25　字数：533千字
2022年1月第一版　2022年4月第三次印刷
定价：69.00元
ISBN 978-7-112-26514-5
　　　（38024）

前/言

为了更好地把握监理工程师职业资格考试的重点，我们组织编写了《全国监理工程师职业资格考试辅导》，本套丛书包括《建设工程监理基本理论和相关法规复习题集》《建设工程合同管理复习题集》《建设工程目标控制（土木建筑工程）复习题集》《建设工程监理案例分析（土木建筑工程）复习题集》。

本套丛书主要是将近二十年的考试题目按考点进行归纳、整理、解析、总结，通过优化整合，分析各年考试的命题规律，从而启发考生复习备考的思路，引导考生应该着重对哪些内容进行学习，主要是对考试大纲的细化和考试教材的梳理。根据考试大纲的要求，提炼考点，每个考点的试题均根据考试大纲和历年考题的考点分布的规律去编写，题量的设置也是依据历年考题的分值分布情况来安排。

本套丛书旨在帮助考生提炼考试考点，以节省考生时间，达到事半功倍的复习效果。书中提炼了辅导教材中应知应会的重点题目，同时，对应重点和难点题目进行了讲解，使考生加深对出题点、出题方式和出题思路的了解，进一步领悟考试的命题趋势和命题重点。

本套丛书的特色与如何使用：

1. 把本套丛书中历年真题的采分点，在考试用书中进行一一标记，标记完你就找到了学习的重点，这是本套丛书独有的价值体现。

2. 本套丛书中的历年真题都标记了考试年份和题号，方便考生去分析和总结命题规律。比如：（2018—3）就是代表 2018 年真题的第 3 题；【20170403】就是代表 2017 年真题的第 4 题的第 3 个问题。

3. 本套丛书中没有标记年份的题目，是老师们编写的可能会考核到的一些重要题目。

4. 本套丛书中相对难以理解的题目，老师们都做了详细的讲解，可以帮助考生很好地理解题目。

5. 本套丛书中的题目是依据考试用书中内容的先后顺序来安排的，因此，同一考点下的历年真题感觉上是没有规律的，这样安排有助于考生对照考试用书学习。

6. 本套丛书中的题量是根据考试的频率来安排的，考试频率高的内容安排的题目也多,隔几年考一次的内容安排的题目相对少一些,考试频率低的内容就没有安排题目。

7. 把同一考点下的历年真题都整理在一起,考生就会很好地把命题的方式、题干的表达、选项的设置等了解透彻。

购买本书后,考生会得到以下的增值服务:

1. 免费答疑服务: 专门为考生配备了专业答疑老师解答疑难问题,答疑 QQ 群:903768688(加群密码:助考服务)。考生可以在 QQ 群中展开讨论互动,助考老师随时为考生解决疑难问题。

2. 考前模拟试卷: 考试前 10 天为考生提供临考模拟试卷。

3. 必考知识 5 页纸: 在考试前两周为考生免费提供更浓缩的必考知识点。

4. 知识导图: 购书即可免费领取四个科目的知识导图,帮助考生理清所需学习的知识。

5. 提供手机做题: 免费提供手机题库,关注微信公众号"文峰建筑讲堂"即可随时随地做题。

6. 免费为考生提供习题解答思路和方法: 为考生提供备考指导、知识重点、难点解答技巧之类的。

7. 难点题目解题技巧指导: 比如一些计算题、网络图、典型的案例分析题等的难度稍大一些题目,我们会给考生提供解题方法、技巧,也会提供公式的轻松记忆方法。

8. 配备助学导师: 我们为每一科目配备专门的助学导师,在考生整个学习过程中提供全方位的助学帮助。

目 / 录

《建设工程质量控制》

第一章　建设工程质量管理制度和责任体系　002
　第一节　工程质量形成过程和影响因素　002
　第二节　工程质量控制原则　007
　第三节　工程质量管理制度　010
　第四节　工程参建各方的质量责任和义务　015

第二章　ISO 质量管理体系及卓越绩效模式　019
　第一节　ISO 质量管理体系构成和质量管理原则　019
　第二节　工程监理单位质量管理体系的建立与实施　022
　第三节　卓越绩效模式　027

第三章　建设工程质量的统计分析和试验检测方法　030
　第一节　工程质量统计分析　030
　第二节　工程质量主要试验检测方法　044

第四章　建设工程勘察设计阶段质量管理　050
　第一节　工程勘察阶段质量管理　050
　第二节　初步设计阶段质量管理　052
　第三节　施工图设计阶段质量管理　054

第五章　建设工程施工质量控制和安全生产管理　056
　第一节　施工质量控制的依据和工作程序　056
　第二节　施工准备阶段的质量控制　059

第三节　施工过程的质量控制　　065

第四节　安全生产的监理行为和现场控制　　072

第五节　危险性较大的分部分项工程施工安全管理　　073

第六章　建设工程施工质量验收和保修　　076

第一节　建筑工程施工质量验收　　076

第二节　城市轨道交通工程施工质量验收　　087

第三节　工程质量保修管理　　088

第七章　建设工程质量缺陷及事故处理　　091

第一节　工程质量缺陷及处理　　091

第二节　工程质量事故等级划分及处理　　093

第八章　设备采购和监造质量控制　　099

第一节　设备采购质量控制　　099

第二节　设备监造质量控制　　102

《建设工程投资控制》

第一章　建设工程投资控制概述　　108

第一节　建设工程项目投资的概念和特点　　108

第二节　建设工程投资控制原理　　111

第三节　建设工程投资控制的主要任务　　114

第二章　建设工程投资构成　　117

第一节　建设工程投资构成概述　　117

第二节　建筑安装工程费用的组成和计算　　120

第三节　设备、工器具购置费用组成和计算　　130

第四节　工程建设其他费用、预备费、建设期利息、铺底流动资金组成和计算　　135

第三章　建设工程项目投融资　　142

第一节　工程项目资金来源　　142

第二节　工程项目融资　　148

第四章　建设工程决策阶段投资控制　　　155
　　第一节　项目可行性研究　　　155
　　第二节　资金时间价值　　　158
　　第三节　投资估算　　　164
　　第四节　财务和经济分析　　　169

第五章　建设工程设计阶段投资控制　　　179
　　第一节　设计方案评选内容和方法　　　179
　　第二节　价值工程方法及其应用　　　181
　　第三节　设计概算编制和审查　　　187
　　第四节　施工图预算编制和审查　　　191

第六章　建设工程招标阶段投资控制　　　198
　　第一节　最高投标限价编制　　　198
　　第二节　投标报价审核　　　204
　　第三节　合同价款约定　　　207

第七章　建设工程施工阶段投资控制　　　214
　　第一节　施工阶段投资目标控制　　　214
　　第二节　工程计量　　　217
　　第三节　合同价款调整　　　221
　　第四节　工程变更价款确定　　　230
　　第五节　施工索赔与现场签证　　　233
　　第六节　合同价款期中支付　　　239
　　第七节　竣工结算与支付　　　242
　　第八节　投资偏差分析　　　247

《建设工程进度控制》

第一章　建设工程进度控制概述　　　254
　　第一节　建设工程进度控制的概念　　　254
　　第二节　建设工程进度控制计划体系　　　261

第三节　建设工程进度计划的表示方法和编制程序　　　　　266

第二章　流水施工原理　　　　　270
　第一节　基本概念　　　　　270
　第二节　有节奏流水施工　　　　　276
　第三节　非节奏流水施工　　　　　281

第三章　网络计划技术　　　　　287
　第一节　基本概念　　　　　287
　第二节　网络图的绘制　　　　　291
　第三节　网络计划时间参数的计算　　　　　295
　第四节　双代号时标网络计划　　　　　315
　第五节　网络计划的优化　　　　　322
　第六节　单代号搭接网络计划和多级网络计划系统　　　　　327

第四章　建设工程进度计划实施中的监测与调整　　　　　335
　第一节　实际进度监测与调整的系统过程　　　　　335
　第二节　实际进度与计划进度的比较方法　　　　　338
　第三节　进度计划实施中的调整方法　　　　　354

第五章　建设工程设计阶段进度控制　　　　　358
　第一节　设计阶段进度控制的意义和工作程序　　　　　358
　第二节　设计阶段进度控制目标体系　　　　　359
　第三节　设计进度控制措施　　　　　361

第六章　建设工程施工阶段进度控制　　　　　364
　第一节　施工阶段进度控制目标的确定　　　　　364
　第二节　施工阶段进度控制的内容　　　　　367
　第三节　施工进度计划的编制与审查　　　　　373
　第四节　施工进度计划实施中的检查与调整　　　　　379
　第五节　工程延期　　　　　382
　第六节　物资供应进度控制　　　　　387

《建设工程质量控制》

第一章

建设工程质量管理制度和责任体系

第一节　工程质量形成过程和影响因素

知识导学

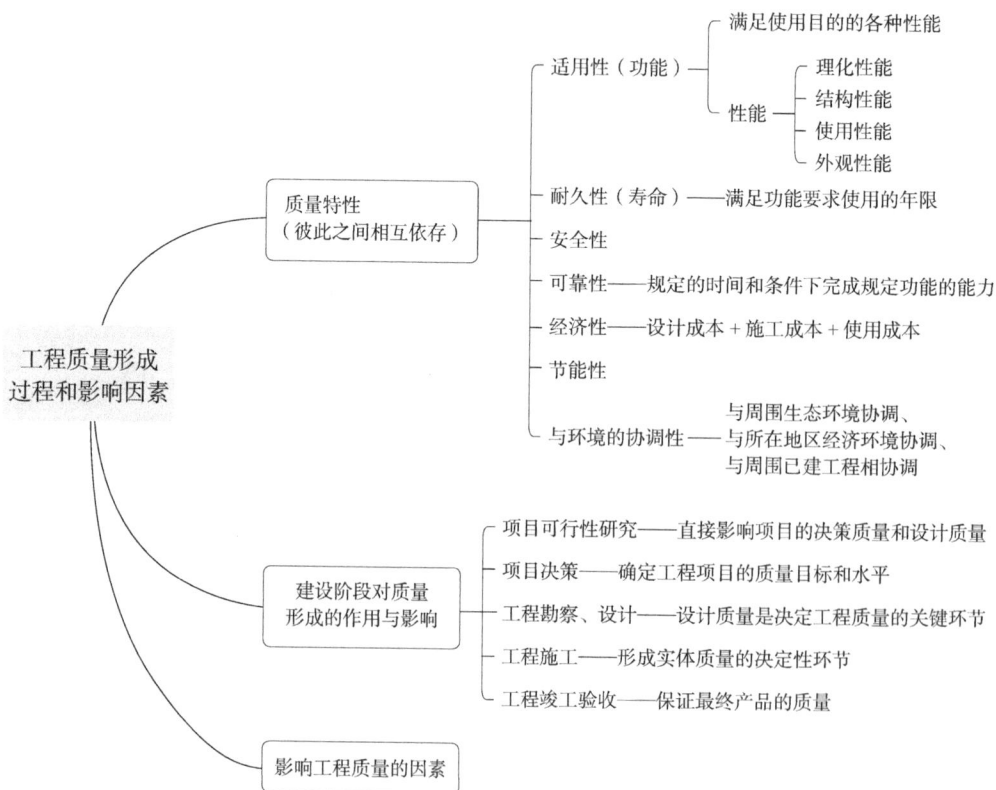

习题汇总

一、建设工程质量特性

1.（2009—81）建设工程质量特性表现为适用性、经济性、可靠性及（　　）等。

A. 耐久性　　　　　　　　　　　B. 安全性

C. 与环境的协调性　　　　　　　D. 系统性

E. 持续性

2.（2012—81）建设工程必须满足特定的使用功能，并具有在规定的时间和条件下完成规定功能的能力和达到规定要求的使用年限，可用于描述这些要求的质量特性有（　　）。

A. 适用性　　　　　　　　　　　B. 安全性

C. 可靠性　　　　　　　　　　　D. 经济性

E. 耐久性

（1）适用性

3.（2009—1）建设工程质量特性中，"满足使用目的的各种性能"称为工程的（　　）。

A. 适用性　　　　　　　　　　　B. 可靠性

C. 耐久性　　　　　　　　　　　D. 目的性

（2）耐久性

4.（2008—3）民用建筑主体结构的耐用年限分为（　　）。

A. 二级　　　　　　　　　　　　B. 三级

C. 四级　　　　　　　　　　　　D. 五级

5.（2021—1）建设工程规定合理使用寿命期，体现了建设工程质量的（　　）特性。

A. 适用性　　　　　　　　　　　B. 耐久性

C. 安全性　　　　　　　　　　　D. 经济性

6. 民用建筑主体结构耐用年限中，第三级是（　　）年。

A. 20　　　　　　　　　　　　　B. 80

C. 120　　　　　　　　　　　　 D. 40

7. 公路工程设计年限一般按等级控制在（　　）年。

A. 25　　　　　　　　　　　　　B. 35

C. 15　　　　　　　　　　　　　D. 45

（3）安全性

8. 工程建成后在使用过程中保证结构安全、保证人身和环境免受危害的程度称为（　　）。

A. 安全性　　　　　　　　　　　B. 可靠性

C. 适用性　　　　　　　　　　　D. 与环境的协调性

（4）可靠性

9.（2005—4）建设工程质量的特性中，"在规定的时间和规定的条件下完成规定功能的能力"是指工程的（　）。

　　A．耐久性　　　　　　　　　　B．安全性

　　C．可靠性　　　　　　　　　　D．适用性

（5）经济性

10．建设工程质量的特性中，"工程从规划、勘察、设计、施工到整个产品使用寿命周期内的成本和消耗的费用"是指工程的（　）。

　　A．适用性　　　　　　　　　　B．经济性

　　C．耐久性　　　　　　　　　　D．安全性

11．建设工程质量的特性中，具体表现为设计成本＋施工成本＋使用成本，指的是（　）。

　　A．与环境的协调性　　　　　　B．可靠性

　　C．经济性　　　　　　　　　　D．耐久性

（6）节能性

12．在建设工程质量特性中，工程在设计与建造过程及使用过程中满足节能减排、降低能耗的标准和有关要求的程度指的是（　）。

　　A．适用性　　　　　　　　　　B．可靠性

　　C．耐久性　　　　　　　　　　D．节能性

（7）与环境的协调性

13．（2005—81）建设工程质量特性中的"与环境的协调性"是指工程与（　）的协调。

　　A．所在地区社会环境　　　　　B．周围生态环境

　　C．周围已建工程　　　　　　　D．周围生活环境

　　E．所在地区经济环境

14．（2010—1）下列关于建设工程质量特性的表述中，正确的是（　）。

　　A．评价方法的特殊性　　　　　B．终检的局限性

　　C．与环境的协调性　　　　　　D．隐蔽性

二、工程建设阶段对质量形成的作用与影响

1. 项目可行性研究

15．（2003—12）在工程建设的（　）阶段，需要确定工程项目的质量要求，并与投资目标相协调。

　　A．项目建议书　　　　　　　　B．可行性研究

　　C．项目决策　　　　　　　　　D．勘察、设计

16．（2020—1）工程建设的不同阶段，对工程项目质量的形成有不同的影响，其

中直接影响项目决策质量和设计质量的阶段是（　　）。

  A．初步设计   B．项目可行性研究

  C．施工图设计   D．方案设计

2. 项目决策

17．（2002—2）工程项目建设的各阶段对工程项目最终质量的形成都产生重要影响，其中项目决策阶段是（　　）。

  A．确定项目质量目标与水平的依据

  B．确定项目质量目标与水平

  C．将项目质量目标与水平具体化

  D．确定项目质量目标与水平达到的程度

18．（2016—1）工程建设过程中，确定工程项目的质量目标应在（　　）阶段。

  A．项目可行性研究   B．项目决策

  C．工程设计   D．工程施工

3. 工程勘察、设计

19．（2010—2）下列工程建设各环节中，决定工程质量的关键环节是（　　）。

  A．工程设计   B．项目决策

  C．工程施工   D．工程竣工验收

4. 工程施工

20．（2020—2）工程项目质量形成是个系统过程，其中形成工程实体质量的决定性环节是（　　）。

  A．工程勘察   B．工程设计

  C．工程施工   D．工程监理

5. 工程竣工验收

21．（2003—81）工程建设的不同阶段，对工程项目质量的形成起着不同的作用和影响，下列说法中错误的有（　　）。

  A．工程设计阶段将工程项目质量目标和水平具体化

  B．工程设计阶段应确定质量要求

  C．工程招标阶段应确定质量目标和水平

  D．项目可行性研究直接影响项目的设计质量和施工质量

  E．工程施工是形成工程实体质量的决定性环节

22．工程建设阶段中，（　　）阶段对质量的影响是保证最终产品的质量。

  A．竣工验收   B．勘察、设计

  C．可行性研究   D．施工

三、影响工程质量的因素

23．（2004—82）建设工程质量受到多种因素的影响，下列因素中对工程质量产生

影响的有（　　）。

A．人的身体素质

B．材料的选用是否合理

C．施工机构设备的价格

D．施工工艺的先进性

E．工程社会环境

24．（2013—81）工程材料是工程建设的物质条件，是工程质量的基础。工程材料包括（　　）。

A．建筑材料

B．构配件

C．施工机具设备

D．半成品

E．各类测量仪器

25．影响工程质量的因素中，4M指的是（　　）。

A．人

B．规格

C．监控

D．机械

E．材料

习题答案及解析

1．ABC	2．ACE	3．A	4．C	5．B
6．B	7．C	8．A	9．C	10．B
11．C	12．D	13．BCE	14．C	15．B
16．B	17．B	18．B	19．A	20．C
21．BCD	22．A	23．ABD	24．ABD	25．ADE

【解析】

3．A。适用性，即功能，是指工程满足使用目的的各种性能。在2003年度的考试中，同样对本题涉及的采分点进行了考查。

9．C。可靠性，是指工程在规定的时间和规定的条件下完成规定功能的能力。在2008、2015年度的考试中，同样对本题涉及的采分点进行了考查。

16．B。项目的可行性研究直接影响项目的决策质量和设计质量。在2012年度的考试中，同样对本题涉及的采分点进行了考查。

20．C。在一定程度上，工程施工是形成实体质量的决定性环节。在2007、2014、2017、2018年度的考试中，同样对本题涉及的采分点进行了考查。

第二节 工程质量控制原则

知识导学

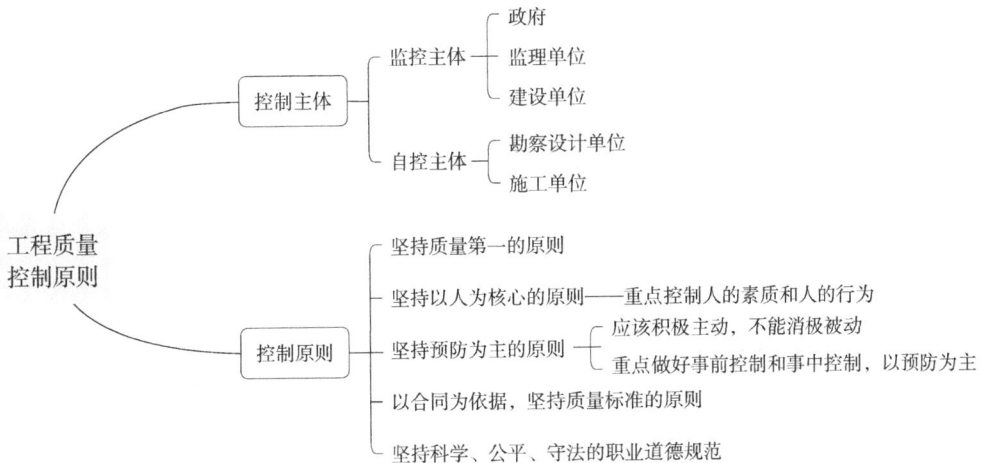

习题汇总

一、工程质量控制主体

1.（2005—2）政府、勘察设计单位、建设单位都要对工程质量进行控制，按控制的主体划分，政府属于工程质量控制的（ ）。

A. 自控主体   B. 外控主体

C. 间控主体   D. 监控主体

2.（2008—81）下列关于工程建设各参与方质量控制地位的说法中，正确的有（ ）。

A. 工程监理单位属质量自控主体

B. 勘察设计单位属勘察设计产品质量自控主体

C. 政府质量监督部门属工程质量监控主体

D. 施工单位属工程施工质量自控主体

E. 建设单位属工程项目质量自控主体

3.（2020—81）下列工程质量控制主体中，属于自控主体的有（ ）。

A. 政府质量监督部门   B. 设计单位

C. 施工单位   D. 监理单位

E. 勘察单位

4. 工程质量控制主体中，下列属于监控主体的是（　　）。

A. 建设单位　　　　　　　　　　B. 设计单位

C. 勘察单位　　　　　　　　　　D. 施工单位

5. 工程质量控制主体中，下列属于监控主体的范围是（　　）。

A. 勘察单位　　　　　　　　　　B. 政府

C. 监理单位　　　　　　　　　　D. 设计单位

E. 施工单位

二、工程质量控制的原则

6.（2013—82）监理工程师在工程质量控制过程中应遵循的原则有（　　）。

A. 坚持以人为核心　　　　　　　B. 坚持质量第一

C. 坚持旁站监理　　　　　　　　D. 坚持质量标准

E. 坚持科学公平

1. 坚持质量第一的原则

7. 在工程建设中自始至终把（　　）作为对工程质量控制的基本原则。

A. 以人为核心　　　　　　　　　B. 质量标准

C. 质量第一　　　　　　　　　　D. 预防为主

2. 坚持以人为核心的原则

8.（2009—2）监理工程师在工程质量控制中，应遵循质量第一、预防为主、坚持质量标准、（　　）的原则。

A. 以人为核心　　　　　　　　　B. 提高质量效益

C. 质量进度并重　　　　　　　　D. 减少质量损失

9.（2021—2）通过对人的素质和行为控制，以工作质量保证工程质量的做法，体现了坚持（　　）的质量控制原则。

A. 质量第一　　　　　　　　　　B. 预防为主

C. 以人为核心　　　　　　　　　D. 以合同为依据

10. 在工程质量控制中，要以（　　）为核心。

A. 科学　　　　　　　　　　　　B. 质量标准

C. 质量第一　　　　　　　　　　D. 人

3. 坚持预防为主的原则

11.（2001—1）工程项目建成后，不可能像某些工业产品那样，可以拆卸或解体来检查内在的质量，所以工程师应重视（　　）的控制。

A. 施工前期　　　　　　　　　　B. 施工工艺和施工方法

C. 施工准备和施工过程　　　　　D. 投入品质量

12.（2004—2）某工程施工过程中，监理工程师要求承包单位在工程施工之前根据施工过程质量控制的要求提交质量控制点明细表并实施质量控制，这是（　　）的原则要求。

A．坚持质量第一 　　　　　　　　　B．坚持质量标准

C．坚持预防为主 　　　　　　　　　D．坚持科学的职业道德规范

13．（2014—3）工程质量控制应坚持（　　）的原则，即工程质量控制应积极主动地对影响质量的各种因素加以控制，而不是消极被动地处理出现的质量问题。

A．以人为核心 　　　　　　　　　　B．以预防为主

C．质量第一 　　　　　　　　　　　D．质量达到标准

4. 以合同为依据，坚持质量标准的原则

14．（2010—81）坚持质量标准是监理工程师控制工程质量应遵循的原则之一。下列关于工程质量的说法中，正确的有（　　）。

A．工程质量标准是衡量施工质量好坏的尺度

B．工程质量是否合格应通过检验并和标准对照确定

C．工程质量不符合标准的，必须返工处理

D．工程质量标准必须通过监理工程师的确认

E．工程质量标准必须在合同文件中规定

5. 坚持科学、公平、守法的职业道德规范

15．在工程质量控制中，项目监理机构必须坚持（　　）。

A．科学、公平、守法的职业道德规范 　　B．以人为核心

C．质量第一 　　　　　　　　　　　D．预防为主

习题答案及解析

1．D　　　　2．BCD　　　　3．BCE　　　　4．A　　　　5．BC

6．ABDE　　7．C　　　　　8．A　　　　　9．C　　　　　10．D

11．C　　　　12．C　　　　13．B　　　　14．BC　　　　15．A

【解析】

3．BCE。监控主体包括政府、建设单位、监理单位。自控主体包括勘察设计单位、施工单位。在2014、2015、2018年度的考试中，同样对本题涉及的采分点进行了考查。

6．ABDE。监理工程师在工程质量控制过程中，应遵循的原则有：（1）坚持质量第一的原则；（2）坚持以人为核心的原则；（3）坚持预防为主的原则；（4）以合同为依据，坚持质量标准的原则；（5）坚持科学、公正、守法的职业道德规范。在2002年度的考试中，同样对本题涉及的采分点进行了考查。

13．B。项目监理机构在工程质量控制过程中，应遵循以下几条原则：（1）坚持质量第一的原则；（2）坚持以人为核心的原则；（3）坚持预防为主的原则；（4）以合同为依据，坚持质量标准的原则；（5）坚持科学、公平、守法的职业道德规范。其中坚持预防为主的原则内容如下：工程质量控制应该是积极主动的，应事先对影响质量的各

种因素加以控制，而不能是消极被动的，等出现质量问题再进行处理，以免造成不必要的损失。所以要重点做好质量的事前控制和事中控制，以预防为主，加强过程和中间产品的质量检查和控制。在2007、2013年度的考试中，同样对本题涉及的采分点进行了考查。

第三节　工程质量管理制度

知识导学

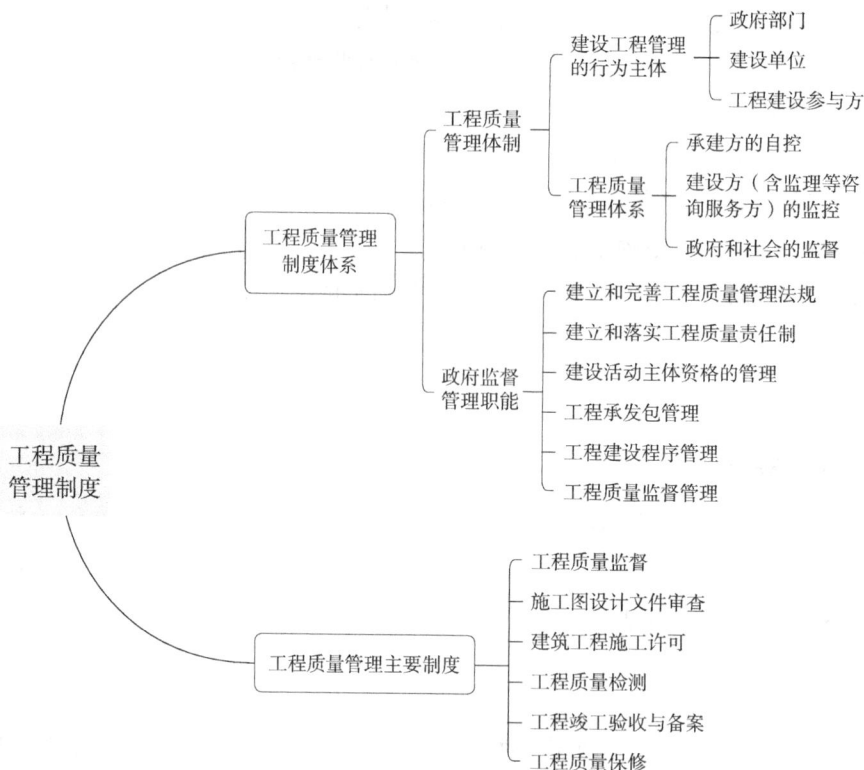

习题汇总

一、工程质量管理制度体系

（一）工程质量管理体制

1. 建设工程管理的行为主体

1. 在建设工程管理中，（　）自始至终是建设工程管理的主导者和责任人。

A. 建设单位

B. 工程施工承包单位

C. 工程勘察设计单位

D. 政府部门

2. 下列建设工程管理的行为主体中，（　　）对工程质量的监督管理的目的是保障公众安全与社会利益不受危害。

A. 工程施工承包单位   B. 造价咨询单位

C. 政府部门   D. 建设单位

3. 下列建设工程管理的行为主体中，（　　）的主要任务是按合同约定，对承担的建设工程相关任务进行管理，并且承担相应的经济以及法律责任。

A. 勘察设计单位   B. 招标代理单位

C. 监理单位   D. 建设单位

E. 材料设备供应单位

2. 工程质量管理体系

4. 工程质量管理体系包括 3 个层次，其中不属于承建方的是（　　）。

A. 施工单位   B. 勘察单位

C. 材料供应单位   D. 审图机构

5. 工程质量管理体系包括 3 个层次，其中不属于咨询服务方的是（　　）。

A. 监理单位   B. 设计单位

C. 检测机构   D. 项目管理公司

6. 工程质管理体系中，属于承建方自控的是（　　）。

A. 监理单位   B. 咨询单位

C. 设计单位   D. 项目管理公司

（二）政府监督管理职能

7. （2011—4）选择合适的承包单位是工程质量管理的重要环节，工程承发包管理属于（　　）的管理职能。

A. 业主   B. 政府

C. 监理单位   D. 施工单位

8. （2015—3）对全国的建设工程质量实施统一监督管理的部门是（　　）。

A. 国务院劳动和社会保障部门   B. 国务院技术监督管理部门

C. 国务院发展和改革委员会   D. 国务院建设行政主管部门

9. 按照国务院规定的职责分工，负责对全国的有关专业建设工程质量的监督管理的部门是（　　）。

A. 国务院交通有关部门   B. 国务院发展计划部门

C. 国务院建设行政主管部门   D. 国务院经济贸易主管部门

10. 按照国务院规定的职责，组织稽察特派员，对国家出资的重大建设项目实施监督检查的部门是（　　）。

A. 国务院经济贸易主管部门   B. 国务院建设行政主管部门

C. 国务院水利有关部门   D. 国务院发展计划部门

11. 按照国务院规定的职责，对国家重大技术改造项目实施监督检查的是（　　）。

A. 国务院发展计划部门   B. 国务院经济贸易主管部门

C. 国务院建设行政主管部门   D. 国务院交通有关部门

二、工程质量管理主要制度

12. （2005—18）各类房屋建筑工程和市政基础设施工程，竣工验收合格后，都应该在规定的时间内将工程竣工验收报告和有关文件，由（　　）报建设行政主管部门备案。

A. 施工单位   B. 建设单位

C. 监理单位   D. 建设单位与监理单位共同

13. （2015—4）建设工程开工前，（　　）应当按照国家有关规定向工程所在地县级以上人民政府建设行政主管部门申请领取施工许可证。

A. 建设单位   B. 施工单位

C. 设计单位   D. 监理单位

14. （2015—5）建设工程承包单位在（　　）时，应向建设单位出具工程质量保修书。

A. 施工完毕   B. 提交工程竣工验收报告

C. 竣工验收合格   D. 工程价款结算完毕

15. （2015—93）《建设工程质量管理条例》规定，建设工程竣工验收应当具备的条件有（　　）。

A. 完成建设工程设计和合同约定的各项内容

B. 有完整的技术档案和施工管理资料

C. 有施工单位签署的工程保修书

D. 有设计、施工、监理单位分别签署的竣工决算书

E. 有工程使用的主要建筑材料、建筑构配件和设备的进场试验报告

16. （2017—2）建设单位应当自工程竣工验收合格起（　　）d 内，向工程所在地县级以上地方人民政府建设行政主管部门备案。

A. 15   B. 20

C. 25   D. 30

17. （2018—81）政府建设主管部门建立的工程质量管理制度有（　　）。

A. 施工图设计文件审查制度   B. 工程施工许可制度

C. 工程质量保修制度   D. 工程质量监督制度

E. 工程质量评定制度

18. （2020—3）根据《建筑法》，中止施工满 1 年的工程恢复施工前，建设单位应当进行的工作是（　　）。

A. 重新申请施工许可证   B. 报发证机关核验施工许可证

C. 申请换发施工许可证   D. 报发证机关延期施工许可证

19. （2021—3）建设工程发生质量事故后，有关单位应在（　　）h 内向当地建设

行政主管部门和其他有关部门报告。

A. 1　　　　　　　　　　　　　B. 2

C. 24　　　　　　　　　　　　D. 48

20.（2021—81）根据《房屋建筑和市政基础设施工程质量监督管理规定》，建设行政主管部门对工程实体质量监督的内容有（　　）。

A. 抽查施工单位完成施工质量的行为

B. 抽查涉及工程主体结构安全的工程实体质量

C. 抽查涉及主要使用功能的工程实体质量

D. 抽查主要建筑材料、建筑构配件的质量

E. 对工程竣工验收进行监督

21.（2021—82）建设工程保修期内出现的质量问题，不属于施工单位保修责任的有（　　）。

A. 建设单位负责采购的给水排水管道破裂

B. 分包单位完成的屋面防水工程出现渗漏

C. 建设单位使用不当造成的质量缺陷

D. 运输公司货车撞裂建筑墙体

E. 不可抗力造成的质量缺陷

22. 建设单位应当自建设工程竣工验收合格之日起（　　）内，报建设行政主管部门备案。

A. 15d　　　　　　　　　　　　B. 30 个工作日

C. 30d　　　　　　　　　　　　D. 15 个工作日

23. 下列工程质量监督管理内容中，不包括（　　）。

A. 抽查监理单位和质量检测的工程质量行为

B. 参与工程质量事故的调查处理

C. 抽查主要建筑构配件的质量

D. 不定时对本地区工程质量状况进行统计分析

24. 根据《建筑法》，申请领取施工许可证，应当具备的条件不包括（　　）。

A. 正在办理该建筑工程用地批准手续

B. 已经确定施工企业

C. 有保证工程质量和安全的具体措施

D. 需要拆迁的，拆迁进度符合施工要求

25. 根据《建筑法》，建设单位应当自领取施工许可证之日起（　　）个月内开工。

A. 1　　　　　　　　　　　　　B. 3

C. 4　　　　　　　　　　　　　D. 2

26. 建设单位因故不能按期开工的，应当向发证机关申请延期，延长期限总共不能超过（　　）个月。

A. 3

B. 9

C. 12

D. 6

27. 根据《建筑法》，按照国务院规定批准开工报告的建筑工程，因故不能按期开工超过（　）个月的，应当重新办理开工报告的批准手续。

A. 2

B. 4

C. 8

D. 6

28. 在满足申请条件的情况下，建设行政主管部门应当自收到申请之日起（　）内，申请颁发施工许可证。

A. 7d

B. 14d

C. 14个工作日

D. 7个工作日

29. 建设单位办理工程竣工验收备案时，备案机关发现建设单位在竣工验收过程中有违规行为的，应当在收讫竣工验收备案文件（　）内，责令停止使用，重新组织竣工验收。

A. 15d

B. 15个工作日

C. 30d

D. 30个工作日

习题答案及解析

1. A	2. C	3. ABCE	4. D	5. B
6. C	7. B	8. D	9. A	10. D
11. B	12. B	13. A	14. B	15. ABCE
16. A	17. ABCD	18. B	19. C	20. BCDE
21. CDE	22. A	23. D	24. A	25. B
26. D	27. D	28. A	29. A	

【解析】

12. B。建设单位应当自建设工程竣工验收合格之日起15日内，将建设工程竣工验收报告和规划、公安消防、环保等部门出具的认可文件或者准许使用文件报建设行政主管部门或者其他有关部门备案。在2020年度的考试中，同样对本题涉及的采分点进行了考查。

14. B。建设工程承包单位在向建设单位提交工程竣工验收报告时，应向建设单位出具工程质量保修书，质量保修书中应明确建设工程保修范围、保修期限和保修责任等。在2009年度的考试中，同样对本题涉及的采分点进行了考查。

15. ABCE。《建设工程质量管理条例》规定，建设工程竣工验收应当具备下列条件：（1）完成建设工程设计和合同约定的各项内容；（2）有完整的技术档案和施工管理资料；（3）有工程使用的主要建筑材料、建筑构配件和设备的进场试验报告；（4）有勘察、设计、施工、工程监理等单位分别签署的质量合格文件；（5）有施工单位签署的工程保修书。在 2019 年度的考试中，同样对本题涉及的采分点进行了考查。

21．CE。建设工程保修期内出现的质量问题，不属于施工单位保修范围：(1) 因使用不当或者第三方造成的质量缺陷；(2) 不可抗力造成的质量缺陷。在 2020 年度的考试中，同样对本题涉及的采分点进行了考查。

第四节　工程参建各方的质量责任和义务

知识导学

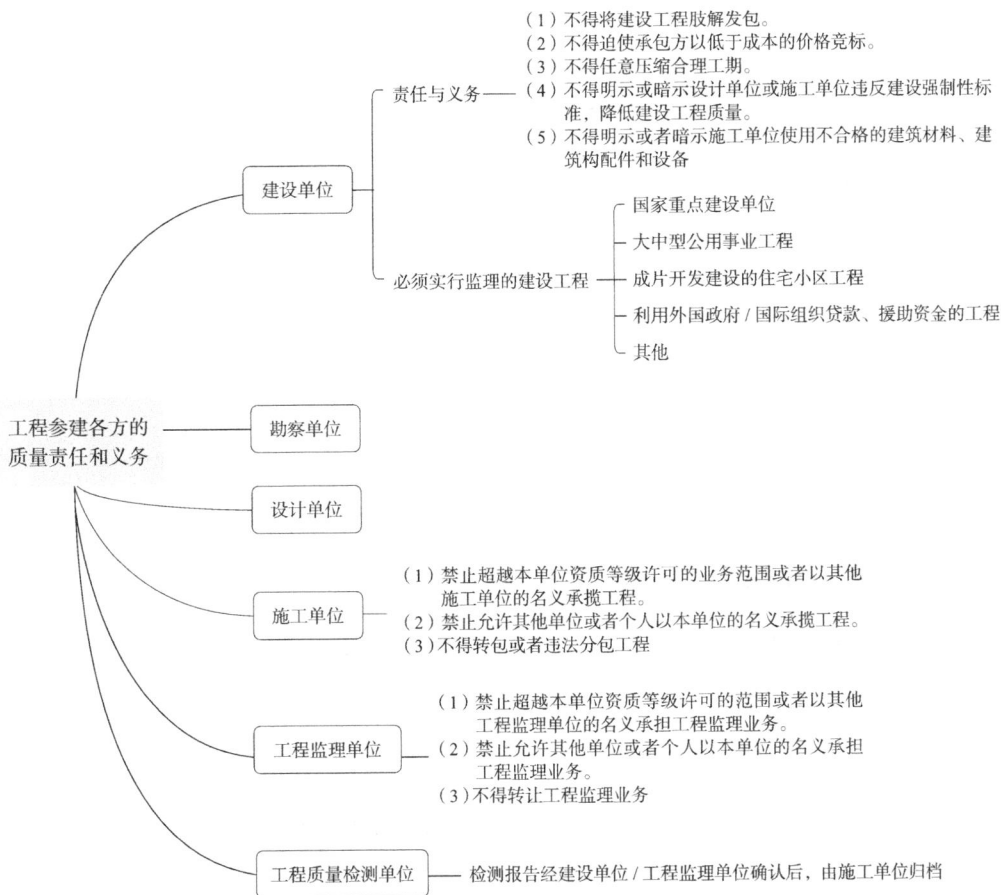

习题汇总

一、建设单位的质量责任和义务

1．(2020—4) 根据《建设工程质量管理条例》，在建设工程开工前，应当按照国家有关规定办理工程质量监督手续，可以与工程质量监督手续合并办理的是（　　）。

　　A．施工许可证 　　　　　　　　　　B．招标备案

　　C．施工图审查 　　　　　　　　　　D．委托监理

2．（2020—83）根据《建设工程质量管理条例》，必须实行监理的工程有（　　）。

　　A．国家重点建设工程 　　　　　　　B．住宅区绿化工程

　　C．城市道路桥梁维护工程 　　　　　D．大中型公用事业工程

　　E．住宅小区水电设备维修工程

3．根据《建设工程质量管理条例》，建设单位的质量责任和义务正确的是（　　）。

　　A．小型公用事业工程必须实行监理

　　B．建设单位应当将工程发包给具有相应资质等级的单位，允许建设工程肢解发包

　　C．暗示设计单位违反工程建设强制性标准

　　D．建设工程发包时，不得迫使承包方以低于成本的价格竞标，不得任意压缩合理工期

　　E．施工图设计文件未经审查批准的，不得使用

二、勘察单位的质量责任和义务

4．（2019—82）勘察单位对其编制的勘察文件质量负责，应履行的主要职责有（　　）。

　　A．审查基础工程施工方案

　　B．参与施工验槽

　　C．解决工程施工中的勘察问题

　　D．提出因勘察原因造成质量事故的技术处理方案

　　E．提出因设计原因造成质量事故的技术处理方案

三、设计单位的质量责任和义务

5．（2016—4）根据《建设工程质量管理条例》，设计文件中选用的材料、构配件和设备，应当注明（　　）。

　　A．生产厂 　　　　　　　　　　　　B．规格和型号

　　C．供应商 　　　　　　　　　　　　D．使用年限

6．（2017—4）根据《建设工程质量管理条例》，设计文件应符合国家规定的设计深度要求并注明工程（　　）。

　　A．材料生产厂家 　　　　　　　　　B．保修期限

　　C．材料供应单位 　　　　　　　　　D．合理使用年限

四、施工单位的质量责任和义务

7．（2021—4）下列工作中，施工单位不得擅自开展的是（　　）。

A. 对已完成的分项工程进行自检

B. 对预拌混凝土进行检验

C. 对分包工程质量进行检查

D. 修改工程设计，纠正设计图纸差错

五、工程监理单位的质量责任和义务

8.（2003—3）工程监理单位受建设单位的委托作为质量控制的监控主体，对工程质量（　　）。

A. 与分包单位承担连带责任　　　　　B. 与建设单位承担连带责任

C. 承担监理责任　　　　　　　　　　D. 与设计单位承担连带责任

9.（2020—6）根据《建设工程质量管理条例》，未经（　　）签字，建筑材料、建筑构配件不得在工程上使用或安装。

A. 建筑师　　　　　　　　　　　　　B. 监理工程师

C. 建造师　　　　　　　　　　　　　D. 建设单位项目负责人

10.（2020—19）关于工程监理单位的说法，正确的是（　　）。

A. 工程监理单位代表政府部门对施工质量实施监督管理

B. 工程监理单位代表施工单位对施工质量实施监督管理

C. 工程监理单位可将专业性较强的业务转让给其他监理单位

D. 工程监理单位选派具备相应资格的总监理工程师进驻施工现场

六、工程质量检测单位的质量责任和义务

11.（2016—3）工程质量检验机构出具的检验报告需经（　　）确认后，方可按规定归档。

A. 监理单位　　　　　　　　　　　　B. 施工单位

C. 设计单位　　　　　　　　　　　　D. 工程质量监督机构

12. 工程质量检测单位中检测人员可以受聘于（　　）个检测机构。

A. 1　　　　　　　　　　　　　　　B. 2

C. 3　　　　　　　　　　　　　　　D. 4

13. 工程质量检测单位的检测报告经确认后，由（　　）归档。

A. 施工单位　　　　　　　　　　　　B. 设计单位

C. 勘察单位　　　　　　　　　　　　D. 建设单位

习题答案及解析

1. A　　　　2. AD　　　　3. DE　　　　4. BCD　　　　5. B

6. D　　　　7. D　　　　8. C　　　　9. B　　　　10. D

11. A　　　12. A　　　13. A

【解析】

2．AD。下列建设工程必须实行监理：（1）国家重点建设工程；（2）大中型公用事业工程；（3）成片开发建设的住宅小区工程；（4）利用外国政府或者国际组织贷款、援助资金的工程；（5）国家规定必须实行监理的其他工程。

10．D。监理单位应当依照法律、法规以及有关技术标准、设计文件和建设工程承包合同，代表建设单位对施工质量实施监理，并对施工质量承担监理责任。故AB选项错误。监理单位不得转让工程监理业务，故C选项错误。

第二章
ISO 质量管理体系及卓越绩效模式

第一节　ISO 质量管理体系构成和质量管理原则

知识导学

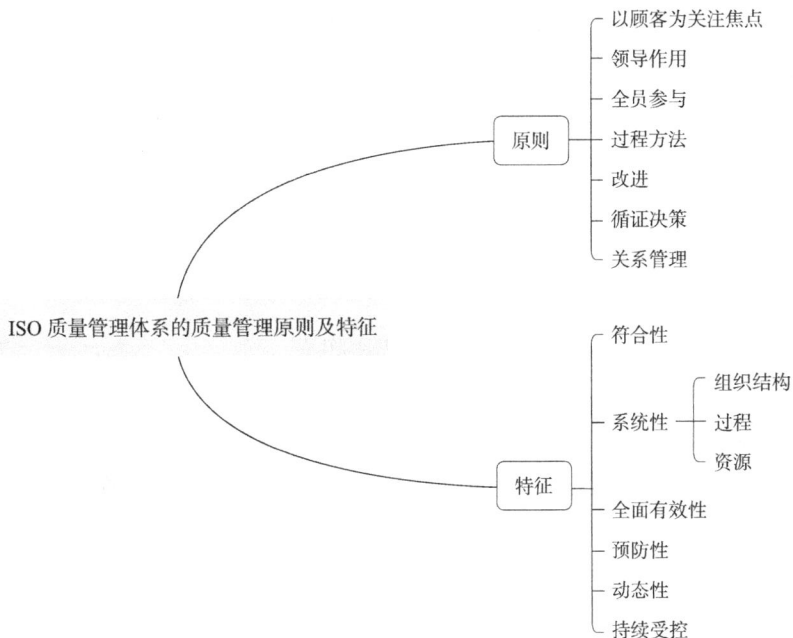

习题汇总

ISO 质量管理体系的质量管理原则及特征

（一）ISO 质量管理体系的质量管理原则

1.（2007—31）建立质量管理体系首先要明确企业的质量方针，质量方针是组织的最高管理者正式发布的该组织总的（　　）。

A. 质量要求 　　　　　　　　　　　　B. 质量水平

C. 质量宗旨和方向　　　　　　　　　D. 质量策划

2.（2017—5）监理单位质量管理体系持续改进的核心是提高企业质量管理体系的（　　）。

A. 科学性和价值　　　　　　　　　　B. 有效性和效率

C. 创造性和价值　　　　　　　　　　D. 管理水平和效率

3.（2020—84）国际标准化组织 ISO 发布的质量管理体系中确定的质量管理原则有（　　）。

A. 以领导为关注焦点　　　　　　　　B. 全员参与

C. 循证决策　　　　　　　　　　　　D. 关系管理

E. 改进

4.（2021—5）重点管理能改进组织关键活动的各种因素，是 ISO 质量管理体系的质量管理原则中（　　）的基本内容。

A. 以顾客为关注焦点　　　　　　　　B. 领导作用

C. 全员参与　　　　　　　　　　　　D. 过程方法

5.（2021—83）ISO 质量管理体系中，领导作用的基本内容有（　　）。

A. 确定质量方针、目标　　　　　　　B. 形成内部环境

C. 识别相关方关系　　　　　　　　　D. 建立 PDCA 循环

E. 建立管理评审机制

6. ISO 质量管理体系的质量管理原则中，不属于以顾客为关注焦点的基本内容的是（　　）。

A. 充分理解顾客的需求与期望

B. 以顾客为关注焦点，仅在领导层中牢固树立

C. 增强与顾客的联系与沟通

D. 保证顾客和其他受益者平衡的途径

7. 利用测量结果，持续改进组织的过程和产品属于 ISO 质量管理体系中的（　　）原则。

A. 领导作用　　　　　　　　　　　　B. 循证决策

C. 全员参与　　　　　　　　　　　　D. 以顾客为关注焦点

8. 组织在质量方面的追求目的是（　　）。

A. 质量目标　　　　　　　　　　　　B. 质量宗旨

C. 质量方向　　　　　　　　　　　　D. 质量方针

9. 创造宽松的环境，加强内部沟通和契合，属于 ISO 质量管理中的（　　）原则。

A. 全员参与　　　　　　　　　　　　B. 关系管理

C. 过程方法　　　　　　　　　　　　D. 持续改进

10. ISO 质量管理体系管理中（　　）原则，包括过程策划。

A. 领导作用　　　　　　　　　　　　B. 循证决策

C．过程方法　　　　　　　　　　D．以顾客为关注焦点

11．ISO质量管理体系管理中（　　）原则，应当明确管理的职责和权限。

A．全员参与　　　　　　　　　　B．关系管理

C．改进　　　　　　　　　　　　D．过程方法

12．ISO质量管理体系管理中（　　）原则，需要配备过程所需资源。

A．循证决策　　　　　　　　　　B．过程方法

C．以顾客为关注焦点　　　　　　D．领导作用

（二）质量管理体系的特征

13．想要有效开展质量管理，必须设计、建立、实施和保持质量管理体系属于质量管理体系的（　　）特征。

A．动态性　　　　　　　　　　　B．预防性

C．全面有效性　　　　　　　　　D．符合性

14．合理的组织机构和明确的职责、权限及其协调的关系属于质量管理体系的（　　）特征。

A．预防性　　　　　　　　　　　B．持续受控

C．系统性　　　　　　　　　　　D．符合性

15．质量管理体系的有效实施，是通过它的过程的有效运行来实现的属于质量管理体系的（　　）特征。

A．全面有效性　　　　　　　　　B．系统性

C．持续受控　　　　　　　　　　D．动态性

16．质量管理体系的运行应当是（　　）的，既能满足组织内部质量管理的要求，又能满足组织与顾客的合同要求，而且还能满足第二方认定、第三方认证和注册的要求。

A．预防性　　　　　　　　　　　B．持续受控

C．符合性　　　　　　　　　　　D．全面有效

习题答案及解析

1．C　　　2．B　　　3．BCDE　　　4．D　　　5．ABE

6．B　　　7．D　　　8．A　　　9．A　　　10．C

11．D　　12．B　　13．D　　14．C　　15．B

16．D

【解析】

2．B。持续改进的核心是提高有效性和效率，实现质量目标。在2019年度的考试中，同样对本题涉及的采分点进行了考查。

3．BCDE。ISO 9000质量管理体系明确了七项质量管理原则：以顾客为关注焦点；领导作用；全员参与；过程方法；改进；循证决策；关系管理。

第二节　工程监理单位质量管理体系的建立与实施

知识导学

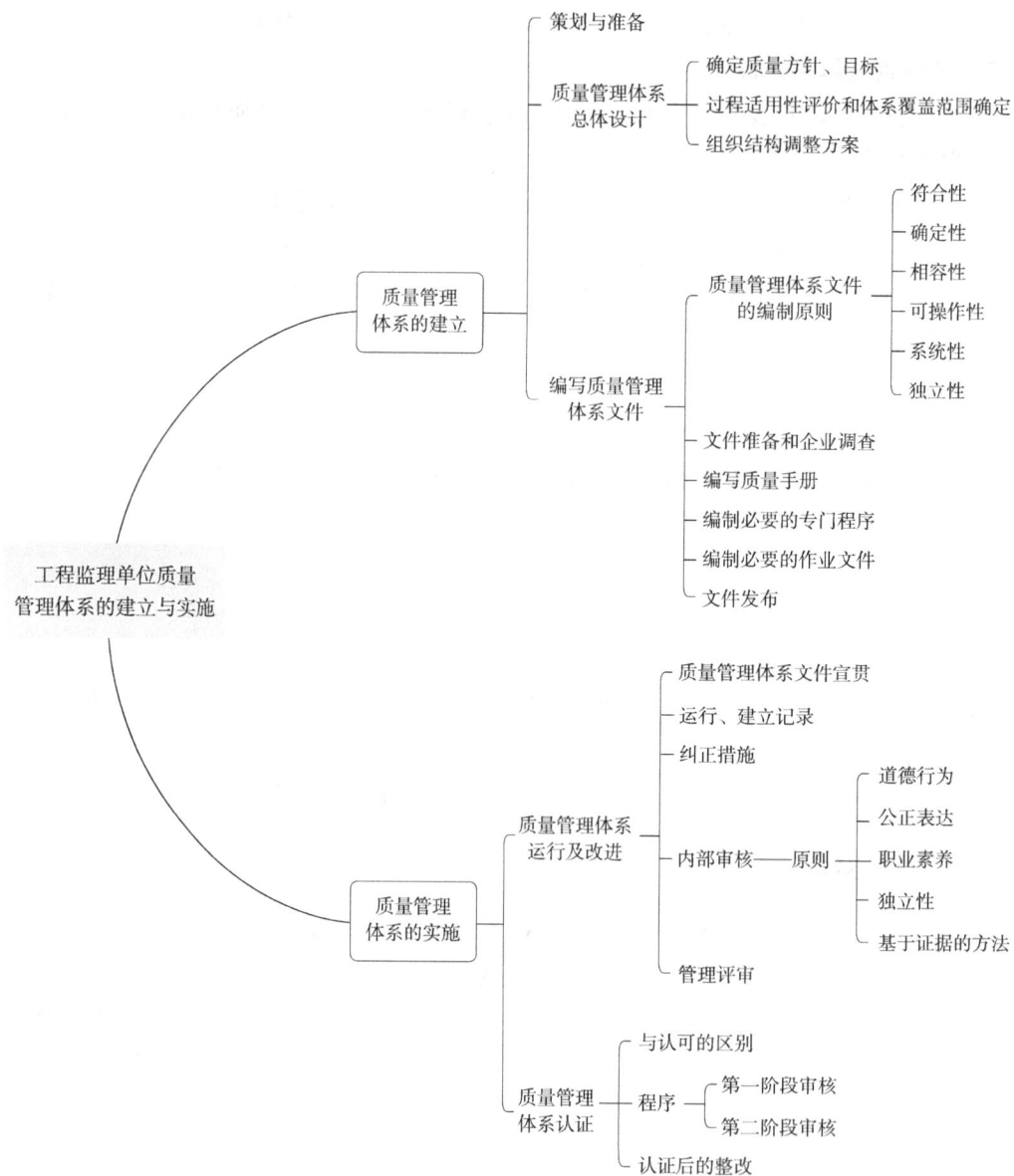

习题汇总

一、监理企业质量管理体系的建立与实施

（一）质量管理体系的建立

1. 策划与准备

1. 监理单位质量管理体系中，策划与准备的工作包括（　　）。

A. 组织结构调整方案　　　　　　　　B. 确定质量方针

C. 环境与风险评价　　　　　　　　　D. 编写质量手册

2. 按照 ISO 标准的要求，对监理单位的决策层包括（　　）。

A. 总工程师　　　　　　　　　　　　B. 专业监理工程师

C. 技术部门的负责人　　　　　　　　D. 项目总监理工程师

3. 策划与准备阶段中的领导班子由（　　）作为负责人。

A. 监理单位最高管理者　　　　　　　B. 监理单位管理部门

C. 监理单位技术部门　　　　　　　　D. 监理单位质量部门

2. 质量管理体系总体设计

4.（2016—6）根据 ISO 质量管理体系标准，工程质量单位应以（　　）为框架，制定具体的质量目标。

A. 质量计划　　　　　　　　　　　　B. 质量方针

C. 质量策划　　　　　　　　　　　　D. 质量要求

5.（2017—6）关于监理单位质量方针的说法，正确的是（　　）。

A. 质量方针应由管理者代表制定

B. 质量方针应由技术负责人制定

C. 质量方针应由最高管理者发布

D. 质量方针应由管理者代表发布

6. 监理单位建立质量管理体系必须考虑的前提之一是（　　）。

A. 质量方针　　　　　　　　　　　　B. 质量过程适用性评价

C. 质量目标　　　　　　　　　　　　D. 质量管理体系范围

3. 编写质量管理体系文件

7.（2015—7）下列工程监理单位的质量管理体系文件，属于监理单位内部质量管理的纲领性文件和行动准则是（　　）。

A. 质量手册　　　　　　　　　　　　B. 程序文件

C. 质量记录　　　　　　　　　　　　D. 质量计划

8.（2016—83）下列记录中，属于监理服务"产品"的有（　　）。

A. 旁站记录　　　　　　　　　　　　B. 材料设备验收记录

C. 培训记录　　　　　　　　　　　　D. 不合格品处理记录

E. 管理评审记录

9.（2019—83）根据质量管理体系标准要求，监理单位质量管理体系文件由（　　）组成。

A. 规范与标准　　　　　　　　　　B. 设计文件与图纸

C. 质量手册　　　　　　　　　　　D. 程序文件

E. 作业文件

10. 监理单位组织编制质量管理体系文件的原则是（　　）。

A. 可靠性　　　　　　　　　　　　B. 独立性

C. 符合性　　　　　　　　　　　　D. 相容性

E. 可操作性

11. 在描述某一质量活动过程时，必须要具有（　　）原则。

A. 系统性　　　　　　　　　　　　B. 确定性

C. 相容性　　　　　　　　　　　　D. 符合性

12. 质量手册的支持性文件是（　　）。

A. 程序文件　　　　　　　　　　　B. 质量记录

C. 质量规范　　　　　　　　　　　D. 作业文件

13. 程序文件的支持性文件是（　　）。

A. 质量手册　　　　　　　　　　　B. 质量规范

C. 作业文件　　　　　　　　　　　D. 质量记录

（二）质量管理体系的实施

1. 质量管理体系运行及改进

14.（2018—83）工程监理企业质量管理体系管理评审的目的有（　　）。

A. 对现行质量目标的环境适应性做出评价

B. 发现质量管理体系持续改进的机会

C. 对现行质量管理体系能否适应质量方针做出评价

D. 修改质量管理体系文件使其更加完整有效

E. 对现行质量管理体系的环境适宜性做出评价

15.（2019—6）ISO 质量管理体系运行中，体系要素管理到位的前提和保证是（　　）。

A. 管理体系的适时管理　　　　　　B. 管理体系的行为到位

C. 管理体系的适中控制　　　　　　D. 管理体系的识别能力

16.（2021—6）监理单位质量管理体系运行中，定期召开监理例会体现了（　　）的要求。

A. 文件标识与控制　　　　　　　　B. 产品质量追踪检查

C. 物资管理　　　　　　　　　　　D. 内部审核

17. 内部审核中，认证前一般需要进行（　　）次。

A．2   B．4

C．6   D．8

2.质量管理体系认证

18.关于质量管理体系认证的说法，正确的是（   ）。

A．认证是由授权的机构进行的

B．认证是证明认证对象与依据的标准符合性

C．认可是由第三方进行的

D．认证是正式承认

19．质量管理体系认证后的整改中，行业惯例是发现严重不符合项的（   ）个月之内需要整改。

A．3   B．6

C．9   D．12

二、项目质量控制系统的建立和实施

（一）项目质量控制系统的特点和构成

20．（2017—7）关于工程项目质量控制系统特性的说法，正确的是（   ）。

A．工程项目质量控制系统是监理单位质量管理体系的子系统

B．工程项目质量控制系统是一个一次性的质量控制工作体系

C．工程项目质量控制系统是监理单位建立的质量控制工作体系

D．工程项目质量控制系统不随项目管理机构的解体而消失

21．工程项目质量控制系统是（   ）。

A．与进度控制系统分离的

B．某个监理单位的管理活动

C．一个一次性的质量控制工作体系

D．监理单位的质量管理体系

（二）项目质量控制系统建立和运行的主要工作

22．（2006—13）《工程质量评估报告》是工程验收中的重要资料,应由（   ）签署。

A．总监理工程师和监理单位技术负责人

B．建设单位项目负责人和监理单位负责人

C．总监理工程师和质监站监督员

D．建设单位项目负责人和总监理工程师

23．（2016—16）项目监理机构审查施工单位报送的工程材料、构配件、设备报审表时,应重点审查（   ）。

A．采购合同   B．技术标准

C．质量证明文件   D．设计文件要求

24．（2018—16）工程施工过程中，对已进场但检验不合格的工程材料，项目监理

机构应要求施工单位（   ）。

A. 停工整改并封存不合格材料

B. 征求设计单位对不合格材料的使用意见

C. 限期将不合格材料撤出施工现场

D. 征求检测机构对不合格材料的使用意见

25.（2020—20）根据《建设工程监理规范》，工程竣工预验收合格后，项目监理机构应编写（   ）报建设单位。

A. 工程质量确认报告　　　　　　　B. 工程质量评估报告

C. 工程质量验收方案　　　　　　　D. 工程质量验收证书

26.（2020—85）项目监理机构建立工程项目质量控制系统的工作内容有（   ）。

A. 确定企业质量方针、目标　　　　B. 建立组织机构

C. 制定工作制度　　　　　　　　　D. 明确监理程序

E. 编写企业质量管理体系文件

27.（2021—24）项目监理机构应在（   ）后编制工程质量评估报告。

A. 单位工程完工　　　　　　　　　B. 竣工验收交付使用

C. 竣工预验收合格　　　　　　　　D. 竣工验收

习题答案及解析

1. C	2. A	3. A	4. B	5. C
6. D	7. A	8. ABD	9. CDE	10. BCDE
11. B	12. A	13. C	14. CDE	15. D
16. B	17. A	18. B	19. A	20. B
21. C	22. A	23. C	24. C	25. B
26. BCD	27. C			

【解析】

22. A。工程竣工预验收合格后，项目监理机构应编写工程质量评估报告，并应经总监理工程师和工程监理单位技术负责人审核签字后报建设单位。在2004、2015年度的考试中，同样对本题涉及的采分点进行了考查。

第三节　卓越绩效模式

知识导学

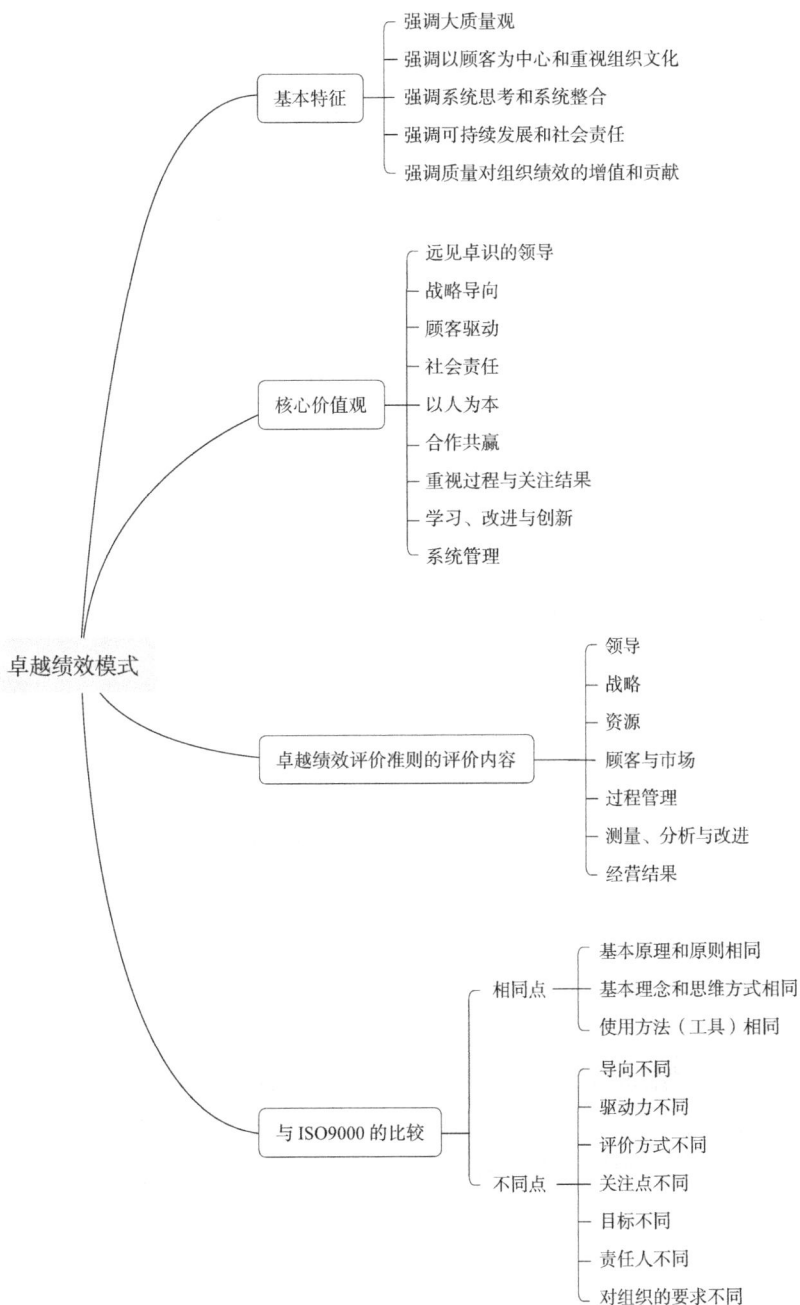

卓越绩效模式

- 基本特征
  - 强调大质量观
  - 强调以顾客为中心和重视组织文化
  - 强调系统思考和系统整合
  - 强调可持续发展和社会责任
  - 强调质量对组织绩效的增值和贡献

- 核心价值观
  - 远见卓识的领导
  - 战略导向
  - 顾客驱动
  - 社会责任
  - 以人为本
  - 合作共赢
  - 重视过程与关注结果
  - 学习、改进与创新
  - 系统管理

- 卓越绩效评价准则的评价内容
  - 领导
  - 战略
  - 资源
  - 顾客与市场
  - 过程管理
  - 测量、分析与改进
  - 经营结果

- 与ISO9000的比较
  - 相同点
    - 基本原理和原则相同
    - 基本理念和思维方式相同
    - 使用方法（工具）相同
  - 不同点
    - 导向不同
    - 驱动力不同
    - 评价方式不同
    - 关注点不同
    - 目标不同
    - 责任人不同
    - 对组织的要求不同

习题汇总

1.（2020—7）根据《卓越绩效评价准则》，卓越绩效模式的基本特征是（　　）。

A．强调以经营为中心　　　　　　　B．强调以效益为中心

C．强调大质量观　　　　　　　　　D．强调企业责任

2.（2020—8）卓越绩效模式强调以系统的观点来管理整个组织及关键过程，这种系统管理的基本方法是（　　）。

A．反馈方法　　　　　　　　　　　B．过程方法

C．评价方法　　　　　　　　　　　D．监督方法

3.（2020—86）《卓越绩效评价准则》与ISO 9000族质量标准的不同点体现在（　　）方面。

A．目标　　　　　　　　　　　　　B．导向

C．评价方式　　　　　　　　　　　D．基本理念

E．基本原理

4.（2021—7）根据《卓越绩效评价准则》，采用卓越绩效模式的驱动力来自（　　）。

A．标准化导向　　　　　　　　　　B．市场竞争

C．市场准入　　　　　　　　　　　D．符合性评审

5.（2021—84）在卓越绩效模式中，为了实现质量对组织绩效的增值作用，需要关注的要素有（　　）。

A．标准化导向　　　　　　　　　　B．符合性评审

C．质量管理与质量经营的系统融合　D．促进组织效率最大化

E．促进顾客价值最大化

6.卓越绩效模式中，作为组织质量管理的首要原则是（　　）。

A．顾客和市场为中心　　　　　　　B．大质量观

C．可持续发展　　　　　　　　　　D．系统思考

7.卓越绩效模式中，强调组织的（　　）是文明和进步的体现。

A．大质量观　　　　　　　　　　　B．可持续发展

C．社会责任　　　　　　　　　　　D．系统整合

8.卓越绩效模式的基本特征中，能够促进组织效率最大化和顾客价值最大化的是（　　）。

A．强调质量对组织绩效的增值和贡献　B．强调与顾客为中心

C．强调大质量观　　　　　　　　　D．强调系统思考

9.关于卓越绩效评价准则与ISO 9000的不同点，下列说法正确的是（　　）。

A．卓越绩效模式来自市场准入的驱动　B．ISO 9000的目标是顾客满意

C．ISO 9000是成熟度评价　　　　　D．卓越绩效更加关注过程

习题答案及解析

1. C   2. B   3. ABC   4. B   5. CDE

6. A   7. C   8. A   9. B

【解析】

2. B。系统管理中卓越绩效模式强调以系统的观点来管理整个组织及其关键过程。过程方法（PDCA）是系统管理的基本方法。

3. ABC。《卓越绩效评价准则》与 ISO 9000 的不同点：导向不同、驱动力不同、评价方式不同、关注点不同、目标不同、责任人不同、对组织的要求不同。《卓越绩效评价准则》与 ISO 9000 的相同点：基本原理和原则相同；基本理念和思维方式相同；使用方法（工具）相同。在 2016 年度的考试中，同样对本题涉及的采分点进行了考查。

第三章
建设工程质量的统计分析和试验检测方法

第一节　工程质量统计分析

知识导学

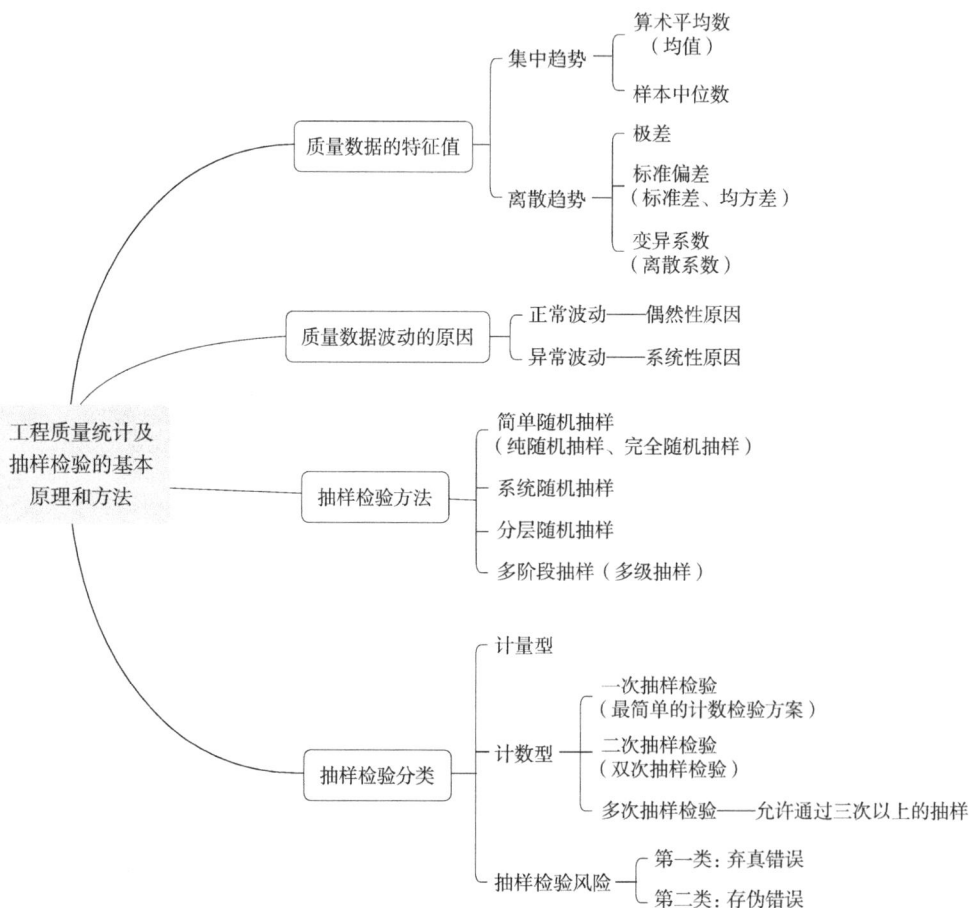

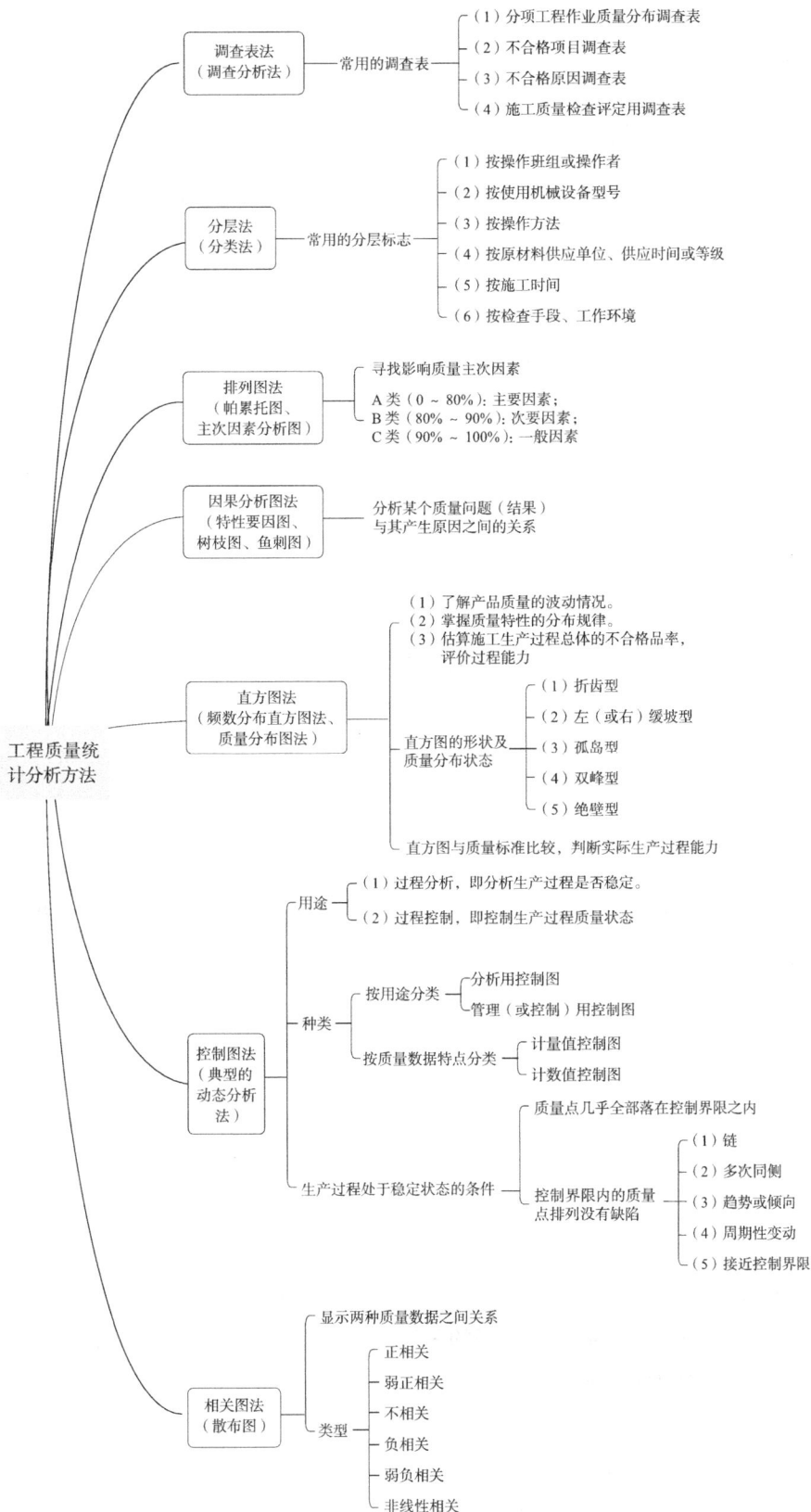

工程质量统计分析方法

- 调查表法（调查分析法）—— 常用的调查表
  - （1）分项工程作业质量分布调查表
  - （2）不合格项目调查表
  - （3）不合格原因调查表
  - （4）施工质量检查评定用调查表

- 分层法（分类法）—— 常用的分层标志
  - （1）按操作班组或操作者
  - （2）按使用机械设备型号
  - （3）按操作方法
  - （4）按原材料供应单位、供应时间或等级
  - （5）按施工时间
  - （6）按检查手段、工作环境

- 排列图法（帕累托图、主次因素分析图）
  - 寻找影响质量主次因素
  - A 类（0 ~ 80%）：主要因素；
  - B 类（80% ~ 90%）：次要因素；
  - C 类（90% ~ 100%）：一般因素

- 因果分析图法（特性要因图、树枝图、鱼刺图）
  - 分析某个质量问题（结果）与其产生原因之间的关系

- 直方图法（频数分布直方图法、质量分布图法）
  - （1）了解产品质量的波动情况。
  - （2）掌握质量特性的分布规律。
  - （3）估算施工生产过程总体的不合格品率，评价过程能力
  - 直方图的形状及质量分布状态
    - （1）折齿型
    - （2）左（或右）缓坡型
    - （3）孤岛型
    - （4）双峰型
    - （5）绝壁型
  - 直方图与质量标准比较，判断实际生产过程能力

- 控制图法（典型的动态分析法）
  - 用途
    - （1）过程分析，即分析生产过程是否稳定。
    - （2）过程控制，即控制生产过程质量状态
  - 种类
    - 按用途分类
      - 分析用控制图
      - 管理（或控制）用控制图
    - 按质量数据特点分类
      - 计量值控制图
      - 计数值控制图
  - 生产过程处于稳定状态的条件
    - 质量点几乎全部落在控制界限之内
    - 控制界限内的质量点排列没有缺陷
      - （1）链
      - （2）多次同侧
      - （3）趋势或倾向
      - （4）周期性变动
      - （5）接近控制界限

- 相关图法（散布图）
  - 显示两种质量数据之间关系
  - 类型
    - 正相关
    - 弱正相关
    - 不相关
    - 负相关
    - 弱负相关
    - 非线性相关

习题汇总

一、工程质量统计及抽样检验的基本原理和方法

1．（2001—27）抽样检验中，将不合格产品判为合格而误收时所发生的风险称为（　　）。

A．供方风险

B．用户风险

C．生产方风险

D．系统风险

2．（2007—28）在下列事件中，可引起质量波动的偶然性原因是（　　）。

A．设计计算允许误差

B．材料规格品种使用错误

C．施工方法不当

D．机械设备出现故障

3．（2008—27）在收集质量数据中，当总体很大时，很难一次抽样完成预定的目标，此时，质量数据的收集方法宜采用（　　）。

A．分层抽样

B．等距抽样

C．整群抽样

D．多阶段抽样

4．（2011—27）施工单位采购的某类钢材分多批次进场时，为了保证在抽样检测中样品分布均匀、更具代表性，最合适的随机抽样方法是（　　）。

A．分层抽样

B．等距离法抽样

C．整群抽样

D．多阶段抽样

5．（2012—24）下列造成质量波动的原因中，属于偶然性原因的是（　　）。

A．现场温湿度的微小变化

B．机械设备过度磨损

C．材料质量规格显著差异

D．工人未遵守操作规程

6．（2012—92）在质量数据统计分析中，反映数据离散趋势的特征值包括（　　）。

A．算术平均值

B．标准偏差

C．极差

D．样本中位数

E．变异系数

7．（2014—9）计数型一次抽样检验方案为（N，n，C），其中 N 为送检批的大小，n 为抽样的样本数大小，C 为合格判定数，若发现 n 中有 d 件不合格品，当（　　）时，该送检批合格。

A．$d = C+1$

B．$d < C+1$

C．$d > C$

D．$d \leqslant C$

8．（2015—83）在检验批量为 N 的一批产品中，随机抽取 n_1 件产品进行检验。发现 n_1 中的不合格数为 d_1，则（　　）。

A．$d_1 \leqslant C_1$，判定该批产品合格

B．$d_1 \leqslant C_1$，判定该批产品不合格

C．$d_1 > C_2$，判定该批产品不合格

D．$d_1>C_2$，判定该批产品合格

E．$C_1<d_1 \leq C_2$，应在同批产品中继续随机抽取 n_2 件产品进行检验

9．（2015—85）实际生产中，质量数据波动的偶然性原因的特点有（　　）。

A．不可避免、难以测量和控制

B．大量存在但对质量的影响很小

C．质量数据离散过大

D．原材料质量规格有显著差异

E．经济上不值得消除

10．（2016—84）根据抽样检验分类方法，属于计量型抽样检验的质量特性有（　　）。

A．几何尺寸 　　　　　　　　　B．焊点不合格数

C．标高 　　　　　　　　　　　D．条数

E．强度

11．（2019—7）关于样本中位数的说法，正确的是（　　）。

A．样本数为偶数时，中位数是数值大小排序后居中两数的平均值

B．中位数反映了样本数据的分散状况

C．中位数反映了中间数据的分布

D．样本中位数是样本极差值的平均值

12．（2019—8）关于抽样检验的说法，正确的是（　　）。

A．计量抽样检验是对单位产品的质量采取计数抽样的方法

B．一次抽样检验涉及 3 个参数，二次抽样检验涉及 5 个参数

C．一次抽样检验和二次抽样检验均为计量抽样检验

D．一次抽样检验和二次抽样检验均涉及 3 个参数，即批量、样本数和合格判定数

13．（2020—9）工程质量统计分析中，用来描述样本数据集中趋势的特征值是（　　）。

A．算术平均数和标准偏差 　　　B．中位数和变异系数

C．算术平均数和中位数 　　　　D．中位数和标准偏差

14．（2020—10）工程质量特征值的正常波动是由（　　）引起的。

A．单一性原因 　　　　　　　　B．必然性原因

C．系统性原因 　　　　　　　　D．偶然性原因

15．（2020—11）根据数据统计规律，进行材料强度检测随机抽样的样本容量较大时，其工程质量特性数据均值服从的分布是（　　）。

A．二项分布 　　　　　　　　　B．正态分布

C．泊松分布 　　　　　　　　　D．非正态分布

16．（2020—12）某产品质量检验采用计数型二次抽样检验方案，已知：$N=1000$，$n_1=40$，$n_2=60$，$C_1=1$，$C_2=4$；经二次抽样检得：$d_1=2$，$d_2=3$，则正常的结论是（　　）。

A. 经第一次抽样检验即可判定该批产品质量合格

B. 经第一次抽样检验即可判定该批产品质量不合格

C. 经第二次抽样检验即可判定该批产品质量合格

D. 经第二次抽样检验即可判定该批产品质量不合格

17.（2021—9）根据《建筑工程施工质量验收统一标准》，对于主控项目合格质量水平的错判概率 α 和漏判概率 β，正确的取值范围是（　　）。

A. α 和 β 均不宜超过 5%

B. α 不宜超过 5%，β 不宜超过 10%

C. α 不宜超过 3%，β 不宜超过 5%

D. α 不宜超过 3%，β 不宜超过 10%

18. 工程质量统计分析中，最常用的反映数据变异程度的特征值是（　　）。

A. 极差 　　　　　　　　　　　　　B. 算术平均数

C. 标准偏差 　　　　　　　　　　　D. 变异系数

19. 工程质量统计分析中，极差的缺点是（　　）。

A. 计算麻烦 　　　　　　　　　　　B. 使用不便

C. 仅能使用大样本 　　　　　　　　D. 损失的质量信息多

20. 抽样检验方法中，广泛用于原材料的进货检验和单位工程完工后的检验的是（　　）。

A. 简单随机抽样 　　　　　　　　　B. 分层随机抽样

C. 系统随机抽样 　　　　　　　　　D. 多阶段抽样

21. 属于单阶段抽样的是（　　）。

A. 系统随机抽样 　　　　　　　　　B. 简单随机抽样

C. 多阶段抽样 　　　　　　　　　　D. 分层随机抽样

22. 计数型一次抽样检验中，判定该批产品不合格的条件是（　　）。

A. $d < C$ 　　　　　　　　　　　　B. $d = C$

C. $d > C$ 　　　　　　　　　　　　D. $d \leqslant C$

23. 计数型二次抽样检验中，判定该批产品不合格的条件是（　　）。

A. $d_1 = C_1$ 　　　　　　　　　　B. $C_1 < d_1 \leqslant C_2$

C. $d_1 > C_2$ 　　　　　　　　　　D. $d_1 < C_1$

24. 抽样检验中，用户风险和生产方风险控制的范围是（　　）。

A. $\alpha = 2\% \sim 6\%$，$\beta = 6\% \sim 9\%$ 　　　B. $\alpha = 1\% \sim 5\%$，$\beta = 5\% \sim 10\%$

C. $\alpha = 5\% \sim 10\%$，$\beta = 1\% \sim 5\%$ 　　　D. $\alpha = 6\% \sim 9\%$，$\beta = 2\% \sim 6\%$

二、工程质量统计分析方法

（一）调查表法

25. 工程质量统计分析方法中，利用专门设计的统计表对质量数据进行收集、整理和粗略分析质量状态的一种方法是（　　）。

A．分类法

B．主次因素分析图

C．因果分析图

D．调查分析法

（二）分层法

26．（2017—9）工程质量统计分析方法中，根据不同的目的和要求，将调查收集的原始数据，按某一性质进行分组、整理，分析产品存在的质量问题和影响因素的方法是（　　）。

A．调查表法

B．分层法

C．排列图法

D．控制图法

27．工程质量统计分析方法中，质量控制统计分析方法中最基本的一种方法是（　　）。

A．分层法

B．相关图法

C．主次因素分析图

D．管理图法

（三）排列图法

28．（2004—93）排列图是一种常见的质量控制统计分析方法，它可用于（　　）。

A．分析造成质量问题的薄弱环节

B．评价生产过程的能力

C．掌握质量数据的分布规律

D．分析质量控制措施的有效性

E．找出生产不合格品最多的关键过程

29．（2010—23）在质量管理排列图中，对应于累计频率曲线80%～90%部分的，属于（　　）影响因素。

A．一般

B．主要

C．次要

D．其他

30．（2013—93）排列图是质量管理的重要工具之一，它可用于（　　）。

A．分析造成质量问题的薄弱环节

B．寻找生产不合格品最多的关键过程

C．分析比较各单位技术水平和质量管理水平

D．分析费用、安全问题

E．分析质量特性的分布规律

31．（2016—9）采用排列图法划分质量影响因素时，累计频率达到75%对应的影响因素是（　　）。

A．主要因素

B．次要因素

C．一般因素

D．基本因素

32．（2019—9）在采用排列图法分析工程质量问题时，按累计频率划分进行质量影响因素分类，次要因素对应的累计频率区间为（　　）。

A．70%～80%

B．80%～90%

C．80%～100%

D．90%～100%

33．（2020—18）工程质量统计分析方法中，寻找影响质量主次因素的有效方法是（   ）。

A．调查表法   B．控制图法

C．排列图法   D．相关图法

34．（2021—85）采用排列图法分析工程质量影响因素时，可将影响因素分为（   ）。

A．偶然因素   B．主要因素

C．系统因素   D．次要因素

E．一般因素

35．排列图法划分累计频率中，属于一般因素的是（   ）。

A．70%～100%   B．90%～100%

C．50%～80%   D．80%～90%

（四）因果分析图法

36．（2004—26）在下列质量控制的统计分析方法中，需要听取各方意见，集思广益，相互启发的是（   ）。

A．排列图法   B．因果分析图法

C．直方图法   D．控制图法

37．（2007—27）在常用的工程质量控制的统计方法中，可以用来系统整理分析某个质量问题及其产生原因之间关系的方法是（   ）。

A．相关图法   B．树枝图法

C．排列图法   D．直方图法

38．工程质量控制的统计分析方法中，因果分析图又可以称为（   ）。

A．特性要因图   B．管理图

C．质量分布图   D．树枝图

E．鱼刺图

（五）直方图法

39．（2008—29）在质量管理中，将正常型直方图与质量标准进行比较时，可以判断生产过程的（   ）。

A．质量问题成因   B．质量薄弱环节

C．计划质量能力   D．实际质量能力

40．（2009—94）在质量管理中，直方图法的用途有（   ）。

A．分析判断产品的质量状况

B．估算施工生产工程总体的不合格品率

C．评价过程能力

D．分析生产过程是否稳定

E．控制生产过程质量状态

41．（2011—26）当需要使用施工作业工序抽样检验所得到的质量特性数据，分析

工序质量波动状况及原因时，可通过绘制（　　）进行观察判断。

   A．直方图　　　　　　　　　　　　　　B．排列图

   C．管理图　　　　　　　　　　　　　　D．相关图

42．（2012—25）将两种不同方法或两台设备或两组工人进行生产的质量特性统计数据混在一起整理，将形成（　　）直方图。

   A．折齿型　　　　　　　　　　　　　　B．缓坡型

   C．孤岛型　　　　　　　　　　　　　　D．双峰型

43．（2013—26）由于分组组数不当或者组距确定不当，将形成（　　）直方图。

   A．折齿型　　　　　　　　　　　　　　B．缓坡型

   C．孤岛型　　　　　　　　　　　　　　D．双峰型

44．（2015—9）工程质量统计分析方法中，直方图法的主要用途有（　　）。

   A．描述质量缺陷的数据状况　　　　　　B．确定质量问题的主要原因

   C．掌握质量特性的分布规律　　　　　　D．分门别类地分析质量问题

45．（2017—10）采用直方图法分析工程质量时，出现孤岛型直方图的原因是（　　）。

   A．组数或组距确定不当　　　　　　　　B．不同设备生产的数据混合

   C．原材料发生变化　　　　　　　　　　D．人为去掉上限下限数据

46．（2020—13）下列统计分析方法中，可用来了解产品质量波动情况，掌握产品质量特性分布规律的是（　　）。

   A．因果分析图法　　　　　　　　　　　B．直方图法

   C．相关图法　　　　　　　　　　　　　D．排列图法

47．（2021—10）进行工程质量统计分析时，因分组组数不当绘制的直方图可能会形成（　　）直方图。

   A．折齿型　　　　　　　　　　　　　　B．孤岛型

   C．双峰型　　　　　　　　　　　　　　D．绝壁型

48．工程质量统计分析方法中，将收集到的质量数据进行分组整理，绘制成频数分布直方图，用来描述质量分布状态的分析方法是（　　）。

   A．质量分布图法　　　　　　　　　　　B．分类法

   C．控制图法　　　　　　　　　　　　　D．因果分析图

49．下列直方图中，属于折齿形的是（　　）。

   A.　　　　　　　　　　　B.　

   C.　　　　　　　　　　　D.　

50．下列直方图中，属于左缓坡型的是（　　）。

A.

B.

C.

D.

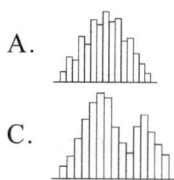

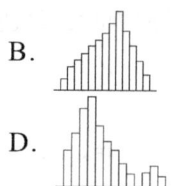

51. 下列直方图中，属于绝壁型的是（　　）。

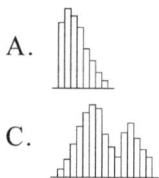

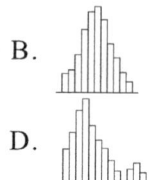

A.

B.

C.

D.

52. 由于操作中对上限控制太严造成的，将形成（　　）直方图图形。

A. 左缓坡型

B. 绝壁型

C. 折齿型

D. 双峰型

53. 由于数据收集不正常，在检测过程中存在某种人为因素影响所造成的，将形成（　　）直方图图形。

A. 孤岛型

B. 折齿形

C. 绝壁型

D. 左缓坡型

54. 直方图与质量标准进行比较，出现（　　）情况时，应当迅速采取措施，使得直方图移到中间来。

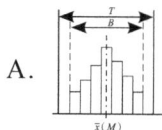

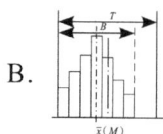

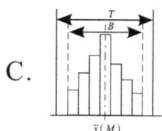

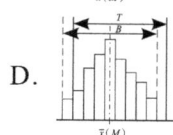

A.

B.

C.

D.

55. 直方图与质量标准进行比较，出现（　　）情况时，应当迅速采取措施，以缩小质量分布范围。

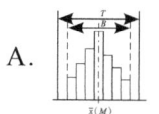

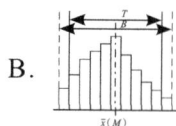

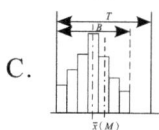

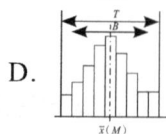

A.

B.

C.

D.

56. 直方图与质量标准进行比较，出现（　　）情况时，可以对原材料控制要求适当放宽些，有目的使 B 扩大，从而有利于降低成本。

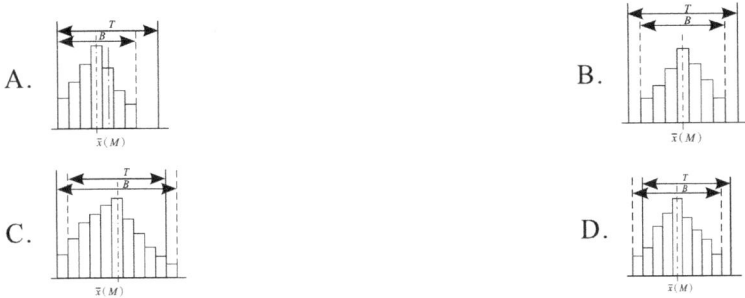

A.

B.

C.

D.

57. 实际质量特性分布范围完全超出了质量标准要求界限的上、下界限，散差太大，产生了许多废品，需要使（　　）。

A. 直方图移到中间

B. 质量分布范围增大

C. 实际质量特性分布范围位于质量标准要求界限内

D. 质量分布范围缩小

（六）控制图法

1. 控制图的基本形式及用途

58.（2009—29）质量控制图的用途是（　　）。

A. 分析并控制生产过程质量状态　　　　B. 分析判断产品质量分布状况

C. 系统整理分析质量问题产生的原因　　D. 寻找影响质量的主次因素

59.（2014—85）工程质量控制中，采用控制图法的目的有（　　）。

A. 找出薄弱环节　　　　　　　　　　B. 进行过程控制

C. 评价过程能力　　　　　　　　　　D. 进行过程分析

E. 掌握质量分布规律

60.（2015—10）用样本数据来分析判断生产过程是否处于稳定状态的有效工具是（　　）。

A. 因果分析图　　　　　　　　　　　B. 控制图

C. 直方图　　　　　　　　　　　　　D. 相关图

2. 控制图的原理

61.（2012—26）质量管理人员为了及时掌握生产过程质量的变化情况并采取有效的控制措施，可采用（　　）进行跟踪分析。

A. 排列图法　　　　　　　　　　　　B. 因果分析图法

C. 控制图法　　　　　　　　　　　　D. 直方图法

62.（2013—25）通过质量控制的动态分析能随时了解生产过程中的质量变化情况，预防出现废品。下列方法中，属于动态分析方法的是（　　）。

A．排列图法　　　　　　　　　　　　B．直方图法

C．控制图法　　　　　　　　　　　　D．解析图法

63．下列质量特性值分布变化中，表明生产的产品基本上都是合格品，可以继续生产的是（　　）。

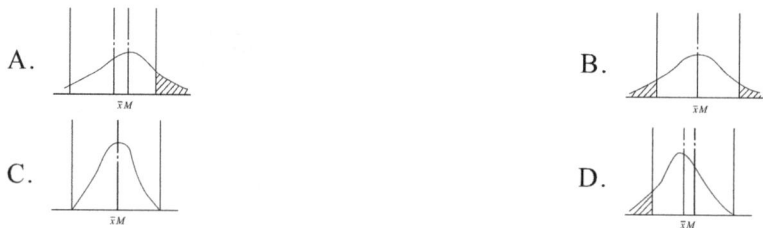

A.　　　　　　　　　　　　　　　　　B.

C.　　　　　　　　　　　　　　　　　D.

64．下列质量特性值分布变化中，反映产品质量分布散差没变，但是分布中心发生偏移的是（　　）。

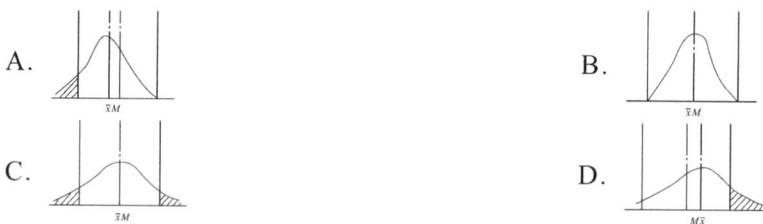

A.　　　　　　　　　　　　　　　　　B.

C.　　　　　　　　　　　　　　　　　D.

65．下列质量特性值分布变化中，反映产品质量分布中心虽然没有偏移，但是分布的散差变大的是（　　）。

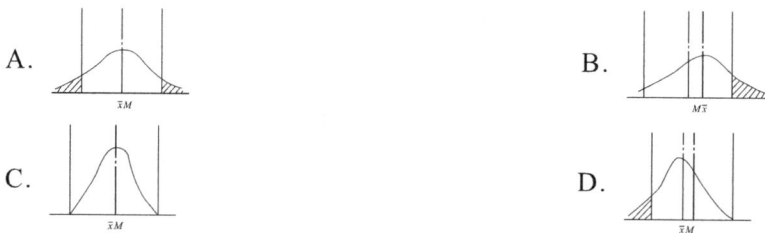

A.　　　　　　　　　　　　　　　　　B.

C.　　　　　　　　　　　　　　　　　D.

66．下列质量特性值分布变化中，反映产品质量分布中心和散差都发生了较大的变化的是（　　）。

A.　　　　　　　　　　　　　　　　　B.

C.　　　　　　　　　　　　　　　　　D.

3. 控制图的种类

67．（2008—95）控制图按用途分为分析用控制图和管理用控制图，管理用控

制图（　　）。

A．可以用来控制生产过程　　　　　　　　B．可以用来控制质量成本

C．可以找出质量问题的原因　　　　　　　D．是静态的

E．是动态的

68．控制图的种类中，常用的计量值控制图包括（　　）。

A．$\bar{x}-R$　　　　　　　　　　　　　　B．缺陷数 C

C．单位缺陷数 u　　　　　　　　　　　　D．$\bar{x}$

E．$x-R_s$

4. 控制图的观察与分析

69．（2009—95）当质量控制图同时满足（　　）时，可认为生产过程基本处于稳定状态。

A．点子全部落在控制界限之内　　　　　　B．点子分布出现链

C．控制界限内的点子排列没有缺陷　　　　D．点子多次同侧

E．点子有趋势或倾向

70．（2018—85）工程质量统计分析中，应用控制图分析判断生产过程是否处于稳定状态，可判断生产过程为异常的情形有（　　）。

A．点子几乎全部落在控制界线内　　　　　B．中心线一侧出现 7 点链

C．中心线两侧有 5 点连续上升　　　　　　D．点子排列显示周期性变化

E．连续 11 点中有 10 点在同侧

71．关于控制图中"质量点几乎全部落在控制界限之内"的说法，正确的是（　　）。

A．连续 20 点处于控制界限内

B．连续 100 点中 4 点超出控制界限

C．连续 35 点只有 3 点超出控制界限

D．连续 35 点只有 1 点超出控制界限

（七）相关图法

72．（2016—10）工程质量统计分析方法中，用来显示两种质量数据之间关系的是（　　）。

A．因果分析图法　　　　　　　　　　　　B．相关图法

C．直方图法　　　　　　　　　　　　　　D．控制图法

73．（2017—11）采用相关图法分析工程质量时，散布点形成由左向右向下的一条直线带，说明两变量之间的关系为（　　）。

A．负相关　　　　　　　　　　　　　　　B．不相关

C．正相关　　　　　　　　　　　　　　　D．弱正相关

74．（2021—11）工程质量统计分析相关图中，散布点形成由左至右向下分布的较分散的直线带，表明反映产品质量特征的变量之间存在（　　）关系。

A．不相关　　　　　　　　　　　　　　　B．正相关

C. 弱正相关

D. 弱负相关

75. 属于弱正相关的是（　　）。

A.

B.

C.

D.

76. 属于弱负相关的是（　　）。

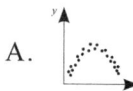

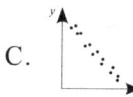

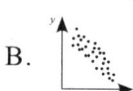

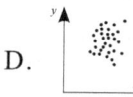

A.

B.

C.

D.

习题答案及解析

1. B	2. A	3. D	4. D	5. A
6. BCE	7. D	8. ACE	9. ABE	10. ACE
11. A	12. B	13. C	14. D	15. B
16. D	17. A	18. C	19. D	20. A
21. C	22. C	23. C	24. B	25. D
26. B	27. A	28. ADE	29. C	30. ABCD
31. A	32. B	33. C	34. BDE	35. B
36. B	37. B	38. ADE	39. D	40. ABC
41. A	42. D	43. A	44. C	45. C
46. B	47. A	48. A	49. C	50. B
51. A	52. A	53. C	54. B	55. D
56. B	57. D	58. A	59. BD	60. B
61. C	62. C	63. C	64. A	65. A
66. C	67. AE	68. ADE	69. AC	70. BDE
71. D	72. B	73. A	74. D	75. C
76. B				

【解析】

3. D。多阶段抽样又称多级抽样。当总体很大时，很难一次抽样完成预定的目标时采用。多阶段抽样是将各种单阶段抽样方法结合使用，通过多次随机抽样来实现的抽样方法。如检验钢材、水泥等质量时。在2015年度的考试中，同样对本题涉及的采分点进行了考查。

6．BCE。描述数据离散趋势的特征值主要包括：极差、标准偏差和变异系数。在2005、2009、2014、2016、2021年度的考试中，同样对本题涉及的采分点进行了考查。

13．C。描述数据分布集中趋势的特征值有算术平均数、中位数。描述数据分布离中趋势的特征值有极差、标准偏差、变异系数等。在2017年度的考试中，同样对本题涉及的采分点进行了考查。

14．D。质量特性值的变化在质量标准允许范围内波动称之为正常波动，是由偶然性原因引起的；若是超越了质量标准允许范围的波动则称之为异常波动，是由系统性原因引起的。在2009年度的考试中，同样对本题涉及的采分点进行了考查。

28．ADE。排列图的主要应用有：（1）按不合格点的内容分类，可以分析出造成质量问题的薄弱环节。（2）按生产作业分类，可以找出生产不合格最多的关键过程。（3）按生产班组或单位分类，可以分析比较各单位技术水平和质量管理水平。（4）将采取提高质量措施前后的排列图对比，可以分析措施是否有效。（5）还可用于成本费用分析，安全问题分析等。在2012年度的考试中，同样对本题涉及的采分点进行了考查。

33．C。排列图法是利用排列图寻找影响质量主次因素的一种有效方法。在2005、2008年度的考试中，同样对本题涉及的采分点进行了考查。

37．B。因果分析图法常被称为树枝图法或鱼刺图法。是利用因果分析图来系统整理分析某个质量问题（结果）与其产生原因之间的有效工具。在2014年度的考试中，同样对本题涉及的采分点进行了考查。

40．ABC。通过直方图的观察与分析，可了解产品质量的波动情况，掌握质量特性的分布规律，以便对质量状况进行分析判断。同时可通过质量数据特征值的计算，估算施工生产过程总体的不合格品率，评价过程能力等。在2003、2010年度的考试中，同样对本题涉及的采分点进行了考查。

59．BD。控制图是用样本数据来分析判断生产过程是否处于稳定状态的有效工具。它的用途主要有两个：（1）过程分析，即分析生产过程是否稳定。为此，应随机连续收集数据，绘制控制图，观察数据点分布情况并判定生产过程状态；（2）过程控制，即控制生产过程质量状态。为此，要定时抽样取得数据，将其变为质量点描在图上，发现并及时消除生产过程中的失调现象，预防不合格品的产生。在2007年度的考试中，同样对本题涉及的采分点进行了考查。

62．C。排列图、直方图法是质量控制的静态分析法，反映的是质量在某一段时间里的静止状态。控制图就是典型的动态分析法。在2010年度的考试中，同样对本题涉及的采分点进行了考查。

69．AC。当控制图同时满足以下两个条件：一是点子几乎全部落在控制界限之内；二是控制界限内的点子排列没有缺陷。我们就可以认为生产过程基本上处于稳定状态。在2015年度的考试中，同样对本题涉及的采分点进行了考查。

70．BDE。A选项为稳定状态的条件，故A选项错误。C选项，连续7点或7点以上上升或下降排列才可判定生产过程异常，故 C 选项错误。在 2019 年度的考试中，同样对本题涉及的采分点进行了考查。

第二节　工程质量主要试验检测方法

知识导学

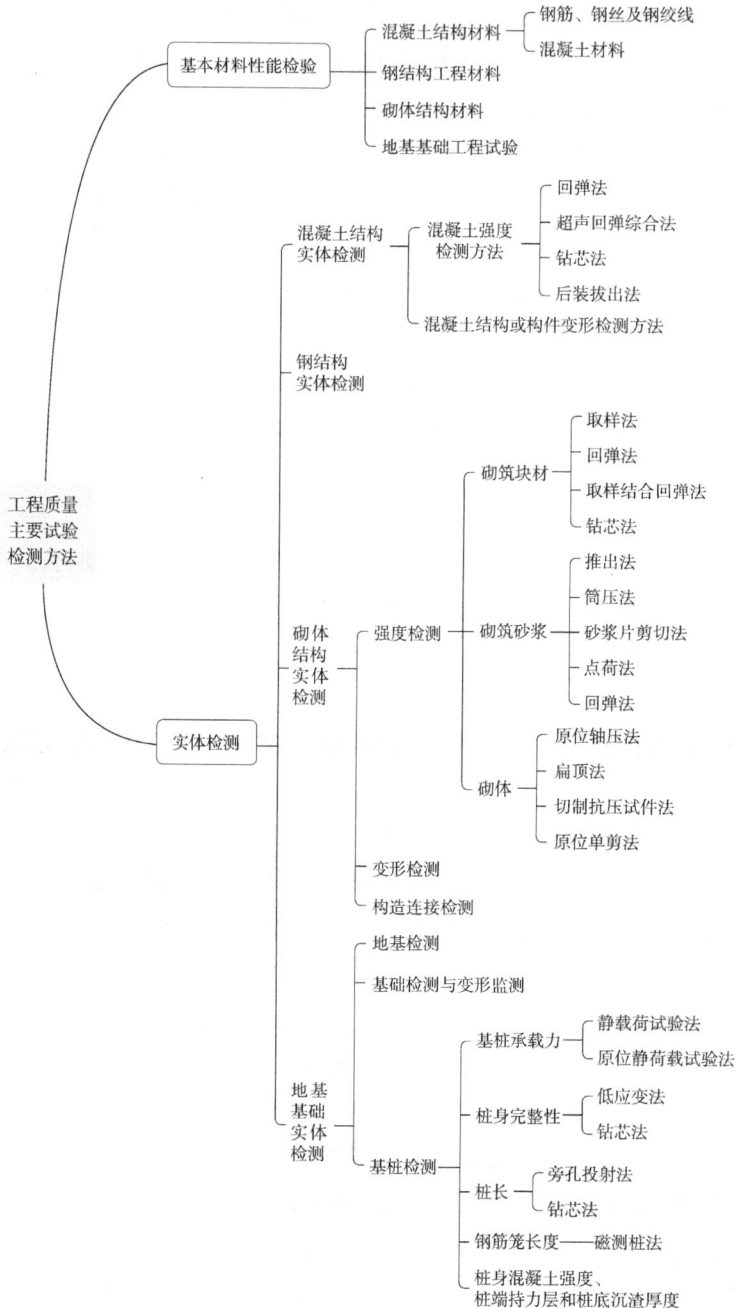

习题汇总

一、基本材料性能检验

（一）混凝土结构材料

1. 钢筋、钢丝及钢绞线

1.（2014—86）对于有抗震设防要求的钢筋混凝土结构，其纵向受力钢筋的延性应符合（　）的规定。

A. 钢筋的抗拉强度实测值与屈服强度实测值的比值不应小于 1.25

B. 钢筋的抗拉强度实测值与屈服强度实测值的比值不应大于 1.30

C. 钢筋的屈服强度实测值与强度标准值的比值不应大于 1.30

D. 钢筋的最大力下总伸长率不应小于 9%

E. 钢筋断后伸长率不应大于 5%

2.（2016—11）根据有关标准，对有抗震设防要求的主体结构，纵向受力钢筋在最大力下的总伸长率不应小于（　）。

A. 3%　　　　　　　　　　　　　　B. 5%

C. 7%　　　　　　　　　　　　　　D. 9%

3.（2019—4）根据有关标准，对有抗震设防要求的主体结构，纵向受力钢筋的屈服强度实测值与强度标准值的比例不应大于（　）。

A. 1.30　　　　　　　　　　　　　B. 1.35

C. 1.40　　　　　　　　　　　　　D. 1.45

4.（2019—13）关于钢绞线进场复验的说法，正确的是（　）。

A. 同一规格的钢绞线每批不得大于 6t

B. 松弛试验必须进行现场抽样

C. 力学性能的抽样检验需进行反复弯曲试验

D. 抽样检验时，应从每批钢绞线中任选 3 盘取样送检

5.（2019—84）在钢材进场时，应按相关标准进行检验，检验的主要内容包括（　）。

A. 产品合格证　　　　　　　　　　B. 运输通行证

C. 出厂检验报告　　　　　　　　　D. 货物单据

E. 进场复验报告

6.（2020—14）根据《混凝土结构工程施工质量验收规范》，钢筋运到施工现场后，应进行的主要力学性能试验是（　）。

A. 抗拉强度和抗剪强度试验　　　　B. 冷弯试验和耐高温试验

C. 屈服强度和疲劳强度试验　　　　D. 拉力试验和弯曲性能试验

7.（2020—15）对同一厂家，同一类型且未超过 30t 的一批成型钢筋，检验外观质量与尺寸偏差时所采取的抽样方法和抽取数量是（　）。

A．随机抽取 3 个成型钢筋试体　　　　　B．随机抽取 2 个成型钢筋试体

C．随机抽取 1 个成型钢筋试体　　　　　D．全数检查所有成型钢筋

8．混凝土结构材料中，钢筋进场复验项目中，（　　）的检查数量是按进场批次和产品的抽样检验方案确定。

A．物理及力学性能、钢筋表面检查

B．抗震钢筋伸长率、质量与尺寸偏差

C．钢筋表面检查、质量与尺寸偏差

D．物理及力学性能、抗震钢筋伸长率

9．钢丝应当从经外观检查合格的每批钢丝中任选总盘数的（　　）取样送检。

A．不少于 8 盘　　　　　　　　　　　B．10%

C．5%　　　　　　　　　　　　　　　D．不少于 3 盘

2. 混凝土材料

10．（2020—16）用来表征混凝土拌合物流动性的指标是（　　）。

A．徐变量　　　　　　　　　　　　　B．凝结时间

C．稠度　　　　　　　　　　　　　　D．弹性模量

11．（2021—12）一组混凝土立方体抗压强度试件测量值分别为 42.3MPa、47.6MPa、54.9MPa 时，该组试件的试验结果是（　　）。

A．47.6MPa　　　　　　　　　　　　B．48.3MPa

C．51.3MPa　　　　　　　　　　　　D．无效

（二）钢结构工程材料

12．钢材进场由订货方进行抽样检验，下列情况中，（　　）的进场钢材应由订货方进行钢材化学成分，力学性能及工艺性能的抽样检验。

A．国外进口　　　　　　　　　　　　B．设计有检验要求

C．建筑结构安全等级为二级　　　　　D．钢材混批

E．板厚为 30mm，且设计有 Z 向性能要求的厚板

（三）砌体结构材料

13．关于砌筑砂浆试块强度验收的合格标准，下列说法正确的是（　　）。

A．同一验收批砂浆试块抗压强度的最小一组平均值应当为设计强度等级值的 80%

B．同一验收批砂浆试块强度平均值应当为设计强度等级值的 1.2 倍

C．同一验收批砂浆试块强度极差应当为设计强度等级值的 1 倍

D．同一验收批砂浆试块抗压强度的最大一组平均值应当为设计强度等级值的 85%

（四）地基基础工程试验

14．（2021—13）进行桩基工程单桩静承载力试验时，在同一条件下试桩数不宜少于总桩数的（　　），并不应少于 3 根。

A．1%　　　　　　　　　　　　　　B．2%

C．3%　　　　　　　　　　　　　　D．5%

15．桩基工程单桩动测试验中，高应变动测法在地质条件相近、桩型和施工条件相同时，不宜少于总桩数的（　　）。

A．1% 　　　　　　　　　　　　B．5%

C．7% 　　　　　　　　　　　　D．3%

16．地基土性能试验中，土的含水率试验室内试验的标准方法是（　　）。

A．烘干法 　　　　　　　　　　B．微波加热法

C．红外线照射法 　　　　　　　D．炒干法

17．地基土性能试验中，压实度试验方法包括（　　）。

A．环刀法 　　　　　　　　　　B．碳化钙气压法

C．重型击实法 　　　　　　　　D．水袋法

E．灌砂法

18．地基土的承载力试验中，出现（　　）情况时，即可终止加载。

A．承压板周围的土明显地凹陷

B．沉降 S 急骤增大，P-S 曲线出现陡降段

C．沉降量与承压板直径之比为 0.05

D．在某一荷载下 48h 沉降速率不能达到稳定

19．地基土的承载力试验中，当试验实测值的极差不超过它的平均值的（　　）时，取这个平均值作为地基承载力特征值。

A．30% 　　　　　　　　　　　B．60%

C．90% 　　　　　　　　　　　D．45%

二、实体检测

（一）混凝土结构实体检测

20．（2020—87）下列检测方法中，属于实体混凝土构件抗压强度检测方法的有（　　）。

A．贯入法 　　　　　　　　　　B．回弹法

C．钻芯法 　　　　　　　　　　D．后装拔出法

E．静载试验法

21．下列检测方法中，适用于检测一般建筑构件的强度的是（　　）。

A．低应变动测法 　　　　　　　B．超声回弹综合法

C．回弹法 　　　　　　　　　　D．钻芯法

22．下列检测方法中，是目前我国使用较广的一种结构中混凝土强度非破损检验方法的是（　　）。

A．钻芯法 　　　　　　　　　　B．回弹法

C．高应变动测法 　　　　　　　D．超声回弹综合法

23．下列检测方法中，是一种半破损检测方法的是（　　）。

A. 回弹法   B. 超声回弹综合法

C. 钻芯法   D. 高应变动测法

24. 混凝土结构变形的检测中，结构的倾斜可以采用的方法包括（   ）。

A. 经纬仪   B. 拉线

C. 水准仪   D. 三轴定位仪

E. 吊坠

25. 混凝土结构变形的检测中，基础不均匀沉降可以采用（   ）检测。

A. 水准仪   B. 三轴定位仪

C. 拉线   D. 经纬仪

26. 混凝土结构变形的检测中，构件的挠度可以采用的方法有（   ）。

A. 经纬仪   B. 拉线

C. 水准仪   D. 激光测距仪

E. 激光定位仪

（二）钢结构实体检测

27. （2021—87）钢结构工程的焊缝质量无损检测，应满足的要求有（   ）。

A. 一级焊缝应 100% 检验

B. 特殊焊缝应进行不小于 85% 比例的抽验

C. 四级焊缝应进行不小于 60% 比例的抽验

D. 二级焊缝应进行不小于 20% 比例的抽验

E. 一般情况下，三级焊缝可不进行抽验

（三）砌体结构实体检测

28. （2020—88）下列检测方法中，属于砌体结构抗压强度现场检测方法的有（   ）。

A. 回弹法   B. 轴压法

C. 扁顶法   D. 吊坠法

E. 剪切法

29. （2021—86）进行砌体结构实体质量检测时，需要进行的强度检测有（   ）。

A. 砌筑块材强度   B. 砌筑砂浆强度

C. 砌体结构   D. 砌块材料强度

E. 砌体强度

30. 下列检测方法中，属于砌筑砂浆的强度检测方法包括（   ）。

A. 推出法   B. 切制抗压试件法

C. 点荷法   D. 取样法

E. 砂浆片剪切法

31. 下列检测方法中，属于砌筑块材的强度检测方法包括（   ）。

A. 原位单剪法   B. 筒压法

C. 取样结合回弹   D. 钻芯法

E．点荷法

（四）地基基础实体检测

32．地基承载力的检测方法包括（　　）。

A．瞬态面波测试
B．原型静荷载试验

C．地质雷达测试
D．勘探法

E．静荷载试验

33．地基基础检测的内容中，检测方法中，只有现场开挖法的项目是（　　）。

A．基础材料强度
B．基础损伤

C．基础沉降
D．基础的形式、尺寸与埋深

34．地基基础基桩的检测项目中，包括钻芯法的有（　　）。

A．桩长
B．桩身完整性

C．钢筋笼长度
D．基桩承载力

E．桩身混凝土强度

习题答案及解析

1．ACD	2．D	3．A	4．D	5．ACE
6．D	7．A	8．D	9．C	10．C
11．A	12．ABD	13．B	14．A	15．B
16．A	17．ADE	18．B	19．A	20．BCD
21．C	22．D	23．C	24．ADE	25．A
26．BCD	27．ADE	28．BC	29．ABE	30．ACE
31．CD	32．BE	33．D	34．ABE	

【解析】

10．C。混凝土拌合物稠度是表征混凝土拌合物流动性的指标，可用坍落度、维勃稠度或扩展度表示。

20．BCD。实体混凝土构件抗压强度检测方法：回弹法、超声回弹综合法、钻芯法或后装拔出法。

第四章
建设工程勘察设计阶段质量管理

第一节　工程勘察阶段质量管理

知识导学

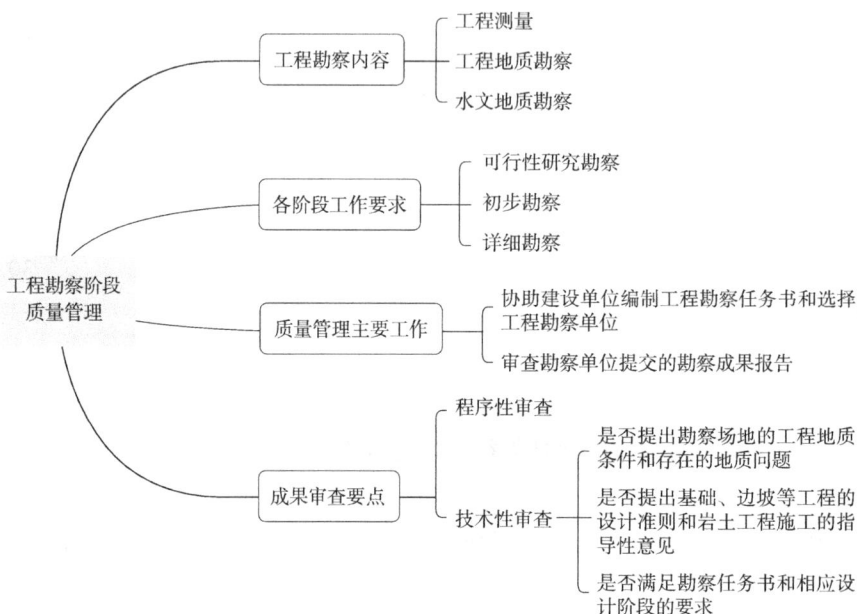

习题汇总

1.（2010—6）监理工程师应审查不同阶段工程勘察报告的内容和深度是否满足（　　）和设计工作的要求。

A．项目招标　　　　　　　　　　　B．施工组织

C．勘察任务书　　　　　　　　　　D．勘察进度计划

2.（2014—31）承担工程勘察相关服务的监理单位，应协助建设单位编制（　　）和选择工程勘察单位。

A．勘察任务书 B．勘察工作计划

C．勘察方案 D．勘察成果评估报告

3．（2015—30）工程监理单位对勘察质量管理的工作是（ ）。

A．制定勘察实施方案 B．编制工程勘察任务书

C．审查勘察单位提交的勘察成果报告 D．选择工程勘察单位

4．（2018—96）监理单位在工程勘察阶段提供相关服务时，向建设单位提交的工程勘察成果评估报告中应包括的内容有（ ）。

A．勘察报告编制深度 B．勘察任务书的完成情况

C．与勘察标准的符合情况 D．勘察人员资格和业绩情况

E．勘察工作概况

5．（2020—21）在工程勘察阶段监理单位可进行的工作是（ ）。

A．协助建设单位编制勘察任务书 B．编写《勘察方案》

C．参与建设工程质量事故分析 D．编写《勘察细则》

6．（2020—93）项目监理机构对工程勘察成果进行技术性审查时，审查的主要内容有（ ）。

A．勘察场地的工程地质条件 B．勘察场地的基坑设计方案

C．勘察场地存在的地质问题 D．边坡工程的设计准则

E．岩土工程施工的指导性意见

7．（2021—14）提供工程地质条件技术参数并满足施工图设计要求，是（ ）勘察阶段的主要任务。

A．可行性研究 B．选址

C．初步 D．详细

8．在可行性研究勘察的基础上，对场地内建筑地段的稳定性做出岩土工程评价，满足初步设计的要求是工程勘察工作的（ ）阶段。

A．详细 B．可行性

C．选址 D．初步

习题答案及解析

1．C 2．A 3．C 4．ABCE 5．A

6．ACDE 7．D 8．D

【解析】

3．C。工程监理单位勘察质量管理的主要工作包括：（1）协助建设单位编制工程勘察任务书和选择工程勘察单位，并协助签订工程勘察合同。（2）审查勘察单位提交的勘察方案，提出审查意见，并报建设单位。变更勘察方案时，应按原程序重新审查。（3）检查勘察现场及室内试验主要岗位操作人员的资格、所使用设备、仪器计量的检

定情况。（4）检查勘察单位执行勘察方案的情况，对重要点位的勘探与测试应进行现场检查。（5）审查勘察单位提交的勘察成果报告，必要时对于各阶段的勘察成果报告组织专家论证或专家审查，并向建设单位提交勘察成果评估报告，同时应参与勘察成果验收。经验收合格后勘察成果报告才能正式使用等。

第二节　初步设计阶段质量管理

知识导学

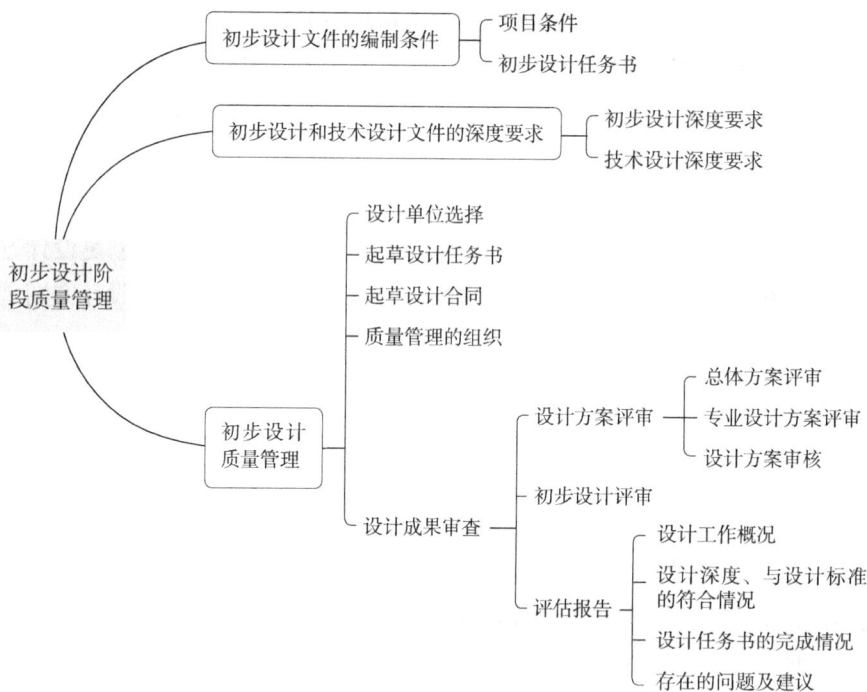

习题汇总

1.（2016—32）工程监理单位协助建设单位组织设计方案评审时，对总体方案评审的重点是（　　）。

A. 设计规模　　　　　　　　　　　B. 施工进度

C. 设计深度　　　　　　　　　　　D. 材料选型

2.（2019—96）根据《建设工程监理规范》，如提供设计阶段相关服务，监理单位应审查设计成果并提出评估报告。其评估报告的主要内容有（　　）。

A. 设计工作概况　　　　　　　　　B. 设计深度的符合情况

C. 设计任务书的完成情况　　　　　D. 有关部门的备案情况

E. 存在的问题及建议

3.（2020—22）关于设计阶段划分的说法，正确的是（　　）。

A. 民用建筑项目，应分为方案设计、施工图设计和施工设计三个阶段

B. 能源建设项目，按合同约定可以不做初步设计，直接进行施工图设计

C. 工业建设项目，一般分为初步设计和施工图设计两个阶段

D. 简单的民用建筑项目，初步设计之后应增加单项技术设计阶段

4.（2021—15）为解决重大技术问题，在（　　）之后可增加技术设计。

A. 方案设计　　　　　　　　　　　B. 初步设计

C. 扩初设计　　　　　　　　　　　D. 施工图设计

5.（2021—88）初步设计阶段，项目监理机构开展质量管理相关服务的工作内容有（　　）。

A. 协助起草设计任务书　　　　　　B. 协助组织专项技术论证

C. 协助组织设计成果审查　　　　　D. 协助项目设计报审

E. 编制设计成果评估报告

6. 对于技术要求简单的民用建筑工程，经同意后并在合同中约定不做初步设计的，可以在方案审批后直接进行（　　）。

A. 施工图设计　　　　　　　　　　B. 方案设计

C. 勘察设计　　　　　　　　　　　D. 单项技术设计

7. 项目总概算应当控制在可行性研究报告估算投资额的（　　）。

A. 5%　　　　　　　　　　　　　　B. 15%

C. -20%　　　　　　　　　　　　　D. -10%

E. -15%

8. 采用邀请招标方式的，招标人应当向（　　）个设计单位发出招标邀请书。

A. 1　　　　　　　　　　　　　　　B. 2

C. 3　　　　　　　　　　　　　　　D. 4

E. 5

9. 初步设计质量管理中，建设单位意图的体现是（　　）。

A. 设计单位选择　　　　　　　　　B. 起草设计合同

C. 设计方案评审　　　　　　　　　D. 起草设计任务书

10. 专业设计方案评审重点审核的是（　　）。

A. 设计参数　　　　　　　　　　　B. 设备配套

C. 设计标准　　　　　　　　　　　D. 设备选型

E. 使用价值

习题答案及解析

1. A　　　　2. ABCE　　　　3. C　　　　4. B　　　　5. ABC

6. A　　　　7. AD　　　　　8. CDE　　　　9. D　　　　10. ACDE

【解析】

1．A。总体方案评审重点审核设计依据、设计规模、产品方案、工艺流程、项目组成及布局、设备配套、占地面积、建筑面积、建筑造型、协作条件、环保设施、防震防灾、建设期限、投资概算等的可靠性、合理性、经济性、先进性和协调性。

2．ABCE。工程监理单位审查设计单位提交的设计成果，并提出评估报告。评估报告应包括下列主要内容：（1）设计工作概况；（2）设计深度与设计标准的符合情况；（3）设计任务书的完成情况；（4）有关部门审查意见的落实情况；（5）存在的问题及建议。

第三节　施工图设计阶段质量管理

知识导学

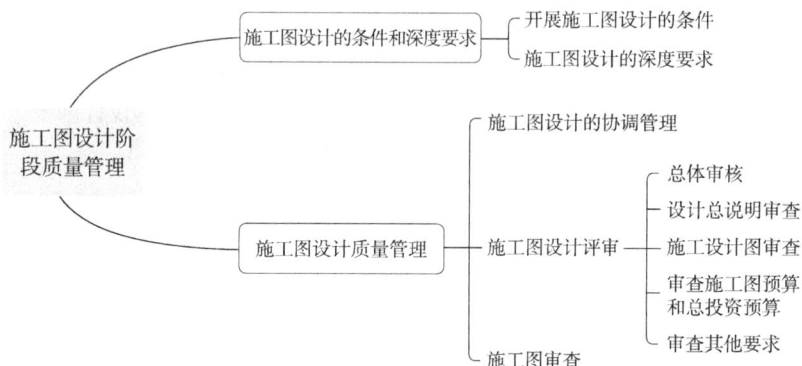

习题汇总

1．（2019—32）工程设计阶段，监理单位协助建设单位组织施工图设计评审时，评审的重点是（　　）。

A．设计深度是否符合规定　　　　　　　B．施工进度能否实现

C．经济评价是否合理　　　　　　　　　D．设计标准是否符合预定要求

2．（2021—16）项目监理机构实施设计阶段相关服务时，属于施工图设计协调管理工作的是（　　）。

A．协助审查施工图是否符合工程建设强制性标准

B．协助审查施工图中的消防安全性

C．协助建设单位建立设计过程的联席会议制度

D．协助设计单位审查"四新"的审定备案情况

3．施工图设计评审中，首先审核施工图纸的完整性及各级的签字盖章的阶段是（　　）。

A．施工设计图审查　　　　　　　　B．总投资预算

C．总体审核　　　　　　　　　　　D．设计总说明审查

4．施工设计图审查需要重点审查（　　）。

A．现场和施工的实际条件　　　　　B．满足环境保护措施

C．深度达到施工和安装的要求　　　D．定额标准合理

E．工艺流程及装置

5．施工图审查机构应对施工图审查的内容包括（　　）。

A．人防指挥工程防护安全性　　　　B．民用建筑节能强制性标准

C．绿色建筑标准　　　　　　　　　D．工程建设强制性标准

E．消防安全性

习题答案及解析

1．A　　　　2．C　　　　3．C　　　　4．AC　　　　5．BCDE

【解析】

1．A。施工图设计评审的内容包括：对工程对象物的尺寸、布置、选材、构造、相互关系、施工及安装质量要求的详细设计图和说明，这也是设计阶段质量控制的一个重点。评审的重点是：使用功能是否满足质量目标和标准，设计文件是否齐全、完整，设计深度是否符合规定。

第五章

建设工程施工质量控制和安全生产管理

第一节 施工质量控制的依据和工作程序

知识导学

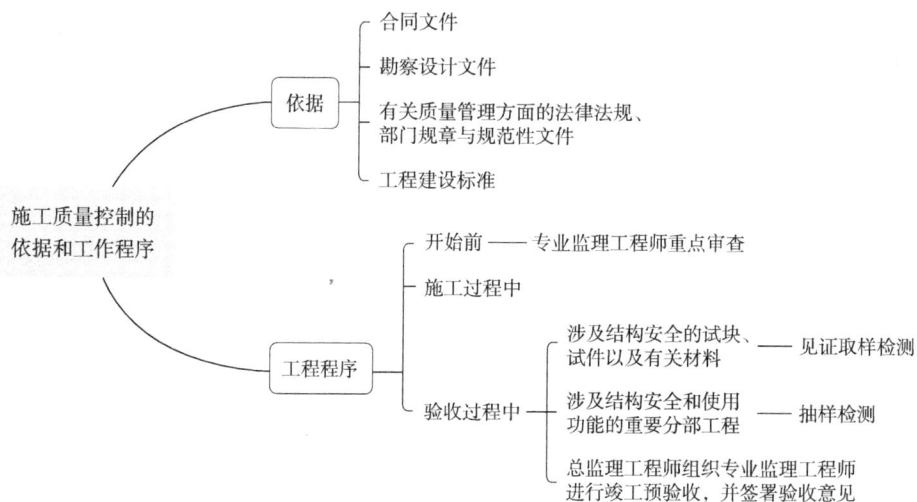

习题汇总

一、施工质量控制的依据

1.（2012—84）在施工阶段，监理工程师进行质量检验与控制所依据的专门技术法规性文件包括（　　）。

A. 建筑工程施工质量验收统一标准

B. 施工材料及其制品质量的技术标准

C. 质量管理体系标准

D. 控制施工作业活动质量的技术规程

E．有关的新技术、新材料的质量标准

2．（2016—12）根据《建设工程监理规范》，工程施工采用新技术、新工艺时，应由（　　）组织必要的专题论证。

A．施工单位

B．监理单位

C．建设单位

D．施工单位

3．（2017—16）工程中采用新工艺、新材料的，应有（　　）及有关质量数据。

A．施工单位组织的专家论证意见

B．权威性技术部门的技术鉴定书

C．设计单位组织的专家论证意见

D．建设单位组织的专家论证意见

4．（2019—86）工程采用新工艺、新技术、新材料时，应满足的要求包括（　　）。

A．完成了相应试验并有相关质量指标

B．有权威性的技术鉴定书

C．制定了质量标准和工艺规程

D．符合现行强制性标准规定

E．有类似工程的应用

5．项目监理机构在施工质量控制中，用以检验和验收工程项目质量水平所依据的文件是（　　）。

A．有关半成品质量控制方面的专门技术法规性依据

B．工程项目施工质量验收标准

C．有关工程材料质量控制方面的专门技术法规性依据

D．控制施工作业活动质量的技术规程

二、施工质量控制的工作程序

6．（2014—13）总监理工程师组织专业监理工程师审查施工单位报送的工程开工报审表及相关资料时，不属于审查内容的是（　　）。

A．设计交底和图纸会审是否已完成

B．施工许可证是否已办理

C．施工组织设计是否已由总监理工程师签认

D．进场道路及水、电、通信等是否已满足开工要求

7．（2014—14）收到施工单位报送的单位工程竣工验收报审表及相关资料后，（　　）应组织监理人员进行工程质量竣工预验收。

A．建设单位法人代表

B．建设单位现场代表

C．总监理工程师

D．专业监理工程师

8．（2015—12）在施工质量验收过程中，涉及结构安全的试块、试件以及有关材料，应按规定进行（　　）。

A．见证取样检测

B．抽样检测

C．破坏性试验

D．剥离试验

9.（2016—86）项目监理机构对施工单位报送的工程开工报审表及相关资料进行审查的内容有（　　）。

A. 施工单位资质等级是否符合相应施工工作

B. 施工组织设计是否已由总监理工程师签认

C. 施工单位的管理及施工人员是否已到位

D. 施工机械是否已具备使用条件

E. 施工单位现场质量安全生产管理体系是否已建立

习题答案及解析

1. ABDE	2. C	3. B	4. ABC	5. B
6. B	7. C	8. A	9. BCDE	

【解析】

3. B。凡采用新工艺、新技术、新材料的工程，事先应进行试验，并应有权威性技术部门的技术鉴定书及有关的质量数据、指标，在此基础上制定相应的质量标准和施工工艺规程，以此作为判断与控制质量的依据。

9. BCDE。在工程开始前，施工单位须做好施工准备工作，待开工条件具备时，应向项目监理机构报送工程开工报审表及相关资料。专业监理工程师重点审查施工单位的施工组织设计是否已由总监理工程师签认，是否已建立相应的现场质量、安全生产管理体系，管理及施工人员是否已到位，主要施工机械是否已具备使用条件，主要工程材料是否已落实到位。设计交底和图纸会审是否已完成；进场道路及水、电、通信等是否已满足开工要求。

第二节 施工准备阶段的质量控制

知识导学

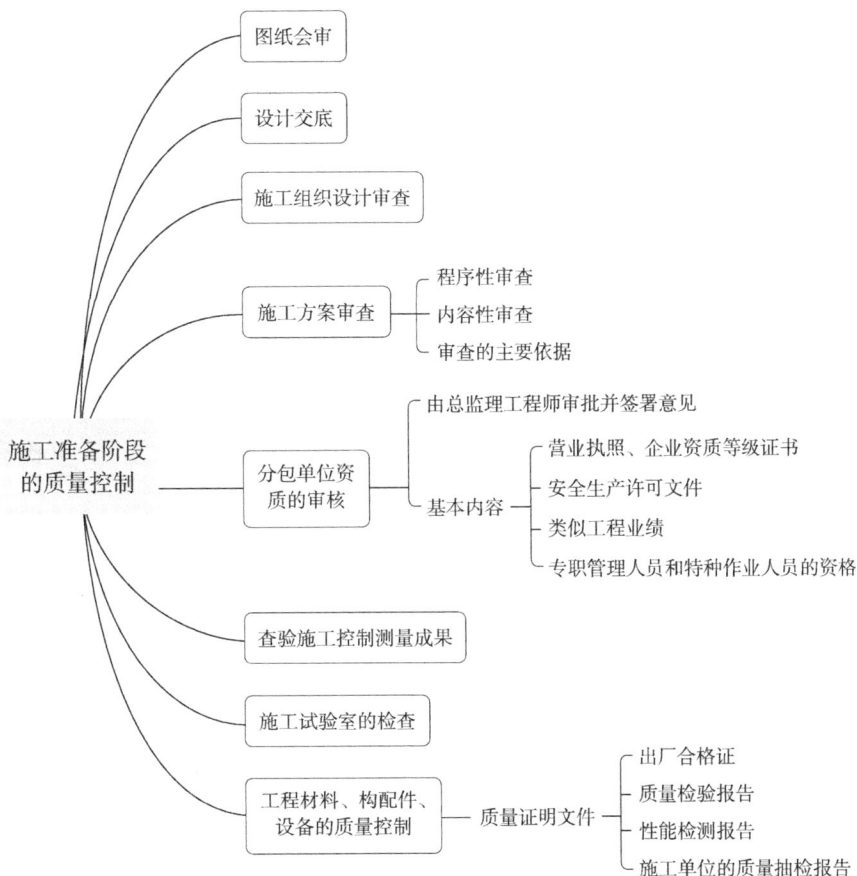

习题汇总

一、图纸会审与设计交底

1.图纸会审

1.（2016—13）图纸会审的会议纪要应由（　　）负责整理，与会各方会签。

A．监理单位 　　　　　　　　　　　B．建设单位

C．施工单位 　　　　　　　　　　　D．设计单位

2.（2017—12）工程开工前，施工图纸会审会议应由（　　）主持召开。

A．项目监理机构 　　　　　　　　　B．施工单位

C．建设单位　　　　　　　　　　　　D．设计单位

2. 设计交底

3．建设单位应在收到施工图设计文件后（　　）内组织并且主持召开工程施工图设计交底会。

A．3 个月　　　　　　　　　　　　B．6 个月

C．9 个月　　　　　　　　　　　　D．12 个月

二、施工组织设计的审查

4．（2014—15）施工组织设计是指导施工单位进行施工的实施性文件，应经（　　）审核签认后方可实施。

A．施工项目经理　　　　　　　　　B．总监理工程师

C．专业监理工程师　　　　　　　　D．建设单位代表

5．施工准备阶段的质量控制中，指导施工单位进行施工的实施性文件是（　　）。

A．施工方案审查　　　　　　　　　B．图纸会审

C．施工组织设计　　　　　　　　　D．设计阶段

（一）施工组织设计审查的基本内容与程序要求

6．（2016—14）施工单位编制的施工组织设计应经施工单位（　　）审核签认后，方可报送项目监理机构审查。

A．法定代表人　　　　　　　　　　B．技术负责人

C．项目负责人　　　　　　　　　　D．项目技术负责人

7．（2019—12）根据《建设工程监理规范》，项目监理机构应将已审核签认的施工组织设计报送（　　）。

A．工程质量监督机构　　　　　　　B．建设单位

C．监理单位　　　　　　　　　　　D．施工单位

8．（2021—90）项目监理机构对施工组织设计的审查内容有（　　）。

A．施工总平面布置　　　　　　　　B．施工进度安排

C．施工方案　　　　　　　　　　　D．生产安全事故应急预案

E．分包单位的类似工程业绩

（二）施工组织设计审查监理工作要点

9．需要施工单位修改施工组织设计时，由（　　）在报审表上签署意见，发回施工单位修改。

A．总监理工程师　　　　　　　　　B．专业监理工程师

C．建设单位　　　　　　　　　　　D．项目监理机构

三、施工方案审查

10．（2015—14）施工方案应由（　　）审批签字后提交项目监理机构。

A．建设单位项目负责人　　　　　　　B．项目技术负责人

C．建设单位技术负责人　　　　　　　D．施工单位技术负责人

11．（2021—17）项目监理机构对施工方案的审查内容是（　　）。

A．施工总平面布置　　　　　　　　　B．计算书及相关图纸

C．资金、劳动力等资源供应计划　　　D．施工预算

四、现场施工准备的质量控制

12．（2014—17）对已进场经检验不合格的工程材料，项目监理机构应要求施工单位将该批材料（　　）。

A．就地封存

B．重新试验检测，合格后方可使用

C．限期撤出施工现场

D．降低标准使用

13．（2014—19）用于工程的由（　　）采购的主要设备应经建设单位、施工单位、项目监理机构与供货方共同进行开箱检查，并经三方在开箱检查记录上签字，合格的方可使用。

A．建设单位　　　　　　　　　　　　B．施工单位

C．安装单位　　　　　　　　　　　　D．代理商

14．（2014—89）项目监理机构审核施工单位报送的分包单位资格报审表及有关资料的内容包括（　　）。

A．营业执照、企业资质等级证书

B．安全生产许可文件

C．类似工程业绩

D．专职管理人员和特种作业人员的资格

E．分包合同协议条款和分包工程内容

15．（2014—90）项目监理机构审查施工单位报送的施工控制测量成果检验表及相关资料时，应重点审查（　　）是否符合标准及规范的要求。

A．测量依据　　　　　　　　　　　　B．测量管理制度

C．测量人员资格　　　　　　　　　　D．测量手段

E．测量成果

16．（2015—15）分包工程开工前，应由（　　）对施工单位报送的分包单位资格报审表进行审批并签署意见。

A．专业监理工程师　　　　　　　　　B．总监理工程师

C．总监理工程师代表　　　　　　　　D．建设工程质量监督机构

17．（2015—16）质量合格的材料、构配件进场后，到其使用或安装时通常要经过一定的时间间隔。在此时间里，专业监理工程师应对施工单位在材料、半成品、构配

件的（ ）实行监控。

 A．产品标志、包装   B．型号、规格、数量

 C．尺寸、规格   D．存放、保管及使用期限

18.（2015—86）专业监理工程师应检查、复核施工单位报送的施工控制测量成果及保护措施，检查复核的内容包括（ ）。

 A．测量管理制度   B．测量设备检定证书

 C．施工高程控制网   D．施工平面控制网

 E．施工临时水准点

19.（2015—89）专业监理工程师应会同相关单位及人员对合同约定的进场设备进行开箱检查，检查其是否符合（ ）的要求。

 A．建设单位   B．设计文件

 C．订货合同   D．安装单位

 E．相关规范

20.（2016—15）项目监理机构收到施工单位报送的施工控制测量成果报检表后，应由（ ）签署审查意见。

 A．总监理工程师   B．监理单位技术负责人

 C．专业监理工程师   D．监理员

21.（2016—17）用于工程的进口材料、构配件和设备，按合同约定需要进行联合检查验收的，应由（ ）提出联合检查验收申请。

 A．施工单位   B．项目监理机构

 C．供货单位   D．建设单位

22.（2016—18）建设单位负责采购的主要设备进场后，应由（ ）三方共同进行开箱检查。

 A．建设单位、供货单位、施工单位

 B．供货单位、施工单位、项目监理机构

 C．建设单位、施工单位、项目监理机构

 D．供货单位、设计单位、施工单位

23.（2016—87）项目监理机构对施工单位提供的试验室进行检查的内容有（ ）。

 A．试验室的资质等级   B．试验室的试验范围

 C．试验室的性质和规模   D．试验室的管理制度

 E．试验人员的资格证书

24.（2017—14）总监理工程师应在工程开工日期（ ）d前向施工单位发出工程开工令。

 A．5   B．7

 C．10   D．14

25.（2018—17）用于工程的进口设备进场后，应由（ ）组织相关单位进行联合

检查验收。

  A．建设单位   B．项目监理机构

  C．施工单位   D．设备供应单位

26．（2018—86）项目监理机构对进场工程原材料外观质量进行检查的主要内容有（　　）。

  A．外观尺寸   B．规格

  C．型号   D．产品标志

  E．工艺性能

27．（2019—2）根据《建设工程监理规范》，下列施工控制测量成果及保护措施中，项目监理机构复核的内容不包括（　　）。

  A．施工单位测量人员的资格证书   B．施工平面控制网的测量成果

  C．测量设备的养护记录   D．控制桩的保护措施

28．（2019—14）在施工单位提交的下列报审表、报验表中，专业监理工程师签署意见后，总监理工程师还应签署审核意见的是（　　）。

  A．分包单位资格报审表

  B．施工控制测量成果报验表

  C．分项工程质量报验表

  D．工程材料、构配件、设备报审表

29．（2019—15）工程施工工期应自（　　）中载明的开工日期起计算。

  A．工程开工报审表   B．施工组织设计报审表

  C．施工控制测量成果报验表   D．工程开工令

30．（2019—87）分包工程开工前，项目监理机构应审核施工单位报送的《分包单位资格报审表》及有关资料，对分包单位资格审核的基本内容包括（　　）。

  A．分包单位资质及其业绩

  B．分包单位专职管理人员和特种作业人员资格证书

  C．安全生产许可文件

  D．施工单位对分包单位的管理制度

  E．分包单位施工规划

31．（2020—92）总监理工程师签发《工程开工令》时，审核开工应具备的条件有（　　）。

  A．设计交底和图纸会审已完成   B．现场勘察和设计人员已到位

  C．主要工程材料已落实   D．进场道路已满足开工要求

  E．现场临时办公用房已搭建完毕

习题答案及解析

  1．C   2．C   3．A   4．B   5．C

6. B	7. B	8. AB	9. A	10. D
11. B	12. C	13. A	14. ABCD	15. ACE
16. B	17. D	18. BCDE	19. BCE	20. C
21. A	22. C	23. ABDE	24. B	25. B
26. ABCD	27. C	28. A	29. D	30. ABC
31. ACD				

【解析】

2．C。建设单位应及时主持召开图纸会审会议，组织项目监理机构、施工单位等相关人员进行图纸会审，并整理成会审问题清单，由建设单位在设计交底前约定的时间内提交设计单位。在2014年度的考试中，同样对本题涉及的采分点进行了考查。

4．B。施工组织设计是指导施工单位进行施工的实施性文件。项目监理机构应审查施工单位报审的施工组织设计，符合要求时，应由总监理工程师签认后报建设单位。项目监理机构应要求施工单位按已批准的施工组织设计组织施工。在2017年度的考试中，同样对本题涉及的采分点进行了考查。

16．B。分包工程开工前，项目监理机构应审核施工单位报送的分包单位资格报审表及有关资料，专业监理工程师进行审核并提出审查意见，符合要求后，应由总监理工程师审批并签署意见。在2017年度的考试中，同样对本题涉及的采分点进行了考查。

20．C。项目监理机构收到施工单位报送的施工控制测量成果报验表后，由专业监理工程师审查。在2014年度的考试中，同样对本题涉及的采分点进行了考查。

第三节　施工过程的质量控制

知识导学

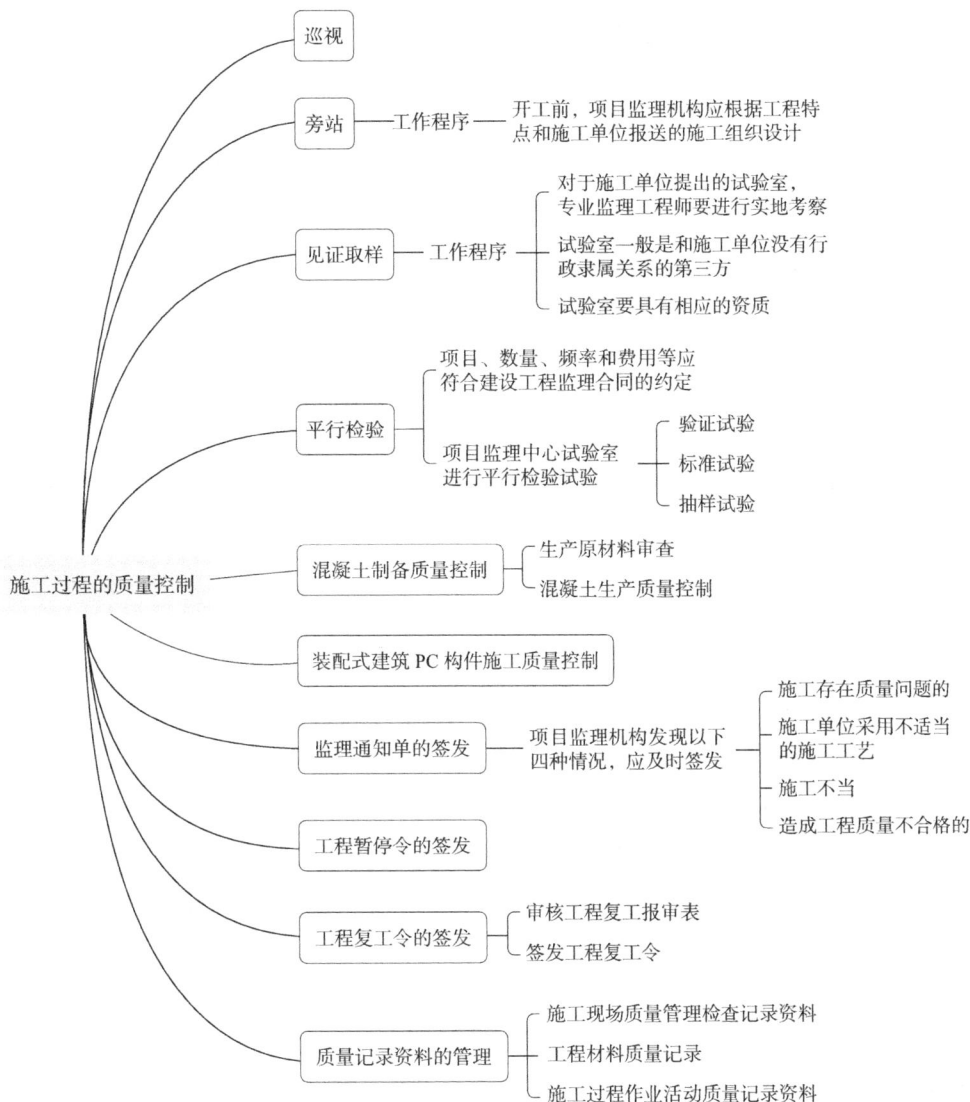

习题汇总

一、巡视与旁站

（一）巡视

　　1.（2018—87）根据《建设工程监理规范》，项目监理机构针对工程施工质量进行巡视的内容有（　　）。

    A．按设计文件、工程建设标准施工的情况

    B．工程施工质量专题会议召开情况

    C．使用工程材料、构配件的合格情况

    D．特种作业人员持证上岗情况

    E．施工现场管理人员到位情况

2．（2021—28）根据《建筑施工特种作业人员管理规定》，必须持证上岗的工种是（　　）。

    A．混凝土工　　　　　　　　　　B．木工

    C．建筑架子工　　　　　　　　　D．在吊篮上作业的抹灰工

（二）旁站

3．（2014—20）项目监理机构对于工程的关键部位或关键工序的施工质量进行的监督活动称为（　　）。

    A．巡视　　　　　　　　　　　　B．旁站

    C．见证　　　　　　　　　　　　D．检验

1. 旁站工作程序

4．（2019—16）根据《建设工程监理规范》，项目监理机构应根据工程特点和（　　），确定旁站的关键部位和关键工序。

    A．监理规划　　　　　　　　　　B．监理细则

    C．施工单位报送的施工组织设计　D．监理合同

2. 旁站工作要点

5．（2015—17）项目监理机构监理人员实施旁站监理时，发现施工单位有违反工程建设强制性标准行为时，应当（　　）。

    A．向施工企业项目经理报告　　　B．责令施工企业整改

    C．向建设行政主管部门报告　　　D．向建设单位驻工地代表报告

6．（2018—88）项目监理机构对关键部位的施工质量进行旁站时，主要职责有（　　）。

    A．检查施工单位现场质检人员到岗情况

    B．现场监督关键部位的施工方案执行情况

    C．现场监督关键部位的工程建设强制性标准执行情况

    D．现场监督施工单位技术交流

    E．检查进场材料采购管理制度

二、见证取样与平行检验

（一）见证取样

1. 见证取样的工作程序

7. （2015—18）项目监理机构对施工单位进行的涉及结构安全的试块、试件及工程材料见证取样的试验室应是（　　）。

A. 施工单位的试验室

B. 建设单位指定的试验室

C. 监理单位指定的试验室

D. 和施工单位没有行政隶属关系的第三方

8. （2018—89）关于工程材料见证取样的说法，正确的有（　　）。

A. 检测试验室应具有相应资质

B. 见证取样人员应经培训考核合格

C. 项目监理机构应将见证人员报送质量监督机构备案

D. 项目监理机构应按规定制定检测试验计划

E. 实施取样前施工单位应通知见证人员到场见证

2. 实施见证取样的要求

9. （2021—18）关于见证取样工作的说法，正确的是（　　）。

A. 见证取样项目和数量应按施工单位编制的检测试验计划执行

B. 选定的检测机构应在工程质量监督机构备案

C. 施工单位取样人员不能由专职质检人员担任

D. 负责见证取样的监理人员应有资格证书

（二）平行检验

10. （2020—90）建设单位要求监理单位进行平行检验的，双方应在监理合同中明确的内容有（　　）。

A. 检验项目　　　　　　　　　　B. 检验数量

C. 检验结果　　　　　　　　　　D. 检验频率

E. 检验效率

11. （2021—19）项目监理机构实施平行检验的项目、数量、频率和费用应按（　　）执行。

A. 相关法规　　　　　　　　　　B. 质量检测管理办法

C. 合同约定　　　　　　　　　　D. 施工方案

三、工程实体质量控制

12. （2020—25）关于钢筋混凝土工程施工的说法，正确的是（　　）。

A. 施工缝浇筑混凝土时，不应清除表面的浮浆

  B. 焊接连接接头试件应从试焊试验件中截取

  C. 圆形箍筋两端均应做成不大于 45°的弯钩

  D. 受力钢筋保护层厚度的合格点率应达到 90% 及以上

13.（2021—20）根据《工程质量安全手册（试行）》，关于混凝土分项工程施工的说法，正确的是（ ）。

  A. 泵送混凝土的坍落度小于 14cm 时，可以少量加水

  B. 楼板后浇带的模板支撑体系应按规定单独设置

  C. 混凝土应在终凝时间内浇筑完毕

  D. 混凝土振捣棒每次插入振动的时间不少于 15s

14. 关于钢筋工程中的箍筋弯钩的设计要求，正确的是（ ）。

  A. 一般结构构件，箍筋弯钩的弯折角度不应小于 45°

  B. 对有抗震设防专门要求的结构构件，箍筋弯钩的弯折角度不应小于 135°

  C. 一般结构构件，箍筋弯钩的弯折角度不应大于 90°

  D. 对有抗震设防专门要求的结构构件，箍筋弯钩的弯折角度不应小于 90°

15. 屋面防水层中，压型金属板采用咬口锁边连接时，屋面的排水坡度宜为（ ）。

  A. 1%   B. 2%

  C. 4%   D. 8%

四、混凝土制备质量控制

16. 水泥合格性验收审查的方法中，不包括（ ）。

  A. 水泥产品合格证   B. 水泥生产厂的质量证明书

  C. 制备厂进场复验报告   D. 水泥厂出厂检验报告

17. 水泥进场时，必须附有（ ）。

  A. 水泥厂出厂检验报告   B. 制备厂进场复验报告

  C. 水泥生产厂的质量证明书   D. 水泥产品合格证

五、装配式建筑 PC 构件施工质量控制

18.（2021—91）项目监理机构对混凝土预制构件型式检验报告的审核内容有（ ）。

  A. 运输路线   B. 外观质量

  C. 尺寸偏差   D. 卸车条件

  E. 混凝土抗压强度

19. PC 主要构件中墙板的生产工艺流程第四步是（ ）。

  A. 模具安装   B. 反面预埋安装

  C. 下层钢筋布置   D. 底筋布置

20. PC 主要构件中梁柱的生产工艺流程正确的是（ ）。

A．模具清理→涂隔离剂→钢筋绑扎→模具安装→预埋安装→振动浇捣→后处理→进窑养护→出窑拆模→脱模及检验→贴成品标识入库

B．模具清理→涂隔离剂→钢筋绑扎→模具安装→反面预埋安装→钢筋布置→振动浇捣→后处理→进窑养护→出窑拆模→脱模及检验→贴成品标识入库

C．模具清理→涂隔离剂→钢筋绑扎→模具安装→涂隔离剂→布置挤塑板→玄武岩筋布置→正面预埋安装→振动浇捣→后处理→进窑养护→出窑拆模→脱模及检验→贴成品标识入库

D．模具清理→涂隔离剂→钢筋绑扎→模具安装→钢筋布置→振动浇捣→后处理→进窑养护→出窑拆模→脱模及检验→贴成品标识入库

六、监理通知单、工程暂停令、复工令的通知

1. 监理通知单的签发

21．（2015—19）在工程质量控制方面，项目监理机构发现施工单位采用不适当的施工工艺，或施工不当，造成工程质量不合格的，应及时签发（　　）。

A．监理通知单　　　　　　　　　　B．不合格项通知单

C．工程暂停令　　　　　　　　　　D．隐蔽工程检查记录单

22．监理通知单是由（　　）签发的。

A．施工单位　　　　　　　　　　　B．建设单位

C．专业监理工程师　　　　　　　　D．监理员

E．总监理工程师

2. 工程暂停令的签发

23．（2014—21）项目监理机构发现施工单位未按审查通过的工程设计文件施工的，总监理工程师应（　　）。

A．签发监理通知单　　　　　　　　B．签发工作联系单

C．签发工程暂停令　　　　　　　　D．提交监理报告

24．（2019—88）在工程施工中，总监理工程师应及时签发工程暂停令的情形有（　　）。

A．建设单位要求暂停施工经论证没必要暂停的

B．施工单位未按审查通过的工程设计文件施工的

C．施工单位拒绝项目监理机构管理的

D．施工单位违反工程建设强制性标准的

E．施工单位存在重大质量、安全事故隐患的

25．总监理工程师签发工程暂停令，应事先征得（　　）同意。

A．建设单位　　　　　　　　　　　B．勘察单位

C．设计单位　　　　　　　　　　　D．专业监理工程师

3. 工程复工令的签发

（1）审核工程复工报审表

26. （2014—29）对需要返工处理的质量事故，项目监理机构应要求施工单位报送（　　）和经设计等相关单位认可的处理方案，并应对质量事故的处理过程进行跟踪检查。

A. 质量事故调查报告　　　　　　　　B. 检测单位的鉴定意见

C. 质量事故状况观测记录　　　　　　D. 质量事故处理依据

27. （2021—29）施工中出现需要加固的质量缺陷时，项目监理机构应审查施工单位提交的（　　）。

A. 按设计规范编制的加固处理方案

B. 经该项目设计单位认可的加固处理方案

C. 经有相应设计资质的设计单位认可的加固处理方案

D. 经建设单位认可的加固处理方案

28. 项目监理机构应当及时向（　　）提交质量事故书面报告。

A. 施工单位　　　　　　　　　　　　B. 设计单位

C. 勘察单位　　　　　　　　　　　　D. 建设单位

（2）签发工程复工令

29. （2016—19）下列报审、报验表中，需要建设单位签署审批意见的是（　　）。

A. 分包单位资格报审表　　　　　　　B. 施工进度计划报审表

C. 分项工程报验表　　　　　　　　　D. 工程复工报审表

30. 接到工程复工令后组织复工的是（　　）。

A. 总监理工程师　　　　　　　　　　B. 施工单位

C. 专业监理工程师　　　　　　　　　D. 建设单位

七、工程变更的控制

31. （2010—13）涉及主体结构及安全的工程变更，要按有关规定报送（　　）审批，否则变更不能实施。

A. 当地建设行政主管部门　　　　　　B. 质量监督机构

C. 施工图原审查单位　　　　　　　　D. 建设单位主管部门

32. （2019—89）对施工单位提出的工程变更，总监理工程师应履行的职责有（　　）。

A. 组织专业监理工程师审查变更申请并提出审查意见

B. 提交原设计单位修改工程设计文件

C. 组织专业监理工程师对变更费用及工期影响作出评估

D. 组织相关单位共同协商变更费用及工期变化

E. 组织会签工程变更单

八、质量记录资料的管理

33.（2012—86）建设工程施工期间，监理工程师要对承包单位的各种质量记录资料进行监控。施工质量记录资料包括（　　）。

A. 施工现场质量管理检查记录资料　　　　B. 各种工程合同文件

C. 工程材料质量证明资料　　　　　　　　D. 施工单位质量自检资料

E. 各种设计文件

1. 施工现场质量管理检查记录资料

34.（2012—88）根据施工质量验收的基本规定，施工单位提交给总监理工程师的《现场质量管理检查记录》中应包括的检查内容有（　　）。

A. 现场质量管理制度　　　　　　　　　　B. 主要专业工种操作上岗证书

C. 施工技术标准　　　　　　　　　　　　D. 地质勘察资料

E. 工程承包合同

2. 工程材料质量记录

35. 工程材料质量记录的内容包括（　　）。

A. 设备的质量自检资料　　　　　　　　　B. 现场材料存放

C. 现场设备管理　　　　　　　　　　　　D. 设备进场运行检验记录

E. 化学成分试验检验报告

3. 施工过程作业活动质量记录资料

36.（2003—89）监理工程师对施工过程作业活动质量记录资料的监控内容包括（　　）。

A. 施工方案　　　　　　　　　　　　　　B. 施工单位质量自检资料

C. 施工组织设计　　　　　　　　　　　　D. 施工单位现场管理制度

E. 各工序作业的原始施工记录

37. 监理资料的管理应由（　　）负责，并指定专人具体实施。

A. 总监理工程师　　　　　　　　　　　　B. 监理员

C. 施工单位　　　　　　　　　　　　　　D. 专业监理工程师

习题答案及解析

1. ACDE	2. C	3. B	4. C	5. B
6. ABC	7. D	8. ABCE	9. B	10. ABD
11. C	12. D	13. B	14. B	15. D
16. B	17. C	18. BCE	19. C	20. A
21. A	22. CE	23. C	24. BCDE	25. A
26. A	27. B	28. D	29. D	30. B
31. C	32. ACDE	33. ACD	34. ABCD	35. DE
36. BE	37. A			

【解析】

1. ACDE。巡视应包括下列主要内容：（1）施工单位是否按工程设计文件、工程建设标准和批准的施工组织设计、（专项）施工方案施工；（2）使用的工程材料、构配件和设备是否合格；（3）施工现场管理人员，特别是施工质量管理人员是否到位；（4）特种作业人员是否持证上岗。在 2014 年度的考试中，同样对本题涉及的采分点进行了考查。

4. C。旁站是指项目监理机构对工程的关键部位或关键工序的施工质量进行的监督活动。旁站工作程序：（1）开工前，项目监理机构应根据工程特点和施工单位报送的施工组织设计，确定旁站的关键部位、关键工序，并书面通知施工单位；（2）施工单位在需要实施旁站的关键部位、关键工序进行施工前书面通知项目监理机构；（3）接到施工单位书面通知后，项目机构应安排旁站人员实施旁站。在 2017 年度的考试中，同样对本题涉及的采分点进行了考查。

24. BCDE。项目监理机构发现下列情形之一时，总监理工程师应及时签发工程暂停令：（1）建设单位要求暂停施工且工程需要暂停施工的；（2）施工单位未经批准擅自施工或拒绝项目监理机构管理的；（3）施工单位未按审查通过的工程设计文件施工的；（4）施工单位违反工程建设强制性标准的；（5）施工存在重大质量、安全事故隐患或发生质量、安全事故的。在 2016、2017、2018 年度的考试中，同样对本题涉及的采分点进行了考查。

第四节　安全生产的监理行为和现场控制

知识导学

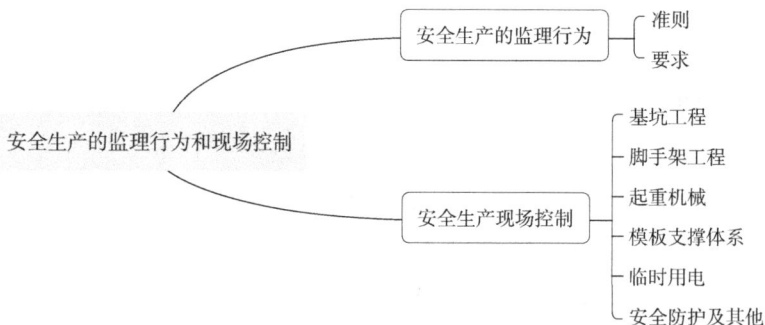

习题汇总

（2021—21）根据《工程质量安全手册（试行）》，高处作业吊篮内作业人员不应超过（　　）。

A．1人

B．2人

C．3人

D．专项施工方案所确定的人数

习题答案及解析

B。对于高处作业吊篮的使用，各限位装置应齐全有效，安全锁必须在有效的标定期限内，吊篮内作业人员不应超过2人。

第五节　危险性较大的分部分项工程施工安全管理

知识导学

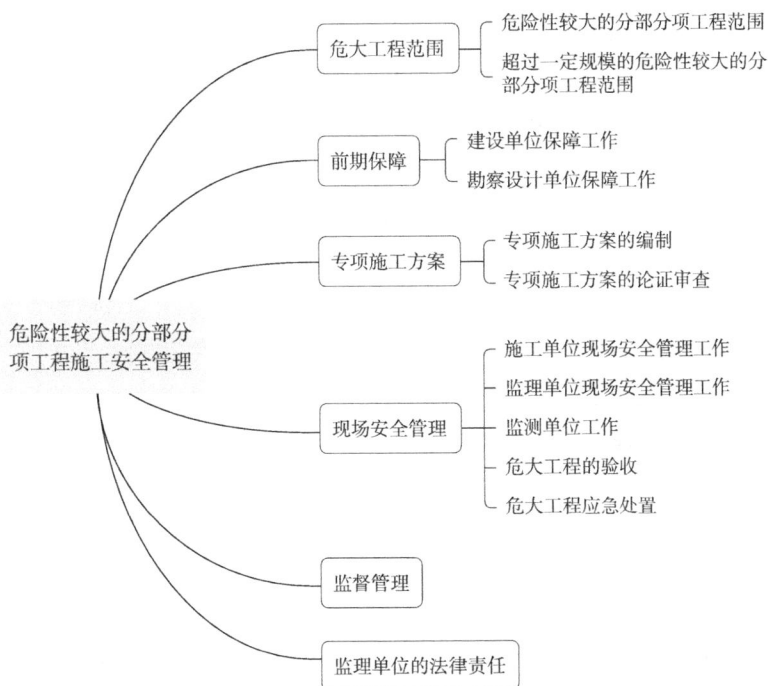

习题汇总

1．（2020—23）根据《危险性较大的分部分项工程安全管理规定》，针对超过一定规模的危险性较大的分部分项工程专项施工方案，负责组织召开专家论证会的单位是（　　）。

A．建设单位   B．施工单位

C．监理单位   D．工程质量监督机构

2．（2020—91）根据《危险性较大的分部分项工程安全管理规定》，属于超过一定规模的危险性较大的分部分项工程有（   ）。

A．开挖深度 6m 的深基坑工程

B．搭设高度 30m 的落地式钢管脚手架工程

C．搭设跨度 20m 的混凝土模板支撑工程

D．开挖深度 16m 的人工挖孔桩工程

E．提升高度 50m 的附着式升降平台工程

3．（2021—22）根据《危险性较大的分部分项工程安全管理规定》，施工单位应编制专项施工方案，并组织专家论证的是（   ）工程。

A．开挖深度为 4.5m 的基坑   B．45m 高的脚手架

C．悬挂高度为 100m 的高处作业吊篮   D．20m 高的悬挑脚手架

4．（2021—92）对危险性较大的分部分项工程资料，项目监理机构应纳入档案管理的有（   ）。

A．专项施工方案审查文件   B．监理实施细则

C．专项巡视检查资料   D．工程验收及整改资料

E．工程技术交底记录

5．根据《危险性较大的分部分项工程安全管理规定》，属于危险性较大的分部分项工程范围的是（   ）。

A．承重支撑体系承受单点集中荷载 10kN

B．单件起吊重量在 150kN 的起重吊装工程

C．搭设高度 30m 的落地式钢管脚手架工程

D．混凝土模板支撑工程搭设高度在 7m

E．基坑工程开挖深度 4m 的基坑的土方开挖工程

6．应当在危大工程施工前组织工程技术人员编制专项施工方案的是（   ）。

A．勘察单位   B．咨询单位

C．施工单位   D．设计单位

7．专项施工方案应当由（   ）技术负责人审核签字、加盖单位公章，并且由总监理工程师审查签字、加盖执业印章后才能实施。

A．施工单位   B．专业监理工程师

C．建设单位   D．监理单位

8．专家应从地方人民政府住房城乡建设主管部门建立的专家库中选取，符合专业要求并且人数宜为（   ）人。

A．2   B．4

C．3   D．5

9. 监理单位现场安全管理工作应结合危大工程专项施工方案编制监理实施细则，并且对危大工程实施专项（　　）检查。

A. 平行检验
B. 检查验收
C. 巡视
D. 旁站

习题答案及解析

1. B
2. ACD
3. D
4. ABCD
5. CDE
6. C
7. A
8. D
9. C

【解析】

1. B。对于超过一定规模的危大工程，施工单位应当组织召开专家论证会对专项施工方案进行论证。实行施工总承包的，由施工总承包单位组织召开专家论证会。

2. ACD。搭设高度在 50m 及以上的落地式钢管脚手架工程，故 B 选项错误。提升高度在 150m 及以上的附着式升降脚手架工程或附着式升降操作平台工程。故 E 选项错误。

第六章

建设工程施工质量验收和保修

第一节　建筑工程施工质量验收

知识导学

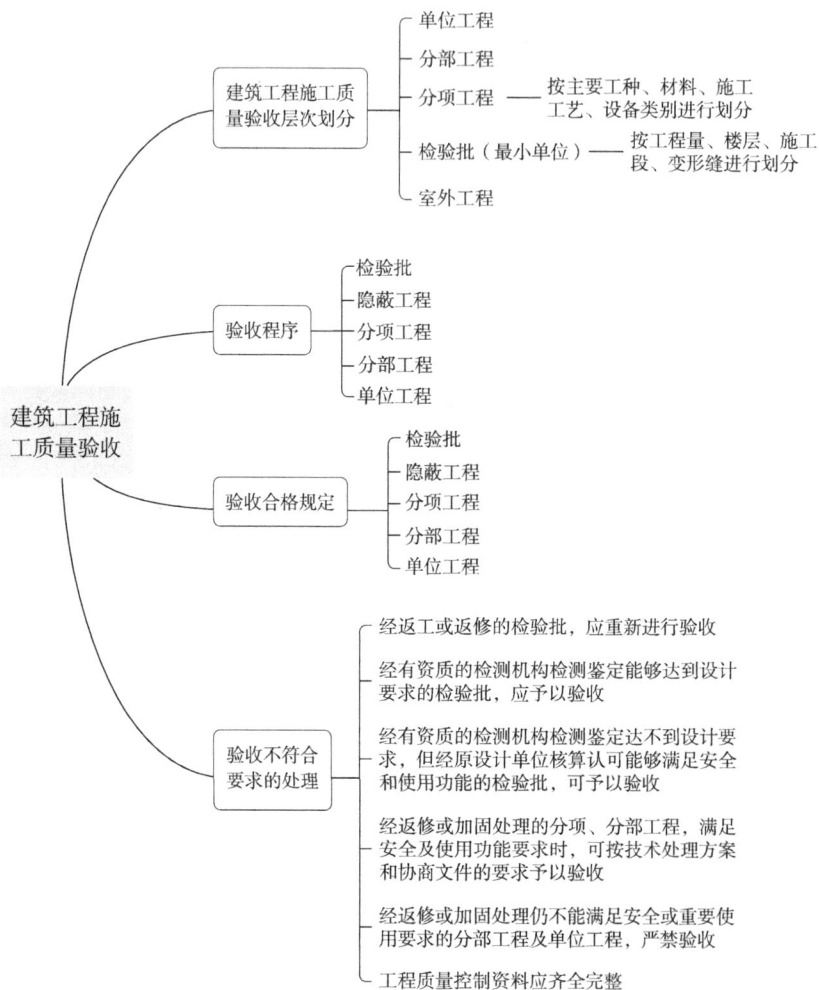

习题汇总

一、建筑工程施工质量验收层次划分及目的

1. 每个分项工程可划分为若干个（　　）。

A. 子单位工程　　　　　　　　　B. 检验批

C. 分部工程　　　　　　　　　　D. 单位工程

二、建筑工程施工质量验收层次划分原则

（一）单位工程的划分

2.（2003—21）单位工程划分的基本原则是按（　　）确定。

A. 具备独立施工条件并能形成独立使用功能的建筑物或构筑物

B. 工程部位、专业性质和专业系统

C. 主要材料、设备类别和建筑功能

D. 施工程序、施工工艺和施工方法

3.（2009—20）按照建筑工程施工质量验收层次的划分，具备独立施工条件并能形成独立使用功能的建筑物及构筑物为一个（　　）。

A. 单位工程　　　　　　　　　　B. 分部工程

C. 分项工程　　　　　　　　　　D. 检验批

（二）分部工程的划分

4.（2014—94）当分部工程较大或较复杂时，可按（　　）将分部工程划分为若干子分部工程。

A. 材料种类　　　　　　　　　　B. 专业系统及类别

C. 施工特点　　　　　　　　　　D. 施工程序

E. 施工工艺

（三）分项工程的划分

5.（2005—17）《建筑工程施工质量验收统一标准》规定，（　　）是按主要工种、材料、施工工艺、设备类别等进行划分的。

A. 检验批　　　　　　　　　　　B. 分项工程

C. 分部工程　　　　　　　　　　D. 单位工程

（四）检验批的划分

6.（2006—92）施工质量验收层次的划分中，安装工程的检验批可按（　　）来划分。

A. 设计系统　　　　　　　　　　B. 安装工艺

C. 主要工种　　　　　　　　　　D. 组别

E. 楼层

7．（2014—93）检验批可根据施工、质量控制和专业验收的需要，按（　）进行划分。

A．工程量 　　　　　　　　B．施工段

C．楼层 　　　　　　　　　D．工程特点

E．变形缝

8．（2016—22）工程施工前，检验批的划分方案应由（　）审核。

A．施工单位 　　　　　　　B．建设单位

C．项目监理机构 　　　　　D．设计单位

（五）室外工程的划分

9．（2015—22）室外工程可根据专业类别和工程规模划分，其中室外设施工程属于（　）。

A．子分部工程 　　　　　　B．分部工程

C．子单位工程 　　　　　　D．单位工程

10．（2020—94）根据《建筑工程施工质量验收统一标准》，室外工程中所包括的分部工程有（　）。

A．挡土墙 　　　　　　　　B．广场与停车场

C．边坡 　　　　　　　　　D．人行地道

E．路基

11．室外工程的划分中，属于子单位工程的有（　）。

A．道路 　　　　　　　　　B．围墙

C．景观桥 　　　　　　　　D．室外环境

E．花坛

12．室外工程的划分中，属于分部工程的有（　）。

A．基层 　　　　　　　　　B．亭台

C．室外环境 　　　　　　　D．土石方

E．车棚

三、建筑工程施工质量验收基本规定

13．（2007—91）建筑工程施工验收统一标准中，要求施工现场质量管理应有（　）。

A．完善的检测手段 　　　　B．相应的施工技术标准

C．施工质量检验制度 　　　D．健全的质量管理体系

E．综合施工质量水平评价考核制度

14．（2015—23）对于项目监理机构提出检查要求的重要工序，未经专业监理工程师检查认可，不得（　）。

A．进行下道工序施工 　　　B．更换施工作业人员

C．拨付工程款 　　　　　　D．进行竣工验收

15.（2016—23）工程施工过程中，同一项目重复利用同一抽样对象已有检验成果的实施方案时，应事先报（　　）认可。

A．建设单位　　　　　　　　　　　B．设计单位

C．施工单位　　　　　　　　　　　D．项目监理机构

16.（2016—24）工程施工过程中，采用计数抽样检验时，检验批容量为20时的最小抽样数量是（　　）。

A．2　　　　　　　　　　　　　　　B．3

C．5　　　　　　　　　　　　　　　D．8

17.（2018—22）根据《建筑工程施工质量验收统一标准》，符合专业验收规范规定适当调整试验数量的实施方案，需报（　　）审核确认。

A．建设单位　　　　　　　　　　　B．施工单位

C．项目监理机构　　　　　　　　　D．设计单位

18.（2019—21）根据《建筑工程施工质量验收统一标准》，涉及安全、节能、环境保护等项目的专项验收要求，应由（　　）组织专家论证。

A．建设单位　　　　　　　　　　　B．监理单位

C．设计单位　　　　　　　　　　　D．施工单位

19.（2019—22）检验批的质量检验，可根据生产连续性和生产控制稳定性情况，采用（　　）方案。

A．多次抽样　　　　　　　　　　　B．全数检验

C．调整型抽样　　　　　　　　　　D．计数抽样

20．当采用计数抽样时，检验批容量为10时的最小抽样数量为（　　）。

A．5　　　　　　　　　　　　　　　B．2

C．3　　　　　　　　　　　　　　　D．8

四、建筑工程施工质量验收程序和合格规定

（一）检验批质量验收

1.检验批质量验收程序

21.（2007—21）施工过程中，检验批的验收应由（　　）组织。

A．项目技术负责人　　　　　　　　B．建设单位现场代表

C．项目经理　　　　　　　　　　　D．专业监理工程师

22.（2012—15）根据《建筑工程施工质量验收统一标准》，施工质量验收的最小单位是（　　）。

A．单位工程　　　　　　　　　　　B．分部工程

C．分项工程　　　　　　　　　　　D．检验批

23.（2021—23）关于项目监理机构对检验批验收的说法，正确的是（　　）。

A. 检验批施工完成后就可以验收

B. 检验批应在隐蔽工程隐蔽后验收

C. 检验批应在分项工程验收后验收

D. 检验批在施工单位自检合格并报验后可以验收

2. 检验批质量验收合格规定

24.（2011—23）对检验批基本质量起决定性作用的主控项目，必须全部符合有关（ ）的规定。

A. 检验技术规程

B. 专业工程验收规范

C. 统一验收标准

D. 工程监理规范

25.（2011—92）质量控制资料的完整性是检验批质量合格的前提，这是因为他反映了检验批从原材料到验收的各施工工序的（ ）。

A. 施工操作依据

B. 质量保证所必需的管理制度

C. 过程控制

D. 质量检查情况

E. 质量特性指标

26.（2015—91）建筑工程检验批质量验收中的主控项目是指对（ ）起决定性作用的检验项目。

A. 节能

B. 安全

C. 环境保护

D. 质量评价

E. 主要使用功能

27.（2018—23）根据《建筑工程施工质量验收统一标准》，对于采用计数抽样的检验批一般项目的验收，合格点率应符合（ ）的规定。

A. 质量验收统一标准

B. 工程技术规程

C. 建设工程监理规范

D. 专业验收规范

3. 检验批质量验收记录

28.（2019—92）工程施工过程中，检验批现场验收检查的原始记录应由（ ）共同签署。

A. 建设单位项目负责人

B. 施工单位项目技术负责人

C. 施工单位专业质量检查员

D. 专业监理工程师

E. 施工单位专业工长

（二）隐蔽工程质量验收

29. 下道工序施工后将被掩盖，很难进行质量检查的工程是（ ）。

A. 分项工程

B. 检验批

C. 分部工程

D. 隐蔽工程

（三）分项工程质量验收

1. 分项工程质量验收程序

30.（2020—26）根据《建筑工程施工质量验收统一标准》，负责组织分项工程验收的人员是（　　）。

A. 专业监理工程师 　　　　　　B. 施工单位项目技术负责人

C. 建设单位现场负责人 　　　　D. 总监理工程师

2. 分项工程质量验收合格规定

31.（2013—15）某工程主体结构的钢筋分项已通过质量验收，共 20 个检验批。验收过程曾出现 1 个检验批的一般项目抽检不合格、2 个检验批的质量记录不完整的情况，该分项工程所含的检验批合格率为（　　）。

A. 85% 　　　　　　　　　　　B. 90%

C. 95% 　　　　　　　　　　　D. 100%

32.（2018—93）根据《建筑工程施工质量验收统一标准》，分项工程质量验收合格的条件有（　　）。

A. 主控项目的质量均应检验合格

B. 一般项目的质量均应检验合格

C. 所含检验批的质量应验收合格

D. 所含检验批的质量验收记录应完整

E. 观感质量应符合相应要求

（四）分部工程质量验收

1. 分部工程质量验收程序

33.（2008—22）在施工过程中，当分部工程达到验收条件时，应由（　　）组织验收。

A. 专业监理工程师 　　　　　　B. 总监理工程师

C. 施工单位项目负责人 　　　　D. 建设单位现场代表

34.（2016—92）验收建筑工程地基与基础分部工程质量时，应由（　　）参加。

A. 施工单位项目负责人 　　　　B. 设计单位项目负责人

C. 总监理工程师 　　　　　　　D. 勘察单位项目负责人

E. 建设单位项目负责人

35.（2018—92）根据《建筑工程施工质量验收统一标准》，参加主体结构工程质量验收的人员有（　　）。

A. 施工单位项目负责人 　　　　B. 勘察单位项目负责人

C. 总监理工程师 　　　　　　　D. 设计单位项目负责人

E. 施工单位技术负责人

2. 分部工程质量验收合格规定

36.（2006—19）分部工程观感质量的验收，由各方验收人员根据主观印象判断，按（　　）给出综合质量评价。

A. 合格、基本合格、不合格 　　B. 基本合格、合格、良好

C. 优、良、中、差 　　　　　　D. 好、一般、差

37.（2016—93）分部工程质量验收合格条件有（　　）。

A．所含主要分项工程的质量验收合格

B．有关安全、节能抽样检验结果符合规定

C．有关环境保护抽样检验结果符合规定

D．观感质量符合要求

E．质量控制资料完整

（五）单位工程质量验收

1．单位工程质量验收程序

（1）预验收

38．（2003—23）单位工程的竣工预验收由（　）组织。

A．施工单位技术负责人　　　　　B．建设单位技术负责人

C．总监理工程师　　　　　　　　D．施工项目技术负责人

39．（2019—24）单位工程中的分包工程验收合格后，分包单位应将所分包工程的质量控制资料移交给（　）。

A．建设单位　　　　　　　　　　B．施工总包单位

C．项目监理机构　　　　　　　　D．城建档案管理部门

40．竣工预验收合格后，向（　）提交工程竣工报告和完整的质量控制资料。

A．施工单位　　　　　　　　　　B．监理单位

C．项目监理机构　　　　　　　　D．建设单位

41．竣工预验收合格后，由（　）提交工程竣工报告和完整的质量控制资料。

A．监理单位　　　　　　　　　　B．项目监理机构

C．建设单位　　　　　　　　　　D．施工单位

42．单位工程质量验收由（　）组织时，分包单位负责人应参加验收。

A．分包单位　　　　　　　　　　B．建设单位

C．总包单位　　　　　　　　　　D．项目监理机构

（2）验收

43．（2018—25）根据《建设工程监理规范》，单位工程完工后，工程竣工验收应由（　）组织相关人员进行。

A．总监理工程师　　　　　　　　B．建设单位项目负责人

C．总监理工程师代表　　　　　　D．施工单位项目负责人

44．（2020—89）根据《建设工程质量管理条例》，建设工程竣工验收应当具备的条件有（　）。

A．完成建设工程合同约定的各项内容

B．有完整的技术档案和施工管理资料

C．有建设单位签署的质量合格文件

D．有监理单位提供的巡视记录文件

E．有施工单位签署的工程保修书

2. 单位工程质量验收合格规定

45. 建筑工程投入使用前的最后一次验收，同时是最重要的一次验收的是（　　）。

A. 单位工程质量验收

B. 分项工程质量验收

C. 检验批质量验收

D. 分部工程质量验收

3. 单位工程质量竣工验收、检查记录

46.（2004—89）在单位工程或子单位工程质量验收时，应对其是否符合设计和规范要求及总体质量水平做出评价，其综合验收结论由参加验收的（　　）共同商定。

A. 建设单位

B. 设计单位

C. 监理单位

D. 工程质量监督机构

E. 施工单位

47.（2013—17）单位工程质量竣工验收记录中，综合验收结论由参加验收单位共同商定后，由（　　）填写，并对总体质量水平作出评价。

A. 监理单位

B. 建设单位

C. 设计单位

D. 施工单位

48.（2019—25）根据《建筑工程施工质量验收统一标准》，单位工程质量竣工验收记录表中验收结论由（　　）填写。

A. 建设单位

B. 监理单位

C. 施工单位

D. 设计单位

49.（2021—95）单位工程竣工验收时需要核查的安全和功能检验资料中，属于"建筑与结构"部分的项目有（　　）。

A. 桩基承载力检验报告

B. 节能、保温测试记录

C. 给水管道通水试验

D. 沉降观测测量记录

E. 混凝土强度试验报告

五、建筑工程质量验收时不符合要求的处理

50.（2008—21）为把质量隐患消灭在萌芽状态，在（　　）的验收时应及时发现并处理不合格的施工质量。

A. 检验批

B. 分项工程

C. 子分部工程

D. 分部工程

51.（2011—24）对于经过返修或加固的分部、分项工程，可按技术处理方案和协商文件进行检验的前提是（　　）。

A. 不改变结构的外形尺寸

B. 不造成永久性缺陷

C. 不影响主要功能和正常使用寿命

D. 不影响安全和主要使用功能

52.（2014—27）检验批质量验收时，对于一般的质量缺陷可通过返修或更换予以解决，施工单位采取相应措施整改完后，该检验批应（　　）进行验收。

A. 重新

B. 协商后

　　C．经检测鉴定后　　　　　　　　　　　D．在设计单位到场后

53．（2015—26）根据《建筑工程施工质量验收统一标准》，经返工或返修的检验批，应（　　）。

　　A．重新进行验收

　　B．按技术处理方案和协商文件进行验收

　　C．经检测单位检测鉴定后予以验收

　　D．由监督机构决定是否予以验收

54．（2016—26）经返修或加固处理的分部工程，在（　　）的条件下可按技术处理方案和协商文件予以验收。

　　A．不改变结构外形尺寸　　　　　　　　B．不造成永久性影响

　　C．不影响结构安全和主要使用功能　　　D．不影响基本使用

55．经有资质的检测机构检测鉴定能够达到设计要求的（　　），应予以验收。

　　A．隐蔽工程　　　　　　　　　　　　　B．分项工程

　　C．检验批　　　　　　　　　　　　　　D．分部工程

56．经有资质的检测机构检测鉴定达不到设计要求，但经原设计单位核算认可能够满足安全和使用功能的（　　），可予以验收。

　　A．分项工程　　　　　　　　　　　　　B．检验批

　　C．分部工程　　　　　　　　　　　　　D．隐蔽工程

57．经返修处理的（　　），满足安全及使用功能要求时，可按技术处理方案和协商文件的要求予以验收。

　　A．隐蔽工程　　　　　　　　　　　　　B．分项工程

　　C．单位工程　　　　　　　　　　　　　D．检验批

　　E．分部工程

58．经加固处理仍不能满足安全使用要求的（　　），严禁验收。

　　A．分部工程　　　　　　　　　　　　　B．单项工程

　　C．检验批　　　　　　　　　　　　　　D．分项工程

　　E．单位工程

习题答案及解析

1．B	2．A	3．A	4．ABCD	5．B
6．AD	7．ABCE	8．C	9．D	10．ABDE
11．AD	12．ABDE	13．BCDE	14．A	15．D
16．B	17．C	18．A	19．C	20．B
21．D	22．D	23．D	24．B	25．ABD
26．ABCE	27．D	28．CDE	29．D	30．A
31．D	32．CD	33．B	34．ABCD	35．ACDE

36. D	37. BCDE	38. C	39. B	40. D
41. D	42. B	43. B	44. ABE	45. A
46. ABCE	47. B	48. B	49. ABDE	50. A
51. D	52. A	53. A	54. C	55. C
56. B	57. BE	58. AE		

【解析】

3. A。具备独立施工条件并能形成独立使用功能的建筑物及构筑物为一个单位工程。在2014年度的考试中，同样对本题涉及的采分点进行了考查。

4. ABCD。当分部工程较大或较复杂时，可按材料种类、施工特点、施工程序、专业系统及类别将分部工程划分为若干子分部工程。在2018、2021年度的考试中，同样对本题涉及的采分点进行了考查。

5. B。分项工程是分部工程的组成部分。分项工程可按主要工种、材料、施工工艺、设备类别进行划分。在2008、2012、2016、2018、2019年度的考试中，同样对本题涉及的采分点进行了考查。

6. AD。安装工程一般按一个设计系统或设备组别划分为一个检验批。在2011年度的考试中，同样对本题涉及的采分点进行了考查。

28. CDE。检验批质量验收记录填写时应具有现场验收检查原始记录，该原始记录应由专业监理工程师和施工单位项目专业质量检查员、专业工长共同签署，并在单位工程竣工验收前存档备查，保证该记录的可追溯性。现场验收检查原始记录的格式可由施工、监理等单位确定，包括检查项目、检查位置、检查结果等内容。在2015年度的考试中，同样对本题涉及的采分点进行了考查。

30. A。分项工程应由专业监理工程师组织施工单位项目专业技术负责人等进行验收。在2015年度的考试中，同样对本题涉及的采分点进行了考查。

32. CD。分项工程质量验收合格应符合下列规定：（1）所含检验批的质量均应验收合格；（2）所含检验批的质量验收记录应完整。在2021年度的考试中，同样对本题涉及的采分点进行了考查。

33. B。分部工程应由总监理工程师组织施工单位项目负责人和项目技术负责人等进行验收。在2012、2014、2016、2019年度的考试中，同样对本题涉及的采分点进行了考查。

35. ACDE。主体结构工程属于分部工程，分部工程应由总监理工程师组织施工单位项目负责人和项目技术负责人等进行验收。设计单位项目负责人和施工单位技术、质量部门负责人应参加主体结构、节能分部工程的验收。在2021年度的考试中，同样对本题涉及的采分点进行了考查。

36. D。关于观感质量验收，这类检查往往难以定量，只能以观察、触摸或简单量测的方式进行，并结合验收人主观判断，检查结果并不给出"合格"或"不合格"

的结论，而是由各方协商确定，评价的结论为"好""一般"和"差"的质量评价结果。在 2008 年度的考试中，同样对本题涉及的采分点进行了考查。

37．BCDE。分部工程质量验收合格应符合下列规定：（1）所含分项工程的质量均应验收合格。（2）质量控制资料应完整。（3）有关安全、节能、环境保护和主要使用功能的抽样检验结果应符合相应规定。（4）观感质量应符合要求。在 2019 年度的考试中，同样对本题涉及的采分点进行了考查。

43．B。建设单位收到工程竣工报告后，应由建设单位项目负责人组织监理、施工、设计、勘察等单位项目负责人进行单位工程验收。在 2012 年度的考试中，同样对本题涉及的采分点进行了考查。

48．B。单位工程质量竣工验收记录中的验收记录由施工单位填写，验收结论由监理单位填写；综合验收结论由参加验收各方共同商定，由建设单位填写，并应对工程质量是否符合设计文件和相关标准的规定要求及总体质量水平作出评价。在 2014 年度的考试中，同样对本题涉及的采分点进行了考查。

51．D。经返修或加固处理的分项、分部工程，满足安全及使用功能要求时，可按技术处理方案和协商文件的要求予以验收。经法定检测机构检测鉴定后认为达不到规范的相应要求，即不能满足最低限度的安全储备和使用功能时，则必须进行加固或处理，使之能满足安全使用的基本要求。这样可能会造成一些永久性的影响，如增大结构外形尺寸，影响一些次要的使用功能。但为了避免建筑物的整体或局部拆除，避免社会财富更大的损失，在不影响安全和主要使用功能条件下，可按技术处理方案和协商文件进行验收，责任方应按法律法规承担相应的经济责任和接受处罚。在 2018 年度的考试中，同样对本题涉及的采分点进行了考查。

第二节 城市轨道交通工程施工质量验收

知识导学

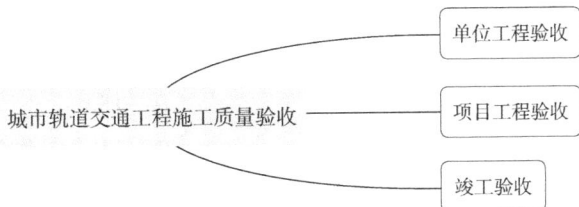

习题汇总

1.（2020—24）根据《城市轨道交通建设工程验收管理暂行办法》，城市轨道交通建设工程所包含的单位工程验收合格且通过相关专项验收后，方可组织项目工程验收，项目工程验收合格后，建设单位应组织（　　）个月的不载客试运行。

A. 1   B. 2

C. 3   D. 6

2.（2021—25）为了确认建设项目是否达到设计目标及标准要求，城市轨道交通建设工程竣工验收应在（　　）后进行。

A. 试运行三个月，并通过全部专项验收

B. 试运行三个月，并通过主要专项验收

C. 试运营三个月，并通过全部单位工程验收

D. 试运营三个月，并通过全部专项验收

一、单位工程验收

3. 建设单位应当在单位工程验收（　　）前，将验收的时间、地点及验收方案书面报送工程质量监督机构。

A. 7 个工作日   B. 14 个工作日

C. 14d   D. 7d

二、项目工程验收

4. 城市轨道交通建设项目工程验收工作由（　　）组织，各参建单位项目负责人以及运营单位、负责专项验收的城市政府有关部门代表参加，组成验收组。

A. 监理单位   B. 施工单位

C. 建设单位   D. 设计单位

5. 城市轨道交通建设工程自项目工程验收合格之日起可投入不载客试运行，试运行时间宜为（　　）。

    A. 0.5 个月　　　　　　　　　　　　B. 1 个月

    C. 2 个月　　　　　　　　　　　　　D. 3 个月

三、竣工验收

6. 建设单位应在竣工验收合格之日起（　　）内，将竣工验收报告报城市建设主管部门备案。

    A. 30d　　　　　　　　　　　　　　B. 15d

    C. 15 个工作日　　　　　　　　　　D. 30 个工作日

习题答案及解析

1. C　　　　2. A　　　　3. A　　　　4. C　　　　5. D

6. C

【解析】

1. C。城市轨道交通建设工程所包含的单位工程验收合格且通过相关专项验收后，方可组织项目工程验收；项目工程验收合格后，建设单位应组织不载客试运行，试运行 3 个月、并通过全部专项验收后，方可组织竣工验收；竣工验收合格后，城市轨道交通建设工程方可履行相关试运营手续。

第三节　工程质量保修管理

知识导学

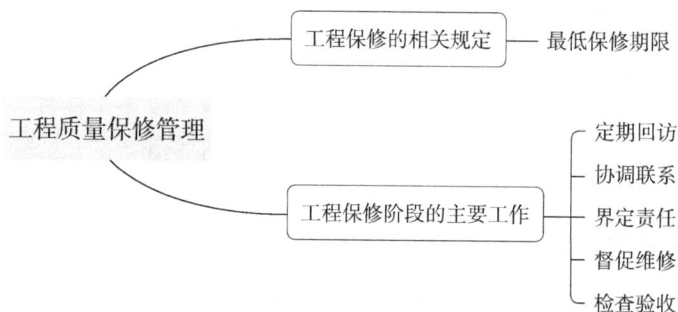

习题汇总

一、工程保修的相关规定

1.（2014—5）在正常使用条件下，房屋建筑主体结构工程的最低保修期限为（　　）。

A. 建设单位要求的使用年限

B. 设计文件规定的合理使用年限

C. 30 年

D. 50 年

2.（2018—82）根据《建设工程质量管理条例》，在正常使用条件下，关于建设工程最低保修期限的说法，正确的有（　　）。

A. 地基基础工程为设计文件规定的合理使用年限

B. 屋面防水工程为设计文件规定的合理使用年限

C. 供热与供冷系统为 2 个采暖期、供冷期

D. 有防水要求的卫生间为 5 年

E. 电气管线和设备安装工程为 2 年

3.（2020—17）根据《建设工程质量管理条例》，在正常使用条件下，建设工程屋面防水的最低保修期限为（　　）年。

A. 2　　　　　　　　　　　　　B. 3

C. 4　　　　　　　　　　　　　D. 5

4.（2021—26）工程质量保证金是用以保证（　　）内施工单位对工程缺陷进行维修的资金。

A. 工程投入使用 3 年　　　　　　B. 工程投入使用 5 年

C. 施工合同约定的缺陷责任期　　　D. 设计使用年限

5. 缺陷责任期最长不能超过（　　）年。

A. 1　　　　　　　　　　　　　B. 2

C. 3　　　　　　　　　　　　　D. 4

6. 根据《建设工程质量保证金管理办法》的规定，发包人应按合同约定方式预留保证金，保证金总预留比例不得高于工程价款结算总额的（　　）。

A. 3%　　　　　　　　　　　　B. 5%

C. 7%　　　　　　　　　　　　D. 1%

7. 根据《建设工程质量保证金管理办法》的规定，合同约定由承包人以银行保函替代预留保证金，保函金额不得高于工程价款结算总额的（　　）。

A. 1%　　　　　　　　　　　　B. 7%

C. 3%　　　　　　　　　　　　D. 5%

二、工程保修阶段的主要工作

8.（2015—96）工程保修阶段监理单位的工作有（　　）。

A. 协调联系　　　　　　　　　　　B. 定期回访

C. 界定责任　　　　　　　　　　　D. 检查验收

E. 资料归档

9. 承担工程保修阶段的服务工作时，工程监理单位应当（　　），及时征求意见。

A. 督促维修　　　　　　　　　　　B. 协调联系

C. 定期回访　　　　　　　　　　　D. 界定责任

习题答案及解析

1. B　　　　2. ACDE　　　　3. D　　　　4. C　　　　5. B

6. A　　　　7. C　　　　8. ABCD　　　　9. C

【解析】

1. B。在正常使用条件下，建设工程的最低保修期限为：（1）基础设施工程、房屋建筑工程的地基基础和主体结构工程，为设计文件规定的该工程的合理使用年限；（2）屋面防水工程、有防水要求的卫生间、房间和外墙面的防渗漏，为5年；（3）供热与供冷系统，为2个采暖期、供冷期；（4）电气管线、给水排水管道、设备安装和装修工程，为2年。

第七章

建设工程质量缺陷及事故处理

第一节 工程质量缺陷及处理

知识导学

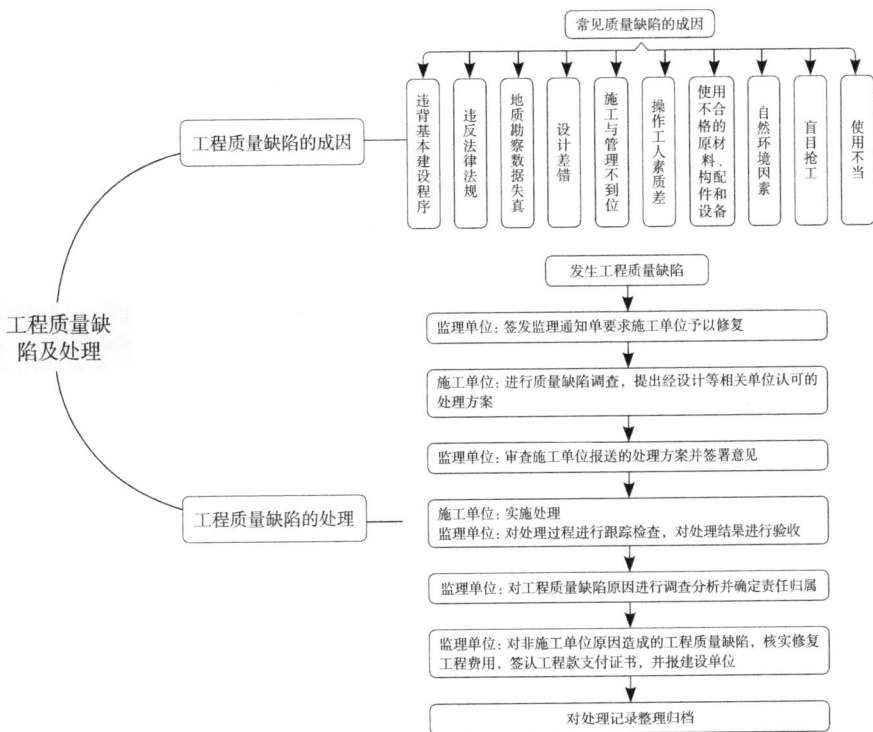

习题汇总

1.（2005—22）在进行质量问题成因分析中，首先要做的工作是（   ）。

A. 收集有关资料
B. 现场调查研究
C. 进行必要的计算
D. 分析、比较可能的因素

2.（2015—27）下列导致工程质量缺陷的原因中，属于设计差错的是（   ）。

A. 边勘察、边设计、边施工

B. 荷载取值过小，内力分析有误

C. 勘察报告不准、不细

D. 施工人员不具备上岗的技术资质

3.（2016—94）下列可能导致工程质量缺陷的因素中，属于施工与管理不到位的有（   ）。

A. 采用不正确的结构方案

B. 未经设计单位同意擅自修改设计

C. 技术交底不清

D. 施工方案考虑不周全

E. 图纸未经会审

4.（2018—26）下列可能导致工程质量缺陷的因素中，属于违背基本建设程序的是（   ）。

A. 未按有关施工规范施工   B. 计算简图与实际受力情况不符

C. 图纸技术交底不清   D. 不经竣工验收就交付使用

5.（2020—28）水泥安定性不合格会造成的质量缺陷是（   ）。

A. 混凝土蜂窝麻面   B. 混凝土不密实

C. 混凝土碱骨料反应   D. 混凝土爆裂

6. 常见质量缺陷的成因中，属于违背基本建设程序的是（   ）。

A. 地质勘察报告不准确   B. 未搞清地质情况就仓促开工

C. 盲目套用图纸   D. 施工顺序颠倒

7. 常见质量缺陷的成因中，属于违反法律法规的是（   ）。

A. 勘探时钻孔深度不符合要求

B. 施工组织管理紊乱

C. 工程招标投标中的不公平竞争

D. 计算简图与实际受力情况不符

8. 常见质量缺陷的成因中，属于地质勘察数据失真的是（   ）。

A. 擅自修改设计   B. 浇筑混凝土时振捣不良

C. 变形缝设置不当   D. 土层分布误判

习题答案及解析

1. B   2. B   3. BCDE   4. D   5. D

6. B   7. C   8. D

【解析】

3. BCDE。施工与管理不到位是指不按图施工或未经设计单位同意擅自修改设计。

如将铰接做成刚接，将简支梁做成连续梁，导致结构破坏；挡土墙不按图设滤水层、排水孔，导致压力增大，墙体破坏或倾覆；不按有关的施工规范和操作规程施工，浇筑混凝土时振捣不良，造成薄弱部位；砖砌体砌筑上下通缝，灰浆不饱满等均能导致砖墙破坏。施工组织管理紊乱，不熟悉图纸，盲目施工；施工方案考虑不周，施工顺序颠倒；图纸未经会审，仓促施工；技术交底不清，违章作业；疏于检查、验收等。A 选项属于设计差错，故 A 选项错误。在 2008、2019 年度的考试中，同样对本题涉及的采分点进行了考查。

4．D。属于违背基本建设程序的例子有：不按建设程序办事，如未搞清地质情况就仓促开工；边设计、边施工；无图施工；不经竣工验收就交付使用等。在 2007 年度的考试中，同样对本题涉及的采分点进行了考查。

第二节 工程质量事故等级划分及处理

知识导学

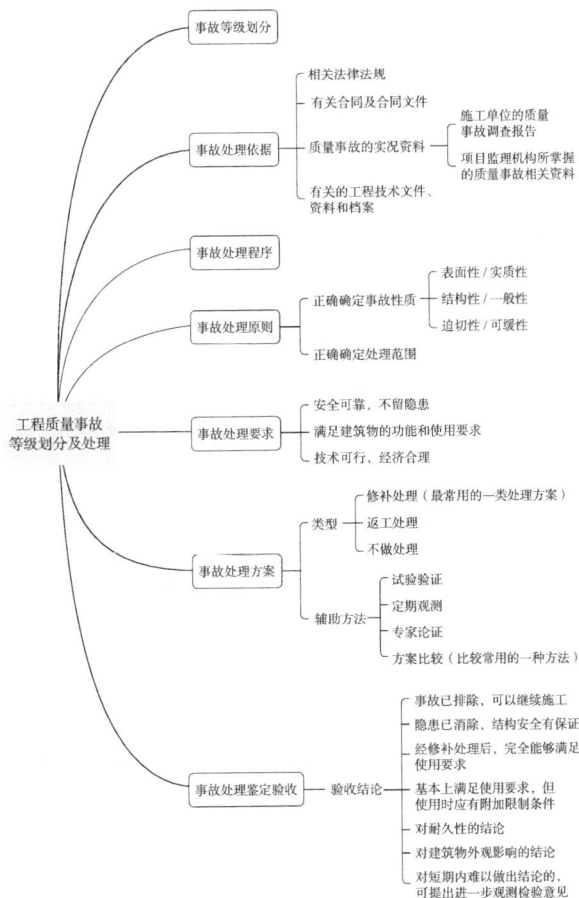

习题汇总

一、工程质量事故等级划分

1．（2019—28）工程施工过程中发生质量事故造成 8 人死亡，50 人重伤，6000 万元直接经济损失，该事故等级属于（　　）。

A．一般事故
B．较大事故
C．重大事故
D．特别重大事故

2．（2020—29）工程发生质量安全事故，造成 2 人死亡、3800 万元直接经济损失，则该事故等级是（　　）。

A．一般事故
B．较大事故
C．重大事故
D．特别重大事故

3．工程施工时发生了质量事故，造成 35 人死亡、60 人重伤、7000 万元直接经济损失，那么事故等级为（　　）。

A．较大事故
B．重大事故
C．特别重大事故
D．一般事故

4．工程施工时发生了质量事故，造成 1 人死亡、5 人重伤、500 万元直接经济损失，那么事故等级为（　　）。

A．一般事故
B．特别重大事故
C．较大事故
D．重大事故

二、工程质量事故处理

（一）工程质量事故处理的依据

5．（2016—95）工程质量事故处理的依据有（　　）。

A．有关合同文件
B．相关法律法规
C．有关工程定额
D．质量事故实况资料
E．有关工程技术文件

6．（2020—95）下列文件资料中，属于质量事故实况资料的有（　　）。

A．有关合同文件
B．有关设计文件
C．施工方案与施工计划
D．施工单位质量事故调查报告
E．项目监理机构掌握的质量事故相关资料

（二）工程质量事故处理程序

7．（2006—28）工程质量事故发生后,总监理工程师首先应进行的工作是签发《工程暂停令》，并要求施工单位采取（　　）的措施。

A．抓紧整改，早日复工
B．防止事故扩大并保护好现场
C．防止事故信息不正常披露
D．对事故责任人加强监督

8．（2016—29）工程质量事故发生后，涉及结构安全和加固处理的重大技术处理方案应由（　　）提出。

A．原设计单位 　　　　　　　　　　 B．事故调查组建议的单位

C．施工单位 　　　　　　　　　　　 D．法定检测单位

9．（2019—29）工程施工现场发生质量事故后，项目监理机构应及时签发（　　），要求施工单位按相关程序处理。

A．工作联系单 　　　　　　　　　　 B．监理通知单

C．工程暂停令 　　　　　　　　　　 D．监理口头指令

10．（2020—30）工程发生质量事故后，应由（　　）签发《工程暂停令》。

A．建设单位项目负责人 　　　　　　 B．总监理工程师

C．施工单位项目经理 　　　　　　　 D．设计负责人

11．（2021—96）监理单位向建设单位提交的质量事故处理报告中应包括的内容有（　　）。

A．质量事故的工程部位 　　　　　　 B．事故发生的原因

C．事故的责任人及其责任 　　　　　 D．事故处理的过程

E．事故处理的结果

12．（2021—30）工程质量事故发生后，总监理工程师应采取的做法是（　　）。

A．立即组织抢险

B．立即征得建设单位同意后签发工程暂停令

C．立即进行事故调查

D．立即要求施工单位查清原因和责任人

13．要求施工单位进行质量事故调查、分析质量事故产生的原因，并且提交质量事故调查报告的是（　　）。

A．建设单位 　　　　　　　　　　　 B．总监理工程师

C．项目监理机构 　　　　　　　　　 D．施工单位

14．质量事故技术处理方案一般由（　　）提出。

A．施工单位 　　　　　　　　　　　 B．项目监理机构

C．总监理工程师 　　　　　　　　　 D．建设单位

15．对处理过程进行跟踪检查，对处理结果进行验收的是（　　）。

A．施工单位 　　　　　　　　　　　 B．总监理工程师

C．建设单位 　　　　　　　　　　　 D．项目监理机构

16．项目监理机构应当及时向（　　）提交质量事故书面报告，并且应当将完整的质量事故处理记录整理归档。

A．建设单位 　　　　　　　　　　　 B．施工单位

C．项目监理机构 　　　　　　　　　 D．总监理工程师

（三）工程质量事故处理的基本方法

17.（2009—24）工程质量事故处理方案的确定，需要按照一般处理原则和基本要求进行，其一般处理原则是（　　）。

A．正确确定事故性质、处理范围　　　　B．安全可靠、不留隐患

C．满足建筑物的功能和使用要求　　　　D．技术上可行、经济上合理

18.（2019—94）工程施工过程中，质量事故处理的基本要求有（　　）。

A．安全可靠，不留隐患　　　　　　　　B．满足工程的功能和使用要求

C．技术可行，经济合理　　　　　　　　D．满足建设单位的要求

E．造型美观，节能环保

（四）工程质量事故处理方案的确定

（1）工程质量事故处理方案类型

19.（2009—23）工程质量事故处理方案的类型有返工处理、不作处理和（　　）。

A．修补处理　　　　　　　　　　　　　B．试验验证后处理

C．定期观察处理　　　　　　　　　　　D．专家论证后处理

20.（2010—92）下列工程质量问题中，可不作处理的有（　　）。

A．不影响结构安全和正常使用的质量问题

B．经过后续工序可以弥补的质量问题

C．存在一定的质量缺陷，若处理则影响工期的质量问题

D．质量问题经法定检测单位鉴定为合格

E．出现的质量问题，经原设计单位核算，仍能满足结构安全和使用的功能

21.（2013—22）施工质量验收时，抽样样本经试验室检测达不到规范及设计要求，但经检测单位的现场检测鉴定能够达到要求的，可（　　）处理。

A．返工　　　　　　　　　　　　　　　B．补强

C．不作　　　　　　　　　　　　　　　D．延后

22.（2015—29）某检验批混凝土试块强度值不满足规范要求，强度不足，在法定检测单位对混凝土实体采用非破损检验方法，测定其实际强度已达规范允许和设计要求值，这时宜采取的处理方法是（　　）。

A．加固处理　　　　　　　　　　　　　B．修补处理

C．不作处理　　　　　　　　　　　　　D．返工处理

23.（2021—31）某工程的混凝土构件尺寸偏差不符合验收规范要求，经原设计单位验算，得出的结论是该构件能够满足结构安全和使用功能要求，则该混凝土构件的处理方式是（　　）。

A．返工处理　　　　　　　　　　　　　B．不作处理

C．试验检测　　　　　　　　　　　　　D．限制使用

24.工程质量事故处理方案类型中，最常用的一类是（　　）。

A．返工处理　　　　　　　　　　　　　B．不作处理

C. 加固处理　　　　　　　　　　D. 修补处理

（2）选择最适用工程质量事故处理方案的辅助方法

25.（2020—31）对涉及技术领域广泛、问题复杂、仅依据合同约定难以决策的工程质量缺陷，应选用的辅助决策方法是（　　）。

A. 专家论证法　　　　　　　　　B. 方案比较法

C. 试验验证法　　　　　　　　　D. 定期观测法

26.（2021—89）工程质量事故处理方案的辅助决策方法有（　　）。

A. 试验验证法　　　　　　　　　B. 定期观测法

C. 专家论证法　　　　　　　　　D. 头脑风暴法

E. 线性规划法

27. 工程质量事故处理方案的辅助决策方法中，比较常用的一种方法是（　　）。

A. 方案比较　　　　　　　　　　B. 定期观测法

C. 专家论证法　　　　　　　　　D. 试验验证

习题答案及解析

1. C	2. B	3. C	4. A	5. ABDE
6. DE	7. B	8. A	9. C	10. B
11. ADE	12. B	13. C	14. A	15. D
16. A	17. A	18. ABC	19. A	20. ABDE
21. C	22. C	23. B	24. D	25. A
26. ABC	27. A			

【解析】

1. C。重大事故是指造成10人以上30人以下死亡，或者50人以上100人以下重伤，或者5000万元以上1亿元以下直接经济损失的事故。该等级划分所称的"以上"包括本数，所称的"以下"不包括本数。在2016、2018年度的考试中，同样对本题涉及的采分点进行了考查。

2. B。较大事故是指造成3人以上10人以下死亡，或者10人以上50人以下重伤，或者1000万元以上5000万元以下直接经济损失的事故；该等级划分所称的"以上"包括本数，所称的"以下"不包括本数。本题中，造成2人死亡属于一般事故，3800万元直接经济损失属于较大事故，取大则为较大事故。在2015年度的考试中，同样对本题涉及的采分点进行了考查。

5. ABDE。工程质量事故处理的主要依据有：（1）相关的法律法规；（2）有关合同及合同文件；（3）质量事故的实况资料；（4）有关的工程技术文件、资料和档案。在2018年度的考试中，同样对本题涉及的采分点进行了考查。

7. B。工程质量事故发生后，总监理工程师应签发《工程暂停令》，要求暂停质量事故部位和与其有关联部位的施工，要求施工单位采取必要的措施，防止事故扩大并保护好现场。同时，要求质量事故发生单位迅速按类别和等级向相应的主管部门上报。在2003、2016年度的考试中，同样对本题涉及的采分点进行了考查。

8．A。对于涉及结构安全和加固处理等的重大技术处理方案，一般由原设计单位提出。在2019年度的考试中，同样对本题涉及的采分点进行了考查。

9．C。工程质量事故发生后，总监理工程师应签发《工程暂停令》，要求暂停质量事故部位和与其有关联部位的施工，要求施工单位采取必要的措施，防止事故扩大并保护好现场。同时，要求质量事故发生单位迅速按类别和等级向相应的主管部门上报。在2014年度的考试中，同样对本题涉及的采分点进行了考查。

11．ADE。质量事故书面报告应包括如下内容：（1）工程及各参建单位名称；（2）质量事故发生的时间、地点、工程部位；（3）事故发生的简要经过、造成工程损伤状况、伤亡人数和直接经济损失的初步估计；（4）事故发生原因的初步判断；（5）事故发生后采取的措施及处理方案；（6）事故处理的过程及结果。在2014年度的考试中，同样对本题涉及的采分点进行了考查。

12．B。工程质量事故发生后，总监理工程师应采取的做法是征得建设单位同意后，签发工程暂停令。在2018年度的考试中，同样对本题涉及的采分点进行了考查。

17．A。工程质量事故处理方案确定的一般处理原则是：正确确定事故性质，是表面性还是实质性、是结构性还是一般性、是迫切性还是可缓性；正确确定处理范围，除直接发生部位，还应检查处理事故相邻影响作用范围的结构部位或构件。在2008年度的考试中，同样对本题涉及的采分点进行了考查。

18．ABC。工程质量事故处理的基本方法包括工程质量事故处理方案的确定及工程质量事故处理后的鉴定验收。其一般处理原则是：正确确定事故性质；正确确定处理范围。其处理基本要求是：安全可靠，不留隐患；满足建筑物的功能和使用要求；技术可行，经济合理。在2015年度的考试中，同样对本题涉及的采分点进行了考查。

19．A。工程质量事故处理方案类型包括：（1）修补处理；（2）返工处理；（3）不作处理。在2019年度的考试中，同样对本题涉及的采分点进行了考查。

21．C。某些工程质量缺陷虽然不符合规定的要求和标准构成质量事故，但视其严重情况，经过分析、论证、法定检测单位鉴定和设计等有关单位认可，对工程或结构使用及安全影响不大，也可不作专门处理。通常不用专门处理的情况有以下几种：（1）不影响结构安全和正常使用；（2）有些质量缺陷，经过后续工序可以弥补；（3）经法定检测单位鉴定合格；（4）出现的质量缺陷，经检测鉴定达不到设计要求，但经原设计单位核算，仍能满足结构安全和使用功能。在2012年度的考试中，同样对本题涉及的采分点进行了考查。

26．ABC。可采取的选择工程质量事故处理方案的辅助决策方法包括：（1）试验验证；（2）定期观测；（3）专家论证；（4）方案比较。在2015、2018年度的考试中，同样对本题涉及的采分点进行了考查。

第八章

设备采购和监造质量控制

第一节　设备采购质量控制

知识导学

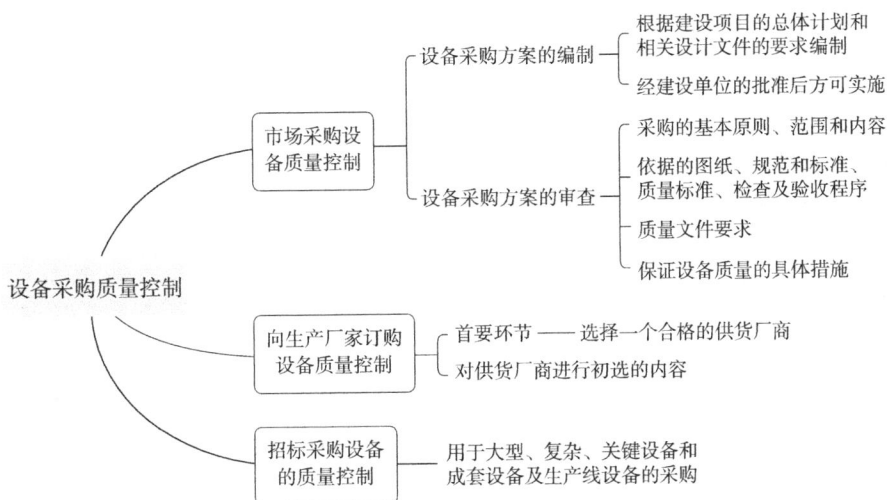

习题汇总

一、市场采购设备质量控制

（一）设备采购方案

1.（2015—20）设备采购方案要根据建设项目的总体计划和相关设计文件的要求编制，最终获得（　　）的批准。

　　A．设计单位　　　　　　　　　　　　B．生产单位

　　C．建设单位　　　　　　　　　　　　D．监理单位

2．市场采购设备质量控制中，设备由（　　）直接采购的。

　　A．设计单位　　　　　　　　　　　　B．施工单位

　C．建设单位　　　　　　　　　　　　D．监理单位

3．市场采购设备质量控制中，应协助建设单位编制设备采购方案的是（　　）。

　A．监理单位　　　　　　　　　　　　B．项目监理机构

　C．施工单位　　　　　　　　　　　　D．建设单位

（二）市场采购设备的质量控制要点

4．（2018—90）对施工单位提交的设备采购方案，项目监理机构审查的内容有（　　）。

　A．采购的基本原则　　　　　　　　　B．依据的设计图纸

　C．采购合同条款　　　　　　　　　　D．依据的质量标准

　E．检查和验收程序

二、向生产厂家订购设备质量控制

5．（2016—20）建设单位负责采购设备时，控制质量的首要环节是（　　）。

　A．编制设备监造方案　　　　　　　　B．选择合格的供货厂商

　C．确定主要技术参数　　　　　　　　D．选择适宜的运输方式

1. 合格供货厂商的初选入围

6．（2011—91）向生产厂家订购设备前，对合格供货商的评审内容有（　　）。

　A．企业性质和生产规模

　B．经营范围和生产许可证

　C．生产能力和技术水平

　D．质量管理体系的运行和产品质量状况

　E．检验检测手段及试验室资质

7．（2015—88）向生产厂家订购设备前，对供货厂商进行初选的内容包括（　　）。

　A．供货厂商的营业执照、经营范围　　B．企业设备供货能力

　C．企业性质及规模　　　　　　　　　D．正在生产的设备情况

　E．需要另行分包采购的原材料、配套零部件及元器件的情况

8．向生产厂家订购设备质量控制中，对供货厂商进行初选的内容包括（　　）。

　A．过去几年的所有者权益变动表　　　B．财务状况的好坏

　C．生产计划调度　　　　　　　　　　D．目前生产制造设备情况

　E．工艺规程执行情况

2. 实地考察

9．在初选确定备选供货厂商名单后（　　）应当与采购单位一起对供货厂商做进一步现场实地考察调研。

　A．施工单位　　　　　　　　　　　　B．建设单位

　C．项目监理机构　　　　　　　　　　D．设计单位

三、招标采购设备的质量控制

10.（2012—17）大型、复杂、关键设备和成套设备，一般采用（ ）订货方式。

A. 市场采购   B. 指定厂家

C. 招标采购   D. 委托采购

习题答案及解析

1. C   2. C   3. B   4. ABDE   5. B

6. BCDE   7. ABDE   8. BCDE   9. C   10. C

【解析】

1. C。设备采购方案要根据建设项目的总体计划和相关设计文件的要求编制，使采购的设备符合设计文件要求。设备采购方案经建设单位的批准后方可实施。在2013年度的考试中，同样对本题涉及的采分点进行了考查。

5. B。选择一个合格的供货厂商，是向生产厂家订购设备质量控制工作的首要环节。在2009年度的考试中，同样对本题涉及的采分点进行了考查。

6. BCDE。对供货厂商进行评审的内容可包括以下几项：（1）供货厂商的资质审查。供货厂商的营业执照、生产许可证，对需要承担设计并制造专用设备的供货厂商或承担制造并安装设备的供货厂商，还应审查是否具有设计资格证书或安装资格证书；（2）设备供货能力。包括企业的生产能力、装备条件、技术水平、工艺水平、人员组成、生产管理、质量的稳定性、财务状况的好坏、售后服务的优劣及企业的信誉、检测手段、人员素质、生产计划调度和文明生产的情况、工艺规程执行情况、质量管理体系运行情况、原材料和配套零部件及元器件采购渠道等；（3）近几年供应、生产、制造类似设备的情况；目前正在生产的设备情况、生产制造设备情况、产品质量状况；（4）过去几年的资金平衡表和资产负债表；（5）需要另行分包采购的原材料、配套零部件及元器件的情况；（6）各种检验检测手段及试验室资质；（7）企业的各项生产、质量、技术、管理制度等的执行情况。在2012年度的考试中，同样对本题涉及的采分点进行了考查。

10. C。设备招标采购一般用于大型、复杂、关键设备和成套设备及生产线设备的采购。在2005年度的考试中，同样对本题涉及的采分点进行了考查。

第二节　设备监造质量控制

知识导学

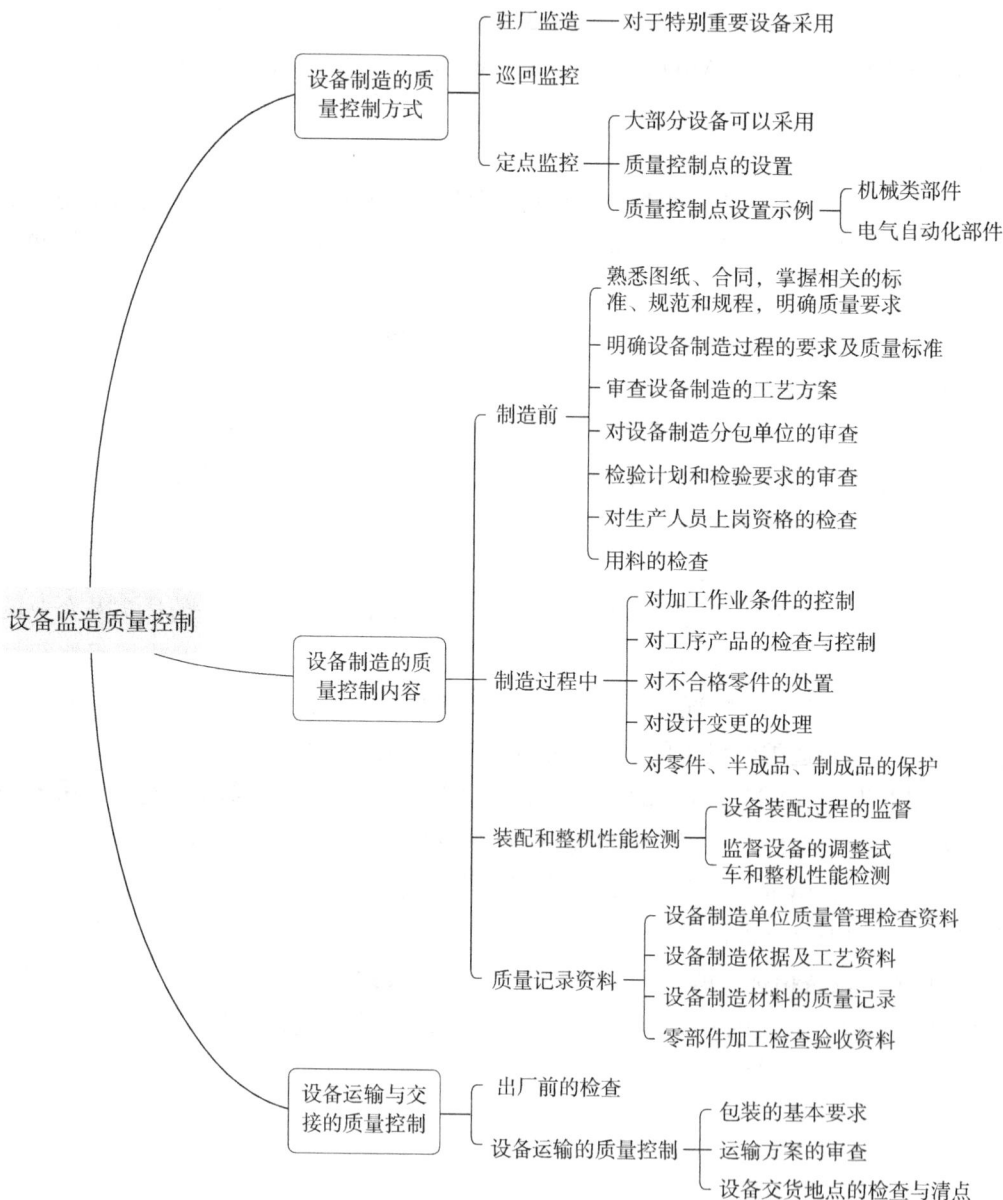

习题汇总

一、设备制造的质量控制方式

（一）驻厂监造

1.（2018—20）项目监理机构对特别重要设备的制造过程质量控制可采取（ ）方式。

A. 驻厂监造   B. 定点监造

C. 巡回监造   D. 目标监造

（二）巡回监控

2.（2006—15）在设备制造过程中，监造人员定期、不定期到制造现场，检查了解设备制造过程的质量状况，发现问题及时处理。这种质量监控方式称为（ ）。

A. 驻厂监造   B. 设置质量控制点监控

C. 跟踪监控   D. 巡回监控

3.（2019—20）监理单位对制造周期长的设备制造过程，质量控制可采用的方式是（ ）。

A. 驻厂监造   B. 巡回监控

C. 定点监控   D. 目标监控

（三）定点监控

4. 设备制造的质量控制方式中，大部分设备可以采取（ ）方式。

A. 巡回监控   B. 定点监控

C. 跟踪监控   D. 驻厂监造

二、设备制造的质量控制内容

（一）设备制造前的质量控制

5.（2020—32）设备制造前，监理单位的质量控制工作是（ ）。

A. 审查设备制造分包单位   B. 检查工序产品质量

C. 处理不合格零件   D. 控制加工作业条件

6.（2020—96）监理单位在设备制造前质量控制的内容有（ ）。

A. 审查设备制造工艺方案   B. 审查坯料质量证明文件

C. 控制加工作业条件   D. 检查生产人员上岗资格

E. 处理设计变更

（二）设备制造过程的质量控制

7.（2016—90）工程监理单位控制设备制造过程质量的主要内容有（ ）。

A. 控制设计变更   B. 控制加工作业条件

C. 处置不合格零件   D. 明确设备制造过程的要求

E．检查工序产品

8．（2021—32）项目监理机构在设备监造过程中的质量控制工作是（　　）。

A．审查工艺方案　　　　　　　　　　B．检查生产人员上岗资格

C．控制加工作业条件　　　　　　　　D．检查设备出厂包装质量

9．应掌握不合格零件的情况，分析产生的原因并指令设备制造单位消除造成不合格的因素的是（　　）。

A．总监理工程师　　　　　　　　　　B．原设计单位

C．监造单位　　　　　　　　　　　　D．项目监理机构

10．应监督设备制造单位对已合格的零部件做好贮存、保管工作，防止产品遭受污染、锈蚀及控制系统的失灵，避免配件、备件的遗失的是（　　）。

A．项目监理机构　　　　　　　　　　B．总监理工程师

C．原设计单位　　　　　　　　　　　D．设备制造单位

11．在设备制造过程中，因为监造单位需要对设备的设计提出修改时，应该由（　　）出具书面设计变更通知。

A．设备制造单位　　　　　　　　　　B．项目监理机构

C．原设计单位　　　　　　　　　　　D．总监理工程师

（三）设备装配和整机性能检测

12．应组织（　　）参加设备的调整试车和整机性能检测。

A．总监理工程师　　　　　　　　　　B．监理员

C．项目监理机构　　　　　　　　　　D．专业监理工程师

13．关于设备装配和整机性能检测，（　　）应组织参加设备的调整试车和整机性能检测。

A．专业监理工程师　　　　　　　　　B．总监理工程师

C．监理员　　　　　　　　　　　　　D．项目监理机构

（四）质量记录资料

14．（2019—90）设备制造过程质量状况记录资料的主要内容有（　　）。

A．设备制造单位质量管理检查资料

B．设备制造依据及工艺资料

C．设备制造材料的质量记录

D．设备制造过程的检查验收资料

E．设备订货的合同文件

15．专用检测工具设计制造资料属于质量记录资料中的（　　）。

A．设备制造单位质量管理检查资料　　B．零部件加工检查验收资料

C．设备制造依据及工艺资料　　　　　D．设备制造材料的质量记录

16．不合格零配件处理返修记录属于质量记录资料中的（　　）。

A．零部件加工检查验收资料

B. 设备制造依据及工艺资料

C. 设备制造材料的质量记录

D. 设备制造单位质量管理检查资料

三、设备运输与交接的质量控制

（一）出厂前的检查

17. 为防止零件锈蚀，必须对零件和设备涂抹防锈油脂的是（　　）。

A. 监造单位 　　　　　　　　　　　　B. 原设计单位

C. 设备制造单位 　　　　　　　　　　D. 设备订货方

（二）设备运输的质量控制

18.（2014—23）监造的设备从制造厂运往安装现场前，项目监理机构应检查（　　），并审查设备运输方案。

A. 运输安全措施 　　　　　　　　　　B. 设备包装质量

C. 海关及保险手续 　　　　　　　　　D. 起重工和加固方案

习题答案及解析

1. A 　　　2. D 　　　3. B 　　　4. B 　　　5. A

6. ABD 　　7. ABCE 　　8. C 　　　9. D 　　　10. A

11. C 　　12. D 　　　13. B 　　　14. ABCD 　　15. C

16. A 　　17. C 　　　18. B

【解析】

1. A。对于特别重要设备，监理单位可以采取驻厂监造的方式；对某些设备（如制造周期长的设备），则可采用巡回监控的方式；大部分设备可以采取定点监控的方式。在2014年度的考试中，同样对本题涉及的采分点进行了考查。

2. D。巡回监控是在设备制造过程中，监造人员应定期及不定期的到制造现场，检查了解设备制造过程中的质量状况，做好相应记录，发现问题及时处理。在2015年度的考试中，同样对本题涉及的采分点进行了考查。

3. B。对于特别重要设备，监理单位可以采取驻厂监造的方式。对某些设备（如制造周期长的设备），则可采用巡回监控的方式。大部分设备可以采取定点监控的方式。在2016年度的考试中，同样对本题涉及的采分点进行了考查。

《建设工程投资控制》

第一章 / 建设工程投资控制概述

第一节　建设工程项目投资的概念和特点

知识导学

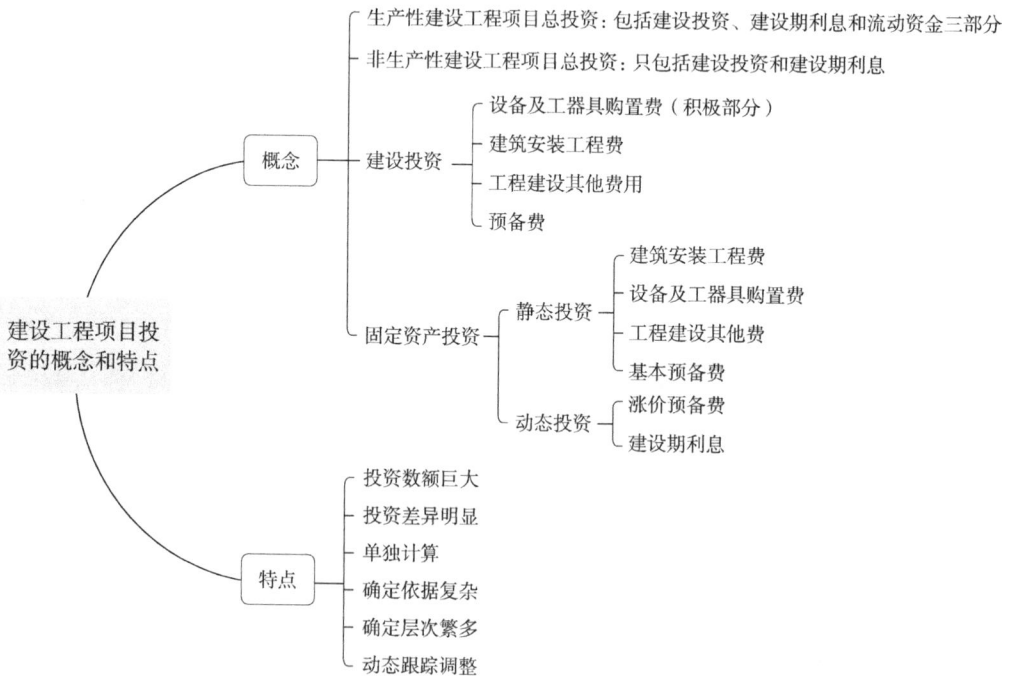

生产性建设工程项目总投资：包括建设投资、建设期利息和流动资金三部分

非生产性建设工程项目总投资：只包括建设投资和建设期利息

概念 —— 建设投资 —— 设备及工器具购置费（积极部分）、建筑安装工程费、工程建设其他费用、预备费

建设工程项目投资的概念和特点

固定资产投资 —— 静态投资 —— 建筑安装工程费、设备及工器具购置费、工程建设其他费、基本预备费

动态投资 —— 涨价预备费、建设期利息

特点 —— 投资数额巨大、投资差异明显、单独计算、确定依据复杂、确定层次繁多、动态跟踪调整

习题汇总

一、建设工程项目投资的概念

1. 生产性建设工程总投资包括（　　）。

A. 建设投资和流动资金

B. 建设投资、建设期利息和流动资金

C．静态投资和动态投资

D．固定资产投资和无形资产投资

2．（2010—38）某建设项目，建安工程费为 40000 万元，设备工器具费为 5000 万元，建设期利息为 1400 万元，工程建设其他费用为 4000 万元，建设期预备费为 9500 万元（其中基本预备费为 4900 万元），项目的铺底流动资金为 600 万元，则该项目的动态投资额为（　　）万元。

A．6000
B．6600

C．11500
D．59900

3．（2014—97）下列费用中，属于动态投资的有（　　）。

A．基本预备费
B．建筑安装工程费

C．设备及工器具购置费
D．涨价预备费

E．建设期利息

4．（2015—31）在生产性建设工程项目投资中，属于积极部分的是（　　）。

A．工程建设其他费用
B．建筑安装工程费

C．基本预备费
D．设备及工器具投资

5．关于设备及工器投资的说法中，正确的是（　　）。

A．它是由设备购置费和工具、器具及生活家具购置费组成

B．它是固定资产投资中的消极部分

C．它占项目投资比重的增大意味着生产技术的进步

D．它占项目投资比重的增大意味着资本有机构成的降低

6．（2019—42）某建设项目，静态投资 3460 万元，建设期贷款利息 60 万元，涨价预备费 80 万元，流动资金 800 万元。则该项目的建设投资为（　　）万元。

A．3520
B．3540

C．3600
D．4400

7．（2020—33）下列费用中，属于静态投资的是（　　）。

A．建设期利息
B．工程建设其他费

C．涨价预备费
D．汇率变动增加的费用

二、建设工程项目投资的特点

8．（2005—29）在建设项目中，凡是具有独立的设计文件，竣工后可以独立发挥生产能力或工程效益的工程称为（　　）。

A．分项工程
B．分部工程

C．单位工程
D．单项工程

9．（2009—33）从确定建设工程投资的依据看，编制估算指标的直接基础是（　　）。

A．概算定额
B．预算定额

C．工程量清单
D．施工定额

10.（2012—29）凡是具有独立的设计文件、竣工后可以独立发挥生产能力或工程效益的工程称为（   ）。

A．分部工程   B．单位工程

C．单项工程   D．分项工程

11.（2013—30）编制工程概算定额的基础是（   ）。

A．估算指标   B．概算指标

C．预算指标   D．预算定额

12. 建设工程项目投资的特点是由建设工程项目的特点决定的，具体包括（   ）。

A．数额巨大   B．依据复杂

C．需重复计算   D．层次繁多

E．动态跟踪调整

习题答案及解析

1．B	2．A	3．DE	4．D	5．C
6．B	7．B	8．D	9．A	10．C
11．D	12．ABDE			

【解析】

2．A。固定资产投资分为静态投资和动态投资两部分，动态投资＝涨价预备费＋建设期利息。其中，涨价预备费＝预备费－基本预备费＝9500－4900＝4600 万元，动态投资＝4600＋1400＝6000 万元。

3．DE。在 2005、2006、2011 年度的考试中，同样对本题涉及的采分点进行了考查。

4．D。在 2004 年度的考试中，同样对本题涉及的采分点进行了考查。

6．B。建设投资＝设备及工器具购置费＋建筑安装工程费＋工程建设其他费＋预备费＝静态投资＋涨价预备费＝3460＋80＝3540 万元。在 2003、2008、2013、2017 年度的考试中，同样对本题涉及的采分点进行了考查。

7．B。在 2001、2002、2004、2009 年度的考试中，同样对本题涉及的采分点进行了考查。

第二节　建设工程投资控制原理

知识导学

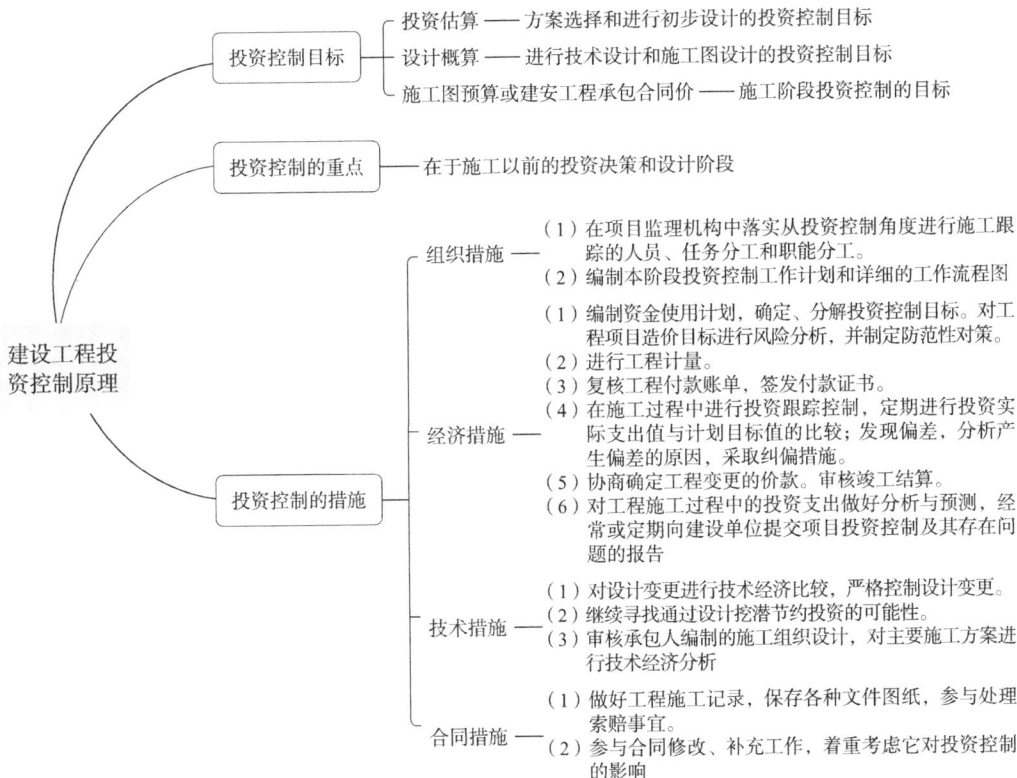

习题汇总

一、投资控制的动态原理

本部分内容一般不会进行考查，仅做了解即可。

二、投资控制的目标

1.（2010—29）初步设计阶段投资控制的目标应不超过（　　）。

A. 投资估算
B. 设计总概算
C. 修正总概算
D. 施工图预算

2.（2012—95）投资估算是建设工程（　　）的投资控制目标。

A. 技术设计
B. 设计方案选择
C. 初步设计
D. 施工图设计

E. 承包合同价

3.（2016—34）建设工程项目技术设计和施工图设计应依据（　）设置投资控制目标。

  A．投资估算   B．设计概算

  C．施工图预算   D．工程量清单

4.（2021—34）选择建设工程设计方案和进行初步设计时，应以（　）作为投资控制的目标。

  A．投资估算   B．设计概算

  C．施工图预算   D．施工预算

三、投资控制的重点

5.（2008—97）建设工程项目的投资控制应贯穿于项目建设的全过程，但各阶段对投资的影响程度是不同的，应以（　）阶段为重点。

  A．决策   B．设计

  C．招标投标   D．施工

  E．试运行

6.（2011—30）建设项目投资决策后，投资控制的关键阶段是（　）。

  A．设计阶段   B．施工招标阶段

  C．施工阶段   D．竣工阶段

四、投资控制的措施

（一）组织措施

7.（2015—32）项目监理机构在施工阶段投资控制的组织措施是（　）。

  A．编制详细的工作流程图

  B．确定、分解投资控制目标

  C．对主要施工方案进行技术经济分析

  D．对设计变更进行技术经济比较，控制设计变更

8.监理工程师在项目监理机构中落实从投资控制角度进行施工跟踪的人员、任务分工和职能分工。这种措施属于（　）。

  A．组织措施   B．经济措施

  C．技术措施   D．合同措施

（二）经济措施

9.施工阶段监理工程师编制资金使用计划，确定、分解投资控制目标。对工程项目造价目标进行风险分析，并制定防范性对策。这种措施属于（　）。

  A．组织措施   B．经济措施

  C．技术措施   D．合同措施

10.（2016—102）监理工程师在施工阶段进行投资控制的经济措施有（　）。

A. 分解投资控制目标　　　　　　B. 进行工程计量

C. 严格控制设计变更　　　　　　D. 审查施工组织设计

E. 审核竣工结算

（三）技术措施

11. （2009—51）施工阶段监理工程师审核承包人编制的施工组织设计，对主要施工方案进行技术经济分析属于（　　）。

A. 组织措施　　　　　　　　　　B. 经济措施

C. 技术措施　　　　　　　　　　D. 合同措施

12. （2017—97）项目监理机构在施工阶段投资控制的措施包括（　　）。

A. 对工程项目造价目标进行风险分析　B. 审核竣工结算

C. 严格控制设计变更　　　　　　D. 审查设计概算

E. 开展限额设计

（四）合同措施

13. 监理工程师在施工阶段进行投资控制的合同措施有（　　）。

A. 确定、分解投资控制目标

B. 协商确定工程变更的价款

C. 对主要施工方案进行技术经济分析

D. 做好工程施工记录，保存各种文件图纸

E. 参与合同修改、补充工作

14. 施工阶段监理工程师参与合同修改、参与处理索赔事宜，这种措施属于（　　）。

A. 组织措施　　　　　　　　　　B. 经济措施

C. 技术措施　　　　　　　　　　D. 合同措施

15. （2018—33）关于项目监理机构在施工阶段投资控制措施的说法，正确的是（　　）。

A. 实际支出值与计划目标值的比较属于技术措施

B. 编制本阶段投资控制工作计划属于组织措施

C. 审核承包人编制的施工组织设计属于组织措施

D. 做好工程施工记录属于技术措施

习题答案及解析

1. A　　　2. BC　　　3. B　　　4. A　　　5. AB

6. A　　　7. A　　　8. A　　　9. B　　　10. ABE

11. C　　12. ABC　　13. DE　　14. D　　15. B

【解析】

2. BC。在2011年度的考试中，同样对本题涉及的采分点进行了考查，且提问形

式与选项设置基本与本题一致。

4．A。在 2001、2006 年度的考试中，同样对本题涉及的采分点进行了考查。

7．A。选项 B 属于经济措施；选项 C、D 属于技术措施。在 2008、2011、2013 年度的考试中，同样对本题涉及的采分点进行了考查。

10．ABE。在 2005、2006 年度的考试中，同样对本题涉及的采分点进行了考查。

12．ABC。在 2009、2014 年度的考试中，同样对本题涉及的采分点进行了考查，且提问形式基本与本题一致。

第三节　建设工程投资控制的主要任务

知识导学

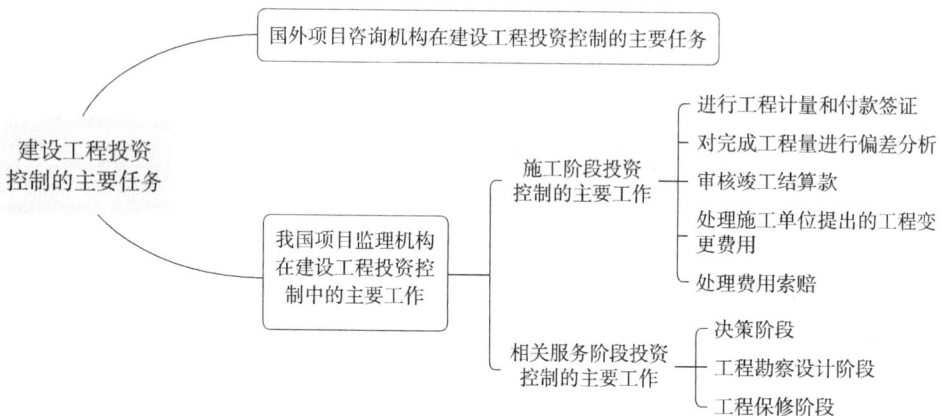

习题汇总

一、国外项目咨询机构在建设工程投资控制中的主要任务

本部分内容一般不会进行考查，仅做了解即可。

二、我国项目监理机构在建设工程投资控制中的主要工作

（一）施工阶段投资控制的主要工作

1．（2016—35）工程款支付证书由（　　）签发。

A．专业监理工程师

B．建设单位

C．总监理工程师

D．项目审计部门

2．（2020—97）项目监理机构在施工阶段进行的投资控制工作有（　　）。

A．施工图预算审查

B．工程变更费用处理

C．工程计量

D．融资方案研究

E．对完成工程量进行偏差分析

3．（2021—97）项目监理机构处理施工单位提出的工程变更费用时，正确的做法有（　　）。

A．自主评估工程变更费用

B．组织建设单位、施工单位协商确定工程变更费用

C．根据工程变更引起的费用和工期变化变更施工合同

D．变更实施前，与建设单位、施工单位协商确定工程变更的计价原则、方法

E．建设单位与施工单位未能就工程变更费用达成协议时，自主确定一个价格作为最终结算的依据

（二）相关服务阶段投资控制的主要工作

1．决策阶段

4．项目监理机构在决策阶段进行的投资控制工作有（　　）。

A．投资估算编制　　　　　　　　　　B．进行付款签证

C．融资方案研究　　　　　　　　　　D．审查设计成果

E．财务分析和经济分析报告编制

2．工程勘察设计阶段

5．项目监理机构在勘察设计阶段进行的投资控制工作有（　　）。

A．协助签订工程勘察设计合同　　　　B．处理工程变更费用

C．选择勘察设计单位　　　　　　　　D．财政承受能力论证

E．协助建设单位组织专家对设计成果进行评审

3．工程保修阶段

6．（2018—97）下列工作中，属于工程监理单位提供相关服务的工作内容有（　　）。

A．审查设计单位提出的设计概算

B．审查设计单位提出的新材料备案情况

C．处理施工单位提出的工程变更费用

D．处理施工单位提出的费用索赔

E．调查使用单位提出的工程质量缺陷的原因

习题答案及解析

1．C　　　　2．BCE　　　　3．BD　　　　4．ACE　　　　5．AE

6．ABE

【解析】

2．BCE。在2002、2003、2004、2005、2006、2009、2011、2019年度的考试中，同样对本题涉及的采分点进行了考查。

3．BD。处理施工单位提出的工程变更费用：（1）总监理工程师组织专业监理工

程师对工程变更费用及工期影响作出评估。（2）总监理工程师组织建设单位、施工单位等共同协商确定工程变更费用及工期变化，会签工程变更单。（3）项目监理机构可在工程变更实施前与建设单位、施工单位等协商确定工程变更的计价原则、计价方法或价款。（4）建设单位与施工单位未能就工程变更费用达成协议时，项目监理机构可提出一个暂定价格并经建设单位同意，作为临时支付工程款的依据。工程变更款项最终结算时，应以建设单位与施工单位达成的协议为依据。

第二章 建设工程投资构成

第一节　建设工程投资构成概述

知识导学

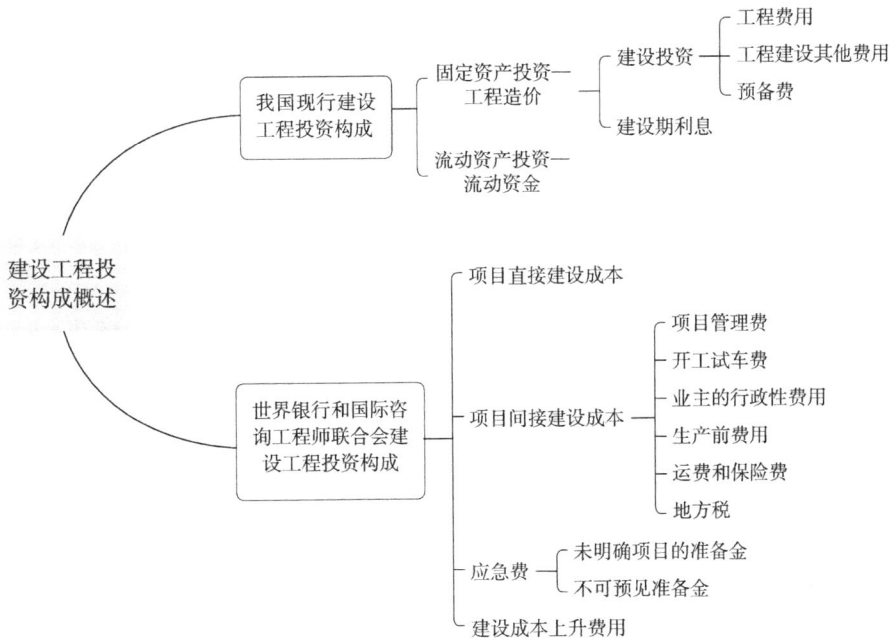

习题汇总

一、我国现行建设工程投资构成

1. 建设投资由（　　）三项费用构成。

A. 工程费用、建设期利息、预备费

B. 工程费用、建设期利息、流动资金

C. 工程费用、工程建设其他费用、预备费

D. 建筑安装工程费、设备及工器具购置费、工程建设其他费用

2.（2020—34）某建设项目，设备工器具购置费 1000 万元，建筑安装工程费 1500 万元，工程建设其他费 700 万元，基本预备费 160 万元，涨价预备费 200 万元，则该项目的工程费用为（　　）万元。

A. 2500   B. 3200

C. 3360   D. 3560

3.（2021—33）某生产性项目的建设投资 2000 万元，建设期利息 300 万元，流动资金 500 万元，则该项目的固定资产投资为（　　）万元。

A. 2000   B. 2300

C. 2500   D. 2800

二、世界银行和国际咨询工程师联合会建设工程投资构成

（一）项目直接建设成本

4. 根据世界银行对建设工程投资的规定，项目直接建设成本包括（　　）。

A. 土地征购费   B. 电气安装费

C. 总部人员薪金   D. 应急费

E. 仪器仪表费

（二）项目间接建设成本

5.（2015—33）根据世界银行和国际咨询工程师联合会建设工程投资构成的规定，下列费用应计入项目间接建设成本的是（　　）。

A. 生产前费用   B. 土地征购费

C. 管理系统费用   D. 服务性建筑费用

6. 根据世界银行对建设工程投资的规定，项目间接建设成本包括（　　）。

A. 场地费用   B. 仪器仪表费

C. 不可预见准备金   D. 开工试车费

E. 项目管理费

（三）应急费

1. 未明确项目的准备金

7. 世界银行和国际咨询工程师联合会建设工程投资构成中，（　　）用于在做成本估算时因为缺乏完整、准确和详细的资料而不能完全预见和不能注明的项目，并且这些项目是必须完成的。

A. 直接建设成本   B. 建设成本上升费

C. 不可预见准备金   D. 未明确项目准备金

2. 不可预见准备金

8.（2015—34）世界银行和国际咨询工程师联合会建设工程投资构成中，只是一种储备，可能不动用的费用是（　　）。

A．直接建设成本　　　　　　　　　B．建设成本上升费

C．不可预见准备金　　　　　　　　D．未明确项目准备金

（四）建设成本上升费用

9．（2007—34）世界银行和国际咨询工程师联合会对项目的总建设成本做了统一规定，内容包括项目直接建设成本、间接建设成本及（　　）。

A．未明确项目的准备金和建设成本上升费用

B．基本预备费和涨价预备费

C．应急费和建设成本上升费用

D．未明确项目的准备金和不可预见准备金

习题答案及解析

1．C　　　　2．A　　　　3．B　　　　4．ABE　　　　5．A

6．DE　　　7．D　　　8．C　　　9．C

【解析】

2．A。工程费用包括建筑安装工程费，设备及工器具购置费用。该项目的工程费用 =1000+1500=2500 万元。

3．B。固定资产投资 = 建设投资 + 建设期利息 =2000+300=2300 万元。

4．ABE。项目直接建设成本包括土地征购费、场外设施费用、场地费用、工艺设备费、设备安装费、管道系统费用、电气设备费、电气安装费、仪器仪表费、机械的绝缘和油漆费、工艺建筑费、服务性建筑费用、工厂普通公共设施费、其他当地费用。

第二节　建筑安装工程费用的组成和计算

知识导学

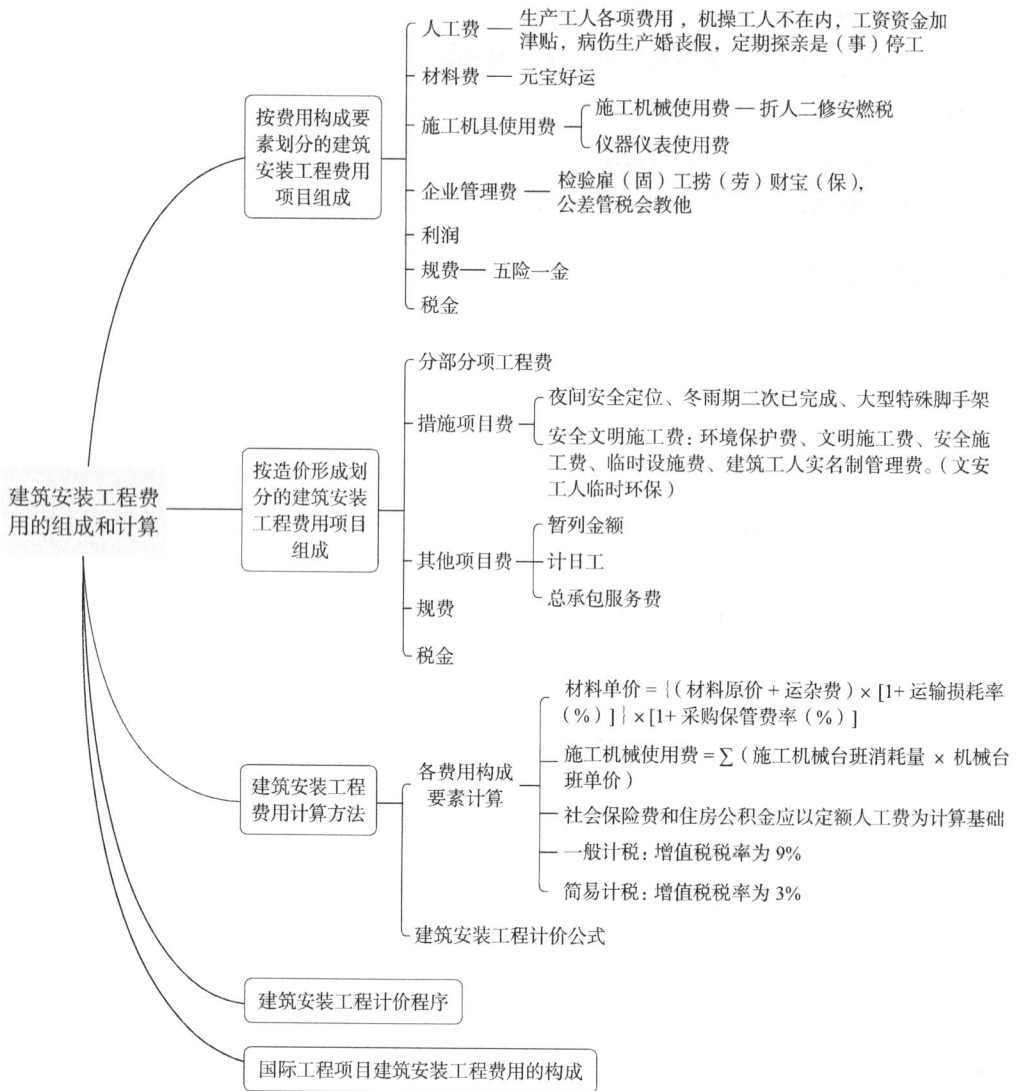

习题汇总

一、按费用构成要素划分的建筑安装工程费用项目组成

（一）人工费

1.（2015—35）根据《建筑安装工程费用项目组成》（建标 [2013]44 号），因停工学习按计时工资标准的一定比例支付的工资属于（　　）。

A. 奖金
　　　　　　　　　　　　　　　　B. 计时工资或计件工资

C．津贴补贴　　　　　　　　　　D．特殊情况下支付的工资

2．根据《建筑安装工程费用项目组成》，对超额劳动和增收节支而支付给个人的劳动报酬，应计入建筑安装工程费用人工费项目中的（　　）。

A．计时工资或计件工资　　　　　B．奖金

C．津贴补贴　　　　　　　　　　D．特殊情况下支付的工资

3．根据《建筑安装工程费用项目组成》，建筑安装工程生产工人的高温作业临时津贴应计入（　　）。

A．劳动保护费　　　　　　　　　B．人工费

C．规费　　　　　　　　　　　　D．企业管理费

4．（2020—35）下列费用中，属于建筑安装工程费中人工费的是（　　）。

A．劳动保险费　　　　　　　　　B．劳动保护费

C．职工教育经费　　　　　　　　D．流动施工津贴

（二）材料费

5．（2011—96）分部分项工程材料费的构成包括（　　）。

A．材料在运输装卸过程中不可避免的损耗费

B．材料仓储费

C．新材料的试验费

D．对建筑材料进行一般鉴定、检查所发生的费用

E．为验证设计参数，对构件做破坏性试验的费用

6．（2017—34）下列费用中，不应列入建筑安装工程材料费的是（　　）。

A．施工中耗费的辅助材料费用

B．施工企业自设试验室进行试验所耗用的材料费用

C．在运输装卸过程中发生的材料损耗费用

D．在施工现场发生的材料保管费用

7．根据《建筑安装工程费用项目组成》，仓储损耗费应计入（　　）。

A．材料运杂费　　　　　　　　　B．企业管理费

C．检验试验费　　　　　　　　　D．材料采购及保管费

（三）施工机具使用费

8．为保障施工机械正常运转所需的随机配备工具附具的摊销和维护费用，属于施工机具使用费中的（　　）。

A．折旧费　　　　　　　　　　　B．施工仪器使用费

C．安拆费　　　　　　　　　　　D．经常修理费

9．根据《建筑安装工程费用项目组成》，工程施工中所使用的仪器仪表维修费应计入（　　）。

A．施工机具使用费　　　　　　　B．工具用具使用费

C．固定资产使用费　　　　　　　D．企业管理费

10.（2019—99）下列费用中，属于建筑安装工程施工机具使用费的有（　　）。

A．施工机械临时故障排除所需的费用　　　B．机上司机的人工费

C．财产保险费　　　D．仪器仪表使用费

E．施工机械大修理费

（四）企业管理费

11.（2015—36）根据《建筑安装工程费用项目组成》（建标[2013]44号），工程施工中所使用的工具用具使用费应计入（　　）。

A．施工机具使用费　　　B．措施项目费

C．固定资产使用费　　　D．企业管理费

12.（2016—36）建安工程企业管理费中的检验试验费是用于（　　）试验的费用。

A．一般材料　　　B．构件破坏性

C．新材料　　　D．新构件

13．在施工过程中承包人按发包人和设计方要求，对构件作破坏性试验的费用应在（　　）中列支。

A．承包人的措施项目费　　　B．承包人的企业管理费

C．发包人的工程建设其他费　　　D．发包人的企业管理费

14.（2019—35）按照有关标准规定，对建筑以及材料、构件和建筑安装物进行一般鉴定、检验所发生的费用在（　　）中列支。

A．建筑安装工程材料费　　　B．建筑安装工程企业管理费

C．建筑安装工程规费　　　D．工程建设其他费用

15．根据《建筑安装工程费用项目组成》，下列税金组合中，应计入建筑安装企业管理费的是（　　）。

A．营业税、房产税、车船使用税、土地使用税

B．城市维护建设税、教育费附加、地方教育附加

C．房产税、土地使用税、营业税

D．房产税、车船使用税、土地使用税、印花税

16.（2020—96）下列费用中，属于建筑安装工程企业管理费的有（　　）。

A．施工企业集体福利费

B．施工现场防暑降温费用

C．施工现场对构件进行常规破坏性试验费用

D．混凝土坍落度测试费用

E．施工现场安全文明施工费用

17.（2021—35）按费用构成要素划分下列费用中，属于建筑安装工程费用中企业管理费的是（　　）。

A．工伤保险费　　　B．养老保险费

C．劳动保护费　　　D．流动施工津贴

（五）利润

本部分内容一般不会单独进行考查，仅做了解即可。

（六）规费

18.（2019—34）下列费用中，属于建筑安装工程规费的是（　　）。

A．教育费附加　　　　　　　　　　B．地方教育附加

C．职工教育经费　　　　　　　　　D．住房公积金

19．根据《建设工程工程量清单计价规范》，施工企业为建筑安装施工人员支付的失业保险费属于建筑安装工程费中的（　　）。

A．规费　　　　　　　　　　　　　B．人工费

C．措施项目费　　　　　　　　　　D．企业管理费

二、按造价形成划分的建筑安装工程费用项目组成

（一）分部分项工程的费

20．根据现行《建筑安装工程费用项目组成》，下列费用中，应计入分部分项工程费的是（　　）。

A．安全文明施工费

B．二次搬运费

C．施工机械使用费

D．大型机械设备进出场及安拆费

（二）措施项目费

1．安全文明施工费

21．（2016—100）下列费用中，属于安全文明施工费的有（　　）。

A．环境保护费用　　　　　　　　　B．设备维护费用

C．脚手架工程费用　　　　　　　　D．临时设施费用

E．工程定位复测费用

22．施工现场设立的安全警示标志、现场围挡等所需的费用属于（　　）费用。

A．措施项目　　　　　　　　　　　B．分部分项工程

C．零星项目　　　　　　　　　　　D．其他项目

2．夜间施工增加费

23．根据《建筑安装工程费用项目组成》，因夜间施工所发生的夜班补助费、夜间施工降效、夜间施工照明设备摊销及照明用电等费用应计入建筑安装工程（　　）。

A．分部分项费　　　　　　　　　　B．措施项目费

C．规费　　　　　　　　　　　　　D．企业管理费

3．二次搬运费

24．（2012—34）下列费用中，属于建安工程措施费的是（　　）。

A．工程排污费　　　　　　　　　　B．构成工程实体的材料费

C．二次搬运费   D．施工现场管理人员的工资

4．冬雨期施工增加费

25．在冬期或雨期施工需增加的临时设施、防滑、排除雨雪，人工及施工机械效率降低等费用应计入建筑安装工程（　　）。

A．企业管理费   B．措施项目费

C．其他项目费   D．分部分项费

5．已完工程及设备保护费

26．（2012—33）建设项目竣工验收前，施工企业对已完工程进行保护发生的费用应计入（　　）。

A．措施费   B．规费

C．直接工程费   D．企业管理费

6．工程定位复测费

27．施工过程中，施工测量放线和复测工作发生的费用应计入（　　）。

A．分部分项工程费   B．其他项目费

C．企业管理费   D．措施项目费

7．特殊地区施工增加费

28．工程在沙漠或其边缘地区、高海拔、高寒、原始森林等特殊地区施工增加的费用应计入建筑安装工程（　　）。

A．分部分项费   B．措施项目费

C．规费   D．企业管理费

8．大型机械设备进出场及安拆费

29．将塔式起重机自停放地点运至施工现场的运输、拆卸、安装的费用属于（　　）。

A．施工机械使用费   B．二次搬运费

C．固定资产使用费   D．大型机械进出场及安拆费

9．脚手架工程费

30．施工需要的各种脚手架搭、拆、运输费用以及脚手架购置费的摊销（或租赁）费用。应计入建筑安装工程（　　）。

A．分部分项费   B．措施项目费

C．规费   D．企业管理费

31．（2015—100）下列费用中，属于建筑安装工程措施费的有（　　）。

A．已完工程及设备保护费   B．工程定位复测费

C．夜间施工增加费   D．新材料试验费

E．临时设施费

32．（2021—98）下列费用中，属于建筑安装工程措施项目费的有（　　）。

A．建筑工人实名制管理费   B．大型机械进出场及安拆费

C．建筑材料鉴定、检查费   D．工程定位复测费

E．施工单位临时设施费

（三）其他项目费

33．（2010—99）下列费用中，属于工程量清单计价构成中其他项目费的有（　　）。

A．暂列金额　　　　　　　　　　B．材料购置费

C．专业工程暂估价　　　　　　　D．财产保险费

E．计日工

34．按照造价形成划分的建筑安装工程费用中，暂列金额主要用于（　　）。

A．施工中可能发生的工程变更的费用

B．总承包人为配合发包人进行专业工程发包产生的服务费用

C．施工合同签订时尚未确定的工程设备采购的费用

D．在高海拔特殊地区施工增加的费用

E．工程施工中合同约定调整因素出现时工程价款调整的费用

（四）规费

与按费用构成要素划分的建筑安装工程费用项目组成中规费定义相同。

（五）税金

本部分内容一般不会单独进行考查，仅做了解即可。

三、建筑安装工程费用计算方法

（一）各费用构成要素计算方法

1．人工费

35．关于建筑安装工程人工费中日工资单价的说法，正确的有（　　）。

A．日工资单价是施工企业技术最熟练的生产工人在每工作日应得的工资总额

B．工程造价管理机构应参考项目实物工程量人工单价综合分析确定日工资单价

C．最低日工资单价不得低于工程所在地人力资源和社会保障部门发布的最低工资标准

D．企业投标报价时应自主确定日工资单价

E．工程计价定额中应根据项目技术要求和工种差别划分多种日工资单价

2．材料费

36．（2018—36）某建筑施工材料采购原价为 150 元 /t，运杂费为 30 元 /t，运输损耗率为 0.5%，采购保管费率为 2%，则该材料的单价为（　　）元 /t。

A．184.52　　　　　　　　　　　B．183.75

C．153.77　　　　　　　　　　　D．123.01

37．（2021—36）某材料的出厂价 2500 元 /t，运杂费 80 元 /t，运输损耗率 1%，采购保管费率 2%，则该材料的（预算）单价为（　　）元 /t。

A．2575.50　　　　　　　　　　B．2655.50

C．2657.40　　　　　　　　　　D．2657.92

3. 施工机具使用费

38.（2016—37）施工单位以 60 万元价格购买一台挖掘机，预计可使用 1000 个台班，残值率为 5%。施工单位使用 15 个日历天，每日历天按 2 个台班计算，司机每台班工资与台班动力费等合计为 100 元，该台挖掘机的使用费为（ ）万元。

A. 1.41

B. 1.71

C. 1.86

D. 2.01

39.（2019—39）某施工机械预算价格为 30 万元，残值率为 2%，折旧年限为 10 年，年平均工作 225 个台班，采用平均折旧法计算，则该施工机械的台班折旧费为（ ）元。

A. 130.67

B. 133.33

C. 1306.67

D. 1333.33

40. 某施工机械预算价格为 65 万元，预计残值率为 3%，折旧年限为 5 年（年限平均法折旧），每年工作 250 台班。折旧年限内预计每年大修理 1 次，每次费用为 3 万元。机械台班人工费为 130 元，台班燃料动力费为 15 元，台班车船税费为 10 元，不计台班安拆费及场外运费和经常修理费，则该机械台班单价为（ ）元。

A. 649.40

B. 754.40

C. 779.40

D. 795.00

4. 企业管理费费率

41. 某施工企业投标报价时确定企业管理费率以人工费为基础计算，据统计资料，该施工企业生产工人年平均管理费为 1.2 万元，年有效施工天数为 240d，人工单价为 300 元/d，人工费占分部分项工程费的比例为 75%，则该企业的企业管理费费率应为（ ）。

A. 12.15%

B. 12.50%

C. 16.67%

D. 22.22%

5. 利润

本部分内容一般不会进行考查，仅做了解即可。

6. 规费

42.（2014—36）建筑安装工程费中工伤保险费的计算基础是（ ）。

A. 定额直接费

B. 定额人工费

C. 定额人工费和机械费

D. 定额人工费和材料费

43.（2016—38）根据建筑安装工程费用相关规定，规费中住房公积金的计算基础是（ ）。

A. 定额人工费

B. 定额材料费

C. 定额机械费

D. 分部分项工程费

7. 税金

44.（2020—36）当采用一般计税方法计算计入建筑安装工程造价的增值税销项税额时，增值税的税率为（ ）。

A．3%
B．6%

C．9%
D．13%

（二）建筑安装工程计价公式如下

45．国家计量规范规定不宜计量的措施项目费的通用计算方法是（　　）。

A．∑（措施项目工程量 × 综合单价）

B．∑（计算基数 × 相应费率）

C．∑（直接工程费 × 相应费率）

D．∑（措施项目项数 × 综合单价）

四、建筑安装工程计价程序

46．（2019—36）某招标工程，分部分项工程费为41000万元（其中定额人工费占15%），措施项目费以分部分项工程费的2.5%计算，暂列金额800万元，规费以定额人工费为基础计算，规费费率为8%，税率为9%。则该工程的招标控制价为（　　）万元。

A．46343.530
B．47143.530

C．47215.530
D．47247.794

47．某建设项目分部分项工程的费用为20000万元（其中定额人工费占分部分项工程费的15%），措施项目费为500万元，其他项目费为740万元。以上数据均不含增值税。规费为分部分项工程定额人工费的8%，增值税税率为9%，则该项目的招标控制价为（　　）万元。

A．23151.60
B．23413.20

C．24895.60
D．26421.60

五、国际工程项目建筑安装工程费用的构成

1．直接费

48．在国外建筑安装工程费用构成中，直接费包括（　　）。

A．人工费
B．分包费

C．材料设备费
D．总部管理费

E．施工机械使用费

2．间接费

49．在国外建筑安装工程费用构成中，间接费包括（　　）。

A．暂列金额
B．现场管理费

C．材料设备费
D．临时设施工程费

E．保函手续费

3．分包费

本部分内容一般不会进行考查，仅做了解即可。

4. 公司总部管理费

本部分内容一般不会进行考查，仅做了解即可。

5. 暂列金额

50.（2010—32）国际工程项目建筑安装工程费用构成中，暂列金额属于（　　）。

A. 业主方的备用金

B. 承包商的风险准备金

C. 建筑安装工程的暂定单价

D. 工程师风险控制基金

6. 盈余

本部分内容一般不会进行考查，仅做了解即可。

习题答案及解析

1. D	2. B	3. B	4. D	5. AB
6. B	7. D	8. D	9. A	10. ABDE
11. D	12. A	13. C	14. B	15. D
16. ABD	17. C	18. D	19. A	20. C
21. AD	22. A	23. B	24. C	25. B
26. A	27. D	28. B	29. D	30. B
31. ABCE	32. ABDE	33. ACE	34. ACE	35. BCDE
36. A	37. D	38. D	39. A	40. C
41. C	42. B	43. A	44. C	45. B
46. C	47. B	48. ACE	49. BDE	50. A

【解析】

4. D。在2013、2018、2019年度的考试中，同样对本题涉及的采分点进行了考查，且提问形式基本与本题一致。

10. ABDE。E选项属于施工机具使用费；C选项属于企业管理费；B选项考查的是施工机械使用费中人工费的定义，施工机械使用费中人工费是指机上司机（司炉）和其他操作人员的人工费。在2013、2016、2019年度的考试中，同样对本题涉及的采分点进行了考查，且提问形式基本与本题一致。

14. B。在2014、2016年度的考试中，同样对本题涉及的采分点进行了考查。

16. ABD。在2017年度的考试中，同样对本题涉及的采分点进行了考查。

21. AD。在2011、2014年度的考试中，同样对本题涉及的采分点进行了考查，且提问形式基本与本题一致。

35. BCDE。选项A错误，日工资单价是指施工企业平均技术熟练程度的生产工人在每工作日（国家法定工作时间内）按规定从事施工作业应得的日工资总额。

36. A。材料单价 =[（材料原价＋运杂费）×（1+ 运输损耗率（%））]×[1+ 采购保管费率（%）]=（150+30）×（1+0.5%）×（1+2%）=184.52万元。

37．D。材料单价 =（原价 + 运杂费）×（1+ 运输损耗率）×（1+ 采购保险费率）=（2500+80）×（1+1%）×（1+2%）=2657.92 元 /t。

38．D。机械台班单价 = 台班折旧费 + 台班大修费 + 台班经常修理费 + 台班安拆费及场外运费 + 台班人工费 + 台班燃料动力费 + 台班车船税费，台班折旧费 = 机械预算价格 ×（1- 残值率）/ 耐用总台班数 =60×（1–5%）/1000=0.057 万元 / 台班，施工单位使用台班 =15×2=30 台班，施工机械使用费 =30 台班 ×（0.057+0.01）=2.01 万元。

39．A。本题考核的是台班折旧费的计算。耐用总台班数 = 折旧年限 × 年工作台班 = 10×225 = 2250 台班；台班折旧费 = 机械预算价格 ×（1- 残值率）/ 耐用总台班数 = 300000×（1–2%）/2250 = 130.67 元。

40．C。本题的计算过程为：

耐用总台班数 = 折旧年限 × 年工作台班

台班折旧费 =[65×（1 − 3%）]/（5×250）=0.05044=504.40 元。

台班大修理费 =3×5/（5×250）=0.012 万元 =120 元。

机械台班单价 = 台班折旧费 + 台班大修费 + 台班经常修理费 + 台班安拆费及场外运费 + 台班人工费 + 台班燃料动力费 + 台班车船税费 =504.40+120+130+15+10=779.40 元。

41．C。以人工费为计算基础：

$$企业管理费费率（\%）= \frac{生产工人年平均管理费}{年有效施工天数 × 人工单价} × 100\% = 1.2 × 10000/（240 × 300）$$
$$=16.67\%。$$

46．C。工程招标控制价计算过程如下：

工程招标控制价计算过程

序号	内容	计算方法	计算结果（万元）
1	分部分项工程费	按计价规定计算	41000
2	措施项目费	按计价规定计算	41000×2.5%=1025
2.1	其中：安全文明施工费	按规定标准计算	
3	其他项目费		800
3.1	其中：暂列金额	按计价规定估算	
3.2	其中：专业工程暂估价	按计价规定估算	
3.3	其中：计日工	按计价规定估算	
3.4	其中总承包服务费	按计价规定估算	
4	规费	按规定标准计算	41000×15%×8% = 492
5	税金（扣除不列入计税范围的工程设备金额）	（1+2+3+4）× 规定税率	（41000+1025+800+492）×9% = 3898.530
招标控制价 =1+2+3+4+5=41000+1025+800+492+3898.530 = 47215.530 万元			

47．B。采用工程量清单计价时，招标控制价的编制内容包括：分部分项工程费、措施项目费、其他项目费、规费和税金。该项目的招标控制价＝（20000+500+740+20000×15%×8%）×（1+9%）=23413.20 万元。

第三节　设备、工器具购置费用组成和计算

知识导学

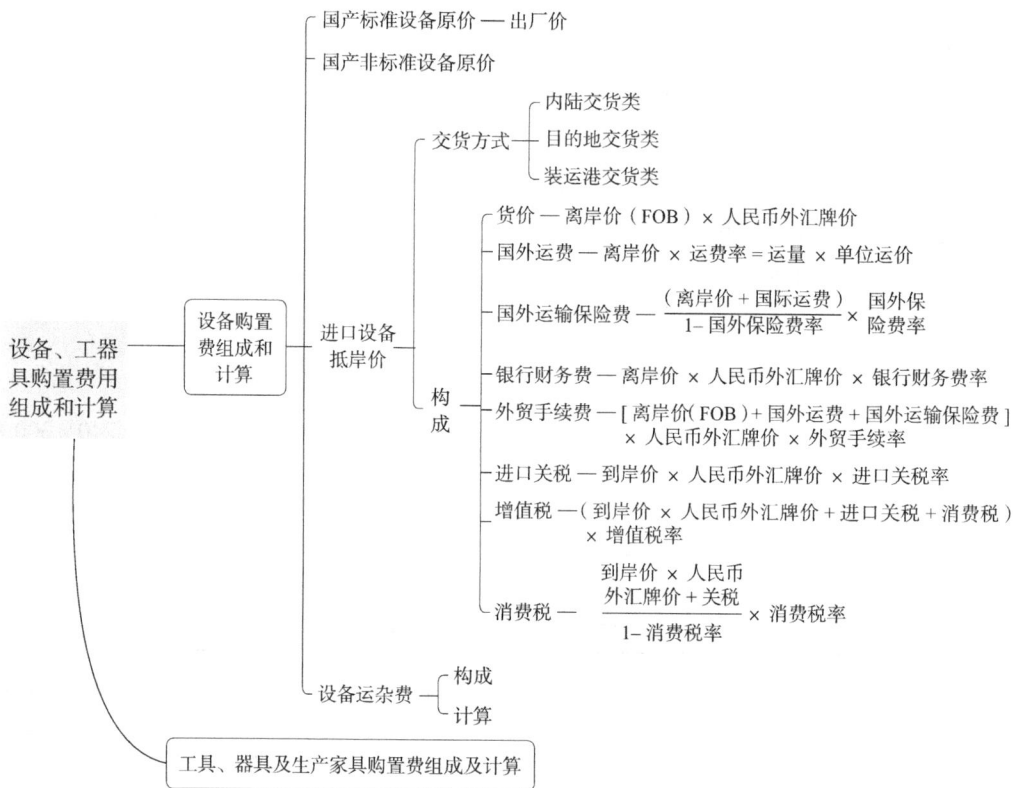

习题汇总

一、设备购置费组成和计算

（一）国产标准设备原价

1．（2012—30）国产标准设备原价一般是指（　　）。

A. 设备出厂价与采购保管费之和　　　　B. 设备购置费

C. 设备出厂价与运杂费之和　　　　　　D. 设备出厂价

2．编制设计概算时，国产标准设备的原价一般选用（　　）。

A．不含备件的出厂价　　　　　　B．设备制造厂的成本价

C．带有备件的出厂价　　　　　　D．设备制造厂的出厂价加运杂费

（二）国产非标准设备原价

3．（2007—35）国产非标准设备原价的确定可采用（　　）等方法。

A．成本计算估价法和系列设备插入估价法

B．成本计算估价法和概算指标法

C．分部组合估价法和百分比法

D．概算指标法和定额估价法

4．关于国产设备原价的说法，正确的有（　　）。

A．非标准国产设备原价中应包含运杂费

B．国产标准设备的原价一般是指出厂价

C．由设备成套公司供应的国产标准设备，原价为订货合同价

D．国产标准设备在计算原价时，一般按带有备件的出厂价计算

E．非标准国产设备原价的计算方法应简便，并使估算价接近实际出厂价

（三）进口设备抵岸价的构成及其计算

1．进口设备的交货方式

5．（2010—95）进口设备装运港交货价包括（　　）。

A．离岸价　　　　　　　　　　　B．到岸价

C．船边交货价　　　　　　　　　D．运费在内价

E．完税后交货价

6．（2012—96）进口设备的交货方式有（　　）。

A．内陆交货　　　　　　　　　　B．目的地交货

C．场址交货　　　　　　　　　　D．装运港交货

E．海上交货

7．（2015—98）某进口设备采用装运港船上交货价（FOB），该设备的到岸价除货价外，还应包括（　　）。

A．进口关税　　　　　　　　　　B．边境口岸至工地仓库的运费

C．国外运费　　　　　　　　　　D．国外运输保险费

E．进口产品增值税

8．（2017—99）进口设备采用装运港船上交货时，买方的责任有（　　）。

A．承担货物装船前的一切费用　　B．承担货物装船后的一切费用

C．负责租船或订舱，支付费用　　D．负责办理保险及支付保险费

E．提供出口国有关方面签发的证件

2．进口设备抵岸价的构成

9．进口设备外贸手续费的计算公式为：外贸手续费 ＝（　　）× 人民币外汇牌价 × 外贸手续费率。

A．离岸价   B．离岸价＋国外运费

C．离岸价＋国外运输保险费   D．到岸价

10. 我国增值税条例规定，从国外进口的设备，其增值税按（   ）计算其应纳税额。

A．离岸价   B．到岸价

C．抵岸价   D．组成计税价格

11. 进口设备关税的计算公式为：进口关税＝（   ）× 人民币外汇牌价 × 进口关税率。

A．离岸价   B．到岸价

C．离岸价＋国外运费   D．离岸价＋国外运输保险费

12.（2006—37）进口设备银行财务费的计算公式为：银行财务费＝（   ）× 人民币外汇牌价 × 银行财务费率。

A．离岸价   B．到岸价

C．离岸价＋国外运费   D．到岸价＋外贸手续费

13.（2007—98）进口设备的 CIF 价包括了设备的（   ）。

A．货价   B．运杂费

C．国外运输费   D．关税

E．国外运输保险费

14.（2012—31）进口设备增值税额应以（   ）乘以增值税率计算。

A．到岸价格   B．离岸价格

C．关税与消费税之和   D．组成计税价格

15. 某进口设备人民币货币 400 万元，国际运费折合人民币 30 万元，运输保险费率为 3‰，则该设备应计的运输保险费折合人民币（   ）万元。

A．1.200   B．1.204

C．1.290   D．1.294

16.（2014—37）进口一套机械设备，离岸价（FOB）为 40 万美元，国际运费为 5 万美元，国外运输保险费为 1.2 万美元，关税税率为 22%，汇率为 1 美元 =6.10 元人民币，则该套机械设备应缴纳的进口关税为（   ）万元人民币。

A．53.68   B．55.29

C．60.39   D．62.00

17.（2017—36）某进口设备，按人民币计算的离岸价为 2000 万元，国外运费 160 万元，国外运输保险费 9 万元，银行财务费 8 万元。则该设备进口关税的计算基数是（   ）万元。

A．2000   B．2160

C．2169   D．2177

18.（2017—100）进口设备抵岸价的构成部分有（   ）。

A．设备到岸价   B．外贸手续费

C．设备运杂费   D．进口设备增值税

E．进口设备检验鉴定费

19．（2020—37）某进口设备，装运港船上交货价（FOB）10 万美元，国外运费 1 万美元，国外运输保险费 0.029 万美元，关税税率 10%，银行外汇牌价为 1 美元=7.10 元人民币，没有消费税。则该进口设备计算增值税时的组成计税价格为（　　）万元人民币。

A．71.21　　　　　　　　　　　　B．78.31

C．78.83　　　　　　　　　　　　D．86.14

20．（2021—37）某进口设备按人民币计算的离岸价格 210 万元，国外运费 5 万元，国外运输保险费 0.9 万元。进口关税税率 10%，增值税税率 13%，不征收消费税，则该进口设备应纳增值税税额为（　　）万元。

A．27.300　　　　　　　　　　　　B．28.067

C．30.797　　　　　　　　　　　　D．30.874

（四）设备运杂费

1．设备运杂费的构成

21．（2003—98）下述属于设备工器具购置费的有（　　）。

A．国产设备从交货地点至工地仓库的运费　　B．进口设备银行财务费

C．进口设备检验鉴定费　　　　　　　　　　D．进口设备仓库保管费

E．为进口设备而出国的人员差旅费

22．某工程采用的进口设备拟由设备成套公司供应，则成套公司的服务费在估价时应计入（　　）。

A．建设管理费　　　　　　　　　　B．设备原价

C．进口设备抵岸价　　　　　　　　D．设备运杂费

23．关于国产设备运杂费的说法，正确的是（　　）。

A．国产设备运杂费包括由设备制造厂交货地点运至工地仓库所发生的运费

B．国产设备运至工地后发生的装卸费不应包括在运杂费中

C．运杂费在计取时不区分沿海和内陆，统一按运输距离估算

D．工程承包公司采购设备的相关费用不应计入运杂费

2．设备运杂费的计算

24．关于设备运杂费的构成及计算的说法中，正确的有（　　）。

A．运费和装卸费是由设备制造厂交货地点至施工安装作业面所发生的费用

B．进口设备运杂费是由我国到岸港口或边境车站至工地仓库所发生的费用

C．原价中没有包含的、为运输而进行包装所支出的各种费用应计入包装费

D．采购与仓库保管费不含采购人员和管理人员的工资

E．设备运杂费为设备原价与设备运杂费率的乘积

二、工具、器具及生产家具购置费组成及计算

25. 下列费用项目中，属于工器具及生产家具购置费计算内容的是（   ）。

A. 未达到固定资产标准的设备购置费

B. 达到固定资产标准的生活家具购置费

C. 引进设备时备品备件的测绘费

D. 引进设备的专利使用费

习题答案及解析

1. D	2. C	3. A	4. BCDE	5. ABD
6. ABD	7. CD	8. BCD	9. D	10. D
11. B	12. A	13. ACE	14. D	15. D
16. D	17. C	18. ABD	19. D	20. D
21. ABD	22. D	23. A	24. CE	25. A

【解析】

1. D。在 2003 年度的考试中，同样对本题涉及的采分点进行了考查，且提问形式基本与本题一致。

7. CD。选项 A、E 属于设备抵岸价。选项 B 属于设备运杂费。

16. D。进口关税 =（40+5+1.2）× 6.10 × 22%=62.00 万元人民币。

17. C。该设备进口关税的计算基数 =2000+160+9=2169 万元。

18. ABD。在 2002 年度的考试中，同样对本题涉及的采分点进行了考查。

19. D。到岸价 =10+1+0.029=11.029 万美元，则该进口设备计算增值税时的组成计税价格 =11.029 × 7.10+11.029 × 7.10 × 10%+0=86.14 万元人民币。

20. D。进口设备到岸价 = 离岸价 + 国外运费 + 国外运输保险费 =210+5+0.9=215.9 万元，进口设备增值税税额 =（到岸价 + 进口关税 + 消费税）× 增值税 =（215.9+215.9 × 10%）× 13%=30.874 万元。在 2019 年度的考试中，同样对本题涉及的采分点进行了考查。

第四节　工程建设其他费用、预备费、建设期利息、铺底流动资金组成和计算

知识导学

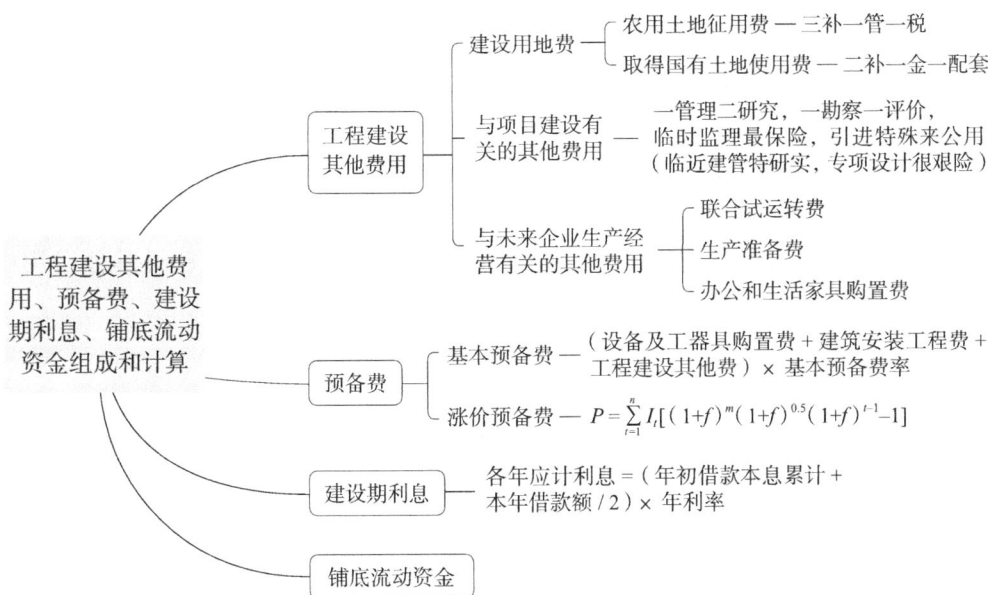

工程建设其他费用、预备费、建设期利息、铺底流动资金组成和计算
- 工程建设其他费用
  - 建设用地费
    - 农用土地征用费 — 三补一管一税
    - 取得国有土地使用费 — 二补一金一配套
  - 与项目建设有关的其他费用 — 一管理二研究，一勘察一评价，临时监理最保险，引进特殊来公用（临近建管特研实，专项设计很艰险）
  - 与未来企业生产经营有关的其他费用
    - 联合试运转费
    - 生产准备费
    - 办公和生活家具购置费
- 预备费
  - 基本预备费 — （设备及工器具购置费 + 建筑安装工程费 + 工程建设其他费）× 基本预备费率
  - 涨价预备费 — $P = \sum_{t=1}^{n} I_t [(1+f)^m (1+f)^{0.5} (1+f)^{t-1} - 1]$
- 建设期利息 — 各年应计利息 =（年初借款本息累计 + 本年借款额 / 2）× 年利率
- 铺底流动资金

习题汇总

一、工程建设其他费用

（一）建设用地费

1. 农用土地征用费

1. 农用土地征用费由（　　）等组成，并按被征用土地的原用途给予补偿。

A. 土地使用费 　　　　　　　　　　B. 安置补助费

C. 城市建设配套费 　　　　　　　　D. 农村村民住宅补偿费

E. 土地补偿费

2. 征用农用地的土地补偿费、安置补助费标准由省、自治区、直辖市通过制定公布区片综合地价确定，制定区片综合地价应当综合考虑（　　）。

A. 地上附着物 　　　　　　　　　　B. 土地产值

C. 土地资源条件 　　　　　　　　　D. 经济社会发展水平

E. 土地现用途

3．建设项目施工需要临时用地由县级以上人民政府自然资源主管部门批准，期限一般不超（　　）年。

A．2

B．1

C．3

D．4

2．取得国有土地使用费

4．（2019—100）取得国有土地使用费包括（　　）。

A．土地使用权出让金　　　　　　　　　B．青苗补偿费

C．城市建设配套费　　　　　　　　　　D．拆迁补偿费

E．临时安置补助费

（二）与项目建设有关的其他费用

1．建设单位管理费

5．建设单位对设计方案进行评审所发生的费用应计入工程建设其他费用中的（　　）。

A．专项评价费　　　　　　　　　　　　B．建设管理费

C．勘察设计费　　　　　　　　　　　　D．工程监理费

6．（2016—39）下列费用中，属于建设单位管理费的是（　　）。

A．可行性研究费　　　　　　　　　　　B．工程竣工验收费

C．环境影响评价费　　　　　　　　　　D．劳动安全卫生评价费

2．可行性研究费

本部分内容一般不会单独进行考查。

3．研究试验费

7．（2003—34）在某工程的施工过程中，承包商对混凝土搅拌设备的加水计量器进行改进研究，经改进成功用于本工程，则该项研究费应在（　　）中支付。

A．业主方的研究试验费　　　　　　　　B．业主方的预备费

C．承包方的预备费　　　　　　　　　　D．承包方的研究试验费

8．下列费用项目中，属于工程建设其他费中研究试验费的是（　　）。

A．新产品试制费

B．水文地质勘察费

C．特殊设备安全监督检验费

D．委托专业机构验证设计参数而发生的验证费

4．勘察设计费

9．勘察设计费是指委托勘察设计单位进行工程水文地质勘察、工程设计所发生的各项费用，包括（　　）。

A．工程勘察费　　　　　　　　　　　　B．材料试验费

C. 初步设计费　　　　　　　　　　　　D. 研究试验费

E. 设计模型制作费

5. 专项评价费

本部分内容一般不会单独进行考查。

6. 临时设施费

10. 建设期间建设单位所需临时设施的搭设、维修、摊销费用或租赁费用应计入（　　）。

A. 其他项目费　　　　　　　　　　　　B. 工程建设其他费

C. 规费　　　　　　　　　　　　　　　D. 措施项目费

7. 建设工程监理费

本部分内容一般不会单独进行考查。

8. 工程保险费

11. 建设工程在建设期间根据需要对建筑工程、安装工程、机器设备和人身安全进行投保而发生的保险费用应计入（　　）。

A. 其他项目费　　　　　　　　　　　　B. 工程建设其他费

C. 企业管理费　　　　　　　　　　　　D. 措施项目费

9. 引进技术和进口设备其他费

12.（2005—31）在建设项目中，按规定支付给商品检验部门的进口设备检验鉴定费用应计入（　　）。

A. 引进技术和进口设备其他费　　　　　B. 建设单位管理费

C. 设备安装工程费　　　　　　　　　　D. 进口设备购置费

13.（2021—99）下列费用中，属于引进技术和进口设备其他费的有（　　）。

A. 单台设备调试费用　　　　　　　　　B. 进口设备检验鉴定费用

C. 设备无负荷联动试运转费用　　　　　D. 国外工程技术人员来华费用

E. 生产职工培训费用

10. 特殊设备安全监督检验费

本部分内容一般不会单独进行考查。

11. 市政公用设施费

14. 下列费用中，属于"与项目建设有关的其他费用"的有（　　）。

A. 建设单位管理费　　　　　　　　　　B. 工程监理费

C. 建设单位临时设施费　　　　　　　　D. 施工单位临时设施费

E. 市政公用设施费

（三）与未来企业生产经营有关的其他费用

1. 联合试运转费

15. 下列费用中，属于工程建设其他费用中的联合试运转费的是（　　）。

A．试运转过程中所需的机械使用费

B．试运转过程中因施工质量原因发生的处理费用

C．单台设备调试及试车费用

D．试运转过程中设备缺陷发生的处理费用

2．生产准备费

16．（2005—33）生产单位提前进厂参加施工、设备安装、调试的人员，其工资、工资性补贴等费用应从（　　）中支付。

A．建筑安装工程费　　　　　　　　　B．设备工器具购置费

C．建设单位管理费　　　　　　　　　D．生产准备费

17．（2015—38）下列费用中，属于生产准备费的是（　　）。

A．联合试运转费　　　　　　　　　　B．办公家具购置费

C．工程保险费　　　　　　　　　　　D．生产职工培训费

3．办公和生活家具购置费

18．办公和生活家具购置费按照设计定员人数乘以（　　）计算。

A．单项指标　　　　　　　　　　　　B．差旅交通费

C．综合指标　　　　　　　　　　　　D．职工福利费

19．下列工程建设投资中，属于与未来生产经营有关的其他费用的有（　　）。

A．联合试运转费　　　　　　　　　　B．建设单位管理费

C．生产家具购置费　　　　　　　　　D．办公家具购置费

E．生产职工培训费

20．（2018—100）下列费用中，属于工程建设其他费用的有（　　）。

A．进口设备检验鉴定费　　　　　　　B．施工单位临时设施费

C．建设单位临时设施费　　　　　　　D．环境影响评价费

E．进口设备银行手续费

二、预备费

1．基本预备费

21．在建设工程项目总投资组成中的基本预备费主要是为（　　）而预留的。

A．建设期内材料价格上涨增加的费用

B．因施工质量不合格返工增加的费用

C．设计变更增加工程量的费用

D．因业主方拖欠工程款增加的承包商贷款利息

22．（2011—33）某工程，设备及工器具购置费为5000万元，建筑安装工程费为10000万元，工程建设其他费为4000万元，铺底流动资金为6000万元，基本预备费率为5%。该项目估算的基本预备费为（　　）万元。

A．500　　　　　　　　　　　　　　B．750

C. 950
D. 1250

23. 某建设项目实施到第 2 年时，由于规范变化导致某分项工程量增加，因此增加的费用应从建设投资中的（　　）支出。

A. 基本预备费
B. 涨价预备费

C. 建设期利息
D. 工程建设其他费用

2. 涨价预备费

24. 某建设项目静态投资为 10000 万元，项目建设前期年限为 1 年，建设期为 2 年，第 1 年完成投资 40%，第 2 年完成投资 60%。在年平均价格上涨率为 6% 的情况下，该项目涨价预备费应为（　　）万元。

A. 666.3
B. 981.6

C. 1306.2
D. 1640.5

25. 某建设项目设备及工器具购置费为 600 万元，建筑安装工程费为 1200 万元，工程建设其他费为 100 万元，基本预备费率 5%，建设期 2 年，建设期内预计年平均价格总水平上涨率为 5%，则该项目的涨价预备费的计算基数应为（　　）万元。

A. 1900
B. 1200

C. 700
D. 1995

三、建设期利息

26. 某新建项目，建设期为 3 年，共向银行借款 1300 万元，其中第 1 年借款 700 万元，第 2 年借款 600 万元，借款在各年内均衡使用，年利率为 6%，建设期每年计息，但不还本付息，则第 3 年应计的借款利息为（　　）万元。

A. 0
B. 82.94

C. 85.35
D. 104.52

27.（2016—99）某项目，建设期为 2 年，项目投资部分为银行贷款，贷款年利率为 4%，按年计息且建设期不支付利息，第 1 年贷款额为 1500 万元，第 2 年贷款额 1000 万元，假设贷款在每年的年中支付，建设期贷款利息的计算，正确的有（　　）。

A. 第 1 年的利息为 30 万元
B. 第 2 年的利息为 60 万元

C. 第 2 年的利息为 81.2 万元
D. 第 2 年的利息为 82.4 万元

E. 两年的总利息为 112.4 万元

28.（2021—38）某新建项目建设期 2 年，计划银行贷款 3000 万元。第一年贷款 1800 万元，第二年贷款 1200 万元，年利率 5%。则该项目估算的建设期利息为（　　）。

A. 90.00
B. 167.25

C. 240.00
D. 244.50

四、铺底流动资金

29. 铺底流动资金是指生产性建设工程为保证生产和经营正常进行，按规定应列入建设工程总投资的铺底流动资金。一般按流动资金的（　　）计算。

A. 10%　　　　　　　　　　　　　B. 15%

C. 20%　　　　　　　　　　　　　D. 30%

习题答案及解析

1. BDE　　　2. BCE　　　3. A　　　4. ACDE　　　5. B

6. B　　　　7. D　　　　8. D　　　9. ACE　　　10. B

11. B　　　12. A　　　13. BD　　　14. ABCE　　　15. A

16. D　　　17. D　　　18. C　　　19. ADE　　　20. ACD

21. C　　　22. C　　　23. A　　　24. C　　　25. D

26. B　　　27. AC　　　28. B　　　29. D

【解析】

4. ACDE。本题的错误选项是农用土地征用费的组成，考生一定要区别。农用土地征用费由土地补偿费、安置补助费、土地投资补偿费、土地管理费、耕地占用税等组成，并按被征用土地的原用途给予补偿。征用耕地的补偿费用包括土地补偿费、安置补助费以及地上附着物和青苗的补偿费。取得国有土地使用费包括：土地使用权出让金、城市建设配套费、拆迁补偿与临时安置补助费等。在2008、2012年度的考试中，同样对本题涉及的采分点进行了考查。

6. B。建设单位管理费内容包括：（1）建设单位开办费；（2）建设单位经费：包括工作人员的基本工资、工资性津贴、职工福利费、劳动保护费、劳动保险费、办公费、差旅交通费、工会经费、职工教育经费、固定资产使用费、工具用具使用费、技术图书资料费、生产人员招募费、工程招标费、合同契约公证费、工程质量监督检测费、工程咨询费、法律顾问费、审计费、业务招待费、排污费、竣工交付使用清理及竣工验收费、后评估等费用。不包括应计入设备、材料预算价格的建设单位采购及保管设备材料所需的费用。在2004、2014年度的考试中，同样对本题涉及的采分点进行了考查。

13. BD。引进技术及进口设备其他费用，包括出国人员费用、国外工程技术人员来华费用、技术引进费、分期或延期付款利息、担保费以及进口设备检验鉴定费。在2011、2013年度的考试中，同样对本题涉及的采分点进行了考查，且提问形式基本与本题一致。

17. D。生产准备费包括：（1）生产职工培训费。（2）生产单位提前进厂参加施工、设备安装、调试等以及熟悉工艺流程及设备性能等人员的工资、工资性补贴、职工福利费、差旅交通费、劳动保护费等。在2009年度的考试中，同样对本题涉及的采分点进行了考查，且提问形式基本与本题一致。

20. ACD。在2009、2014年度的考试中，同样对本题涉及的采分点进行了考查，且提问形式基本与本题一致。

22．C。基本预备费 =（5000+10000+4000）×5%=950 万元。

24．C。根据公式：

$$P = \sum_{t=1}^{n} I_t [(1+f)^m (1+f)^{0.5} (1+f)^{t-1} - 1]$$

第 1 年涨价预备费 =10000×40%×[（1+6%）×（1+6%）$_{0.5}$ — 1]=365.3 万元；

第 2 年涨价预备费 =10000×60%×[（1+6%）×（1+6%）$_{0.5}$×（1+6%）— 1]=940.9 万元；

项目涨价预备费 =365.3+940.9=1306.2 万元。

25．D。基本预备费 =（600+1200+100）×5%=95 万元。涨价预备费的计算基数 =600+1200+100+95=1995 万元。

26．B。计算过程为：

第 1 年：700/2×6% =21 万元；

第 2 年：（700+21+600/2）×6% =61.26 万元；

第 3 年：（700+600+21+61.26）×6% =82.94 万元。

27．AC。各年应计利息 =（年初借款利息累计 + 本年借款额 /2）× 年利率，第 1 年的利息 =（1500/2）×4%=30 万元；第 2 年的利息 =（1500+30+1000/2）×4%=81.2 万元。建设期利息总和 =30+81.2=111.2 万元。

28．B。建设期第 1 年应计利息：1800/2×5%=45 万元，第 2 年应计利息：（1800+45+1200/2）×5%=122.25 万元，建设期利息 =45+122.25=167.25 万元。建设期利息的计算要注意，问题是计算哪一年的利息，还是总的利息。在 2002、2005、2006、2008、2010、2015、2019 年度的考试中，同样对本题涉及的采分点进行了考查，且提问形式基本与本题一致。

第三章
建设工程项目投融资

第一节　工程项目资金来源

知识导学

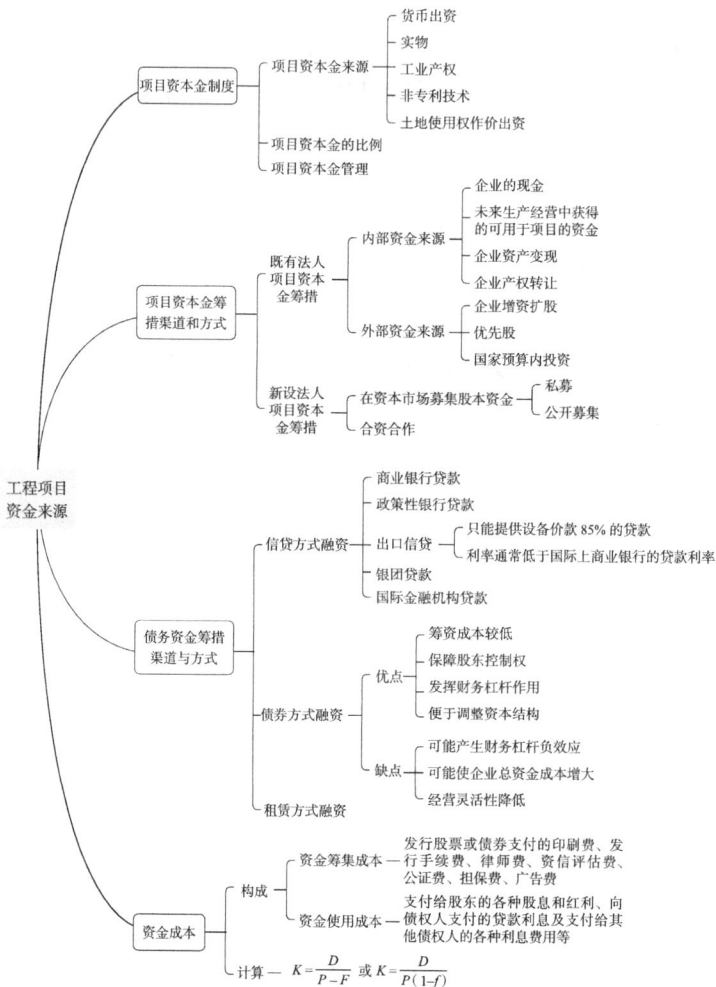

习题汇总

一、项目资本金制度

1. 项目资本金是指（　　）。

A. 项目建设单位的注册资金

B. 项目总投资中的固定资产投资部分

C. 项目总投资中由投资者认缴的出资额

D. 项目开工时已经到位的资金

2. 关于项目资本金性质或特征的说法，正确的是（　　）。

A. 项目资本金是债务性资金

B. 项目法人不承担项目资本金的利息

C. 投资者不可转让其出资

D. 投资者可以任何方式抽回其出资

3. 关于项目资本金的说法，正确的是（　　）。

A. 项目资本金是债务性资金

B. 项目法人要承担项目资本金的利息

C. 投资者可转让项目资本金

D. 投资者可抽回项目资本金

1. 项目资本金的来源

4. 项目资本金可以用货币出资，也可用（　　）作价出资。

A. 实物 　　　　　　　　　　　　　B. 工业产权

C. 专利技术 　　　　　　　　　　　D. 企业商誉

E. 土地所有权

5.（2021—39）除国家对采用高新技术成果有特别规定外，固定资产投资项目资本金中以工业产权、非专利技术作价出资的比例不得超过该项目资本金总额的（　　）。

A. 10% 　　　　　　　　　　　　　B. 15%

C. 20% 　　　　　　　　　　　　　D. 50%

2. 项目资本金的比例

6. 根据《国务院关于调整和完善固定资产投资项目资本金制度的通知》，对于产能过剩行业中的水泥项目，项目资本金占项目总投资的最低比例为（　　）。

A. 40% 　　　　　　　　　　　　　B. 35%

C. 30% 　　　　　　　　　　　　　D. 25%

7. 根据《国务院关于调整和完善固定资产投资项目资本金制度的通知》，对于城市轨道交通项目，项目资本金占项目总投资的最低比例为（　　）。

A. 40% 　　　　　　　　　　　　　B. 35%

C. 25%   D. 20%

8. 外商投资企业投资总额在 300 万 ~ 1000 万美元，则其注册资本占投资总额的最低比例应为（   ）。

A. 7/10   B. 1/2

C. 2/5   D. 1/3

3. 项目资本金管理

9. 关于项目资本金管理的说法，正确的是（   ）。

A. 投资项目的资本金一次认缴一次到位

B. 投资项目资本金一般情况下用于项目建设

C. 凡资本金不落实的投资项目，一律不得开工建设

D. 主要使用商业银行贷款的投资项目，应将资本金存入国家开发银行指定的银行

10. 实行资本金制度的投资项目，资本金的筹措情况应当在（   ）中作出详细说明。

A. 项目建议书   B. 项目可行性研究报告

C. 初步设计文件   D. 施工招标文件

二、项目资本金筹措渠道方式

（一）项目资本金筹措渠道与方式

1. 既有法人项目资本金筹措

11. 既有法人作为项目法人筹措项目资本金时，属于既有法人内部资金来源的是（   ）。

A. 企业增资扩股   B. 资本市场发行股票

C. 在资本市场募集股本资金   D. 企业资产变现

12. 既有法人作为项目法人筹措项目资本金时，属于既有法人外部资金来源的有（   ）。

A. 企业增资扩股   B. 企业资产变现

C. 企业产权转让   D. 企业发行债券

E. 企业发行优先股股票

13. 与发行债券相比，发行优先股的特点是（   ）。

A. 融资成本较高   B. 股东拥有公司控制权

C. 股息不固定   D. 股利可在税前扣除

14. 关于优先股的说法，正确的是（   ）。

A. 优先股有还本期限   B. 优先股股息不固定

C. 优先股股东没有公司的控制权   D. 优先股股利在税前扣除

2. 新设法人项目资本金筹措

15. 新设项目法人的项目资本金，可通过（   ）方式筹措。

A．企业产权转让   B．在证券市场上公开发行股票

C．商业银行贷款   D．在证券市场上公开发行债券

16．下列资金筹措渠道与方式中，新设项目法人可用来筹措项目资本金的是（   ）。

A．发行债券   B．信贷融资

C．融资租赁   D．合资合作

17．由初期设立的项目法人进行的资本金筹措形式主要有（   ）。

A．私募   B．公开募集

C．合资合作   D．发行优先股

E．增资扩股

（二）债务资金筹措渠道与方式

18．债务融资的优点有（   ）。

A．融资速度快   B．融资成本较低

C．融资风险较小   D．还本付息压力小

E．企业控制权增大

1．信贷方式融资

19．在公司融资和项目融资中，所占比重最大的债务融资方式是（   ）。

A．发行股票   B．信贷融资

C．发行债券   D．融资租赁

20．（2020—38）商业银行的中期贷款是指贷款期限（   ）的贷款。

A．1～2年   B．1～3年

C．2～4年   D．3～5年

21．关于信贷方式融资的说法，正确的是（   ）。

A．国际金融机构贷款的期限安排可以有附加条件

B．国外商业银行的贷款利率由各国中央银行决定

C．出口信贷通常需对设备价款全额贷款

D．政策性银行贷款利率通常比商业银行贷款利率高

2．债券方式融资

22．（2021—100）相比其他债务资金筹措渠道与方式，债券筹资的优点有（   ）。

A．保障股东控制权   B．发挥财务杠杆作用

C．便于调整资本结构   D．经营性灵活

E．筹资成本较低

3．租赁方式融资

23．关于融资租赁方式及其特点的说法，正确的有（   ）。

A．由承租人选定所需设备

B．由出租人购置所需设备

C. 由出租人计提固定资产折旧

D. 租赁期满后出租人收回设备所有权

E. 租金包括租赁设备的成本、利息及手续费

24. 投资项目债务资金的来源渠道和方式主要有（　　）。

A. 经营租赁

B. 出口信贷

C. 企业债券

D. 银行贷款

E. 政府贷款贴息

三、资金成本

（一）资金成本及其构成

1. 资金筹集成本

25. 下列费用中，属于资金筹集成本的有（　　）。

A. 股票发行手续费

B. 建设投资贷款利息

C. 债券发行公证费

D. 股东所得红利

E. 债券发行广告费

2. 资金使用成本

26. 下列资金成本中，属于资金占用费的有（　　）。

A. 股息和红利

B. 发行手续费

C. 贷款利息

D. 发行债券支付的印刷费

E. 筹资过程中支付的广告费

（二）资金成本的性质

27. 关于资金成本性质的说法，正确的是（　　）。

A. 资金成本是指资金所有者的利息收入

B. 资金成本是指资金使用人的筹资费用和利息费用

C. 资金成本一般只表现为时间的函数

D. 资金成本表现为资金占用和利息额的函数

（三）资金成本的作用

28. 不同的资金成本形式有不同的作用，（　　）高低可作为比较各种融资方式优劣的依据。

A. 个别资金成本

B. 筹集资金成本

C. 综合资金成本

D. 边际资金成本

29. 在比较筹资方式、选择筹资方案时，作为项目公司资本结构决策依据的资金成本是（　　）。

A. 个别资金成本

B. 筹集资金成本

C. 综合资金成本

D. 边际资金成本

30. 不同的资金成本形式有不同的作用，可作为追加筹资决策依据的资金成本

是（　　）。

  A．边际资金成本   B．个别资金成本

  C．综合资金成本   D．加权资金成本

（四）资金成本的计算

  31．某公司发行票面额为3000万元的优先股股票，筹资费率为3%，股息年利率为15%，则其资金成本率为（　　）。

  A．10.31%   B．12.37%

  C．14.12%   D．15.46%

习题答案及解析

1．C	2．B	3．C	4．AB	5．C
6．B	7．D	8．B	9．C	10．B
11．D	12．AE	13．A	14．C	15．B
16．D	17．ABC	18．AB	19．B	20．B
21．A	22．ABCE	23．ABE	24．ABCD	25．ACE
26．AC	27．B	28．A	29．C	30．A
31．D				

【解析】

  6．B。产能过剩行业项目中，水泥项目维持35%不变。

  8．B。选项是投资总额为300万美元以下（含300万美元）；C选项是投资总额1000万~3000万美元（含3000万美元）；D选项是投资总额3000万美元以上。

  20．B。按照贷款期限，商业银行的贷款分为短期贷款、中期贷款和长期贷款。贷款期限在1年以内的为短期贷款，超过1年至3年的为中期贷款，3年以上期限的为长期贷款。

  31．D。根据公式：$K=D/[P(1-f)]$，可知 $K=3000 \times 15\%/[3000 \times (1-3\%)]=15.46\%$。

第二节　工程项目融资

知识导学

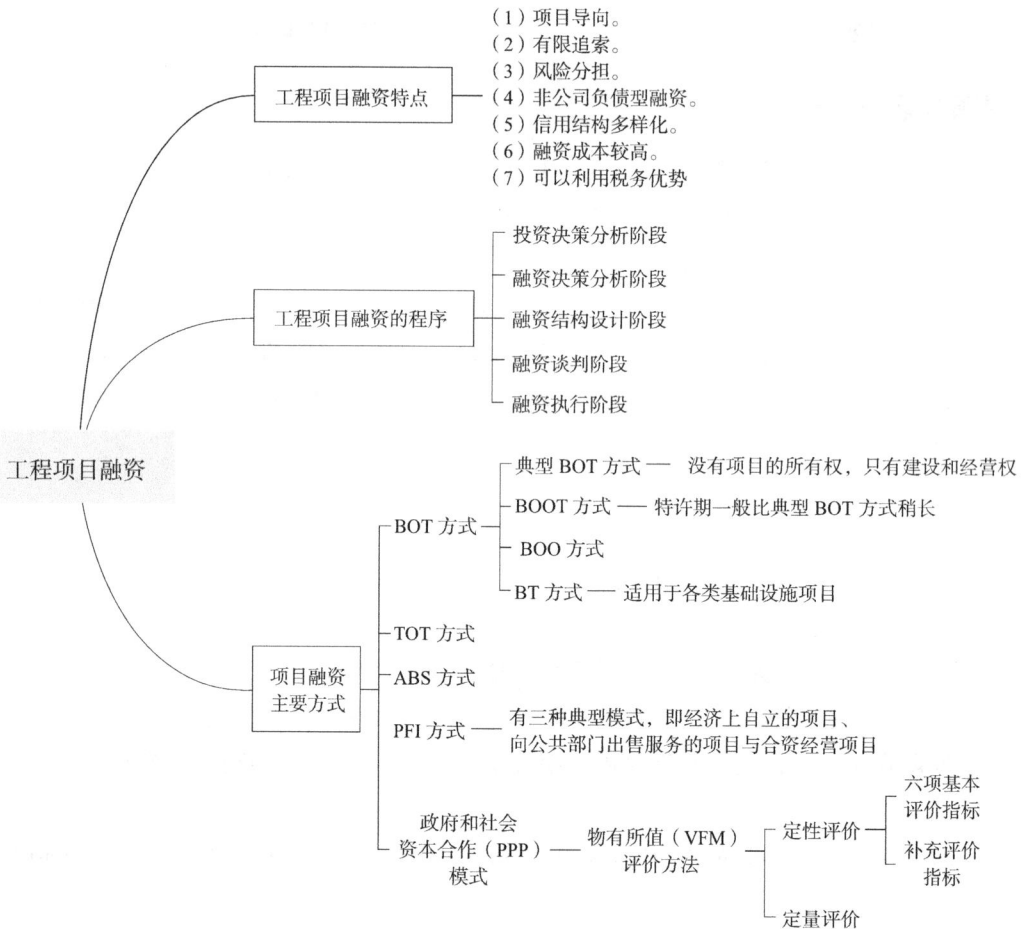

习题汇总

一、项目融资特点和程序

（一）项目融资特点

1. 与传统的贷款融资方式不同，项目融资主要是以（　　）来安排融资。

　A．项目资产和预期收益　　　　　　B．项目投资者的资信水平

　C．项目第三方担保　　　　　　　　D．项目管理的能力和水平

2. 债权人在项目融资过程中，贷款银行对所融资项目关注的重点是（　　）。

A. 抵押人所提供的抵押物的价值

B. 项目公司的资信等级

C. 项目本身可用于还款的现金流量

D. 项目投资人的实力和信用等级

3. 项目融资属于"非公司负债型融资"，其含义是指（　　）。

A. 项目借款不会影响项目投资人（借款人）的利润和收益水平

B. 项目借款可以不在项目投资人（借款人）的资产负债表中体现

C. 项目投资人（借款人）在短期内不需要偿还借款

D. 项目借款的法律责任应当由借款人法人代表而不是项目公司承担

4. 为了减少项目投资风险，在工程建设方面可要求工程承包公司提供（　　）的合同。

A. 固定价格、可调工期　　　　　　　　B. 固定价格、固定工期

C. 可调价格、固定工期　　　　　　　　D. 可调价格、可调工期

5. 与传统融资方式相比较，项目融资的特点是（　　）。

A. 融资涉及面较小　　　　　　　　　　B. 前期工作量较少

C. 融资成本较低　　　　　　　　　　　D. 融资时间较长

6.（2020—100）与传统的抵押贷款方式相比，项目融资的特点有（　　）。

A. 有限追索　　　　　　　　　　　　　B. 融资成本低

C. 风险分担　　　　　　　　　　　　　D. 非公司负债型融资

E. 项目导向

（二）项目融资程序

1. 投资决策分析

7. 按照项目融资程序，需要在投资决策分析阶段进行的工作是（　　）。

A. 任命项目融资顾问　　　　　　　　　B. 初步确定项目投资结构

C. 评价项目融资结构　　　　　　　　　D. 分析项目风险因素

2. 融资决策分析

8. 按照项目融资程序，选择项目融资方式是在（　　）阶段需要进行的工作。

A. 投资决策分析　　　　　　　　　　　B. 融资结构设计

C. 融资方案执行　　　　　　　　　　　D. 融资决策分析

9. 项目融资过程中，投资决策后首先应进行的工作是（　　）。

A. 融资谈判　　　　　　　　　　　　　B. 融资决策分析

C. 融资执行　　　　　　　　　　　　　D. 融资结构设计

3. 融资结构设计

10. 根据项目融资程度，评价项目风险因素应在（　　）阶段进行。

A. 投资决策分析　　　　　　　　　　　B. 融资评判

C. 融资决策分析　　　　　　　　　　　D. 融资结构设计

4. 融资谈判

11. 在项目融资程序中，需要在融资谈判阶段进行的工作有（　　）。

A. 起草融资法律文件

B. 评价项目风险因素

C. 控制与管理项目风险

D. 选择项目融资方式

E. 组织贷款银团

5. 融资执行

12. 在项目融资程序中，需要在融资执行阶段进行的工作有（　　）。

A. 起草融资法律文件

B. 评价项目风险因素

C. 控制与管理项目风险

D. 选择项目融资方式

E. 签署项目融资文件

二、项目融资主要方式

（一）BOT 方式

13. 下列项目融资方式中，主要适用于竞争性不强的行业或有稳定收入项目的方式（　　）。

A. TOT

B. BOT

C. ABS

D. PPP

14. 关于 BT 项目经营权和所有权归属的说法，正确的是（　　）。

A. 特许期经营权属于投资者，所有权属于政府

B. 经营权属于政府，所有权属于投资者

C. 经营权和所有权均属于投资者

D. 经营权属于政府，建设权属于投资者

（二）TOT 方式

1. TOT 的运作程序

15. 采用 TOT 方式进行项目融资需要设立 SPC（或 SPV），SPC（或 SPV）的性质是（　　）。

A. 借款银团设立的项目监督机构

B. 项目发起人聘请的项目建设顾问机构

C. 政府设立或参与设立的具有特许权的机构

D. 社会资本投资人组建的特许经营机构

2. TOT 方式的特点

16. 下列项目融资方式中，需要通过转让已建成项目的产权和经营权来进行拟建项目融资的是（　　）。

A. TOT

B. BOT

C. ABS

D. PPP

17. 从投资者角度看，既能回避建设过程风险，又能尽快取得收益的项目融资方

式是（　　）方式。

 A．BT

 B．BOO

 C．BOOT

 D．TOT

18．与 BOT 融资方式相比，TOT 融资方式的特点是（　　）。

 A．信用保证结构简单

 B．项目产权结构易于确定

 C．不需要设立具有特许权的专门机构

 D．项目招标程序大为简化

（三）ABS 方式

1．ABS 融资方式的运作过程

19．采用 ABS 融资方式进行项目融资的物质基础是（　　）。

 A．债券发行机构的注册资金

 B．项目原始权益人的全部资产

 C．债券承销机构的担保资产

 D．具有可靠未来现金流量的项目资产

20．下列项目融资方式中，需要通过证券市场发行债券进行项目融资的是（　　）。

 A．BOT

 B．ABS

 C．TOT

 D．PFI

2．BOT 方式与 ABS 方式的比较

21．关于项目融资 ABS 方式特点的说法，正确的是（　　）。

 A．项目经营权与决策权属特殊目的机构（SPV）

 B．债券存续期内资产所有权归特殊目的机构（SPV）

 C．项目资金主要来自项目发起人的自有资金和银行贷款

 D．复杂的项目融资过程增加了融资成本

（四）PFI 方式

1．PFI 的典型模式

22．PFI 模式的三种典型模式是（　　）。

 A．经济上自立的项目、向公共部门出售服务的项目与由政府部门掌握项目经营权的项目

 B．向公共部门出售服务的项目、合资经营项目与由私营企业承担全部经营风险的项目

 C．经济上自立的项目、合资经营项目与由政府部门掌握项目经营权的项目

 D．经济上自立的项目、向公共部门出售服务的项目与合资经营项目

2．PFI 的优点

23．PFI 融资方式的优点主要体现在（　　）。

 A．适用范围广泛

 B．只涉及转让经营权

 C．能尽快取得收益

D. 吸引私营企业的知识、技术和管理方法

E. 广泛吸引经济领域的私营企业或非官方投资者

3. PFI 方式与 BOT 方式的比较

24. PFI 融资方式与 BOT 融资方式的相同点是（　　）。

A. 适用领域　　　　　　　　　　　B. 融资本质

C. 承担风险　　　　　　　　　　　D. 合同类型

25. 采用 PFI 融资方式，政府部门与私营部门签署的合同类型是（　　）。

A. 服务合同　　　　　　　　　　　B. 特许经营合同

C. 承包合同　　　　　　　　　　　D. 融资租赁合同

26. PFI 融资方式的主要特点是（　　）。

A. 适用于公益性项目

B. 适用于私营企业独立出资的项目

C. 合同期满后，私营企业可以继续保持运营权

D. 项目的设计风险须由政府承担

（五）政府和社会资本合作（PPP）模式

1. PPP 模式的含义和适用范围

27. 下列建设项目中，仅从项目类型上考虑，最适宜采用政府和社会资本合作（PPP）模式建设的是（　　）。

A. 某化工企业的改扩建工程

B. 某二线城市的综合管廊建设项目

C. 某自来水厂的技术改造项目

D. 某房地产开发企业拟建设的度假村项目

2. 政府和社会资本合作（PPP）项目实施方案

本部分内容一般不会进行考查，仅做了解即可。

3. 物有所值（VFM）评价方法

28.（2021—40）下列评价指标中，属于 PPP 物有所值定性评价的基本评价指标是（　　）。

A. 可融资性　　　　　　　　　　　B. 项目规模大小

C. 运营收入增长潜力　　　　　　　D. 行业示范性

29. 下列评价指标中，属于 PPP 物有所值定性评价的补充评价指标有（　　）。

A. 政府机构能力　　　　　　　　　B. 项目规模大小

C. 运营收入增长潜力　　　　　　　D. 行业示范性

E. 全生命周期成本测算准确性

30. 为了判断能否采用 PPP 模式代替传统的政府投资运营方式提供公共服务项目，应采用的评价方法是（　　）。

A. 项目经济评价　　　　　　　　　B. 财政承受能力评价

C．物有所值评价　　　　　　　　　　　　D．项目财务评价

31．关于政府和社会资本合作（PPP）项目物有所值评价的说法，正确的有（　　）。

A．物有所值评价必须进行定量评价

B．政府机构能力是物有所值评价内容之一

C．物有所值评价是判断项目是否采用 PPP 模式实施的决策基础

D．定量评价的前提是假定 PPP 模式和政府传统投资模式的产出绩效相同

E．物有所值验证只有一次机会，一旦不能通过，就不再采用 PPP 模式

4．PPP 项目财政承受能力论证

32．政府和社会资本合作（PPP）项目物有所值评价中采用 PPP 值和 PSC 值进行比较，其中 PSC 值的确定一般应参照（　　）。

A．项目的建设和运营维护净成本、竞争性中立调整值、项目全部风险成本

B．项目的建设成本、竞争性中立调整值、项目全部风险成本

C．项目的建设和运营维护净成本、竞争性中立调整值、社会资本的风险成本

D．项目的建设成本、竞争性中立调整值、政府自留的风险成本

33．PPP 项目财政承受能力论证中，确定年度折现率时应考虑财政补贴支出年份，并应参照（　　）。

A．行业基准收益率　　　　　　　　　　B．同期国债利率

C．同期地方政府债券收益率　　　　　　D．同期当地社会平均利润率

34．风险承担支出应充分考虑各类风险出现的概率和带来的支出责任，可采用（　　）进行测算。

A．比例法　　　　　　　　　　　　　　B．比较法

C．情景分析法　　　　　　　　　　　　D．分解法

E．概率法

35．为确保政府财政承受能力，每一年度全部 PPP 项目需要从预算中安排的支出，占一般公共预算支出的比例应当不超过（　　）。

A．20%　　　　　　　　　　　　　　　B．15%

C．10%　　　　　　　　　　　　　　　D．5%

习题答案及解析

1．A	2．C	3．B	4．B	5．D
6．ACDE	7．B	8．D	9．B	10．D
11．AE	12．CE	13．B	14．D	15．C
16．A	17．D	18．A	19．D	20．B
21．B	22．D	23．ADE	24．B	25．A
26．C	27．B	28．A	29．BCDE	30．C
31．BCD	32．A	33．C	34．ACE	35．C

【解析】

4．B。在工程建设方面，为了减少风险，可以要求工程承包公司提供固定价格、固定工期的合同，或"交钥匙"工程合同，可以要求项目设计者提供工程技术保证等。

5．D。与传统的融资方式比较，项目融资的一个主要问题，是相对筹资成本较高，组织融资所需要的时间较长。

10．D。融资结构设计阶段的内容：评价项目风险因素、评价项目的融资结构和资金结构，修正项目融资结构。

26．C。BOT项目在合同中一般会规定特许经营期满后，项目必须无偿交给政府管理及运营，而PFI项目的服务合同中往往规定，如果私营企业通过正常经营未达到合同规定的收益，可以继续保持运营权。

28．A。定性评价指标包括全生命周期整合程度、风险识别与分配、绩效导向与鼓励创新、潜在竞争程度、政府机构能力、可融资性六项基本评价指标，以及根据具体情况设置的补充指标。

29．BCDE。补充评价指标有：项目规模大小、预期使用寿命长短，主要固定资产种类、全生命周期成本测算准确性、运营收入增长潜力、行业示范性等。

33．C。年度折现率应考虑财政补贴支出发生年份，并参照同期地方政府债券收益率合理确定。

第四章
建设工程决策阶段投资控制

第一节　项目可行性研究

知识导学

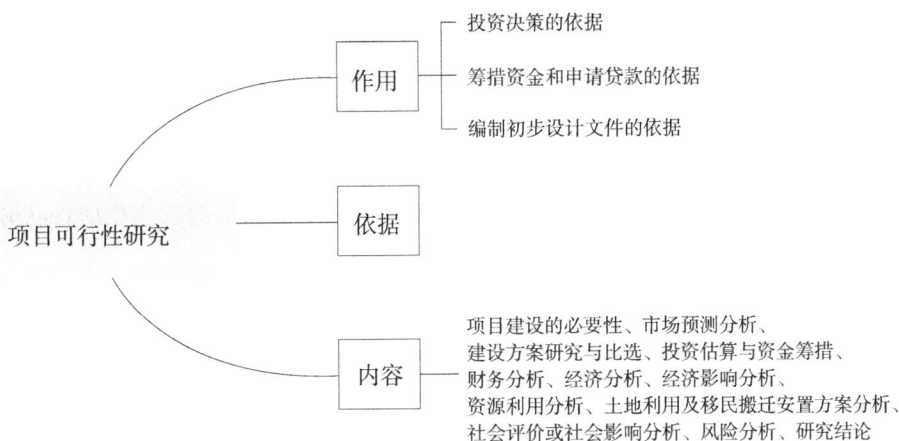

习题汇总

一、可行性研究的作用

1. 关于可行性研究报告作用的说法，正确的有（　　）。

A. 可行性研究报告是政府投资项目的审批决策依据

B. 可行性研究报告是筹措资金和申请贷款的依据

C. 可行性研究报告是编制初步设计文件的依据

D. 可行性研究报告是公众参与项目评价的依据

E. 可行性研究报告是政府环境保护部门核准项目的依据

二、可行性研究的依据

2.（2020—39）下列文件资料中，属于项目可行性研究依据的是（　　）。

A．经投资主管部门审批的投资概算

B．经投资各方审定的初步设计方案

C．建设项目环境影响评价报告书

D．合资项目各投资方签订的协议书或意向书

三、项目可行性研究的内容

（一）项目建设的必要性

3．项目可行性研究的重点是（　　）。

A．研究论证项目建设的必要性和可行性

B．分析项目的可持续性

C．从市场分析角度确定产品方案和建设规模

D．从不确定性角度分析项目面临的各种风险

（二）市场预测分析

4．下列项目可行性研究内容中，属于市场竞争力分析内容的（　　）。

A．目标市场选择与结构分析　　　　B．主要用户分析

C．产品竞争力优劣势分析　　　　　D．只要投入物供应现状分析

E．市场需求现状及预测

（三）建设方案研究与比选

5．（2021—41）下列可行性研究内容中，属于建设方案研究与比选的是（　　）。

A．产品价格现状及预测　　　　　　B．筹资方案与资金使用计划

C．产品竞争力优劣势分析　　　　　D．产品方案与建设规模

（四）投资估算与资金筹措

1．投资估算

本部分内容一般不会单独进行考查，仅做了解即可。

2．资金筹措

6．融资成本分析主要分析计算（　　）。

A．债务资金成本　　　　　　　　　B．借款成本

C．权益资金成本　　　　　　　　　D．债券成本

E．加权平均资金成本

（五）财务分析

本部分内容一般不会单独进行考查，仅做了解即可。

（六）经济分析

7．对于非营利性项目以及基础设施、服务性工程，主要应（　　）。

A．进行财务生存能力分析　　　　B．分析投资效果

C．进行财务可持续性分析　　　　D．提出项目持续运行的条件

E．进行偿债能力分析

（七）经济影响分析

8．对于行业、区域经济及宏观经济影响较大项目，应从行业影响、区域经济发展、
（　　）等角度进行分析。

A．产业布局及结构调整　　　　B．区域财政收支、收入分配

C．产业技术安全　　　　　　　D．资源供应安全

E．是否可能导致垄断

（八）资源利用分析

本部分内容一般不会单独进行考查，仅做了解即可。

（九）土地利用及移民搬迁安置方案分析

本部分内容一般不会单独进行考查，仅做了解即可。

（十）社会评价或社会影响分析

9．对于涉及社会公共利益的项目，要在社会调查的基础上，分析（　　），提出需
要防范和解决社会问题的方案。

A．市场环境安全　　　　　　　B．拟建项目的社会影响

C．主要利益相关者的需求　　　D．移民搬迁安置方案

E．分析项目的社会风险

（十一）风险分析

10．风险分析的内容包括（　　）。

A．风险分类　　　　　　　　　B．风险因素识别

C．制定风险预测图　　　　　　D．风险评价

E．风险对策

（十二）研究结论

本部分内容一般不会单独进行考查，仅做了解即可。

习题答案及解析

1．ABC　　2．D　　3．A　　4．ABC　　5．D

6．ACE　　7．BCD　　8．ABE　　9．BCE　　10．BDE

【解析】

2．D。可行性研究的依据主要有：（1）项目建议书（初步可行性研究报告），对于
政府投资项目还需要项目建议书的批复文件；（2）国家和地方的经济和社会发展规划、
行业部门的发展规划，如江河流域开发治理规划、铁路公路路网规划、电力电网规划、
森林开发规划，以及企业发展战略规划等；（3）有关法律、法规和政策；（4）有关机构

发布的工程建设方面的标准、规范、定额；（5）拟建厂（场）址的自然、经济、社会概况等基础资料；（6）合资、合作项目各方签订的协议书或意向书；（7）与拟建项目有关的各种市场信息资料或社会公众要求等；（8）有关专题研究报告，如：市场研究、竞争力分析、厂址比选、风险分析等。

5. D。建设方案研究与比选主要包括：（1）产品方案与建设规模；（2）工艺技术和主要设备方案；（3）厂（场）址选择；（4）主要原材料、辅助材料、燃料供应；（5）总图运输和土建方案；（6）公用工程；（7）节能、节水措施；（8）环境保护治理措施方案；（9）安全、职业卫生措施和消防设施方案；（10）项目的组织机构与人力资源配置等；（11）对政府投资项目还应包括招标方案和代建制方案等。

8. ABE。对于行业、区域经济及宏观经济影响较大的项目，还应从行业影响、区域经济发展、产业布局及结构调整、区域财政收支、收入分配以及是否可能导致垄断等角度进行分析。对于涉及国家经济安全的项目，还应从产业技术安全、资源供应安全、资本控制安全、产业成长安全、市场环境安全等角度进行分析。

第二节　资金时间价值

知识导学

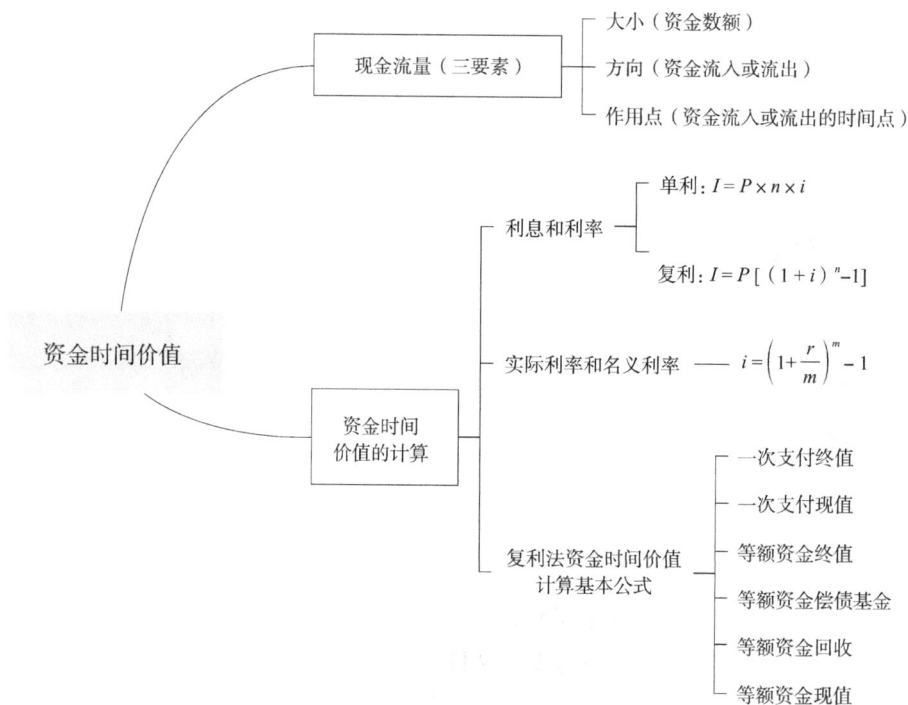

习题汇总

一、现金流量

1. 现金流量的概念

本部分内容一般不会进行考查，仅做了解即可。

2. 现金流量图

1. 关于现金流量图绘制规则的说法，正确的有（　　）。

A. 横轴为时间轴，整个横轴表示所考察的经济系统的计算期

B. 横轴上方的箭线表示现金流出

C. 垂直箭线代表不同时点的现金流量情况

D. 箭线长短应体现各时点现金流量数值的大小

E. 箭线与时间轴的交点即为现金流量发生的时点

2. 如果现金流入或现金流出不是发生在计息周期的期初或期末，而是发生在计息周期的期间，为了简化计算，可采取的处理方法不包括（　　）。

A. 期初习惯法 　　　　　　　　　　B. 期末习惯法

C. 均匀分布法 　　　　　　　　　　D. 期中习惯法

3. 现金流量表

3.（2020—40）某项目现金流量见下表，则第 3 年初的净现金流量为（　　）万元。

时间（年）	1	2	3	4	5
现金流入（万元）	—	100	700	800	800
现金流出（万元）	500	500	400	300	300

A. −500 　　　　　　　　　　　　　B. −400

C. 300 　　　　　　　　　　　　　　D. 500

二、资金时间价值的计算

（一）资金时间价值的概念

本部分内容一般不会单独进行考查，仅做了解即可。

（二）资金时间价值计算的种类

本部分内容一般不会单独进行考查，仅做了解即可。

（三）利息和利率

1. 单利法

4. 某企业年初从银行借款 1000 万元，期限 3 年，年利率为 5%，银行要求每年末支付当年利息，则第 3 年末需偿还的本息和是（　　）万元。

A. 1050.00   B. 1100.00

C. 1150.00   D. 1157.63

5. 某企业以单利计息的方式年初借款 1000 万元，年利率 6%，每年末支付利息，第五年末偿还全部本金，则第三年末应支付的利息为（   ）万元。

A. 300.00   B. 180.00

C. 71.46   D. 60.00

2. 复利法

6. （2017—37）某企业年初从金融机构借款 3000 万元，月利率 1%，按季复利计息，年末一次性还本付息，则该企业年末需要向金融机构支付的利息为（   ）万元。

A. 360.00   B. 363.61

C. 376.53   D. 380.48

7. （2019—40）某银行给企业贷款 100 万元，年利率为 4%，贷款年限 3 年，到期后企业一次性还本付息，利息按复利每半年计息一次，到期后企业应支付给银行的利息为（   ）万元。

A. 12.000   B. 12.616

C. 24.000   D. 24.973

（四）实际利率和名义利率

8. （2006—42）某企业向银行借款，甲银行年利率 8%，每年计息一次；乙银行年利率 7.8%，每季度计息一次，则（   ）。

A. 甲银行实际利率低于乙银行实际利率

B. 甲银行实际利率高于乙银行实际利率

C. 甲乙两银行实际利率相同

D. 甲乙两银行的实际利率不可比

9. （2008—41）现有甲乙两家银行可向借款人提供一年期贷款，均采用到期一次性偿还本息的还款方式。甲银行贷款年利率 11%，每季度计息一次；乙银行贷款年利率 12%，每半年计息一次。借款人按利率高低作出正确选择后，其贷款年实际利率为（   ）。

A. 11.00%   B. 11.46%

C. 12.00%   D. 12.36%

10. （2016—41）建设单位从银行贷款 1000 万元，贷款期为 2 年，年利率 6%，每季度计息一次，则贷款的年实际利率为（   ）。

A. 6%   B. 6.12%

C. 6.14%   D. 12%

11. （2018—39）某项借款，年名义利率为 10%，按季度计息，则每季度的实际利率为（   ）。

A. 5%   B. 2.5%

C. 0.833% D. 0.0274%

12.（2021—42）某项两年期借款年利率为6%，按月复利计息，每季度结息一次，则该项借款的季度实际利率为（　　）。

A. 1.508% B. 1.534%

C. 1.542% D. 1.589%

（五）资金时间价值计算的基础概念和符号

本部分内容一般不会单独进行考查，仅做了解即可。

（六）复利法资金时间价值计算的基本公式

1. 一次支付终值公式

13.（2009—44）某项目建设期为3年。建设期间共向银行贷款1500万元，其中第1年初贷款1000万元，第2年初贷款500万元；贷款年利率6%，复利计息。则该项目的贷款在建设期末的终值为（　　）万元。

A. 1653.60 B. 1702.49

C. 1752.82 D. 1786.52

14.（2016—40）施工单位从银行贷款2000万元，月利率为0.8%，按月复利计息，两月后应一次性归还银行本息共计（　　）万元。

A. 2008.00 B. 2016.00

C. 2016.09 D. 2032.13

2. 一次支付现值公式

15. 某公司计划两年以后购买一台200万元的机械设备，拟从银行存款中提取，银行存款年利率为3%，假设按复利计息，则现应存入银行的资金为（　　）万元。

A. 212.18 B. 188.52

C. 206.00 D. 183.03

3. 等额资金终值公式

16.（2015—41）某人连续6年每年末存入银行50万元，银行年利率8%，按年复利计算，第6年年末一次性收回本金和利息，则到期可以回收的金额为（　　）万元。

A. 366.80 B. 324.00

C. 235.35 D. 373.48

17.（2018—40）某公司计划在5年内每年年末投资300万元。年利率为6%，按复利计息，则5年末可一次性回收的本利和为（　　）万元。

A. 1556.41 B. 1253.22

C. 1691.13 D. 1595.40

4. 等额资金偿债基金公式

18. 某公司在第5年末应偿还一笔100万元的债务，年利率2.55%，为了使其复本利和正好偿清这笔债务，该公司从现在起连续5年每年年末应向银行存入资金（　　）万元。

A. 12.75   B. 19.01

C. 12.41   D. 26.16

5. 等额资金回收公式

19.（2002—33）某公司第一年年初借款 100 万元，年利率为 6%，规定从第 1 年年末起至第 10 年年末止，每年年末等额还本付息，则每年年末应偿还（   ）万元。

A. 7.587   B. 10.000

C. 12.679   D. 13.587

20.（2013—43）某企业用 50 万元购置一台设备，欲在 10 年内将该投资的复本利和全部回收，基准收益率为 12%，则每年均等的净收益至少应为（   ）万元。

A. 7.893   B. 8.849

C. 9.056   D. 9.654

6. 等额资金现值公式

21.（2014—41）某项目期初投资额为 500 万元，此后自第 1 年年末开始每年年末的作业费用为 40 万元。方案的寿命期为 10 年，10 年后的净残值为零。若基准收益率为 10%，则该项目总费用的现值是（   ）万元。

A. 745.8   B. 834.45

C. 867.58   D. 900.26

习题答案及解析

1. ACDE	2. D	3. B	4. A	5. D
6. C	7. B	8. A	9. B	10. C
11. B	12. A	13. C	14. D	15. B
16. A	17. C	18. B	19. D	20. B
21. A				

【解析】

3. B。现金流量表中，与时间 t 对应的现金流量表示现金流量发生在当期期末，本题中，第 3 年初的净现金流量也就是第 2 年年末的净现金流量，计算见下表：

时间（年）	1	2	3	4	5
现金流入（万元）	—	100	700	800	800
现金流出（万元）	500	500	400	300	300
净现金流量（万元）	−500	−400	300	500	500

4. A。注意题目考核的是第 3 年还的本息和，所以第 3 年末还的本息和 =1000×5%+1000=1050 万元。

5．D。每年年末支付利息，则第 3 年末应支付利息为：$1000 \times 6\% = 60$ 万元。

6．C。月利率 1%，年名义利率 $=12\%$，则该企业年末需要向金融机构支付的利息 $I = P[(1+i)^n - 1] = 3000 \times [(1+12\%/4)^4 - 1] = 376.53$ 万元。

7．B。因为是按复利每半年计息一次，所以我们首先要实际利率，也就是半年利率。半年实际利率 $= 4\%/2 = 2\%$。3 年后复本利和 $= 100 \times (1+2\%)^{2 \times 3} = 112.616$ 万元；到期后企业应支付给银行的利息 $= 112.612 - 100 = 12.616$ 万元。这是按周期实际利率来计算的方法。还有一种方法是按年实际利率来计算：年实际利率 $= (1+4\%/2)^2 - 1 = 4.04\%$。3 年后复本利和 $= 100 \times (1+4.04\%)^3 = 112.616$ 万元；到期后企业应支付给银行的利息 $= 112.612 - 100 = 12.616$ 万元。

8．A。甲银行实际利率为 8%；乙银行实际利率为 $i = (1+r/m)^m - 1 = (1+7.8\%/4)^4 - 1 = 8.031\%$。

9．B。

甲银行贷款年实际利率 $= \left(1+\dfrac{11\%}{4}\right)^4 - 1 = 11.46\%$；乙银行贷款年实际利率 $= \left(1+\dfrac{12\%}{2}\right)^2 - 1 = 12.36\%$。要作出正确的选择就选择甲银行的贷款。

10．C。$i = (1+r/m)^m - 1 = (1+6\%/4)^4 - 1 = 6.14\%$。在 2014 年度的考试中，同样对本题涉及的采分点进行了考查，且提问形式基本与本题一致。

11．B。年名义利率 10%，按季度计息，则季度实际利率为 $10\% \div 4 = 2.5\%$。

12．A。季度实际利率 $= (1+6\%/12)^3 - 1 = 1.508\%$。在 2018 年度的考试中，同样对本题涉及的采分点进行了考查，且提问形式基本与本题一致。

13．C。该项目的贷款在建设期末的终值 $F = 1000 \times (1+6\%)^3 + 500 \times (1+6\%)^2 = 1752.82$ 万元。

14．D。一次支付终值公式为：$F = P(1+i)^n$，则两月后应一次性归还银行本息 $= 2000 \times (1+0.8\%)^2 = 2032.13$ 万元。在 2003、2004、2007、2011 年度的考试中，同样对本题涉及的采分点进行了考查。

15．B．一次支付现值公式为：$P = F(1+i)^{-n} = 200 \times (1+3\%)^{-2} = 188.52$ 万元。

16．A。等额资金终值公式为：$F = [A(1+i)^n - 1]/i$，可知，到期可以回收的金额 $= [50 \times (1+8\%)^6 - 1]/8\% = 366.80$ 万元。

17．C。根据公式 $F = A\dfrac{(1+i)^n - 1}{i}$，则 5 年末可一次性回收的本利和 $= 300 \times \dfrac{(1+6)^5 - 1}{6\%} = 1691.13$ 万元。

18．B。等额资金偿债基金公式为：$A = F\dfrac{i}{(1+i)^n - 1}$，该公司从现在起连续 5 年每年年末应向银行存入资金 $= 100 \times \dfrac{2.55\%}{(1+2.55\%)^5 - 1} = 19.01$ 万元。

19．D。本题的计算为：$A = P\dfrac{i(1+i)^n}{(1+i)^n - 1} = 100 \times \dfrac{6\% \times (1+6\%)^{10}}{(1+6\%)^{10} - 1} = 13.587$ 万元。

20. B。根据公式：$A=P\dfrac{i(1+i)^n}{(1+i)^n-1}$，可得每年均等的净收益

$=50\times\dfrac{12\%\times(1+12\%)^{10}}{(1+12\%)^{10}-1}=8.849$ 万元。

21. A。现值的计算公式为：$P=A\dfrac{(1+i)^n-1}{i(1+i)^n}$，该项目总费用的等额资金现值

$=500+40\times\dfrac{(1+10\%)^{10}-1}{10\%\times(1+10\%)^{10}}=500+40\times6.145=745.8$ 万元。在 2003 年度的考试中，同样对本题涉及的采分点进行了考查。

第三节　投资估算

知识导学

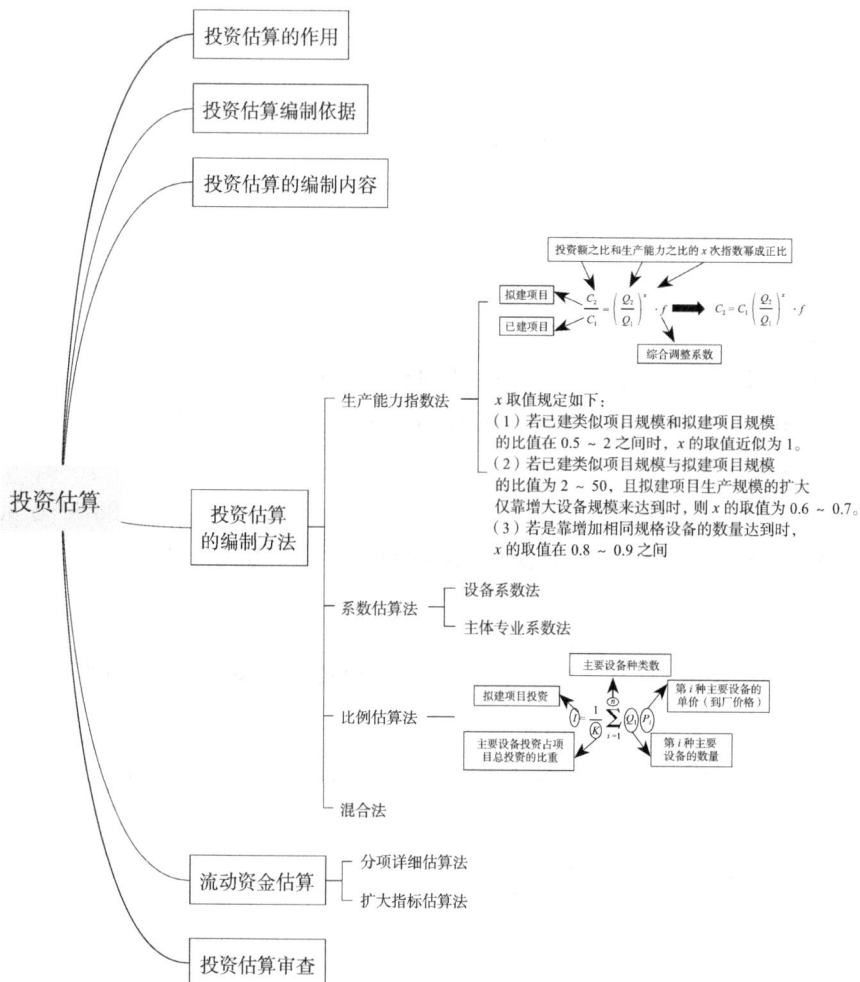

习题汇总

一、投资估算的作用

1. 关于项目投资估算的作用，下列说法中正确的是（　　）。

A. 项目建议书阶段的投资估算，是确定建设投资最高限额的依据

B. 可行性研究阶段的投资估算，是项目投资决策的重要依据，不得突破

C. 投资估算不能作为制订建设贷款计划的依据

D. 投资估算是核算建设项目投资需要额的重要依据

二、投资估算编制依据

本部分内容一般不会进行考查，仅做了解即可。

三、投资估算的编制内容

2. 投资构成分析的内容包括（　　）。

A. 主要单项工程投资占比分析

B. 预备费占建设总投资的比例分析

C. 影响投资的主要因素分析

D. 与国内类似工程项目的比较分析

E. 工程投资比例分析

（一）项目建议书阶段的投资估算

1. 生产能力指数法

3. 某地 2020 年拟建年产 30 万 t 化工产品项目。根据调查，某生产相同产品的已建成项目，年产量为 10 万 t，建设投资为 12000 万元。若生产能力指数为 0.9，综合调整系数为 1.15，则该拟建项目的建设投资是（　　）万元。

A. 28047

B. 36578

C. 37093

D. 37260

4. 2016 年已建成年产 20 万 t 的某化工厂，2020 年拟建年产 100 万 t 相同产品的新项目，并采用增加相同规格设备数量的技术方案，且拟建项目生产规模的扩大仅靠增大设备规模来达到时，则 x 的取值约为（　　）。

A. 0.4 ~ 0.5

B. 0.6 ~ 0.7

C. 0.8 ~ 0.9

D. ≈1

5. （2021—43）采用生产能力指数法估算某拟建项目的建设投资拟建项目规模为已建类似项目规模的 5 倍，且是靠增加相同规格设备数量达到的，则生产能力指数的合理取值范围是（　　）。

A. 0.2 ~ 0.5

B. 0.6 ~ 0.7

C. 0.8 ~ 0.9   D. 1.1 ~ 1.5

2. 系数估算法

6. 投资估算的编制方法中，以拟建项目的主体工程费为基数，以其他辅助配套工程费与主体工程费的百分比为系数，估算拟建项目投资的方法是（   ）。

A. 单位生产能力估算法   B. 生产能力指数法

C. 系数估算法   D. 比例估算法

7. （2020—41）采用设备系数法估算拟建项目投资时，建筑安装工程费应以拟建项目的设备费为基数，根据（   ）计算。

A. 已建成同类项目建筑安装工程费与拟建项目设备费的比率

B. 拟建项目建筑安装工程量与已建成同类项目建筑安装工程量的比率

C. 已建成同类项目建筑安装工程费占设备价值的百分比

D. 已建成同类项目建筑安装工程费占总投资的百分比

8. 下列投资估算方法中，以拟建项目中投资比重较大，并与生产能力直接相关的工艺设备投资为基数，根据已建同类项目的有关统计资料，计算出拟建项目各专业工程与工艺设备投资的百分比，据以求出拟建项目各专业投资，然后加总即为拟建项目投资的方法是（   ）。

A. 主体专业系数费   B. 生产能力指数法

C. 混合法   D. 比例估算法

（二）可行性研究阶段投资估算方法

9. 下列估算方法中，不适用于可行性研究阶段投资估算的有（   ）。

A. 生产能力指数   B. 比例估算法

C. 系数估算法   D. 指标估算法

E. 混合法

1. 建筑工程费的估算

10. 单位建筑工程投资估算法，以（   ）计算。

A. 单位实物工程量的投资乘以实物工程总量

B. 单位建筑工程量投资乘以建筑工程总量

C. 按每平方米投资乘以相应的实物工程总量

D. 建筑面积或建筑体积为单位

2. 设备及工器具购置费估算

11. 关于设备及工器具购置费估算的说法，正确的是（   ）。

A. 对于价值高的设备应按类估算

B. 价值较小的设备可按单台估算购置费

C. 设备购置费应按国产标准设备、国产非标准设备、进口设备分别进行估算

D. 设备运杂费、备品备件费不应计入设备费

3. 安装工程费估算

12. 关于安装工程费估算的说法，正确的是（　　）。

A. 工艺设备安装费估算以单项工程为单元根据相适应的占设备百分比计算

B. 工艺金属结构和工艺管道估算以单位工程为单元

C. 工业窑炉砌筑根据设计选用的材质、规格，按材料费占比计算

D. 安装工程费应按不同安装类型，以设备费为基数或按相应项目的估算指标分别估算

4. 工程建设其他费用估算

本部分内容一般不会进行考查，仅做了解即可。

5. 基本预备费估算

本部分内容一般不会进行考查，仅做了解即可。

6. 涨价预备费估算

本部分内容一般不会进行考查，仅做了解即可。

7. 建设期利息估算

本部分内容一般不会进行考查，仅做了解即可。

（三）流动资金估算

1. 分项详细估算法

13. 下列利用分项详细估算法计算流动资金的公式中，正确的是（　　）。

A. 预收账款 = 营业收入年金额 / 预收账款周转次数

B. 应收账款 = 年经营成本 / 应收账款周转次数

C. 在产品 = 年经营成本 – 年其他营业费用 / 在产品周转次数

D. 预付账款 = 外购原材料、燃料费用 / 预付账款周转次数

14. 采用分项详细估算法进行流动资金估算时，应计入流动负债的是（　　）。

A. 预收账款　　　　　　　　　　B. 存货

C. 库存资金　　　　　　　　　　D. 应收账款

15. 流动资产的构成要素一般包括（　　）。

A. 存货　　　　　　　　　　　　B. 库存现金

C. 应收账款　　　　　　　　　　D. 应付账款

E. 预付账款

16. 流动负债是指在 1 年或者超过 1 年的一个营业周期内，需要偿还的各种债务，包括（　　）。

A. 短期借款　　　　　　　　　　B. 应收账款

C. 应付票据　　　　　　　　　　D. 预付账款

E. 预收账款

2. 扩大指标估算法

17. 关于扩大指标估算法的说法正确的是（　　）。

A. 简单易行

B. 准确度高

C. 适用于可行性研究阶段

D. 需要计算流动资产和流动负债的周转次数

四、投资估算审查

本部分内容一般不会进行考查，仅做了解即可。

习题答案及解析

1. D　　　2. ABCD　　　3. C　　　4. B　　　5. C

6. C　　　7. C　　　8. A　　　9. ABCE　　　10. B

11. C　　　12. D　　　13. B　　　14. A　　　15. ABCE

16. ACE　　　17. A

【解析】

3. C。本题计算如下：

$$C_2 = C_1 \times \left(\frac{Q_2}{Q_1}\right)^x \times f = 12000 \times \left(\frac{30}{10}\right)^{0.9} \times 1.15 = 37093 \text{ 万元}。$$

16. ACE。流动负债是指在 1 年或者超过 1 年的一个营业周期内，需要偿还的各种债务，包括短期借款、应付票据、应付账款、预收账款、应付工资、应付福利费、应付股利、应交税金、其他暂收应付款、预提费用和 1 年内到期的长期借款等。

第四节 财务和经济分析

知识导学

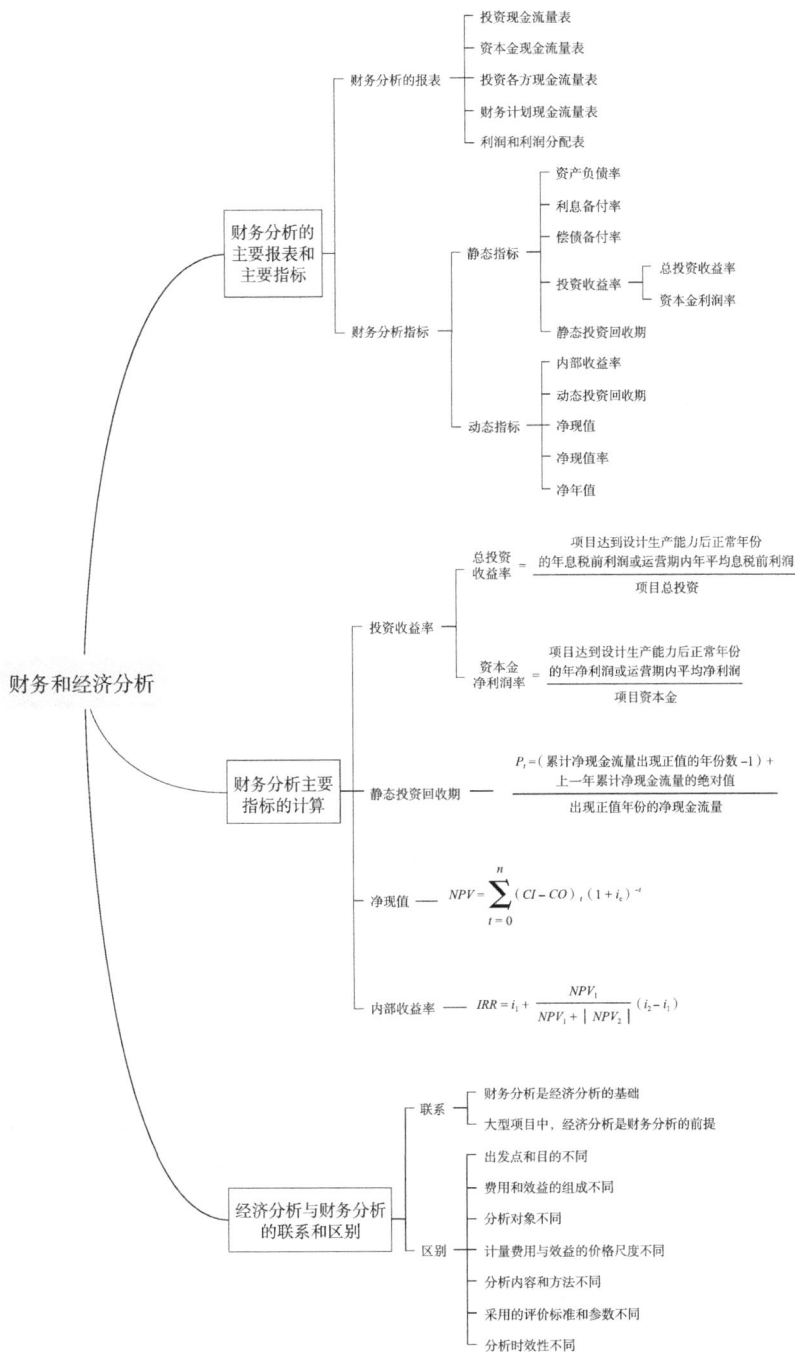

习题汇总

一、财务分析的主要报表和主要指标

（一）财务分析的主要报表

1. 根据财务分析的角度不同，财务分析的主要报表有（　　）。

A. 投资现金流量表
B. 资本金现金流量表
C. 投资各方现金流量表
D. 财务计划现金流量表
E. 投资估算表

1. 投资现金流量表

2. 以项目建设所需的总投资作为计算基础，反映项目在整个计算期内现金流入和流出的报表是（　　）。

A. 资本金现金流量表
B. 投资各方现金流量表
C. 财务计划现金流量表
D. 投资现金流量表

2. 资本金现金流量表

3. 资本金现金流量表是以项目资本金作为计算的基础，站在（　　）的角度编制的。

A. 项目发起人
B. 债务人
C. 项目法人
D. 债权人

3. 投资各方现金流量表

4. 某项目由三个投资者共同投资，若要比较三个投资者的财务内部收益率是否均衡，则适宜采用的报表是（　　）。

A. 投资现金流量表
B. 资本金现金流量表
C. 投资各方现金流量表
D. 财务计划现金流量表

4. 财务计划现金流量表

5. 可据以计算累计盈余资金，分析项目财务生存能力的报表是（　　）。

A. 财务计划现金流量表
B. 投资各方现金流量表
C. 资本金现金流量表
D. 投资现金流量表

5. 利润和利润分配表

6. 反映项目投产以后收入、成本费用和利润形成及利润分配情况的报表，提供项目投资利润及利润分配的数据，计算项目盈利能力、偿债能力、财务生存能力基础的报表是（　　）。

A. 财务计划现金流量表
B. 投资各方现金流量表
C. 资本金现金流量表
D. 利润和利润分配表

（二）财务分析的主要指标

7.（2010—101）下列评价指标中，反映项目偿债能力的有（　　）。

A. 资产负债率
B. 累计盈余资金

C. 偿债备付率　　　　　　　　　　D. 投资回收期

E. 项目资本金净利润率

8.（2017—38）下列投资方案经济评价指标中，属于盈利能力静态评价指标的是（　　）。

A. 利息备付率　　　　　　　　　　B. 资产负债率

C. 净现值率　　　　　　　　　　　D. 静态投资回收期

9.（2018—41）下列投资方案经济效果评价指标中，属于静态评价指标的是（　　）。

A. 资本金净利润率　　　　　　　　B. 净现值率

C. 内部收益率　　　　　　　　　　D. 净年值

10.（2018—101）下列投资方案经济评价指标中，属于动态评价指标的有（　　）。

A. 内部收益率　　　　　　　　　　B. 资本金净利润率

C. 资产负债率　　　　　　　　　　D. 净现值率

E. 总投资收益率

二、财务分析主要指标的计算

1. 投资收益率

11.（2012—38）总投资收益率是指项目达到设计能力后正常年份的（　　）与项目总投资的比率。

A. 年息税前利润　　　　　　　　　B. 净利润

C. 总利润扣除应缴纳的税金　　　　D. 总利润扣除应支付的利息

12.（2021—44）某项目建设投资 1200 万元，建设期贷款利息 100 万元，铺底流动资金 90 万元，铺底流动资金为全部流动资金的 30%，项目正常生产年份税前利润 260 万元，年利息 20 万元，则该项目的总投资收益率为（　　）。

A. 16.25%　　　　　　　　　　　　B. 17.50%

C. 20.00%　　　　　　　　　　　　D. 20.14%

13. 某项目总投资 1500 万元，其中资本金 1000 万元，运营期年平均利息 18 万元，年平均所得税 40.5 万元。若项目总投资收益率为 12%，则项目资本金净利润率为（　　）。

A. 16.20%　　　　　　　　　　　　B. 13.95%

C. 12.15%　　　　　　　　　　　　D. 12.00%

14. 关于投资收益率的说法，正确的是（　　）。

A. 计算复杂

B. 以投资收益率指标作为主要的决策依据不太可靠

C. 投资收益率指标充分体现了资金的时间价值

D. 投资收益率指标作为主要的决策依据比较客观，不受人为因素影响

2. 投资回收期

15.（2005—39）某项目投资方案的现金流量如下图所示，从投资回收期的角度评

价项目，如基准静态投资回收期 P_c 为 7.5 年，则该项目的静态投资回收期（ ）。

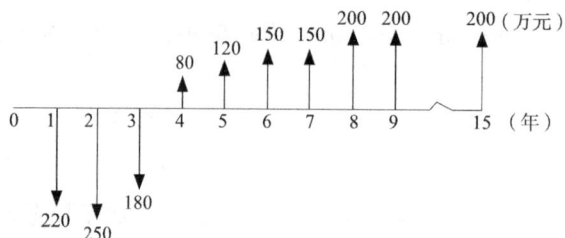

A. $> P_c$，项目不可行   B. $= P_c$，项目不可行

C. $= P_c$，项目可行   D. $< P_c$，项目可行

16.（2014—42）某建设项目，第 1 ~ 3 年每年年末投入建设资金 500 万元，第 4 ~ 8 年每年年末获得利润 800 万元，则该项目的静态投资回收期为（ ）年。

A. 3.87   B. 4.88

C. 4.90   D. 4.96

17.（2019—101）关于投资回收期的说法，正确的有（ ）。

A. 静态投资回收期就是方案累计现值等于零时的时间（年份）

B. 静态投资回收期是在不考虑资金时间价值的条件下，以项目的净收益回收其全部投资所需要的时间

C. 静态投资回收期可以从项目投产年开始算起，但应予以注明

D. 静态投资回收期可以从项目建设年开始算起，但应予以注明

E. 动态投资回收期一般比静态投资回收期短

3. 净现值

18.（2014—101）确定基准收益率时，应综合考虑的因素包括（ ）。

A. 投资风险   B. 资金限制

C. 资金成本   D. 通货膨胀

E. 投资者意愿

19.（2016—42）关于净现值指标的说法，正确的是（ ）。

A. 该指标全面考虑了项目在整个计算期内的经济状况

B. 该指标未考虑资金的时间价值

C. 该指标反映了项目投资中单位投资的使用效率

D. 该指标直接说明了在项目运营期各年的经营成果

20.（2018—42）已知技术方案的净现金流量见下表。若 $i_c = 10\%$，则该技术方案的净现值为（ ）万元。

计算期（年）	1	2	3	4	5	6
净现金流量（万元）	−300	−200	300	700	700	700

A. 1399.56　　　　　　　　　　　　B. 1426.83

C. 1034.27　　　　　　　　　　　　D. 1095.25

21. 某项目各年净现金流量见下表，设基准收益率为10%，则该项目的净现值和静态投资回收期分别为（　　）。

年份	0	1	2	3	4	5
净现金流量（万元）	−160	50	50	50	50	50

A. 32.02 万元，3.2 年　　　　　　　B. 32.02 万元，4.2 年

C. 29.54 万元，4.2 年　　　　　　　D. 29.54 万元，3.2 年

22.（2019—43）关于净现值指标的说法，正确的是（　　）。

A. 该指标能够直观地反映项目在运营期内各年的经营成果

B. 该指标可直接用于不同寿命期互斥方案的比选

C. 该指标小于零时，项目在经济上可行

D. 该指标大于等于零时，项目在经济上可行

4. 净年值

本部分内容一般不会进行考查，仅做了解即可。

5. 内部收益率

23.（2004—45）某贷款项目，银行贷款年利率为8%时，净现值为33.82万元；银行贷款年利率为10%时，净现值为−16.64万元，当银行贷款年利率为（　　）时，企业净现值恰好为零。

A. 8.06%　　　　　　　　　　　　B. 8.66%

C. 9.34%　　　　　　　　　　　　D. 9.49%

24.（2019—39）某常规投资方案，当贷款利率为12%时，净现值为150万元；当贷款利率为14%时，净现值为−100万元，则该方案内部收益率的取值范围为（　　）。

A. <12%　　　　　　　　　　　　B. 12% ~ 13%

C. 13% ~ 14%　　　　　　　　　　D. >14%

25.（2020—43）某常规投资项目，在不同收益率下的项目净现值如下表。则采用线性内插法计算的项目内部收益率 IRR 为（　　）。

收益率（i）	8%	10%	11%	12%
项目净现值（万元）	220	50	−20	−68

A. 9.6%　　　　　　　　　　　　B. 10.3%

C. 10.7%　　　　　　　　　　　　D. 11.7%

26.（2017—44）利用经济评价指标评判项目的可行性时，说法错误的是（　　）。

A．内部收益率≥基准收益率，方案可行

B．静态投资回收期＞基准投资回收期，方案可行

C．净现值＞0，方案可行

D．总投资收益率≥基准投资收益率，方案可行

27．（2021—101）某具有常规现金流量的投资项目，建设期2年，计算期12年，总投资1800万元，投产后净现金流量如下表。项目基准收益率为8%，基准动态投资回收期为7年，财务净现值为150万元，关于该项目财务分析的说法，正确的有（   ）。

年份	3	4	5	6	7	…	12
净现金流量（万元）	200	400	400	400	400	…	…

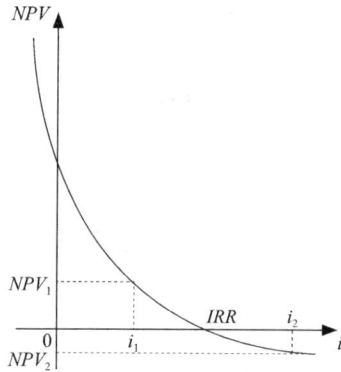

A．项目内部收益率小于8%

B．项目静态投资回收期为7年

C．用动态投资回收期评价，项目不可行

D．计算期第5年投资利润率为22.2%

E．项目动态投资回收期小于12年

三、项目经济分析

（一）经济分析和财务分析的联系和区别

28．（2021—102）关于项目财务分析和经济分析关系的说法，正确的有（   ）。

A．财务分析的数据资料是经济分析的基础

B．两种分析所站立场和角度相同

C．两种分析的内容和方法相同

D．两种分析的依据和分析结论时效性不同

E．两种分析计量费用和效益的价格尺度不同

（二）经济分析的范围

29．下列类型项目应进行经济费用效益分析的有（   ）。

A．具有垄断特征的项目　　　　　　　B．产出具有公共产品特征的项目

C．外部效果显著的项目　　　　　　　D．农业开发项目

E．涉及国家经济安全的项目

（三）项目经济效益和费用的识别和计算

30．项目经济效益和费用的识别应符合的要求有（　　）。

A．遵循 "有无对比" 原则

B．对项目所涉及的所有成员及群体的费用和效益作全面分析

C．只需要识别负面外部效果

D．正确识别和调整内部转移支付，根据不同情况区别对待

E．合理确定效益和费用的空间范围和时间跨度

31．项目经济分析中，对于具有市场价格的投入，影子价格的计算公式为（　　）。

A．离岸价 × 影子汇率 + 贸易费用—进口费用

B．到岸价 × 影子汇率 + 进口费用

C．离岸价 × 影子汇率 + 国内运杂费 + 进口费用

D．到岸价 × 影子汇率 + 国内运杂费 – 进口费用

32．关于特殊投入物影子价格的说法，错误的是（　　）。

A．项目占用的土地在支付费用时才能计算其影子价格

B．劳动力的影子工资等于劳动力机会成本与因劳动力转移而引起的新增资源消耗之和

C．不可再生自然资源的影子价格应按资源的机会成本计算

D．可再生自然资源的影子价格应按资源再生费用计算

（四）经济费用效益分析参数和指标

33．费用效果分析首先应进行的工作是（　　）。

A．确立项目目标　　　　　　　　　　B．构想和建立备选方案

C．识别费用与效果要素　　　　　　　D．推荐最佳方案

34．效益难于货币量化项目的费用效果分析方法有（　　）。

A．最小费用法　　　　　　　　　　　B．机会成本法

C．最大效果法　　　　　　　　　　　D．增量分析法

E．成本分解法

习题答案及解析

1．ABCD	2．D	3．C	4．C	5．A
6．D	7．AC	8．D	9．A	10．AD
11．A	12．B	13．C	14．B	15．A
16．B	17．BC	18．ABCD	19．A	20．D
21．D	22．D	23．C	24．C	25．C

26．B   27．BCDE   28．ADE   29．ABCE   30．ABDE

31．B   32．A   33．A   34．ACD

【解析】

12．B。总投资收益率＝项目达到设计生产能力后正常年份的年息税前利润或运营期内年平均息税前利润／总投资＝（260+20）／（1200+100+90/30%）=17.5%。在2015、2017、2020年度的考试中，同样对本题涉及的采分点进行了考查。

13．C。资本金净利润率＝（1500×12%−40.5−18）/1000×100%=12.15%。

15．A。累计净现金流量见下表：

计算期	0	1	2	3	4	5	6	7	8	9	10	11	12	13	14	15
现金流入					80	120	150	150	200	200	200	200	200	200	200	200
现金流出	220	250	180													
净现金流量	−220	−250	−180	80	120	150	150	200	200	200	200	200	200	200	200	
累计净现金流量	−220	−470	−650	−570	−450	−300	−150	50	250	450	650	850	1050	1250	1450	

$$P_t=(8-1)+\frac{|-150|}{200}=7.75年>7.5年，所以项目不可行。$$

16．B。建设项目累计净现金流量见下表：

计算期	1	2	3	4	5	6	7	8
净现金流量（万元）	−500	−500	−500	800	800	800	800	800
累计净现金流量（万元）	−500	−1000	−1500	−700	100	900	1700	2500

$$P_t=（累计净现金流量出现正值的年份数-1）+\frac{|上一年累计净现金流量|}{出现正值年份的净现金流量}$$

$$=（5-1）+\frac{|-700|}{800}$$

$$=4.88年$$

在2006、2012年度的考试中，同样对本题涉及的采分点进行了考查。

20．D。根据公式：$NPV=\sum_{t=0}^{n}(CI-CO)_t(1+i_c)^{-t}$，该技术方案的净现值＝$-300\times(1+10\%)^{-1}-200\times(1+10\%)^{-2}+300\times(1+10\%)^{-3}+700\times(1+10\%)^{-4}+700\times(1+10\%)^{-5}+700\times(1+10\%)^{-6}$=−272.73−165.29+225.39+478.11+434.64+395.13=1095.25万元。2001、2002、2004、2005、2006、2007、2012年度的考试中，同样对本题涉及的采分点进行了考查。

21．D。本题的计算如下：

财务净现值的计算：$-160+50 \times (1+10\%)^{-1}+50 \times (1+10\%)^{-2}+50 \times (1+10\%)^{-3}+50 \times (1+10\%)^{-4}+50 \times (1+10\%)^{-5}=29.54$ 万元。

静态投资回收期的计算：

根据题中表可得：

年份	0	1	2	3	4	5
净现金流量（万元）	−160	50	50	50	50	50
累计净现金流量（万元）	−160	−110	−60	−10	40	90

静态投资回收期=$（4-1）+\dfrac{|-10|}{50}=3.2$ 年。

23．C。$IRR \approx 8\% + \dfrac{33.82}{33.82+|-16.64|} \times （10\%-8\%）=9.34\%$。

24．C。内插法计算内部收益率的近似值，根据公式：

$$IRR = i_1 + \frac{NPV_1}{NPV_1 + |NPV_2|}（i_2 - i_1）$$
$$= 12\% + \frac{150}{150 + |-100|}（14\% - 12\%）$$
$$= 13.2\%$$

则该方案财务内部收益率的取值范围为 13% ~ 14%。

25．C。想要净现值等于零，项目内部收益率 IRR 应在 10% 与 11% 之间，由此排除了 A、D 两项。根据公式为：$IRR = i_1 + \dfrac{NPV_1}{NPV_1 + |NPV_2|}（i_2 - i_1）$，为了保证 IRR 的精度，$i_1$ 与 i_2 之间的差距以不超过 2% 为宜，最大不要超过 5%。项目内部收益率计算如下：

$IRR = 8\% + \dfrac{220}{220 + |50|} \times （10\%-8\%）=9.6\%$；

$IRR = 8\% + \dfrac{220}{220 + |-20|} \times （11\%-8\%）=10.5\%$；

$IRR = 8\% + \dfrac{220}{220 + |-68|} \times （12\%-8\%）=11.1\%$；

$IRR = 10\% + \dfrac{50}{50 + |-20|} \times （11\%-10\%）=10.7\%$；

$IRR = 10\% + \dfrac{50}{50 + |-68|} \times （12\%-10\%）=10.8\%$。

在 2001、2012 年度考试中，同样对本题涉及的采分点进行了考查。

27．BCDE。A 选项错误，项目基准收益率为 8% 时计算的财务净现值为 150 万元，净现值为 0 时的内部收益率要大于净现值为正值时的收益率，即大于 8%；B 选项正确，根据各年的净现金流量，累加到第 7 年的净现金流量 =−1800+200+400+400+400+400=0，所以静态投资回收期为 7 年。C 选项正确，同一项目的静态投资回收期必然大于动态投资回收期，所以该项目的动态投资回收期 >7，同时也大于基准动态投资回收期（7 年），则该项目不可行。D 选项正确，计算期第 5 年的投资利润率 =400/1800=22.2%。E 选项正确，动态投资回收期是项目累计现值等于零时的时间，第 12 年时净现值已经达到 150 万元，说明在 12 年之前就已经出现了动态回收期，所以项目动态投资回收期小于 12 年。

第五章

建设工程设计阶段投资控制

第一节　设计方案评选内容和方法

知识导学

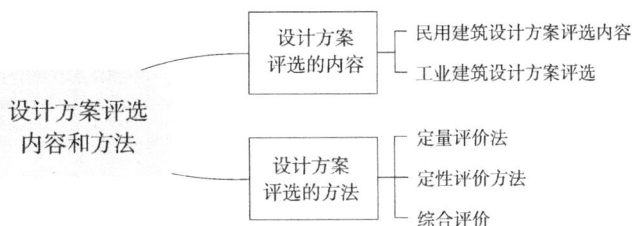

习题汇总

一、设计方案评选的内容

（一）民用建筑设计方案评选内容

1. 建筑与环境关系适用性的评选内容

1. 建筑与自然环境关系处理应满足的要求有（　　）。

A. 建筑应与地基所处人文环境相协调

B. 建筑地基应进行绿化

C. 严格控制对自然和生态环境的不利影响

D. 建筑地基应选择在地质环境条件安全，且可获得天然采光的地段

E. 建筑周围环境的空气、土壤、水体不应构成对人体的危害

2. 工程设计方案适用性的评选内容

2.（2020—44）民用建筑工程设计方案适用性评价时，建筑基地内人流、车流和物流是否合理分流，属于（　　）评价的内容。

A. 场地设计

B. 建筑物设计

C. 规划控制指标

D. 绿色设计

3．（2021—45）民用建筑设计方案经济性评价追求的目标是（   ）。

A．规模一定的条件下，工程造价/投资最低

B．单位面积使用阶段能耗最低，节能效果好

C．满足结构安全的前提下，主要建筑材料消耗最少

D．全寿命周期的高性价比

（二）工业建筑设计方案评选

本部分内容一般不会进行考查，仅做了解即可。

二、设计方案评选的方法

4．对方案进行定量评价的工作内容包括：①通过统计检验、解释和鉴别评价的结果；②对数据资料进行统计分类，描述数据分布的形态和特征；③进行相关分析，了解各因素之间的联系；④估计总体参数，从样本推断总体的情况。正确的步骤是（   ）。

A．③②④①   B．②①④③

C．④②③①   D．②④③①

5．常用的定量方法有（   ）。

A．直接评分法   B．优缺点列举法

C．加权评分法   D．几何平均值评分法

E．比较价值评分法

6．设计方案综合评价常用的定性方法有（   ）。

A．专家意见法   B．头脑风暴法

C．用户意见法   D．费用分析法

E．比较法

习题答案及解析

1．CDE   2．A   3．D   4．B   5．ACDE

6．AC

【解析】

2．A。场地设计方面评价内容包括建筑布局应使建筑基地内的人流、车流与物流合理分流，防止干扰，并应有利于消防、停车、人员集散以及无障碍设施的设置。

3．D。"经济"不能简单的理解为追求造价，不能狭隘地理解为投入少就是经济，而是追求全寿命的经济、高性价比的经济。

第二节　价值工程方法及其应用

知识导学

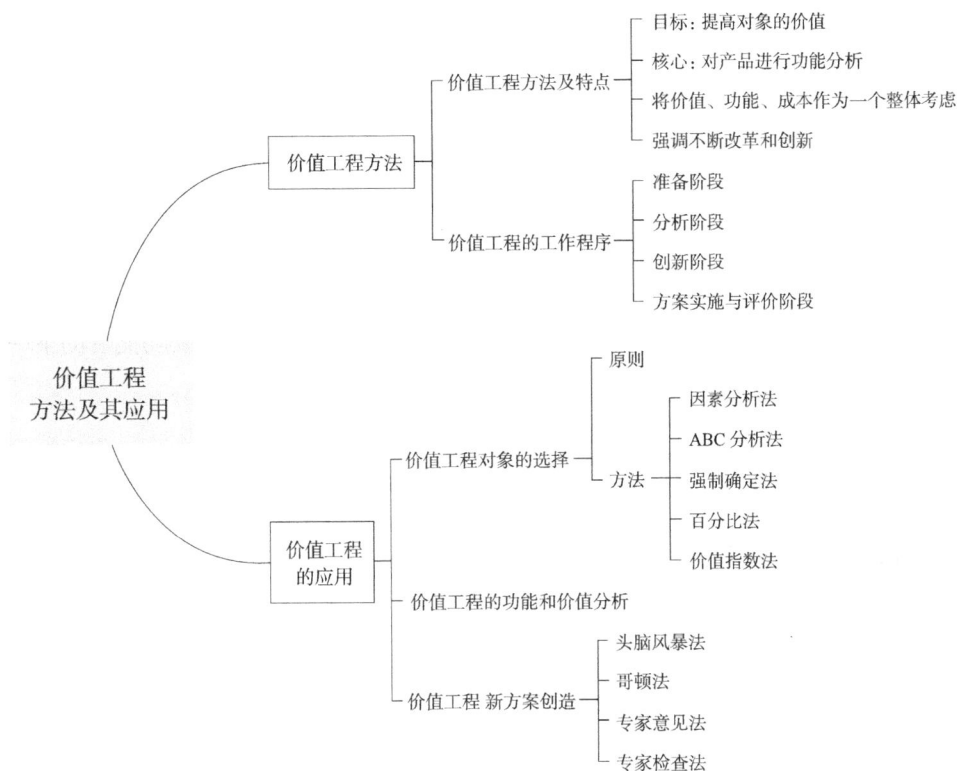

习题汇总

一、价值工程方法

（一）价值工程方法及特点

1.（2006—46）在设计阶段，运用价值工程方法的目的是（　　）。

A. 提高功能

B. 提高价值

C. 降低成本

D. 提高设计方案施工的便利性

2.（2016—43）价值工程的目标是以（　　）实现项目必须具备的功能。

A. 最少的项目投资

B. 最高的项目盈利

C. 最低的寿命周期成本

D. 最低的项目运行成本

3.（2017—101）关于价值工程的说法，正确的有（　　）。

A. 价值工程的核心是对产品进行功能分析

B. 价值工程涉及价值、功能和寿命周期成本三要素

C. 价值工程应以提高产品的功能为出发点

D. 价值工程是以提高产品的价值为目标

E. 价值工程强调选择最低寿命周期成本的产品

（二）价值工程的工作程序

4.（2015—102）价值工程分析阶段的工作有（   ）。

A. 对象选择　　　　　　　　　　B. 收集整理资料

C. 功能定义　　　　　　　　　　D. 功能整理

E. 功能评价

5. 价值工程活动中功能评价前应完成的工作有（   ）。

A. 设计方案优化　　　　　　　　B. 功能整理

C. 方案创造　　　　　　　　　　D. 方案评价

E. 功能定义

6. 按照价值工程活动的工作程序，通过功能分析与整理明确必要功能后的下一步工作是（   ）。

A. 功能评价　　　　　　　　　　B. 功能定义

C. 方案评价　　　　　　　　　　D. 方案创造

二、价值工程的应用

（一）价值工程对象的选择

1. 对象选择的一般原则

7.（2016—98）由多个部件组成的产品，应优先选择（   ）的部件作为价值工程的分析对象。

A. 造价低　　　　　　　　B. 数量多

C. 体积小　　　　　　　　D. 加工工序多

E. 废品率高

2. 对象选择的方法

8.（2007—103）强制确定法可用于价值工程活动中的（   ）。

A. 对象选择　　　　　　　　B. 功能评价

C. 功能定义　　　　　　　　D. 方案创新

E. 方案评价

9.（2014—44）根据功能重要程度选择价值工程对象的方法称为（   ）。

A. 因素分析法　　　　　　　B. ABC 分析法

C. 强制确定法　　　　　　　D. 价值指数法

10.（2015—43）应用 ABC 分析法选择价值工程对象，是将（   ）的零部件或工序作为研究对象。

A．生产工艺复杂　　　　　　　　　B．价值系数高

C．成本比重大　　　　　　　　　　D．功能评分值高

11．（2018—102）下列价值工程对象的选择方法中，属于非强制确定方法的有（　　）。

A．应用数理统计分析的方法

B．考虑各种因素凭借经验集体研究确定的方法

C．以功能重要程度来选择的方法

D．寻求价值较低对象的方法

E．按某种费用对某项技术经济指标影响程度来选择的方法

（二）价值工程的功能和价值分析

1．功能定义

本部分内容一般不会单独进行考查，仅做了解即可。

2．功能整理

12．价值工程活动中，功能整理的主要任务是（　　）。

A．建立功能系统图　　　　　　　　B．分析产品功能特性

C．编制功能关联表　　　　　　　　D．确定产品功能名称

3．功能计量

13．功能的量化方法有（　　）。

A．理论计算法　　　　　　　　　　B．类比类推法

C．强制确定法　　　　　　　　　　D．统计分析法

E．德尔菲法

4．功能评价

14．（2014—45）某产品的目标成本为2000元，该产品某零部件的功能重要性系数是0.32，若现实成本为800元，则该零部件成本需要降低（　　）元。

A．160　　　　　　　　　　　　　　B．210

C．230　　　　　　　　　　　　　　D．240

15．（2021—46）某项目建筑安装工程目标造价2000元/m，项目四个功能区重要性采用0—1评分法，评分结果如下表，则该项目建筑安装工程在节能方面的投入宜为（　　）元/m。

功能区	安全	适用	节能	美观
安全	×	0	1	1
适用	1	×	1	1
节能	0	0	×	1
美观	0	0	0	×

A. 340

B. 400

C. 600

D. 660

16. 价值工程功能评价的程序如下图，图中"*"位置应进行的工作是（　　）。

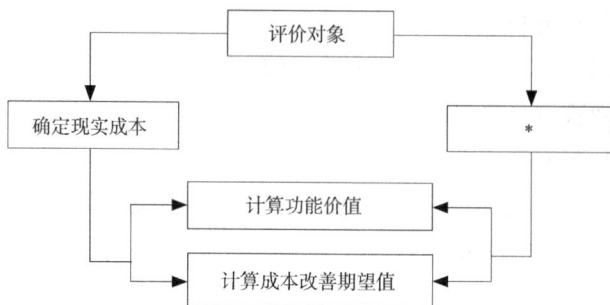

A. 确定功能评价值

B. 整理功能之间的逻辑关系

C. 确定目标成本

D. 确定基本功能

5. 功能价值 V 的计算及分析

17.（2004—47）某工程有 4 个设计方案，方案一的功能系数为 0.61，成本系数为 0.55；方案二的功能系数为 0.63，成本系数为 0.6；方案三的功能系数为 0.62，成本系数为 0.57；方案四的功能系数为 0.64，成本系数为 0.56。根据价值工程原理确定的最优方案为（　　）。

A. 方案一

B. 方案二

C. 方案三

D. 方案四

18.（2015—44）价值工程应用中，如果评价对象的价值系数 $V<1$，则表明（　　）。

A. 评价对象的功能现实成本与实现功能所必需的最低成本大致相当

B. 评价对象的现实成本偏高，而功能要求不高

C. 该部件功能比较重要，但分配的成本较少

D. 评价对象的现实成本偏低

19.（2019—44）某项目应用价值工程原理进行方案择优，各方案的功能系数和单方造价见下表，则最优方案为（　　）。

方案	甲	乙	丙	丁
功能系数	0.202	0.286	0.249	0.263
单方造价（元/m²）	2840	2460	2300	2700

A. 甲方案

B. 乙方案

C. 丙方案

D. 丁方案

20.（2020—45）某产品 4 个功能区的功能指数和现实成本见下表。若产品总成本

保持不变，以成本改进期望值为依据，则应优先作为价值工程改进对象的是（ ）。

产品功能区	F_1	F_2	F_3	F_4
功能指数	0.35	0.25	0.30	0.10
现实成本（万元）	185	155	130	30

A. F_1 B. F_2

C. F_3 D. F_4

21. 关于价值工程中功能的价值系数的说法，正确的是（ ）。

A. 价值系数越大越好

B. 价值系数大于1表示评价对象存在多余功能

C. 价值系数等于1表示评价对象的价值为最佳

D. 价值系数小于1表示现实成本较低，而功能要求较高

（三）价值工程新方案创造

22. 价值工程中方案创造的理论依据是（ ）。

A. 产品功能具有系统性   B. 功能载体具有替代性

C. 功能载体具有排他性   D. 功能实现程度具有差异性

23.（2019—102）在价值工程的应用中，可用于方案创造的方法有（ ）。

A. 因素分析法   B. 头脑风暴法

C. 强制确定法   D. 哥顿法

E. 德尔菲法

习题答案及解析

1. B   2. C   3. ABD   4. BCDE   5. BE

6. A   7. BDE   8. BE   9. C   10. C

11. ABDE   12. A   13. ABDE   14. A   15. B

16. A   17. D   18. B   19. B   20. B

21. C   22. B   23. BDE

【解析】

11. ABDE。选项属于ABC分析法；选B项属于因素分析法；C选项属于强制确定法；D选项属于价值指数法；E选项属于百分比分析法。

14. A。功能评价值 F=2000×0.32=640 元。 ΔC=C－F=800－640=160 元。

15. B。节能的投入 =2000×0.2=400 元/m。

17. D。本题的计算为：

$$V_1 = \frac{F_1}{C_1} = \frac{0.61}{0.55} = 1.1091; V_2 = \frac{F_2}{C_2} = \frac{0.63}{0.6} = 1.05$$

$$V_3 = \frac{F_3}{C_3} = \frac{0.62}{0.57} = 1.0877; V_4 = \frac{F_4}{C_4} = \frac{0.64}{0.56} = 1.1429$$

价值系数最高的为最优方案。在 2003 年度的考试中，同样对本题涉及的采分点进行了考查，且提问形式与本题一致。

19．B。本题的计算如下：

计算各方案的成本系数：甲方案成本系数 = 2840/（2840+2460+2300+2700）=0.276；乙方案成本系数 =2460/（2840+2460+2300+2700）=0.239；丙方案成本系数 =2300/（2840+2460+2300+2700）=0.223；丁方案成本系数 =2700/（2840+2460+2300+2700）=0.262；

计算各方案的价值系数：甲方案价值系数 =0.202/0.276=0.732；乙方案价值系数 =0.286/0.239=1.197；丙方案价值系数 =0.249/0.223=1.117；丁方案价值系数 =0.263/0.262=1.003。

在四个方案中选择价值系数最大者为最优方案，即乙方案为最优方案。

20．B。功能指数法表达式如下：

$$\text{第} i \text{个评价对象的价值指数} V_I = \frac{\text{第} i \text{个评价对象的功能指数} F_I}{\text{第} i \text{个评价对象的成本指数} C_I}$$

$$\text{第} i \text{个评价对象的成本指数} C_I = \frac{\text{第} i \text{个评价对象的成本指数} C_I}{\text{全部成本}}$$

成本指数的计算过程为：

$$\text{成本指数} C_1 = \frac{185}{(185 + 155 + 130 + 30)} = 0.37;$$

$$\text{成本指数} C_2 = \frac{155}{(185 + 155 + 130 + 30)} = 0.31;$$

$$\text{成本指数} C_3 = \frac{130}{(185 + 155 + 130 + 30)} = 0.26;$$

$$\text{成本指数} C_4 = \frac{30}{(185 + 155 + 130 + 30)} = 0.06;$$

价值指数的计算过程为：价值指数 $V_1 = \frac{0.35}{0.37} = 0.95$；价值指数 $V_2 = \frac{0.25}{0.31} = 0.81$；

价值指数 $V_3 = \frac{0.30}{0.26} = 1.15$；价值指数 $V_4 = \frac{0.10}{0.06} = 1.67$。优先作为价值工程改进对象的是 F_2。

23．BDE。在 2014 年度的考试中，同样对本题涉及的采分点进行了考查，且提问形式与本题一致。

第三节　设计概算编制和审查

知识导学

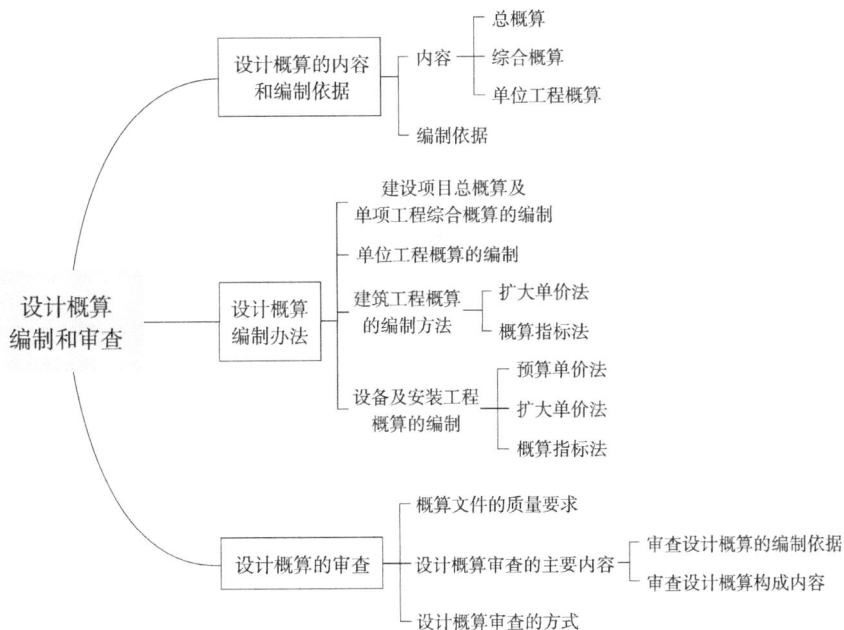

习题汇总

一、设计概算的内容和编制依据

（一）设计概算的内容

1. 设计概算的"三级概算"是指（　　）。

A. 建筑工程概算、安装工程概算、设备及工器具购置费概算

B. 单位工程概算、单项工程综合概算、建设工程项目总概算

C. 建设投资概算、建设期利息概算、铺底流动资金概算

D. 主要工程项目概算、辅助和服务性工程项目概算、室内外工程项目概算

2.（2002—41）某新建项目装配车间的土建工程概算 100 万元，给水排水和电气照明工程概算 15 万元，设计费 10 万元，装配生产设备及安装工程概算 100 万元，联合试运转费概算 5 万元，则该装配车间单项工程综合概算为（　　）万元。

A. 215　　　　　　　　　　　　　　B. 220

C. 225　　　　　　　　　　　　　　D. 230

3. 下列单位工程概算中，属于设备及安装工程概算的是（　　）。

A．通风空调工程概算

B．电气照明工程概算

C．弱电工程概算

D．工器具及生产家具购置费用概算

4．（2011—103）某大学新建校区有一实验楼单项工程，下列费用中，应列入实验楼单项工程综合概算的有（　　）。

A．分摊到实验楼的土地征用费

B．实验楼的土建工程费

C．实验楼的给水排水工程费

D．实验楼的设备及安装工程费

E．分摊到实验楼的建设期利息

5．当建设项目为具有独立性的单项工程时，其设计概算应采用的编制形式是（　　）。

A．单位工程概算、单项工程综合概算和建设项目总概算三级

B．单位工程概算和单项工程综合概算二级

C．单项工程综合概算和建设项目总概算二级

D．单位工程概算和建设项目总概算二级

6．（2017—41）下列费用中，不属于单项工程综合概算内容的是（　　）。

A．单位建筑工程概算

B．安装工程概算

C．铺底流动资金概算

D．设备购置费用概算

7．（2020—46）建设项目设计概算文件采用三级概算或二级概算的区别，在于是否单独编制（　　）文件。

A．分部工程概算

B．单位工程概算

C．单项工程综合概算

D．建设项目总概算

（二）设计概算编制依据

本部分内容一般不会进行考查，仅做了解即可。

二、设计概算编制方法

1．建设项目总概算及单项工程综合概算的编制

8．建设项目总概算书的内容有编制说明和（　　）。

A．单位工程概算表

B．分部分项工程概算表

C．单项工程综合概算表

D．工程建设其他费用概算表

E．总概算表

2．单位工程概算的编制

本部分内容一般不会进行考查，仅做了解即可。

3．建筑工程概算的编制方法

（1）扩大单价法

9．（2006—47）当初步设计达到一定深度、建筑结构比较明确时，宜采用（　　）编制建筑工程概算。

A．预算单价法　　　　　　　　　　　　B．概算指标法

C．类似工程预算法　　　　　　　　　　D．扩大单价法

10．（2012—103）下列工程中，宜采用扩大单价法编制单位工程概算的有（　　）。

A．初步设计较完善的工程　　　　　　　B．住宅工程

C．福利工程　　　　　　　　　　　　　D．建筑结构较明确的工程

E．附属工程

（2）概算指标法

11．对于一般附属、辅助和服务工程等项目，一级住宅和文化福利工程项目或投资比较小、比较简单的工程项目，可以采用（　　）编制工程概算。

A．实物量法　　　　　　　　　　　　　B．扩大单价法

C．概算指标法　　　　　　　　　　　　D．估算指标法

12．（2019—103）建筑工程概算编制的基本方法有（　　）。

A．实物量法　　　　　　　　　　　　　B．扩大单价法

C．概算指标法　　　　　　　　　　　　D．估算指标法

E．预算单价法

4．设备及安装工程概算的编制

13．（2008—47）当初步设计有详细设备清单时，编制设备安装工程概算精确性较高的方法是（　　）。

A．扩大单价法　　　　　　　　　　　　B．概算指标法

C．修正概算指标法　　　　　　　　　　D．预算单价法

14．（2011—46）当初步设计的设备清单不完备，或仅有成套设备的重量时，应优先采用（　　）编制设备安装工程概算。

A．综合扩大单价法　　　　　　　　　　B．概算指标法

C．修正概算指标法　　　　　　　　　　D．预算单价法

15．（2015—45）编制设备安装工程概算时，当初步设计有详细设备清单，宜采用的编制方法是（　　）。

A．扩大单价法　　　　　　　　　　　　B．类似工程预算法

C．预算单价法　　　　　　　　　　　　D．概算指标法

16．（2017—102）下列方法中，可用来编制设备安装工程概算的方法有（　　）。

A．估算指标法　　　　　　　　　　　　B．概算指标法

C．扩大单价法　　　　　　　　　　　　D．预算单价法

E．百分比分析法

三、设计概算的审查

（一）概算文件的质量要求

17．（2021—47）关于设计概算编制的说法，正确的是（　　）。

A. 应按编制时项目所在地的价格水平编制，不考虑后续价格变动

B. 应按编制时项目所在地的价格水平编制，不考虑施工条件影响

C. 应按编制时项目所在地的价格水平编制，还应按项目合理工期预测建设期价格水平

D. 应按编制时项目所在地的价格水平编制，不考虑建设项目的实际投资

（二）设计概算审查的主要内容

1. 审查设计概算的编制依据

18.（2009—104）审查设计概算编制依据时，应着重审查编制依据是否（   ）。

A. 经过国家或授权机关批准　　　　　　B. 具有先进性和代表性

C. 符合工程的适用范围　　　　　　　　D. 符合国家有关部门的现行规定

E. 满足建设单位的要求

2. 审查设计概算构成内容

19.（2020—104）单位建筑工程概算工程量审查的主要依据有（   ）。

A. 初步设计图纸　　　　　　　　　　　B. 施工图设计文件

C. 概算定额　　　　　　　　　　　　　D. 概算指标

E. 工程量计算规则

（三）设计概算审查的方式

20.（2021—103）政府投资项目概算批准后，允许调整概算的情形有（   ）。

A. 原设计范围内，提高建设标准引起的费用增加

B. 超出原设计范围的重大变更

C. 建设单位提出设计变更引起的费用增加

D. 设计文件重大差错引起的工程费用增加

E. 超出涨价预备费的国家重大政策性调整

习题答案及解析

1. B	2. A	3. D	4. BCD	5. D
6. C	7. C	8. ACDE	9. D	10. AD
11. C	12. BC	13. D	14. A	15. C
16. BCD	17. C	18. ACD	19. ACE	20. BE

【解析】

2. A。该装配车间单项工程综合概算 =100+15+100=215 万元。

4. BCD。单项工程综合概算包括各单位建筑工程概算和设备及安装工程概算。各单位建筑工程概算有一般土建工程概算、给水排水工程概算、采暖工程概算、通风工程概算、电气照明工程概算、特殊构筑物工程概算。设备及安装工程概算分为机械设备及安装工程概算、电气设备及安装工程概算、器具、工具及生产家具购置费概算。

17．C。设计概算应按编制时项目所在地的价格水平编制，总投资应完整地反映编制时建设项目的实际投资；设计概算应考虑建设项目施工条件等因素对投资的影响；还应按项目合理工期预测建设期价格水平，以及资产租赁和贷款的时间价值等动态因素对投资的影响；建设项目总投资还应包括铺底流动资金。

第四节　施工图预算编制和审查

知识导学

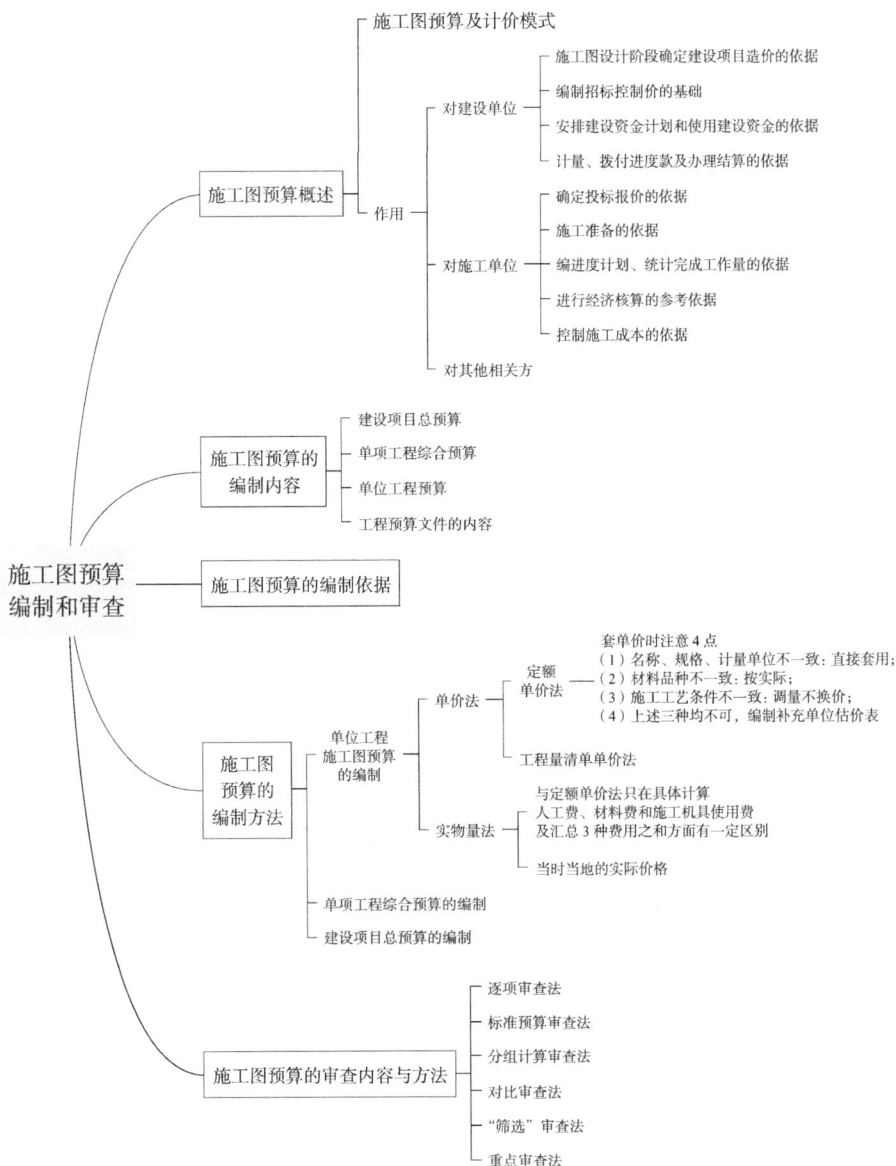

习题汇总

一、施工图预算概述

（一）施工图预算及计价模式

1. 传统计价模式

1. 在传统计价模式下，编制施工图预算的要素价格是根据（　）确定的。

A. 企业定额   B. 市场价格

C. 要素信息价   D. 预算定额

2. 工程量清单计价模式

2. 工程量清单计价模式是指按照建设工程工程量计算规范规定的工程量计算规则，由招标人提供工程量清单和有关技术说明，投标人根据自身实力，按（　）进行施工图预算的计价模式。

A. 企业定额   B. 施工定额

C. 资源市场单价   D. 概算定额

E. 市场供求及竞争状况

（二）施工图预算的作用

1. 施工图预算对建设单位的作用

3.（2012—104）施工图预算是建设单位（　）的依据。

A. 确定项目造价   B. 进行施工准备

C. 控制施工成本   D. 监督检查执行定额标准

E. 施工期间安排建设资金

2. 施工图预算对施工单位的作用

4. 关于施工图预算对施工单位作用的说法，正确的有（　）。

A. 是施工图设计阶段确定建设工程项目造价的依据

B. 是确定投标报价的依据

C. 是组织材料、机具、设备及劳动力供应的依据

D. 是控制施工成本的依据

E. 可以作为拨付工程进度款及办理结算的基础

3. 施工图预算对其他相关方的作用

5. 施工图预算对于工程造价管理部门的作用主要有（　）。

A. 是项目立项审批的依据

B. 是监督检查执行定额标准的依据

C. 是合理确定工程造价的依据

D. 是审定招标控制价的依据

E. 是测算造价指数的依据

二、施工图预算的编制内容

6. 关于施工图预算文件的组成，下列说法中错误的是（　　）。

A. 当建设项目有多个单项工程时，应采用三级预算编制形式

B. 三级预算编制形式的施工图预算文件包括综合预算表、单位工程预算表和附件等

C. 当建设项目仅有一个单项工程时，应采用二级预算编制形式

D. 二级预算编制形式的施工图预算文件包括综合预算表和单位工程预算表两个主要报表

7. 某建设项目只有一个单项工程。关于该项目施工图预算编制要求的说法，正确的是（　　）。

A. 应采用三级预算编制形式

B. 应采用二级预算编制形式

C. 不需编制施工图预算

D. 编制建设项目总预算和单项工程综合预算

三、施工图预算的编制依据

8. 施工图预算的编制依据有（　　）。

A. 建设单位的资金到位情况 　　　　B. 施工投标单位的资质等级

C. 施工投标单位的施工组织设计 　　D. 项目的技术复杂程度

E. 批准的施工图设计图纸

四、施工图预算的编制方法

（一）单位工程施工图预算的编制

9.（2014—103）下列方法中，可以用于编制施工图预算的有（　　）。

A. 定额单价法 　　　　　　　　　　B. 工程量清单单价法

C. 扩大单价法 　　　　　　　　　　D. 实物量法

E. 综合单价法

1. 单价法

10.（2018—103）编制施工图预算的过程中，图纸的主要审核内容有（　　）。

A. 审核图纸间相关尺寸是否有误

B. 审核图纸是否有设计更改通知书

C. 审核材料表上的规格是否与图示相符

D. 审核图纸是否已经施工单位确认

E. 审核图纸与现行计量规范是否相符

11.（2020—47）分项工程单位估价表是预算定额法编制施工图预算的重要依据，

分项工程单位估价表中的单价包含完成相应分项工程所需的人工费、材料费和（　　）。

    A．企业管理费　　　　　　　　　　B．施工机具使用费

    C．规费　　　　　　　　　　　　　D．税金

12.（2021—48）采用定额单价法编制施工图预算时，若某分项工程的主要材料品种与预算单价或单位估价表中规定材料不一致，则正确的做法是（　　）。

    A．按实际使用材料价格换算预算单价，再套用换算后的单价

    B．直接套用预算单价，再根据材料价差调整工程费用

    C．改用实物量法编制施工图预算

    D．改用工程量清单单价法编制施工图预算

13．关于采用定额单价法编制施工图预算时套用定额单价的说法，错误的是（　　）。

    A．当分项工程的名称、规格、计量单位与定额单价中所列内容完全一致时，可直接套用定额单价

    B．当分项工程施工工艺条件与定额单价不一致而造成人工、机械的数量增减时，应调价不换量

    C．当分项工程的主要材料品种与定额单价中规定材料不一致时，应按实际使用材料价格换算定额单价

    D．当分项工程不能直接套用定额、不能换算和调整时，应编制补充定额单价

2．实物量法

14．编制施工图预算时，按各分项工程的工程量套取预算定额中人、料、机消耗量指标，并按类相加求取单位工程人、料、机总消耗量，再采用当时当地的人工、材料和机械台班实际价格计算汇总人、料、机费用的方法是（　　）。

    A．定额单价法　　　　　　　　　　B．实物量法

    C．工程量清单综合单价法　　　　　D．全费用综合单价法

15．（2002—43）预算人工、材料、机械台班定额是在正常生产条件下分项工程所需的（　　）标准。

    A．人工、材料、机械台班消耗量　　B．人工、材料、机械台班价格

    C．分项工程数量　　　　　　　　　D．分项工程价格

16．实物量法编制施工图预算时采用的人工、材料、机械的单价应为（　　）。

    A．项目所在地定额基价中的价格　　B．预测的项目建设期的市场价格

    C．定额编制时的市场价格　　　　　D．当时当地的实际价格

（二）单项工程综合预算的编制

本部分内容一般不会进行考查，仅做了解即可。

（三）建设项目总预算的编制

17．某建设项目在设计阶段对项目的工程造价做出以下预测：单项建筑工程预算之和为 54000 万元，设备购置费 68000 万元，设备安装费按设备购置费的 15% 计算。建设期贷款利息 4200 万元，工程建设其他费用 9150 万元，基本预备费费率为 5%，涨

价预备费 12000 万元，铺底流动资金 2000 万元。则该项目的总预算为（　　）万元。

    A．153350
    B．160417.5

    C．164617.5
    D．166617.5

（四）调整预算的编制

本部分内容一般不会单独进行考查，仅做了解即可。

五、施工图预算的审查内容与方法

（一）施工图预算审查的基本规定

本部分内容一般不会进行考查，仅做了解即可。

（二）预算的审查内容

18．（2016—97）施工图预算审查的内容包括（　　）。

    A．施工图是否符合设计规范

    B．施工图是否满足项目功能要求

    C．施工图预算的编制是否符合相关法律、法规

    D．工程量计算是否准确

    E．施工图预算是否超过概算

（三）施工图预算的审查方法

19．（2018—104）审查施工图预算的方法有（　　）。

    A．标准预算审查法
    B．预算指标审查法

    C．预算单价审查法
    D．对比审查法

    E．分组计算审查法

1. 逐项审查法

20．（2015—47）具有全面、细致，审查质量高、效果好，但工作量大，时间较长的施工图预算审查方法是（　　）。

    A．分组计算审查法
    B．逐项审查法

    C．对比审查法
    D．标准预算审查法

2. 标准预算审查法

21．对采用通用图纸的多个工程施工图预算进行审查时，为节省时间，宜采用的审查方法是（　　）。

    A．全面审查法
    B．标准预算审查法

    C．筛选审查法
    D．对比审查法

3. 分组计算审查法

22．分组计算审查法的特点是（　　）。

    A．审查质量高
    B．工作量小

    C．效果好
    D．时间较长

4. 对比审查法

23.（2011—45）拟建工程与在建工程采用同一施工图编制预算，但两者的基础部分和现场施工条件部分存在不同。对于相同部分的施工图预算审查，应优先采用的审查方法是（　　）。

A．标准预算审查法　　　　　　　　B．分组计算审查法

C．对比审查法　　　　　　　　　　D．"筛选"审查法

24．施工图预算审查中，若工程条件相同，用已完工程的预算审查拟建工程的同类工程预算的方法属于（　　）。

A．标准预算审查法　　　　　　　　B．对比审查法

C．筛选审查法　　　　　　　　　　D．分组计算审查法

25.（2017—42）拟建工程与已完工程采用同一施工图，但基础部分和现场施工条件不同，则与已完工程相同的部分可采用（　　）审查施工图预算。

A．标准预算审查法　　　　　　　　B．对比审查法

C．"筛选"审查法　　　　　　　　　D．重点审查法

5.　"筛选"审查法

26．运用筛选审查法审查建筑工程施工图预算时，需要先确定有关分部分项工程的单位建筑面积基本数值指标，其指标包括（　　）。

A．工程量　　　　　　　　　　　　B．单价

C．能耗　　　　　　　　　　　　　D．占地

E．用工量

27.（2019—45）能较快发现问题，审查速度快，但问题出现的原因还需继续审查的施工图预算审查方法是（　　）。

A．对比审查法　　　　　　　　　　B．逐项审查法

C．标准预算审查法　　　　　　　　D．"筛选"审查法

6.　重点审查法

28.（2006—104）用重点审查法审查施工图预算时，审查的重点有（　　）。

A．工程量计算规则的正确性　　　　B．工程量大的分项工程

C．单价高的分项工程　　　　　　　D．各项费用的计取基础

E．设计标准的合理性

29.（2012—48）采用重点审查法审查施工图预算时，审查的重点是（　　）的分部分项工程。

A．单价经换算　　　　　　　　　　B．不易被重视

C．量大价高　　　　　　　　　　　D．采用补充单位估价

习题答案及解析

1．D	2．ACE	3．AE	4．BCD	5．BCDE
6．D	7．B	8．DE	9．ABD	10．ABC

11．B	12．A	13．B	14．B	15．A
16．D	17．D	18．CDE	19．ADE	20．B
21．B	22．B	23．C	24．B	25．B
26．ABE	27．D	28．BCD	29．C	

【解析】

10．ABC。图纸是编制施工图预算的基本依据。熟悉图纸不但要弄清图纸的内容，还应对图纸进行审核。（1）图纸间相关尺寸是否有误。（2）设备与材料表上的规格、数量是否与图示相符，详图、说明、尺寸和其他符号是否正确等，若发现错误应及时纠正。（3）图纸是否有设计更改通知（或类似文件）。

12．A。分项工程的主要材料品种与预算单价或单位估价表中规定材料不一致时，不能直接套用预算单价；需要按实际使用材料价格换算预算单价。在 2015 年度的考试中，同样对本题涉及的采分点进行了考查。

15．A。定额消耗量中的"量"应是符合国家技术规范和质量标准要求、并能反映现行施工工艺水平的分项工程计价所需的人工、材料、施工机具的消耗量。

17．D。设备安装费 =68000×15%=10200 万元；单项设备与安装工程预算 =68000+10200=78200 万元；基本预备费 =（54000+78200+9150）×5%=7067.5 万元；项目总预算 =54000+78200+9150+12000+7067.5+4200+2000=166617.5 万元。

20．B。施工图预算审查的方法包括：

（1）逐项审查法，其优点是全面、细致，审查质量高、效果好。缺点是工作量大，时间较长。

（2）标准预算审查法，其优点是时间短、效果好、易定案。其缺点是适用范围小。

（3）分组计算审查法，其特点是审查速度快、工作量小。

（4）对比审查法是当工程条件相同时，用已完工程的预算或未完但已经过审查修正的工程预算对比审查拟建工程的同类工程预算。

（5）"筛选"审查法的优点是简单易懂，便于掌握，审查速度快，便于发现问题。

（6）重点审查法的优点是突出重点，审查时间短、效果好。

在 2007 年度的考试中，同样对本题涉及的采分点进行了考查。

25．B。在 2011 年度的考试中，同样对本题涉及的采分点进行了考查。

第六章 建设工程招标阶段投资控制

第一节　最高投标限价编制

知识导学

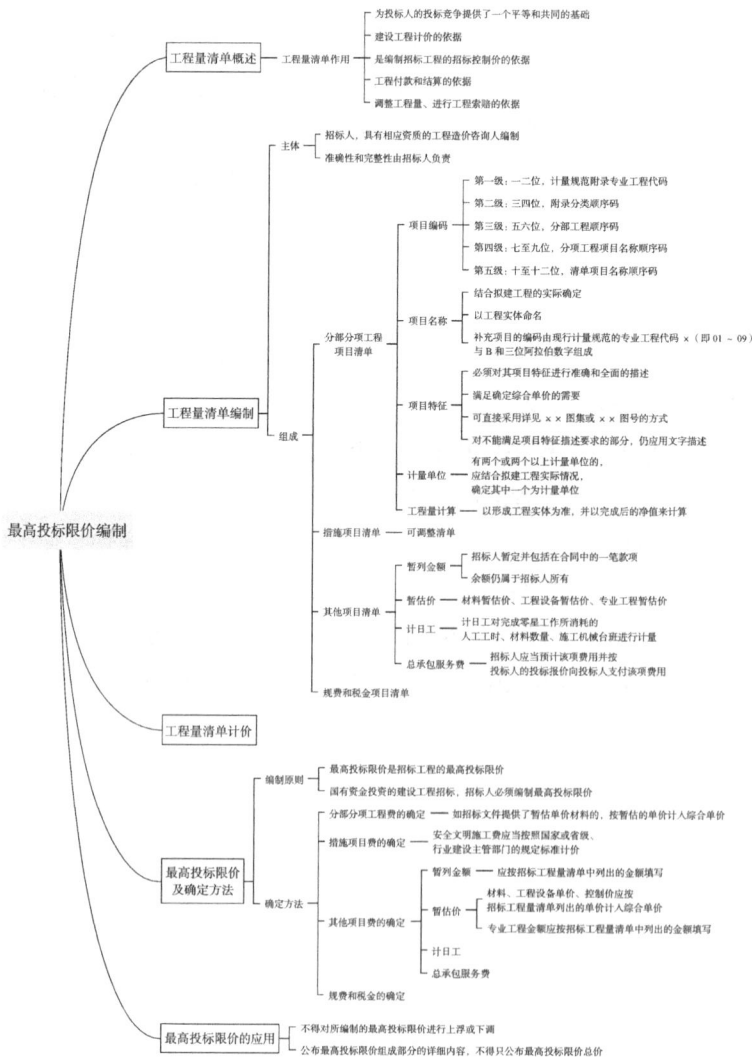

最高投标限价编制
- 工程量清单概述
  - 工程量清单作用
    - 为投标人的投标竞争提供了一个平等和共同的基础
    - 建设工程计价的依据
    - 是编制招标工程的招标控制价的依据
    - 工程付款和结算的依据
    - 调整工程量、进行工程索赔的依据
- 工程量清单编制
  - 主体
    - 招标人、具有相应资质的工程造价咨询人编制
    - 准确性和完整性由招标人负责
  - 组成
    - 分部分项工程项目清单
      - 项目编码
        - 第一级：一二位，计量规范附录专业工程代码
        - 第二级：三四位，附录分类顺序码
        - 第三级：五六位，分部工程顺序码
        - 第四级：七至九位，分项工程项目名称顺序码
        - 第五级：十至十二位，清单项目名称顺序码
      - 项目名称
        - 结合拟建工程的实际确定
        - 以工程实体命名
        - 补充项目的编码由现行计量规范的专业工程代码×（即01~09）与B和三位阿拉伯数字组成
      - 项目特征
        - 必须对其项目特征进行准确和全面的描述
        - 满足确定综合单价的需要
        - 可直接采用详见××图集或××图号的方式
        - 对不能满足项目特征描述要求的部分，仍应用文字描述
      - 计量单位
        - 有两个或两个以上计量单位的，应结合拟建工程实际情况，确定其中一个为计量单位
      - 工程量计算
        - 以形成工程实体为准，并以完成后的净值来计算
    - 措施项目清单
      - 可调整清单
    - 其他项目清单
      - 暂列金额
        - 招标人暂定并包括在合同中的一笔款项
        - 金额仍属于招标人所有
      - 暂估价
        - 材料暂估价、工程设备暂估价、专业工程暂估价
      - 计日工
        - 计日工对完成零星工作所消耗的人工工时、材料数量、施工机械台班进行计量
      - 总承包服务费
        - 招标人应当预计该项费用并按投标人的投标报价向投标人支付该项费用
    - 规费和税金项目清单
- 工程量清单计价
- 最高投标限价及确定方法
  - 编制原则
    - 最高投标限价是招标工程的最高投标限价
    - 国有资金投资的建设工程招标，招标人必须编制最高投标限价
  - 确定方法
    - 分部分项工程费的确定
      - 如招标文件提供了暂估单价材料的，按暂估的单价计入综合单价
    - 措施项目费的确定
      - 安全文明施工费应当按照国家或省级、行业建设主管部门的规定标准计价
    - 其他项目费的确定
      - 暂列金额
        - 应按招标工程量清单中列出的金额填写
      - 暂估价
        - 材料、工程设备单价、控制应按招标工程量清单中列出的单价计入综合单价
        - 专业工程金额应按招标工程量清单中列出的金额填写
      - 计日工
      - 总承包服务费
    - 规费和税金的确定
- 最高投标限价的应用
  - 不得对所编制的最高投标限价进行上浮或下调
  - 公布最高投标限价组成部分的详细内容，不得只公布最高投标限价总价

习题汇总

一、工程量清单概述

（一）工程量清单

1.（2014—104）按照《建设工程工程量清单计价规范》的分类，工程量清单包括（　　）。

　　A. 投标前工程量清单　　　　　　　B. 中标工程量清单

　　C. 招标工程量清单　　　　　　　　D. 已标价工程量清单

　　E. 合同工程量清单

（二）工程量清单的作用

2.（2016—103）在工程招标投标阶段，工程量清单的主要作用有（　　）。

　　A. 为招标人编制投资估算文件提供依据

　　B. 为投标人投标竞争提供一个平等基础

　　C. 招标人可据此编制最高投标限价

　　D. 投标人可据此调整清单工程量

　　E. 投标人可按其表述的内容填报相应价格

（三）工程量清单的适用范围

3.（2017—103）根据现行计价规范，工程量清单适用的计价活动有（　　）。

　　A. 设计概算的编制　　　　　　　　B. 最高投标限价的编制

　　C. 投资限额的确定　　　　　　　　D. 合同价款的约定

　　E. 竣工结算的办理

（四）工程量清单计价规范的构成

本部分内容一般不会进行考查，仅做了解即可。

二、工程量清单编制

4.（2006—101）根据《建设工程工程量清单计价规范》的规定，工程量清单包括（　　）。

　　A. 施工机械使用费清单　　　　　　B. 零星工作价格清单

　　C. 主要材料价格清单　　　　　　　D. 措施项目清单

　　E. 其他项目清单

5.（2016—44）建设工程项目招标时，工程量清单通常由（　　）提供。

　　A. 造价单位　　　　　　　　　　　B. 施工单位

　　C. 咨询单位　　　　　　　　　　　D. 建设单位

6.（2021—49）招标工程量清单的准确性和完整性应由（　　）负责。

　　A. 招标人和施工图审查机构共同　　B. 招标代理机构

C．招标人   D．招标人和投标人共同

（一）分部分项工程项目清单

7．（2019—47）下列招标文件所列的工程量清单中，不可调整的闭口清单是（   ）。

A．分部分项工程量清单   B．能计量的措施项目清单

C．不能计量的措施项目清单   D．其他项目清单

1．项目编码

8．（2015—48）根据《建设工程工程量清单计价规范》，某分部分项工程的清单编码为020302004014，该分部分项工程项目名称顺序码为（   ）。

A．02   B．014

C．03   D．004

9．（2016—45）现行计量规范的项目编码由十二位数字构成，其中第五至第六位数字为（   ）。

A．专业工程码   B．附录分类顺序码

C．分部工程顺序码   D．清单项目名称顺序码

2．项目名称

10．根据《建设工程工程量清单计价规范》，关于分部分项工程量清单中项目名称的说法，正确的是（   ）。

A．计量规范中的项目名称是分项工程名称，以工程主要材料命名

B．编制清单时，项目名称应根据计量规范的项目名称综合拟建工程实际确定

C．计量规范中的项目名称是分部工程名称，以工程实体命名

D．编制清单时，计量规范中的项目名称不能变化，但应补充项目规格、材质

3．项目特征

11．根据《建设工程工程量清单计价规范》，分部分项工程量清单中，确定综合单价的依据是（   ）。

A．计量单位   B．项目特征

C．项目编码   D．项目名称

4．计量单位

12．关于招标工程量清单中分部分项工程项目清单的编制，下列说法中错误的是（   ）。

A．招标人只负责项目编码、项目名称、计量单位和工程量四项内容的填写

B．同一招标工程的项目编码不得有重复

C．清单所列项目应是在单位工程施工过程中以其本身构成该工程实体的分项工程

D．当清单计价规范附录中有两个计量单位时，应结合实际情况选择其中一个

5．工程量计算

13．（2016—46）根据现行工程量计量规范，清单项目的工程量应以（   ）为准进行计算。

A．完成后的实际值   B．形成工程实体的净值

C．定额工程量数量   D．对应的施工方案数量

14．（2017—46）根据现行计量规范明确的工程量计算规则，清单项目工程量是以（ ）为准，并以完成的净值来计算的。

A．实际施工工程量   B．形成工程实体

C．返工工程量及其损耗   D．工程施工方案

（二）措施项目清单编制

15．根据《建设工程工程量清单计价规范》，投标人可以根据拟建工程的实际情况列项的清单是（ ）。

A．措施项目清单   B．分部分项工程量清单

C．其他项目清单   D．规费、税金清单

（三）其他项目清单编制

16．（2014—105）根据《建设工程工程量清单计价规范》，其他项目清单内容包括（ ）。

A．规费   B．暂列金额

C．暂估价   D．计日工

E．总承包服务费

17．《建设工程工程量清单计价规范》规定，招标时用于合同约定调整因素出现时的工程材料价款调整的费用应计入（ ）中。

A．材料暂估价   B．分部分项综合单价

C．总承包服务费   D．暂列金额

18．（2019—48）某工程施工过程中发生了一项未在合同中约定的零星工作，增加费用2万元，此费用应列入工程的（ ）中。

A．暂列金额   B．暂估价

C．计日工   D．总承包服务费

19．（2019—105）根据《建设工程工程量清单计价规范》，其他项目清单中的暂估价包括（ ）。

A．人工暂估价   B．材料暂估价

C．工程设备暂估价   D．专业工程暂估价

E．非专业工程暂估价

（四）规费项目清单编制

本部分内容一般不会进行考查，仅做了解即可。

（五）税金项目清单编制

本部分内容一般不会进行考查，仅做了解即可。

三、工程量清单计价

本部分内容一般不会进行考查，仅做了解即可。

四、最高投标限价及确定方法

（一）最高投标限价的编制原则

20. 关于依法必须招标的工程，下列说法中正确的是（　　）。

A. 国有资金投资的建筑工程招标可不设最高投标限价

B. 由招标人或其委托的有相应资质的工程造价咨询人编制

C. 工程造价咨询人接受招标人委托编制最高投标限价，可以就同一工程接受投标人委托编制投标报价

D. 最高投标限价是招标控制价

（二）招标控制价的编制方法

1. 招标控制价的编制流程

本部分内容一般不会单独进行考查，仅做了解即可。

2. 各项费用及税金的确定方法

21.（2016—47）关于编制最高投标限价的说法，正确的是（　　）。

A. 综合单价应包括由招标人承担的费用及风险

B. 安全文明施工费按投标人的施工组织设计确定

C. 措施项目费应为包括规费、税金在内的全部费用

D. 暂估价中材料单价，应按招标工程量清单的单价计入综合单价

22.（2020—48）根据《建设工程工程量清单计价规范》，编制最高投标限价时，总承包服务费应按照（　　）计算。

A. 省级或行业建设主管部门规定或参考相关规范

B. 国家统一规定或参考相关规范

C. 工程所在地同类项目总承包服务费平均水平

D. 招标控制价编制单位咨询潜在投标人的报价

23. 关于编制最高投标限价时总承包服务费的可参考标准，下列说法正确的是（　　）。

A. 招标人仅要求对分包专业工程进行总承包管理和协调时，按分包专业工程估算造价的 0.5% 计算

B. 招标人仅要求对分包专业工程进行总承包管理和协调时，按分包专业工程估算造价的 1% 计算

C. 招标人要求对分包专业工程进行总承包管理和协调，且要求提供配合服务时，按分包专业工程估算造价的 1%~3% 计算

D. 招标人要求对分包专业工程进行总承包管理和协调，且要求提供配合服务时，按分包专业工程估算造价的 3%~5% 计算

（三）招标控制价的应用

24．根据《建设工程工程量清单计价规范》中对最高投标限价的相关规定，下列说法正确的是（　　）。

A．最高投标限价公布后根据需要可以上浮或下调

B．招标人可以只公布最高投标限价总价，也可以只公布单价

C．最高投标限价可以在招标文件中公布，也可以在开标时公布

D．招标人应将最高投标限价报工程所在地工程造价管理机构备查

习题答案及解析

1．CD	2．BCE	3．BDE	4．DE	5．D
6．C	7．A	8．D	9．C	10．B
11．B	12．A	13．B	14．B	15．A
16．BCDE	17．D	18．C	19．BCD	20．B
21．D	22．A	23．D	24．D	

【解析】

6．C。在 2009、2011、2017 年度的考试中，同样对本题涉及的采分点进行了考查。

16．BCDE。在 2010、2011、2014 年度的考试中，同样对本题涉及的采分点进行了考查。

18．C。计日工适用的零星工作一般是指合同约定之外的或者因变更而产生的、工程量清单中没有相应项目的额外工作，尤其是那些时间不允许事先商定价格的额外工作。

第二节 投标报价审核

知识导学

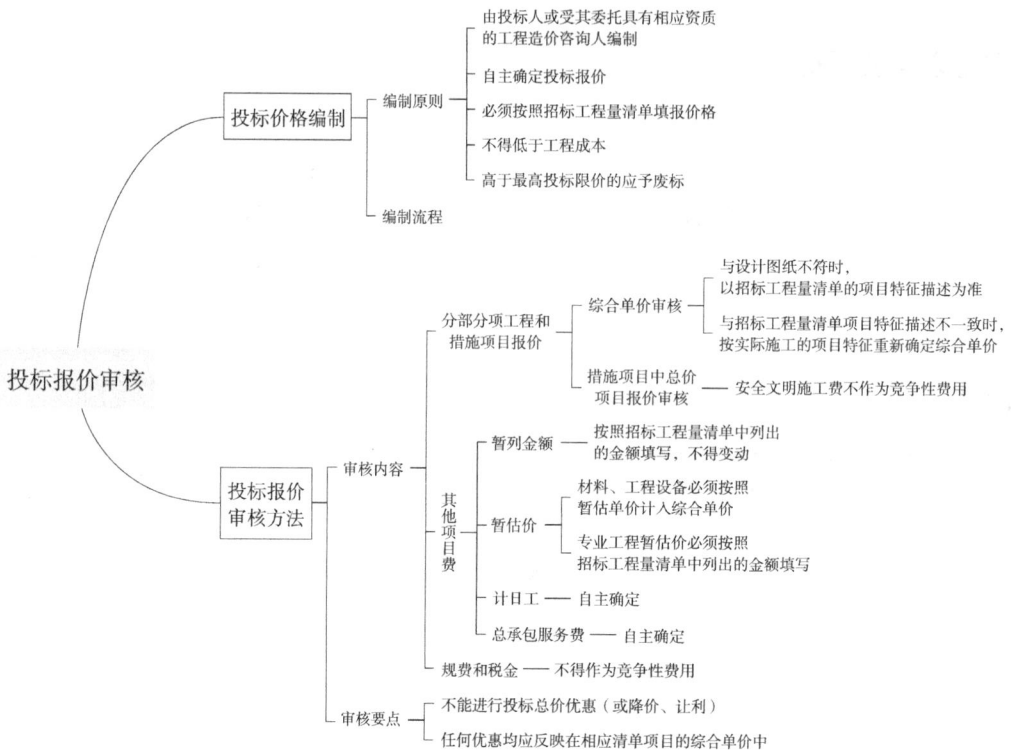

习题汇总

一、投标价格编制

（一）编制原则

1.（2016—104）关于投标报价编制的说法，正确的有（　　）。

A. 投标人可委托有相应资质的工程造价咨询人编制投标价

B. 投标人可依据市场需求对所有费用自主报价

C. 投标人的投标报价不得低于其工程成本

D. 投标人的某一子项目报价高于招标人相应基准价的应予废标

E. 执行工程量清单招标的，投标人必须按照招标工程量清单填报价格

（二）编制流程

本部分内容一般不会单独进行考查，仅做了解即可。

二、投标报价审核方法

（一）投标报价的审核内容

1. 分部分项工程和措施项目报价的审核

2.（2014—46）下列措施项目中，不作为竞争性费用的是（　　）。

A. 夜间施工增加费
B. 冬雨期施工增加费
C. 安全文明施工费
D. 二次搬运费

3. 若施工中施工图纸或设计变更与招标工程量清单项目特征描述不一致，发承包双方应按（　　）依据合同约定重新确定综合单价。

A. 投标人按规范修正后的项目特征

B. 招标工程量清单的项目特征

C. 实际施工项目的具体特征

D. 招标文件中的设计图纸及其说明

4.（2016—105）审核投标报价时，对分部分项工程综合单价的审核内容有（　　）。

A. 综合单价的确定依据是否正确

B. 清单中提供了暂估单价的材料是否按暂估的单价进入综合单价

C. 暂列金额是否按规定纳入综合单价

D. 单价中是否考虑了承包人应承担的风险费用

E. 总承包服务费的计算是否正确

5.（2020—49）工程招标投标过程中，投标人发现招标工程量清单项目特征描述与设计图纸不符，则投标人应（　　）确定投标综合单价。

A. 向设计单位提出质疑并根据设计单位的答复

B. 按有利于投标人原则选择清单项目特征描述或按设计图纸

C. 按设计图纸修正后的清单项目特征描述

D. 以招标工程量清单项目特征描述为准

6.（2021—50）招标投标过程中，出现招标工程量清单项目特征描述与设计图纸不符时，投标人的正确做法是（　　）。

A. 以设计图纸的要求为准进行报价并加备注

B. 根据设计单位确认的项目特征报价

C. 以招标工程量清单的项目特征描述和设计图纸分别报价

D. 以招标工程量清单的项目特征描述为准进行报价

2. 其他项目费的审核

7.（2017—404）在招标投标阶段，投标人不能自主确定其综合单价或费用的有（　　）。

A. 安全文明施工费
B. 暂列金额
C. 给定暂估价的材料
D. 计日工

E. 总承包服务费

8. （2021—104）采用工程量清单计价的招标工程，投标人必须按招标文件中提供给的数据或政府主管部门规定的标准计算报价的有（   ）。

A. 总承包服务费

B. 以"项"为单位计价的措施项目费

C. 安全文明施工费

D. 提供了暂估价的工程设备

E. 暂列金额

3. 规费和税金的审核

9. 根据《建设工程工程量清单计价规范》，建设工程投标报价中，不得作为竞争性费用的是（   ）。

A. 总承包服务费   B. 夜间施工增加费

C. 分部分项工程费   D. 规费

E. 税金

（二）投标报价审核要点

10. 根据《建设工程工程量清单计价规范》，关于投标报价审核要点的说法，正确的是（   ）。

A. 为降低投标总价，投标人可以将暂列金额降至零

B. 投标人对投标报价的任何优惠均应反映在相应清单项目的综合单价中

C. 投标总价可在分部分项工程费、措施项目费、其他项目费和规费、税金合计金额上作出优惠

D. 竣工结算时，填写单价和合价的项目应重新填写

习题答案及解析

1. ACE	2. C	3. C	4. ABD	5. D
6. D	7. ABC	8. CDE	9. DE	10. B

【解析】

4. ABD。分部分项工程和措施项目中综合单价的审核内容包括：（1）综合单价的确定依据；（2）招标工程量清单中提供了暂估单价的材料、工程设备，按暂估的单价进入综合单价；（3）招标文件中要求投标人承担的风险内容和范围，投标人应将其考虑到综合单价中。

5. D。在2015年度的考试中，同样对本题涉及的采分点进行了考查。

第三节　合同价款约定

知识导学

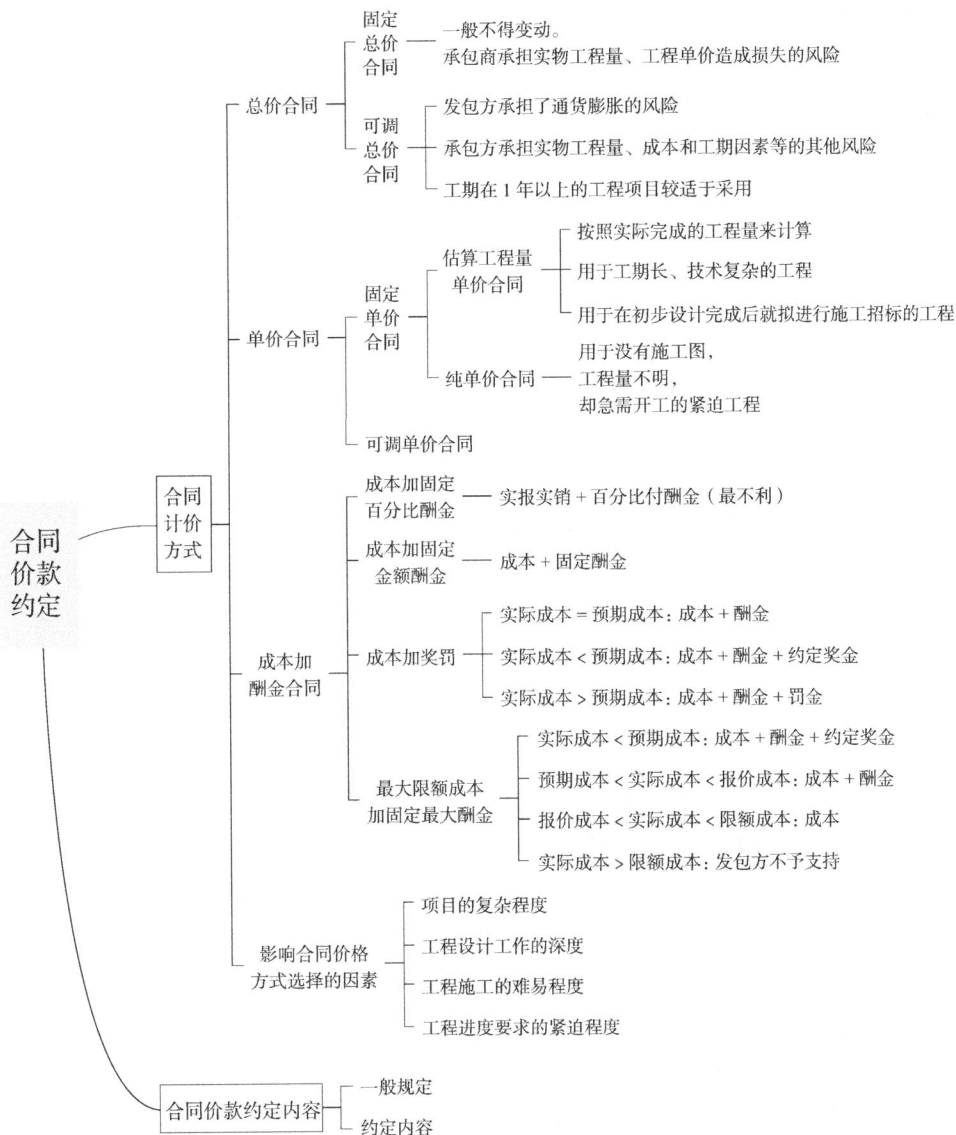

习题汇总

一、合同计价方式

（一）总价合同

1.（2021—51）总价施工合同履行过程中，承包人发现某分项工程在招标文件给出的工程量表中被遗漏，则处理该分项工程价款的方式是（　　）。

A．由发承包双方按单价合同计价方式协商确定结算价

B．由发承包双方另行订立补充协议确定计价方式和价款

C．由发承包双方协商确定一个总价并调整原合同价

D．视为已包含在合同总价中，因而不单独进行结算

1．固定总价合同

2．（2015—103）某工程采用固定总价合同，除设计变更和工程范围变动外，不调整合同价。承包人工程合同总价为 300 万元，按进度节点分三阶段付款，付款比例为 30%、40%、25%，第一阶段施工期间，主要材料计划用量 300t，预算单价 2000 元 /t，实际消耗 310t，实际单价 2100 元 /t，第一阶段结算时，正确的有（　　）。

A．材料消耗增加不调整合同价款

B．材料价格上涨不调整合同价款

C．应结算和支付工程款 90 万元

D．应结算和支付主要材料消耗增加价款 2 万元

E．应结算和支付主要材料价差 3.1 万元

3．（2016—49）合同总价只有在设计和工程范围发生变更时才能随之作相应调整，除此之外一般不得变更的合同称为（　　）。

A．固定总价合同 　　　　　　　　　B．可调总价合同

C．固定单价合同 　　　　　　　　　D．可调单价合同

4．（2017—48）采用固定总价合同时，发包方承担的风险是（　　）。

A．实物工程量变化 　　　　　　　　B．工程单价变化

C．工期延误 　　　　　　　　　　　D．工程范围变更

5．（2017—50）某建设工程项目，发包方与承包方按固定总价合同签订了工程承包合同。合同实施过程中对合同总价作出相应变更的情况是（　　）。

A．机械费上涨 　　　　　　　　　　B．人工费上涨

C．设计和工程范围发生变更 　　　　D．雨期导致工期延长

6．（2018—105）关于固定总价合同特征的说法，正确的有（　　）。

A．合同总价一笔包死，无特殊情况不作调整

B．合同执行过程中，工程量与招标时不一致的，总价可作调整

C．合同执行过程中，材料价格上涨，总价可作调整

D．合同执行过程中，人工工资变动，总价不作调整

E．固定总价合同的投标价格一般偏高

7．（2019—49）某工程的工作内容和技术经济指标非常明确，工期 10 个月，预计施工期间通货膨胀率低，则该工程较适合采用的合同计价方式是（　　）。

A．固定总价合同 　　　　　　　　　B．可调总价合同

C．固定单价合同 　　　　　　　　　D．可调单价合同

2. 可调总价合同

8.（2011—104）当项目实际工程量与估计工程量没有实质性差别时，由承包人承担工程量变动风险的合同形式有（　　）。

A. 固定总价合同　　　　　　　　B. 纯单价合同

C. 成本加奖励合同　　　　　　　D. 可调总价合同

E. 成本加固定百分比酬金合同

9.（2014—48）采用可调总价合同时，发包方承担了（　　）风险。

A. 实物工程量　　　　　　　　　B. 成本

C. 工期　　　　　　　　　　　　D. 通货膨胀

（二）单价合同

10.（2012—49）关于建设项目单价合同特点的说法，正确的是（　　）。

A. 实施项目的工程性质和工程量应在事先确定

B. 实际总价按工程量清单工程量与合同单价确定

C. 承包方在投标报价中不需要考虑风险费用

D. 实际工程价格可能大于也可能小于合同价格

1. 固定单价合同

11.（2002—103）某桥梁因洪水冲毁，急需修复，承包合同宜采用（　　）合同。

A. 固定总价　　　　　　　　　　B. 可调总价

C. 估计工程量单价　　　　　　　D. 纯单价

E. 成本加酬金

12.（2003—102）对于估算工程量单价合同，下列说法正确的有（　　）。

A. 要求实际完成的工程量与原估计的工程量不能有实质性的变更

B. 适用于工期紧迫、急需开工的项目

C. 适用于工程项目内容、经济指标一时不能明确的项目

D. 当实际工程量与清单中所列工程量超过约定的范围，允许对单价进行调整

E. 可以避免使发包或承包的任何一方承担过大的风险

13.（2004—50）采用估算工程量单价合同时，工程款的结算是按（　　）计算确定的。

A. 业主提供的工程量及承包商所填报的单价

B. 业主提供的工程量及实际发生的单价

C. 实际完成的工程量及承包商所填报的单价

D. 实际完成的工程量及实际发生的单价

14.（2011—47）估算工程量单价合同结算工程最终价款的依据是合同中规定的分部分项工程单价和（　　）。

A. 工程量清单中提供的工程量　　B. 施工图中的图示工程量

C. 合同双方商定的工程量　　　　D. 承包人实际完成的工程量

15.（2011—48）对工程范围明确，但工程量不能准确计算，且急需开工的紧迫工程，应采用（　　）合同形式。

A．估计工程量单价　　　　　　　　B．纯单价

C．可调总价　　　　　　　　　　　D．可调单价

16.（2013—48）某工程合同价的确定方式为：发包方不需对工程量做出任何规定，承包方在投标时只需按发包方给出的分部分项工程项目及工程范围做出报价，而工程量则按实际完成的数量结算。这种合同属于（　　）。

A．纯单价合同　　　　　　　　　　B．可调工程量单价合同

C．不可调值单价合同　　　　　　　D．可调值总价合同

17.（2015—50）工期长、技术复杂、实施过程中可能会发生各种不可预见因素较多的建设工程一般采用（　　）。

A．纯单价合同　　　　　　　　　　B．固定总价合同

C．估算工程量单价合同　　　　　　D．可调总价合同

18.（2021—105）采用固定单价合同，发包人承担的风险有（　　）。

A．通货膨胀导致施工工料成本变动

B．工程范围变更引起的工程量变化

C．实际完成的工程量与估计工程量的差异

D．设计变更导致的已完成工程拆除工程量

E．承包人赶工引发质量问题的处理费用

2．可调单价合同

本部分内容一般不会进行考查，仅做了解即可。

（三）成本加酬金合同

19.（2002—46）对于业主来说，在施工阶段投资控制最难的合同计价形式是（　　）。

A．成本加酬金合同　　　　　　　　B．可调总价合同

C．估计工程量单价合同　　　　　　D．纯单价合同

20.（2017—51）下列工程项目中，适宜采用成本加酬金合同的是（　　）。

A．工程结构和技术简单的工程项目

B．时间特别紧迫的抢险、救灾工程项目

C．工程量小、工期短的工程

D．工程量一时不能明确、具体地予以规定的工程

1．成本加固定百分比酬金

21.（2008—49）不能促使承包方降低工程成本，甚至还可能"鼓励"承包方增大工程成本的合同形式是（　　）。

A．成本加固定金额酬金合同

B．成本加固定百分比酬金合同

C．成本加奖罚合同

D．最高限额成本加固定最大酬金合同

2．成本加固定金额酬金

22．虽然不能鼓励承包商关心和降低成本，但从尽快获得全部酬金减少管理投入出发，会有利于缩短工期的合同形式是（　　）。

A．成本加固定金额酬金合同

B．成本加固定百分比酬金合同

C．成本加奖罚合同

D．最高限额成本加固定最大酬金合同

3．成本加奖罚

23．（2019—50）采用成本加奖罚合同，当实际成本大于预期成本时，承包人可以得到（　　）。

A．工程成本、酬金和预先约定的奖金

B．工程成本和预先约定的奖金，不能得到酬金

C．工程成本，但不能得到酬金和预先约定的奖金

D．工程成本和酬金，但也可能会处予一笔罚金

24．（2020—105）采用成本加奖罚计价方式的合同实施后，若实际成本小于预期成本，承包商得到的金额由（　　）构成。

A．报价成本和实际成本的差额

B．实际发生的工程成本

C．合同约定的固定金额酬金

D．按成本节约额和合同约定计算的奖金

E．承包商因取得收入应交的税金

4．最高限额成本加固定最大酬金

（四）影响合同价格方式选择的因素

25．（2015—104）发包人在选择合同计价方式时，应考虑的因素有（　　）。

A．设计工作深度　　　　　　　　　　B．进度要求的紧迫程度

C．技术复杂程度　　　　　　　　　　D．质量要求的高低

E．施工难易程度

二、合同价款约定内容

（一）合同价款约定的一般规定

26．（2015—105）关于合同价款及计价方式的说法，正确的有（　　）。

A．实行招标的工程合同价款应在中标通知书发出之日起28日内由发承包双方约定

B．招标文件与投标文件合同价款约定不一致的，应以招标文件为准

C．实行工程量清单计价的工程，应采用单价合同

D．实行招标的工程合同价款应由发承包双方根据招标文件和中标人的投标文件在书面合同中约定

E．不实行招标的工程合同价款，应在发承包双方认可的工程量价款基础上在合同中约定

27．某实行招标的工程，招标文件与中标人投标文件中的合同价款不一致时，签订书面合同时确定合同价款应以（　　）为准。

A．有利于招标人的约定

B．招标人和投标人重新谈判的结果

C．中标人投标文件

D．招标文件

（二）约定内容

28．发承包双方合同中约定的合同价款事项有（　　）。

A．投标保证金的数额、支付方式及时间

B．工程价款的调整因素、方法、程序、支付方式及时间

C．承担计价风险的内容、范围以及超出约定内容、范围的调整方法

D．工程竣工价款结算编制与核对、支付方式及时间

E．违约责任以及发生合同价款争议的解决方法及时间

29．解决合同争执的最基本、最常见和最有效的方法是（　　）。

A．协商　　　　　　　　　　　　　B．调解

C．仲裁　　　　　　　　　　　　　D．诉讼

习题答案及解析

1．D	2．ABC	3．A	4．D	5．C
6．ADE	7．A	8．AD	9．D	10．D
11．DE	12．ADE	13．C	14．D	15．B
16．A	17．C	18．BCD	19．A	20．B
21．B	22．A	23．D	24．BCD	25．ABCE
26．CDE	27．C	28．BCDE	29．A	

【解析】

2．ABC。采用固定总价合同，合同总价只有在设计和工程范围发生变更的情况下才能随之作相应的变更，除此之外，合同总价一般不得变动。因此，采用固定总价合同，承包方要承担合同履行过程中的主要风险，要承担实物工程量、工程单价等变化而可能造成损失的风险。在合同执行过程中，发承包双方均不能以工程量、设备和材料价格、工资等变动为理由，提出对合同总价调值的要求。第一阶段应结算和支付工程款 =300×30%=90 万元。

5．C。在2002、2012年度的考试中，同样对本题涉及的采分点进行了考查。

7．A。固定总价合同的适用范围：（1）工程范围清楚明确，工程图纸完整、详细、清楚，报价的工程量应准确而不是估计数字。（2）工程量小、工期短，在工程过程中环境因素（特别是物价）变化小，工程条件稳定。（3）工程结构、技术简单，风险小，报价估算方便。（4）投标期相对宽裕，承包商可以详细作现场调查，复核工程量，分析招标文件，拟定计划。（5）合同条件完备，双方的权利和义务关系十分清楚。

8．AD。在2007年度的考试中，同样对本题涉及的采分点进行了考查。

12．ADE。C选项错误，估算工程量单价合同大多用于工期长、技术复杂、实施过程中可能会发生各种不可预见因素较多的建设工程，或发包方为了缩短项目建设周期，如在初步设计完成后就拟进行施工招标的工程。在施工图不完整或当准备招标的工程项目内容、技术经济指标一时尚不能明确和具体予以规定时，往往要采用这种合同计价方式。

13．C。最后的工程结算价应按照实际完成的工程量来计算，即按合同中的分部分项工程单价和实际工程量，计算得出工程结算和支付的工程总价格。

15．B。在2006年度的考试中，同样对本题涉及的采分点进行了考查。

19．A。成本加酬金合同有两个明显缺点：一是发包方对工程总价不能实施有效的控制；二是承包方对降低成本不感兴趣。因此，采用这种合同计价方式，其条款必须非常严格，才能加强对工程投资的控制，否则容易造成不应有的损失。

20．B。成本加酬金合同主要适用于以下情况：（1）招标投标阶段工程范围无法界定，缺少工程的详细说明，无法准确估价。（2）工程特别复杂，工程技术、结构方案不能预先确定。故这类合同经常被用于一些带研究、开发性质的工程项目中。（3）时间特别紧急，要求尽快开工的工程。如抢救，抢险工程。（4）发包方与承包方之间有着高度的信任，承包方在某些方面具有独特的技术、特长或经验。

25．ABCE。在2001、2005年度的考试中，同样对本题涉及的采分点进行了考查。

第七章
建设工程施工阶段投资控制

第一节 施工阶段投资目标控制

知识导学

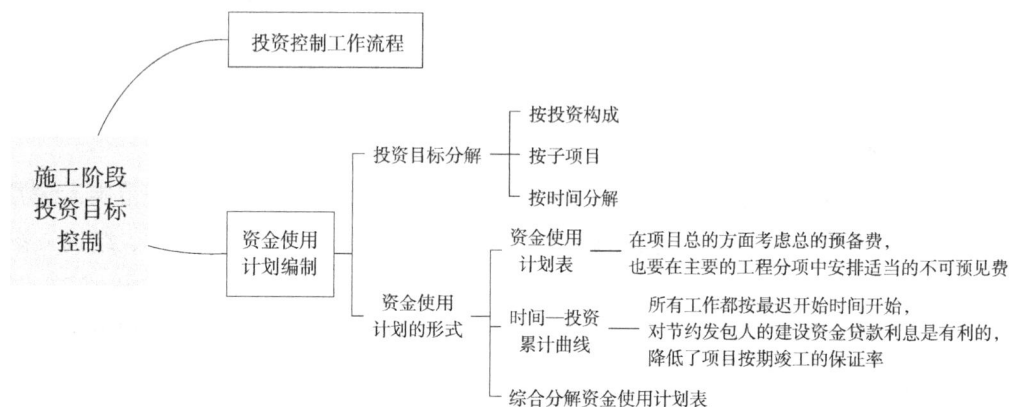

习题汇总

一、投资控制工作流程

本部分内容一般不会进行考查，仅做了解即可。

二、资金使用计划编制

1.（2016—51）下列投标控制工作中，属于监理工程师的工作是（ ）。

A. 确定投资目标

B. 确定资金使用计划

C. 结算已完工程费用

D. 提出投资目标调整建议

（一）投资目标分解

2.（2002—104）在编制建设项目资金使用计划时，分解投资控制目标的方式有（ ）。

A．按投资构成分解　　　　　　　　B．按归口部门分解

C．按子项目分解　　　　　　　　　D．按时间分解

E．按人员分解

1. 按投资构成分解的资金使用计划

3．将工程项目按建筑安装工程投资、设备及工器具购置投资及工程建设其他投资分解编制而成的资金使用计划称为按（　　）分解的资金使用计划。

A．投资构成　　　　　　　　　　　B．子项目

C．时间进度　　　　　　　　　　　D．专业工程

2. 按子项目分解的资金使用计划

4．（2016—52）将项目总投资按单项工程及单位工程等分解编制而成的资金使用计划称为按（　　）分解的资金使用计划。

A．投资构成　　　　　　　　　　　B．子项目

C．时间进度　　　　　　　　　　　D．专业工程

3. 按时间进度分解的资金使用计划

5．在编制按（　　）分解的资金使用计划，在建立网络图时，可以确定完成这项活动所需花费的时间，同时也能确定完成这一活动的合适的投资支出预算。

A．投资构成　　　　　　　　　　　B．子项目

C．时间进度　　　　　　　　　　　D．专业工程

（二）资金使用计划的形式

1. 按子项目分解得到的资金使用计划表

6．（2015—51）在编制投资支出计划时，关于考虑预备费的说法，正确的是（　　）。

A．只针对整个项目考虑总的预备费

B．只针对部分分项工程考虑预备费

C．不考虑项目预备费

D．在项目总的方面考虑总的预备费，也要在主要的工程分项中安排适当的不可预见费

2. 时间—投资累计曲线

7．（2012—53）业主在编制资金使用计划时，若将所有工作都按最早开始时间安排，则（　　）。

A．不利于节约建设资金，降低按期竣工保证率

B．不利于节约建设资金，但提高按期竣工保证率

C．有利于节约建设资金，但降低按期竣工保证率

D．有利于节约建设资金，提高按期竣工保证率

8．绘制时间—投资累计曲线的环节有：①计算单位时间的投资；②确定工程项目进度计划；③计算计划累计支出的投资额；④绘制 S 形曲线。正确的绘制步骤是（　　）。

A．①—②—③—④　　　　　　　　B．②—①—③—④

C. ①—③—②—④   D. ②—③—④—①

9. 某工程按月编制的成本计划如下图，若 6 月、8 月实际成本为 1000 万元和 700 万元，其余月份的实际成本与计划成本均相同，关于该工程施工成本的说法，正确的是（   ）。

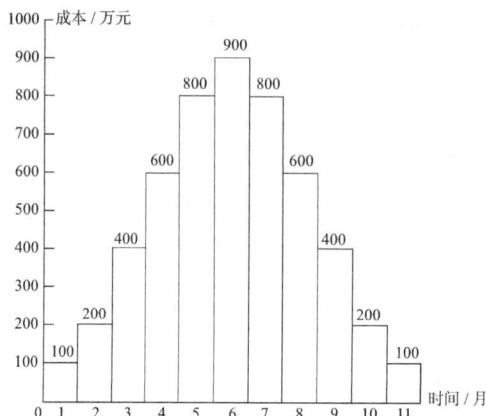

A. 第 6 月末计划成本累计值为 3100 万元

B. 第 8 月末计划成本累计值为 4500 万元

C. 第 6 月末实际成本累计值为 3000 万元

D. 第 8 月末实际成本累计值为 4600 万元

3. 综合分解资金使用计划表

本部分内容一般不会进行考查，仅做了解即可。

习题答案及解析

1. A   2. ACD   3. A   4. B   5. C

6. D   7. B   8. B   9. D

【解析】

8. B。时间—投资累计曲线的绘制步骤如下：

（1）确定工程项目进度计划，编制进度计划的横道图。

（2）根据每单位时间内完成的实物工程量或投入的人力、物力和财力，计算单位时间（月或旬）的投资，在时标网络图上按时间编制成本支出计划。

（3）计算规定时间 t 计划累计支出的投资额。

（4）按各规定时间的 Q_t 值，绘制 S 形曲线。

9. D。6 月末计划成本累计值 =100+200+400+600+800+900=3000 万元，故 A 选项错误。6 月末实际成本累计值 =100+200+400+600+800+1000=3100 万元，故 C 选项错误。8 月末计划成本累计值 =100+200+400+600+800+900+800+600=4400 万元，故 B

选项错误。8月末实际成本累计值 =100+200+400+600+800+1000+800+700=4600万元，故 D 选项正确。

第二节　工程计量

知识导学

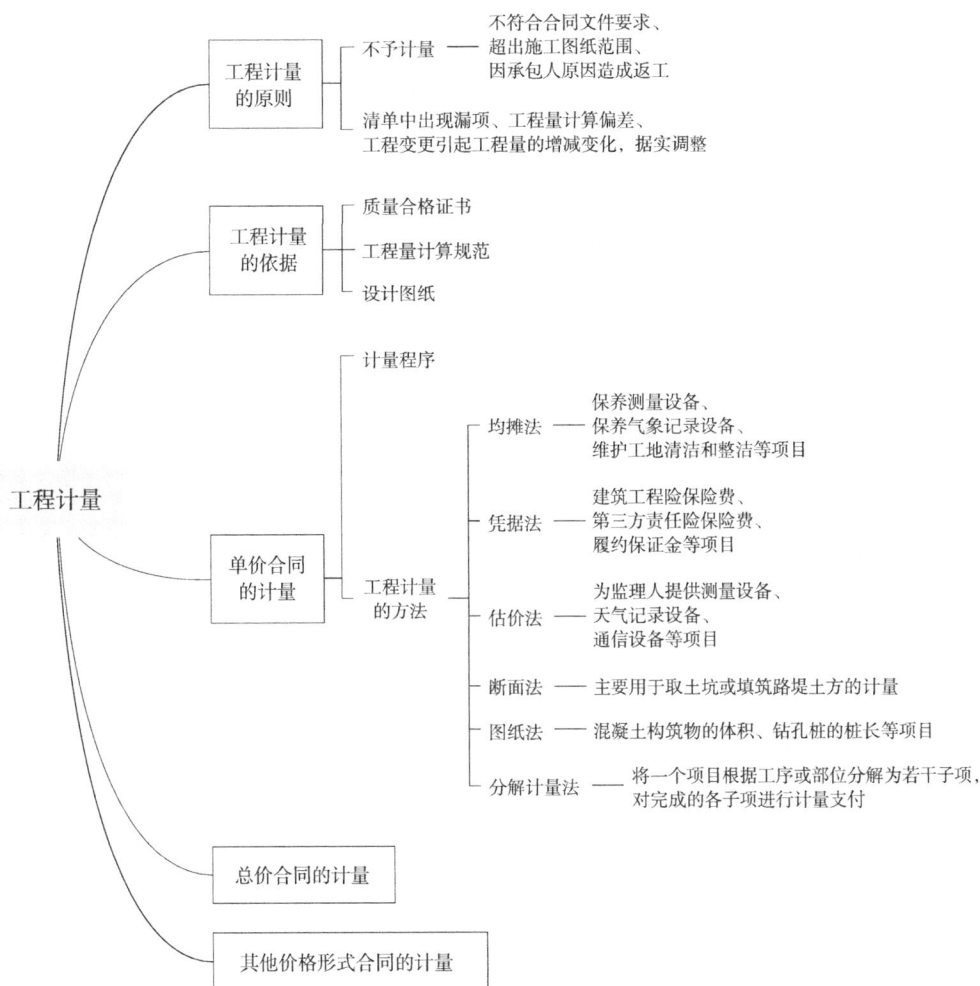

习题汇总

一、工程计量的原则

1.（2010—107）根据《建设工程工程量清单计价规范》，发生下列情况时，应按承包人实际发生的工程款支付的有（　　）。

  A．工程量清单中出现漏项   B．工程量计算出现偏差

  C．为保证工程质量采用了新技术   D．工程变更引起工程量增减

  E．为加快工程进度采用了新工艺

  2．（2020—106）下列工程量中，监理人应予计量的有（　　）。

  A．由于工程量清单缺项增加的工程量

  B．由于招标文件中工程量计算偏差增加的工程量

  C．发包人工程变更增加的工作量

  D．承包人为提高施工质量超出设计图纸要求增加的工程量

  E．承包人原因造成返工的工程量

  3．发生下列工程事项时，发包人应予计量的是（　　）。

  A．承包人自行增减的临时工程工程量

  B．因监理人抽查不合格返工增加的工程量

  C．承包人修复因不可抗力损坏工程增加的工程量

  D．承包人自检不合格返工增加的工程量

二、工程计量的依据

  4．（2007—107）工程计量的依据包括（　　）。

  A．质量合格证书

  B．承包商填报的工程款支付申请

  C．工程量清单前言

  D．技术规范中的"计量支付"条款

  E．设计图纸

三、单价合同的计量

（一）计量程序

  5．（2021—52）根据《建设工程施工合同（示范文本）》，除专用合同条款另有约定外，按月计量支付的单价合同，监理人应在收到承包人提交的工程量报告后（　　）d内完成审核并报送发包人。

  A．5   B．7

  C．10   D．14

（二）工程计量的方法

  6．（2009—52）为解决一些包干项目或较大工程项目的支付时间过长、影响承包商的资金流动等问题，在工程计量时可以采用（　　）。

  A．估价法   B．分解计量法

  C．均摊法   D．图纸法

7．（2009—108）一般可按照均摊法进行计量的有（　　）。

A．建筑工程保险费

B．保养测量设备的费用

C．保养气象记录设备的费用

D．为监理工程师提供宿舍的费用

E．履约保证金

8．（2011—52）建筑工程保险费、履约保证金等项目的工程计量方法适合采用（　　）。

A．凭据法

B．估价法

C．均摊法

D．分解计量法

9．（2013—51）对于工程量清单中的某些项目，如保养气象记录设备、保养测量设备等，一般采用（　　）进行计量支付。

A．均摊法

B．凭证法

C．估价法

D．分解计量法

10．（2016—106）在施工阶段，监理工程师应进行计量的项目有（　　）。

A．工程量清单中的全部项目

B．各种原因造成返工的全部项目

C．合同文件中规定的项目

D．超出合同工程范围施工的项目

E．工程变更项目

11．（2021—53）工程量清单中，钻孔桩的桩长一般采用的计量方法是（　　）。

A．均摊法

B．估价法

C．断面法

D．图纸法

四、总价合同的计量

12．（2020—51）根据《建设工程施工合同（示范文本）》，除专用合同条款另有约定外，承包人向监理人报送上月 20 日至当月 19 日已完成工程量报告的时间为每月（　　）日。

A．20

B．21

C．25

D．28

13．根据《建设工程施工合同（示范文本）》，监理人未收到承包人提交的工程量报表后的（　　）d 内完成复核的，承包人提交的工程量报告中的工程量视为承包人实际完成的工程量。

A．7

B．14

C．21

D．28

五、其他价格形式合同的计量

本部分内容不会进行考查，仅做了解即可。

习题答案及解析

1．ABD　　2．ABC　　3．C　　　4．AE　　　5．B

6．B　　　7．BC　　　8．A　　　9．A　　　10．ACE

11．D　　　12．C　　　13．A

【解析】

5．B。监理人应在收到承包人提交的工程量报告后 7d 内完成对承包人提交的工程量报表的审核并报送发包人，以确定当月实际完成的工程量。在 2014、2019 年度的考试中，同样对本题涉及的采分点进行了考查。

8．A。在 2002 年度的考试中，同样对本题涉及的采分点进行了考查。

9．A。在 2005、2006 年度的考试中，同样对本题涉及的采分点进行了考查。

12．C。承包人应于每月 25 日向监理人报送上月 20 日至当月 19 日已完成的工程量报告，并附具进度付款申请单、已完成工程量报表和有关资料。

第三节　合同价款调整

知识导学

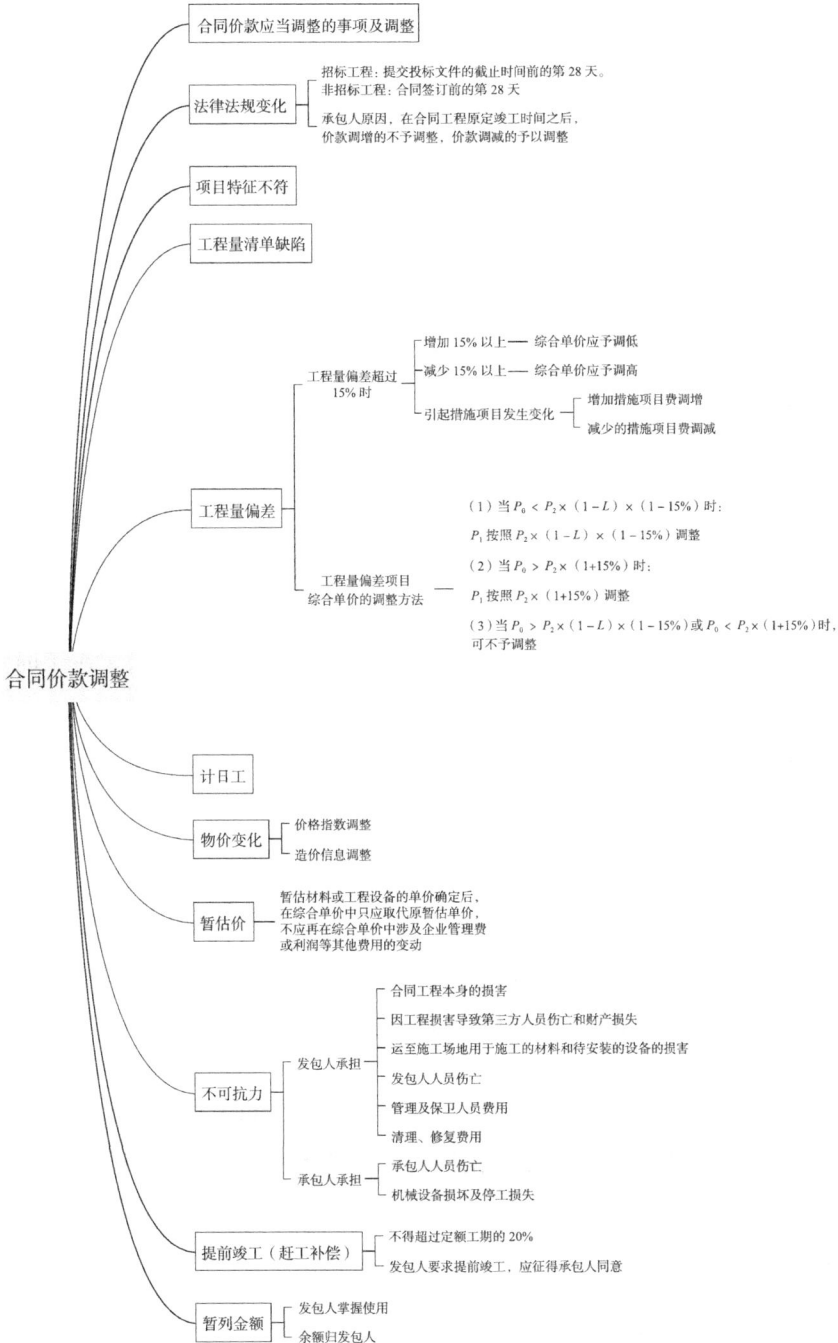

习题汇总

一、合同价款应当调整的事项及调整程序

（一）合同价款应当调整的事项

本部分内容一般不会进行考查，仅做了解即可。

（二）合同价款调整的程序

1.（2017—105）关于工程合同价款调整程序的说法，正确的有（   ）。

A. 出现合同价款调减事项后的 14d 内，承包人应向发包人提交相应报告

B. 出现合同价款调增事项后的 14d 内，承包人应向发包人提交相应报告

C. 发包人收到承包人合同价款调整报告 7d 内，应对其核实并提出书面意见

D. 发包人收到承包人合同价款调整报告 7d 内未确认，视为报告被认可

E. 发承包双方对合同价款调整的意见不能达成一致，且对履约不产生实质影响的，双方应继续履行合同义务

二、法律法规变化

2. 对于实行招标的建设工程，因法律法规政策变化引起合同价款调整的，调价基准日期一般为（   ）。

A. 施工合同签订前的前 28d   B. 投标截止日前 28d

C. 施工合同签订前 56d   D. 投标截止日前 56d

3.（2017—53）因承包人原因导致工期延误的，在合同工程原定竣工时间之后，合同价款的调整方法是（   ）。

A. 调增、调减的均予以调整

B. 调增的予以调整，调减的不予调整

C. 调增、调减的均不予调整

D. 调增的不予调整，调减的予以调整

4.（2021—54）某工程原定 2019 年 6 月 30 日竣工，因承包人原因，工程延至 2019 年 10 月 30 日竣工，但在 2019 年 7 月因法律法规的变化导致工程造价增加 200 万元，则该工程合同价款的正确处理方法是（   ）。

A. 不予调增   B. 调增 100 万元

C. 调增 150 万元   D. 调增 200 万元

5. 某工程施工时处于当地正常的雨期，导致工期延误，在工期延误期间又出现政策变化。根据《建设工程工程量清单计价规范》，对由此增加的费用和延误的工期，正确的处理方式是（   ）。

A. 费用、工期均由发包人承担

B. 费用由发包人承担，工期由承包人承担

C. 费用、工期均由承包人承担

D. 费用由承包人承担，工期由发包人承担

三、项目特征不符

本部分内容一般不会单独进行考查，仅做了解即可。

四、工程量清单缺项

6. 施工合同履行过程中，导致工程量清单缺项并应调整合同价款的原因有（　　）。

A. 设计变更　　　　　　　　　　　B. 施工条件改变

C. 承包人投标漏项　　　　　　　　D. 工程量清单编制错误

E. 施工技术进步

7. 根据《建设工程工程量清单计价规范》，在合同履行期间，由于招标工程量清单缺项，新增了分部分项工程量清单项目，关于其合同价款确定的说法，正确的是（　　）。

A. 新增清单项目的综合单价应由监理工程师提出

B. 新增清单项目导致新增措施项目的，承包人应将新增措施项目实施方案提交发包人批准

C. 新增清单项目的综合单价应由承包人提出，但相关措施项目费不能再做调整

D. 新增清单项目应按额外工作处理，承包人可选择做或者不做

五、工程量偏差

8. 根据《建设工程工程量清单计价规范》，若合同未约定，当工程量清单项目的工程量偏差在（　　）以内时，其综合单价不作调整，执行原有的综合单价。

A. 5%　　　　　　　　　　　　　　B. 10%

C. 20%　　　　　　　　　　　　　　D. 15%

9. （2014—51）某分项工程招标工程量清单数量为1000m^3，施工中由于设计变更调整为1200m^3，该分项工程招标控制价单价为300元/m^3，投标报价单价为360元/m^3，根据《建设工程工程量清单计价规范》，该分项工程的结算款为（　　）元。

A. 420000　　　　　　　　　　　　B. 429000

C. 431250　　　　　　　　　　　　D. 432000

10. （2015—52）某土方工程，招标工程量为5000m^3，承包人标书中土方工程单价为60元/m^3。合同约定：当实际工程量超过估计工程量15%时，超过部分工程量单价调整为55元/m^3。工程结束时实际完成并经监理确认的土方工程量为6000m^3，则该土方工程款为（　　）元。

A. 275000　　　　　　　　　　　　B. 360000

C. 330000　　　　　　　　　　　　D. 358750

11. （2016—53）根据《建设工程工程量清单计价规范》，当实际工程量比招标工

程量清单中的工程量增加 15% 以上时，对综合单价进行调整的方法是（　　）。

　　A．增加后整体部分的工程量的综合单价调低

　　B．增加后整体部分的工程量的综合单价调高

　　C．超出约定部分的工程量的综合单价调低

　　D．超出约定部分的工程量的综合单价调高

　　12．根据《建设工程工程量清单计价规范》，当实际增加的工程量超过清单工程量 15% 以上，且造成相关措施项目发生变化，应将（　　）。

　　A．综合单价调高，措施项目调增　　　　B．综合单价调高，措施项目调减

　　C．综合单价调低，措施项目调增　　　　D．综合单价调低，措施项目调减

　　13．（2017—54）某分部分项工程采用清单计价，招标控制价的综合单价为 350 元，投标报价的综合单价为 280 元，该工程投标报价下浮率为 5%，该分部分项工程合同未确定综合单价调整方法，则综合单价的处理方式是（　　）。

　　A．调整为 282.63 元　　　　　　　　　B．不予调整

　　C．下调 20%　　　　　　　　　　　　　D．上浮 5%

　　14．（2020—53）某土方工程，合同工程量为 1 万 m^3，合同综合单价为 60 元 /m^3。合同约定：当实际工程量增加 15% 以上时，超出部分的工程量综合单价应予调低。施工过程中由于发包人设计变更，实际完成工程量 1.3 万 m^3，监理人与承包人依据合同约定协商后，确定的土方工程变更单价为 56 元 /m^3。该土方工程实际结算价款为（　　）万元。

　　A．72.80　　　　　　　　　　　　　　　B．76.80

　　C．77.40　　　　　　　　　　　　　　　D．78.00

六、计日工

　　15．根据《建设工程工程量清单计价规范》，关于计日工的说法，正确的有（　　）。

　　A．发包人通知承包人以计日工方式实施的零星工作，承包人应予执行

　　B．采用计日工计价的任何一项变更工作，承包人都应将相关报表和凭证送发包人复核

　　C．发包人在收到承包人提交现场签证报告后的 2d 内，应予以确认计日工记录汇总

　　D．计日工是承包人完成合同范围内的零星项目按合同约定的单价计价的一种方式

　　E．每个支付期末，承包人应向发包人提交本期间所有计日工记录的签证汇总表

七、物价变化

　　16．（2011—53）某工程由于承包人原因未在约定的工期内竣工，若该工程在原约定竣工日期后继续施工，则采用价格指数调整其价格差额时，现行价格指数应采用（　　）。

　　A．原约定竣工日期的价格指数

B. 实际竣工日期的价格指数

C. 原约定竣工日期和实际竣工日期价格指数中较低的一个

D. 实际竣工日期前 42d 的价格指数

17. 某室内装饰工程根据《建设工程工程量清单计价规范》签订了单价合同，约定采用造价信息调整价格差额方法调整价格；原定 6 月施工的项目因发包人修改设计推迟至当年 12 月；该项目主材为发包人确认的可调价材料，价格由 300 元 /m² 变为 350 元 /m²。关于该工程工期延误责任和主材结算价格的说法，正确的是（　　）。

A. 发包人承担延误责任，材料价格按 300 元 /m² 计算

B. 承包人承担延误责任，材料价格按 350 元 /m² 计算

C. 承包人承担延误责任，材料价格按 300 元 /m² 计算

D. 发包人承担延误责任，材料价格按 350 元 /m² 计算

（一）采用价格指数进行价格调整

18.（2014—52）某分项工程合同价为 6 万元，采用价格指数进行价格调整，可调值部分占合同总价的 70%，可调值部分由 A、B、C 三项成本要素构成，分别占可调值部分的 20%、40%、40%，基准日期价格指数均为 100，结算依据的价格指数分别为 110、95、103，则结算的价款为（　　）万元。

A. 4.83　　　　　　　　　　　　　B. 6.05

C. 6.63　　　　　　　　　　　　　D. 6.90

19.（2020—52）某工程约定采用价格指数法调整合同价款，承包人根据约定提供的数据见下表。本期完成合同价款为 45 万元，其中已按现行价格计算的计日工价款为 5 万元。本期应调整的合同价款差额为（　　）万元。

序号	名称	变值权重	基本价格指数	现行价格指数
1	人工费	0.30	110%	120%
2	钢材	0.25	112%	123%
3	混凝土	0.20	115%	125%
4	定值权重	0.25		
	合计	1		

A. −2.85　　　　　　　　　　　　B. −2.54

C. 2.77　　　　　　　　　　　　　D. 3.12

20.（2021—55）2019 年 11 月实际完成的某土方工程，按基准日期价格计算的已完成工程的金额为 1000 万元，该工程定值权重为 0.2。各可调因子的价格指数除人工费增长 20% 外，其他均增长了 10%，人工费占可调值部分的 50%。按价格调整公式计算，该土方工程需调整的价款为（　　）万元。

A. 80　　　　　　　　　　　　　　B. 120

C. 130　　　　　　　　　　　　　　D. 150

（二）采用造价信息进行价格调整

21.（2014—53）根据《建设工程工程量清单计价规范》，当承包人投标报价中材料单价低于基准单价时，施工期间材料单价涨幅以（　　）为基础，超过合同约定的风险幅度值的，其超过部分按实调整。

A. 投标报价

B. 招标控制价

C. 基准单价

D. 实际单价

22.（2016—54）某工程采用的预拌混凝土由承包人提供，双方约定承包人承担的价格风险系数 ≤ 5%。承包人投标时对预拌混凝土的投标报价为 308 元 /m^3，招标人的基准价格为 310 元 /m^3，实际采购价为 327 元 /m^3。发包人在结算时确认的单价应为（　　）元 /m^3。

A. 308.00

B. 309.49

C. 310.00

D. 327.00

23.（2016—50）承包人应在采购材料前将采购数量和新的材料单价报（　　）核对，确认用于本合同工程时，应确认采购材料的数量和单价。

A. 发包人

B. 承包人

C. 监理单位

D. 设计单位

24.（2019—52）根据《建设工程工程量清单计价规范》，当承包人投标报价中材料单价低于基准单价时，施工期间材料单价跌幅以（　　）为基础，超过合同约定的风险幅度值时，其超过部分按实调整。

A. 基准单价

B. 投标报价

C. 定额单价

D. 投标控制价

25.（2020—108）根据《建设工程工程量清单计价规范》，关于合同履行期间物价变化调整合同价格的说法，正确的有（　　）。

A. 因非承包人原因导致工期延误的，计划进度日期后续工程的价格，应采用计划进度日期与实际进度日期两者的较高者

B. 因承包人原因导致工期延误的，则计划进度日期后续工程的价格，采用计划进度日期与实际进度日期两者的较低者

C. 当承包人投标报价中材料单价低于基准单价，施工期间材料单价涨幅或跌幅以基准单价为基础，超过合同约定的风险幅度值时，其超过部分按实调整

D. 当承包人投标报价中材料单价高于基准单价，施工期间材料单价涨幅以投标报价为基础，超过合同约定的风险幅度值时，其超过部分按实调整

E. 承包人应在采购材料前，将采购数量和新的材料单价报发包人核对，确定用于本合同工程时，发包人应确认采购材料的数量和单价

八、暂估价

26. 根据《建设工程工程量清单计价规范》，工程量清单计价的某分部分项工程综

合单价为 500 元 /m³,其中暂估材料单价 300 元,管理费率 5%,利润率 7%。工程实施后,暂估材料的单价确定为 350 元。结算时该分部分项工程综合单价为 (　　) 元 /m³。

A. 350.00

B. 392.00

C. 550.00

D. 556.18

九、不可抗力

27.（2015—106）施工合同履行期间,关于因不可抗力事件导致合同价款和工期调整的说法,正确的有 (　　)。

A. 工程修复费用由承包人承担

B. 承包人的施工机械设备损坏由发包人承担

C. 工程本身的损坏由发包人承担

D. 发包人要求赶工的,赶工费用由发包人承担

E. 工程所需清理费用由发包人承担

28.（2016—107）在施工阶段,下列因不可抗力造成的损失中,属于发包人承担的有 (　　)。

A. 在建工程的损失

B. 承包人施工人员受伤产生的医疗费

C. 施工机具的损坏损失

D. 施工机具的停工损失

E. 工程清理修复费用

29. 下列在施工合同履行期间由不可抗力造成的损失中,应由承包人承担的是 (　　)。

A. 因工程损害导致的第三方人员伤亡

B. 因工程损害导致的承包人人员伤亡

C. 工程设备的损害

D. 应监理人要求承包人照管工程的费用

30.（2019—53）某工程在施工过程中,因不可抗力造成如下损失:(1) 在建工程损失 10 万元;(2) 承包人受伤人员医药费和补偿金 2 万元;(3) 施工机具损坏损失 1 万元;(4) 工程清理和修复费用 0.5 万元。承包人及时向项目监理机构提出了索赔申请,共索赔 13.5 万元。根据《建设工程施工合同 (示范文本)》,项目监理机构应批准的索赔金额为 (　　) 万元。

A. 10.0

B. 10.5

C. 12.5

D. 13.5

十、提前竣工（赶工补偿）

31. 根据《建设工程工程量清单计价规范》,关于提前竣工的说法,正确的是 (　　)。

A．招标人压缩的工期天数不得超过定额工期的 50%

B．工程实施过程中，发包人要求合同工程提前竣工，可以不征求承包人意见

C．发承包双方约定提前竣工每日历天应补偿额度，与结算款一并支付

D．赶工费用包括人工费、材料费、机械费以及履约保函手续费的增加

32．根据《建设工程工程量清单计价规范》，工程实施过程中，发包人要求合同工程提前竣工的，应采取的做法是（　　）。

A．下达变更指令要求承包人必须提前竣工，并支付由此增加的赶工费用

B．增加合同补充条款要求承包人采取加快工程进度措施，不承担赶工费用

C．征得承包人同意后，与承包人商定采取加快工程进度的措施，并承担由此增加的提前竣工费用

D．自行将工期压缩到合同工期的 80% 并要求承包人按期完工

十一、暂列金额

33．（2019—54）已签约合同价中的暂列金额由（　　）负责掌握使用。

A．承包人　　　　　　　　　　　　　B．监理人

C．贷款人　　　　　　　　　　　　　D．发包人

习题答案及解析

1．BE	2．B	3．D	4．A	5．C
6．ABD	7．B	8．D	9．C	10．D
11．C	12．C	13．A	14．C	15．ABCE
16．C	17．D	18．B	19．C	20．B
21．C	22．B	23．A	24．B	25．ABDE
26．C	27．CDE	28．AE	29．B	30．B
31．C	32．C	33．D		

【解析】

4．A。因承包人原因导致工期延误的，按规定的调整时间，在合同工程原定竣工时间之后，合同价款调增的不予调整，合同价款调减的予以调整。在 2014 年度的考试中，同样对本题涉及的采分点进行了考查。

9．C。本题的计算过程为：

$360 \div 300 = 1.2$，偏差为 20%；$300 \times (1+15\%) = 345$ 元 $/m^3$。

由于 360 元 $/m^3$ 大于 345 元 $/m^3$ 元，该设计变更后的综合单价应调整为 345 元 $/m^3$。

分项工程的结算款 $=1000 \times 1.15 \times 360 + (1200-1000 \times 1.15) \times 345 = 431250$ 元。

10．D。超出 15% 范围的部分，单价按照合同约定调整。计算过程为：$5000 \times (1+15\%) \times 60 + [6000-5000 \times (1+15\%)] \times 55 = 345000 + 13750 = 358750$ 元。

13．A。本题的计算过程如下：

280÷350=80%，偏差为20%；

$P_2 \times (1-L) \times (1-15\%) = 350 \times (1-5\%) \times (1-15\%) = 282.63$ 元。

由于280元小于282.63元，所以该项目变更后的综合单价按282.63元调整。

14．C。实际完成工程量1.3万 m^3 ＞ $1 \times 1.15 = 1.15$ 万 m^3，根据《建设工程工程量清单计价规范》，当工程量增加15%以上时，增加部分的工程量的综合单价应予调低。该土方工程实际结算价款 $= 1 \times 1.15 \times 60 + (1.3-1.15) \times 56 = 77.4$ 万元。

18．B。价格调整公式为：

$$\Delta P = P_0 \Big[A + \Big(B_1 \times \frac{F_{t1}}{F_{01}} + B_2 \times \frac{F_{t2}}{F_{02}} + B_3 \times \frac{F_{t3}}{F_{03}} + \cdots + B_n \times \frac{F_{tn}}{F_{0n}} \Big) - 1 \Big]$$

本题的计算过程为：结算的价款 $= 6 \times [(1-70\%) + (70\% \times 20\% \times \frac{110}{100} + 70\% \times 40\% \times \frac{95}{100} + 70\% \times 40\% \times \frac{103}{100})] = 6.05$ 万元。

19．C。本期应调整的合同价款差额

$= (45-5) \times \Big[0.25 + \Big(0.3 \times \frac{120}{110} + 0.25 \times \frac{123}{112} + 0.2 \times \frac{125}{115} \Big) - 1 \Big] = 2.77$ 万元。

20．B。土方工程需调整的价款 $= 1000 \times (0.2 + 0.8 \times 0.5 \times 1.2 + 0.8 \times 0.5 \times 1.1 - 1) = 120$ 万元。

22．B。327÷310-1=5.48% ＞ 5%，承包人投标报价低于基准单价，按基准价算，并且超过合同中约定的风险系数，应予以调整，则308+310×（5.48%-5%）=309.49 元/m^3。

26．C。暂估材料或工程设备的单价确定后，在综合单价中只应取代原暂估价，不应再在综合单价中涉及企业管理费或利润等其他费用的变动。暂估材料的单价确定为350元，替换原暂估材料单价300元，材料单价多出50元，则该分部分项工程综合单价 =500+50=550 元/m^3。

30．B。项目监理机构应批准的索赔金额 =10 ＋ 0.5=10.5 万元。在2014、2018年度的考试中，同样对本题涉及的采分点进行了考查，且提问形式与本题一致。

第四节　工程变更价款确定

知识导学

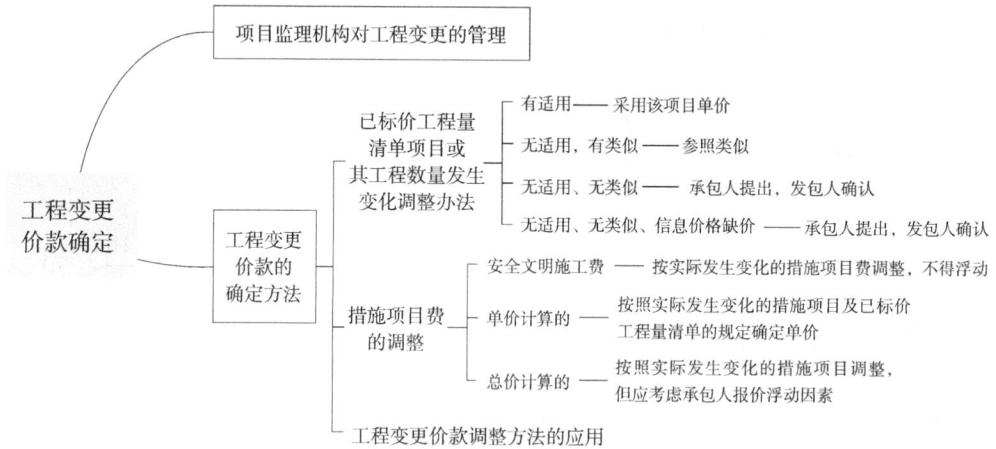

习题汇总

一、项目监理机构对工程变更的管理

1. 根据《建设工程监理规范》，承包人提出工程变更的情形有（　　）。

A. 图纸出现错、漏、碰、缺等缺陷无法施工

B. 图纸不便施工

C. 采用新材料、新产品、新工艺、新技术的需要

D. 承包人考虑自身利益，为索赔费用

E. 施工组织设计考虑不周

2. 根据《建设工程工程量清单计价规范》，如果因发包人原因删减了合同中原定的某项工作，致使承包人发生的费用或（和）得到的收益不能被包括在其他已支付的项目中，也未被包含在任何可替代的工作中，则承包人（　　）。

A. 只能提出费用补偿，不能提出利润补偿

B. 只能提出利润补偿，不能提出费用补偿

C. 有权提出费用及利润补偿

D. 无权要求任何费用和利润补偿

二、工程变更价款的确定方法

（一）已标价工程量清单项目或其工程数量发生变化的调整办法

3. 对某招标工程进行报价分析，在不考虑安全文明施工费的前提下，承包人中标价为 1500 万元，招标控制价为 1600 万元，设计院编制的施工图预算为 1550 万元，承包人认为的合理报价值为 1540 万元，则承包人的报价浮动率是（　　）。

A. 0.65%　　　　　　　　　　　　B. 6.25%

C. 93.75%　　　　　　　　　　　D. 96.25%

（二）措施项目费的调整

4. 根据《建设工程工程量清单计价规范》，工程变更引起施工方案改变并使措施项目发生变化时，承包人提出调整措施项目费用的，应事先将（　　）提交发包人确认。

A. 拟实施的施工方案　　　　　　B. 索赔意向通知

C. 拟申请增加的费用明细　　　　D. 工程变更的内容

5. （2015—53）根据《建设工程工程量清单计价规范》规定，采用单价计算的措施项目费，按照（　　）确定单价。

A. 实际发生的措施项目，考虑承包人报价浮动因素

B. 实际发生变化的措施项目及已标价工程量清单项目的规定

C. 实际发生变化的措施项目并考虑承包人报价浮动

D. 类似的项目单价及已标价工程量清单的规定

6. 因工程变更引起措施项目发生变化时，关于合同价款的调整，下列说法正确的是（　　）。

A. 安全文明施工费不予调整

B. 按总价计算的措施项目费的调整，不考虑承包人报价浮动因素

C. 按单价计算的措施项目费的调整，以实际发生变化的措施项目进行调整确定单价

D. 招标清单中漏项的措施项目费的调整，以承包人自行拟定的实施方案为准

（三）工程变更价款调整方法的应用

7. 某工程施工过程中，由于设计变更，新增加轻质材料隔墙 1200m²，已标价工程量清单中有此轻质材料隔墙项目综合单价，且新增部分工程量在 15% 以内，对综合单价正确的处理是（　　）。

A. 参考类似项目的综合单价

B. 按成本加利润原则确定新的综合单价

C. 承发包双方协商确定新的项目单价

D. 直接采用该项目综合单价

8. 某工程采用工程量清单计价。施工过程中，业主将屋面防水变更为 PE 高分子防水卷材（1.5mm）。清单中无类似项目，工程所在地造价管理机构发布该卷材单价为

18 元 $/m^2$，该地区定额人工费为 3.5 元 $/m^2$，机械使用费为 0.3 元 $/m^2$，除卷材外的其他材料费为 0.6 元 $/m^2$，管理费和利润为 1.2 元 $/m^2$。若承包人报价浮动率为 6%，则发承包双方协商确定该项目综合单价的基础为（　　）元 $/m^2$。

A. 25.02　　　　　　　　　　　　B. 23.60

C. 22.18　　　　　　　　　　　　D. 21.06

习题答案及解析

1. ABCD　　2. C　　　　3. B　　　　4. A　　　　5. B

6. C　　　　7. D　　　　8. C

【解析】

3. B。实行招标的工程:承包人报价浮动率 L=（1– 中标价 / 招标控制价）× 100%=（1–1500/1600）× 100%=6.25%。

4. A。工程变更引起施工方案改变并使措施项目发生变化时，承包人提出调整措施项目费的，应事先将拟实施的方案提交发包人确认，并应详细说明与原方案措施项目相比的变化情况。

8. C。无法找到适用和类似的项目单价时，应采用招标投标时的基础资料和工程造价管理机构发布的信息价格，按成本加利润的原则由发承包双方协商新的综合单价。该项目综合单价 =（3.5+18+0.3+0.6+1.2）×（1–6%）=22.18 元 $/m^2$。

第五节　施工索赔与现场签证

知识导学

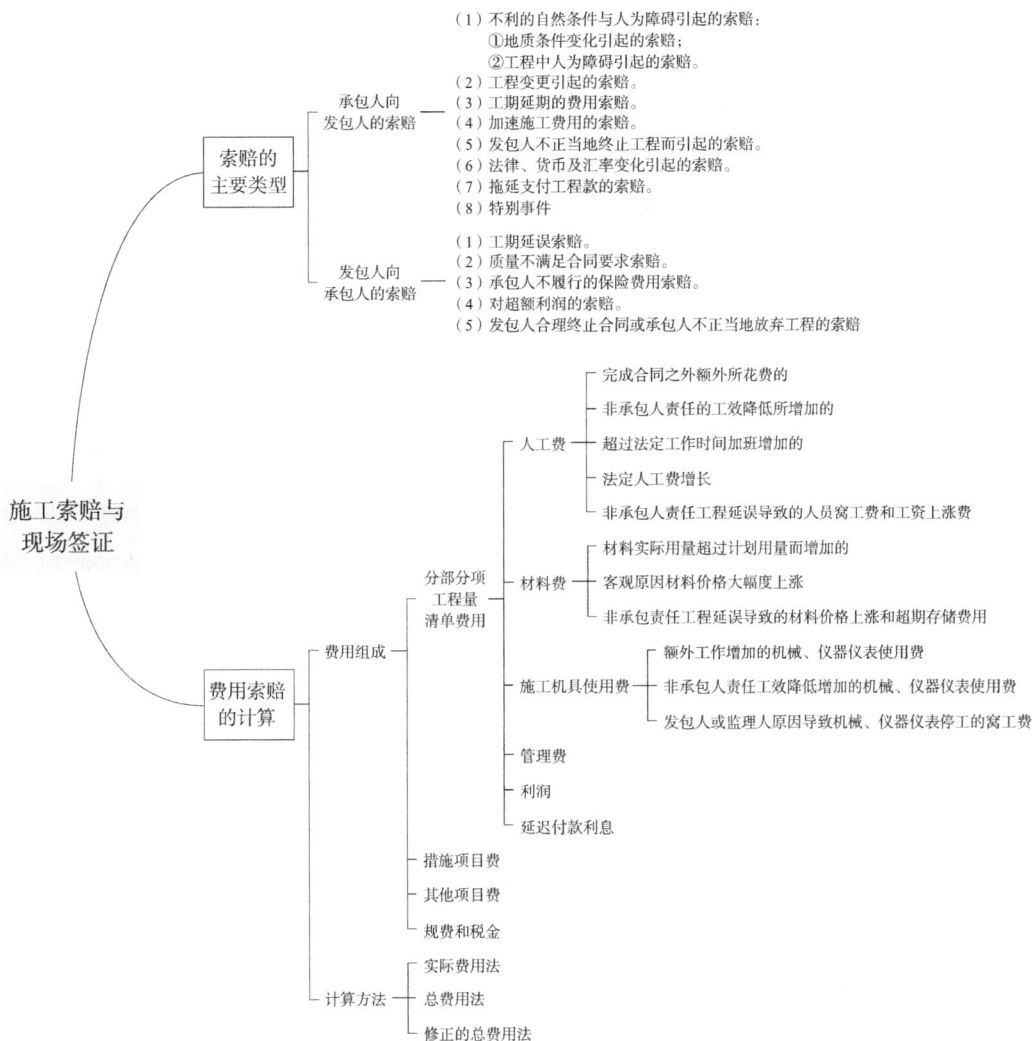

习题汇总

一、索赔的主要类型

（一）承包人向发包人的索赔

1. 在施工过程中，承包商遇到了"一个有经验的承包商无法合理预见的"地质条件变化，则承包商有权索赔（　　）。

A．费用，但不包括工期和利润　　　　　B．费用和利润、但不包括工期

C．费用和工期，但不包括利润　　　　　D．费用、工期和利润

2．承包人向发包人的索赔包括（　　）。

A．地质条件变化引起的索赔　　　　　　B．工程变更引起的索赔

C．加速施工费用的索赔　　　　　　　　D．对超额利润的索赔

E．发包人合理终止合同的索赔

3．（2020—54）在施工过程中发现文物，导致费用增加和工期延误，承包人提出索赔，监理人处理该索赔的正确做法是（　　）。

A．可批复增加的费用、延误的工期和相应利润

B．可批复延误的工期，不批复增加的费用和利润

C．可批复增加的费用，不批复延误的工期和利润

D．可批复增加的费用和延误的工期，不批复利润

4．根据《标准施工招标文件》，承包人可同时索赔工期和费用的情形有（　　）。

A．法律变化引起价格调整

B．承包人遇到不利物质条件

C．施工过程发现文物

D．发包人要求向承包人提前交付工程设备

E．承包人遇到异常恶劣的气候条件

5．根据《标准施工招标文件》，承包人可同时索赔增加的费用，延误的工期和相应利润情形有（　　）。

A．发包人提供的工程设备不符合合同要求

B．异常恶劣的气候条件

C．监理人重新检查隐蔽工程后发现工程质量符合合同要求

D．发包人原因造成工期延误

E．施工过程中发现文物

6．（2021—106）根据《标准施工招标文件》，发包人应给予承包人工期和费用补偿，但不包括利润的情形有（　　）。

A．施工过程中发现文物

B．发包人提供的材料不符合合同要求

C．异常恶劣的气候条件

D．承包人遇到难以合理预见的不利物质条件

E．监理人对隐蔽工程重新检查证明工程质量符合合同要求

7．（2021—107）根据2017版FIDIC《施工合同条件》，业主应给予承包商工期、费用和利润补偿的情形有（　　）。

A．例外事件　　　　　　　　　　　　　B．当地政府造成的延误

C．业主原因暂停工程　　　　　　　　　D．非承包商责任的修补工作

E．因法律变化

（二）发包人向承包人的索赔

8．（2012—107）由于承包人原因造成工程拖期，发包人向承包人提出工程拖期索赔时应考虑的因素有（　　）。

A．赶工导致施工成本增加　　　　　　B．工程拖期后物价上涨

C．工程拖期产生的附加监理费　　　　D．工程拖期引起的贷款利息增加

E．工程拖期产生的业主盈利损失

9．（2017—107）下列工程索赔事项中，属于发包人向承包人索赔的有（　　）。

A．地质条件变化引起的索赔　　　　　B．施工中人为障碍引起的索赔

C．加速施工费用的索赔　　　　　　　D．工期延误的索赔

E．对超额利润的索赔

二、索赔费用的计算

（一）索赔费用的组成

1．分部分项工程量清单费用

10．（2007—108）在下列材料费用中，承包商可以获得业主补偿的包括（　　）。

A．由于索赔事项材料实际用量超过计划用量而增加的材料费用

B．由于客观原因材料价格大幅度上涨而增加的材料费用

C．由于非承包商责任工程延误导致的材料价格上涨而增加的材料费用

D．由于现场承包商仓库被盗而损失的材料费用

E．承包商为保证混凝土质量选用高强度等级水泥而增加的材料费用

11．（2011—107）下列承包人增加的人工费中，可以向业主索赔的有（　　）。

A．特殊恶劣气候导致的人员窝工费

B．法定人工费增长而增加的人工费

C．由于非承包商责任的工效降低而增加的人工费

D．监理工程师原因导致工程暂停的人员窝工费

E．完成合同之外的工作增加的人工费

12．（2013—53）某建设工程项目，承包商在施工过程中发生如下人工费：完成业主要求的合同外工作花费 3 万元；由于业主原因导致工效降低，使人工费增加 2 万元；施工机械故障造成人员窝工损失 0.5 万元。则承包商可索赔的人工费为（　　）万元。

A．2.0　　　　　　　　　　　　　　B．3.0

C．5.0　　　　　　　　　　　　　　D．5.5

13．（2015—108）下列费用中，承包人可索赔施工机具使用费的有（　　）。

A．由于完成额外工作增加的机械、仪器仪表使用费

B．由于施工机械故障导致的机械停工费

C．由于项目监理机构原因导致的机械窝工费

D. 由于发包人要求承包人提前竣工，使工效降低增加的施工机械使用费

E. 施工机具保养费用

14. 由于监理工程师原因引起承包商向业主索赔施工机械闲置费时，承包商自有设备闲置费一般按设备的（　　）计算。

A. 台班费　　　　　　　　　　　　B. 台班折旧费

C. 台班费与进出场费用　　　　　　D. 市场租赁价格

15. 某建设工程施工过程中，由于发包人提供的材料没有及时到货，导致承包人自有的一台机械窝工 4 个台班，每台班折旧费 500 元，工作时每台班燃油动力费 100 元。另外，承包人租赁的一台机械窝工 3 个台班，台班租赁费为 300 元，工作时每台班燃油动力费 80 元。不考虑其他因素，则承包人可以索赔的费用为（　　）元。

A. 3540　　　　　　　　　　　　　B. 3300

C. 3140　　　　　　　　　　　　　D. 2900

16. 某工程合同价格为 5000 万元，计划工期 200d，施工期间因非承包人原因导致工期延误 10d，若同期该公司承揽的所有工程合同总价为 2.5 亿元、计划总部管理费为 1250 万元，则承包人可以索赔的总部管理费为（　　）万元。

A. 7.5　　　　　　　　　　　　　B. 10

C. 12.5　　　　　　　　　　　　　D. 15

2. 措施项目费用

本部分内容一般不会进行考查，仅做了解即可。

3. 其他项目费

本部分内容一般不会进行考查，仅做了解即可。

4. 规费与税金

本部分内容一般不会进行考查，仅做了解即可。

（二）索赔费用的计算方法

1. 实际费用法

17. （2020—55）常用的索赔费用计算方法是（　　）。

A. 实际费用法　　　　　　　　　　B. 单价定额法

C. 总费用法　　　　　　　　　　　D. 修正的总费用法

2. 总费用法

18. 发生了多起索赔事件后，重新计算该工程的实际费用，再减去原合同价，其差额即为承包人索赔的费用，这种索赔方法称为（　　）。

A. 实际费用法　　　　　　　　　　B. 单价定额法

C. 总费用法　　　　　　　　　　　D. 修正的总费用法

3. 修正的总费用法

19. 关于修正总费用法计算索赔的说法，正确的是（　　）。

A. 计算索赔款的时段可以是整个施工期

B．索赔金额为受影响工作调整后的实际总费用减去该项工作的报价费用

C．索赔款应包括受到影响时段内所有工作所受的损失

D．索赔款只包括受到影响时段内关键工作所受的损失

三、现场签证

（一）现场签证的情形

本部分内容一般不会进行考查，仅做了解即可。

（二）现场签证的范围

20．（2016—55）下列事件中，需要进行现场签证的是（　　）。

A．合同范围以内零星工程的确认

B．修改施工方案引起工程量增减的确认

C．承包人原因导致设备窝工损失的确认

D．合同范围以外新增工程的确认

（三）现场签证的程序

21．发包人应在收到承包人的签证报告后的（　　）h内未确认也未提出修改意见的，视为承包人提交的现场签证报告已被发包人认可。

A．7　　　　　　　　　　　　　　B．14

C．24　　　　　　　　　　　　　D．48

22．现场签证工作完成后的（　　）d内，承包人应按照现场签证内容计算价款，报送发包人确认后，作为增加合同价款，与进度款同期支付。

A．7　　　　　　　　　　　　　　B．14

C．21　　　　　　　　　　　　　D．28

（四）现场签证费用的计算

本部分内容一般不会进行考查，仅做了解即可。

习题答案及解析

1．C	2．ABC	3．D	4．BC	5．ACD
6．AD	7．CD	8．CDE	9．DE	10．ABC
11．BCDE	12．C	13．ACD	14．B	15．D
16．C	17．A	18．C	19．B	20．B
21．D	22．A			

【解析】

4．BC。本题考核的是《标准施工招标文件》中合同条款规定的可以合理补偿承包人索赔的条款。选项 A、D 只能索赔费用。选项 E 只能索赔工期。

6．AD。A 选项，可以索赔工期和费用；B 选项，可以索赔工期、费用和利润；C 选项，

只可索赔工期；D 选项，可索赔工期和费用；E 选项，可以索赔工期、费用和利润。

7. CD。A 选项错误，例外事件的后果只能索赔工期和费用；B 选项错误，当局造成的延误只能索赔工期；E 选项错误，因法律变化只索赔工期和费用。

8. CDE。发包人在确定误期损害赔偿费的费率时，一般要考虑以下因素：（1）发包人盈利损失；（2）由于工程拖期而引起的贷款利息增加；（3）工程拖期带来的附加监理费；（4）由于工程拖期不能使用，继续租用原建筑物或租用其他建筑物的租赁费。

9. DE。在 2014 年度的考试中，同样对本题涉及的采分点进行了考查。

12. C。承包商可索赔的人工费 =3 ＋ 2=5 万元。

15. D。承包人可以索赔的费用 =4×500+3×300=2900 元。

16. C。施工索赔中总部管理费的计算有以下几种：

（1）按照投标书中总部管理费的比例（3% ~ 8%）计算：

总部管理费 = 合同中总部管理费比率（%）×（人料机索赔款额＋现场管理费索赔款额等）

（2）按照公司总部统一规定的管理费比率计算：

总部管理费 = 公司管理费比率（%）×（人料机索赔款额＋现场管理费索赔款额等）

（3）以工程延期的总天数为基础，计算总部管理费的索赔额，计算步骤如下：

对某一工程提取的管理费 = 同期内公司的总管理费 × 该工程的合同额 / 同期内公司的总合同额

该工程的每日管理费 = 该工程向总部上缴的管理费 / 合同实施天数

索赔的总部管理费 = 该工程的每日管理费 × 工程延期的天数

本题中，延期工程应当分摊的总部管理费 = 1250×5000/25000 = 250 万元；延期工程的日平均总部管理费 = 250/200 = 1.25 万元；索赔的总部管理费 =1.25×10 = 12.5 万元。

第六节　合同价款期中支付

知识导学

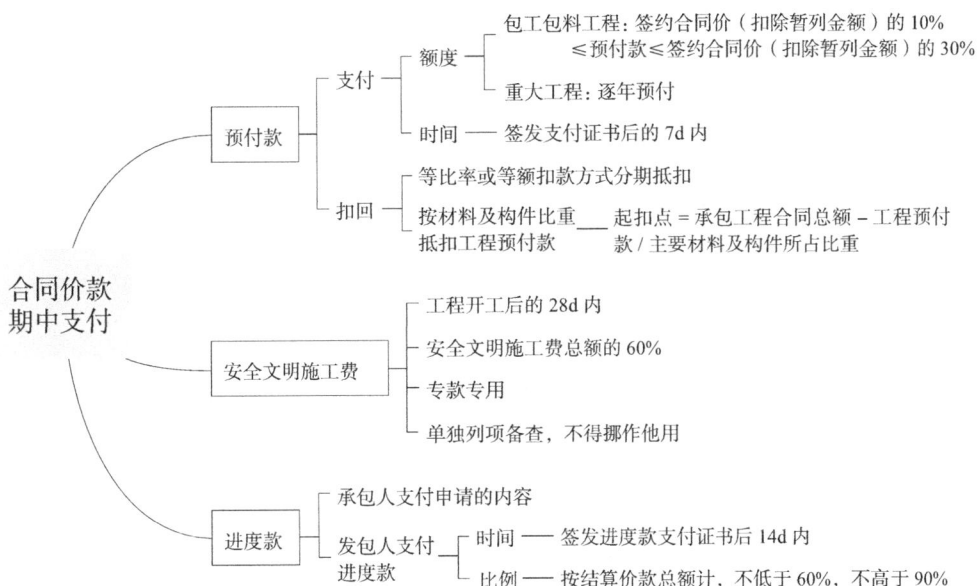

习题汇总

一、预付款

（一）预付款的支付

1. 包工包料工程的预付款的支付下限为（　　）。

A. 不得低于签约合同价（扣除暂列金额）的 10%

B. 不得低于签约合同价（扣除暂列金额）的 20%

C. 不得低于签约合同价（扣除暂列金额）的 30%

D. 不得低于签约合同价（扣除暂列金额）的 40%

2. 发包人应在收到支付申请的 7d 内进行核实后向承包人发出预付款支付证书，并在签发支付证书后的（　　）d 内向承包人支付预付款。

A. 7　　　　　　　　　　　　　　B. 14

C. 21　　　　　　　　　　　　　D. 28

（二）预付款的扣回

3.（2017—55）某工程合同总额 750 万元，工程预付款为合同总额的 20%，主要材料及构件占合同总额的 60%，则工程预付款的起扣点为（　　）万元。

A. 250　　　　　　　　　　　　B. 450

C. 500　　　　　　　　　　　　D. 600

4. 在用起扣点计算法扣回预付款时，起扣点计算公式为 $T = P - \dfrac{M}{N}$，则式中 N 是指（　　）。

A. 工程预付款总额　　　　　　B. 工程合同总额

C. 主要材料及构件所占比重　　D. 累计完成工程金额

5. 采用起扣点计算法扣回预付款的正确做法是（　　）。

A. 从已完工程的累计合同额相当于工程预付款数额时起扣

B. 从未完工程所需的主要材料及构件的价值相当于工程预付款数额时起扣

C. 从已完工成所用的主要材料及构件的价值相当于工程预付款数额时起扣

D. 从未完工程的剩余合同额相当于工程预付款数额时起扣

二、安全文明施工费

6. 发包人应当开始支付不低于当年施工进度计划的安全文明施工费总额 60% 的期限是工程开工后的（　　）d 内。

A. 7　　　　　　　　　　　　B. 14

C. 21　　　　　　　　　　　D. 28

7. 关于安全文明施工费的说法，正确的有（　　）。

A. 发包人应在开工后 28d 内预付不低于当年施工进度计划的安全文明施工费总额的 60%

B. 承包人对安全文明施工费应专款专用，不得挪作他用

C. 承包人应将安全文明施工费在财务账目中单独列项备查

D. 发包人没有按时支付安全文明施工费的，承包人可以直接停工

E. 发包人在付款期满后 7d 内仍未支付安全文明施工费的，若发生安全事故，发包人承担全部责任

三、进度款

（一）承包人支付申请的内容

8. 承包人应在每个计量周期到期后，向发包人提交已完工程进度款支付申请，支付申请包括的内容有（　　）。

A. 累计已完成的合同价款　　　B. 累计已调整的合同金额

C. 本期合计应扣减的金额　　　D. 本期合计完成的合同价款

E. 预计下期将完成的合同价款

（二）发包人支付进度款

9. 发包人应在收到通知后的（　　）d 内，按照承包人支付申请的金额向承包人支

付进度款。

A. 7
B. 14

C. 21
D. 28

10. 关于施工合同履行期间期中支付的说法，正确的是（　　）。

A. 对重大工程项目，预付款的支付比例不得低于签约合同价（扣除暂列金额）
的 15%

B. 进度款的支付比例按期中结算总额计，不低于 50%，不高于 80%

C. 进度款支付申请中应包括累计已完成的合同价款

D. 本周期实际支付的合同额为本期完成的合同价款合计

习题答案及解析

1. A　　　2. A　　　3. C　　　4. C　　　5. B

6. D　　　7. ABC　　8. ACD　　9. B　　　10. C

【解析】

3. C。工程预付款起扣点 = 承包工程合同总额 – 工程预付款数额 / 主要材料及构件所占比重 =750–750×20%/60%=500 万元。在 2015 年度的考试中，同样对本题涉及的采分点进行了考查。

7. ABC。D、E 选项错误，发包人没有按时支付安全文明施工费的，承包人可催告发包人支付；发包人在付款期满后的 7d 内仍未支付的，若发生安全事故，发包人应承担相应责任。

第七节　竣工结算与支付

知识导学

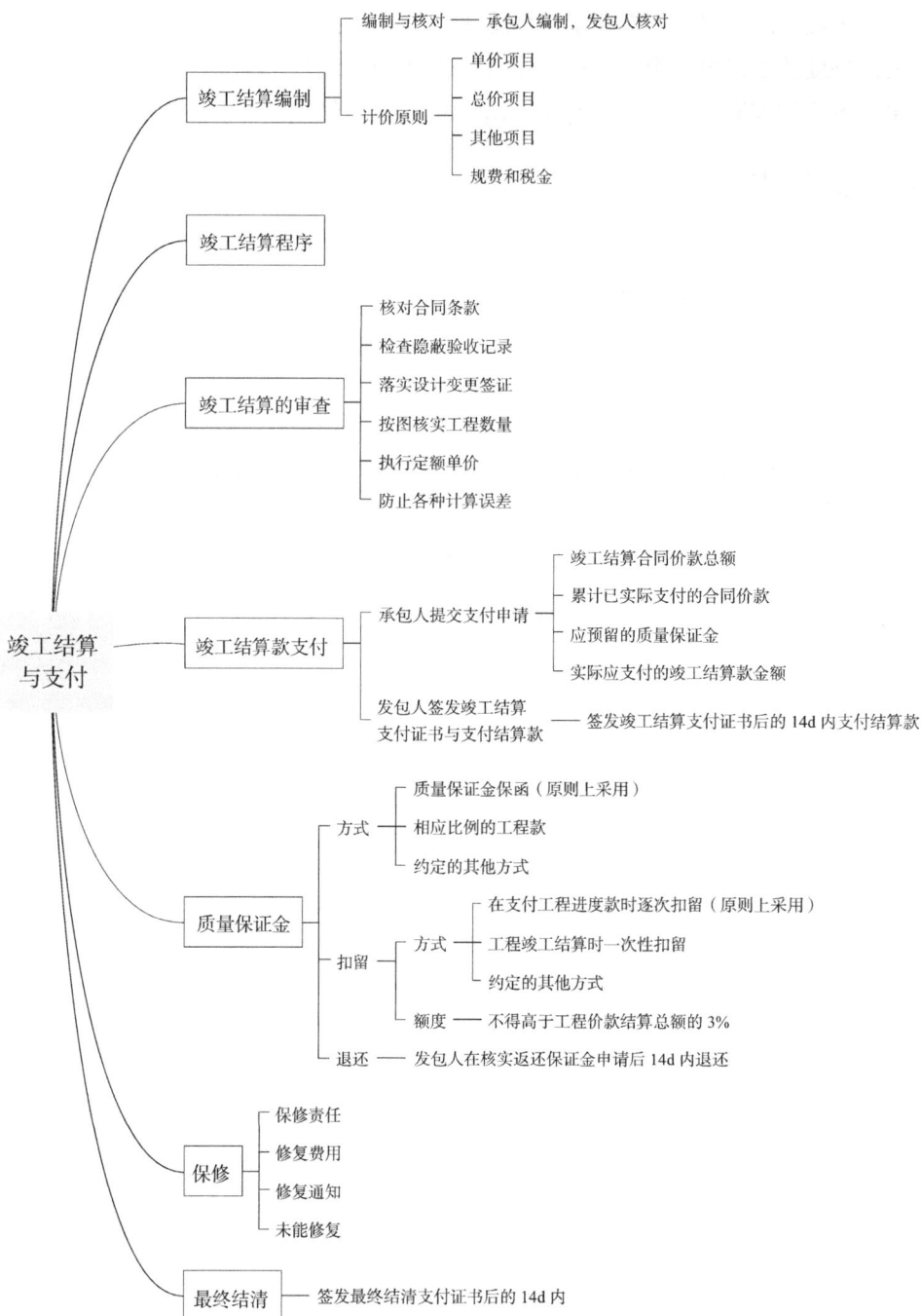

习题汇总

一、竣工结算编制

1. 工程竣工结算书编制与核对的责任分工是（　　）。

A. 发包人编制，承包人核对

B. 承包人编制，发包人核对

C. 监理人编制，发包人核对

D. 工程造价咨询机构编制，承包人核对

（一）工程竣工结算编制依据

2. 根据《建设工程工程量清单计价规范》的规定，编制工程竣工结算的主要依据有（　　）。

A. 工程合同

B. 建设工程设计文件及相关资料

C. 投标文件

D. 已确认的工程量及其结算的合同价款

E. 设计概算

（二）工程竣工结算的计价原则

3. 编制竣工结算文件时，应按国家、省级或行业建设主管部门的规定计价的是（　　）。

A. 劳动保险费 　　　　　　　　　　B. 总承包服务费

C. 安全文明施工费 　　　　　　　　D. 现场签证费

4. 根据《建设工程工程量清单计价规范》，关于工程竣工结算的计价原则，下列说法正确的有（　　）。

A. 计日工按发包人实际签证确认的事项计算

B. 总承包服务费依据合同约定金额计算，不得调整

C. 暂列金额应减去工程价款调整金额计算，余额归发包人

D. 规费和税金应按国家或省级、行业建设主管部门的规定计算

E. 总价措施项目应依据合同约定的项目和金额计算，不得调整

二、竣工结算程序

5. 发包人在收到承包人竣工结算文件后的 28d 内，不核对竣工结算或未提出核对意见的，应（　　）。

A. 视为承包人提交的竣工结算文件不合格

B. 催告发包人限期完成核对

C. 视为承包人提交的竣工结算文件已被发包人认可

D. 应办理不完全竣工结算

三、竣工结算的审查

6. （2010—108）对承包单位提交的竣工结算资料进行审查的内容包括（　　）。

A. 进度款是否按规定程序支付

B. 竣工工程内容是否符合合同条件

C. 隐蔽验收记录是否手续完整

D. 预付款支付额度是否符合合同约定

E. 设计变更审查、签证手续是否齐全

四、竣工结算款支付

（一）承包人提交竣工结算款支付申请

7. 承包人应根据办理的竣工结算文件，向发包人提交竣工结算款支付申请。申请单的内容应包括（　　）。

A. 竣工结算合同价款总额　　　　　　B. 已经处理完的索赔资料

C. 发包人已支付承包人的款项　　　　D. 应预留的质量保证金

E. 发包人应支付承包人的合同价款

（二）发包人签发竣工结算支付证书与支付结算款

8. 按照《建设工程工程量清单计价规范》规定，发包人应在收到承包人提交竣工结算款支付申请后 7d 内予以核实，向承包人签发竣工结算支付证书，并在签发竣工结算支付证书后的（　　）d 内支付结算款。

A. 7　　　　　　　　　　　　　　　B. 14

C. 21　　　　　　　　　　　　　　　D. 28

9. 发包人未按规定程序支付竣工结算款项的，承包人可以（　　）。

A. 催发包人支付　　　　　　　　　　B. 获得延迟支付利息的权利

C. 直接将工程折价　　　　　　　　　D. 直接将工程拍卖

E. 就工程拍卖价获得优先受偿权

五、质量保证金

（一）承包人提供质量保证金的方式

10. 根据《建设工程施工合同（示范文本）》，承包人提供质量保证金的方式原则上应为（　　）。

A. 相应比例的工程款　　　　　　　　B. 质量保证金保函

C. 相应额度的担保物　　　　　　　　D. 相应额度的现金

（二）质量保证金的扣留

11. 根据《建设工程质量保证金管理办法》（建质 [2017]138 号），质量保证金总预留比例不得高于工程价款结算总额的（　　）。

A．19%　　　　　　　　　　　　B．2%

C．3%　　　　　　　　　　　　D．5%

12．根据《建设工程施工合同（示范文本）》，除专用合同条款另有约定的外，质量保证金的扣留原则上采用（　　）。

A．在支付工程进度款时逐次扣留

B．在工程竣工前三个月按比例扣留质量保证金

C．工程竣工时一次性扣留质量保证金

D．双方约定的其他方式

（三）质量保证金的退还

13．发包人在接到承包人返还保证金申请后，应在规定的时间对合同约定的内容进行核实。对于返还期限没有约定的，发包人应在核实后的（　　）内将保证金返还给承包人。

A．48h　　　　　　　　　　　　B．7h

C．14d　　　　　　　　　　　　D．42d

14．（2021—108）下列关于质量保证金的说法，正确的有（　　）。

A．质量保证金预留的总额不得高于工程价款结算总额的6%

B．工程竣工前承包人已提供履约担保的，发包人不得同时预留工程质量保证金

C．质量保证金原则上采用保函方式

D．质量保证金可以在工程竣工结算时一次性扣留

E．质量保证金可以在支付工程进度款时逐次扣留

六、保修

1．保修责任

15．工程保修期从（　　）之日起算。

A．监理工程师在竣工验收记录上签字　　　B．业主支付竣工结算款

C．承包人提交竣工验收报告　　　　　　　D．工程竣工验收合格

2．修复费用

16．保修期内，因发包人使用不当造成工程的缺陷、损坏，可以委托承包人修复，修复的费用应由（　　）承担。

A．承包人　　　　　　　　　　B．发包人

C．设计单位　　　　　　　　　　D．监理单位

3．修复通知

17．在保修期内，发包人在使用过程中，发现已接收的工程存在缺陷或损坏的，需要立即修复缺陷或损坏，发包人可以口头通知承包人，但应在口头通知后（　　）内书面确认。

A. 2h   B. 24d
C. 48h   D. 2d

4. 未能修复

本部分内容一般不会单独进行考查，仅做了解即可。

七、最终结清

18. 发包人收到承包人提交的最终结清申请后的 14d 内予以核实，并应向承包人签发（　　）。

A. 工程接收证书   B. 竣工结算支付证书
C. 缺陷责任期终止证书   D. 最终结清支付证书

习题答案及解析

1. B   2. ABCD   3. C   4. ACD   5. C
6. BCE   7. ACDE   8. B   9. ABE   10. B
11. C   12. A   13. C   14. BCDE   15. D
16. B   17. C   18. D

【解析】

4. ACD。计日工应按发包人实际签证确认的事项计算。故 A 选项正确。总承包服务费应依据合同约定金额计算，如发生调整的，以发承包双方确认调整的金额计算。故 B 选项错误。暂列金额应减去工程价款调整（包括索赔、现场签证）金额计算，如有余额归发包人。故 C 选项正确。规费和税金应按照国家或省级、行业建设主管部门的规定计算。故 D 选项正确。措施项目中的总价项目应依据合同约定的项目和金额计算；如发生调整的，以发承包双方确认调整的金额计算，其中安全文明施工费必须按照国家或省级、行业建设主管部门的规定计算。故 E 选项错误。

9. ABE。发包人在竣工结算支付证书签发后或者在收到承包人提交的竣工结算款支付申请规定时间内仍未支付的，除法律另有规定外，承包人可与发包人协商将该工程折价，也可直接向人民法院申请将该工程依法拍卖。承包人就该工程折价或拍卖的价款优先受偿。故 C、D 选项错误。

第八节　投资偏差分析

知识导学

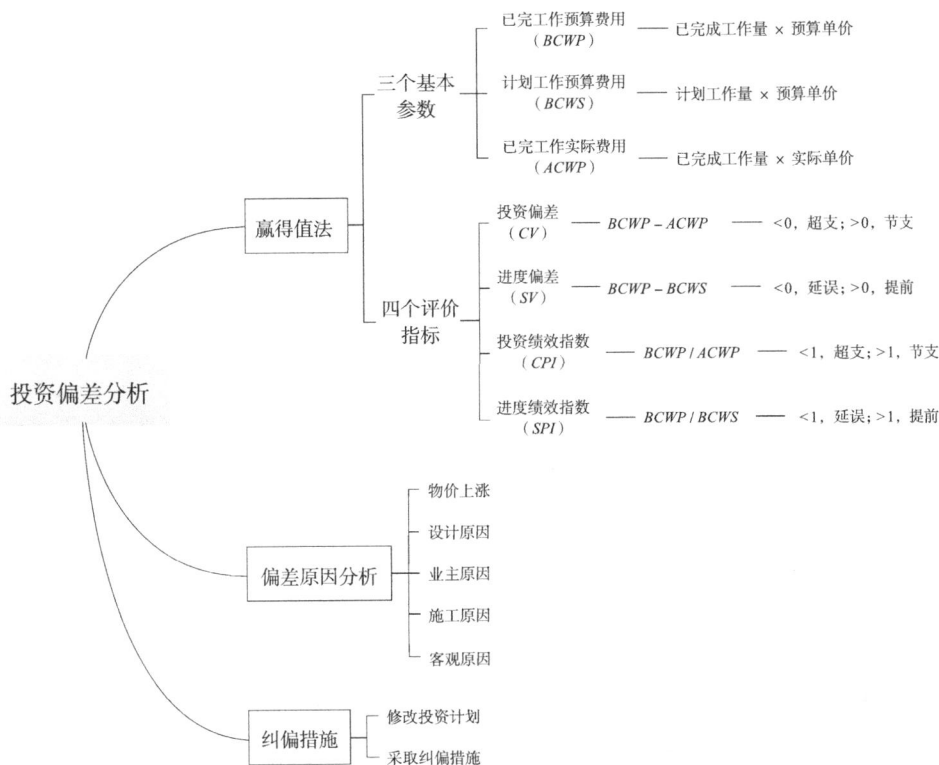

习题汇总

一、赢得值法

（一）赢得值法的三个基本参数

1. 某工程主要工作是混凝土浇筑，中标的综合单价是 400 元 /m³，计划工程量是 8000m³。施工过程中因原材料价格提高使实际单价为 500 元 /m³，实际完成并经监理工程师确认的工程量是 9000m³。若采用赢得值法进行综合分析，正确的结论有（　　）。

A. 已完工作预算投资为 360 万元

B. 已完工作实际投资为 450 万元

C. 计划工作预算投资为 320 万元

D. 投资偏差为 –90 万元，项目运行节支

E. 进度偏差为 40 万元，进度提前

2. 某分项工程某月计划工程量为 3200m²，计划单价为 15 元 /m²，月底核定承包

商实际完成工程量为 2800m²，实际单价为 20 元 /m²，则该工程的已完工作实际投资（$ACWP$）为（　　）元。

    A. 56000　　　　　　　　　　　　B. 42000

    C. 48000　　　　　　　　　　　　D. 64000

（二）赢得值法的四个评价指标

3.（2017—108）赢得值法的评价指标有（　　）。

    A. 已完工作预算投资　　　　　　　B. 计划工作预算投资

    C. 投资绩效指数　　　　　　　　　D. 进度绩效指数

    E. 进度偏差

1. 投资偏差

4.（2019—56）某工程施工至 2019 年 3 月底，经统计分析：已完工作预算投资为 700 万元，已完工作实际投资为 780 万元，计划工作预算投资为 750 万元。该工程此时的投资偏差为（　　）万元。

    A. −80　　　　　　　　　　　　　B. −50

    C. 30　　　　　　　　　　　　　　D. 50

5.（2021—56）某地下工程，计划到 5 月份累计开挖土方 1.2 万 m³，预算单价为 90 元 /m³。经确认，到 5 月份实际累计开挖土方 1 万 m³，实际单价为 95 元 /m³，该工程此时的投资偏差为（　　）万元。

    A. −18　　　　　　　　　　　　　B. −5

    C. 5　　　　　　　　　　　　　　D. 18

2. 进度偏差

6.（2014—56）某工程施工至 2013 年 12 月底，经分析，已完工作预算投资为 100 万元，已完工作实际投资为 115 万元，计划工作预算投资为 110 万元，则该工程的进度偏差为（　　）。

    A. 超前 15 万元　　　　　　　　　B. 延误 15 万元

    C. 超前 10 万元　　　　　　　　　D. 延误 10 万元

7.（2017—57）在投资偏差分析中，进度偏差等于（　　）。

    A. 已完工作预算投资与已完工作实际投资之间的差值

    B. 计划工作预算费用与已完工作实际投资之间的差值

    C. 已完工作实际投资与已完工作预算费用之间的差值

    D. 已完工作预算费用与计划工作预算费用之间的差值

8.（2018—55）某工程施工至 2018 年 3 月底，经统计分析：已完工作预算投资为 580 万元，已完工作实际投资为 570 万元，计划工作预算投资为 600 万元，该工程此时的进度偏差为（　　）万元。

    A. −30　　　　　　　　　　　　　B. −20

    C. −10　　　　　　　　　　　　　D. 10

3. 投资绩效指数

9.（2018—56）某工程施工至 2017 年 12 月底，经统计分析：已完工作预算投资为 480 万元，已完工作实际投资为 510 万元，计划工作预算投资为 450 万元，该工程此时的投资绩效指数为（　　）。

A. 0.88

B. 0.94

C. 1.06

D. 1.07

10.（2020—56）某工程施工至 2020 年 6 月底，经统计分析：已完工作预算投资 2500 万元，已完工作实际投资 2800 万元，计划工作预算投资 2600 万元。该工程此时的投资绩效指数为（　　）。

A. 0.89

B. 0.96

C. 1.04

D. 1.12

4. 进度绩效指数

11.（2015—56）某地下工程，5 月计划工程量为 2500m³，预算单价为 25 元 /m³；到 5 月底时已完成工程量为 3000m³，实际单价为 28 元 /m³。若运用赢得值法分析，正确的是（　　）。

A. 已完工作实际投资为 75000 元

B. 已完工作预算投资为 62500 元

C. 进度偏差为 –9000 元，表明项目运行超出预算投资

D. 投资绩效指标 <1，表明实际投资高于预算投资

12. 某施工企业进行土方开挖工程，按合同约定 3 月份的计划工程量为 2400m³，计划单价是 12 元 /m³；到月底检查时，确认承包商实际完成的工程量为 2000m³，实际单价为 15 元 /m³。则该工程的进度偏差（SV）和进度绩效指数（SPI）分别为（　　）。

A. –0.6 万元，0.83

B. –0.48 万元，0.83

C. 0.6 万元，0.80

D. 0.48 万元，0.80

13.（2016—56）关于赢得值法及其应用的说法，正确的是（　　）。

A. 赢得值法有四个基本参数和三个评价指标

B. 投资（进度）绩效指数反映的是绝对偏差

C. 投资（进度）偏差仅适合对同一项目作偏差分析

D. 进度偏差为正值，表示进度延误

（三）偏差分析的表达方法

14. 某项目地面铺贴的清单工程量为 1000m²，预算单价 60 元 /m²，计划每天施工 100m²。第 6 天检查时发现，实际完成 800m²，实际单价为 5 万元。根据上述情况，预计项目完工时的费用偏差（ACV）是（　　）元。

A. –2000

B. –2500

C. 2000

D. 2500

二、偏差原因分析

15.（2016—108）下列引起投资偏差的原因中，属于建设单位原因的有（　　）。

A. 设计标准变化

B. 投资规划不当

C. 建设手续不全

D. 施工方案不当

E. 未及时提供施工场地

16. 下列费用偏差原因中，属于施工原因的有（　　）。

A. 建设手续不全

B. 协调不佳

C. 未及时提供场地

D. 施工方案不当

E. 材料代用

17. 某工程基坑开挖恰逢雨期，造成承包商雨期施工增加费用超支，产生此费用偏差的原因是（　　）。

A. 业主原因

B. 设计原因

C. 施工原因

D. 客观原因

三、纠偏措施

18. 在确定纠偏的主要对象之后，就要采取有针对性的纠偏措施。纠偏可以采用（　　）。

A. 组织措施

B. 经济措施

C. 技术措施

D. 合同措施

E. 法律措施

习题答案及解析

1. ABCE	2. A	3. CDE	4. A	5. B
6. D	7. D	8. B	9. B	10. A
11. D	12. B	13. C	14. B	15. BCE
16. DE	17. D	18. ABCD		

【解析】

1. ABCE。已完工作预算投资 =9000×400=3600000 元 =360 万元。计划工作预算投资 =8000×400=3200000 元 =320 万元。已完工作实际投资 =9000×500=4500000 元 =450 万元。投资偏差 =360–450=–90 万元，项目运行超出预算投资。进度偏差 = 360–320=40 万元，进度提前。

4. A。投资偏差 =700–780=–80 万元。

5. B。投资偏差 = 已完成工作量 × 预算单价 – 已完成工作量 × 实际单价 = 1×90–1×95=–5 万元。

6. D。进度偏差（SV）= 已完工作预算投资（BCWP）– 计划工作预算投资

（*BCWS*）=100-110=-10 万元，当进度偏差 *SV* 为负值时，表示进度延误，实际进度落后于计划进度；当进度偏差 *SV* 为正值时，表示进度提前，实际进度快于计划进度。故该工程的进度偏差延误 10 万元。

8．B。进度偏差（*SV*）=580-600=-20 万元。

9．B。投资绩效指数（*CPI*）= 已完工作预算投资（*BCWP*）／ 已完工作实际投资（*ACWP*）=480/510=0.94。

10．A。投资绩效指数（*CPI*）= 2500/2800=0.89。

11．D。已完工作实际投资 = 已完成工作量 × 实际单价 =3000×28=84000 元，故 A 选项错误。已完工作预算投资 = 已完成工作量 × 预算单价 =3000×25 =75000 元，故 B 选项错误。计划工作预算投资 = 计划工作量 × 预算单价 =2500×25=62500 元，进度偏差 = 已完工作预算投资 - 计划工作预算投资 =75000-62500=12500 元，表示进度提前，实际进度快于计划进度。故 C 选项错误。

12．B。已完工作预算投资 = 200×12=2.4 万元，计划工作预算投资 = 2400×12=2.88 万元，进度偏差 =2.4-2.88 = -0.48 万元，进度绩效指数 =2.4/2.88 = 0.83。

14．B。本题的计算过程如下：

BAC = 完工的计划工程量 × 预算价 =1000×60=60000 元

EAC = 工程量 × 预测的价格（实际单价）

实际的价格 =50000/800=62.5 元 /m²

EAC =1000×62.5=62500 元

ACV =*BAC*-*EAC*=60000-62500=-2500 元。

《建设工程进度控制》

第一章

建设工程进度控制概述

第一节　建设工程进度控制的概念

知识导学

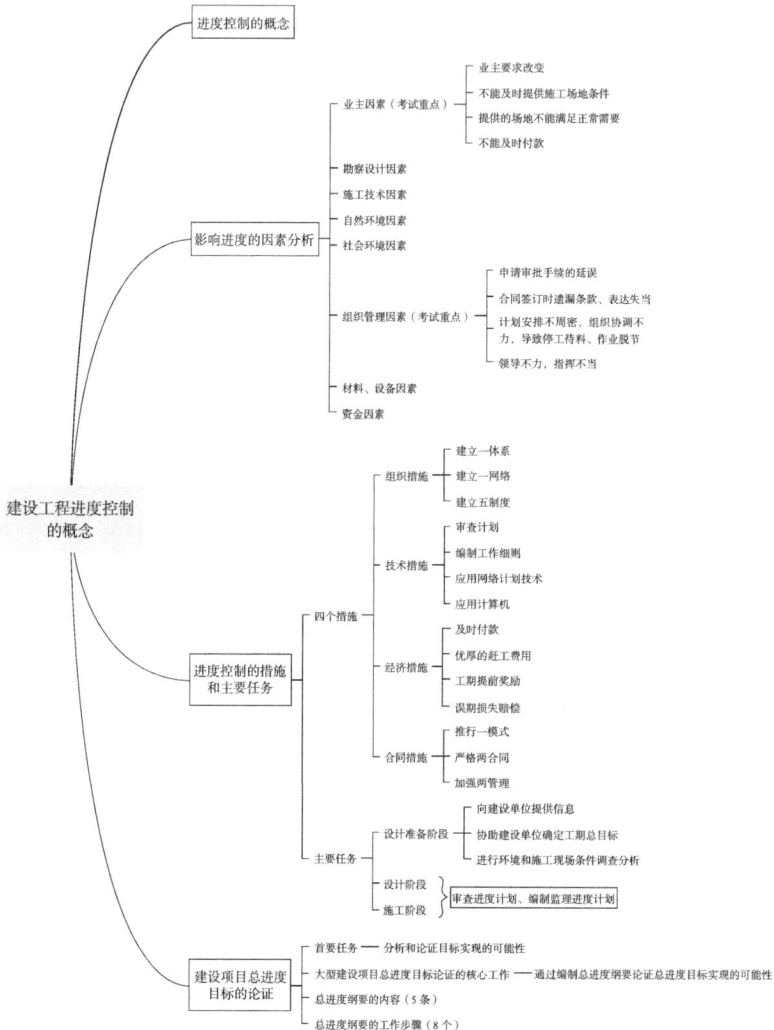

习题汇总

一、进度控制的概念

1. 为了有效地控制工程建设进度，进度控制人员必须（   ）。

A. 进行项目风险因素分析

B. 进行实际进度与设计进度的动态比较

C. 确定进度协商工作制度

D. 分解项目并建立编码体系

2.（2005—57）建设工程进度控制是监理工程师的主要任务之一，其最终目的是确保建设项目（   ）。

A. 在实施过程中应用动态控制原理

B. 按预定的时间动用或提前交付使用

C. 进度控制计划免受风险因素的干扰

D. 各方参建单位的进度关系得到协调

二、影响进度的因素分析

3.（2020—57）下列影响工程进度的因素中，属于业主因素的是（   ）。

A. 汇率浮动和通货膨胀

B. 不明的水文气象条件

C. 提供的场地不能满足工程正常需要

D. 合同签订时遗漏条款、表述失当

4. 在建设工程实施过程中，影响工程进度的勘察设计因素是（   ）。

A. 临时停水、停电

B. 合同签订时遗漏条款或表达失当

C. 未考虑设计在施工中实现的可能性

D. 施工设备不配套、选型失当

5. 下列对工程进度造成影响的因素中，属于施工技术因素的有（   ）。

A. 不能及时向施工承包单位付款　　　B. 不明的水文气象条件

C. 施工安全措施不当　　　　　　　　D. 不能及时提供施工场地条件

E. 施工工艺错误

6. 在工程建设过程中，影响实际进度的自然环境因素是（   ）。

A. 材料供应时间不能满足需要

B. 不能及时提供施工场地条件

C. 不明的水文气象条件

D. 计划安排不周密，组织协调不力

7.（2021—57）下列影响工程进度的因素中，属于组织管理因素的是（　　）。

A．资金不到位

B．计划安排不周密

C．外单位临近工程施工干扰

D．业主使用要求改变

三、进度控制的措施和主要任务

（一）进度控制的措施

1. 组织措施

8.（2006—57）在建设工程监理工作中，建立工程进度报告制度及进度信息沟通网络属于监理工程师控制进度的（　　）。

A．经济措施

B．合同措施

C．组织措施

D．技术措施

9.（2013—58）下列建设工程进度控制措施中，属于组织措施的是（　　）。

A．采用 CM 承发包模式

B．审查承包商提交的进度计划

C．办理工程进度款支付手续

D．建立工程变更管理制度

2. 技术措施

10.（2004—57）为确保建设工程进度控制目标的实现，监理工程师必须认真制定进度控制措施。进度控制的技术措施主要有（　　）。

A．对应急赶工给予优厚的赶工费用

B．建立图纸审查、工程变更和设计变更管理制度

C．审查承包商提交的进度计划，使承包商能在合理的状态下施工

D．推行 CM 承发包模式，并协调合同工期与进度计划之间的关系

11.（2020—60）下列建设工程进度控制措施中，属于技术措施的是（　　）。

A．审查承包商提交的进度计划

B．及时办理工程预付款及进度款支付手续

C．协调合同工期与进度计划之间的关系

D．建立工程进度报告制度及信息沟通网络

12.（2021—58）监理工程师控制工程进度应采取的技术措施是（　　）。

A．编制进度控制工作细则

B．建立工程进度报告制度

C．建立进度协调工作制度

D．加强工程进度风险管理

3. 经济措施

13．下列建设工程进度控制措施中，属于经济措施的有（　　）。

A．采用网络计划技术等计划方法

B．审查承包商提交的进度计划

C．加强合同风险管理

D．及时办理工程预付款及进度款支付手续

E．对工期提前给予奖励

4．合同措施

14．（2012—58）下列建设工程进度控制措施中，属于合同措施的是（　　）。

A．建立进度协调会议制度 B．编制进度控制工作细则

C．对应急赶工给予优厚的赶工费 D．推行 CM 承发包模式

15．（2019—57）推行 CM 承发包模式，对建设工程实行分段设计、分段发包和分段施工的措施，属于进度控制的（　　）。

A．组织措施 B．技术措施

C．经济措施 D．合同措施

（二）建设工程实施阶段进度控制的主要任务

1．设计准备阶段进度控制的任务

16．（2006—109）监理单位受业主委托对建设工程设计和施工实施全过程监理时，监理工程师在设计准备阶段进度控制的任务包括（　　）。

A．协助业主确定工期总目标

B．办理工程立项审批或备案手续

C．办理建筑材料及设备订货手续

D．调查和分析环境及施工现场条件

E．编制施工图出图计划

17．（2018—110）下列建设工程进度控制任务中，属于设计准备阶段进度控制任务的有（　　）。

A．编制工程项目总进度计划

B．编制详细的出图计划

C．进行工期目标和进度控制决策

D．进行环境及施工现场条件的调查和分析

E．编制工程年、季、月实施计划

2．设计阶段进度控制的任务

18．（2000—110）在建设工程设计阶段，进度控制的主要任务包括（　　）。

A．确定工程总目标 B．编制项目总进度计划

C．编制设计总进度控制计划 D．编制阶段性设计进度计划

E．编制详细的出图计划

3．施工阶段进度控制的任务

19．（2009—58）在施工阶段，为了确保进度控制目标的实现，监理工程师需要编制（　　）。

A．工程项目总进度计划 B．周（旬）施工作业计划

C．监理进度计划 D．分部分项工程施工进度计划

20．（2021—59）工程施工阶段进度控制的任务是（　　）。

A．调查分析环境及施工现场条件 B．编制详细的设计出图计划

C．进行工期目标和进度控制决策　　　　D．编制施工总进度计划

21．（2008—57）监理单位接受建设单位委托实施工程项目全过程监理时，需要（　）。

A．编制设计和施工总进度计划

B．审查设计单位和施工单位提交的进度计划

C．编制单位工程施工进度计划

D．编制详细的出图计划并控制其执行

22．（2011—58）下列任务中，属于建设工程实施阶段监理工程师进度控制任务的是（　）。

A．审查施工总进度计划　　　　　　　B．编制单位工程施工进度计划

C．编制详细的出图计划　　　　　　　D．确定建设工期总目标

23．（2017—109）项目监理机构在设计阶段和施工阶段进度控制的任务有（　）。

A．编制工程项目总进度计划　　　　　B．编制监理进度计划

C．审查设计进度计划　　　　　　　　D．审查施工进度计划

E．确定工期总目标

四、建设项目总进度目标的论证

1．总进度目标论证的工作内容

24．某工程采用建设项目工程总承包的模式，则项目总进度目标的控制是（　）的任务。

A．业主方与监理方　　　　　　　　　B．监理方与工程总承包方

C．业主方与工程总承包方　　　　　　D．工程总承包方与设计方

25．（2014—58）在进行建设项目总进度目标控制前，建设单位对项目总进度管理的首要任务是（　）。

A．收集和整理比较详细的设计资料

B．比较和分析各项技术方案的合理性

C．分析和论证进度目标实现的可能性

D．提出和改进设计、施工的进度控制措施

26．在项目的实施阶段，项目总进度包括（　）。

A．可行性研究工作进度　　　　　　　B．设计工作进度

C．招标工作进度　　　　　　　　　　D．设备安装进度

E．用户管理工作进度

27．（2016—58）大型建设项目总进度目标论证的核心工作是通过编制（　），论证总进度目标实现的可能性。

A．总进度纲要　　　　　　　　　　　B．施工组织总设计

C．总进度规划　　　　　　　　　　　D．各子系统进度规划

28.（2020—109）编制建设项目总进度纲要时的主要工作内容有（　　）。

A．编制有关工程施工组织和技术方案

B．确定里程碑事件的计划进度目标

C．分析进度计划系统的结构体系

D．研究总进度目标实现的条件和应采取的措施

E．预测各个阶段工程投资规模

2．总进度目标论证的工作步骤

29.（2018—58）按照建设项目总进度目标论证的工作步骤，项目结构分析后紧接着需要进行的工作是（　　）。

A．调查研究和收集资料　　　　　　B．项目的工作编码

C．编制各层进度计划　　　　　　　D．进度计划系统的结构分析

30．建设工程项目总进度目标论证的工作包括：①编制各层进度计划；②项目结构分析；③编制总进度计划；④项目的工作编码。其正确的工作程序是（　　）。

A．④—③—②—①　　　　　　　　B．②—④—①—③

C．②—④—③—①　　　　　　　　D．④—②—①—③

31．建设工程项目总进度目标论证时，在进行项目的工作编码前应完成的工作有（　　）。

A．编制各层进度计划　　　　　　　B．协调各层进度计划的关系

C．调查研究和收集资料　　　　　　D．进度计划系统的结构分析

E．项目结构分析

习题答案及解析

1．B	2．B	3．C	4．C	5．CE
6．C	7．B	8．C	9．D	10．C
11．A	12．A	13．DE	14．D	15．D
16．AD	17．ACD	18．CDE	19．C	20．D
21．B	22．A	23．BCD	24．C	25．C
26．BCD	27．A	28．BD	29．D	30．B
31．CDE				

【解析】

3．C。选项A属于资金因素；选项B属于自然环境因素；选项D属于组织管理因素。在2009、2012、2013、2016、2019年度的考试中，同样对本题涉及的采分点进行了考查。

7．B。选项A属于资金因素，选项C属于社会环境因素，选项D属于业主因素。在2005、2010、2014、2018年度的考试中，同样对本题涉及的采分点进行了考查。

8．C。在2005年考度的考试中，提问形式与本题基本一致。

9．D。选项 A 属于合同措施；选项 B 属于进度措施；选项 C 属于经济措施。在 2003、2008、2009、2011 年度的考试中，提问形式与本题基本一致。

11．A。选项 B 属于经济措施；选项 C 属于合同措施；选项 D 属于组织措施。在 2014、2016 年度的考试中，同样对本题涉及的采分点进行了考查。

12．A。2011、2018 年度的考试中，提问形式与本题基本一致。

14．D。选项 A 属于组织措施；选项 B 属于技术措施；选项 C 属于经济措施。在 2000、2002、2003、2007 年度的考试中，同样对本题涉及的采分点进行了考查。

15．D。在 2010 年度的考试中，提问形式与本题基本一致。进度控制的措施内容，按以下关键词记忆。

组织措施：体系、人员、职责和制度，这些都是组织的构成要素。

技术措施：审查、编制、计算机。

经济措施：费用、工程款、奖励与赔偿。

合同措施：承发包、合同工期、合同变更、风险、索赔。

进度控制的措施是每年的必考考点，考试时四个措施会相互作为干扰选项出现。考试题型有两种：一是题干中给出采取的具体进度控制措施，判断属于哪类措施。二是题干中给出措施类型，判断备选项中符合这类型的措施。这种题型是考查重点。

17．ACD。选项 B 属于设计阶段的控制任务。选项 E 属于施工阶段进度控制的任务。在 2007、2010、2012 年度考试中，同样对本题涉及的采分点进行了考查。

22．C。注意题干是实施阶段，包括设计准备、设计和施工阶段。选项 C 属于设计阶段进度控制的任务。在 2004 年度的考试中，同样对本题涉及的采分点进行了考查。

23．BCD。选项 A 属于设计准备阶段进度控制的任务；选项 E 的正确说法是协助建设单位确定工期总目标。在 2006 年度的考试中，同样对本题涉及的采分点进行了考查。

第二节　建设工程进度控制计划体系

知识导学

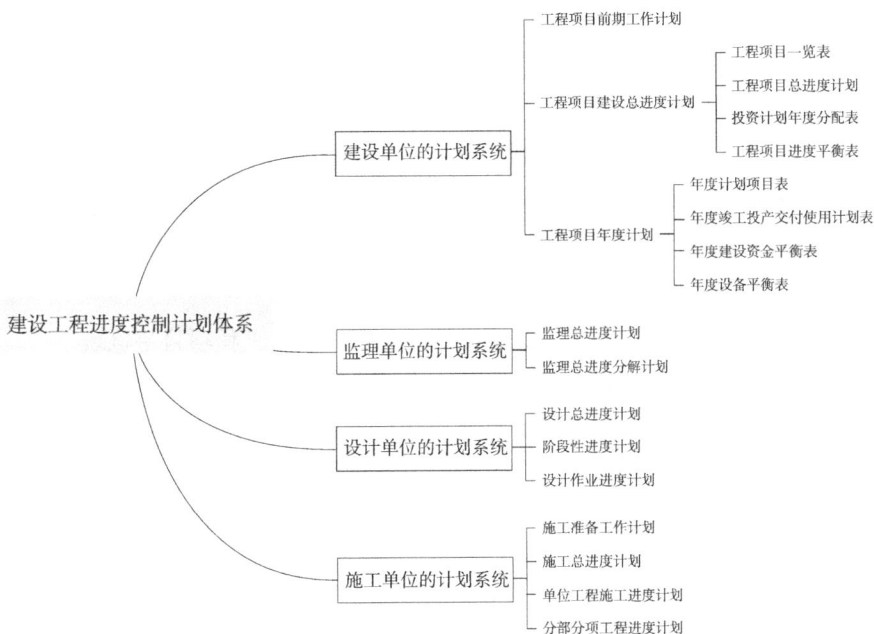

习题汇总

一、建设单位的计划系统

1.（2002—110）在工程项目进度控制计划系统中，由建设单位负责编制的计划表包括（　　）。

A. 工程项目进度平衡表　　　　　　B. 年度计划形象进度表

C. 年度建设资金平衡表　　　　　　D. 项目动用前准备工作计划表

E. 工程项目总进度计划表

2.（2020—58）下列进度计划中，属于建设单位计划系统的是（　　）。

A. 工程项目年度计划　　　　　　　B. 设计总进度计划

C. 施工准备工作计划　　　　　　　D. 物资采购、加工计划

（一）工程项目前期工作计划

3. 对工程项目可行性研究、项目评估及初步设计的工作进度安排，可使工程项目前期决策阶段各项工作的时间得到控制的计划是（　　）。

A. 工作项目前期工作计划　　　　　B. 工程项目建设总进度计划

C．工程项目年度计划 D．施工总进度计划

（二）工程项目建设总进度计划

4．（2006—110）在建设单位的进度计划系统中，工程项目年度计划的编制依据有（　　）。

A．工程项目建设总进度计划 B．综合进度控制计划

C．批准的设计文件 D．设计总进度计划

E．施工图设计工作进度计划

5．（2007—58）对工程项目从开始建设至竣工投产进行统一部署的工程项目建设总进度计划，其内容包括（　　）。

A．施工图设计工作进度计划表 B．年度建设资金平衡表

C．工程项目进度平衡表 D．分部分项工程施工进度计划表

6．（2008—58）依据工程项目建设总进度计划和批准的设计文件编制的工程项目年度计划的内容包括（　　）。

A．投资计划年度分配表 B．工程项目一览表

C．工程项目进度平衡表 D．年度建设资金平衡表

7．（2009—59）在建设单位的计划系统中，根据初步设计中确立的建设工期和工艺流程，具体安排单位工程的开工日期和竣工日期的计划，称为（　　）。

A．工程项目总进度计划 B．工程项目前期工作计划

C．工程项目年度计划 D．工程项目进度平衡计划

8．（2011—110）为保证工程建设中各个环节相互衔接，工程项目进度平衡表中需明确的内容包括（　　）。

A．各种设计文件交付日期 B．主要设备交货日期

C．施工单位进场日期 D．工程材料进场日期

E．水、电及道路接通日期

9．（2017—58）根据批准的初步设计安排单位工程的开竣工日期，属于建设工程进度计划体系中（　　）内容。

A．工程项目前期工作计划 B．单位工程施工进度计划

C．工程项目总进度计划 D．工程项目年度进度计划

10．（2017—110）下列进度计划表中，属于建设单位计划系统中工程项目建设总进度计划的有（　　）。

A．工程项目一览表 B．投资计划年度分配表

C．年度设备平衡表 D．工程项目进度平衡表

E．年度建设资金平衡表

11．（2021—60）建设单位计划系统中，用来明确各种设计文件交付日期、主要设备交货日期、施工单位进场日期、水电及道路接通日期等的计划表是（　　）。

A．施工总进度计划表 B．投资计划年度平衡表

C．工程项目进度平衡表　　　　　　　　　D．工程建设总进度计划表

（三）工程项目年度计划

12．（2002—59）在工程项目进度控制计划系统中，用以确定项目年度投资额、年末进度和阐明建设条件落实情况的进度计划表是（　　）。

A．工程项目进度平衡表　　　　　　　　　B．年度建设资金平衡表

C．投资计划年度分配表　　　　　　　　　D．年度计划项目表

13．在工程项目进度控制计划系统中，阐明各单位工程的建筑面积、投资额、新增固定资产、新增生产能力等建筑总规模及本年计划完成情况，并阐明其竣工日期的进度计划表是（　　）。

A．年度建设资金平衡表　　　　　　　　　B．年度竣工投产交付使用计划表

C．年度计划项目表　　　　　　　　　　　D．工程项目进度平衡表

14．（2015—110）工程项目年度计划的内容包括（　　）。

A．投资计划年度分配表　　　　　　　　　B．年度计划项目表

C．年度设备平衡表　　　　　　　　　　　D．年度设计出图计划表

E．年度竣工投产交付使用计划表

二、监理单位的计划系统

（一）监理总进度计划

15．（2019—110）在对建设工程实施全过程监理的情况下，监理单位总进度计划的编制依据有（　　）。

A．施工单位的施工总进度计划　　　　　　B．工程项目建设总进度计划

C．设计单位的设计总进度计划　　　　　　D．工程项目可行性研究报告

E．工程项目前期工作计划

（二）监理总进度分解计划

1．按工程进展阶段分解

16．按工程进度阶段分解，监理总进度分解计划包括（　　）。

A．施工阶段进度计划　　　　　　　　　　B．设计总进度计划

C．设计阶段进度计划　　　　　　　　　　D．动用前准备阶段进度计划

E．设计准备阶段工作计划

2．按时间分解

17．按时间分解，监理总进度分解计划包括（　　）。

A．年度进度计划　　　　　　　　　　　　B．季度进度计划

C．月度进度计划　　　　　　　　　　　　D．总进度计划

E．前期工作计划

三、设计单位的计划系统

18.（2014—59）在建设工程进度控制计划体系中，属于设计单位计划系统的是（　　）。

A．分部分项工程进度计划　　　　B．阶段性设计进度计划

C．工程项目年度计划　　　　　　D．年度建设资金计划

（一）设计总进度计划

19．在建设工程进度控制计划体系中，主要用来安排自设计准备开始至施工图设计完成的总设计时间内所包含的各阶段工作的开始时间和完成时间，从而确保设计进度控制总目标实现的计划是（　　）。

A．设计总进度计划　　　　　　　B．设计准备工作进度计划

C．施工图设计工作进度计划　　　D．设计作业进度计划

（二）阶段性设计进度计划

20．阶段性设计进度计划包括（　　）。

A．设计作业进度计划

B．设计准备工作进度计划

C．季度作业进度计划

D．初步设计（技术设计）工作进度计划

E．施工图设计工作进度计划

（三）设计作业进度计划

21．（2013—109）编制建设工程设计作业进度计划的依据有（　　）。

A．规划设计条件和设计基础资料　　B．施工图设计工作进度计划

C．单位工程设计工日定额　　　　　D．初步设计审批文件

E．所投入的设计人员数

四、施工单位的计划系统

22．在建设工程进度控制计划体系中，属于施工单位计划系统的有（　　）。

A．施工准备工作计划　　　　　　B．施工总进度计划

C．单位工程施工进度计划　　　　D．分部分项工程进度计划

E．项目动用准备工作进度计划

（一）施工准备工作计划

23．施工准备的工作内容通常包括（　　）。

A．技术准备　　　　　　　　　　B．物资准备

C．安全措施准备　　　　　　　　D．劳动组织准备

E．施工现场准备和施工场外准备

（二）施工总进度计划

24. 在建设工程进度控制计划体系中，（　　）是根据施工部署中施工方案和工程项目的开展程序，对全工地所有单位工程做出时间上的安排。

A. 施工准备工作计划　　　　　　　B. 施工总进度计划

C. 单位工程施工进度计划　　　　　D. 分部分项工程进度计划

（三）单位工程施工进度计划

25. 在既定施工方案的基础上，根据规定的工期和各种资源供应条件，遵循各施工过程的合理施工顺序，对单位工程中的各施工过程做出时间和空间上的安排，并以此为依据，确定施工作业所必需的劳动力、施工机具和材料供应计划是（　　）。

A. 单位工程施工进度计划

B. 分部分项工程进度计划

C. 年度作业进度计划

D. 初步设计（技术设计）工作进度计划

（四）分部分项工程进度计划

26. 下列分部分项工程中，需要编制分部分项工程进度计划的是（　　）。

A. 零星土石方工程　　　　　　　　B. 场地平整

C. 混凝土垫层工程　　　　　　　　D. 大型桩基础工程

习题答案及解析

1. ACE	2. A	3. A	4. AC	5. C
6. D	7. A	8. ABCE	9. C	10. ABD
11. C	12. D	13. B	14. BCE	15. BDE
16. ACDE	17. ABC	18. B	19. A	20. BDE
21. BCE	22. ABCD	23. ABDE	24. B	25. A
26. D				

【解析】

2. A。选项 B 属于设计单位的计划系统；选项 C 属于施工单位的计划系统；选项 D 属于物资供应计划。在 2016 年度的考试中，提问形式与本题基本一致。

7. A。在 2004 年度的考试中，同样对本题涉及的采分点进行了考查。

9. C。在 2004 年度的考试中，同样对本题涉及的采分点进行了考查。

10. ABD。在 2000、2005 年度的考试中，同样对本题涉及的采分点进行了考查。

11. C。在 2003、2019 年度的考试中，同样对本题涉及的采分点进行了考查。

14. BCE。在 2010、2012 年度的考试中，同样对本题涉及的采分点进行了考查。

第三节　建设工程进度计划的表示方法和编制程序

知识导学

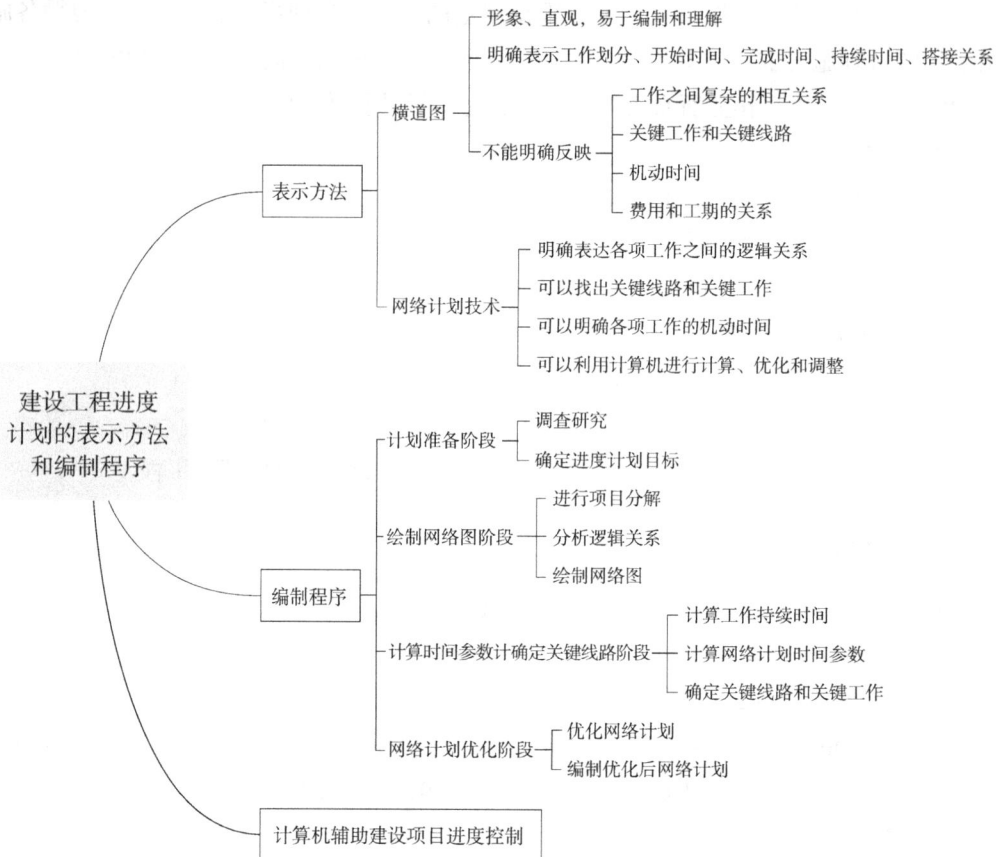

习题汇总

一、建设工程进度计划的表示方法

（一）横道图

1.（2013—110）采用横道图表示工程进度计划的缺点有（　　）。

A. 不能反映工程费用与工期之间的关系

B. 不能计算各项工作的持续时间

C. 不能反映影响工期的关键工作和关键线路

D. 不能明确反映各项工作之间的逻辑关系

E. 不能进行进度计划的优化和调整

2．（2016—59）采用横道图表示建设工程进度计划的优点是（　　）。

A．能够明确反映工作之间的逻辑关系

B．易于编制和理解进度计划

C．便于优化调整进度计划

D．能够直接反映影响工期的关键工作

（二）网络计划技术

1．网络计划的种类

3．网络计划分为确定型和非确定型两类。下列属于非确定型网络计划的有（　　）。

A．计划评审技术　　　　　　　　　B．图示评审技术

C．双代号网络计划　　　　　　　　D．时标网络计划

E．决策关键线路法

2．网络计划的特点

4．（2003—109）横道图和网络图是建设工程进度计划的常用表示方法。与横道计划相比，单代号网络计划的特点包括（　　）。

A．形象直观，能够直接反映出工程总工期

B．通过计算可以明确各项工作的机动时间

C．不能明确地反映出工程费用与工期之间的关系

D．通过计算可以明确工程进度的重点控制对象

E．明确地反映出各项工作之间的相互关系

5．（2019—109）关于建设工程网络计划技术特征的说法，正确的有（　　）。

A．计划评审技术（PERT）、图示评审技术（GERT）、风险评审技术（VERT）、关键线路法（CPM）均属于非确定型网络计划

B．网络计划能够明确表达各项工作之间的逻辑关系

C．通过网络计划时间参数的计算，可以找出关键线路和关键工作

D．通过网络计划时间参数的计算，可以明确各项工作的机动时间

E．网络计划可以利用电子计算机进行计算、优化和调整

6．（2021—109）与横道计划相比，工程网络计划的优点有（　　）。

A．能够直观表示各项工作的进度安排

B．能够明确表达各项工作之间的逻辑关系

C．可以明确各项工作的机动时间

D．可以找出关键线路和关键工作

E．可以直观表达各项工作之间的搭接关系

二、建设工程进度计划的编制程序

7．（2019—59）应用网络计划技术编制建设工程进度计划的主要工作如下：①分析逻辑关系；②优化网络计划；③确定进度计划目标；④确定关键线路和关键工作；

⑤计算工作持续时间；⑥进行项目分解；⑦绘制网络图。其编制程序正确的是（　）。

A．③—⑥—⑤—①—②—④—⑦　　　B．⑥—①—③—⑤—④—②—⑦

C．③—①—⑥—④—⑤—⑦—②　　　D．③—⑥—①—⑦—⑤—④—②

（一）计划准备阶段

8．（2014—61）建设工程进度计划的编制程序中，属于计划准备阶段应完成的工作是（　）。

A．分析工作之间的逻辑关系　　　　B．计算工作持续时间

C．进行项目分解　　　　　　　　　D．确定进度计划目标

（二）绘制网络图阶段

9．（2017—59）应用网络计划技术编制建设工程进度计划时，绘制网络图的前提是（　）。

A．计算时间参数　　　　　　　　　B．进行项目分解

C．计算工作持续时间　　　　　　　D．确定关键线路

10．（2020—59）下列建设工程进度计划编制工作中，属于绘制网络图阶段工作内容的是（　）。

A．确定进度计划目标

B．安排劳动力、原材料和施工机具

C．确定关键线路和关键工作

D．分析各项工作之间的逻辑关系

（三）计算时间参数及确定关键线路阶段

11．建设工程进度计划的编制程序中，属于计算时间参数及确定关键线路阶段应完成的工作是（　）。

A．计算工作持续时间　　　　　　　B．调查研究

C．确定时间目标　　　　　　　　　D．进行项目分解

（四）网络计划优化阶段

12．根据网络计划的优化结果，便可绘制优化后的网络计划，同时应（　）。

A．编制正式网络计划　　　　　　　B．编制网络计划说明书

C．调整网络计划　　　　　　　　　D．调整有关进度控制的组织结构

三、计算机辅助建设项目进度控制

13．计算机辅助建设项目网络计划编制的意义在于（　）。

A．解决当网络计划计算量大，而手工计算难以承担的困难

B．确保网络计划计算的准确性

C．有利于网络计划及时调整

D．确保工程网络计划的按时完成

E．有利于编制资源需求计划

习题答案及解析

1. ACD	2. B	3. ABE	4. BDE	5. BCDE
6. BCD	7. D	8. D	9. B	10. D
11. A	12. B	13. ABCE		

【解析】

1. ACD。在 2005、2008、2011、2012 年度的考试中，提问形式与本题基本一致。

2. B。在 2007、2009、2014 年度的考试中，提问形式与本题基本一致。

6. BCD。在 2006、2010 年度的考试中，同样对本题涉及的采分点进行了考查。

7. D。建设工程进度计划编制程序见下表：

建设工程进度计划编制程序

编制阶段	编制步骤	编制阶段	编制步骤
Ⅰ. 设计准备阶段	1. 调查研究	Ⅲ. 计算时间参数及确定关键线路阶段	6. 计算工作持续时间
	2. 确定进度计划目标		7. 计算网络计划时间参数
Ⅱ. 绘制网络图阶段	3. 进行项目分解		8. 确定关键线路和关键工作
	4. 分析逻辑关系	Ⅳ. 网络计划优化阶段	9. 优化网络计划
	5. 绘制网络图		10. 编制优化后网络计划

第二章

流水施工原理

第一节　基本概念

知识导学

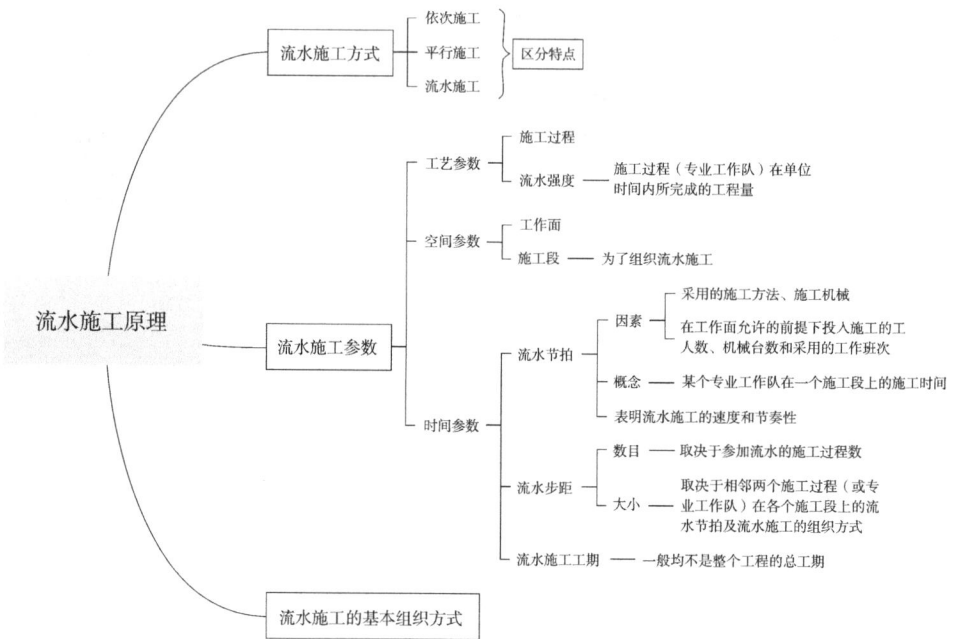

习题汇总

一、流水施工方式

（一）组织施工的方式

1. 依次施工

1.（2020—110）建设工程采用依次施工方式组织施工的特点有（　　）。

A. 没有充分利用工作面且工期较长

B．劳动力及施工机具等资源得到均衡使用

C．按专业成立的工作队不能连续作业

D．单位时间内投入的劳动力、机具和材料增加

E．施工现场的组织和管理比较复杂

2. 平行施工

2．（2017—60）关于平行施工组织方式的说法，正确的是（　　）。

A．专业工作队能够保持连续施工

B．单位时间内投入的资源量较均衡

C．能充分利用工作面且工期短

D．专业工作队能够最大限度地搭接施工

3．（2019—63）在有足够工作面和资源的前提下，施工工期最短的施工组织方式是（　　）。

A．依次施工 　　　　　　　　　　B．搭接施工

C．平行施工 　　　　　　　　　　D．流水施工

4．（2021—61）建设工程采用平行施工方式的特点是（　　）。

A．充分利用工作面进行施工 　　　　B．施工现场组织管理简单

C．专业工作队能够连续施工 　　　　D．有利于实现专业化施工

3. 流水施工

5．尽可能地利用工作面进行施工，各工作队能够连续施工的施工方式是（　　）。

A．依次施工 　　　　　　　　　　B．搭接施工

C．平行施工 　　　　　　　　　　D．流水施工

6．（2003—59）建设工程施工通常按流水施工方式组织，是因其具有（　　）的特点。

A．单位时间内所需用的资源量较少

B．使各专业工作队能够连续施工

C．施工现场的组织、管理工作简单

D．同一施工过程的不同施工段可以同时施工

7．（2013—60）建设工程组织流水施工的特点是（　　）。

A．能够充分利用工作面进行施工

B．各工作队实现了专业化施工

C．单位时间内投入的资源量较少

D．施工现场的组织管理比较简单

（二）流水施工的表达方式

1. 流水施工的横道图表示法

8．横道图表示流水施工的特点之一是（　　）。

A．绘图复杂 　　　　　　　　　　B．使用不方便

C．时间和空间状况形象直观 　　　　D．施工过程不易表达清楚

2. 流水施工的垂直图表示法

9. 垂直图表示流水施工，其特点包括（ ）。

A. 施工过程表达比较清楚

B. 直观地表示出各施工过程的进展速度

C. 时间和空间状况不直观

D. 施工先后顺序表达比较清楚

E. 编制简单

二、流水施工参数

10.（2019—111）下列各类参数中，属于流水施工参数的有（ ）。

A. 工艺参数   B. 定额参数

C. 空间参数   D. 时间参数

E. 机械参数

（一）工艺参数

1. 施工过程

11.（2003—110）某城市立交桥工程在组织流水施工时，需要纳入施工进度计划中的施工过程包括（ ）。

A. 桩基础灌制   B. 梁的现场预制

C. 商品混凝土的运输   D. 钢筋混凝土构件的吊装

E. 混凝土构件的采购运输

12.（2010—61）用来表达流水施工在施工工艺方面进展状态的参数是（ ）。

A. 施工过程   B. 施工段

C. 流水步距   D. 流水节拍

13.（2012—111）下列施工过程中，由于占用施工对象的空间而直接影响工期，必须列入流水施工进度计划的有（ ）。

A. 砂浆制备过程   B. 墙体砌筑过程

C. 商品混凝土制备过程   D. 设备安装过程

E. 外墙面装饰过程

14.（2015—60）在组织流水施工时，运输类与制备类施工过程一般不占有施工对象的工作面，只有当其（ ）时，才列入施工进度计划之中。

A. 占有施工对象的工作面而影响工期

B. 造价超过一定范围

C. 对后续安全影响较大

D. 需要按照专业工种分解成施工工序

2. 流水强度

15.（2013—61）下列流水施工参数中，用来表达流水施工在施工工艺方面进展状态的是（　　）。

　　A．流水步距　　　　　　　　　　B．流水段

　　C．流水强度　　　　　　　　　　D．流水节拍

16.（2014—63）流水强度是指某专业工作队在（　　）。

　　A．一个施工段上所完成的工程量

　　B．单位时间内所完成的工程量

　　C．一个施工段上所需要某种资源的数量

　　D．单位时间内所需某种资源的数量

17.（2016—111）建设工程组织流水施工时，影响施工过程流水强度的因素有（　　）。

　　A．投入的施工机械台数和人工数

　　B．专业工种工人或施工机械活动空间人数

　　C．相邻两个施工过程相继开工的间隔时间

　　D．施工过程中投入资源的产量定额

　　E．施工段数目

18.（2017—61）流水施工中某施工过程（专业工作队）在单位时间内所完成的工程量称为（　　）。

　　A．流水段　　　　　　　　　　　B．流水强度

　　C．流水节拍　　　　　　　　　　D．流水步距

（二）空间参数

1. 工作面

19. 下列流水施工参数中，供某专业工种的工人或某种施工机械进行施工的活动空间是指（　　）。

　　A．流水段　　　　　　　　　　　B．工作面

　　C．流水节拍　　　　　　　　　　D．流水步距

2. 施工段

20.（2021—62）下列流水施工参数中，用来表达流水施工在空间布置上开展状态的参数是（　　）。

　　A．施工过程和流水强度　　　　　B．流水强度和工作面

　　C．流水段和施工过程　　　　　　D．工作面和流水段

21. 划分施工段的目的是（　　）。

　　A．组织流水施工　　　　　　　　B．可增加更多的专业队

　　C．缩短施工工艺与组织间歇时间　D．为了适应工程进度

22.（2021—110）建设工程组织流水施工时，划分施工段的原则有（　　）。

　　A．每个施工段需要有足够工作面

　　B．施工段数要满足合理组织流水施工要求

C．施工段界限要尽可能与结构界限相吻合

D．同一专业工作队在不同施工段劳动量比相等

E．施工段必须在同一平面内划分

（三）时间参数

1．流水节拍

23．（2011—111）在组织流水施工时，确定流水节拍应考虑的因素有（　　）。

A．所采用的施工方法和施工机械

B．相邻两个施工过程相继开始施工的最小间隔时间

C．施工段数目

D．在工作面允许的前提下投入的劳动量和机械台班数量

E．专业工作队的工作班次

24．（2014—111）表达流水施工在时间安排上所处状态的参数有（　　）。

A．流水段　　　　　　　　　　　B．流水强度

C．流水节拍　　　　　　　　　　D．流水步距

E．流水施工工期

25．（2015—111）流水节拍是流水施工的主要参数之一，同一施工过程中流水节拍的决定因素有（　　）。

A．所采用的施工方法　　　　　　B．所采用的施工机械类型

C．投入施工的工人数和工作班次　D．施工过程的复杂程度

E．工作的熟练程度

26．（2019—60）关于流水节拍及其特征的说法，正确的是（　　）。

A．流水节拍的数目取决于参加流水的施工过程数

B．流水节拍是相邻两个施工过程相继开始施工的最小间隙时间

C．流水节拍小，其流水速度快，节奏感强

D．流水节拍是流水施工工艺参数的重要指标

2．流水步距

27．（2019—61）在组织流水施工过程中，流水步距的大小主要取决于相邻两个施工过程在各个施工段上的（　　）。

A．流水强度　　　　　　　　　　B．技术间歇

C．搭接时间　　　　　　　　　　D．流水节拍

28．（2020—61）组织建设工程流水施工时，相邻两个施工过程相继开始施工的最小间隔时间称为（　　）。

A．流水节拍　　　　　　　　　　B．时间间隔

C．间歇时间　　　　　　　　　　D．流水步距

3．流水施工工期

29．下列流水施工参数中，用来表达流水施工在时间安排上所处状态的参数

是（　　）。

　　A．施工过程　　　　　　　　　　　B．施工段

　　C．流水施工工期　　　　　　　　　D．流水强度

30．（2010—111）下列关于流水施工参数的说法中，正确的有（　　）。

　　A．流水步距的数目取决于参加流水的施工过程数

　　B．流水强度表示工作队在一个施工段上的施工时间

　　C．划分施工段的目的是为组织流水施工提供足够的空间

　　D．流水节拍可以表明流水施工的速度和节奏性

　　E．流水步距的大小取决于流水节拍

三、流水施工的基本组织方式

　　本部分内容一般不会进行考查，仅做了解即可。

习题答案及解析

1．AC	2．C	3．C	4．A	5．D
6．B	7．B	8．C	9．ABD	10．ACD
11．ABD	12．A	13．BDE	14．A	15．C
16．B	17．AD	18．B	19．B	20．D
21．A	22．ABC	23．ADE	24．CDE	25．ABC
26．C	27．D	28．D	29．C	30．ACDE

【解析】

　　1．AC。在2004、2005年度的考试中，同样对本题涉及的采分点进行了考查。

　　3．C。在2014年度的考试中，同样对本题涉及的采分点进行了考查。

　　4．A。在2005、2006、2007、2011、2016、2018年度的考试中，同样对本题涉及的采分点进行了考查。

　　7．B。组织施工方式及特点比较见下表。

组织施工方式及特点比较

施工方式	工作面利用	工期长短	能否连续施工	能否实现专业化	单位时间投入的资源量	现场组织管理
依次	没有充分	长	否	否	较少	比较简单
平行	充分	短	各个施工段同时施工，而非由专业队在各施工段间连续施工	否	成倍增加	比较复杂
流水	尽可能	较短	能	能	较均衡	有利于可持续管理、文明施工

在 2008、2010、2012 年度的考试中，同样对本题涉及的采分点进行了考查。

13．BDE。在 2009 年度的考试中，同样对本题涉及的采分点进行了考查。

15．C。在 2005、2006 年度的考试中，同样对本题涉及的采分点进行了考查。

18．B。在 2008、2011 年度的考试中，同样对本题涉及的采分点进行了考查。

20．D。在 2007、2008、2009 年度的考试中，提问形式与本题基本一致。

22．ABC。在 2004 年度的考试中，同样对本题涉及的采分点进行了考查。

24．CDE。在 2012 年度的考试中，同样对本题涉及的采分点进行了考查。

27．D。在 2015 年度的考试中，同样对本题涉及的采分点进行了考查。

28．D。在 2007 年度的考试中，提问形式与本题基本一致。

30．ACDE。考试还会考查关于流水施工参数的综合表述题目。在 2006、2007 年度的考试中，提问形式与本题基本一致。

第二节　有节奏流水施工

知识导学

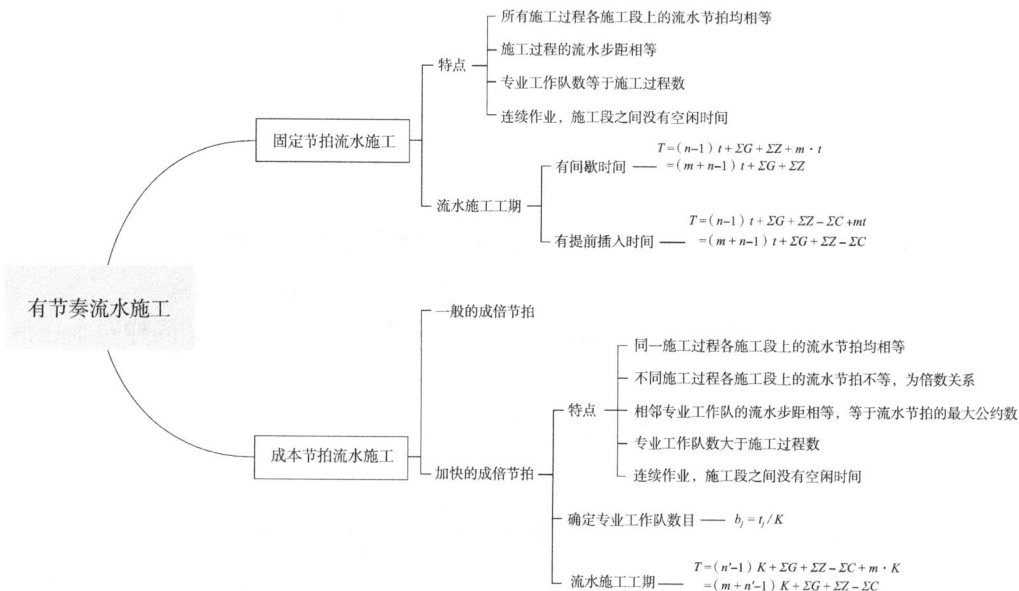

习题汇总

一、固定节拍流水施工

（一）固定节拍流水施工的特点

1．（2006—61）建设工程组织流水施工时，相邻专业工作队之间的流水步距相等，且施工段之间没有空闲时间的是（　　）。

A．非节奏流水施工和加快的成倍节拍流水施工

B．一般的成倍节拍流水施工和非节奏流水施工

C．固定节拍流水施工和加快的成倍节拍流水施工

D．一般的成倍节拍流水施工和固定节拍流水施工

2．（2008—111）下列关于固定节拍流水施工特点的说法中，正确的有（　　）。

A．所有施工过程在各个施工段上的流水节拍均相等

B．相邻专业工作队之间的流水步距不尽相等

C．专业工作队的数量等于施工过程的数量

D．各施工段之间没有空闲时间

E．流水施工工期等于施工段数与流水节拍的乘积

3．（2009—61）固定节拍流水施工与加快的成倍节拍流水施工相比较，共同的特点是（　　）。

A．相邻专业工作队的流水步距相等

B．专业工作队数等于施工过程数

C．不同施工过程的流水节拍均相等

D．专业工作队数等于施工段数

4．（2021—111）建设工程组织固定节拍流水的特点有（　　）。

A．专业工作队数等于施工过程数

B．施工过程数等于施工段数

C．各施工段上的流水节拍相等

D．有的施工段之间可能有空闲时间

E．相邻施工过程之间的流水步距相等

（二）固定节拍流水施工工期

5．（2011—62）某工程由5个施工过程组成，分为3个施工段组织固定节拍流水施工。在不考虑提前插入时间的情况下，要求流水施工工期不超过42d，则流水节拍的最大值为（　　）d。

A．4　　　　　　　　　　　　　　B．5

C．6　　　　　　　　　　　　　　D．8

1．有间歇时间的固定节拍流水施工

6．（2017—62）某工程有5个施工过程，划分为3个施工段组织固定节拍流水施工，流水节拍为2d，施工过程之间的组织间歇合计为4d。该工程的流水施工工期是（　　）d。

A．12　　　　　　　　　　　　　B．18

C．20　　　　　　　　　　　　　D．26

7．（2020—62）某分部工程有8个施工过程，分为3个施工段组织固定节拍流水施工。各施工过程的流水节拍均为4d，第三与第四施工过程之间工艺间歇为5d，该

工程工期是（　　）d。

 A．27
        B．29

 C．40
        D．45

 8．（2021—63）某工程有 3 个施工过程，分 3 个施工段组织固定节拍流水施工，流水节拍为 2d。各施工过程之间存在 2d 的工艺间歇时间，则流水施工工期为（　　）d。

 A．10
        B．12

 C．14
        D．16

2．有提前插入时间的固定节拍流水施工

 9．（2005—61）建设工程组织流水施工时，如果存在间歇时间和提前插入时间，则（　　）。

 A．间歇时间会使流水施工工期延长，而提前插入时间会使流水施工工期缩短

 B．间歇时间会使流水施工工期缩短，而提前插入时间会使流水施工工期延长

 C．无论是间歇时间还是提前插入时间，均会使流水施工工期延长

 D．无论是间歇时间还是提前插入时间，均会使流水施工工期缩短

 10．（2014—64）某分部工程的 4 个施工过程（Ⅰ、Ⅱ、Ⅲ、Ⅳ）组成，分为 6 个施工段，流水节拍均为 3d，无组织间歇时间和工艺间歇时间，但施工过程Ⅳ需提前 1d 插入施工，该分部工程的工期为（　　）d。

 A．21
        B．24

 C．26
        D．27

二、成倍节拍流水施工

（一）加快的成倍节拍流水施工的特点

 11．（2020—111）建设工程采用加快的成倍节拍流水施工的特点有（　　）。

 A．所有施工过程在各个施工段的流水节拍相等

 B．相邻施工过程的流水步距不尽相等

 C．施工段之间没有空闲时间

 D．专业工作队数等于施工过程数

 E．专业工作队在施工段上能够连续作业

（二）加快的成倍节拍流水施工工期

 12．（2004—63）某分部工程有 3 个施工过程，各分为 4 个流水节拍相等的施工段，各施工过程的流水节拍分别为 6d、6d、4d。如果组织加快的成倍节拍流水施工，则流水步距和流水施工工期分别为（　　）d。

 A．2 和 22
       B．2 和 30

 C．4 和 28
       D．4 和 36

 13．（2006—62）某分部工程有 3 个施工过程，各分为 4 个流水节拍相等的施工段，各施工过程的流水节拍分别为 6d、4d、4d。如果组织加快的成倍节拍流水施工，则专

业工作队数和流水施工工期分别为（ ）。

A．3 个和 20d

B．4 个和 25d

C．5 个和 24d

D．7 个和 20d

14．（2007—62）某分部工程有 4 个施工过程，各分为 3 个施工段组织加快的成倍节拍流水施工。各施工过程在各施工段上的流水节拍分别为 6d、4d、6d、4d，则专业工作队数应为（ ）个。

A．3

B．4

C．6

D．10

15．（2009—62）某分部工程有 3 个施工过程，各分为 5 个流水节拍相等的施工段组织加快的成倍节拍流水施工，已知各施工过程的流水节拍分别为 4d、6d、4d，则流水步距和专业工作队数分别为（ ）。

A．6d 和 3 个

B．4d 和 4 个

C．4d 和 3 个

D．2d 和 7 个

16．（2015—62）某分项工程有 4 个施工过程，分为 3 个施工段组织加快的成倍节拍流水施工，各施工过程的流水节拍分别为 4d、8d、2d 和 4d，则应组织（ ）个专业工作队。

A．4

B．6

C．9

D．12

17．某分部工程有甲、乙、丙 3 个施工过程，流水节拍分别为 4d、6d、2d，施工段数为 6，且甲乙间工艺间歇为 1d，乙丙间提前插入时间为 2d，现组织等步距的成倍节拍流水施工，则计算工期为（ ）d。

A．23

B．22

C．21

D．19

18．（2019—62）某分部工程有 3 个施工过程，分为 4 个施工段组织加快的成倍节拍流水施工，各施工过程流水节拍分别是 6d、6d、9d，则该分部工程的流水施工工期是（ ）d。

A．24

B．30

C．36

D．54

习题答案及解析

1．C 　　2．ACD 　　3．A 　　4．ACE 　　5．C

6．B 　　7．D 　　8．C 　　9．A 　　10．C

11．CE 　　12．A 　　13．D 　　14．D 　　15．D

16．C 　　17．C 　　18．B

【解析】

4．ACE。在2012、2016年年度的考试中，提问形式与本题基本一致。

5．C。流水节拍的最大值 =42÷（5+3−1）=6d。

6．B。该工程的流水施工工期 =（5+3−1）×2+4=18d。

7．D。固定节拍流水施工工期 T =（3+8−1）×4+5=45d。

8．C。流水施工工期 =（3+3−1）×2+2×2=14d。注意题干中是各施工过程之间存在2d间歇时间。

10．C。分部工程的工期 =（6 + 4−1）×3 + 0 + 0−1=26d。

11．CE。在2003、2011、2013、2017年度的考试中，同样对本题涉及的采分点进行了考查，且提问形式与选项设置基本与本题一致。

12．A。流水步距等于流水节拍的最大公约数，即：K =min{6，6，4} =2。

第1个施工过程的专业工作队数目 b_1 = 6/2=3

第2个施工过程的专业工作队数目 b_{II} = 6/2=3

第3个施工过程的专业工作队数目 b_{III} = 4/2=2

则参与该工程流水施工的专业工作队总数 n' 为：n' =3+3+2=8

则流水施工工期为 T =（4+8−1）×2 = 11×2 = 22d。

13．D。首先确定流水步距 K = 各施工过程流水节拍的最大公约数，即 K = min{6，4，4}=2d；各施工过程的专业工作队数分别为：b_1=6/2 = 3 个，b_2=4/2 = 2 个，b_3 = 4/2=2 个，专业工作队总和 = 7 个；则流水施工工期 T =（m + n'−1）· K =（4 + 7−1）×2 = 20d。

14．D。流水步距等于流水节拍的最大公约数，即：K = min{6，4，6，4} = 2，则：b_1=6/2=3，b_2=4/2=2，b_3=6/2=3，b_4=4/2=2。参与该工程流水施工的专业工作队总数 = 3+2+3+2=10。

15．D。流水步距 =min{4，6，4}=2d；专业工作队数 =4/2+6/2+4/2=7 个。在2005年度的考试中，提问形式基本与本题一致。

16．C。根据题意可得：流水步距 =min{4，8，2，4}=2d；专业工作队 =4/2+8/2+2/2+4/2=9 个。在2008、2010、2012、2013年度的考试中，提问形式基本与本题一致。

17．C。流水步距等于流水节拍的最大公约数，即：K=min{4，6，2}=2d，流水施工工期 =（6+4/2+6/2+2/2−1）×2+1−2=21d。

18．B。算专业工作队数目首先应计算流水步距，流水步距等于流水节拍的最大公约数，即：K=min{6，6，9}=3；专业工作队数目 = 流水节拍 / 流水步距 = 6/3+6/3+9/3=7。则流水施工工期 =（4 + 7−1）×3 = 30d。在2016年度的考试中，提问形式基本与本题一致。

第三节　非节奏流水施工

知识导学

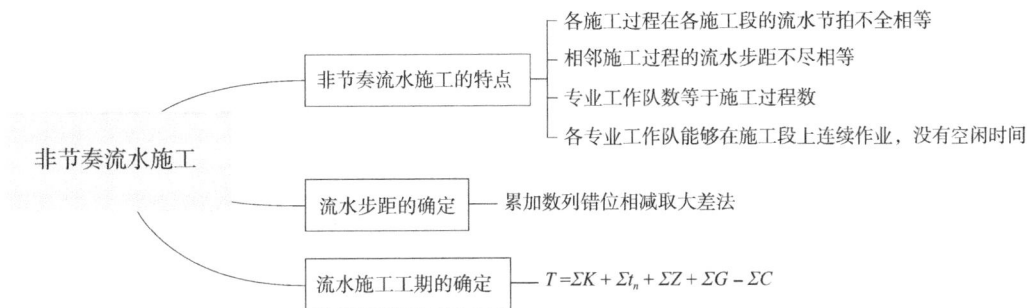

习题汇总

一、非节奏流水施工的特点

1.（2010—112）下列关于流水施工的说法中，反映建设工程非节奏流水施工特点的有（　　）。

A. 专业工作队数大于施工过程数

B. 各个施工段上的流水节拍相等

C. 有的施工段之间可能有空闲时间

D. 各个专业工作队能够在施工段上连续作业

E. 相邻施工过程的流水步距不尽相等

2.（2018—112）建设工程组织非节奏流水施工的特点有（　　）。

A. 各专业工作队不能在施工段上连续作业

B. 相邻施工过程的流水步距不尽相等

C. 各施工段的流水节拍相等

D. 专业工作队数等于施工过程数

E. 施工段之间没有空闲时间

二、流水步距的确定

3.（2005—63）某分部工程有两个施工过程，分为 4 个施工段组织流水施工，流水节拍分别为 2d、4d、3d、5d 和 3d、5d、4d、4d，则流水步距和流水施工工期分别为（　　）d。

A. 2 和 17   B. 3 和 17

C．3 和 19　　　　　　　　　　　　　　　D．4 和 19

4．（2011—63）某建筑物基础工程的施工过程、施工段划分及流水节拍（单位：d）见下表，如果组织非节奏流水施工，则基础二浇筑完工时间为（　　）d。

施工过程	施 工 段			
	基础一	基础二	基础三	基础四
开挖	3	4	2	5
浇筑	4	2	6	8
回填	2	3	7	5

A．9　　　　　　　　　　　　　　　　　　B．11

C．14　　　　　　　　　　　　　　　　　 D．15

5．（2012—63）某基础工程包括开挖、支模、浇筑混凝土及回填四个施工过程，分 3 个施工段组织流水施工，流水节拍见下表（单位：d），则该基础工程的流水施工工期为（　　）d。

施工段 流水节拍 施工过程	I	II	III
开挖	4	5	3
支模	3	3	4
浇筑混凝土	2	4	3
回填	4	4	3

A．17　　　　　　　　　　　　　　　　　　B．20

C．23　　　　　　　　　　　　　　　　　 D．24

6．（2016—62）建设工程组织非节奏流水施工时，计算流水步距的基本步骤是（　　）。

A．取最大值错位相减累加数列　　　　　　B．错位相减累加数列取最大值

C．累加数列错位相减取最大值　　　　　　D．累加数列取最大值错位相减

7．（2016—63）某分部工程有两个施工过程，分为 3 个施工段组织非节奏流水施工，各施工过程的流水节拍分别为 3d、5d、5d 和 4d、4d、5d，则两个施工过程之间的流水步距是（　　）d。

A．2　　　　　　　　　　　　　　　　　　B．3

C．4　　　　　　　　　　　　　　　　　　D．5

8．某工程由 4 个施工过程组成，分为 4 个施工段进行流水施工，其流水节拍（d）见下表，则施工过程 A 与 B、B 与 C、C 与 D 之间的流水步距分别为（　　）。

施工过程	施工段				施工过程	施工段			
	①	②	③	④		①	②	③	④
A	2	3	2	1	C	4	2	4	2
B	3	2	4	3	D	3	3	2	2

A．2d、3d、4d
B．3d、2d、4d
C．3d、4d、1d
D．1d、3d、5d

9．（2017—63）某工程组织非节奏流水施工，两个施工过程在 4 个施工段上的流水节拍分别为 5d、8d、4d、4d 和 7d、2d、5d、3d，则该工程的流水施工工期是（　）d。

A．16
B．21
C．25
D．28

10．（2020—63）某分部工程有 2 个施工过程，分为 5 个施工段组织非节奏流水施工。各施工过程的流水节拍分别为 5d、4d、3d、8d、6d 和 4d、6d、7d、2d、5d。第二个施工过程第三施工段的完成时间是第（　）天。

A．17
B．19
C．24
D．26

习题答案及解析

1．CDE　　2．BD　　3．C　　4．A　　5．C
6．C　　7．D　　8．A　　9．C　　10．C

【解析】

2．BD。在 2003、2004、2005、2009、2014 同样对本题涉及的采分点进行了考查。

3．C。在非节奏流水施工中，通常采用累加数列错位相减取大差法计算流水步距：

（1）求各施工过程流水节拍的累加数列：

施工过程Ⅰ：2，6，9，14；施工过程Ⅱ：3，8，12，16；

（2）错位相减得差数列为：{2，3，1，2，-16}；

（3）流水步距 $K=\max\{2，3，1，2，-16\}=3d$；

（4）施工工期 $T=\sum k + \sum t_n = 3+（3+5+4+4）=19d$。

在 2004 年度的考试中，提问形式基本与本题一致。

4．A。各施工过程流水节拍累加数列错位相减求得差数列：

开挖与浇筑：

$$
\begin{array}{r}
3，7，9，14 \\
-)\quad 4，6，12，20 \\
\hline
3，3，3，2，-20
\end{array}
$$

开挖与浇筑之间的流水步距 =max{3，3，3，3，-20}=3d。

基础二浇筑完工时间 =3+4+2=9d。

5．C。该基础工程的流水施工工期的计算如下：

开挖与支模：

$$
\begin{array}{r}
4 \quad 9 \quad 12 \\
-)\quad 3 \quad 6 \quad 10 \\
\hline
4 \quad 6 \quad 6 \quad -10
\end{array}
$$

支模与浇筑混凝土：

$$
\begin{array}{r}
3 \quad 6 \quad 10 \\
-)\quad 2 \quad 6 \quad 9 \\
\hline
3 \quad 4 \quad 4 \quad -9
\end{array}
$$

浇筑混凝土与回填：

$$
\begin{array}{r}
2 \quad 6 \quad 9 \\
-)\quad 4 \quad 8 \quad 11 \\
\hline
2 \quad 2 \quad 1 \quad -11
\end{array}
$$

开挖与支模 =max{4，6，6，-10}=6d；

支模与浇筑混凝土 =max{3，4，4，-9}=4d；

浇筑混凝土与回填 =max{2，2，1，-11}=2d；

则该基础工程的流水施工工期 =6+4+2+4+4+3=23d。

7．D。本题的计算过程为：

（1）各施工过程流水节拍的累加数列：

施工过程Ⅰ：3，8，13

施工过程Ⅱ：4，8，13

（2）错位相减求得差数列：

$$
\begin{array}{r}
3，8，13 \\
-)\quad 4，8，13 \\
\hline
3，4，5，-13
\end{array}
$$

（3）在差数列中取最大值求得流水步距：两个施工过程之间的流水步距 $K_{I,II}=$ max {3，4，5，-13} = 5。

在 2007、2009 年度的考试中，提问形式基本与本题一致。

8．A。本题的计算过程为：

A 与 B：

$$
\begin{array}{r}
2，5，7，8 \\
-)\quad 3，5，9，12 \\
\hline
2，2，2，-1，-12
\end{array}
$$

施工过程 A 与 B 之间的流水步距：$K_{A, B}$= max{2，2，2，−1，−12}=2d；

B 与 C：

```
   3, 5, 9, 12
-)    4, 6, 10,  12
   3, 1, 3,  2, −12
```

施工过程 B 与 C 之间的流水步距：$K_{B, C}$= max{3，1，3，2，−12}=3d；

C 与 D：

```
   4, 6, 10, 12
-)   3, 6, 8,  10
   4, 3, 4,  4, −10
```

施工过程 C 与 D 之间的流水步距：$K_{C, D}$= max{4，3，4，4，−10}=4d。

9．C。本题的计算过程如下：

（1）求各施工过程流水节拍的累加数列：

施工过程 1：5，13，17，21

施工过程 2：7，9，14，17

（2）错位相减求差数列：

施工过程 1 与施工过程 2：

```
   5, 13, 17, 21
-)     7,  9, 14, 17
   5,  6,  8,  7,−17
```

（3）在差数列中取最大值求得流水步距：

施工过程 1 与施工过程 2 的流水步距：$K_{1, 2}$= max{5，6，8，7，−17}=8d。

（4）流水施工工期 =7+2+5+3+8=25d。

在 2006、2010、2013、2015 年度的考试中，提问形式基本与本题一致。

10．C。本题的计算过程为：

（1）各施工过程流水节拍的累加数列：

施工过程 1：5，9，12，20，26

施工过程 2：4，10，17，19，24

（2）错位相减求得差数列：

```
   5, 9, 12, 20, 26
-)   4, 10, 17, 19,  24
   5, 5,  2,  3,  7, −24
```

（3）取最大值求得流水步距：

施工过程 1 与施工过程 2 之间的流水步距：$K_{1,2} = \max\{5,\ 5,\ 2,\ 3,\ 7,\ -24\} = 7d$。

第二个施工过程第三施工段的完成时间 $= 7+4+6+7 = 24d$。

第三章
网络计划技术

第一节　基本概念

知识导学

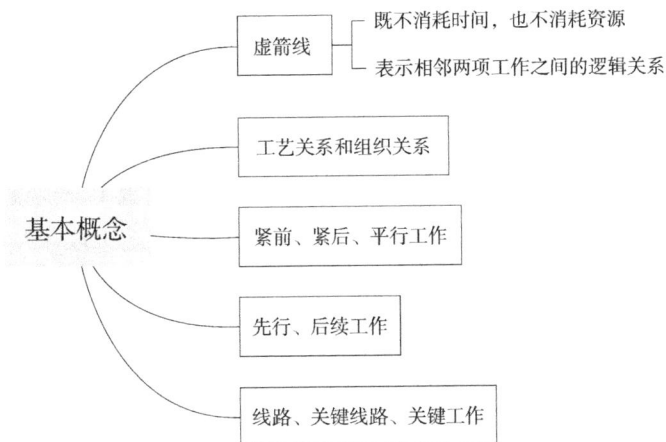

习题汇总

一、网络图的组成

1．（2016—64）双代号网络图中虚工作的特征是（　　）。

A．不消耗时间，但消耗资源　　　　　　B．不消耗时间，也不消耗资源

C．只消耗时间，不消耗资源　　　　　　D．既消耗时间，也消耗资源

2．（2019—64）双代号网络计划中虚工作的含义是指（　　）。

A．相邻工作间的逻辑关系，只消耗时间

B．相邻工作间的逻辑关系，只消耗资源

C．相邻工作间的逻辑关系，消耗资源和时间

D．相邻工作间的逻辑关系，不消耗资源和时间

3. 各工作间逻辑关系表及相应双代号网络图见下图，图中虚箭线的作用是（　　）。

工作	A	B	C	D
紧前工作	—	—	A	A、B

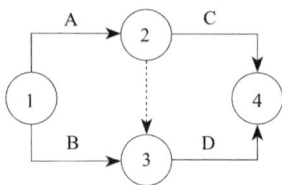

A. 联系   B. 区分
C. 断路   D. 指向

二、工艺关系和组织关系

（一）工艺关系

4. （2017—64）某工程有 3 个施工过程，依次为：钢筋→模板→混凝土，划分为Ⅰ和Ⅱ施工段编制工程网络进度计划。下列工作逻辑关系中，属于正确工艺关系的是（　　）。

A. 模板Ⅰ→混凝土Ⅰ   B. 模板Ⅰ→钢筋Ⅰ
C. 钢筋Ⅰ→钢筋Ⅱ   D. 模板Ⅰ→模板Ⅱ

5. （2020—64）某工程有 A、B 两项工作，分为 3 个施工段（$A_1A_2A_3$，$B_1B_2B_3$）进行流水施工，对应的双代号网络计划如下图所示，相邻两项工作属于工艺关系的是（　　）。

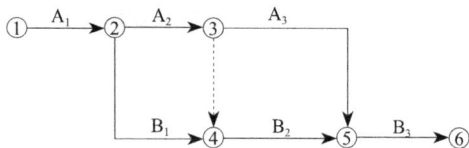

A. A_1A_2 B. A_2B_2
C. B_1B_2 D. B_1A_3

（二）组织关系

6. 在下列双代号网络图中，相邻两项工作属于组织关系的是（　　）。

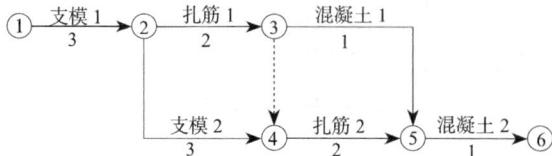

A. 支模 1→扎筋 1　　　　　　　　B. 扎筋 1→混凝土 1

C. 支模 1→支模 2　　　　　　　　D. 支模 2→扎筋 2

三、紧前工作、紧后工作和平行工作

（一）紧前工作

7. 某工程施工进度计划如图所示，下列说法中，正确的有（　　）。

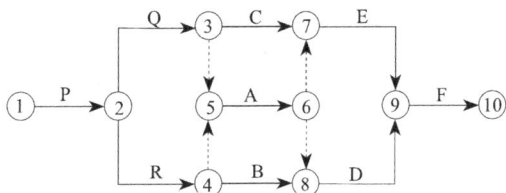

A. R 的紧后工作有 A、B　　　　　　B. E 的紧前工作只有 C

C. D 的紧后工作只有 F　　　　　　D. P 没有紧前工作

E. A、B 的紧后工作都有 D

（二）紧后工作

8. 某工程工作逻辑关系见下表，C 工作的紧后工作有（　　）。

工作	A	B	C	D	E	F	G	H
紧前工作	—	—	A	A、B	C	B、C	D、E	C、F、G

A. 工作 D　　　　　　　　　　　　B. 工作 E

C. 工作 F　　　　　　　　　　　　D. 工作 G

E. 工作 H

（三）平行工作

9.（2011—113）在下列双代号网络图中，互为平行工作的有（　　）。

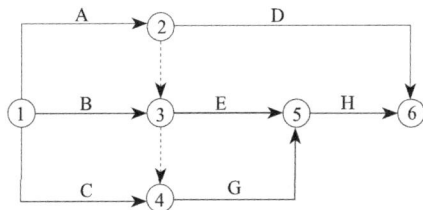

A. 工作 A 和工作 B　　　　　　　　B. 工作 A 和工作 E

C. 工作 A 和工作 G　　　　　　　　D. 工作 B 和工作 G

E. 工作 B 和工作 C

四、先行工作和后续工作

（一）先行工作

10. 在下列双代号网络图中，混凝土 1 的先行工作有（   ）。

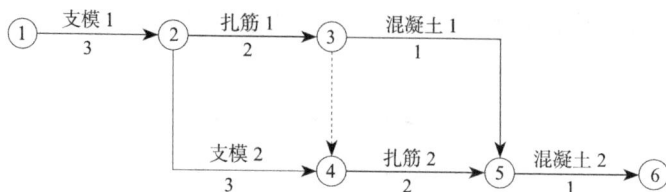

A. 支模 1

B. 扎筋 1

C. 支模 2

D. 扎筋 2

E. 混凝土 2

（二）后续工作

11.（2012—113）某工程双代号网络计划如下图所示，工作 B 的后续工作有（   ）。

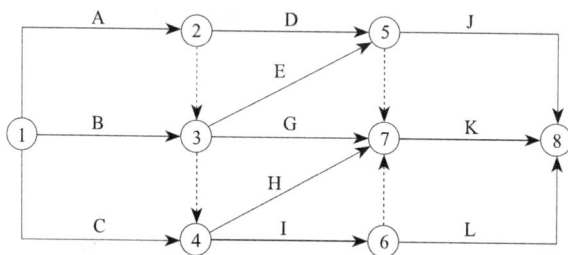

A. 工作 D

B. 工作 E

C. 工作 J

D. 工作 K

E. 工作 L

五、线路、关键线路和关键工作

（一）线路

本部分内容一般不会单独进行考查。

（二）关键线路和关键工作

12.（2012—64）关于工程网络计划的说法，正确的是（   ）。

A. 关键线路上的工作均为关键工作

B. 关键线路上工作的总时差均为零

C. 一个网络计划中只有一条关键线路

D. 关键线路在网络计划执行过程中不会发生转移

习题答案及解析

1. B   2. D   3. A   4. A   5. B
6. C   7. ACDE   8. BCE   9. AE   10. AB
11. BCDE   12. A

【解析】

4. A。生产性工作之间由工艺过程决定的、非生产性工作之间由工作程序决定的先后顺序关系称为工艺关系。钢筋Ⅰ→模板Ⅰ→混凝土Ⅰ。

第二节 网络图的绘制

知识导学

```
                          ┌── 必须按照已定逻辑关系绘制
                          ├── 严禁出现循环回路
                          ├── 不应出现箭头指向左方的水平箭线和箭头偏向左方的斜向箭线
            ┌─双代号网络图的绘制├── 严禁出现双向箭头和无箭头的连线
            │             ├── 严禁出现没有箭尾节点的箭线和没有箭头节点的箭线
网络图的绘制──┤             ├── 严禁在箭线上引入或引出箭线
            │             ├── 应尽量避免网络图中工作箭线的交叉
            │             └── 只有一个起点节点和一个终点节点
            └─单代号网络图的绘制
```

习题汇总

一、双代号网络图的绘制

(一) 绘图规则

1. (2014—113) 下列网络图的绘制错误有 (   )。

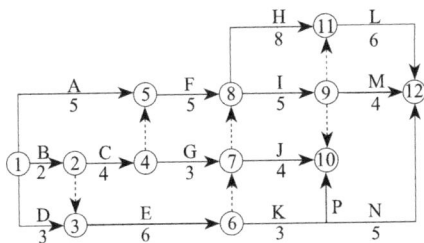

A．多个起点

B．多个终点

C．有循环回路

D．节点编号有误

E．从箭线上引出工作

2．（2015—113）分部工程双代号网络图如下图所示，图中错误有（　　）。

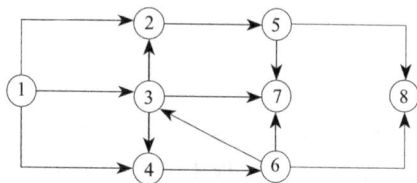

A．多个终点节点

B．多个起点节点

C．工作代号重复

D．节点编号有误

E．存在循环回路

3．（2016—113）某双代号网络图如下图所示，绘图错误有（　　）。

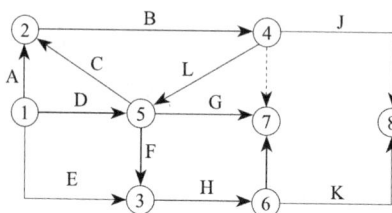

A．多个起点节点

B．存在循环回路

C．节点编号有误

D．多个终点节点

E．工作箭头逆向

4．（2018—113）某工程双代号网络计划如下图所示，其绘图错误有（　　）。

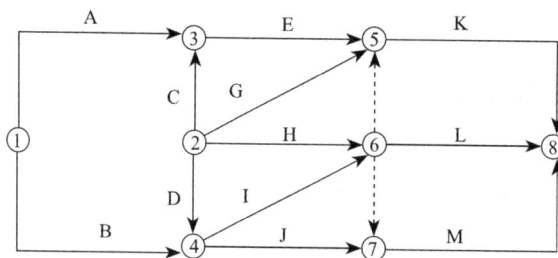

A．多个起点节点

B．节点编号有误

C．存在循环回路

D．工作代号重复

E．多个终点节点

5．（2019—113）某工程网图如下图所示，根据网络图的绘图规则，图中存在的错误有（　　）。

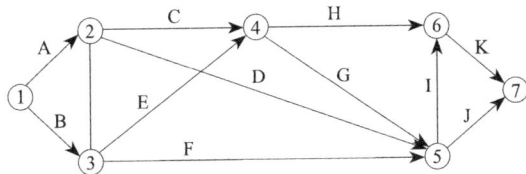

A. 存在循环回路 　　　　　　　　　B. 存在无箭头的连线

C. 箭线交叉处理有误 　　　　　　　D. 存在多起点节点

E. 节点编号有误

6.（2020—112）某工程双代号网络图如下图所示，其绘图错误有（　　）。

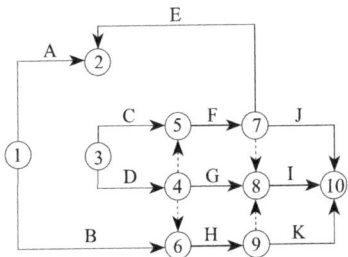

A. 多个起点节点 　　　　　　　　　B. 循环回路

C. 无箭头的工作箭线 　　　　　　　D. 多个终点节点

E. 工作箭线逆向

7.（2021—112）某工程双代号网络计划如下图，存在的错误有（　　）。

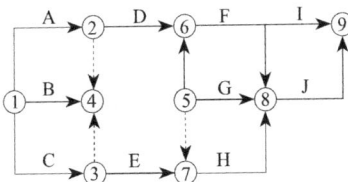

A. 多个起点节点 　　　　　　　　　B. 多个终点节点

C. 存在循环回路 　　　　　　　　　D. 箭线上引出箭线

E. 存在无箭头的工作

8. 某双代号网络计划如下图所示（时间单位：d），存在的绘图错误是（　　）。

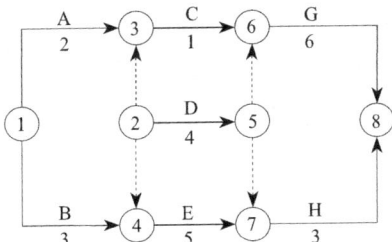

A. 有多个起点节点
B. 工作标识不一致
C. 节点编号不连续
D. 时间参数有多余

9. 关于网络图绘图规则的说法，正确的有（　　）。

A. 双代号网络图只能有一个起点节点，单代号网络图可以有多个

B. 双代号网络图箭线不宜交叉，单代号网络图箭线适宜交叉

C. 网络图中均严禁出现循环回路

D. 双代号网络图中，母线法可用于任意节点

E. 网络图中节点编号可不连续

（二）绘图方法

本部分内容一般不会进行考查，仅做了解即可。

二、单代号网络图的绘制

10. 关于单代号网络计划绘图规则的说法，正确的有（　　）。

A. 必须正确表达已定的逻辑关系
B. 严禁出现循环回路
C. 严禁出现双向箭头或无箭头的连线
D. 箭线可以交叉
E. 严禁出现没有箭尾节点的箭线和没有箭头节点的箭线

习题答案及解析

| 1. BE | 2. ADE | 3. BCDE | 4. AB | 5. BC |
| 6. ADE | 7. ABD | 8. A | 9. CE | 10. ABCE |

【解析】

1. BE。本题存在⑩两个终点节点；在⑥→箭线上引出箭线。

2. ADE。⑦、⑧两个终点节点；节点编号有误③→②；存在循环回路③→④→⑥→③。

3. BCDE。图中包括⑦、⑧两个终点节点；存在循环回路②→④→⑤→②；存在节点编号错误、工作箭头逆向⑤→③、⑤→②。

4. AB。该网络图共有两处错误：有多个起点节点，①和②；节点编号有误，⑥⑤节点编号应该由小指向大。

5. BC。②与③之间没有箭头。应尽量避免网络图中工作箭线的交叉。当交叉不可避免时，可以采用过桥法或指向法处理。

6. ADE。存在两个起点节点①、③。存在两个终点节点②、⑩。⑦→②箭线错误。

7. ABD。节点①、⑤都是起点节点；节点④、⑨都是终点节点；箭线⑥→⑨引出了指向节点⑧的箭头。

双代号网络图的绘制规则几乎每年都会考查，上述仅列出近几年的考试题目。从历年考试情况来看，考查以多项选择题为主。当然，本考点也可能会考查单项选择题。

第三节　网络计划时间参数的计算

知识导学

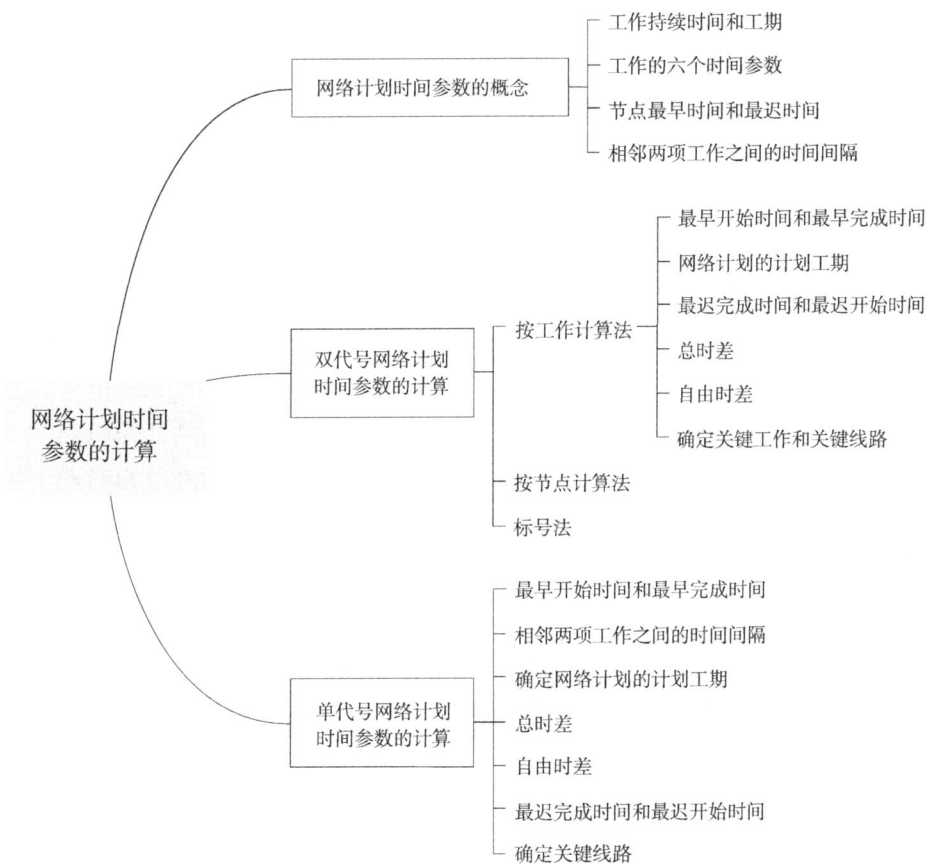

习题汇总

一、网络计划时间参数的概念

（一）工作持续时间和工期

1. 工作持续时间

本部分内容一般不会单独进行考查，仅做了解即可。

2. 工期

1.（2019—65）根据网络计划时间参数计算得到的工期称之为（　　）。

A. 计划工期　　　　　　　　　　　　B. 计算工期

C. 要求工期　　　　　　　　　　　　D. 合理工期

（二）工作的六个时间参数

1. 最早开始时间和最早完成时间

2. 工程网络计划中，工作的最早完成时间是指（　　），必须开始的最早时刻。

A. 在其所有紧前工作全部完成后

B. 不影响紧前工作最迟开始的前提下

C. 不影响整个任务按期完成

D. 不影响所有后续工作机动时间的前提下

2. 最迟完成时间和最迟开始时间

3.（2020—66）工程网络计划中，工作的最迟开始时间是指在不影响（　　）的前提下，本工作有可能开始的最迟时刻。

A. 紧后工作最早开始时间 　　　　B. 紧前工作最迟开始时间

C. 整个任务按期完成 　　　　　　D. 所有后续工作机动时间

3. 总时差和自由时差

4. 已知某工程网络计划的计算工期等于计划工期，且工作 N 的紧后工作均为关键工作，则工作 N（　　）。

A. 总时差为零 　　　　　　　　　B. 自由时差等于总时差

C. 自由时差为零 　　　　　　　　D. 自由时差小于总时差

5. 在工程网络计划执行过程中，如果某项工作实际进度拖延的时间超过其自由时差，则该工作（　　）。

A. 必定影响其紧后工作的最早开始 　B. 必定变为关键工作

C. 不会影响其后续工作的正常进行 　D. 不会影响工程总工期

6. 在工程网络计划执行过程中，如果某项工作实际进度拖延的时间等于其总时差，则该工作（　　）。

A. 不会影响其紧后工作的最迟开始

B. 不会影响其后续工作的正常进行

C. 必定影响其紧后工作的最早开始

D. 必定影响其后续工作的正常进行

7.（2012—66）工程网络计划中，某项工作的总时差为零时，则该工作的（　　）必然为零。

A. 时间间隔 　　　　　　　　　　B. 时距

C. 间歇时间 　　　　　　　　　　D. 自由时差

8.（2013—65）在工程网络计划中，某项工作的自由时差不会超过该工作的（　　）。

A. 总时距 　　　　　　　　　　　B. 持续时间

C. 间歇时间 　　　　　　　　　　D. 总时差

9.（2014—66）工作的总时差是指在不影响（　　）的前提下，本工作所具有的机动时间。

A．本工作最早完成时间 	B．紧后工作最早完成时间

C．网络计划总工期 	D．紧后工作最早开始时间

10．（2019—66）网络计划中，工作总时差是本工作可以利用的机动时间，但其前提是（　　）。

A．不影响紧后工作最迟开始 	B．不影响紧后工作最早开始

C．不影响紧后工作最早完成 	D．不影响后续工作最早完成

11．（2020—65）某工程单代号网络计划如下图所示，图中工作 B 的总时差是指在不影响（　　）的前提下所具有的机动时间。

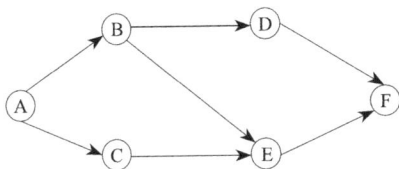

A．工作 D 最迟开始时间 	B．工作 E 最早开始时间

C．工作 D、E 最迟开始时间 	D．工作 D、E 最早开始时间

12．（2021—64）某工程合同工期为 13 个月，绘制的工程网络计划计算工期为 10 个月。经综合分析确定的计划工期为 11 个月，则工程网络计划中关键工作的总时差是（　　）个月。

A．0 	B．1

C．2 	D．3

（三）节点最早时间和最迟时间

本部分内容一般不会单独进行考查，仅做了解即可。

（四）相邻两项工作之间的时间间隔

13．在工程网络计划中，本工作的最早完成时间与其紧后工作最早开始时间存在的差值称为（　　）。

A．时间间隔 	B．搭接时距

C．自由时差 	D．总时差

二、双代号网络计划时间参数的计算

（一）按工作计算法

1．计算工作的最早开始时间和最早完成时间

14．（2002—64）在工程双代号网络计划中，某项工作的最早完成时间是指其（　　）。

A．完成节点的最早时间与工作自由时差之差

B．开始节点的最早时间与工作自由时差之和

C．完成节点的最迟时间与工作总时差之差

D．开始节点的最早时间与工作总时差之和

15．（2005—66）在工程网络计划中，如果某项工作的最早开始时间和最早完成时间分别为 3d 和 8d，则说明该工作实际上最早应从开工后（　　）。

A．第 3 天上班时刻开始，第 8 天下班时刻完成

B．第 3 天上班时刻开始，第 9 天下班时刻完成

C．第 4 天上班时刻开始，第 8 天下班时刻完成

D．第 4 天上班时刻开始，第 9 天下班时刻完成

16．（2011—64）某工程双代号网络计划如下图所示，其中工作 G 的最早开始时间为（　　）。

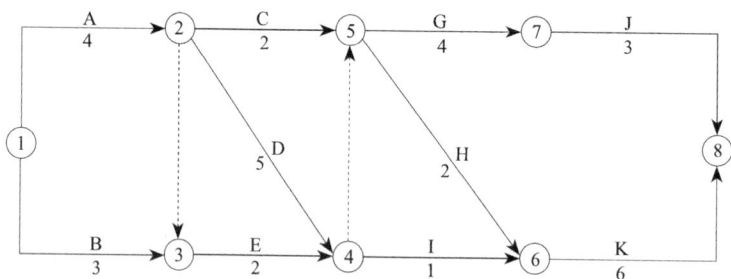

A．6

B．9

C．10

D．12

17．（2011—65）某工程网络计划中工作 B 的持续时间为 5d，其两项紧前工作的最早完成时间分别为第 6 天和第 8 天，则工作 B 的最早完成时间为第（　　）天。

A．6

B．8

C．11

D．13

2．确定网络计划的计划工期

18．（2000—61）已知工程网络计划中，工作 M、N、P 无紧后工作，则该网络计划的计算工期应等于这三项工作的（　　）。

A．最早完成时间的最大值

B．最迟完成时间的最大值

C．最早完成时间的最小值

D．最迟完成时间的最小值

3．计算工作的最迟完成时间和最迟开始时间

19．（2010—64）在工程网络计划中，工作的最迟开始时间等于本工作的（　　）。

A．最迟完成时间与其时间间隔之差

B．最迟完成时间与其持续时间之差

C．最早开始时间与其持续时间之和

D．最早开始时间与其时间间隔之和

20．（2014—68）某工程双代号网络计划如下图所示（时间单位：d），其中 E 工作的最早开始时间和最迟开始时间是（　　）。

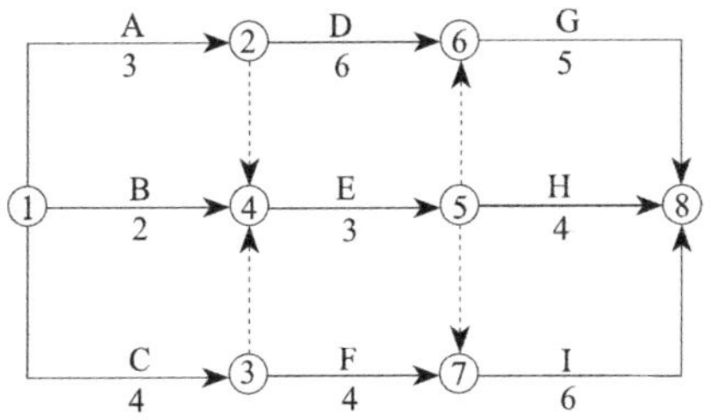

A. 3 和 5   B. 3 和 6

C. 4 和 5   D. 4 和 6

21.（2016—65）某工程网络计划中，工作 M 的持续时间为 4d，工作 M 的三项紧后工作的最迟开始时间分别为第 21 天、第 18 天和第 15 天，则工作 M 的最迟开始时间是第（ ）天。

A. 11   B. 14

C. 15   D. 17

22.（2019—67）某工程网络计划如下图所示（时间单位：d），图中工作 E 的最早完成时间和最迟完成时间分别是（ ）d。

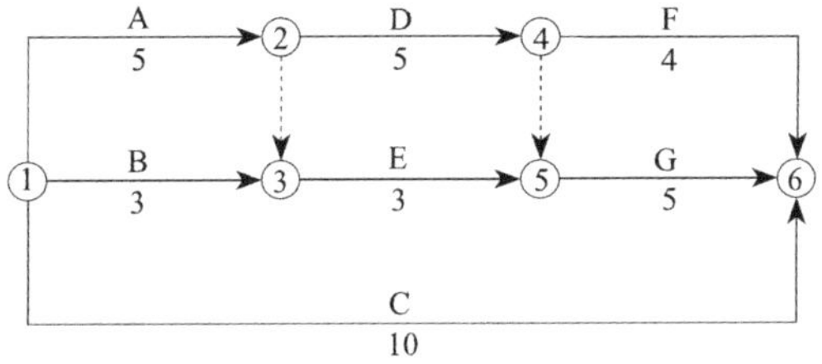

A. 8 和 10   B. 5 和 7

C. 7 和 10   D. 5 和 8

23.（2020—67）某工程双代号网络计划如下图所示（时间单位为周），图中工作 F 的最早完成时间和最迟完成时间分别是第（ ）周。

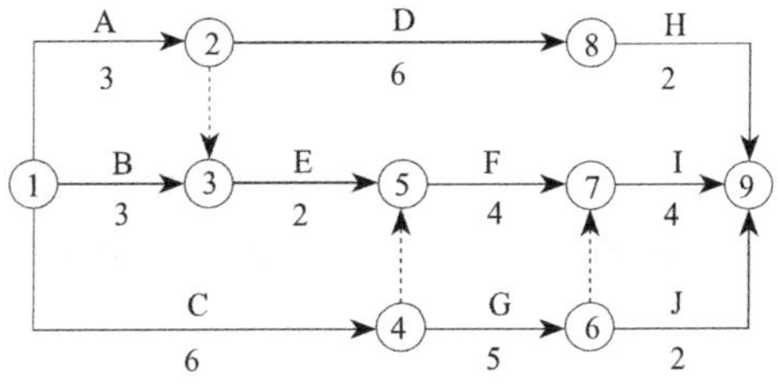

A. 10 和 11   B. 9 和 11

C. 10 和 13   D. 9 和 13

24.（2021—65）某工程双代号网络计划如下图所示，工作 E 最早完成时间和最迟完成时间分别是（   ）。

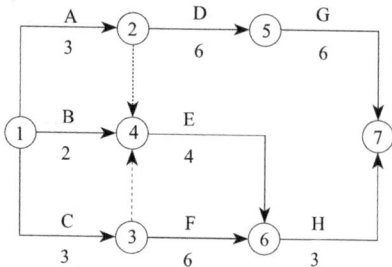

A．6 和 8

B．6 和 12

C．7 和 8

D．7 和 12

4. 计算工作的总时差和自由时差

25．在某工程双代号网络计划中，工作 N 的最早开始时间和最迟开始时间分别为第 20 天和第 25 天，其持续时间为 9d。该工作有两项紧后工作，它们的最早开始时间分别为第 32 天和第 34 天，则工作 N 的总时差和自由时差分别为（   ）d。

A．3 和 0

B．3 和 2

C．5 和 0

D．5 和 3

26．（2010—65）在工程网络计划中，某项工作的最迟开始时间与最早开始时间的差值为该工作的（   ）。

A．时间间隔

B．搭接时距

C．自由时差

D．总时差

27．（2013—66）某工程网络计划中，工作 E 的持续时间为 6d，最迟完成时间为第 28 天。该工作有三项紧前工作，其最早完成时间分别为第 16 天、第 19 天和第 20 天，则工作 E 的总时差是（   ）d。

A．1

B．2

C．3

D．6

28．网络计划中，某项工作的持续时间是 4d，最早第 2 天开始，两项紧后工作分别最早在第 8 天和第 12 天开始。该项工作的自由时差是（   ）d。

A．4

B．6

C．8

D．2

29．（2014—67）当本工作有紧后工作时，其自由时差等于所有紧后工作最早开始时间与本工作（   ）。

A．最早开始时间之差的最大值

B．最早开始时间之差的最小值

C．最早完成时间之差的最大值

D．最早完成时间之差的最小值

30．（2019—68）某工程网络计划如下图所示（时间单位：d），图中工作 D 的自由时差和总时差分别是（   ）d。

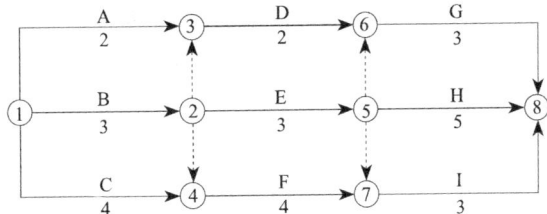

A. 0 和 3　　　　　　　　　　　B. 1 和 0

C. 1 和 1　　　　　　　　　　　D. 1 和 3

31.（2021—66）某工程双代号网络计划如下图所示，工作 G 的自由时差和总时差分别是（　　）。

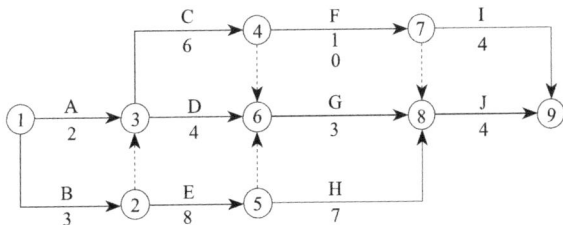

A. 0 和 4　　　　　　　　　　　B. 4 和 4

C. 5 和 5　　　　　　　　　　　D. 5 和 6

5. 确定关键工作

32.（2014—70）某工程双代号网络计划如下图所示，其关键工作有（　　）。

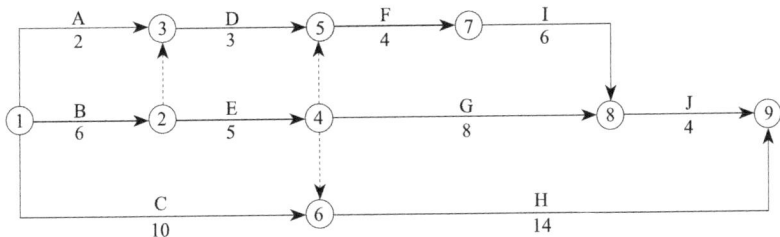

A. 工作 B、E、F、I　　　　　　B. 工作 D、F、I、J

C. 工作 B、E、G　　　　　　　D. 工作 C、H

33.（2016—68）在工程网络计划中，关键工作的特点是（　　）。

A. 关键工作一定在关键线路上　　B. 关键工作的持续时间最长

C. 关键工作的总时差最小　　　　D. 关键工作的持续时间最短

34.（2017—70）关于双代号网络计划中关键工作的说法，正确的是（　　）。

A. 关键工作的最迟开始时间与最早开始时间的差值最小

B. 以关键节点为开始节点和完成节点的工作必为关键工作

C. 关键工作与其紧后工作之间的时间间隔必定为零

D. 自始至终由关键工作组成的线路总持续时间最短

35.（2020—69）工程网络计划中，关键工作是指（　　）的工作。

A. 自由时差为零 　　　　　　　　　B. 持续时间最长

C. 总时差最小 　　　　　　　　　　D. 与后续工作的时间间隔为零

6. 确定关键线路

36.（2012—68）某工程双代号网络计划如下图所示，关键线路有（　　）条。

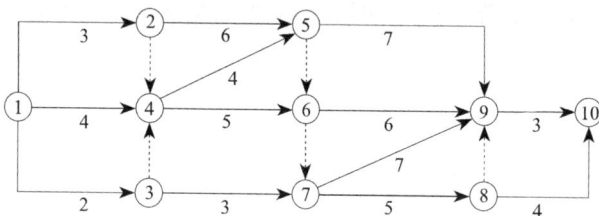

A. 1 　　　　　　　　　　　　　　B. 2

C. 3 　　　　　　　　　　　　　　D. 5

37.（2016—114）某工程双代号网络计划如下图所示，其中关键线路有（　　）。

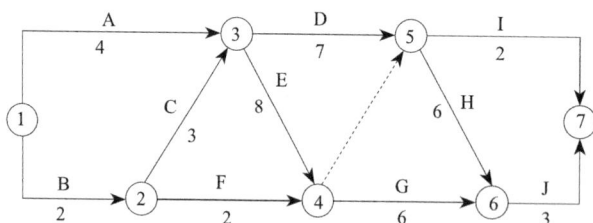

A. ①→②→④→⑤→⑦ 　　　　　　B. ①→②→③→④→⑤→⑥→⑦

C. ①→③→④→⑤→⑥→⑦ 　　　　D. ①→③→④→⑤→⑦

E. ①→②→③→④→⑥→⑦

38.（2020—114）关于工程网络计划中关键线路的说法，正确的有（　　）。

A. 关键线路是工作持续时间之和最大的线路

B. 关键线路上的节点均为关键节点

C. 相邻两项工作之间的时间间隔为零的线路为关键线路

D. 关键工作均在关键线路上

E. 关键线路可能有多条

（二）按节点计算法

1. 计算节点的最早时间和最迟时间

本部分内容一般不会单独进行考查，仅做了解即可。

2. 根据节点的最早时间和最迟时间判定工作的六个时间参数

39.（2013—67）某工程双代号网络计划中，工作 M 的持续时间为 5d，相关节点的最早时间和最迟时间如下图所示，则工作 M 的总时差是（　　）d。

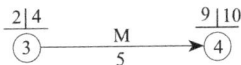

A. 1　　　　　　　　　　　B. 2
C. 3　　　　　　　　　　　D. 4

40.（2012—114）某工程双代号网络计划如下图所示，图中已标出每个节点的最早时间和最迟时间，该计划表明（　　）。

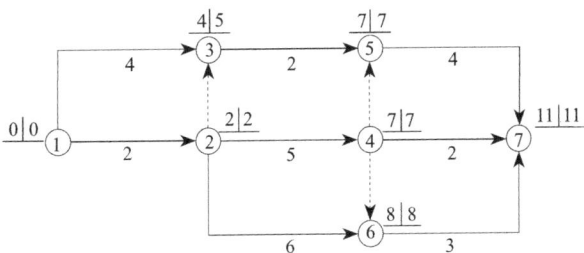

A. 工作 1—2 为关键工作　　　　B. 工作 1—3 的总时差为 1
C. 工作 3—5 为关键工作　　　　D. 工作 4—7 的总时差为 0
E. 工作 5—7 的总时差为 0

41.（2013—114）某工程双代号网络计划如下图所示，图中已标明每项工作的最早开始时间和最迟开始时间，该计划表明（　　）。

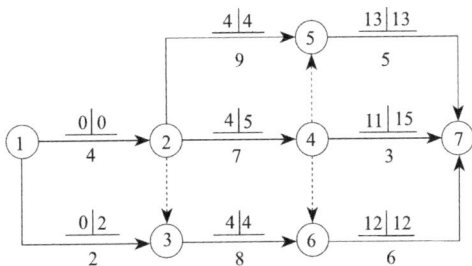

A. 工作 1—3 的自由时差为 2　　　B. 工作 2—5 为关键工作
C. 工作 2—4 的自由时差为 1　　　D. 工作 3—6 的总时差为零
E. 工作 4—7 为关键工作

42.（2015—114）某工程双代号网络计划中各节点的最早时间与最迟时间如下图所示，图中表明（　　）。

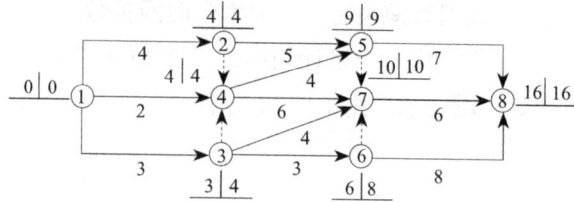

A．工作1—4为关键工作
B．工作4—7为关键工作
C．工作1—3的自由时差为0
D．工作3—7的总时差为3
E．关键线路有3条

43．（2018—114）某工程双代号网络计划中各个节点的最早时间和最迟时间如下图所示，图中表明（ ）。

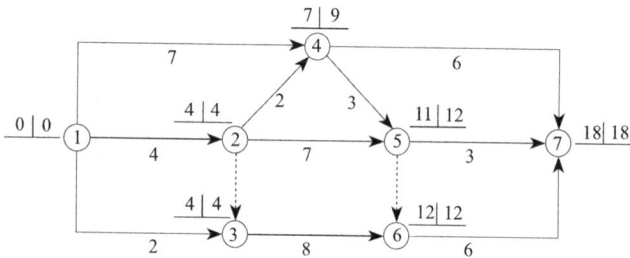

A．工作1—3为关键工作
B．工作2—4的总时差为2
C．工作2—5的总时差为1
D．工作3—6为关键工作
E．工作5—7的自由时差为4

44．（2019—114）某工程进度计划如下图所示（时间单位：d），图中的正确信息有（ ）。

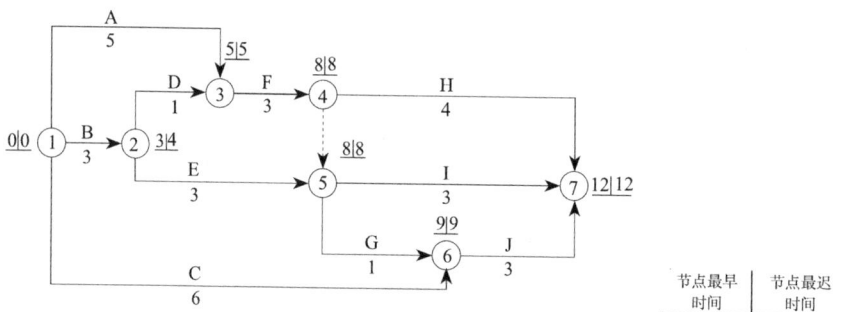

节点最早时间	节点最迟时间

A．关键节点组成的线路 $1 \rightarrow 3 \rightarrow 4 \rightarrow 5 \rightarrow 7$ 为关键线路

B．关键线路有两条

C．工作 E 的自由时差为 2d

D．工作 E 的总时差为 2d

E. 开始节点和结束节点为关键节点的工作 A、工作 C 为关键工作

45.（2021—113）某工程双代号网络计划如下图，说法正确的有（　　）。

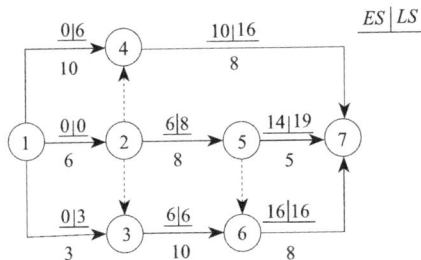

A. 工作①→③的总时差等于自由时差

B. 工作①→④的总时差等于自由时差

C. 工作②→⑤的自由时差为零

D. 工作⑤→⑦为关键工作

E. 工作⑥→⑦为关键工作

46. 某工程网络计划如下图所示，工作 D 的最迟开始时间是第（　　）天。

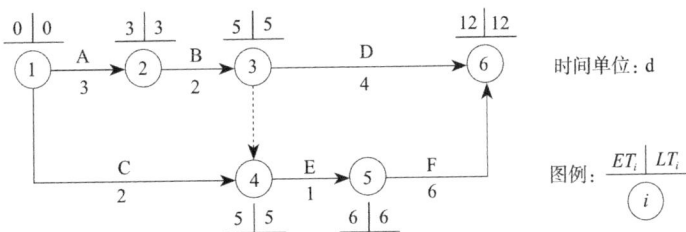

A. 3　　　　　　　　　　　　　　　B. 5

C. 6　　　　　　　　　　　　　　　D. 8

3. 关键节点的特性

47. 在某工程双代号网络计划中，如果以某关键节点为完成节点的工作有 3 项，则该 3 项工作（　　）。

A. 全部为关键工作　　　　　　　　B. 至少有一项为关键工作

C. 自由时差相等　　　　　　　　　D. 总时差相等

48.（2010—66）在双代号网络计划中，当计划工期等于计算工期时，如果某项工作的开始节点和完成节点均为关键节点，则该工作的（　　）相等。

A. 总时差与自由时差　　　　　　　B. 最早开始时间与最迟开始时间

C. 最早完成时间与最迟完成时间　　D. 时间间隔与自由时差

49.（2021—114）双代号网络计划中，关于关键节点说法正确的有（　　）。

A. 以关键节点为完成节点的工作必为关键工作

  B．两端为关键节点的工作不一定是关键工作

  C．关键节点必然处于关键线路上

  D．关键节点的最迟时间与最早时间差值最小

  E．由关键节点组成的线路不一定是关键线路

（三）标号法

  本部分内容一般不会进行考查，仅做了解即可。

三、单代号网络计划时间参数的计算

（一）计算工作的最早开始时间和最早完成时间

  50．（2016—66）某工程单代号网络计划如下图所示，工作 E 的最早开始时间是（ ）。

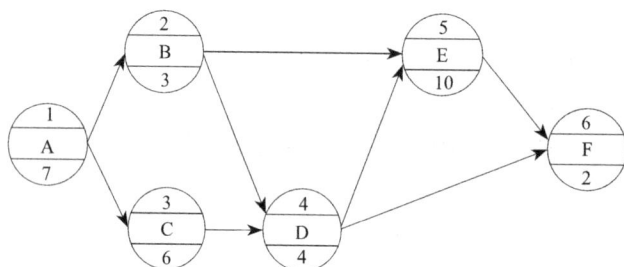

  A．10   B．13

  C．17   D．27

  51．（2020—113）某工程单代号网络计划如下图所示，时间参数正确的有（ ）。

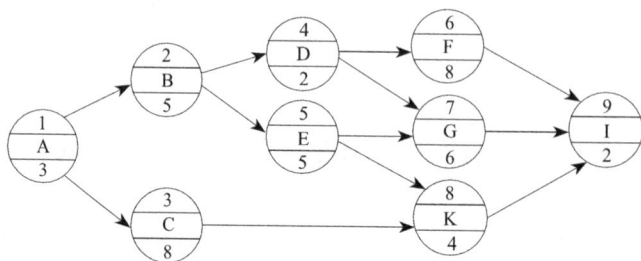

  A．工作 G 的最早开始时间为 10   B．工作 G 的最迟开始时间为 13

  C．工作 E 的最早完成时间为 13   D．工作 E 的最迟完成时间为 15

  E．工作 D 的总时差为 1

（二）计算相邻两项工作之间的时间间隔

  52．（2019—69）某工程的网络计划如下图所示（时间单位：d），图中工作 B 和 E 之间、工作 C 和 E 之间的时间间隔分别是（ ）d。

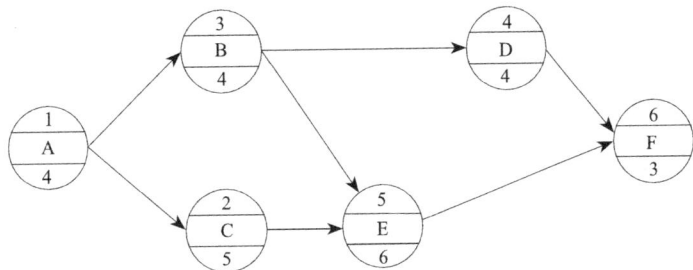

A. 1 和 0   B. 5 和 4

C. 0 和 0   D. 4 和 4

53.（2021—68）某工程单代号网络计划中，工作 E 的最早完成和最晚完成时间分别是 6 和 8，紧后工作 F 的最早开始时间和最晚开始时间分别是 7 和 10，工作 E 和 F 之间的时间间隔是（   ）。

A. 1   B. 2

C. 3   D. 4

（三）确定网络计划的计划工期

本部分内容一般不会单独进行考查。

（四）计算工作的总时差

54. 某分部工程的单代号网络计划如下图所示（时间单位：d），正确的有（   ）。

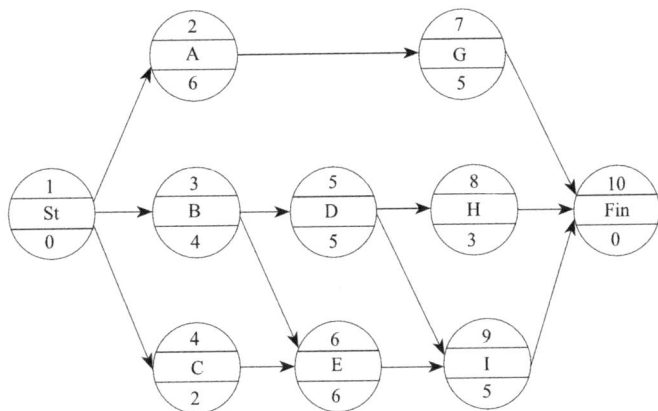

A. 有两条关键线路

B. 计算工期为 15

C. 工作 G 的总时差和自由时差均为 4

D. 工作 D 和 I 之间的时间间隔为 1

E. 工作 H 的自由时差为 2

（五）计算工作的自由时差

55.（2020—68）工作 A 有 B、C 两项紧后工作，A、B 之间的时间间隔为 3d，A、

C 之间的时间间隔为 2d，则工作 A 的自由时差是（ ）d。

A．1   B．2

C．3   D．5

（六）计算工作的最迟完成时间和最迟开始时间

56．单代号网络计划中，工作 C 的已知时间参数（单位：d）标注如下图所示，则该工作的最迟开始时间、最早完成时间和总时差分别是（ ）d。

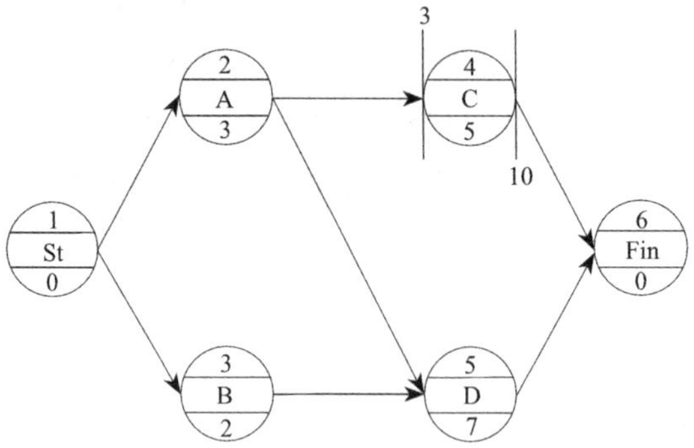

A．3、10、5   B．3、8、5

C．5、10、2   D．5、8、2

57．某单代号网络计划如下图所示（时间单位：d），工作 5 的最迟完成时间是（ ）。

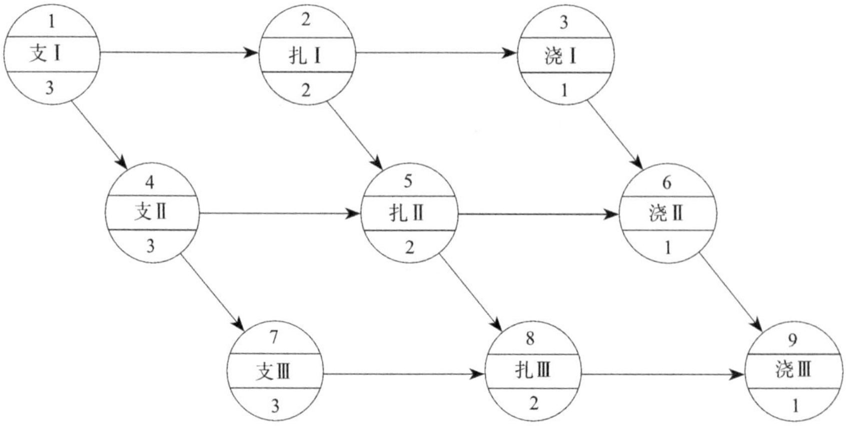

A．10   B．9

C．8   D．7

（七）确定网络计划的关键线路

58．（2011—115）某工程单代号网络计划如下图所示，其中关键工作有（ ）。

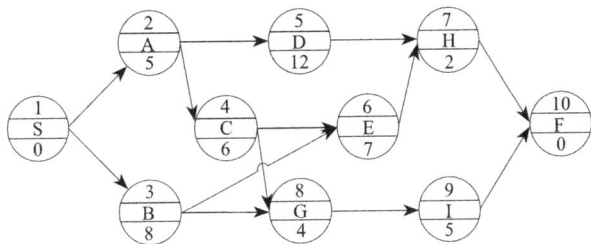

A. 工作 A B. 工作 B

C. 工作 C D. 工作 D

E. 工作 E

59.（2017—114）某工程单代号网络计划如下图所示（图中节点上方数字为节点编号），其中关键线路有（ ）。

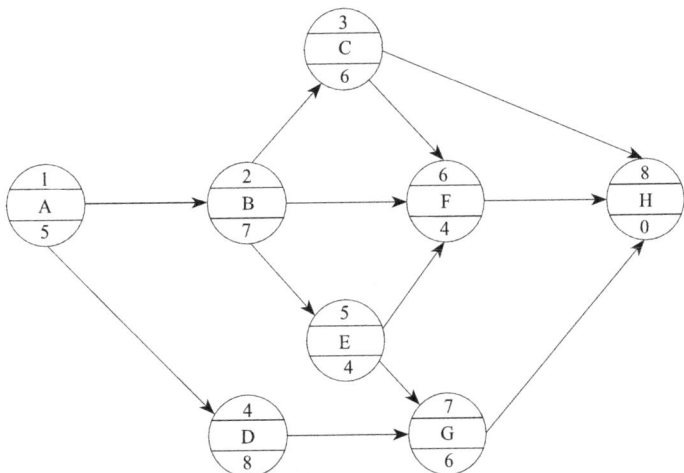

A. 1→2→3→8 B. 1→2→3→6→8

C. 1→2→5→6→8 D. 1→2→5→7→8

E. 1→4→7→8

60.（2018—115）工程网络计划中，关键线路是指（ ）的线路。

A. 单代号搭接网络计划中时间间隔全部为零

B. 双代号时标网络计划中没有波形线

C. 双代号网络计划中没有虚工作

D. 双代号网络计划中工作持续时间总和最大

E. 单代号网络计划中由关键工作组成

习题答案及解析

1. B   2. A   3. C   4. B   5. A

6. A	7. D	8. D	9. C	10. A
11. C	12. C	13. A	14. C	15. C
16. B	17. D	18. A	19. B	20. C
21. A	22. A	23. A	24. D	25. D
26. D	27. B	28. D	29. D	30. D
31. C	32. A	33. C	34. A	35. C
36. C	37. BE	38. ABCE	39. C	40. ABE
41. ABD	42. BCD	43. CDE	44. BCD	45. ACE
46. D	47. B	48. A	49. BCDE	50. C
51. BCE	52. A	53. A	54. BCD	55. B
56. D	57. B	58. ACE	59. BD	60. ABD

【解析】

网络计划时间参数是考试重点，是每年的必考考点，上述只列出了部分真题题目以及还可能会考查的题型，考生要学会解题思路。

1. B。在 2014 年度的考试中，同样对本题涉及的采分点进行了考查，且提问形式与选项设置基本与本题一致。

14. C。在 2001 年度的考试中，同样对本题涉及的采分点进行了考查。

15. C。如果某项工作的最早开始时间和最早完成时间分别为 3d 和 8d，则说明该工作实际上最早应从开工后第 4 天上班时刻开始，第 8 天下班时刻完成。

16. B。工作 G 是最早开始时间 =max{（4+2），（4+5），（4+2），（3+2）}=9。

17. D。工作 B 的最早完成时间 =max{（6+5），（8+5）}=13d。

18. A。工作 M、N、P 无紧后工作，说明它们的完成节点为网络计划的终点节点。网络计划的计算工期应等于以网络计划终点节点为完成节点的工作的最早完成时间。则该网络计划的计算工期应等于这三项工作的最早完成时间的最大值。

20. C。网络计划起点节点代表的工作，当未规定其最早开始时间时，其最早开始时间为零。其他工作的最早开始时间应等于其紧前工作最早完成时间的最大值。工作的最迟开始时间 $LS_{i-j} = LF_{i-j} - D_{i-j}$。故工作 E 的最早开始时间 =max{$EF_A$, EF_B, EF_C}= max{3，2，4}=4d；本题的关键线路为 A→D→G 和 C→F→I，计算工期为 14，工作 E 的最迟完成时间为 8，工作 E 的最迟开始时间 =8-3=5d。

21. A。工作的最迟完成时间应等于其紧后工作最迟开始时间的最小值，则工作 M 的最迟完成时间 =min{21，18，15}=15d；工作的最迟开始时间等于工作的最迟完成时间减去工作的持续时间，即工作 M 的最迟开始时间 =15-4=11d。

22. A。工作 E 的最早完成时间 =5+3=8d。计算工期为 15，工作 E 的最迟完成时间 =15-5=10d。

23. A。工作的最早完成时间等于本工作的最早开始时间与持续时间之和。以网络计划起点节点为开始节点的工作,当未规定其最早开始时间时,其最早开始时间为零;其他工作的最早开始时间应等于其紧前工作最早完成时间的最大值。本题中,工作 F 的最早开始时间 =max{(3+2),(3+2),6}=6,则其最早完成时间 =6+4=10,即第 10 周。以网络计划终点节点为完成节点的工作,其最迟完成时间等于网络计划的计划工期;其他工作的最迟完成时间应等于其紧后工作最迟开始时间的最小值。工作的最迟完成时间和最迟开始时间应从网络计划的终点节点开始,逆着箭线方向依次进行。本题中关键线路为 C→G→I,工期为 6+5+4=15,工作 I 的最迟开始时间 =15-4=11,工作 F 的最迟完成时间即为第 11 周。

24．D。本题的关键线路:①→②→⑤→⑦,最早开始时间 =max{(3+4),(2+4),(3+4)}=7,最迟完成时间 =15-3=12。

25．D。工作的总时差等于该工作最迟完成时间与最早完成时间之差,或该工作最迟开始时间与最早开始时间之差,即总时差 =25-20=5d。对于有紧后工作的工作,其自由时差等于本工作之紧后工作最早开始时间减本工作最早完成时间所得之差的最小值,即:32-20-9=3d。

26．D。在 2009 年度的考试中,同样对本题涉及的采分点进行了考查,且提问形式与选项设置基本与本题一致。

27．B。工作的总时差等于该工作最迟完成时间与最早完成时间之差,或该工作最迟开始时间与最早开始时间之差。工作 E 的最早开始时间 =max{16,19,20}=20d;工作 E 的最迟开始时间 =28-6=22d,因此,工作 E 的总时差 =22-20=2d。

28．D。当工作有紧后工作时,自由时差为紧后工作的最早开始时间减去该工作最早完成时间的最小值。该工作的最早完成时间 = 最早开始时间 + 持续时间 =2+4=6,自由时差 =min{(8-6),(12-6)}=2d。

30．D。工作 D 的自由时差 =(3+3)-(3+2)=1d。工作 D 的总时差 =11-3-2-3=3d。

31．C。关键线路是①→②→③→④→⑦→⑧→②和①→②→③→④→⑦→②,工作 G 的完成节点为关键节点,所以其自由时差 = 总时差 =6+10-8-3=5。

32．A。工作的持续时间总和最大的线路为关键线路,关键线路上的工作为关键工作。本题的关键线路为:①→②→④→⑤→⑦→⑧→⑨;①→②→④→⑥→⑨。所以关键工作为工作 B、E、F、I、J。

33．C。在 2015 年度的考试中,同样对本题涉及的采分点进行了考查。

35．C。在 2002、2003、2004、2005、2006、2007、2009、2010、2012、2013 年度的考试中,同样对本题涉及的采分点进行了考查。

36．C。双代号网络计划图中,关键线路分别为①→②→⑤→⑨→⑩;①→②→⑤→⑥→⑦→⑨→⑩;①→④→⑥→⑦→⑨→⑩。

38．ABCE。在 2002、2003、2005、2006、2007、2009、2012、2013 年度的考试中,同样对本题涉及的采分点进行了考查。

39．C。按节点法计算工作的总时差等于该工作完成节点的最迟时间减去该工作开始节点的最早时间所得差值再减其持续时间，即工作 M 的总时差 =10-2-5=3d。

40．ABE。图中，关键线路为①→②→⑤→⑦或者①→②→⑥→⑦，故工作 1—2 为关键工作。工作的总时差等于该工作最迟完成时间与最早完成时间之差，或该工作最迟开始时间与最早开始时间之差，即 $TF_{1-3}=1$、$TF_{4-7}=0$、$TF_{5-7}=0$。

41．ABD。工作 1—3 的自由时差 =4-0-2=2；图中的关键线路为①→②→⑤→⑦、①→②→③→⑥→⑦，所以工作 2—5 为关键工作，工作 4—7 为非关键工作；工作 2—4 的自由时差 ={（13-4-7），（11-4-7），（12-4-7）}=0；工作 3—6 的总时差 =12-4-8=0。

42．BCD。本题中的关键线路为①→②→⑤→⑧、①→②→④→⑦→⑧，共两条，关键工作包括①—②、②—⑤、④—⑦、⑤—⑧、⑦—⑧，故 A、E 选项错误，B 选项正确。工作 1—3 的自由时差 =3-3=0，故选项 C 正确；工作 3—7 的总时差 =10-4-3=3，故 D 选项正确。

43．CDE。选项 A 错误，工作 1—3 为非关键工作；选项 B 错误，工作 2—4 的总时差为 9-4-2=3。

44．BCD。关键线路为 1→3→4→7 和 1→3→4→5→6→7 两条。工作 E 的自由时差 =8-（3 + 3）=2d。工作 E 的总时差 =8-6=2d。工作 C 不是关键工作。

45．ACE。本题中关键线路为①→②→③→⑥→⑦，所以工作⑤→⑦为非关键工作，工作⑥→⑦为关键工作。故 D 选项错误，故 E 选项正确。工作①→③的总时差 = 自由时差 =6-3=3。故 A 选项正确。工作①→④的自由时差为 0，总时差为 6。故 B 选项错误。工作②→⑤的自由时差为 0。故 C 选项正确。

46．D。工作 D 的紧后工作的最迟开始时间为 12，即工作 D 的工作最迟完成时间为 12，工作 D 的最迟开始时间 = 最迟完成时间 - 持续时间 =12-4=8。

48．A。在 2007、2009 年度的考试中，同样对本题涉及的采分点进行了考查。

49．BCDE。在 2016 年度的考试中，同样对本题涉及的采分点进行了考查。

50．C。工作的最早开始时间应等于其紧前工作最早完成时间的最大值。工作 E 的紧前工作有工作 B 和工作 D，工作 B 的最早开始时间为 7，最早完成时间 =7+3=10。工作 D 的紧前工作有工作 B 和工作 C，工作 C 的最早开始时间为 7，最早完成时间 =7+6=13；工作 D 的最早时间 =13，最早完成时间 =13+4=17。所以工作 E 的最早开始时间 =max{10，17}=17。

51．BCE。工作的最早完成时间等于本工作的最早开始时间与其持续时间之和。起点节点的最早开始时间在未规定时取值为零，其他的最早开始时间等于其紧前工作最早完成时间的最大值。工作的最迟完成时间等于本工作的最早完成时间预期总时差之和；工作的最迟开始时间等于本工作的最早开始时间预期总时差之和。其他工作的总时差等于本工作与其各紧后工作之间的时间间隔加紧后工作的总时差所得之和的最小值。本题中各工作的最早开始时间、最早完成时间、最迟开始时间、最迟完成时间如下图所示。

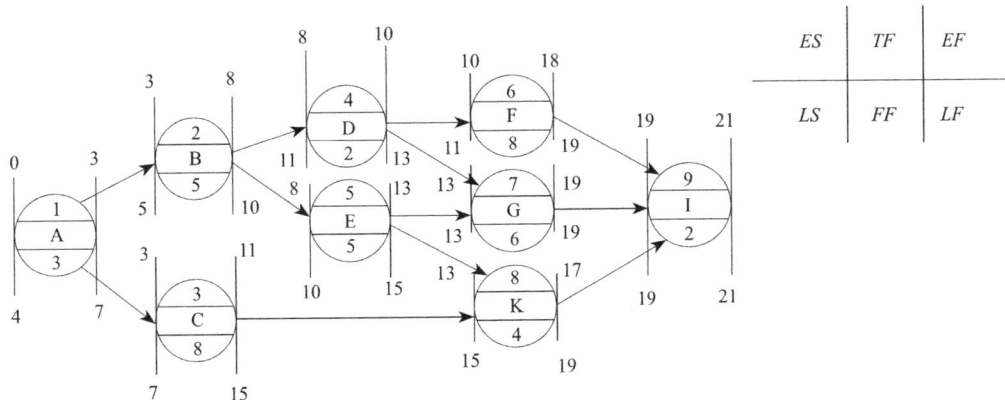

本题的关键线路为 A→B→E→G→I。

工作 G 的紧前工作有工作 D、E，工作 G 的最早开始时间 =max{（3+5+2），（3+5+5）}=13，所以 A 选项错误。

工作 G 的最迟开始时间 =13+0=13，所以 B 选项正确。

工作 E 只有一项紧前工作，所以其最早开始时间 =3+5=8，最早完成时间 =8+5=13，所以选项 C 正确。

工作 E 的最迟完成时间 =13+0=13，所以 D 选项错误。

工作 D 的总时差 =min{（10−10）+1，（11−10）+0}=1，所以 E 选项正确。

52．A。相邻两项工作之间的时间间隔 $LAG_{i,j}$ 是指其紧后工作的最早开始时间与本工作最早完成时间的差值。

最早完成时间 EF_i 等于本工作的最早开始时间与其持续时间之和。

其他工作的最早时间 ES_i 等于其紧前工作最早完成时间的最大值。

本题的计算过程如下：

（1）ES_A=0，EF_A=0+4=4。

（2）ES_B=4，EF_B=4+4=8。

（3）ES_C=4，EF_C=4+5=9。

（4）ES_D=8，EF_D=8+4=12。

（5）ES_E=max{EF_B，EF_C}=max{8，9}=9，EF_E=9+6=15。

由此可知，$LAG_{B,E}=ES_E - EF_B$=9−8=1；$LAG_{C,E}=ES_E - EF_C$=9−9=0。

53．A。相邻两项工作之间的时间间隔是指本工作的最早完成时间与其紧后工作最早开始时间之间可能存在的差值。工作 E 和 F 之间的时间间隔 =7−6=1。

54．BCD。本题的计算过程如下图所示。

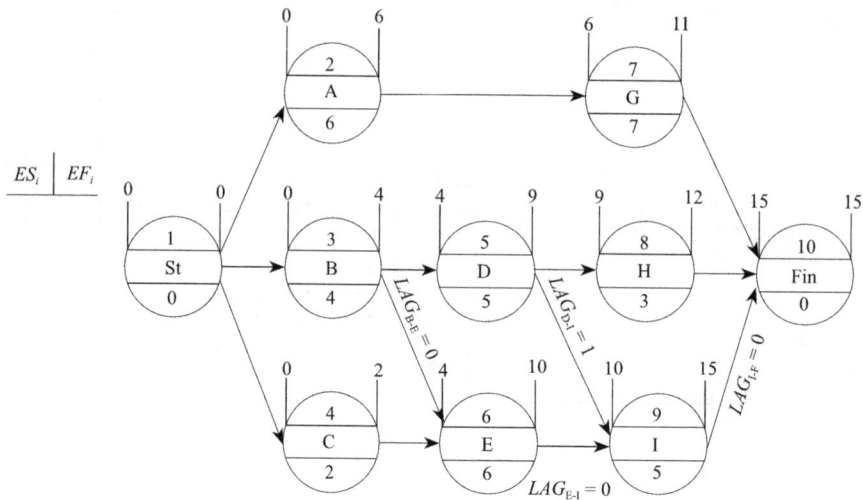

由图可知关键线路为 B→E→I，只有一条，计算工期为 15。故 A 选项错误，B 选项正确。工作 G 的总时差 =0+15-11=4，工作 G 的自由时差 =15-11=4。故 C 选项正确。工作 D 和 I 之间的时间间隔 =10-9=1，故 D 选项正确。工作 H 的自由时差 =15-12=3，故 E 选项错误。

55．B。网络计划终点节点所代表的工作的自由时差等于计划工期与本工作的最早完成时间之差；其他工作的自由时差等于本工作与其紧后工作之间时间间隔的最小值。工作 A 的自由时差 =min{2，3}=2d。

56．D。工作 C 的最早开始时间 =3d。工作 C 的最早完成时间 =3+5=8d。工作 C 的最迟完成时间为 10d，则总时差 =10-8=2d。工作 C 的最迟开始时间 =3+2=5d。

57．B。由于工作的最早完成时间应等于本工作的最早开始时间与其持续时间之和，依次类推得出工作 5 的最早开始时间为 6，最早完成时间为 6+2=8。

相邻两项工作之间的时间间隔是指其紧后工作的最早开始时间与本工作最早完成时间的差值。故 $LAG_{5,6}$=8-8 =0d，$LAG_{5,8}$=9-8=1d，$LAG_{6,9}$=11-9=2d，$LAG_{8,9}$=11-11=0d。

网络计划终点节点所代表的工作的总时差应等于计划工期与计算工期之差，当计划工期等于计算工期时，该工作的总时差为零。故工作 9 的总时差为 0。

其他的总时差应等于本工作与其各紧后工作之间的时间间隔加该紧后工作的总时差所得之和的最小值。工作 6 的总时差 =2+0=2d，工作 8 的总时差为 0。

工作 5 的总时差 =min{（0+2），（1+0）}=1d。工作的最迟完成时间等于本工作的最早完成时间与其总时差之和，故工作 5 的最迟完成时间 =8+1=9d。

58．ACE。从网络计划的终点节点开始，逆着箭线方向依次找出相邻两项工作之间时间间隔为零的线路就是关键线路。关键线路上的工作为关键工作，本题中的关键线路为：A→C→E→H。

59．BD。单代号网络计划中，从网络计划的终点节点开始，逆着箭线方向依次找出相邻两项工作之间时间间隔为零的线路就是关键线路。本题中，工作 A 的最早开始时间为 0，最早完成时间为 0+5=5；工作 B 的最早开始时间为 5，最早完成时间为 5+7=12；工作 C 的最早开始时间为 12，最早完成时间为 12+6=18；工作 D 的最早开始时间为 5，最早完成时间为 5+8=13；工作 E 的最早开始时间为 12，最早完成时间为 12+4=16；工作 F 的最早开始时间为 max{12，16，18}=18，最早完成时间为 18+4=22；工作 G 的最早开始时间为 16，最早完成时间为 16+6=22；工作 H 的最早开始时间为 22，最早完成时间为 16+6=22。$LAG_{A,B}=0$，$LAG_{B,E}=0$，$LAG_{E,G}=0$，$LAG_{G,H}=0$，$LAG_{B,C}=0$，$LAG_{C,F}=0$，$LAG_{F,H}=0$。关键线路为：1→2→3→6→8、1→2→5→7→8。

60．ABD。在 2010、2013 年度的考试中，同样对本题涉及的采分点进行了考查。

第四节　双代号时标网络计划

知识导学

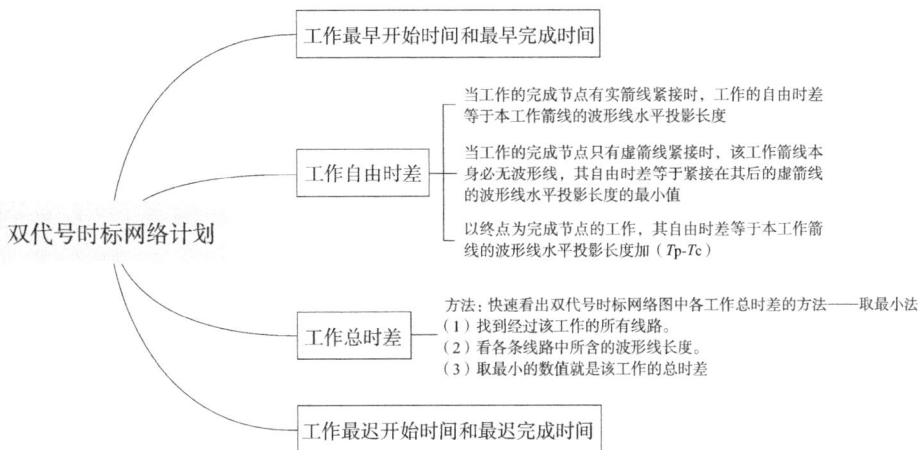

习题汇总

1．（2019—115）关于双代号时标网络计划特点的说法，正确的有（　　）。

A．无虚箭线的线路为关键线路

B．无波形线的线路为关键线路

C．波形线的长度为相邻工作之间的时间间隔

D．工作的总时差等于本工作至终点线路上波形线长度之和

E．工作的最早开始时间等于工作开始节点对应的时标刻度值

2．（2021—69）双代号时标网络计划中，波形线表示（　　）。

A．工作的总时差

B．工作与其紧后工作之间的时间间隔

C．工作的自由时差

D．工作与其紧后工作之间的时距

一、时标网络计划的编制方法

本部分内容一般不会单独进行考查，仅做了解即可。

二、时标网络计划中时间参数的判定

（一）关键线路和计算工期的判定

1．关键线路的判定

3．（2000—65）某工程时标网络计划中，若某工作箭线上没有波形线，且该工作的完成节点为关键节点，则说明该工作（   ）。

A．总时差大于零   B．自由时差小于总时差

C．与紧后工作之间的时间间隔为零   D．为关键工作

4．（2001—63）在双代号时标网络计划中，关键线路是指（   ）。

A．没有虚工作的线路   B．由关键节点组成的线路

C．没有波形线的线路   D．持续时间最长工作所在的线路

2．计算工期的判定

本部分内容一般不会进行考查，仅做了解即可。

（二）相邻两项工作之间时间间隔的判定

本部分内容一般不会单独进行考查，仅做了解即可。

（三）工作六个时间参数的判定

5．（2005—115）下列关于双代号时标网络计划的表述中，正确的有（   ）。

A．工作箭线左端节点中心所对应的时标值为该工作的最早开始时间

B．工作箭线中波形线的水平投影长度表示该工作与其紧后工作之间的时距

C．工作箭线中实线部分的水平投影长度表示该工作的持续时间

D．工作箭线中不存在波形线时，表明该工作的总时差为零

E．工作箭线中不存在波形线时，表明该工作与其紧后工作之间的时间间隔为零

1．工作最早开始时间和最早完成时间的判定

6．（2017—115）某工程双代号时标网络计划如下图所示，正确的结论有（   ）。

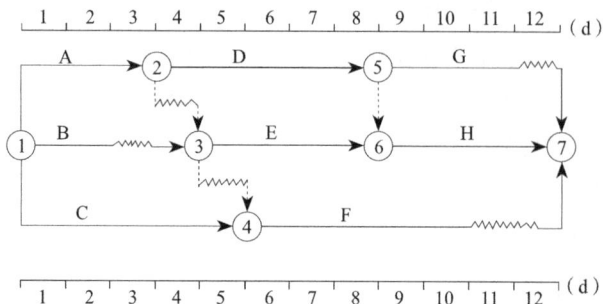

A. 工作 A 为关键工作

B. 工作 B 的自由时差为 2d

C. 工作 C 的总时差为零

D. 工作 D 的最迟完成时间为第 8 天

E. 工作 E 的最早开始时间为第 2 天

2. 工作总时差的判定

7.（2012—69）某工程双代号时标网络计划如下图所示，其中工作 A 的总时差为（ ）d。

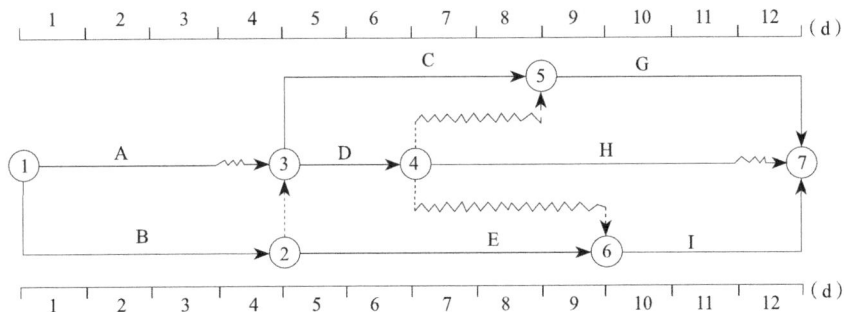

A. 1   B. 2

C. 3   D. 4

8.（2013—69）某工程双代号时标网络计划如下图所示，因工作 B、D、G 和 J 共用一台施工机械而必须顺序施工，在合理安排下，该施工机械在现场闲置（ ）d。

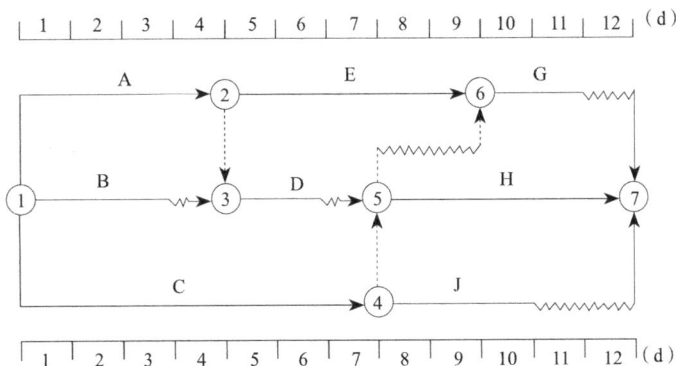

A. 0   B. 1

C. 2   D. 3

3. 工作自由时差的判定

9.（2020—115）双代号时标网络计划如下图所示，关于时间参数及关键线路的说法，正确的有（ ）。

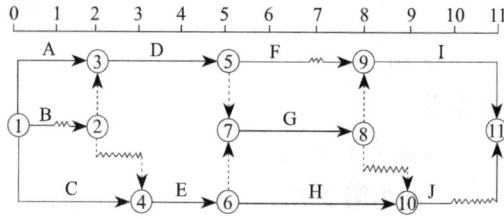

A．A 工作的总时差为 1，自由时差为 0

B．C 工作的总时差为 0，自由时差为 0

C．B 工作的总时差为 1，自由时差为 1

D．H 工作的最早完成时间为 9，最迟完成时间为 9

E．①→②→④→⑥→⑦→⑧→⑨→⑪是关键线路

4．工作最迟开始时间和最迟完成时间的判定

10．（2003—67）某工程双代号时标网络计划如下图所示，工作 B 和工作 D 的最迟完成时间分别为（　　）周。

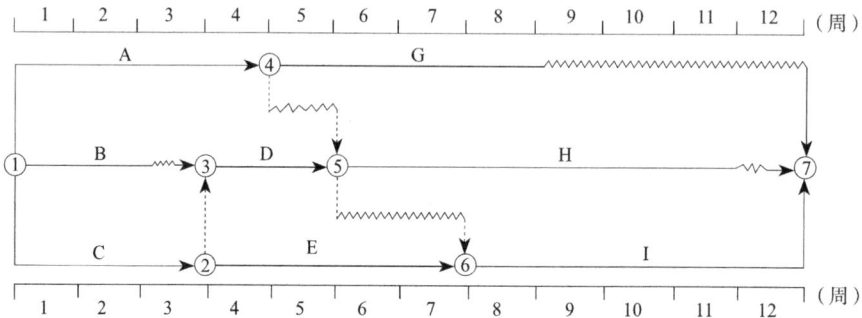

A．第 2 周和第 5 周 　　　　　　　　B．第 3 周和第 5 周

C．第 3 周和第 6 周 　　　　　　　　D．第 4 周和第 6 周

11．（2011—116）某工程双代号时标网络计划如下图所示，该计划表明（　　）。

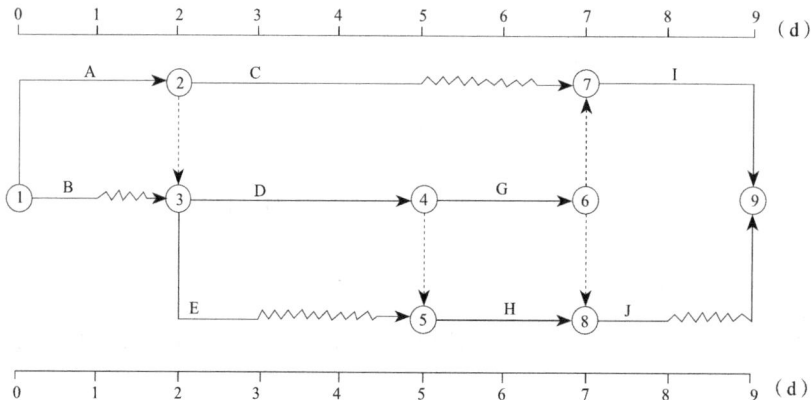

A．工作 C 的自由时差为 2d

B．工作 E 的最早开始时间为第 4 天

C．工作 D 为关键工作

D．工作 H 的总时差为零

E．工作 B 的最迟完成时间为第 1 天

12．（2014—114）某工程双代号时标网络计划如下图所示，该计划表明（　　）。

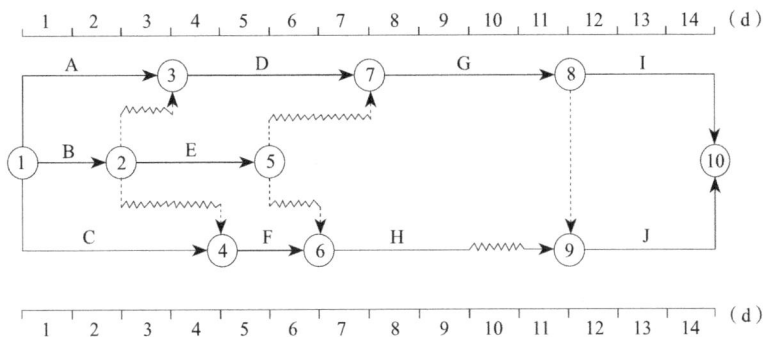

A．G 工作为关键工作

B．E 工作的总时差为 3d

C．B 工作的总时差为 1d

D．F 工作为关键工作

E．C 工作的总时差为 2d

13．（2016—115）某工程双代号时标网络计划如下图所示（单位：d），关于时间参数的说法正确的有（　　）。

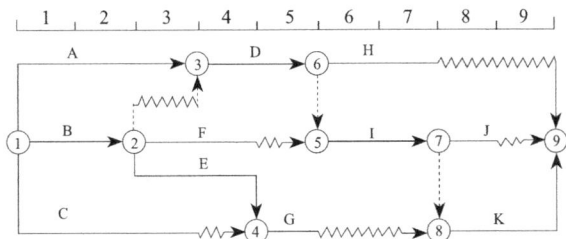

A．工作 B 总时差为 0

B．工作 E 最早开始时间为第 4 天

C．工作 D 总时差为 0

D．工作 I 自由时差为 1d

E．工作 G 总时差为 2d

14．（2021—67）某工程双代号时标网络计划如下图所示，图中表明的正确信息是（　　）。

A．工作 D 的自由时差为 1d

B．工作 E 的总时差等于自由时差

C．工作 F 的总时差为 1d

D．工作 H 的总时差为 1d

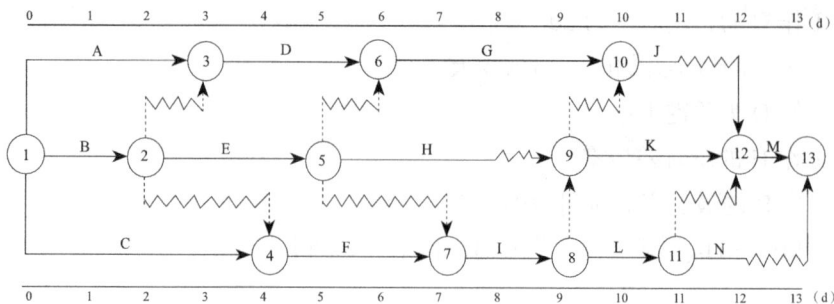

三、时标网络计划的坐标体系

15. 时标网络计划的坐标体系不包括（　　）。

A. 计算坐标体系

B. 工作日坐标体系

C. 日历坐标体系

D. 时间坐标体系

四、进度计划表

本部分内容一般不会单独进行考查，仅做了解即可。

习题答案及解析

1. BCE	2. B	3. D	4. C	5. AC
6. ABD	7. A	8. A	9. BC	10. D
11. AC	12. ACE	13. CE	14. D	15. D

【解析】

双代号时标网络计划时间参数的计算是考试的重点内容，上述仅列出近几年的考试题目。考生要全面掌握。

6. ABD。本题中关键线路为 A→D→H，工作 A 为关键工作故 A 选项正确。时标网络计划中，以终点节点为完成节点的工作，其自由时差应等于计划工期与本工作最早完成时间之差，其他工作的自由时差就是该工作箭线中波形线的水平投影长度。但当工作之后只紧接虚工作时，则该工作箭线上一定不存在波形线，而其紧接的虚箭线中波形线水平投影长度的最短者为该工作的自由时差。工作 B 的自由时差为 2d，故 B 选项正确。工作 C 的总时差 =12−（5+5）=2d，故 C 选项错误。工作 D 的最迟完成时间为第 8 天，故 D 选项正确。工作 E 的紧前工作为工作 A、B，其最早开始时间为第 4 天，故 E 选项错误。

7. A。根据题意可得工作 A 的总时差 =12−11=1。

8. A。工作 B、D、G 和 J 共用一台施工机械而顺序施工的顺序是 B、D、J 和 G，在不影响工作 H 最早开始的情况下，该施工机械可以晚进场 2d，该施工机械在现场闲置 =12−（3+2+3+2）−2=0d。

9．BC。本题的关键线路为：①→③→⑤→⑦→⑧→⑨→⑪（A→D→G→I）、①→④→⑥→⑦→⑧→⑨→⑪（C→E→G→I），所以选项 E 错误。工作 A 为关键工作，总时差、自由时差均为 0，故 A 选项错误。工作 C 为关键工作，总时差、自由时差均为 0，故 B 选项正确。工作的总时差 =min{0+1，0+2}=1，自由时差 =1，故 C 选项正确。H 工作的最早完成时间 9，最迟完成时间 =10，故 D 选项错误。

10．D。工作 B 的最迟完成时间 =2+2=4，工作 D 的最迟完成时间 =5+1=6。

11．AC。因为工作 C 箭线中波形线的水平投影长度为 2d，所以自由时差为 2d。工作 E 的最早开始时间为第 2 天，其最迟开始时间为第 4 天。该网络计划中的关键线路包括工作 A、D、G、I。工作 H 的总时差 =9−8=1d。工作 B 的最迟完成时间 =1+1=2d。

12．ACE。本题的关键线路为 A→D→G→I，A→D→G→J。所以工作 G 为关键工作，工作 F 为非关键工作。双代号网络计划中，以终点节点为完成节点的工作，其总时差应等于计划工期与本工作最早完成时间之差。其他工作的总时差等于其紧后工作的总时差加本工作与该紧后工作之间的时间间隔所得之和的最小值。故工作 E 的总时差 =min{（0+2），（2+1）}=2d，工作 B 的总时差 =min{（0+1），（2+0），（2+2）}=1d；工作 C 的总时差 =2d。

13．CE。工作的总时差等于其紧后工作的总时差加本工作与该紧后工作之间的时间间隔所得之和的最小值，即工作 B 的总时差 =min{（0+1），（1+0），（2+0）}=1d，故 A 选项错误。工作 E 的紧前工作只有工作 B，则其最早开始时间为第 3 天，故 B 选项错误。工作 D 为关键工作，总时差为 0，故选项 C 正确。工作的自由时差就是该工作箭线中波形线的水平投影长度。工作 I 的自由时差 =0，故 D 选项错误。工作 G 的总时差 =2d，故 E 选项正确。

14．D。关键线路是①→④→①→⑧→⑨→⑫→⑬。选项，工作 D 的自由时差为 0d；B 选项，工作 E 的总时差等于 1d，自由时差等于 0d；C 选项，工作 F 的总时差为 0d。本考点几乎每年都会考查，上述题目中仅列出部分考试题目。

第五节 网络计划的优化

知识导学

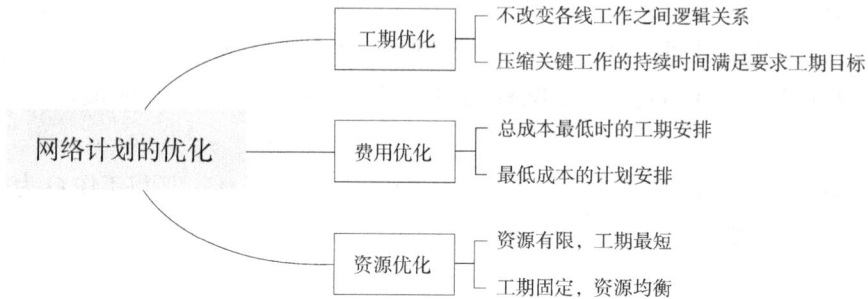

网络计划的优化
- 工期优化
  - 不改变各线工作之间逻辑关系
  - 压缩关键工作的持续时间满足要求工期目标
- 费用优化
  - 总成本最低时的工期安排
  - 最低成本的计划安排
- 资源优化
  - 资源有限，工期最短
  - 工期固定，资源均衡

习题汇总

一、工期优化

1.（2003—69）在工程网络计划工期优化过程中，当出现两条独立的关键线路时，在考虑对质量和安全影响差别不大的基础上，应选择的压缩对象是分别在这两条关键线路上的两项（　　）的工作组合。

A. 直接费用率之和最小　　　　　　　　B. 资源强度之和最小

C. 持续时间总和最大　　　　　　　　　D. 间接费用率之和最小

2.（2003—115）为满足要求工期，在对工程网络计划进行工期优化时应（　　）。

A. 在多条关键线路中选择直接费用率最小的一项关键工作缩短其持续时间

B. 按经济合理的原则将所有的关键线路的总持续时间同时缩短

C. 在满足资源限量的前提条件下，寻求工期最短的计划安排方案

D. 在缩短工期的同时，尽可能地选择对质量和安全影响小，并使所需增加费用最少的工作

E. 在满足资源需用均衡的前提条件下，寻求工作最短的计划安排方案

3.（2006—70）当工程网络计划的工期优化过程中出现多条关键线路时，必须（　　）。

A. 将持续时间最长的关键工作压缩为非关键工作

B. 压缩各条关键线路上直接费最小的工作的持续时间

C. 压缩各条关键线路上持续时间最长的工作的持续时间

D. 将各条关键线路的总持续时间压缩相同数值

4.（2007—69）工程网络计划的工期优化是通过（　　）。

A．改变关键工作间的逻辑关系而使计算工期满足要求工期

B．改变关键工作间的逻辑关系而使计划工期满足要求工期

C．压缩关键工作的持续时间而使要求工期满足计划工期

D．压缩关键工作的持续时间而使计算工期满足要求工期

5.（2010—70）网络计划工期优化的前提是（　　）。

A．计算工期不满足计划工期

B．不改变各项工作之间的逻辑关系

C．计划工期不满足计算工期

D．将关键工作压缩成非关键工作

6.（2011—67）下列关于工程网络计划工期优化的说法中，正确的是（　　）。

A．当出现多条关键线路时，应选择其中一条最优线路缩短其持续时间

B．应选择直接费率最小的非关键工作作为缩短持续时间的对象

C．工期优化的前提是不改变各项工作之间的逻辑关系

D．工期优化过程中须将关键工作压缩成非关键工作

7.（2017—116）关于工程网络计划工期优化的说法，正确的有（　　）。

A．应分析调整各项工作之间的逻辑关系

B．应有步骤地将关键工作压缩成非关键工作

C．应将各条关键线路的总持续时间压缩相同数值

D．应考虑质量、安全和资源等因素选择压缩对象

E．应压缩非关键线路上自由时差大的工作

8.（2019—70）当网络计划的计算工期大于要求工期时，为满足工期要求，可采用的调整方法是压缩（　　）的工作的持续时间。

A．持续时间最长　　　　　　　　　B．自由时差为零

C．总时差为零　　　　　　　　　　D．时间间隔最小

9.（2019—116）网络计划的工期优化过程中，压缩关键工作的持续时间应优先选择（　　）的关键工作。

A．有充足备用资源　　　　　　　　B．对质量影响较大

C．所需增加费用最少　　　　　　　D．持续时间最长

E．紧后工作最少

10.（2021—70）工程网络计划工期优化的基本方法是通过（　　）来达到优化目标。

A．组织关键工作流水作业　　　　　B．组织关键工作平行作业

C．压缩关键工作的持续时间　　　　D．压缩非关键工作的持续时间

二、费用优化

11.（2011—69）工程网络计划费用优化的目标是（　　）。

A. 在工期延长最少的条件下使资源需用量尽可能均衡

B. 在满足资源限制的条件下使工期保持不变

C. 在工期最短的条件下使工程总成本最低

D. 寻求工程总成本最低时的工期安排

（一）费用和时间的关系

1. 工程费用与工期的关系

12.（2011—68）下列关于工程费用与工期关系的说法中，正确的是（　　）。

A. 直接费会随着工期的缩短而增加

B. 直接费率会随着工期的增加而减小

C. 间接费会随着工期的缩短而增加

D. 间接费率会随着工期的增加而减小

13.（2019—72）工程总费用由直接费和间接费组成，随着工期的缩短，直接费和间接费的变化规律是（　　）。

A. 直接费减少，间接费增加   B. 直接费和间接费均增加

C. 直接费增加，间接费减少   D. 直接费和间接费均减少

2. 工作直接费与持续时间的关系

14. 下列关于工程直接费与持续时间关系的说法，正确的是（　　）。

A. 直接费率会随着持续时间的增加而减小

B. 直接费率会随着持续时间的增加而增加

C. 直接费会随着持续时间的缩短而缩短

D. 直接费会随着持续时间的缩短而增加

（二）费用优化方法

15.（2002—114）工程网络计划费用优化的目的是寻求（　　）。

A. 满足要求工期的条件下使总成本最低的计划安排

B. 使资源强度最小时的最短工期安排

C. 使工程总费用最低时的资源均衡安排

D. 使工程总费用最低时的工期安排

E. 工程总费用固定条件下的最短工期安排

三、资源优化

（一）"资源有限，工期最短"的优化

16. 工程网络计划资源优化的目的是通过改变（　　），使资源按照时间的分布符合优化目标。

A. 工作间逻辑关系   B. 工作的持续时间

C. 工作的开始时间和完成时间   D. 工作的资源强度

17.（2018—116）工程网络计划的优化是指寻求（　　）的过程。

A．工程总成本不变条件下资源需用量最少

B．工程总成本最低时的工期安排

C．资源有限条件下最短工期安排

D．工期不变条件下资源均衡安排

E．工期固定条件下资源强度最小

18．（2020—70）工程网络计划优化中的资源优化是指（　　）的优化。

A．资源有限，工期最短 　　　　　B．资源均衡，费用最少

C．资源有限，工期固定 　　　　　D．资源均衡，资源需用量最少

19．（2012—116）工程网络计划资源优化的目的为（　　）。

A．使该工程的资源需用量尽可能均衡

B．使该工程的资源强度最低

C．使该工程的资源需用量最少

D．使该工程的资源需用量满足资源限制条件

E．使该工程的资源需求符合正态分布

（二）"工期固定，资源均衡"的优化

20．（2015—70）网络计划的资源优化分为两种，其中"工期固定，资源均衡"的优化是指（　　）。

A．在工期不变的条件下，使资源投入最少

B．在满足资源限制条件下，使工期延长最少

C．在工期不变的条件下，使工程总费用低

D．在工期不变的条件下，使资源需用量尽可能均衡

21．（2010—70）下列资源安排的方式中,目的是寻求工程网络计划资源优化的是（　　）。

A．资源使用量最小条件下的合理工期安排

B．资源均衡使用条件下的最短工期安排

C．工程总成本最低条件下的资源均衡安排

D．工期固定条件下的资源均衡安排

22．（2021—115）工程网络计划优化的目的有（　　）。

A．使计算工期满足要求工期

B．按要求工期寻求资源需用量最小的计划安排

C．工期不变条件下资源强度最小

D．寻求工程总成本最低时的工期安排

E．工期不变条件下资源需用量尽可能均衡

习题答案及解析

1．A　　　2．BD　　　3．D　　　4．D　　　5．B

6．C　　　7．CD　　　8．C　　　9．AC　　　10．C

11. D　　12. A　　13. C　　14. D　　15. AD

16. C　　17. BCD　　18. A　　19. AD　　20. D

21. D　　22. ADE

【解析】

1. A。在 2001、2002 年度的考试中，同样对本题涉及的采分点进行了考查。

8. C。工期优化是指网络计划的计算工期不满足要求工期时，通过压缩关键工作的持续时间以满足要求工期目标的过程。不管在什么情况下，总时差为零的工作一定是关键工作。

9. AC。在 2000、2004、2016 年度的考试中，同样对本题涉及的采分点进行了考查。

10. C。在 2003、2005、2008、2012、2013 年度的考试中，同样对本题涉及的采分点进行了考查，且提问形式基本与本题一致。

11. D。在 2005、2006、2007、2009 年度的考试中，同样对本题涉及的采分点进行了考查。

13. C。在 2000 年度的考试中，同样对本题涉及的采分点进行了考查。

15. AD。在 2000 年度的考试中，同样对本题涉及的采分点进行了考查，且提问形式基本与本题一致。

17. BCD。在 2007 年度的考试中，同样对本题涉及的采分点进行了考查。

19. AD。在 2001、2002、2004、2008、2009 年度的考试中，同样对本题涉及的采分点进行了考查，且提问形式基本与本题一致。

22. ADE。在 2001、2004、2013 年度的考试中，同样对本题涉及的采分点进行了考查，且提问形式基本与本题一致。

第六节　单代号搭接网络计划和多级网络计划系统

知识导学

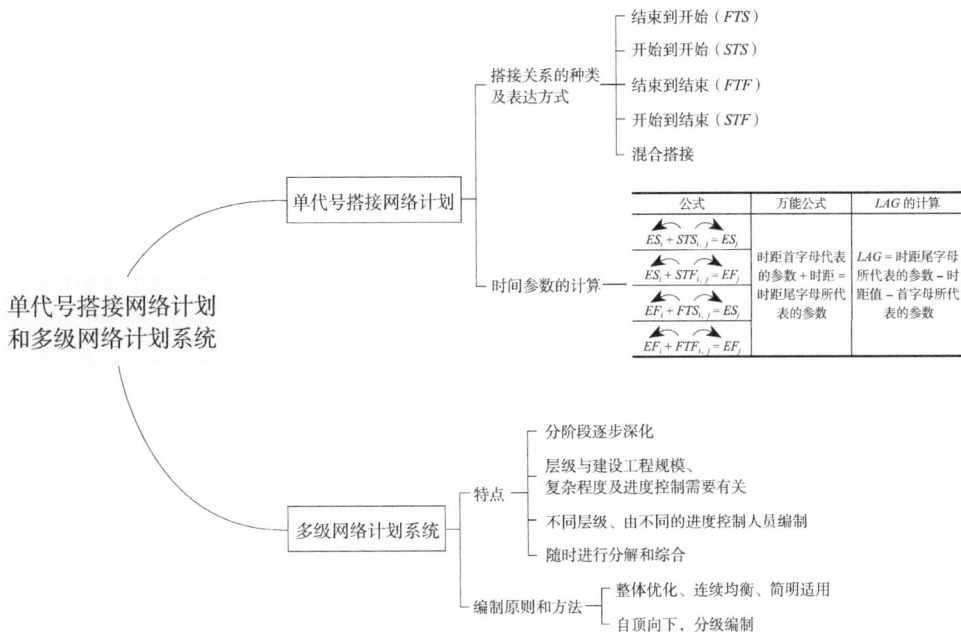

习题汇总

一、单代号搭接网络计划

（一）搭接关系的种类及表达方式

1.（2020—71）单代号搭接网络计划中，时距是指相邻两项工作之间的（　　）。

A. 时间间隔

B. 时间差值

C. 机动时间

D. 搭接时间

1. 结束到开始（FTS）的搭接关系

2.（2015—71）某分部工程由 A、B 工作组成，其中 A 工作结束 4d 后，B 工作开始。则 A、B 工作之间的搭接关系是（　　）。

A. 从开始到结束

B. 从结束到结束

C. 从结束到开始

D. 从开始到开始

2. 开始到开始（STS）的搭接关系

3. 在道路工程中，当路基铺设工作开始一段时间为路面浇筑工作创造一定条件之后，路面浇筑工作即可开始，路基铺设工作的开始时间与路面浇筑工作的开始时间之间的差值就是（　　）时距。

  A. *FTS*　　　　　　　　　　　　　　B. *STS*

  C. *FTF*　　　　　　　　　　　　　　D. *STF*

3. 结束到结束（*FTF*）的搭接关系

  4. 在道路工程中，如果路基铺设工作的进展速度小于路面浇筑工作的进展速度时，须考虑为路面浇筑工作留有充分的工作面。路基铺设工作的完成时间与路面浇筑工作的完成时间之间的差值就是（　　）时距。

  A. *FTS*　　　　　　　　　　　　　　B. *STS*

  C. *FTF*　　　　　　　　　　　　　　D. *STF*

4. 开始到结束（*STF*）的搭接关系

  5. 下图所示的搭接关系是（　　）。

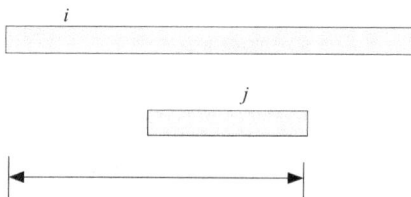

  A. *FTS*　　　　　　　　　　　　　　B. *STS*

  C. *FTF*　　　　　　　　　　　　　　D. *STF*

5. 混合搭接关系

  本部分内容一般不会进行考查，仅做了解即可。

（二）搭接网络计划示例

1. 计算工作的最早开始时间和最早完成时间

  6.（2014—71）某工程单代号搭接网络计划如下图所示，其中 B 和 D 工作的最早开始时间是（　　）。

  A. 4 和 4　　　　　　　　　　　　　B. 6 和 7

  C. 2 和 0　　　　　　　　　　　　　D. 2 和 2

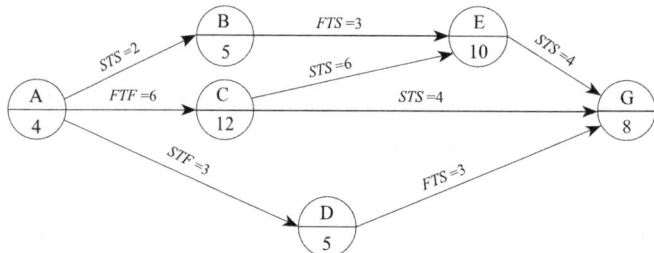

2. 计算相邻两项工作之间的时间间隔

  7. 某工程单代号搭接网络计划如下图所示，节点中下方数字为该工作的持续时间，则工作 B 与工作 E 之间的时间间隔为（　　）。

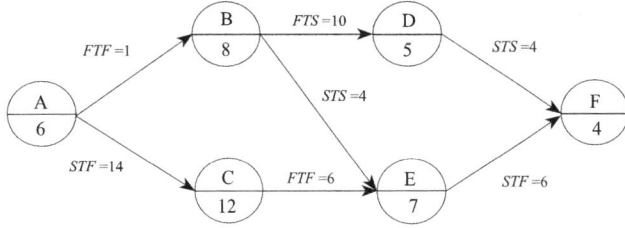

A. 0 　　　　　　　　　　　　B. 4

C. 7 　　　　　　　　　　　　D. 9

3. 计算工作的时差

8.（2011—70）某工程单代号搭接网络计划中工作 B、D、E 之间的搭接关系和时间参数如下图所示，工作 D 和工作 E 的总时差分别为 6d 和 2d，则工作 B 的总时差为（　　）d。

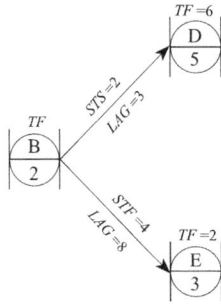

A. 3 　　　　　　　　　　　　B. 8

C. 9 　　　　　　　　　　　　D. 12

4. 计算工作的最迟完成时间和最迟开始时间

9. 某工程单代号搭接网络计划如下图所示，节点中下方数字为工作的持续时间，则工作 B 的最迟完成时间和最迟开始时间分别是（　　）。

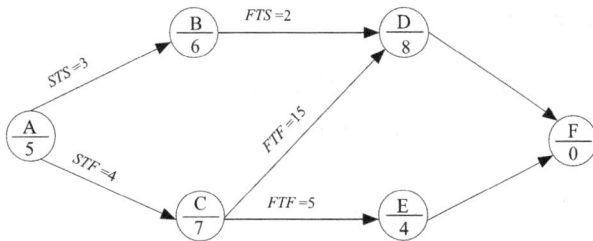

A. 9，3 　　　　　　　　　　　B. 12，6

C. 11，5

D. 12，9

5. 确定关键线路

10. 某工程单代号搭接网络计划如下图所示，其中关键线路为（　　）。

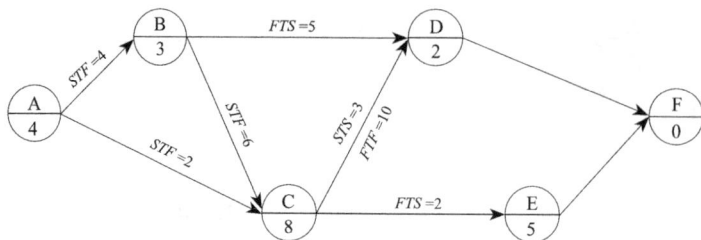

A. S→C→D→F

B. A→B→C→E→F

C. S→B→D→F

D. A→B→C→D→F

11.（2013—71）某工程单代号搭接网络计划如下图所示，其中关键工作是（　　）。

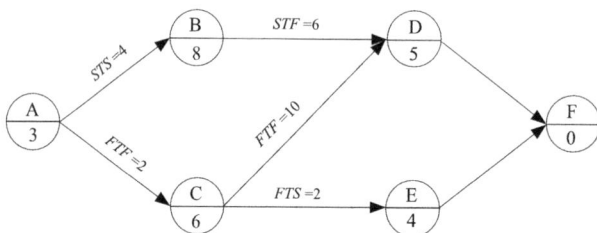

A. 工作 A 和工作 D

B. 工作 C 和工作 D

C. 工作 A 和工作 E

D. 工作 C 和工作 E

12.（2016—71）在单代号搭接网络计划中，关键线路是指（　　）的线路。

A. 持续时间总和最长

B. 时间间隔均为零

C. 时距总和最长

D. 由关键节点组成

13.（2019—71）单代号搭接网络计划中，关键线路的特点是线路上的（　　）。

A. 关键工作总时差之和最大

B. 工作时距之和最小

C. 相邻工作无混合搭接关系

D. 相邻工作时间间隔为零

二、多级网络计划系统

14.（2016—116）关于建设工程多级网络计划系统的说法，正确的有（　　）。

A. 计划系统由不同层次网络计划组成

B. 处于同一层级的网络计划相互关联和搭接

C. 能够使用一个网络图来表达工程的所有工作内容

D. 进度计划通常采用自顶向下，分级编制的方法

E. 能够保证建设工程所需资源的连续性

（一）多级网络计划系统的特点

15. 多级网络计划系统除具有一般网络计划的功能和特点以外，还具有的特点有（　　）。

A. 多级网络计划系统应分阶段逐步深化

B. 多级网络计划系统可以随时进行分解和综合

C. 多级网络计划系统中的层级与建设工程规模、复杂程度及进度控制的需要有关

D. 不同层级的网络计划，应由一个人负责编制

E. 在多级网络计划系统中，不同层级的网络计划，应由不同层级的进度控制人员编制

（二）多级网络计划系统的编制原则和方法

1. 编制原则

16. 根据多级网络计划系统的特点，编制时应遵循（　　）原则。

A. 整体优化　　　　　　　　B. 资源均衡

C. 连续均衡　　　　　　　　D. 综合管理

E. 简明适用

2. 编制方法

17. 多级网络计划系统的编制必须采用（　　）的方法。

A. 自下而上，逐级编制

B. 应力求减少层级，简化网络计划

C. 先局部，后整体

D. 自顶向下、分级编制

习题答案及解析

1. B	2. C	3. B	4. C	5. D
6. C	7. D	8. C	9. B	10. A
11. B	12. B	13. D	14. ADE	15. ABCE
16. ABCE	17. D			

【解析】

6. C。工作最早开始时间和最早完成时间的计算应从网络计划的起点节点开始，顺着箭线方向依次进行。单代号搭接网络计划中的起点节点的最早开始时间为零，最早完成时间应等于其最早开始时间与持续时间之和。其他工作的最早开始时间和最早完成时间应根据时距进行计算。当某项工作的最早开始时间出现负值时，应将该工作与起点节点用虚箭线相连后，重新计算该工作的最早开始时间和最早完成时间。本题的计算过程如下图所示。相邻时距为 FTS 时，$ES_j=EF_i+FTS_{i,j}$；相邻时距为 STS 时，$ES_j=ES_i+STS_{i,j}$；相邻时距为 FTF 时，$EF_j=EF_i+FTF_{i,j}$；相邻时距为 STF 时，

$EF_j=ES_i+STF_{i,j}$，$EF_j=ES_j+D_j$，$ES_j=EF_j-D_j$。

工作 B 的最早开始时间 $ES_B=ES_A+STS_{A, B}=0+2=2$；工作 A 与工作 D 之间的时距为 STF，所以 $EF_D=ES_A+STF_{A, D}=0+3=3$，$ES_D=EF_D-D_D=3-5=-2$，工作 D 的最早开始时间出现负值，显然是不合理的，所以工作 D 的最早开始时间 $ES_D=0$，$EF_D=0+5=5$。

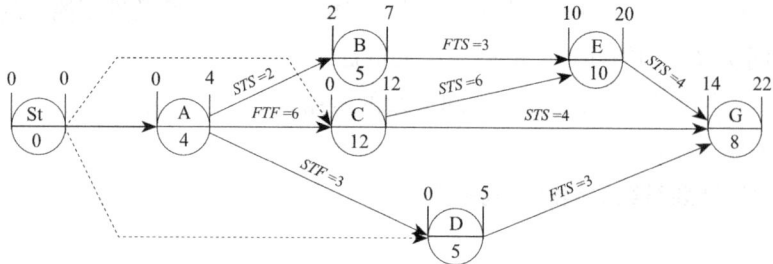

7．D。本题中各工作的最早开始时间、最早完成时间的计算如下：

（1）工作 A 的最早开始时间 =0，最早完成时间 =0+6=6。

（2）工作 B 的最早完成时间 =6+1=7，最早开始时间 =7-8=-1，出现负值，显然是不合理，应将该工作与起点节点用虚箭线相连，重新计算该工作的最早开始时间和最早完成时间，则工作 B 的最早开始时间 =0，最早完成时间 =0+8=8。

（3）工作 C 的最早完成时间 =0+14=14，最早开始时间 =14-12=2。

（4）工作 D 的最早开始时间 =8+10=18，最早完成时间 =18+5=23。

（5）工作 E 有两种搭接关系，应分别计算，并取最大值。STS 搭接时：工作 E 的最早开始时间 =0+4=4，最早完成时间 =4+7=11；FTF 搭接时：工作 E 的最早完成时间 =14+6=20，最早开始时间 =20-7=13；由此可以得出：工作 E 的最早完成时间 =20，最早开始时间 =13。

（6）工作 F 有两种搭接关系，应分别计算，并取最大值。STS 搭接时：工作 F 的最早开始时间 =18+4=22，最早完成时间 =22+4=26；STF 搭接时：工作 F 的最早完成时间 =13+6=19，最早开始时间 =19-4=15；由此可以得出：工作 F 的最早开始时间 =22，最早完成时间 =26。

计算结果如下图所示：

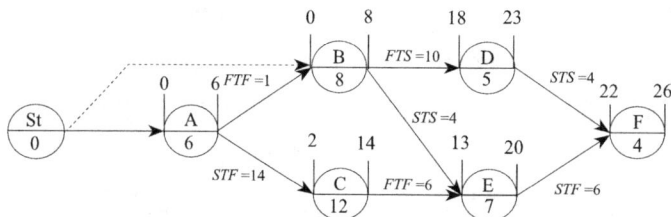

计算出最早开始时间、最早完成时间，再来计算时间间隔：

$LAG_{A-B}=8-1-6=1$；$LAG_{B-D}=18-10-8=0$；$LAG_{A-C}=14-14-0=0$；$LAG_{B-E}=13-4-0=9$；$LAG_{C-E}=20-6-14=0$；$LAG_{E-F}=26-6-13=7$；$LAG_{D-F}=22-4-18=0$。

8．C。工作 B 的总时差 $=\min\{$（3+6），（8+2）$\}=9d$。

9．B。首先计算最早开始时间和最早完成时间，计算过程如下：

$ES_A=0$，$EF_A=0+5=5$。

$ES_B=ES_A+STS_{A,B}=0+3=3$，$EF_B=ES_B+D_B=3+6=9$。

$EF_C=ES_A+STF_{A,C}=0+4=4$，$ES_C=EF_C-D_C=4-7=-3$；出现负值，显然是不合理的，应将该工作与起点节点用虚箭线相连后，重新计算该工作的最早开始时间和最早完成时间。所以 $ES_C=0$，$EF_C=0+7=7$。

$EF_E=EF_C+FTF_{C,E}=7+5=12$；$ES_E=EF_E-D_E=12-4=8$。

工作 D 有两项紧前工作，两种时距关系，应分别计算：

（1）时距为 FTS：$ES_D=EF_B+FTS_{B,D}=9+2=11$，$EF_D=ES_D+D_D=11+8=19$；

（2）时距为 FTF：$EF_D=EF_C+FTF_{C,D}=7+15=22$，$ES_D=EF_D-D_D=22-8=14$；

取大值，则 $ES_D=14$，$EF_D=22$。

计算相邻两项工作之间的时间间隔，计算过程如下：

$LAG_{A,B}=ES_B-ES_A-STS_{A,B}=3-0-3=0$；

$LAG_{B,D}=ES_D-EF_B-FTS_{B,D}=14-9-2=3$；

$LAG_{A,C}=EF_C-ES_A-STF_{A,C}=7-0-4=3$；

$LAG_{C,D}=EF_D-EF_C-FTF_{C,D}=22-7-15=0$；

$LAG_{C,E}=EF_E-EF_C-FTF_{C,E}=12-7-5$；

$LAG_{E,F}=10$，$LAG_{D,F}=0$。

工作 D 总时差 $=3+0=3$，则工作 B 的最迟完成时间 $=9+3=12$；工作 B 的最迟开始时间 $=3+3=6$。

10．A。本题的计算过程如下：

（1）$ES_A=0$，$EF_A=4$；

（2）$EF_B=ES_A+STF_{A,B}=4$；$ES_B=EF_B-D_B=4-3=1$；

（3）工作 C 同时有两项紧前工作 A 和 B，应根据工作 C 与工作 A 和工作 B 之间的搭接关系分别计算期最早开始时间，然后从中取最大值。$F_C=\max\{$（$ES_A+STF_{A,C}$），（$ES_B+STF_{B,C}$）$\}=\max\{$（0+2），（1+6）$\}=7$，$ES_C=7-8=-1$，工作 C 的最早开始时间出现负值，这显然是不合理的，将工作 C 与虚拟工作 S（起点节点）用虚线箭相连，所以 $ES_C=0$，$EF_C=8$；

（4）工作 D 不仅有两项紧前工作 B 和 C，而且在该工作与其紧前工作 C 之间存在着两种搭接关系。这时，应分别计算后取其中的最大值。首先，根据工作 B 与工作 D 之间的 FTS 时距，$ES_D=EF_B+FTS_{B,D}=4+5=9$，$EF_D=9+2=11$；其次，根据工作 C 与工作 D 之间的 STS 时距，$ES_D=ES_C+STS_{C,D}=0+3=3$，$EF_D=3+2=5$；第三，根据工作 C 与工作 D 之间的 FTF 时距，$EF_D=EF_C+FTF_{C,D}=8+10=18$，$ES_D=EF_D-D_D=18-2=16$；因此 $ES_D=16$，

$EF_D=18$；

（5）$ES_E=EF_C+FTS_{C,E}=8+2=10$，$EF_E=10+5=15$；

（6）$LAG_{A,B}=EF_B-ES_A-STF_{A,B}=4-0-4=0$，$LAG_{A,C}=EF_C-ES_A-STF_{A,C}=8-2-0=6$，$LAG_{B,C}=EF_C-ES_B-STF_{B,C}=8-6-1=1$，$LAG_{B,D}=ES_D-EF_B-FTS_{B,D}=16-4-5=7$，$LAG_{C,D}=$ $\min\{(ES_D-ES_C-STS_{C,D}),(EF_D-EF_C-FTF_{C,D})\}=\min\{(16-0-3),(18-8-10)\}=0$，$LAG_{C,E}=ES_E-EF_C-FTS_{C,E}=10-8-2=0$。

由此可知，关键线路为 S→C→D→F。

11．B。本题中工作 A 的最早开始时间就等于零，即：$ES_A=0$。其他工作的最早开始时间和最早完成时间计算如下：

（1）$ES_B=ES_A+STS_{A,B}=0+4=4$；$EF_B=ES_B+D_B=4+8=12$。

（2）$EF_C=ES_A+FTF_{A,C}=3+2=5$，$ES_C=EF_C-D_C=5-6=-1$，工作 C 的最早开始时间出现负值，显然是不合理的。为此，应将工作 C 与虚拟工作 S（起点节点）用虚箭线相连，重新计算工作 C 的最早开始时间和最早完成时间得：$ES_C=0$，$EF_C=ES_C+D_C=0+6=6$。

（3）工作 D 同时有两项紧前工作 B 和 C，应根据工作 D 与工作 B 和工作 C 之间的搭接关系分别计算其最早开始时间，然后从中取最大值。首先，根据工作 D 与工作 B 之间的搭接关系，得：$EF_D=ES_B+STF_{B,D}=4+6=10$，$ES_D=EF_D-D_D=10-5=5$；其次，根据工作 D 与工作 C 之间的搭接关系，得：$EF_D=EF_C+FTF_{C,D}=6+10=16$，$ES_D=EF_D-D_D=16-5=11$。

（4）$ES_E=EF_C+FTS_{C,E}=6+2=8$，$EF_E=ES_C+D_E=8+4=12$。由此可得：$LAG_{A,C}=EF_C-EF_A-FTF_{A,C}=6-3-2=1$；$LAG_{A,B}=ES_B-ES_A-STS_{A,B}=4-0-4=0$；$LAG_{B,D}=EF_D-ES_B-STF_{B,D}=16-4-6=6$；$LAG_{C,D}=EF_D-EF_C-FTF_{C,D}=16-6-10=0$；$LAG_{C,E}=ES_E-EF_C-FTS_{C,E}=8-2-6=0$；关键线路为 S→C→D→F，所以关键工作为工作 C、工作 D。

在 2003、2004、2005、2006、2007、2008、2009、2010、2011、2012 年度的考试中，同样对本题涉及的采分点进行了考查。

12．B。在 2004、2006、2016 年度的考试中，同样对本题涉及的采分点进行了考查。

第四章 建设工程进度计划实施中的监测与调整

第一节 实际进度监测与调整的系统过程

知识导学

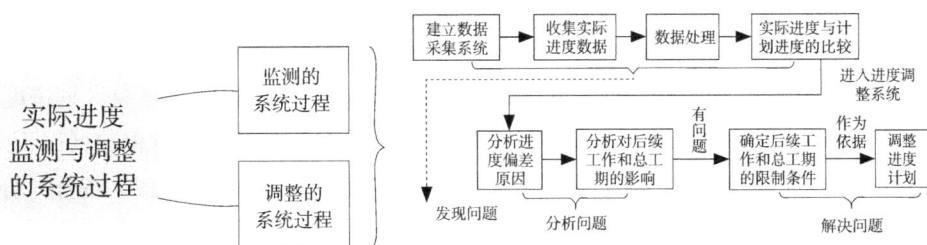

习题汇总

一、进度监测的系统过程

（一）进度计划执行中的跟踪检查

1.（2003—71）在建设工程进度计划的实施过程中，监理工程师控制进度的关键步骤是（ ）。

A. 加工处理收集到的实际进度数据

B. 调查分析进度偏差产生的原因

C. 实际进度与计划进度的对比分析

D. 跟踪检查进度计划的执行情况

2. 在建设工程进度监测过程中，计划执行信息的主要来源，进度和调整的依据是（ ）。

A. 实际进度与计划进度的对比分析　　　B. 对实际进度数据的加工处理

C. 对进度计划执行情况进行跟踪检查　　D. 对实际进度数据的统计分析

3.（2016—74）下列工作内容中，属于进度监测系统过程的是（　　）。

A．分析进度偏差产生的原因　　　　B．提出调整进度计划的措施

C．现场实施检查工程进展情况　　　D．分析进度偏差对总工期的影响

4.（2006—72）在建设工程进度监测过程中，定期召开现场会议属于（　　）的主要方式。

A．实际进度与计划进度的对比分析　　　　B．实际进度数据的加工处理

C．进度计划执行中的跟踪检查　　　　D．实际进度数据的统计分析

（二）实际进度数据的加工处理

5.（2018—78）下列工作中，属于建设工程进度监测系统过程中工作内容的是（　　）。

A．分析进度偏差产生的原因

B．实际进度数据的加工处理

C．确定后续工作和总工期的限制条件

D．分析进度偏差对后续工作的影响

（三）实际进度与计划进度的对比分析

6.（2021—71）下列工作中，属于建设工程进度监测系统过程中工作内容的是（　　）。

A．分析进度偏差产生的原因　　　　B．分析进度偏差对工期的影响

C．确定工期的限制条件　　　　D．比较实际进度与计划进度

7.（2004—73）在建设工程进度计划实施中，进度监测的系统过程包括以下工作内容：①实际进度与计划进度的比较；②收集实际进度数据；③数据整理、统计、分析；④建立进度数据采集系统；⑤进入进度调整系统。其正确的顺序是（　　）。

A．①—③—④—②—⑤　　　　B．④—③—②—①—⑤

C．④—②—③—①—⑤　　　　D．②—④—③—①—⑤

8.（2012—117）建设工程进度监测系统过程中的工作内容有（　　）。

A．分析进度偏差产生的原因

B．收集实际进度数据

C．实际进度与计划进度的比较

D．分析进度偏差对后续工作的影响

E．实际进度数据的加工处理

二、进度调整的系统过程

（一）分析进度偏差产生的原因

9.在建设工程进度调整的系统过程中，首先应进行的工作是（　　）。

A．分析产生进度偏差的原因

B．分析进度偏差对后续工作及总工期的影响

C．采取措施调整进度计划

D．确定工期和后续工作的限制条件

（二）分析进度偏差对后续工作和总工期的影响

10.（2005—72）在建设工程进度调整的系统过程中，当分析进度偏差产生的原因之后，首先需要（　　）。

A. 确定后续工作和总工期的限制条件

B. 采取措施调整进度计划

C. 实施调整后的进度计划

D. 分析进度偏差对后续工作和总工期的影响

11.（2014—72）进度计划实施过程中，一旦发现进度偏差，应采取措施对进度计划进行调整，下列工作中属于进度调整系统过程的是（　　）。

A. 对实际进度数据进行加工处理

B. 将实际进度与计划进度进行对比分析

C. 计算进度偏差

D. 分析进度偏差对后续工作和总工期的影响

（三）确定后续工作和总工期的限制条件

12.（2010—72）下列工作中，属于建设工程进度调整过程中实施内容的是（　　）。

A. 确定后续工作和总工期的限制条件　　B. 加工处理实际进度数据

C. 现场实地检查工程进展情况　　D. 定期召开现场会议

（四）采取措施调整进度计划

13.（2007—72）在建设工程进度调整的系统过程中，采取措施调整进度计划时，应当以（　　）为依据。

A. 本工作及后续工作的总时差　　B. 本工作及后续工作的自由时差

C. 非关键工作所拥有的机动时间　　D. 总工期和后续工作的限制条件

（五）实施调整后的进度计划

14.（2015—117）建设工程进度调整系统过程的主要过程有（　　）。

A. 实际进度与计划进度的对比分析　　B. 现场实地检查工程进展情况

C. 采取措施调整进度计划　　D. 分析偏差产生的原因

E. 确定后续工作和总工期的限制条件

习题答案及解析

1. D	2. C	3. C	4. C	5. B
6. D	7. C	8. BCE	9. A	10. D
11. D	12. A	13. D	14. CDE	

【解析】

5. B。在2011年度的考试中，同样对本题涉及的采分点进行了考查，且提问形式与选项设置基本与本题一致。

6．D。在 2020 年度的考试中，同样对本题涉及的采分点进行了考查。

14．CDE。在 2009、2013 度的考试中，同样对本题涉及的采分点进行了考查，且提问形式与选项设置基本与本题一致。

第二节　实际进度与计划进度的比较方法

知识导学

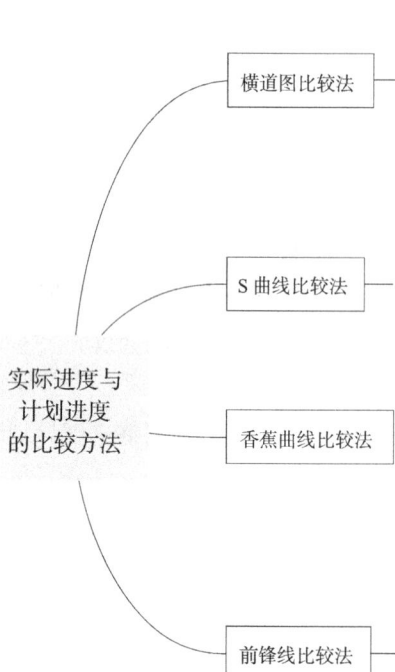

横道图比较法
（1）粗线右端落在左侧，表明实际进度拖后。
（2）粗线右端落在右侧，表明实际进度超前。
（3）粗线右端与检查日期重合，表明实际进度与计划进度一致。
（4）上方累计百分比＞下方累计百分比：拖欠任务量为二者差。
（5）上方累计百分比＜下方累计百分比：超前任务量为二者差。
（6）上方累计百分比＝下方累计百分比：表明实际进度与计划进度一致

S 曲线比较法

实际进展点	结论	两者间距离	两者间距离的含义
在计划 S 曲线右侧	实际进度落后	竖直	拖欠的任务量
		水平	落后的时间
在计划 S 曲线左侧	实际进度超前	竖直	超额的任务量
		水平	超前的时间
与 S 曲线延长线相交	实际进度落后	延长的水平	工期拖延预测值 ΔT

实际进度与计划进度的比较方法

香蕉曲线比较法

前锋线比较法

直观反映	表明关系		预测影响	
实际进展位置点	实际进度	拖后或超前时间	对后续工作影响	对总工期影响
落在检查日左侧	拖后	检查时刻 - 位置点时刻	超过自由时差就影响，超几天就影响几天	超过总时差就影响，超几天就影响几天
与检查日重合	一致	0	不影响	不影响
落在检查日右侧	超前	位置点时刻 - 检查时刻	需结合其他工作分析	需结合其他工作分析

习题汇总

一、横道图比较法

（一）匀速进展横道图比较法

1．（2001—69）当采用匀速进展横道图比较工作实际进度与计划进度时，如果表示实际进度的横道线右端点落在检查日期的左侧，该端点与检查日期的距离表示工作（　　）。

　　A．拖欠的任务量　　　　　　　　B．实际少投入的时间

　　C．进度超前的时间　　　　　　　D．实际多投入的时间

2.（2002—69）当采用匀速进展横道图比较工作实际进度与计划进度时，如果表示实际进度的横道线右端点落在检查日期的右侧，则该端点与检查日期的距离表示工作（　　）。

A．实际多投入的时间　　　　　　　　B．进度超前的时间

C．实际少投入的时间　　　　　　　　D．进度拖后的时间

3.（2003—72）当采用匀速进展横道图比较法比较工作实际进度与计划进度时，如果表示工作实际进度的横道线右端点落在检查日期的左侧，则检查日期与该横道线右端点的差距表示（　　）。

A．进度超前的时间　　　　　　　　　B．超额完成的任务量

C．进度拖后的时间　　　　　　　　　D．尚待完成的任务量

（二）非匀速进展横道图比较法

4.（2006—73）采用非匀速进展横道图比较法比较工作实际进度与计划进度时，涂黑粗线的长度表示该工作的（　　）。

A．计划完成任务量　　　　　　　　　B．实际完成任务量

C．实际进度偏差　　　　　　　　　　D．实际投入的时间

5.采用非匀速进展横道图比较法比较工作实际进度与计划进度时，如果同一时刻横道线上方累计百分比大于横道线下方累计百分比，表明（　　）。

A．实际进度提前　　　　　　　　　　B．实际进度拖后

C．超前的任务量　　　　　　　　　　D．实际投入的时间

6.（2012—118）某钢筋绑扎工程计划进度与实际进度如下图所示，该图表明本工程（　　）。

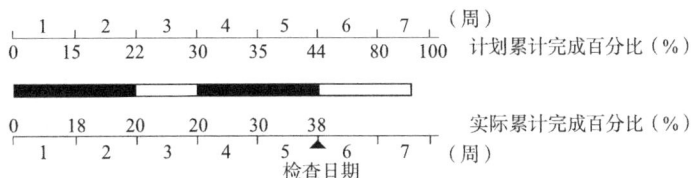

A．第1周内实际进度拖后3%　　　　　B．第3周内未实施

C．第4周内实际进度超前5%　　　　　D．至第5周末实际进度拖后8%

E．第3周内计划完成8%

7.（2013—72）某混凝土工程计划进度与实际进度如下图所示，以总量的百分比计，该图表明本工程（　　）。

A．第1周内实际进度超前5%

B．第3周内实际进度超前2%

C．第4周内实际进度拖后1%

D．第5周内实际进度拖后2%

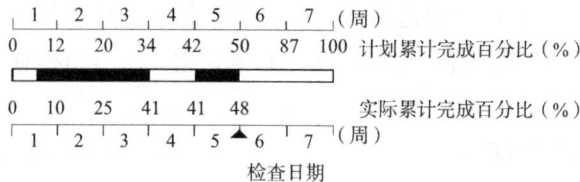

8. （2014—115）某分项工程的计划进度与 4 月底检查的实际进度如下图所示，从图中获得的正确信息有（　　）。

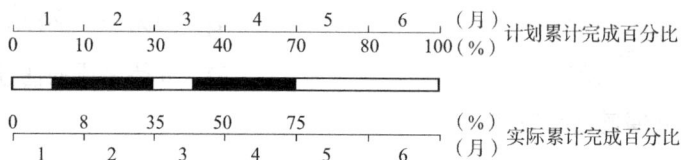

A. 第 1 月实际进度拖后 2%

B. 第 2 月实际进度超前，当月超前 5%

C. 第 3 月实际进度超前，当月超前 5%

D. 第 4 月实际进度拖后，当月拖后 5%

E. 到 4 月底实际进度累计超前 5%

9. （2016—117）某工作计划进度与实际进度如下图所示，图中表明该工作（　　）。

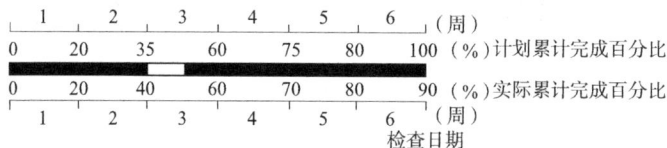

A. 在第 1 周内按计划正常进行　　　　　　B. 在第 2 周末拖欠 5% 的任务量

C. 在第 3 周后半周末按计划进行　　　　　D. 第 5 周内实际进度拖后 5%

E. 截至检查日期实际进度拖后

10. （2017—117）某工作计划进度与实际进度如下图所示，由此可得正确的结论有（　　）。

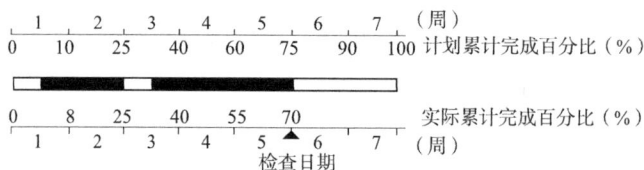

A. 第 1 周后连续工作没有中断

B. 在第 2 周内按计划正常进行

C．在第 3 周后半周末按计划进行

D．截至第 4 周末拖欠 5% 的任务量

E．截至检查日期实际进度拖后

11．（2018—118）某分项工程的计划进度与 1 ~ 6 月检查的实际进度如下图所示，从图中资料可知正确的有（　　）。

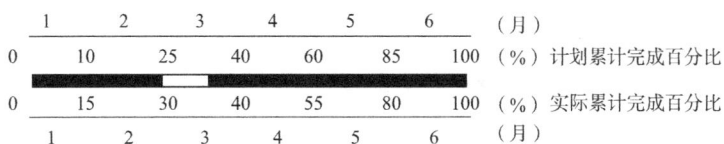

A．第 1 月实际进度拖后 5%　　　　　　　B．第 2 月实际进度超前 5%

C．第 3 月实际进度与计划进度相同　　　　D．第 4 月实际进度拖后 5%

E．5 月底实际进度累计拖后 5%

12．（2019—117）某项工作的计划进度、实际进度横道图如下图所示，检查时间为第 6 周末。图中正确的信息有（　　）。

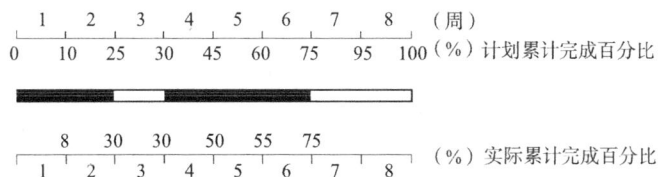

A．第 1 周末进度正常　　　　　　　　　　B．第 2 周末进度拖延 5%

C．第 3 周没有作业　　　　　　　　　　　D．第 5 周末进度超前 5%

E．检查日的进度正常

13．（2020—73）某工作计划进度和实际进度横道图如下图所示，图中表明的正确信息是（　　）。

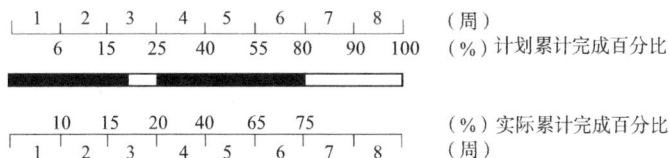

A．前 6 周连续施工　　　　　　　　　　　B．第 2 周进度正常

C．第 4 周末进度正常　　　　　　　　　　D．第 6 周进度正常

14．（2021—72）某工程横道计划如下图所示，图中表明的正确信息是（　　）。

A．截止检查日期，进度超前　　　　　　　B．前 3 个月连续施工，进度正常

C．第 4 个月中断施工，进度拖后　　　　　D．前 6 个月连续施工，进度正常

```
 1   2   3   4   5   6   7   8   9   10  （月）
 0  10  25  40  50  70  80  85  90  95  100 （%）计划累计完成工程量
━━━━━━━━━━━━━━━□━━━━━━━━━□━━━━━━━━━▲━━━━
 0   8  20  35  45  70  80  90  95      （%）实际累计完成工程量
 1   2   3   4   5   6   7   8   9   10  （月）
                             检查日期
```

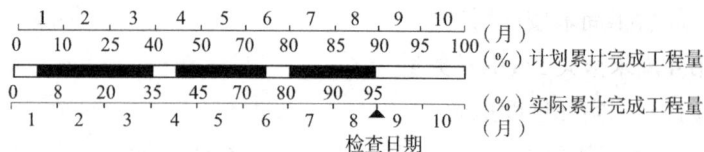

15. 某工作计划进度与实际进度如下图所示，从图中可获得的正确信息有（   ）。

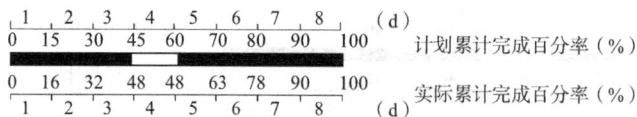

```
 1   2   3   4   5   6   7   8  （d）
 0  15  30  45  60  70  80  90  100  计划累计完成百分率（%）
━━━━━━━━━━━━━━□━━━━━━━━━━━━
 0  16  32  48  48  63  78  90  100  实际累计完成百分率（%）
 1   2   3   4   5   6   7   8  （d）
```

A. 前 3d 实际进度和计划进度均为匀速进展

B. 第 6 天计划工作量大于实际完成工作量

C. 实际施工时间与计划施工时间相同

D. 第 4 天实际停工 1d

E. 第 5 天至第 6 天实际进度为匀速进展

二、S 曲线比较法

16.（2005—73）当利用 S 曲线比较实际进度与计划进度时，如果检查日期实际进展点落在计划 S 曲线的左侧，则该实际进展点与计划 S 曲线在纵坐标方向的距离表示工程项目（   ）。

A. 实际进度超前的时间   B. 实际进度拖后的时间

C. 实际超额完成的任务量   D. 实际拖欠的任务量

17.（2007—73）当利用 S 曲线比较实际进度与计划进度时，如果检查日期实际进展点落在计划 S 曲线的右侧，则该实际进展点与计划 S 曲线在横坐标方向的距离表示工程项目（   ）。

A. 实际进度超前的时间   B. 实际进度拖后的时间

C. 实际超额完成的任务量   D. 实际拖欠的任务量

18.（2008—73）当利用 S 曲线比较工程项目的实际进度与计划进度时，如果检查日期实际进展点落在计划 S 曲线的左侧，则该实际进展点与计划 S 曲线在水平方向的距离表示工程项目（   ）。

A. 实际超额完成的任务量   B. 实际拖欠的任务量

C. 实际进度拖后的时间   D. 实际进度超前的时间

19.（2009—73）已知某钢筋工程每周计划完成的工程量和第 1 ~ 4 周实际完成的工程量见下表，则截至第 4 周末工程实际进展点落实在计划 S 曲线的（   ）。

A. 左侧，表明此时实际进度比计划进度拖后 60t

B. 右侧，表明此时实际进度比计划进度超前 60t

C．左侧，表明此时实际进度比计划进度超前 50t

D．右侧，表明此时实际进度比计划进度拖后 50t

时间（周）	1	2	3	4	5	6	7
每周计划工程量（t）	160	210	250	260	200	160	100
每周实际工程量（t）	200	220	210	200	—	—	—

20．（2010—73）在利用 S 曲线比较建设工程实际进度与计划进度时，如果检查日期实际进展点落在计划 S 曲线的右侧，则该实际进展点与计划 S 曲线在纵坐标方向的距离表示该工程（　　）。

A．实际进度超前的时间　　　　　　B．实际超额完成的任务量

C．实际进度拖后的时间　　　　　　D．实际拖欠的任务量

21．（2012—72）某混凝土工程计划累计完成工程量的 S 曲线和每天实际完成工程量如下图和下表所示，则第 4 天下班时刻该工程累计拖欠的工程量为（　　）m³。

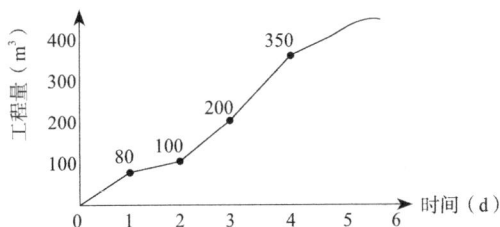

时间（d）	1	2	3	4	...
每天实际完成工程量（m³）	90	20	80	100	...

A．20　　　　　　　　　　　　　　B．50

C．60　　　　　　　　　　　　　　D．150

22．（2013—118）某钢筋工程计划进度和实际进度 S 曲线如下图所示，从图中可以看出（　　）。

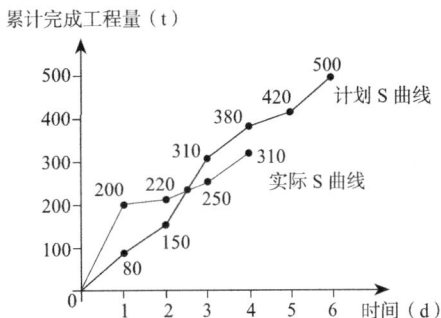

A．第 1 天末该工程实际拖欠的工程量为 120t

B．第 2 天末实际进度比计划进度超前 1d

C．第 3 天末实际拖欠的工程量 60t

D．第 4 天末实际进度比计划进度拖后 1d

E．第 4 天末实际拖欠工程量 70t

23．（2018—73）某分项工程月计划工程累计曲线（单位：万 m³）如下图所示，该工程 1 ~ 4 月份实际工程量分别为 6 万 m³、7 万 m³、8 万 m³ 和 15 万 m³，则通过比较获得的正确结论是（   ）。

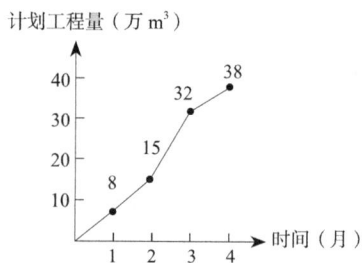

A．第 1 月实际工程量比计划工程量超额 2 万 m³

B．第 2 月实际工程量比计划工程量超额 2 万 m³

C．第 3 月实际工程量比计划工程量拖欠 2 万 m³

D．4 月底累计实际工程量比计划工程量拖欠 2 万 m³

24．（2019—73）某工作实施过程中的 S 曲线如下图所示，图中 a 和 b 两点的进度偏差状态是（   ）。

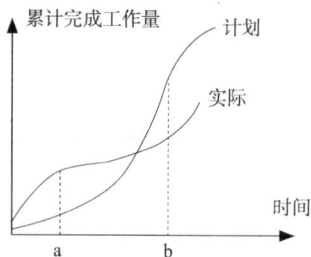

A．a 点进度拖后和 b 点进度拖后   B．a 点进度拖后和 b 点进度超前

C．a 点进度超前和 b 点进度拖后   D．a 点进度超前和 b 点进度超前

25．（2021—116）采用 S 曲线比较工程实际进度与计划进度，可获得（   ）。

A．工程实际拥有的 TF

B．工程实际进展情况

C．工程实际进度超前或拖后的时间

D．工程实际超额或拖欠完成的任务量

E．后期工程进度预测值

三、香蕉曲线比较法

（一）香蕉曲线比较法的作用

26．采用香蕉曲线比较法的主要作用有（　　）。

A．详细分析项目进展情况　　　　　　　B．合理安排工程项目进度计划

C．后期工程进度的预测　　　　　　　　D．预测后期工程进展趋势

E．定期比较工程项目的实际进度与计划进度

27．采用香蕉曲线比较工程实际进度与计划进度，如果工程实际进展点落在 ES 曲线的左侧，表明此刻实际进度比各项工作（　　）。

A．按最早开始时间安排的计划进度拖后

B．按最迟开始时间安排的计划进度拖后

C．按最早开始时间安排的计划进度超前

D．按最迟开始时间安排的计划进度超前

28．采用香蕉曲线比较工程实际进度与计划进度，如果工程实际进展点落在 ES 曲线的右侧，表明此刻实际进度比各项工作（　　）。

A．按其最早开始时间安排的计划进度拖后

B．按其最迟开始时间安排的计划进度拖后

C．按其最早开始时间安排的计划进度超前

D．按其最迟开始时间安排的计划进度超前

（二）香蕉曲线的绘制方法

29．（2016—72）用来比较实际进度与计划进度的香蕉曲线法中，组成香蕉曲线的两条线分别是按各项工作的（　　）安排绘制的。

A．最早开始时间和最迟开始时间

B．最迟开始时间和最迟完成时间

C．最早开始时间和最早完成时间

D．最早开始时间和最迟完成时间

四、前锋线比较法

30．（2011—73）下列方法中，既能比较工作的实际进度与计划进度，又能分析工作的进度偏差对工程总工期影响程度的是（　　）。

A．匀速进展横道图比较法　　　　　　　B．S 曲线比较法

C．非匀速进展横道图比较法　　　　　　D．前锋线比较法

31．（2011—118）某工程双代号时标网络计划进行到第 6 周末和第 10 周末时，检查其实际进度如下图前锋线所示，由图可以看出（　　）。

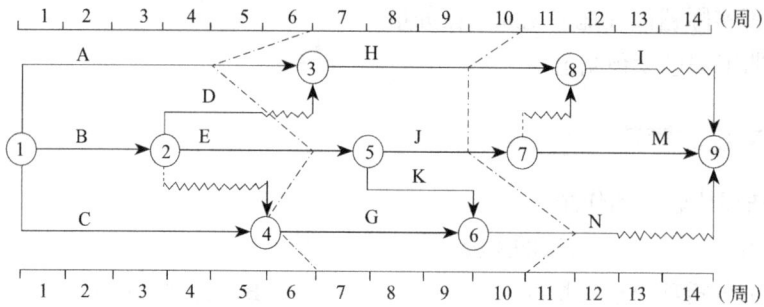

A．第 6 周末检查时，工作 A 拖后 2 周，不影响总工期

B．第 6 周末检查时，工作 E 进展正常，不影响总工期

C．第 6 周末检查时，工作 G 尚未开始，不影响总工期

D．第 10 周末检查时，工作 H 拖后 1 周，不影响总工期

E．第 10 周末检查时，工作 J 拖后 1 周，不影响总工期

32．（2012—73）某工程双代号时标网络计划执行到第 4 周末时，检查其实际进度如下图前锋线所示。可以看出（　　）。

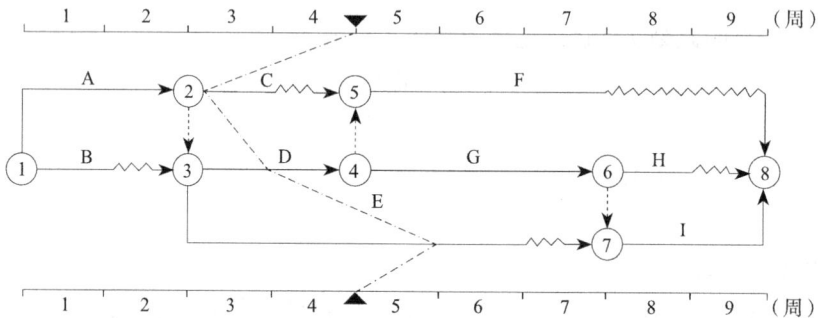

A．工作 C 拖延 1 周，不影响工期

B．工作 E 提前 1 周，不影响工期

C．工作 D 拖延 1 周，不影响工期

D．工作 I 可以从第 5 周以后提前进行

33．（2013—73）某工程双代号时标网络计划执行到第 5 周末时，实际进度前锋线如下图所示。从图中可以看出（　　）。

A．工作 D 拖延 2 周，不影响工期

B．工作 E 拖延 1 周，影响工期 1 周

C．工作 F 拖延 2 周，影响工期 2 周

D．工作 D 拖延 3 周，不影响后续工作

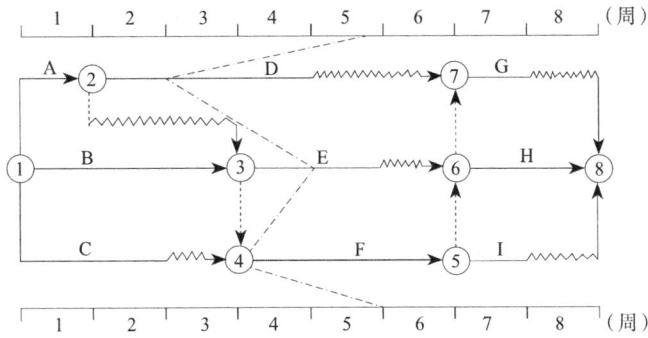

34.（2016—118）某工程双代号时标网络计划执行至第 20 天和第 60 天时，检查实际进度如下图前锋线所示，由图可以得出的结论有（　　）。

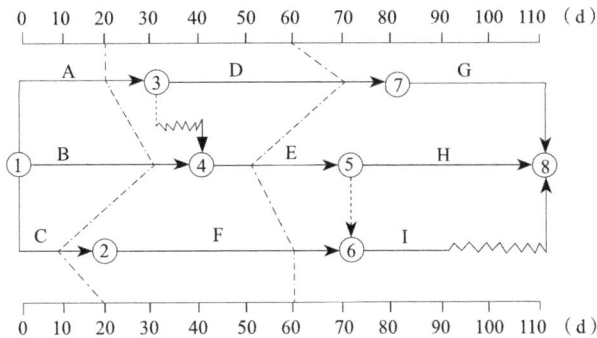

A. 第 20 天检查时，工作 A 进度正常，不影响总工期

B. 第 20 天检查时，工作 B 拖后 10d，影响总工期

C. 第 20 天检查时，工作 C 拖后 10d，不影响总工期

D. 第 60 天检查时，工作 D 提前 10d，不影响总工期

E. 第 60 天检查时，工作 E 拖后 10d，影响总工期

35.（2017—118）某工程双代号时标网络计划进行到第 30 天和第 70 天时，检查其实际进度绘制的前锋线如下图所示，由此可得正确的结论有（　　）。

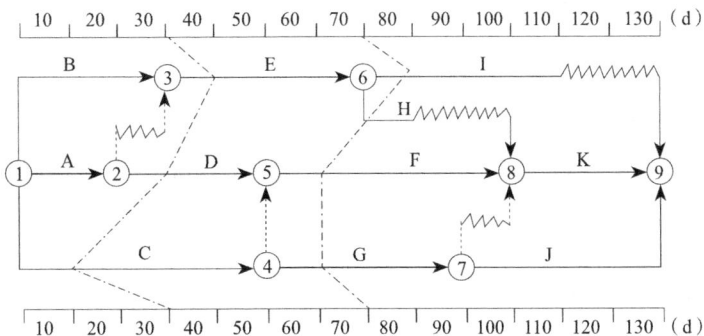

A. 第 30 天检查时，工作 C 实际进度提前 10d，不影响总工期

B. 第 30 天检查时，工作 D 实际进度正常，不影响总工期

C. 第 70 天检查时，工作 G 实际进度拖后 10d，影响总工期

D. 第 70 天检查时，工作 F 实际进度拖后 10d，不影响总工期

E. 第 70 天检查时，工作 H 实际进度正常，不影响总工期

36.（2018—117）某工程双代号时标网络计划执行到第 5 周和第 11 周时，检查其实际进度如下图前锋线所示，由图可以得出的正确结论有（　　）。

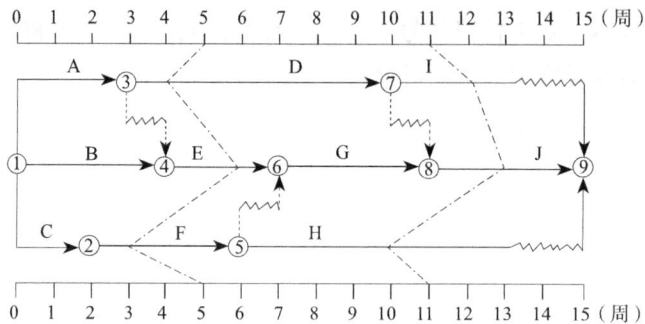

A. 第 5 周检查时，工作 D 拖后 1 周，不影响总工期

B. 第 5 周检查时，工作 E 提前 1 周，影响总工期

C. 第 5 周检查时，工作 F 拖后 2 周，不影响总工期

D. 第 11 周检查时，工作 J 提前 2 周，影响总工期

E. 第 11 周检查时，工作 H 拖后 1 周，不影响总工期

37.（2019—118）某双代号时标网络计划执行过程中的实际进度前锋线如下图所示，计划工期为 12 周，图中正确的信息有（　　）。

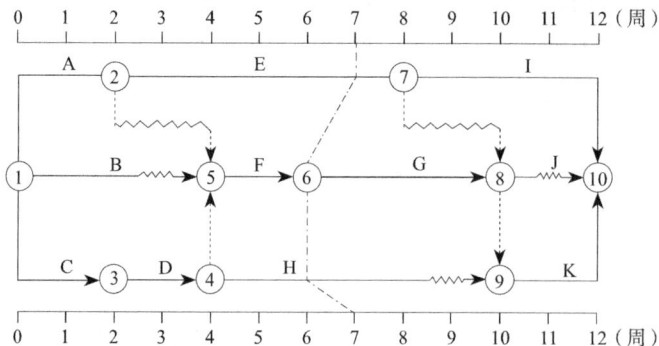

A. 工作 E 进度正常，不影响总工期

B. 工作 G 进度拖延 1 周，影响总工期 1 周

C. 工作 H 进度拖延 1 周，影响总工期 1 周

D．工作 I 最早开始时间调后 1 周，计算工期不变

E．根据第 7 周末的检查结果，压缩工作 K 的持续时间 1 周，计划工期不变

38.（2020—117）某工程时标网络计划实施至第 7 周末检查绘制的实际进度前锋线如下图所示，前锋线上各项工作实际进度及其影响程度正确的有（　　）。

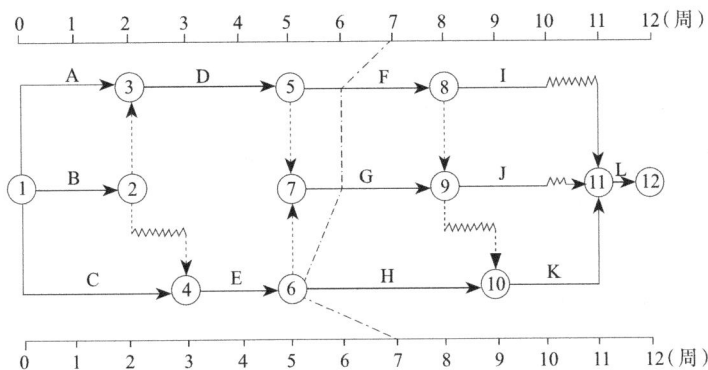

A．F 工作拖延 1 周，影响 I 工作 1 周

B．F 工作拖延 1 周，影响总工期 1 周

C．G 工作正常，不影响后续工作及总工期

D．H 工作拖延 2 周，影响 K 工作 2 周

E．H 工作拖延 2 周，影响总工期 2 周

39.（2021—117）某工程进度计划执行到第 6 月、9 月底绘制的实际进度前锋线如下图，正确信息有（　　）。

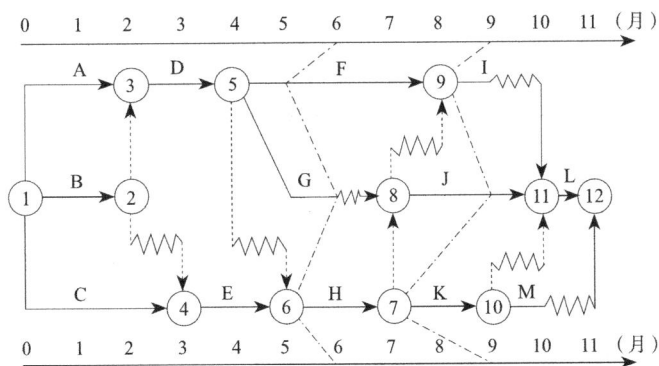

A．工作 F 在第 6 月底检查时拖后 1 个月，不影响工期

B．工作 G 在第 6 月底检查时正常，不影响工期

C．工作 H 在第 6 月底检查时拖后 1 个月，不影响工期

D．工作 I 在第 9 月底检查时拖后 1 个月，不影响工期

E．工作 K 在第 9 月底检查时拖后 2 个月，影响 1 个月

五、列表比较法

40. 采用列表比较法进行实际进度与计划进度的比较，如果工作尚有总时差大于原有总时差，说明（　　）。

A. 该工作实际进度超前

B. 该工作实际进度拖后

C. 实际进度偏差不影响总工期

D. 实际进度偏差不影响后续工作

41. 采用列表比较法进行实际进度与计划进度的比较，如果工作尚有总时差小于原有总时差，且仍为非负值，说明（　　）。

A. 该工作实际进度超前

B. 该工作实际进度拖后

C. 实际进度偏差影响总工期

D. 实际进度偏差不影响后续工作

42. 采用列表比较法进行实际进度与计划进度的比较，如果工作尚有总时差小于原有总时差，且为负值，说明（　　）。

A. 该工作实际进度超前

B. 该工作实际进度拖后

C. 实际进度偏差影响总工期

D. 实际进度偏差不影响后续工作

E. 原进度计划可以不做调整

习题答案及解析

1．A	2．B	3．C	4．D	5．B
6．BCE	7．B	8．ACDE	9．ACE	10．CDE
11．DE	12．CE	13．C	14．A	15．ADE
16．C	17．B	18．D	19．D	20．D
21．C	22．CDE	23．D	24．C	25．BCDE
26．BDE	27．C	28．B	29．A	30．D
31．BCD	32．B	33．C	34．ACE	35．BCE
36．ABDE	37．ABE	38．ADE	39．ABDE	40．A
41．B	42．BC			

【解析】

横道图比较法和前锋线比较法是每年的必考考点，每年都会有一道单项选择题或者多项选择题，上述仅列出了部分真题题目，考生要掌握解题方法。

6．BCE。该横道图表明本工程计划累计完成任务量的百分比分别为15%、22%、30%、35%、44%、80%、100%。则工程实际累计完成任务量的百分比分别为18%、20%、20%、30%、38%等。则第1周内实际进度超前3%，第3周内未实施，但第3周内计划完成8%，第4周内实际进度拖后5%，至第5周末实际进度拖后6%。

7．B。在横道线上方标出混凝土工程工作每周计划累计完成任务量的百分比，分别为12%、20%、34%、42%、50 %；在横道线下方标出第1周至第5周每周实际累计完成任务量的百分比，分别为10%、25%、41%、41%、48%；从图中可以看出，该工作在第1周内实际进度比计划进度拖后2%，第2周内实际进度比计划进度提前7%，第3周内实际进度比计划进度提前2%，第4周内实际进度比计划进度拖后8%；第5周实际进度比计划进度拖后1%。

8．ACDE。由图可知，第1个月计划累计完成10%，实际累计完成8%，实际进度拖后2%。第2个月计划累计进度完成30%－10%=20%，实际累计完成35%－8%=27%，当月超前27%－20%=7%。第3个月计划累计完成40%－30%=10%，实际累计完成50%－35%=15%，当月超前15%－10%=5%。第4个月计划累计完成70%－40%=30%，实际累计完成75%－50%=25%，当月拖后30%－25%=5%。到4月底计划累计完成70%，实际累计完成75%，超前5%。

9．ACE。在第2周末实际进度为40%，计划进度为35%，超前5%的任务量。故B选项错误。第5周内实际进度为80%－70%=10%,计划进度为80%－75%=5%,超前5%的任务量。故D选项错误。

10．CDE。第1周后未连续工作，第3周前半周未工作。故A选项错误。第2周内计划完成为25%－10%=15%，实际完成为25%－8%=17%。故B选项错误。第3周末计划完成40%，第3周末实际完成40%。故C选项正确。第4周末计划完成60%，第4周末实际完成55%，拖欠60%－55%=5%的任务量。故D选项正确。第5周末计划完成75%，第5周末实际完成70%，实际进度拖后75%－70%=5%的任务量。故E选项正确。

11．DE。第1月实际进度超前5%。故A选项错误。第2月实际进度与计划进度任务量相同。故B选项错误。第3月实际进度比计划进度拖后5%。故C选项错误。

12．CE。第1周末实际累计完成了8%，而计划累计需要完成10%，拖后了2%。第2周末实际累计完成了30%，而计划累计需要完成25%，超前了5%。第3周末实际累计完成了30%，与第2周末实际累计完成的百分比相同，说明第3周没有作业。第5周末实际累计完成了55%，而计划累计需要完成60%，拖后了5%。第6周末实际累计完成了75%，而计划累计需要完成75%，进度正常。

13．C。第3周末连续施工。故A选项错误。第2周计划应完成15%－6%=9%，实际完成15%－10%=5%，比计划进度拖后4%。故B选项错误。第6周计划应完成80%－55%=25%，实际完成75%－65%=10%，比计划进度拖后15%。故D选项错误。

14．A。B选项，前3个月未连续施工，进度拖后5%；C选项，第4个月中断施工，当月实际进度与计划进度一致均为10%；D选项，前6个月未连续施工，进度正常。

15. ADE。前3d每天的实际进度均为16%，计划进度均为15%，是匀速进展；第6天计划工作量为80%−70%=10%，而实际工作量为78%−63%=15%，实际工作量大于计划工作量；计划实施时间为8d，实际施工时间为7d，计划施工时间大于实际施工时间；第4天实际停工1d；第5天实际进度为63%−48%=15%，第6天实际进度为78%−63%=15%，第5天实际进度等于第6天实际进度。

19. D。第4周末累计的计划工程量=160+210+250+260=880t，第4周末累计的实际工程量=200+220+210+200=830t，累计的实际工程量−累计的计划工程量=830−880=−50t，这就说明实际进度比计划进度拖后50t，实际进展点落在计划S曲线的右侧。

21. C。根据题意可知第4天累计实际完成的工程量为90+20+80+100=290m³，根据S曲线可得第4天计划累计完成的工程量为350m³，故第4天该工程累计拖欠的工程量为350−290=60m³。

22. CDE。第1天末该工程实际超额完成的工程量为=200−80=120t；第2天末实际进度比计划进度超前，但不能确定是1d；第3天末实际拖欠的工程量=310−250=60t；第4天末实际进度与计划进度第3天的工程量相同，因此进度拖后1d；第4天末实际拖欠的工程量=380−310=70t。

23. D。第1月实际工程量比计划工程量拖欠2万m³。故A选项错误。第2月计划工程量为15−8=7万m³，与实际工程量一致。故B选项错误。第3月计划工程量为32−15=17万m³，实际工程量比计划工程量拖欠9m³。故C选项错误。4月底累计实际工程量为6+7+8+15=36万m³，比计划工程量拖欠2万m³。故D选项正确。

31. BCD。由于工作A的总时差为1周，在第6周末检查时，工作A拖后2周，会使总工期拖后1周。工作E在第6周末检查时，实际进展位置点与检查日期重复，因此，工作E进展正常，不影响总工期。在第6周末检查时，工作G的实际进展位置点落在该工作的开始节点上，说明尚未开始工作，由于工作G的总时差为2周，因此拖后1周不会影响总工期。由于工作H的总时差为1周，在第10周末检查时，工作H拖后1周，不会影响总工期。工作J为关键工作，拖后1周会使总工期拖后1周。

32. B。从图中可以看出工作D实际进度拖后1周，将使其后续工作I的最早开始时间推迟1周，并使总工期延长1周；工作C实际进度拖后2周，既不影响总工期，也不影响其后续工作的正常进行；工作E实际进度提前1周，既不影响总工期，也不影响其后续工作的正常进行。

33. C。由图可以看出，工作D拖延3周，因为工作D有3周的总时差，2周的自由时差，因此其拖延不影响工期，但影响后续工作1周；故A、D选项均不正确。工作E拖延1周，不影响工期，因为其总时差为1周，故选项B错误。工作F拖延2周，将影响工期2周，因为工作F为关键工作，故C选项正确。

34. ACE。第20天检查时，工作A进度正常，不影响总工期；工作B提前10d，工作 B 为关键工作，总工期将提前 10d；工作 C 拖后 10d，其总时差为 20d，不影响总工期。故 B 选项错误、A、C 选项正确。第 60 天检查时，工作 D 提前 10d，工作 D 为关键工作，将使总工期提前 10d；工作 E 拖后 10d，工作 E 为关键工作，将使总工期拖后 10d。故 D 选项错误、E 选项正确。

35．BCE。第 30 天检查时，工作 C 拖后 20d，其总时差为 0，将影响总工期 20d，故 A 选项错误。工作 D 实际进度正常，不影响总工期，故 B 选项正确。第 70 天检查时，工作 G 拖后 10d，其总时差为 0，将影响总工期 10d，故 C 选项正确。工作 F 拖后 10d，其总时差为 0，将影响总工期 10d，故选 D 项错误。工作 H 实际进度正常，不影响总工期，故 E 选项正确。

36．ABDE。第 5 周检查时，工作 D 拖后 1 周，因其有 1 周的总时差，不影响总工期。故 A 选项正确。工作 E 提前 1 周，因其在关键线路上，所以影响总工期。故 B 选项正确。工作 F 拖后 2 周，因其只有 1 周的总时差，影响总工期。故 C 选项错误。第 11 周检查时，工作 J 提前 2 周，因其在关键线路上，所以影响总工期。故 D 选项正确。工作 H 拖后 1 周，因其有 2 周的总时差，不影响总工期。故 E 选项正确。

37．ABE。工作 E 已经工作了 5 周，说明进度正常，不影响总工期。故 A 选项正确。工作 G 本应该在第 7 周末计划工作 1 周，但实际还未开始工作，进度拖延 1 周；工作 G 为关键工作，因此，会影响总工期 1 周。故 B 选项正确。工作 H 虽然拖延 1 周，但有 2 周的总时差，因此不会影响总工期。故 C 选项错误。由于工作 E 进度正常，工作 I 最早开始时间不会改变，计算工期由于工作 G 进度拖延会拖延。故选项 D 错误。由于工作 G 进度拖延 1 周，通过压缩工作 G 或工作 K 的持续时间 1 周，计划工期会不变。故 E 选项正确。

38．ADE。第 7 周末检查时，F 工作拖延 1 周，F 工作总时差为 1 周，自由时差为 0，不影响总工期，影响后续 I 工作 1 周。故 A 选项正确，B 选项错误。第 7 周末检查时，G 工作拖延 1 周，G 工作总时差为 1 周，自由时差为 0，不影响总工期，影响后续 J 工作、K 工作 1 周。故 C 选项错误。第 7 周末检查时，H 工作拖延 2 周，H 工作总时差、自由时差均为 0，影响后续 K 工作 2 周、影响总工期 2 周。故 D、E 选项正确。

39．ABDE。本题的关键线路为 C→E→H→J→L。6 月底检查时，工作 F 拖延 1 个月，但其总时差为 1 个月，所以不影响总工期。故 A 选项正确。6 月底检查时，工作 G 施工正常，不影响总工期。故 B 选项正确。6 月底检查时，工作 H 拖延 1 个月，但其总工期为 0，所以影响总工期 1 个月。故 C 选项错误。9 月底检查时，工作 I 拖延 1 个月，但其总时差为 1 个月，所以不影响总工期。故 D 选项正确。9 月底检查时，工作 K 拖延 2 个月，但其总时差为 1 个月，所以影响总工期 1 个月。所以 E 选项正确。

第三节　进度计划实施中的调整方法

知识导学

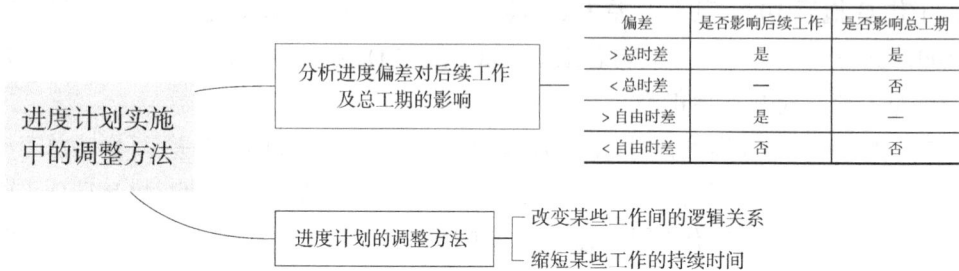

偏差	是否影响后续工作	是否影响总工期
>总时差	是	是
<总时差	—	否
>自由时差	是	—
<自由时差	否	否

进度计划实施中的调整方法
- 分析进度偏差对后续工作及总工期的影响
- 进度计划的调整方法
  - 改变某些工作间的逻辑关系
  - 缩短某些工作的持续时间

习题汇总

一、分析进度偏差对后续工作及总工期的影响

1. 分析出现进度偏差的工作是否为关键工作

1. 在工程项目实施过程中，当通过实际进度与计划进度的比较，发现有进度偏差时，需要分析该偏差对后续工作及总工期的影响，首先应进行的工作是（　　）。

A. 分析出现进度检查的工作是否为关键工作

B. 分析进度偏差是否超过总时差

C. 分析进度偏差是否超过自由时差

D. 分析相关工作的逻辑关系

2. 分析进度偏差是否超过总时差

2.（2006—74）在建设工程网络计划实施中，某项工作实际进度拖延的时间超过其总时差时，如果不改变工作之间的逻辑关系，则调整进度计划的方法是（　　）。

A. 减小关键线路上该工作后续工作的自由时差

B. 缩短关键线路上该工作后续工作的持续时间

C. 对网络计划进行"资源有限、工期最短"的优化

D. 减小关键线路上该工作后续工作的总时差

3.（2007—74）下列关于某项工作进度偏差对后续工作及总工期的影响的说法中，正确的是（　　）。

A. 工作的进度偏差大于该工作的总时差时，则此进度偏差只影响后续工作

B. 工作的进度偏差大于该工作的总时差时，则此进度偏差只影响总工期

C. 工作的进度偏差未超过该工作的自由时差时，则此进度偏差不影响后续工作

D. 非关键工作出现进度偏差时，则此进度偏差不会影响后续工作

4.（2008—74）在某工程网络计划中，已知工作 M 的总时差和自由时差分别为 5d 和 2d，监理工程师检查时发现该工作的实际进度拖后 2d，则工作 M 的实际进度（　　）。

A. 既不影响总工期，也不影响其后续工作的正常进行

B. 不影响总工期，但会将其紧后工作的开始时间推迟 2d

C. 会将其紧后工作的开始时间推迟 2d，并使总工期延长 2d

D. 会将其紧后工作的开始时间推迟 4d，并使总工期延长 4d

5.（2014—73）某工程进度计划执行过程中，发现某工作出现进度偏差，但该偏差未影响总工期，则说明该项工作的进度偏差（　　）。

A. 大于该工作的总时差　　　　　　　　B. 小于该工作的总时差

C. 大于该工作的自由时差　　　　　　　D. 小于该工作的自由时差

6.（2020—74）工程网络计划中某工作的实际进度偏差小于总时差时，则该工作实际进度造成的后果是（　　）。

A. 对后续工作无影响，对工期有影响

B. 影响后续工作的最早开始时间，对工期有影响

C. 对后续工作无影响，对工期无影响

D. 对后续工作不一定有影响，对工期无影响

3. 分析进度偏差是否超过自由时差

7.（2011—74）在工程网络计划执行过程中，如果某项工作的进度偏差超过自由时差时，则该工作（　　）。

A. 实际进度影响工程总工期

B. 实际进度影响其紧后工作的最早开始时间

C. 由非关键工作转变为关键工作

D. 总时差大于零

8.（2019—74）某工程进度计划执行过程中，发现某工作出现了进度偏差，经分析该偏差仅对后续工作有影响而对总工期无影响，则该偏差值应（　　）。

A. 大于总时差，小于自由时差　　　　　B. 大于总时差，大于自由时差

C. 小于总时差，小于自由时差　　　　　D. 小于总时差，大于自由时差

9.（2021—73）工程网络计划中，某工作的总时差和自由时差均为 2 周。计划实施过程中经检查发现，该工作实际进度拖后 1 周。则该工作实际进度偏差对后续工作及总工期的影响是（　　）。

A. 对后续工作及总工期均有影响

B. 对后续工作及总工期均无影响

C. 影响后续工作，但不影响总工期

D. 影响总工期，但不影响后续工作

二、进度计划的调整方法

（一）改变某些工作间的逻辑关系

10.（2005—74）在建设工程进度计划的执行过程中，缩短某些工作的持续时间是调整建设工程进度计划的有效方法之一，这些被压缩的工作应该是关键线路和超过计划工期的非关键线路上（　　）的工作。

A. 持续时间较长　　　　　　　　B. 直接费用率最小

C. 所需资源有限　　　　　　　　D. 自由时差为零

11.（2013—74）通过改变某些工作间逻辑关系的方法调整进度计划时，应选择（　　）。

A. 具有工艺逻辑关系的有关工作

B. 超过计划工期的非关键线路上的有关工作

C. 可以增加资源投入的有关工作

D. 持续时间可以压缩的有关工作

12.（2018—74）当实际进度偏差影响总工期时，通过改变某些工作的逻辑关系来调整进度计划的具体做法是（　　）。

A. 将顺序进行的工作改为搭接进行

B. 增加劳动量来缩短某些工作的持续时间

C. 提高某些工作的劳动效率

D. 组织有节奏的流水施工

13.（2021—119）工程网络计划执行过程中，因工作实际进度拖后而需要调整工程进度计划时，可采用的调整方法有（　　）。

A. 调整某工作的工艺关系

B. 将某些顺序作业的工作改为平行作业

C. 将某些顺序作业的工作改为搭接作业

D. 将某些平行作业的工作改为搭接作业

E. 将某些平行作业的工作改为分段组织流水作业

（二）缩短某些工作的持续时间

14. 调整进度计划时，可以不改变工程项目中各项工作之间的逻辑关系，而通过采取（　　）措施来缩短某些工作的持续时间，使工程进度加快，以保证按计划工期完成该工程项目。

A. 增加资源投入　　　　　　　　B. 将顺序作业改为搭接作业

C. 提高劳动效率　　　　　　　　D. 将顺序作业改为平行作业

E. 分段组织流水作业

15.（2015—118）采用缩短某项工作持续时间的方法来调整建设项目进度计划，需要满足的要求有（　　）。

A．改变非关键线路上有关工作的逻辑关系

B．优先压缩自由时差大的工作持续时间

C．有关工作的进度拖延时间不能超过总时差

D．采用增加资源投入措施

E．被压缩持续时间的工作位于超过计划工期的非关键线路上

16．（2016—73）当某项工作实际进度拖延的时间超过其总时差而需要调整进度计划时，应考虑该工作的（　　）。

A．资源需求量 　　　　　　　　　　　　B．后续工作的限制条件

C．自由时差的大小 　　　　　　　　　　D．紧后工作的数量

17．（2021—74）工程网络计划实施中，因实际进度拖后而需要通过压缩某些工作的持续时间来调整计划时，应选择（　　）的工作压缩其持续时间。

A．持续时间最长 　　　　　　　　　　　B．自由时差最小

C．总时差最小 　　　　　　　　　　　　D．时间间隔最大

18．（2014—116）工程实际进度偏差影响到总工期时，可采用（　　）等方法调整进度计划。

A．缩短某些关键工作的持续时间 　　　　B．将顺序作业改为搭接作业

C．增加劳动力，提高劳动效率 　　　　　D．保证资源的供应

E．将顺序作业改为平行作业

习题答案及解析

1．A	2．B	3．C	4．A	5．B
6．D	7．B	8．D	9．B	10．B
11．B	12．A	13．BC	14．AC	15．DE
16．B	17．C	18．ABCE		

【解析】

8．D。在2010年度的考试中，同样对本题涉及的采分点进行了考查。

12．A。在2009年度的考试中，同样对本题涉及的采分点进行了考查。

17．C。在2020年度的考试中，同样对本题涉及的采分点进行了考查。

第五章

建设工程设计阶段进度控制

第一节　设计阶段进度控制的意义和工作程序

知识导学

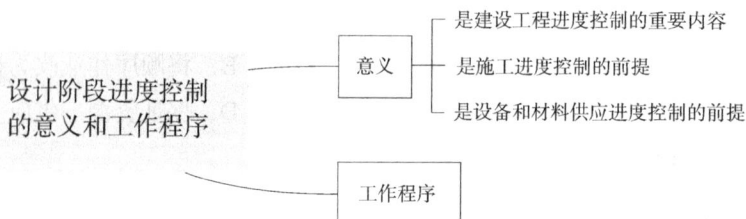

习题汇总

一、设计阶段进度控制的意义

1. 关于设计阶段进度控制的说法，正确的有（　　）。

A. 设计进度控制是施工进度控制的前提

B. 设计进度控制是控制建设工程造价的关键环节

C. 设计进度控制是建设工程进度控制的重要内容

D. 设计进度控制是建设工程质量控制的重要内容

E. 设计进度控制是设备和材料供应进度的前提

二、设计阶段进度控制工作程序

2. 建设工程设计阶段进度控制的主要任务是（　　）。

A. 选择设计单位　　　　　　　　　　B. 出图控制

C. 确定规划设计条件　　　　　　　　D. 设备供应进度控制

3. 建设工程设计阶段进度控制工作包括：①定期比较实际进度与计划进度；②编制出图计划；③分析偏差原因，提出进度加快措施；④判断是否有偏差。正确的工作流程（　　）。

　　A. ②④③①　　　　　　　　　　　　B. ①④②③

　　C. ②①④③　　　　　　　　　　　　D. ①②④③

习题答案及解析

　　1. ACE　　　　　2. B　　　　　3. C

第二节　设计阶段进度控制目标体系

知识导学

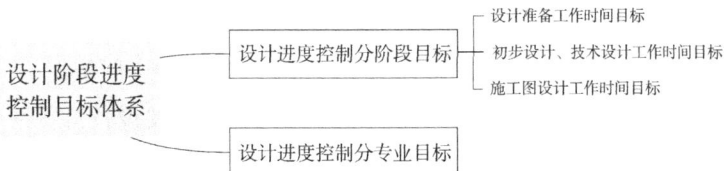

习题汇总

一、设计进度控制分阶段目标

（一）设计准备工作时间目标

　　1. 设计准备工作阶段的时间目标包括（　　）。

　　A. 规划设计条件的确定　　　　　　　B. 设计基础资料的提供

　　C. 选定设计单位、商签设计合同　　　D. 设计分析和评审

　　E. 确定施工图设计

1. 确定规划设计条件

　　2. 项目的规划设计条件，应由（　　）持建设项目的批准文件和确定的建设用地通知书，向城市规划管理部门申请确定拟建。

　　A. 施工单位　　　　　　　　　　　　B. 设计单位

　　C. 监理工程师单位　　　　　　　　　D. 建设单位

2. 提供设计基础资料

　　3. 设计单位进行工程设计的主要依据是（　　）。

　　A. 建筑总平面布置图　　　　　　　　B. 设计基础资料

　　C. 应批准的可行性研究报告　　　　　D. 建设项目的投资额度

3. 选定设计单位、商签设计合同

　　4. 在选定设计单位后，应由（　　）就设计费用及委托合同中的一些细节进行谈判、

磋商，双方取得一致意见后即可签订委托设计合同。

 A．建设单位和设计单位   B．建设单位和监理单位

 C．监理工程师和建设单位   D．监理工程师和设计单位

（二）初步设计、技术设计工作时间目标

 5．（2002—75）在工程建设设计进度控制计划体系中，需要考虑设计分析评审的工作时间安排的进度计划是（ ）。

 A．各专业详细的出图计划   B．施工图设计工作进度计划

 C．初步设计工作进度计划   D．设计作业进度计划

 6．在工程建设设计进度控制计划体系中，需要考虑设计分析和评审的工作时间安排的进度计划是（ ）。

 A．设计作业进度计划   B．各专业详细的出图计划

 C．初步设计工作进度计划   D．施工图设计工作进度计划

（三）施工图设计工作时间目标

 7．施工图设计应根据（ ）进行编制，它是工程施工的主要依据。

 A．批准的初步设计文件   B．主要设备订货情况

 C．规划设计条件   D．设计基础资料

 E．可行性研究报告

二、设计进度控制分专业目标

 本部分内容一般不会进行考查，仅做了解即可。

习题答案及解析

 1．ABC   2．D   3．B   4．A   5．C

 6．C   7．AB

第三节　设计进度控制措施

知识导学

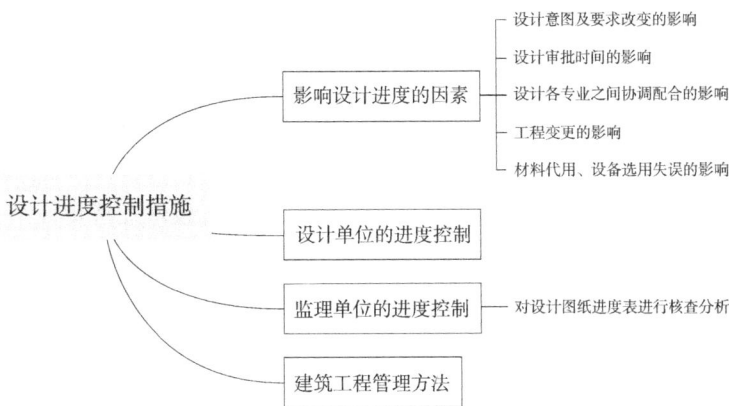

习题汇总

一、影响设计进度的因素

1.（2019—75）在建设工程设计阶段，会对进度造成影响的因素之一是（　　）。

A. 可行性研究　　　　　　　　　　　B. 建设意图及要求

C. 工程材料供货洽谈　　　　　　　　D. 设计合同洽谈

2.（2020—118）影响建设工程计划进度的因素有（　　）。

A. 建设项目工作编码体系不全

B. 工程进度计划系统结构不合理

C. 工程建设意图和要求改变

D. 设计各专业之间协调配合不畅

E. 材料代用、设备选用失误

二、设计单位的进度控制

3. 为了履行设计合同，按期提交施工图设计文件，设计单位可以采取（　　）措施控制建设工程设计进度。

A. 建立健全设计技术经济定额，并按定额要求进行计划的编制与考核

B. 编制切实可行的设计总进度计划、阶段性设计进度计划和设计进度作业计划

C. 坚持按基本建设程序办事，尽量避免进行"边设计、边准备、边施工"的"三边"设计

D．一成不变地按照设计进度计划办事

E．审查进度计划的合理性和可行性

三、监理单位的进度监控

4．（2001—117）在工程建设设计阶段，监理工程师控制进度的主要任务包括（　　）。

A．审核项目总进度计划　　　　　　　B．审核设计总进度计划

C．审核各专业工程的出图计划　　　　D．施工现场条件调研和分析

E．监督设计工作进度计划的实施

5．（2011—75）监理工程师受建设单位委托控制建设工程设计进度时，应主要审核设计单位的（　　）。

A．技术经济定额　　　　　　　　　　B．技术经济责任制

C．设计图纸进度表　　　　　　　　　D．设计质量考核制度

6．（2012—75）监理单位监控设计进度的工作是（　　）。

A．建立健全设计技术经济定额

B．编制设计总进度计划

C．核查分析设计图纸进度

D．组织设计各专业之间的协调配合

7．（2015—75）监理单位受业主委托实施设计进度监控的工作内容是（　　）。

A．建立健全设计技术经济定额

B．编制切实可行的设计进度计划

C．推行限期设计管理模式

D．落实专门负责设计进度控制的人员

8．（2016—75）下列设计进度控制工作中，属于监理单位进度监控工作的是（　　）。

A．认真实施设计进度计划

B．编制切实可行的设计总进度计划

C．编制阶段性设计进度计划

D．定期比较分析设计完成情况与计划进度

9．（2018—75）项目监理机构控制设计进度时，在设计工作开始之前应审查设计单位编制的（　　）。

A．进度计划的合理性和可行性

B．技术经济定额的合理性和可行性

C．设计准备工作计划的完整性

D．材料设备供应计划的合理性

四、建筑工程管理方法

10．（2001—75）建筑工程管理（CM）方法的特点是，在建设项目初步设计文件

被批准后，将施工图设计、施工招标及施工进行分阶段组织实施，并在全部工程竣工前，将已完部分工程分期分批交付使用。这样有利于（　　）。

A．组织多个设计单位完成施工图设计

B．组织多个施工单位完成施工任务

C．缩短建设工期，尽早获得收益

D．建设项目设计、施工招标及施工的管理

11．（2003—74）建筑工程管理（CM）方法的特点是（　　）。

A．使设计与施工能够充分地搭接，实现分期分批交付使用

B．待施工图设计全部完成后，再分阶段施工，分期分批交付使用

C．分阶段进行施工图设计，待工程全部竣工后一并交付使用

D．使设计与施工能够充分地搭接，待工程全部竣工后一并交付使用

12．（2021—75）建筑工程管理（CM）方法是指工程实施采用（　　）的生产组织方式。

A．故障作业　　　　　　　　　　　B．关键路径

C．精益作业　　　　　　　　　　　D．快速路径

13．当采用建筑工程管理方法时，关于监理工程师的工作，说法正确的是（　　）。

A．只需负责施工方面的监理职能

B．只需负责设计方面的协调工作

C．只需负责设计方面的管理与协调工作

D．不仅要负责设计方面的管理与协调工作，同时还有施工方面的监理职能

习题答案及解析

1．B	2．CDE	3．ABC	4．BCE	5．C
6．C	7．D	8．D	9．A	10．C
11．A	12．D	13．D		

【解析】

1．B。在2009年度的考试中，同样对本题涉及的采分点进行了考查。

2．CDE。在2014年度的考试中，同样对本题涉及的采分点进行了考查。

6．C。在2005、2008、2011年度的考试中，同样对本题涉及的采分点进行了考查。

7．D。在2006年度的考试中，同样对本题涉及的采分点进行了考查。

8．D。在2004年度的考试中，同样对本题涉及的采分点进行了考查。

9．A。在2007、2010、2013年度的考试中，同样对本题涉及的采分点进行了考查。

11．A。在2002年度的考试中，同样对本题涉及的采分点进行了考查。

第六章
建设工程施工阶段进度控制

第一节 施工阶段进度控制目标的确定

知识导学

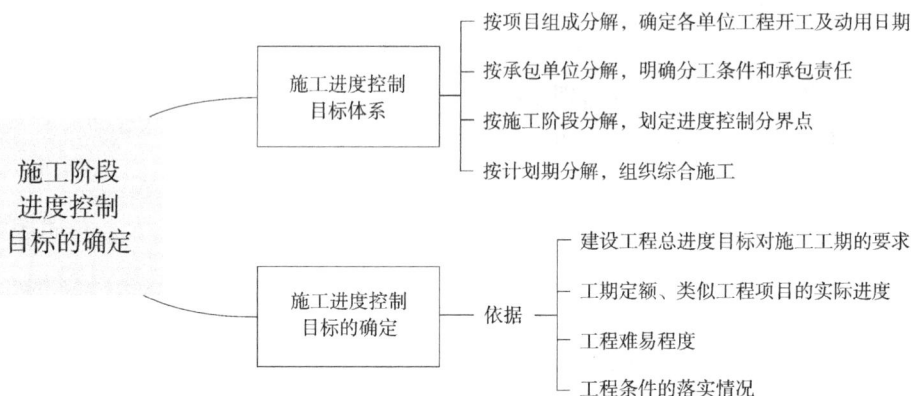

习题汇总

一、施工进度控制目标体系

1．（2003—75）为了有效地控制建设工程施工进度，建立施工进度控制目标体系时应（　　）。

　A．首先确定短期目标，然后再逐步明确总目标

　B．首先按施工阶段确定目标，然后综合考虑确定总目标

　C．将施工进度总目标从不同角度层层分解

　D．将施工进度总目标直接按计划期分解

（一）按项目组成分解，确定各单位工程开工及动用日期

2．（2004—76）在施工进度控制目标体系中，用来明确各单位工程的开工和交工动用日期，以确保施工总进度目标实现的子目标是按（　　）分解的。

A. 项目组成 B. 计划期

C. 承包单位 D. 施工阶段

3.（2005—77）在建设工程施工阶段，按项目组成分解建设工程施工进度总目标是指（　　）。

A. 明确各承包商之间的工作交接条件和时间

B. 确定各单位工程的开工及交工动用日期

C. 明确设备采购及安装等各阶段的起止时间标志

D. 确定年度、季度、月（旬）工程量及形象进度

4.（2009—76）为了有效地控制施工进度，要将施工进度总目标从不同角度进行层层分解，其中按项目组成分解总目标的是（　　）。

A. 单位工程动用时间 B. 土建工程完工日期

C. 一季度进度目标 D. 二期（年）工程进度目标

（二）按承包单位分解，明确分工条件和承包责任

5. 在一个单位工程中有多个承包单位参加施工时，应按（　　）将单位工程的进度目标分解，确定出各分包单位的进度目标。

A. 项目组成 B. 计划期

C. 承包单位 D. 施工阶段

（三）按施工阶段分解，划定进度控制分界点

6. 如某土建工程可分为基础、结构和内外装修阶段。这是按（　　）分解的。

A. 项目组成 B. 计划期

C. 承包单位 D. 施工阶段

（四）按计划期分解，组织综合施工

7. 将工程项目的施工进度控制目标按年度、季度、月（或旬）进行分解，并用实物工程量、货币工作量及形象进度表示，将更有利于监理工程师明确对各承包单位的进度要求，这是按（　　）分解的。

A. 项目组成 B. 计划期

C. 承包单位 D. 施工阶段

8.（2014—117）施工阶段进度控制目标体系可按（　　）进行分解。

A. 计划期 B. 年度投资计划

C. 施工阶段 D. 项目组成

E. 设计图纸交付顺序

二、施工进度控制目标的确定

9.（2013—76）确定施工进度控制目标时需要考虑的因素是（　　）。

A. 工程项目的技术和经济可行性

B. 各类物资储备时间和储备量计划

C. 设计总进度计划对施工工期的要求

D. 工程难易程度和工程条件落实情况

10.（2020—76）可作为建设工程施工进度控制目标确定依据的是（　　）。

A. 各专业施工进度控制时间分界点

B. 工程施工承发包模式及其合同结构

C. 施工进度计划的工作分解结构

D. 工期定额、类似工程项目的实际进度

11.（2021—118）确定建设工程施工进度分解目标时，需考虑（　　）。

A. 合理安排土建与设备的综合施工　　　　B. 尽早提供可动用单元

C. 同类工程建设经验　　　　　　　　　　D. 承包单位控制能力

E. 外部协作条件配合情况

习题答案及解析

1. C	2. A	3. B	4. A	5. C
6. D	7. B	8. ACD	9. D	10. D
11. ABCE				

【解析】

8. ACD。在 2002 年度的考试中，同样对本题涉及的采分点进行了考查。

10. D。在 2001、2006、2008、2013、2016、2018 年度的考试中，同样对本题涉及的采分点进行了考查。

11. ABCE。在 2010 年度的考试中，同样对本题涉及的采分点进行了考查。

第二节　施工阶段进度控制的内容

知识导学

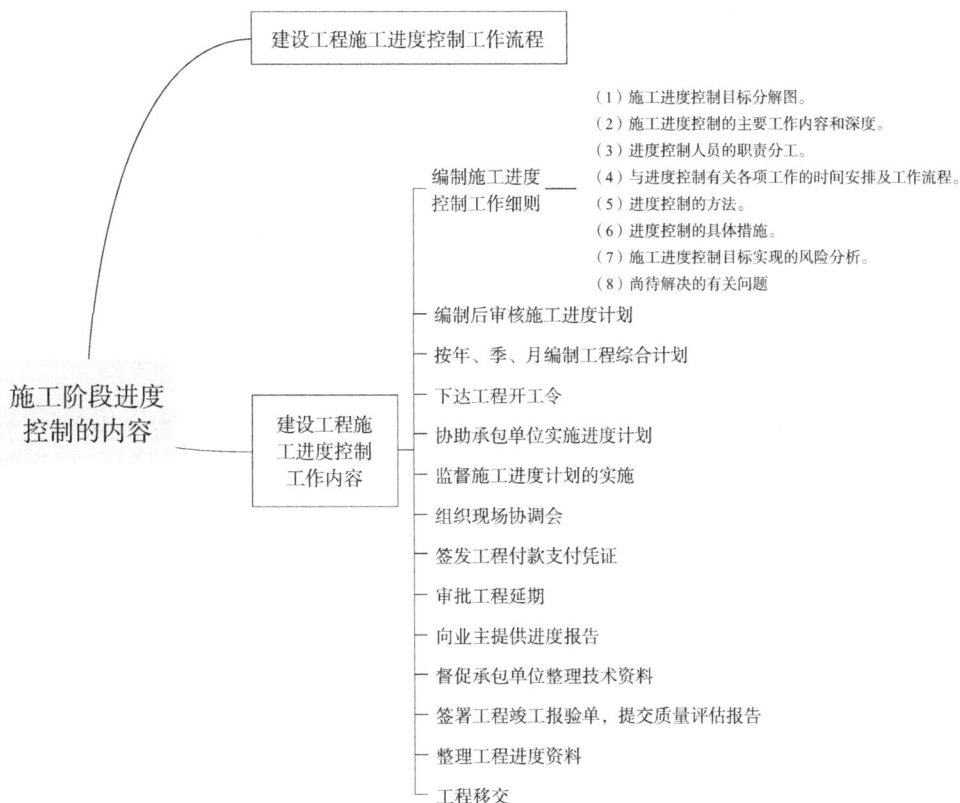

习题汇总

一、建设工程施工进度控制工作流程

本部分内容一般不会进行考查，仅做了解即可。

二、建设工程施工进度控制工作内容

1.（2003—118）当建设工程实行施工总承包方式时，监理工程师在施工阶段进度控制的工作内容包括（　　）。

A．编制工程项目建设总进度计划

B．编制施工总进度计划并控制其执行

C．按年、季、月编制工程综合计划

D．审核承包商调整后的施工进度计划

E．协助承包商实施进度计划

2．（2012—119）监理工程师控制施工进度的工作内容有（   ）。

A．编制施工总进度计划 B．编制施工进度控制工作细则

C．批准工程进度款支付申请 D．制定突发事件应急措施

E．审批工程延期

1. 编制施工进度控制工作细则

3．（2007—76）在建设工程施工阶段，监理工程师控制施工进度的工作内容包括（   ）。

A．编制施工进度控制工作细则 B．编制施工准备工作计划

C．协助承包单位确定工程延期时间 D．及时支付工程进度款

4．（2018—76）施工进度控制工作细则是对（   ）中有关进度控制内容的进一步深化和补充。

A．施工总进度计划 B．单位工程施工进度计划

C．建设工程监理规划 D．建设工程监理大纲

5．（2020—116）项目监理机构编制的施工进度控制工作细则应包括的内容有（   ）。

A．施工进度控制目标分解图 B．施工顺序的合理安排

C．主要分项工程量的复核 D．进度控制人员的职责分工

E．施工进度控制目标实现的风险分析

6．（2021—76）建设工程的施工进度控制工作细则，可看作是开展工程监理工作的（   ）。

A．施工图设计 B．初步设计

C．总体性设计 D．方案设计

2. 编制或审核施工进度计划

7．（2000—118）当通过施工招标协助业主将某大型建设项目分别发包给各承包单位时，监理工程师应负责（   ）。

A．审核项目总进度计划 B．编制施工总进度计划

C．审核施工总进度计划 D．审核单位工程施工进度

E．编制年、季、月工程综合计划

8．（2001—76）监理工程师控制施工进度的工作内容包括（   ）。

A．确定施工方案 B．确定进度控制方法

C．编制单位工程施工进度计划 D．编制材料、机具供应计划

9．（2001—119）监理工程师审查承包商提交的施工进度计划时发现，该计划符合要求工期，但分期施工不能满足分批动用的需要，此时应进行的工作内容包括（   ）。

A．及时向承包商发出整改通知书 B．要求承包商增加施工力量

C. 协助承包商修改施工进度计划　　　　　D. 要求承包商重新确定施工方案

E. 协助分包商修改施工进度计划

10.（2004—77）在建设工程施工阶段，监理工程师进度控制的工作内容包括（　　）。

A. 审查承包商调整后的施工进度计划

B. 编制施工总进度计划和单位工程施工进度计划

C. 协助承包商确定工程延期时间和实施进度计划

D. 按时提供施工场地并适时下达开工令

11.（2006—77）在建设工程施工阶段，承包单位需要将施工进度计划提交给监理工程师审查，其目的是（　　）。

A. 听取监理工程师的建设性意见

B. 解除其对施工进度计划的责任和义务

C. 请求监理工程师优化施工进度计划

D. 表明其履行施工合同的能力

12.（2008—77）在施工阶段，施工单位将所编制的施工进度计划及时提交给监理工程师审查的目的是（　　）。

A. 及时得到工程预付款

B. 听取监理工程师的建设性意见

C. 解除其对施工进度所承担的责任和义务

D. 使监理工程师及时下达开工令

13.（2011—119）监理工程师审核施工进度计划的内容有（　　）。

A. 进度安排是否符合施工合同中开工、竣工日期的约定

B. 劳动力、工程材料进场安排是否与工程量清单相一致

C. 分期施工是否满足分批动用或配套动用的要求

D. 施工管理及现场作业人员的职责分工是否明确

E. 在生产要素的需求高峰期是否有足够能力实现计划供应

14.（2019—76）监理工程师在审查施工进度计划的过程中发现问题，应采取的措施之一是（　　）。

A. 向承包单位提出整改通知书　　　　　B. 向建设单位提出指令单

C. 向承包单位提出工程暂停令　　　　　D. 向建设单位提出建议书

15. 监理工程师在审查施工进度计划过程中发现重大问题应（　　）。

A. 及时提出书面修改意见　　　　　　　B. 及时向业主汇报

C. 及时向质量监督机构汇报　　　　　　D. 及时整改

16. 对监理工程师来讲，审查施工进度计划的主要目的是（　　）。

A. 优化施工进度计划

B. 解除其对施工进度计划的责任和义务

C. 及时下达开工指令

D．防止承包单位计划不当，为承包单位保证实现合同规定的进度目标提供帮助

17．（2020—77）关于监理人审核承包单位提交的施工进度计划的说法，正确的是（　　）。

A．监理人对施工进度计划的批准可以解除承包单位的部分责任

B．经监理人确认的施工进度计划应当视为合同文件的一部分

C．监理人审查施工进度计划的目的是确保及时向承包单位支付进度款

D．监理人审核发现施工进度计划中的问题，应及时向业主汇报

18．（2021—77）监理工程师控制工程施工进度时进行的工作是（　　）。

A．汇总整理工程技术资料　　　　　　B．及时支付工程进度款

C．编制或审核施工进度计划　　　　　D．编制工期索赔意向报告

3. 按年、季、月编制工程综合计划

本部分内容一般不会单独进行考查。

4. 下达工程开工令

19．（2019—77）项目监理机构发布工程开工令的依据是（　　）。

A．施工承包合同约定　　　　　　　　B．工程开工的准备情况

C．批准的施工总进度计划　　　　　　D．施工图纸的准备情况

5. 协助承包单位实施进度计划

本部分内容一般不会单独进行考查。

6. 监督施工进度计划的实施

20．监督施工进度计划的实施是建设工程施工进度控制的经常性工作，监理工程师应（　　）。

A．及时检查承包单位报送的施工进度报表和分析资料

B．提供各种开工需要的人力、材料及设备

C．进行必要的现场实地检查

D．核实报送的已完项目的时间及工程量

E．对进度控制目标实现进行风险分析

7. 组织现场协调会

21．（2013—78）下列施工进度控制工作中，属于监理工程师工作的是（　　）。

A．编制单位工程施工进度计划

B．按年、季、月审核施工总进度计划

C．组织现场协调会

D．审批工期延误事宜

8. 签发工程进度款支付凭证

22．（2018—77）项目监理机构应对承包单位申报的已完分项工程量进行核实，在（　　）后签发工程进度款支付凭证。

A．与建设单位代表协商　　　　　　　B．监理员现场计量

C．质量监理人员检查验收　　　　　　　　D．与承包单位协商

9．审批工程延期

23．（2011—77）在建设工程施工过程中，因施工单位原因造成实际进度拖延，监理工程师确认施工单位修改后的施工进度计划，表明（　　）。

A．解除施工单位应负的责任

B．批准合同工期延长

C．施工进度计划满足合同工期要求

D．同意施工单位在合理状态下施工

24．关于工程延期审批的说法，正确的是（　　）。

A．由于承包单位以外的原因造成的进度拖延，称为工程延误

B．承包人自身原因造成的进度拖延，称为工程延期

C．经监理工程师核实批准的工程延期时间，应纳入合同工期，作为合同工期的一部分

D．监理工程师对修改后的进度计划的确认，是对工程延期的批准

10．向业主提供进度报告

25．（2010—76）下列各项工作中，属于监理工程师控制建设工程施工进度工作的是（　　）。

A．编制单位工程施工进度计划

B．协助承包单位确定工程延期时间

C．调整施工总进度计划

D．定期向业主提供工程进度报告

11．督促承包单位整理技术资料

本部分内容一般不会单独进行考查。

12．签署工程竣工报验单，提交质量评估报告

26．监理工程师在对竣工资料及工程实体进行全面检查、验收合格后应（　　）。

A．签署工程竣工报验单，并向业主提出监理总结报告

B．签署工程竣工报验单，并向业主提出质量评估报告

C．签发竣工结算申请

D．签发质量检验报告

13．整理工程进度资料

本部分内容一般不会单独进行考查。

14．工程移交

27．监理工程师应督促（　　）办理工程移交手续，颁发工程移交证书。

A．承包单位　　　　　　　　　　　　　B．建设单位

C．设计单位　　　　　　　　　　　　　D．使用单位

习题答案及解析

1. CDE	2. ABE	3. A	4. C	5. ADE
6. A	7. BD	8. B	9. AC	10. A
11. A	12. B	13. ACE	14. A	15. B
16. D	17. B	18. C	19. B	20. ACD
21. C	22. C	23. D	24. C	25. D
26. B	27. A			

【解析】

2. ABE。在 2009 年度的考试中，同样对本题涉及的采分点进行了考查。

5. ADE。在 2000、2001、2003、2004、2005、2006、2007、2008、2011、2014、2015、2016、2017 年度的考试中，同样对本题涉及的采分点进行了考查，且提问形式基本与本题一致。

10. A。在 2002 年度的考试中，同样对本题涉及的采分点进行了考查。

13. ACE。在 2006、2008、2010 年度的考试中，同样对本题涉及的采分点进行了考查。

14. A。在 2016 年度的考试中，同样对本题涉及的采分点进行了考查。

17. B。选项 A 错误，并不解除承包单位对施工进度计划的任何责任和义务。选项 C 错误，承包单位之所以将施工进度计划提交给监理工程师审查，是为了听取监理工程师的建设性意见。选项 D 错误，重大问题应及时向业主汇报。

18. C。在 2001 年度的考试中，同样对本题涉及的采分点进行了考查。

23. D。在 2005 年度的考试中，同样对本题涉及的采分点进行了考查。

第三节　施工进度计划的编制与审查

知识导学

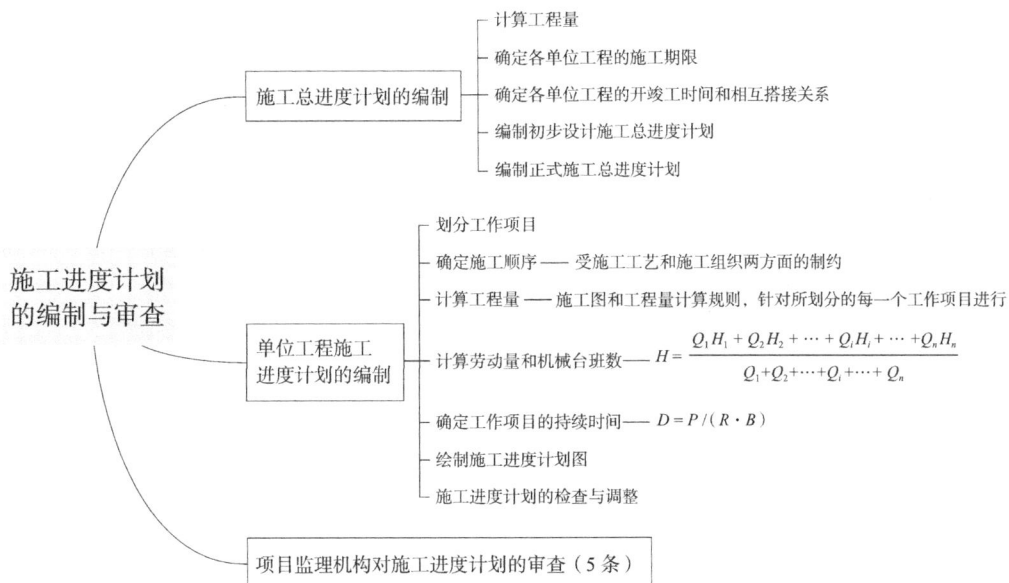

习题汇总

一、施工总进度计划的编制

1.（2002—119）编制建设工程施工总进度计划，主要是用来确定（　　）。

A. 各单项工程或单位工程的工期定额

B. 建设工程的要求工期和计算工期

C. 各单项工程或单位工程的施工期限

D. 各单项工程或单位工程的实物工程量

E. 各单项工程或单位工程的相互搭接关系

2.（2003—77）当监理工程师受业主委托，需要编制建设工程施工总进度计划时，其编制依据包括（　　）。

A. 工程项目年计划 　　　　　　　　B. 工程项目建设总进度计划

C. 单位工程施工进度计划 　　　　　D. 施工进度控制方案

（一）计算工程量

3. 根据批准的工程项目一览表，按单位工程分别计算其主要实物工程量，是为了（　　）。

A. 编制施工总进度计划

B. 编制施工准备工作计划

C. 编制施工方案和选择施工、运输机械

D. 初步规划主要施工过程的流水施工

E. 计算人工、施工机械及建筑材料的需要量

（二）确定各单位工程的施工期限

4. 单位工程的施工期限应根据（　　）确定。

A. 合同工期　　　　　　　　　　B. 建设资金到位情况

C. 施工方法　　　　　　　　　　D. 施工管理水平

E. 施工现场条件

（三）确定各单位工程的开竣工时间和相互搭接关系

5.（2018—120）在施工总进度计划的编制过程中，确定各单位工程的开竣工时间和相互搭接关系时主要应考虑的内容有（　　）。

A. 尽量使整个工期范围内劳动力供应达到均衡

B. 尽量延缓施工困难较多的建设工程

C. 能够使主要工种和主要施工机械连续施工

D. 保证施工顺序与竣工验收顺序相吻合

E. 注意季节性气候条件对施工顺序的影响

（四）编制初步施工总进度计划

6.（2016—78）编制初步施工总进度计划时，应尽量安排以（　　）的单位工程为主导的全工地性流水作业。

A. 工程技术复杂、工期长　　　　B. 工程量大、工程技术相对简单

C. 工程造价大、工期长　　　　　D. 工程量大、工期长

（五）编制正式施工总进度计划

7. 正式的施工总进度计划确定后，应据以编制（　　），以便组织供应，保证施工总进度计划的实现。

A. 资源管理计划　　　　　　　　B. 资源需用量计划

C. 施工方案　　　　　　　　　　D. 物资供应计划

8.（2013—120）编制施工总进度计划的工作内容有（　　）。

A. 确定施工作业场地范围　　　　B. 计算工程量

C. 确定各单位工程的施工期限　　D. 计算劳动量和机械台班数

E. 确定各分部分项工程的相互搭接关系

二、单位工程施工进度计划的编制

（一）单位工程施工进度计划的编制程序

9.（2012—76）编制单位工程施工进度计划的工作包括：①计算劳动量和机械台班数；②计算工程量；③划分工作项目；④确定施工顺序；⑤确定工作项目的持续时间。

上述工作的正确顺序是（　　）。

A．②①③④⑤　　　　　　　　　　B．③④②①⑤

C．③⑤④②①　　　　　　　　　　D．②③④⑤①

10．（2014—75）在单位工程施工进度计划编制过程中，需要在计算劳动量和机械台班数之前完成的工作是（　　）。

A．划分工作项目　　　　　　　　　B．落实项目开工日期

C．确定工作项目的持续时间　　　　D．编制资源供应计划

11．（2015—120）编制单位工程施工进度计划的步骤包括（　　）。

A．划分工作项目　　　　　　　　　B．确定关键工作和里程碑

C．确定施工顺序　　　　　　　　　D．计算劳动量和机械台班数

E．落实专业分包商和材料供应商的进场时间

12．（2020—119）在绘制单位工程施工进度计划图前，需要完成的先导工作有（　　）。

A．安排资金使用量　　　　　　　　B．确定施工顺序

C．编制施工平面图　　　　　　　　D．计算工程量

E．划分工作项目

（二）单位工程施工进度计划的编制方法

1．划分工作项目

本部分内容一般不会单独进行考查。

2．确定施工顺序

13．（2009—77）在施工进度计划中，工作之间由于劳动力、施工机械、材料和构配件等资源的组织和安排需要而形成的逻辑关系，称为（　　）。

A．依次关系　　　　　　　　　　　B．搭接关系

C．组织关系　　　　　　　　　　　D．工艺关系

3．计算工程量

14．工程量的计算应根据施工图和工程量计算规则，针对所划分的每一个工作项目进行。计算工程量时应注意（　　）。

A．计算单位应与现行定额手册中所规定的计量单位相一致

B．要结合具体的施工方法和安全技术要求计算工程量

C．应结合施工组织的要求，按已划分的施工段分层分段进行计算

D．应按从易到难的顺序排列

E．要结合安全技术要求计算工程量

4．计算劳动量和机械台班数

15．（2004—79）某工作是由三个性质相同的分项工程合并而成的。各分项工程的工程量和时间定额分别是：$Q_1=2300m^3$，$Q_2=3400m^3$，$Q_3=2700m^3$；$H_1=0.15$ 工日 $/m^3$，$H_2=0.20$ 工日 $/m^3$，$H_3=0.40$ 工日 $/m^3$。则该工作的综合时间定额是（　　）工日 $/m^3$。

A. 0.35

B. 0.33

C. 0.25

D. 0.21

16.（2007—77）某项工作是由三个同类性质的分项工程合并而成的，各分项工程的工程量 Q_i 和产量定额 S_i 分别是：$Q_1=240m^3$，$S_1=30m^3/$ 工日；$Q_2=360m^3$，$S_2=60m^3/$ 工日；$Q_3=720m^3$，$S_3=80m^3/$ 工日。其综合时间定额为（　　）工日 $/m^3$。

A. 0.013

B. 0.015

C. 0.017

D. 0.020

5. 确定工作项目的持续时间

17.（2002—77）某吊装构件施工过程包括 12 组构件，该施工过程综合时间定额为 6 台班 / 组，计划每天安排 2 班，每班 2 台吊装机械完成该施工过程，则其持续时间为（　　）d。

A. 36

B. 18

C. 8

D. 6

18.（2005—78）某项工作的工程量为 320m³，时间定额为 0.5 工日 $/m^3$，如果每天安排 2 个工作班次、每班 8 人去完成该工作，则其持续时间为（　　）d。

A. 10

B. 20

C. 40

D. 80

19.（2006—78）某分项工程实物工程量为 22000m³，该分项工程人工产量定额为 55m³/ 工日，计划每天安排 2 班、每班 10 人完成该分项工程，则其持续时间为（　　）d。

A. 10

B. 20

C. 40

D. 55

20.（2011—120）下列关于编制单位工程施工进度计划的说法中，正确的有（　　）。

A. 最小工作面限定了每班安排人数的上限

B. 每天的工作班数应根据安排的工人数和机械数确定

C. 最小劳动组合限定了每班安排人数的下限

D. 施工顺序通常受施工工艺和施工组织两方面的制约

E. 应根据施工图和工程量计算规则计算每项工作的工程量

6. 绘制施工进度计划图

本部分内容一般不会单独进行考查。

7. 施工进度计划的检查与调整

21.（2009—78）施工进度检查的主要方法是将经过整理的实际进度数据与计划进度数据比较，其目的是（　　）。

A. 分析影响施工进度的原因

B. 掌握各项工作时差的利用情况

C. 提供计划调整和优化的依据

D. 发现进度偏差及其大小

22.（2017—120）施工进度计划初始方案编制完成后，需要检查的内容有（　　）。

A. 各工作项目的施工顺序、平行搭接和技术间歇是否合理

B．主要工种的工人是否满足连续、均衡施工的要求

C．主要分部工程的工程量是否准确

D．总工期是否满足合同约定

E．主要机具、材料的利用是否均衡和充分

三、项目监理机构对施工进度计划的审查

23．（2014—76）项目监理机构对施工总进度计划审查的基本要求是（　　）。

A．满足施工计划工期

B．施工材料和设备供应合同已签订

C．施工顺序的安排符合搭接要求

D．主要工程项目无遗漏

24．（2019—120）项目监理机构对施工进度计划审核的主要内容有（　　）。

A．施工进度计划应符合施工合同中工期的约定

B．对施工进度计划执行情况的检查应符合动态要求

C．施工顺序的安排应符合施工工艺要求

D．施工人员、工程材料、施工机械等资源供应计划应满足施工进度计划的需要

E．施工进度计划应符合建设单位提供的资金、施工图纸等施工条件

习题答案及解析

1．CE	2．B	3．ACDE	4．ACDE	5．ACE
6．D	7．B	8．BC	9．B	10．A
11．ACD	12．BDE	13．C	14．ABC	15．C
16．C	17．B	18．A	19．B	20．ACDE
21．D	22．ABDE	23．D	24．ACDE	

【解析】

2．B。编制施工总进度计划的依据还包括：施工总方案；资源供应条件；各类定额资料；合同文件；工程动用时间目标和建设地区自然条件及有关技术经济资料等。

5．ACE。选项 B 错误，对于某些技术复杂、施工周期较长、施工困难较多的工程，亦应安排提前施工，以利于整个工程项目按期交付使用。选项 C 正确，应注意主要工种和主要施工机械能连续施工。选项 D 错误，施工顺序必须与主要生产系统投入生产的先后次序相吻合。选项 E 正确，应注意季节对施工顺序的影响。在 2010、2016 年度的考试中，同样对本题涉及的采分点进行了考查，且提问形式基本与本题一致。

6．D。在 2011 年度的考试中，同样对本题涉及的采分点进行了考查，且提问形式基本与本题一致。

15．C。根据公式 $H=(Q_1H_1+Q_2H_2+\cdots+Q_iH_i+\cdots+Q_nH_n)/(Q_1+Q_2+\cdots+Q_i+\cdots+Q_n)$

可得，该工作的综合时间定额 =（2300×0.15+3400×0.20+2700×0.40）/（2300+3400+2700）=0.25 工日 /m³。

16．C。综合时间定额公式为：

$$H=（Q_1H_1+Q_2H_2+\cdots+Q_iH_i+\cdots+Q_nH_n）/（Q_1+Q_2+\cdots+Q_i+\cdots+Q_n）$$

式中　H——综合时间定额（工日 /m³，工日 /m²，工日 /t……）；

Q_i——工作项目中第 i 个分项工程的工程量；

H_i——工作项目中第 i 个分项工程的时间定额；

通过公式 $P=QH$ 或 $P=Q/S$：

式中　P——工作项目所需要的劳动量（工日）或机械台班数（台班）；

Q——工作项目的工程量（m³，m²，t……）；

S——工作项目所采用的人工产量定额（m³/ 工日，m²/ 日，t/ 工日……）或机械台班产量定额（m³/ 台班，m²/ 台班，t/ 台班……）。

可知，时间定额与产量定额成反比。

$$H = \frac{Q_1H_1 + Q_2H_2 + Q_3H_3}{Q_1 + Q_2 + Q_3} = \frac{Q_1 \cdot \dfrac{1}{S_1} + Q_2 \cdot \dfrac{1}{S_2} + Q_3 \cdot \dfrac{1}{S_3}}{Q_1 + Q_2 + Q_3}$$

$$= \frac{240 \times \dfrac{1}{30} + 360 \times \dfrac{1}{60} + 720 \times \dfrac{1}{80}}{240 + 360 + 720}$$

$$= 0.017$$

17．B。由题可知该工程共需 6×12=72 台班，每天的台班数为 2×2=4，所以 72÷4=18d。

18．A。持续时间 $D=P÷（P×B）=（310×0.5）÷（8×2）=10d$。

19．B。持续时间 $D=P÷（P×B）=22000/（55×2×10）=20d$。在 2000、2001 年度的考试中，同样对本题涉及的采分点进行了考查。

22．ABDE。在 2004 年度的考试中，同样对本题涉及的采分点进行了考查。

24．ACDE。监理工程师对施工进度计划审核的内容主要有：（1）进度安排是否符合工程项目建设总进度计划中总目标和分目标的要求，是否符合施工合同中开工、竣工日期的规定。（2）施工总进度计划中的项目是否有遗漏，分期施工是否满足分批动用的需要和配套动用的要求。（3）施工顺序的安排是否符合施工工艺的要求。（4）劳动力、材料、构配件、设备及施工机具、水、电等生产要素的供应计划是否能保证施工进度计划的实现，供应是否均衡，需求高峰期是否有足够能力实现计划供应。（5）总包、分包单位分别编制的各项单位工程施工进度计划之间是否相协调，专业分工与计划衔接是否明确合理。（6）对于业主负责提供的施工条件（包括资金、施工图纸、施工场地、采供的物资等），在施工进度计划中安排得是否明确、合理，是否有造成因业主违约而导致工程延期和费用索赔的可能存在。在 2015 年度的考试中，同样对本题涉及的采分点进行了考查。

第四节　施工进度计划实施中的检查与调整

知识导学

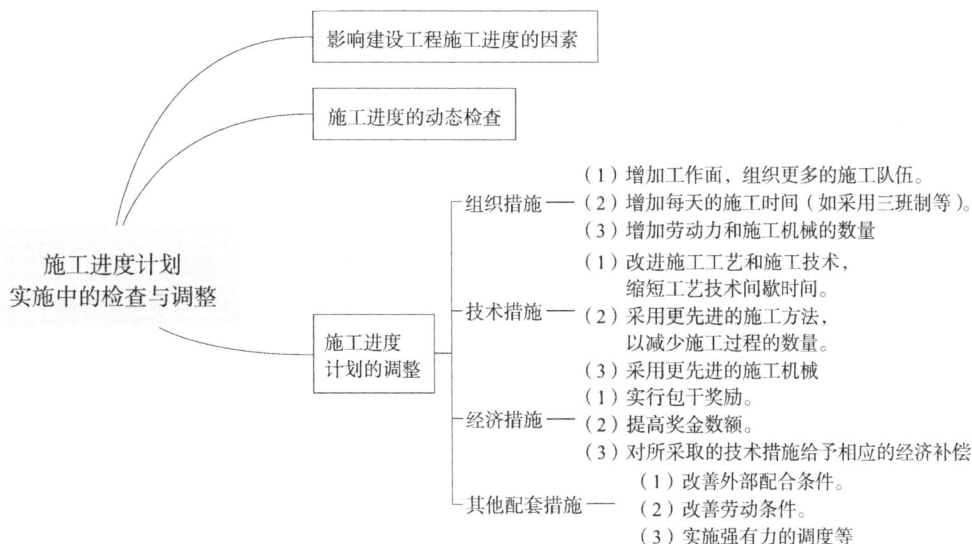

习题汇总

一、影响建设工程施工进度的因素

1. 影响建设工程施工进度的因素主要有（　　）。

A. 承发包模式的影响　　　　　　B. 物资供应进度的影响

C. 资金的影响　　　　　　　　　D. 设计变更的影响

E. 施工条件的影响

二、施工进度的动态检查

（一）施工进度的检查方式

2.（2000—119）在工程施工过程中，监理工程师获得工程实际进展情况的主要方式是（　　）。

A. 收集承包单位提交的进度报表资料　　B. 现场跟踪检查

C. 定期召开进度协调工作会议　　　　　D. 播放工程实况录像

E．收集业主转送的进度报表资料

3．（2012—120）工程施工过程中，监理工程师获得工程实际进度情况的方式有（　　）。

A．收集有关进度报表资料　　　　　　B．查阅施工日志和记录

C．现场跟踪检查工程实际进展　　　　D．组织施工负责人参加现场会议

E．审核工程进度款支付凭证

4．（2013—77）施工进度计划实施中常用的检查方式是（　　）。

A．不定期地现场实地抽查和监督

B．召开施工单位负责人参加的现场会议

C．定期收集工程绩效报表资料

D．邀请建设单位管理人员面对面交流

（二）施工进度的检查方法

5．施工进度检查的主要方法是（　　）。

A．列表法　　　　　　　　　　　　　B．纠偏法

C．分析法　　　　　　　　　　　　　D．对比法

三、施工进度计划的调整

（一）缩短某些工作的持续时间

6．（2012—77）通过缩短某些工作的持续时间调整施工进度计划时，正确的做法是（　　）。

A．不改变工作之间的先后顺序关系

B．缩短非关键线路上工作的持续时间

C．压缩费用增加量最大的关键工作

D．不改变原有计划的关键线路

7．（2014—77）通过缩短某些工作的持续时间调整施工进度计划时，其主要特点是（　　）。

A．在非关键线路上缩短工作持续时间

B．采用平行作业方式加快施工进度

C．不改变工作之间的先后顺序关系

D．保持网络计划中关键工作不变

8．（2019—80）通过缩短某些工作的持续时间对施工进度计划进行调整的方法，其主要特点是（　　）。

A．增加网络计划中的关键线路

B．不改变工作之间的先后顺序关系

C．增加工作之间的时间间隔

D．不改变网络计划中的非关键线路

1. 组织措施

9.（2016—79）调整施工进度计划时，通过增加劳动力和施工机械的数量缩短某些工作持续时间的措施属于（　　）。

　　A. 经济措施　　　　　　　　　　　B. 技术措施

　　C. 组织措施　　　　　　　　　　　D. 合同措施

10.（2020—78）下列施工进度计划调整措施中，属于组织措施的是（　　）。

　　A. 改善外部配合条件　　　　　　　B. 采用更先进的施工机械

　　C. 实施强有力的施工调度　　　　　D. 增加工作面

2. 技术措施

11. 在施工进度计划的调整过程中，通过改进施工工艺和施工技术压缩关键工作持续时间的措施是（　　）。

　　A. 组织措施　　　　　　　　　　　B. 技术措施

　　C. 经济措施　　　　　　　　　　　D. 其他配套措施

12.（2021—79）为了达到调整施工进度计划的目的，可采用的施工技术措施是（　　）。

　　A. 采用更先进的施工机械　　　　　B. 增加工作面

　　C. 实施强有力的调度　　　　　　　D. 增加施工队伍

3. 经济措施

13. 在施工过程中，为了加快施工进度，通过提高奖金数额的措施是（　　）。

　　A. 组织措施　　　　　　　　　　　B. 技术措施

　　C. 经济措施　　　　　　　　　　　D. 其他配套措施

14. 在施工进度计划的调整过程中，压缩关键工作持续时间的经济措施有（　　）。

　　A. 实行包干奖励　　　　　　　　　B. 改善劳动条件

　　C. 提高奖金数额　　　　　　　　　D. 增加工作面

　　E. 缩短工艺技术间歇时间

4. 其他配套措施

15. 调整施工进度计划时，为了缩短某些工作的持续时间，实施强有力的调度，属于（　　）。

　　A. 组织措施　　　　　　　　　　　B. 技术措施

　　C. 经济措施　　　　　　　　　　　D. 其他配套措施

16. 为了达到调整施工进度计划的目的，可采用的其他配套措施有（　　）。

　　A. 改善外部配合条件　　　　　　　B. 改善劳动条件

　　C. 增加每天的施工时间　　　　　　D. 实施强有力的调度

　　E. 增加劳动力

（二）改变某些工作间的逻辑关系

17.（2012—74）调整建设工程进度计划时，可以通过（　　）改变某些工作之间的逻辑关系。

    A. 组织平行作业   B. 增加资源投入

    C. 提高劳动效率   D. 设置限制时间

习题答案及解析

1. BCDE	2. ABC	3. ACD	4. B	5. D
6. A	7. C	8. B	9. C	10. D
11. B	12. A	13. C	14. AC	15. D
16. ABD	17. A			

【解析】

10. D。选项 A、C 属于其他配套措施；选项 B 属于技术措施。在 2000、2001、2003、2006、2007、2009、2011、2014 年度的考试中，同样对本题涉及的采分点进行了考查，且提问形式基本与本题一致。

12. A。在 2004、2005、2008、2010、2013、2019 年度的考试中，同样对本题涉及的采分点进行了考查，且提问形式基本与本题一致。

第五节 工程延期

知识导学

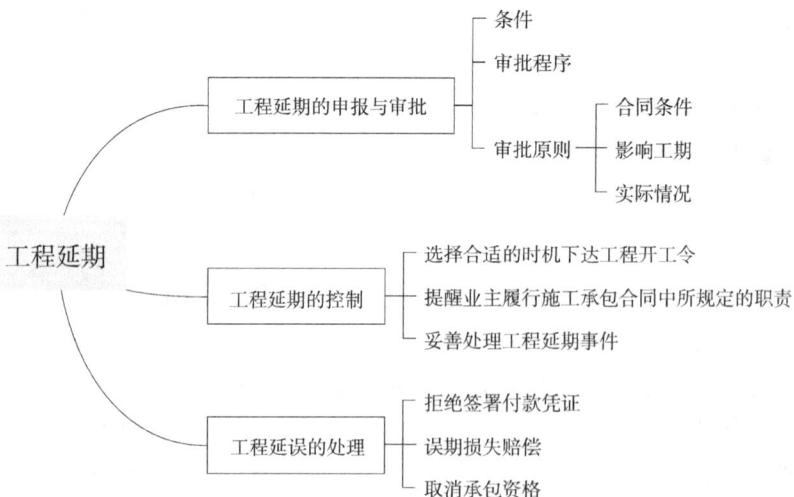

习题汇总

一、工程延期的申报与审批

（一）申报工程延期的条件

1.（2003—78）某承包商承揽了一大型建设工程的设计和施工任务，在施工过程中因某种原因造成实际进度拖后，该承包商能够提出工程延期的条件是（　　）。

A. 施工图纸未按时提交　　　　　　B. 检修、调试施工机械

C. 地下埋藏文物的保护、处理　　　D. 设计考虑不周而变更设计

2.（2019—119）下列导致工程拖期的原因或情形，监理工程师按合同规定可以批准工程延期的有（　　）。

A. 异常恶劣的气候条件

B. 属于承包单位自身以外的原因

C. 工程拖期事件发生在非关键线路上，且延长的时间未超过总时差

D. 工程拖期的时间超过其相应的总时差，且由分包单位原因引起

E. 监理工程师对已隐蔽的工程进行剥离检查，经检查合格而拖期的时间

（二）工程延期的审批程序

3.（2007—79）根据工程延期的审批程序，当工程延期事件发生后，承包单位首先应在合同规定的有效期内向监理工程师提交（　　）。

A. 详细的工程延期申述报告　　　　B. 工程延期意向通知

C. 工程延期理由及依据　　　　　　D. 准确的工程延期时间

4.（2008—79）根据工程延期的审批程序，当延期事件具有持续性，承包单位在合同规定的有效期内不能提交最终详细的申述报告时，应先向监理工程师提交该延期事件的（　　）。

A. 工程延期估计值　　　　　　　　B. 延期意向通知

C. 阶段性详情报告　　　　　　　　D. 临时延期申请书

5.（2009—120）当工程延期事件发生后，承包单位应在合同规定的有效期内向监理工程师提交（　　）。

A. 临时延期申请　　　　　　　　　B. 延期意向通知

C. 原始进度计划　　　　　　　　　D. 详细申述报告

E. 工程变更指令

6.（2010—79）当工程延期事件具有持续性时，根据工程延期的审批程序，监理工程师应在调查核实阶段性报告的基础上完成的工作是（　　）。

A. 尽快做出延长工期的临时决定　　B. 及时向政府有关部门报告

C. 要求承包单位提出工程延期意向申请　　D. 重新审核施工合同条件

7.（2014—120）在工程延期审批过程中，项目监理机构应完成的工作内容

有（   ）。

    A．在合同规定的有效期内提交详细的申述报告

    B．在工程延期事件发生后立即展开调查核实

    C．在最短的时间范围内提交工程延期意向通知

    D．在作出工程延期批准前与相关方进行协调

    E．在工程延期批准后向建设单位提交完整的详情报告

    8．（2020—79）当工程延期事件发生后，施工承包单位在合同约定的有效期内通知监理人的书面文件称为（   ）。

    A．工程延期调查报告   B．工程延期审核报告

    C．工程延期意向通知   D．工程延期临时决定

（三）工程延期的审批原则

1．合同条件

    9．（2014—78）项目监理机构批准工程延期的基本原则是（   ）。

    A．项目监理机构对施工现场进行了详细考察和分析

    B．延期事件发生在非关键线路上，且延长时间未超过总时差

    C．工作延长的时间超过其相应总时差，且由承包单位自身原因引起

    D．延期事件是由承包单位自身以外的原因造成的

2．影响工期

    10．（2018—78）施工进度计划执行过程中，只有当某项工作因非承包商原因造成持续时间延长超过该工作（   ）而影响工期时，项目监理机构才能批准工程延期。

    A．自由时差   B．总时差

    C．紧后工作的最早开始时间   D．紧后工作的最早完成时间

3．实际情况

    11．（2013—80）关于工程延期审批原则的说法，正确的是（   ）。

    A．导致工期拖延确实属于承包单位的原因

    B．工程延期事件必须位于施工进度计划的关键线路上

    C．承包单位应在合同规定的有效期内以书面形式提出意向通知

    D．批准的工程延期必须符合实际情况

    12．监理工程师在审批工程延期时的原则不包括（   ）。

    A．合同条件   B．技术条件

    C．影响工期   D．实际情况

二、工程延期的控制

    13．（2007—120）在建设工程施工阶段，为了减少或避免工程延期事件的发生，监理工程师应（   ）。

    A．及时提供工程设计图纸   B．及时提供施工场地

C．适时下达工程开工令　　　　　　　D．妥善处理工程延期事件

E．及时支付工程进度款

1. 选择合适的时机下达工程开工令

14．（2006—80）在建设工程施工阶段，为了减少或避免工程延期事件的发生，监理工程师应（　）。

A．及时支付工程进度款

B．及时提供施工场地

C．及时提供施工场地及设计图纸

D．选择合适的时机下达工程开工令

2. 提醒业主履行施工承包合同中所规定的职责

15．（2006—80）在建设工程施工阶段，为了减少或避免工程延期事件的发生，监理工程师应（　）。

A．提醒业主履行施工合同中的职责　　B．及时支付工程进度款

C．及时提供施工场地及设计图纸　　　D．及时供应建筑材料及设备

3. 妥善处理工程延期事件

16．（2021—78）监理工程师在审批工程延期事件时，应根据（　）来确定是否批准。

A．工程延误时间　　　　　　　　　　B．合同规定

C．承包单位赶工费用　　　　　　　　D．建设单位要求

三、工程延误的处理

1. 拒绝签署付款凭证

17．（2015—79）当承包单位的施工进度拖后而又不采取补救措施时，项目监理机构可采用的处理方法是（　）。

A．拒绝签署工程进度款支付凭证　　　B．中止施工承包合同

C．延长施工进度计划工期　　　　　　D．提起误期损失赔偿诉讼

18．（2019—79）当施工单位发生进度拖延且又未按监理工程师的指令改变延期状态时，监理工程师可以采取的手段是（　）。

A．中止施工承包合同　　　　　　　　B．拒绝签署付款凭证

C．向施工单位发出工程暂停令　　　　D．调整施工计划工期

2. 误期损失赔偿

19．（2001—79）某承包商通过投标承揽了一大型建设项目设计和施工任务，由于施工图纸未按时提交而造成实际施工进度拖后。该承包商根据监理工程师指令采取赶工措施后，仍未能按合同工期完成所承包的任务，则该承包商（　）。

A．不仅应承担赶工费，还应向业主支付误期损失赔偿费

B．应承担赶工费，但不需要向业主支付误期损失赔偿费

C．不需要承担赶工费，但应向业主支付误期损失赔偿费

D．既不需要承担赶工费，也不需要向业主支付误期损失赔偿费

20．（2002—79）在某建设工程过程中，由于出现脚手架倒塌事故而造成实际进度拖后，承包商根据监理工程师指令采取赶工措施后，仍未能按合同工期完成所承包的任务，则承包商（　　）。

A．应承担赶工费，但不需要向业主支付误期损失赔偿费

B．不需要承担赶工费，但应向业主支付误期损失赔偿费

C．不仅要承担赶工费，还应向业主支付误期损失赔偿费

D．既不需要承担赶工费，也不需要向业主支付误期损失赔偿费

3．取消承包资格

21．（2018—79）承包单位严重违反合同，在施工过程中无任何理由要求延长工期，又无视项目监理机构的书面警告等，则可能受到的处罚是（　　）。

A．赔偿误期损失　　　　　　　　　　　B．被拒签付款凭证

C．被取消承包资格　　　　　　　　　　D．被追回工程预付款

习题答案及解析

1．C	2．ABE	3．B	4．C	5．BD
6．A	7．DE	8．C	9．D	10．B
11．D	12．B	13．CD	14．D	15．A
16．B	17．A	18．B	19．A	20．C
21．C				

【解析】

11．D。在2012年度的考试中，同样对本题涉及的采分点进行了考查，且提问形式基本与本题一致。

第六节　物资供应进度控制

知识导学

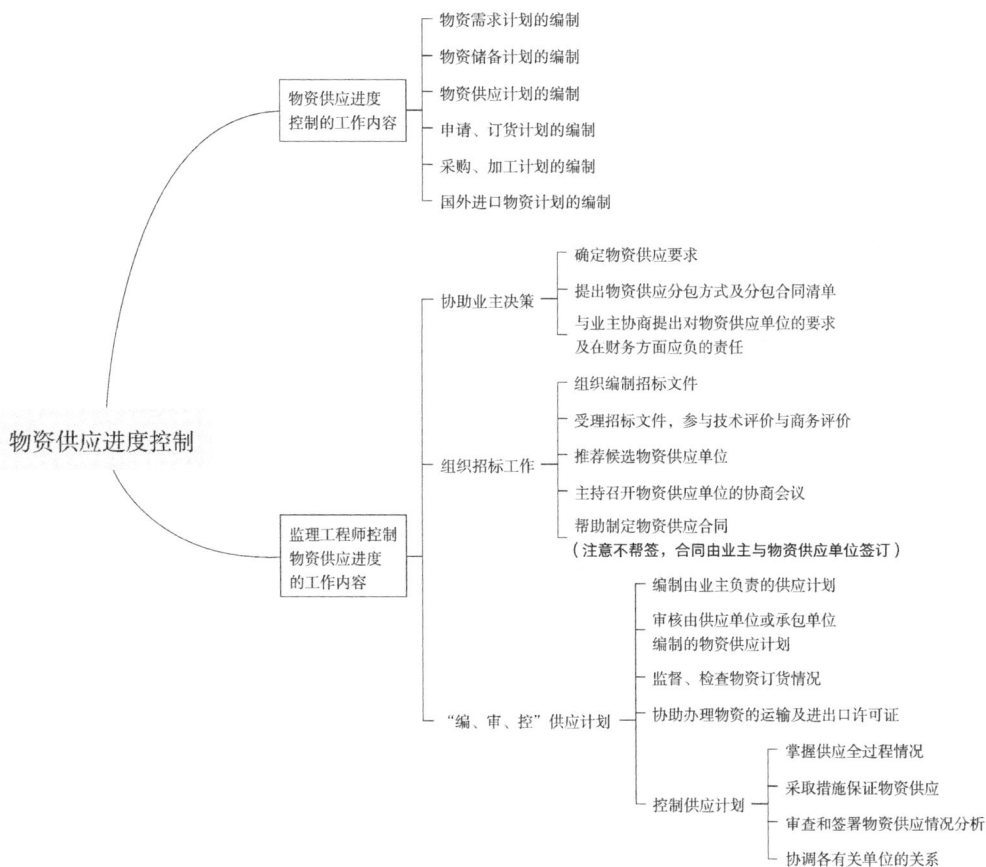

习题汇总

一、物资供应进度控制概述

（一）物资供应进度控制的含义

本部分内容一般不会单独进行考查，仅做了解即可。

（二）物资供应进度控制目标

1. 在确定目标和编制计划时，应着重考虑的因素包括（　　）。

A. 资金能否得到保证

B. 物资的需求是否超出市场供应能力

C. 物资可能的供应渠道和供应方式

D．物资的供应是否超出政府调节的能力

E．已建成的同类或相似建设工程的物资供应目标和计划实施情况

二、物资供应进度控制的工作内容

（一）物资供应计划的编制

2．（2020—120）在编制建设工程物资供应计划的准备阶段，项目监理机构必须明确的物资供应方式有（　　）。

A．建设单位采购供应　　　　　　　B．施工单位自行采购

C．设计单位指定采购　　　　　　　D．专门物资采购部门供应

E．监理单位指定采购

3．物资供应计划按其内容和用途分类，主要包括（　　）。

A．物资需求计划　　　　　　　　　B．物资储备计划

C．申请与订货计划　　　　　　　　D．物资采购成本计划

E．采购与加工计划

1．物资需求计划的编制

4．（2000—80）为了有效控制物资供应进度，首先需要编制的计划是（　　）。

A．物资采购计划　　　　　　　　　B．物资需求计划

C．物资储备计划　　　　　　　　　D．物资加工计划

5．（2002—80）编制物资需求计划的依据包括（　　）。

A．物资供应计划　　　　　　　　　B．物资储备计划

C．工程款支付计划　　　　　　　　D．项目总进度计划

6．（2012—79）关于物资需求计划的说法，正确的是（　　）。

A．编制依据：概算文件、项目总进度计划

B．组成内容：一次性需求计划和各计划期需求计划

C．主要作用：确定材料的合理储备

D．编制单位：各施工承包单位

7．（2015—80）编制建设工程物资需求计划的关键是（　　）。

A．确定需求量　　　　　　　　　　B．制定物资生产和运输计划

C．制定物资招标进度计划　　　　　D．制定物资采购成本计划

8．下列计划中，（　　）的主要作用是确认需求，施工过程中所涉及的大量建筑材料、制品、机具和设备，确定其需求的品种、型号、规格、数量和时间。

A．物资需求计划　　　　　　　　　B．物资储备计划

C．物资供应计划　　　　　　　　　D．申请、订货计划

9．（2016—80）物资需求计划编制中，确定建设工程各计划期需求量的主要依据是（　　）。

A．年度施工进度计划　　　　　　　B．分部分项工程作业计划

C. 物资储备计划　　　　　　　　　D. 施工总进度计划

2. 物资储备计划的编制

10.（2014—79）建设工程物资储备计划的编制依据是（　）。

A. 物资供应方式　　　　　　　　　B. 物资市场价格

C. 工程承发包模式　　　　　　　　D. 生产组织方式

11. 下列计划中，为保证施工所需材料的连续供应而确定的材料合理储备的是（　）。

A. 物资需求计划　　　　　　　　　B. 物资储备计划

C. 物资供应计划　　　　　　　　　D. 申请、订货计划

3. 物资供应计划的编制

12.（2003—79）建设工程物资供应计划的编制应（　）。

A. 在确定计划需求量的基础上，经综合平衡后完成

B. 在确定工程项目建设总进度计划的基础上完成

C. 根据申请与订货计划的落实情况，经综合平衡后完成

D. 根据审批后的施工总进度计划，经综合平衡后完成

13.（2005—80）物资供应计划是用来指导和组织建设工程物资供应工作的计划，其编制依据主要包括货源资料和（　）。

A. 物资加工计划、物资订货计划

B. 物资采购计划、物资加工计划

C. 物资需求计划、物资储备计划

D. 物资申请计划、物资采购计划

14.（2011—80）物资供应计划编制的任务是在确定计划需求量的基础上，经过综合平衡后，提出（　）。

A. 申请量和采购量　　　　　　　　B. 采购量和库存量

C. 库存量和供应量　　　　　　　　D. 供应量和申请量

4. 申请、订货计划的编制

15. 申请、订货计划是指向上级要求分配材料的计划和分配指标下达后组织订货的计划。它的编制依据包括（　）。

A. 有关材料供应政策法令　　　　　B. 场地条件

C. 概算定额　　　　　　　　　　　D. 供应计划

E. 分配指标、材料规格比例

5. 采购、加工计划的编制

16. 采购、加工计划是指向市场采购或专门加工订货的计划。它的编制依据包括（　）。

A. 需求计划　　　　　　　　　　　B. 市场供应信息

C. 加工能力及分布　　　　　　　　D. 预算文件

E．项目总进度计划

6．国外进口物资计划的编制

本部分内容一般不会单独进行考查，仅做了解即可。

（二）物资供应计划实施中的动态控制

1．物资供应进度监测与调整的系统过程

本部分内容一般不会单独进行考查，仅做了解即可。

2．物资供应计划实施中的检查与调整

17．在物资供应计划实施过程中进行检查的重要作用有（　　）。

A．发现实际供应偏离计划的情况，以便进行有效的调整和控制

B．发现计划脱离实际的情况，据此修订计划的有关部分，使之更切合实际情况

C．反馈计划执行结果，作为下一期决策和调整供应计划的依据

D．收集反映物资供应状况的资料，作为决策的控制依据

E．比较实际供应情况与计划供应情况，尽可能降低拖延对整个施工进度的影响降低到最低程度

（三）监理工程师控制物资供应进度的工作内容

18．（2005—120）在建设工程实施阶段，监理工程师控制物资供应进度的工作内容包括（　　）。

A．编制或审核物资供应计划　　　　B．确定物资供应分包合同清单

C．选定物资供应单位　　　　　　　D．审查物资供应情况分析报告

E．监测物资到场情况

1．协助业主进行物资供应的决策

19．（2006—120）为了控制物资供应进度，监理工程师协助业主进行物资供应决策的工作内容包括（　　）。

A．根据设计图纸和进度计划确定物资供应要求

B．推荐物资供应单位并签署物资供应合同

C．组织编制物资供应招标文件

D．提出对物资供应单位的要求及其在财务方面应负的责任

E．提出物资供应分包方式及分包合同清单

20．（2021—80）监理工程师在协助业主进行物资供应决策时，应进行的工作是（　　）。

A．编制物资供应招标文件　　　　　B．提出物资供应分包方式

C．确定物资供应单位　　　　　　　D．签订物资供应合同

2．组织物资供应招标工作

21．（2007—80）监理工程师控制物资供应进度的工作内容包括（　　）。

A．确定物资供应分包方式　　　　　B．确定物资供应中标单位

C．办理物资运输有关手续　　　　　D．组织编制物资供应招标文件

22.（2009—80）监理工程师受业主委托控制物资供应进度的主要工作内容之一是（　　）。

A. 编制物资供应计划　　　　　　　　B. 办理进出口许可证等有关事宜

C. 决定物资供应分包方式　　　　　　D. 安排物资订货

23.（2010—80）下列各项活动中，属于监理工程师控制物资供应进度活动的是（　　）。

A. 审查物资供应情况分析报告　　　　B. 确定物资供应分包方式

C. 办理物资运输手续　　　　　　　　D. 确定物资供应分包合同清单

24.（2015—76）监理单位受业主委托控制物资供应进度的工作内容是（　　）。

A. 编制物资供应招标文件

B. 确定物资供应分包方式及分包合同清单

C. 审核物资供应计划

D. 办理物资运输及进出口许可证

25.（2020—80）监理单位受业主委托组织物资供应招标的工作内容是（　　）。

A. 根据施工条件确定物资供应要求　　B. 参与投标文件的技术评价

C. 提出物资分包方式和供应商清单　　D. 审核物资供应计划

3. 编制、审核和控制物资供应计划

26.（2004—80）监理工程师受业主委托对物资供应进度进行控制时，其工作内容包括（　　）。

A. 监督检查订货情况，协助办理有关事宜

B. 确定物资供应分包方式及分包合同清单

C. 拟定并签署物资供应合同

D. 确定物资供应要求，并编制物资供应投标文件

27.（2012—80）监理工程师控制物资供应进度的工作内容是（　　）。

A. 决定物资供应分包方式及分包合同清单

B. 审核物资供应合同

C. 审查和签署物资供应情况分析报告

D. 办理物资运输及进出口许可证等有关事宜

28.（2021—120）监理工程师审核物资供应计划的内容有（　　）。

A. 物资生产工人是否足额配置

B. 物资库存量安排是否经济合理

C. 物资采购时间安排是否经济合理

D. 物资供应计划与施工进度计划的匹配性

E. 物资供应紧张使施工进度拖后的可能性

习题答案及解析

1. ABCE	2. ABD	3. ABCE	4. B	5. D
6. B	7. A	8. A	9. A	10. A
11. B	12. A	13. C	14. A	15. ACDE
16. ABC	17. ABC	18. ADE	19. ADE	20. B
21. D	22. A	23. A	24. C	25. B
26. A	27. C	28. BCE		

【解析】

10. A。在 2008、2013 年度的考试中，同样对本题涉及的采分点进行了考查，且提问形式基本与本题一致。

13. C。在 2001 年度的考试中，同样对本题涉及的采分点进行了考查。

18. ADE。在 2000、2002 年度的考试中，同样对本题涉及的采分点进行了考查，且提问形式基本与本题一致。

20. B。在 2018 年度的考试中，同样对本题涉及的采分点进行了考查，且提问形式基本与本题一致。

25. B。在 2012 年度的考试中，同样对本题涉及的采分点进行了考查。

27. C。在 2008 年度的考试中，同样对本题涉及的采分点进行了考查，且提问形式基本与本题一致。